馬克思：
從共和主義到共產主義

陳宜中 —— 著

目次

凡例

1. 本書所用的馬恩著作版本，主要是英文版馬恩全集。《資本論》和《政治經濟學批判大綱》則使用 Penguin 版。其出版資料及縮寫如下：

   Marx, Karl and Frederick Engels. 1975-2004. *Collected Works*. 50 vols. New York: International Publishers. (***MECW***)

   Marx, Karl. 1973. *Grundrisse*, tr. Martin Nicolaus. Harmondsworth: Penguin Books. (**G**)

   Marx, Karl. 1990. *Capital: A Critique of Political Economy, Vol. 1*, tr. Ben Fowkes. Harmondsworth: Penguin Books. (**C1**)

   Marx, Karl. 1992. *Capital: A Critique of Political Economy, Vol. 2*, tr. David Fernbach. Harmondsworth: Penguin Books. (**C2**)

   Marx, Karl. 1991. *Capital: A Critique of Political Economy, Vol. 3*, tr. David Fernbach. Harmondsworth: Penguin Books. (**C3**)

   若干資料僅見於德文版馬恩全集（歷史考證版 *MEGA2*）：

   Marx, Karl and Frederich Engels. 1975~. *Marx-Engels-Gesamtausgabe*. Berlin. (***MEGA2***)

2. 馬克思和恩格斯的單篇文字，若主要以單行本的形式發行，將視同一本冊子或書，故表現為（例如）《共產黨宣言》、《路易·波拿巴的霧月十八》、《法蘭西內戰》等。未成冊的單篇文字，則表現為（例

如）〈論猶太人問題〉、〈哥達綱領批判〉等。

3. 本書在翻譯馬恩的較長段落時，參考了中文版馬恩全集，但在大多數
　情況下都有所修訂。更動之處，不擬逐一說明，以免流於繁瑣。在注
　解中提供了相關頁數，讀者可自行比對。中文版馬恩全集的出版資料
　如下：

　　馬克思、恩格斯，1956-1983，《馬克思恩格斯全集》中文第一版，共
　　　　50 卷。北京：人民出版社。（**馬恩全集 I**）
　　馬克思、恩格斯，1986 ～，《馬克思恩格斯全集》中文第二版，原訂
　　　　出版 70 卷，至 2021 年已出版 32 卷。北京：人民出版社。（**馬恩
　　　　全集 II**）

4. 本書所涉及的馬恩文本較多，故不擬在參考書目和主題索引中逐項列
　出。所引文字的具體出處，將於正文或注解中說明。
5. 在本書中，為了提醒讀者注意而使用的粗體字型，皆由筆者所加。

自序

　　2022 年 2 月 24 日，普丁發動第二次侵烏戰爭。這場戰爭會如何落幕，至今（在本書完成之際）未見分曉。但毫無疑問，它將被視作 21 世紀前葉最重要的世界性政治事件之一。

　　馬克思是黑海地緣政治的專家——這一點較不為人所知。1850 年代中期，他在《紐約每日論壇報》發表一系列克里米亞戰爭（1853-1856）評論，大肆抨擊沙俄的擴張野心。就像 2014 年普丁以保護俄裔之名兼併烏東和克里米亞，1853 年沙皇尼古拉一世以保護東正教教徒的名義，占領鄂圖曼帝國的屬地，有意把黑海變成俄國的內海。為了擊退沙俄，英法和薩丁尼亞派兵援助土耳其人。聯軍從黑海駛向克里米亞半島，歷經 11 個月攻下塞凡堡。亞歷山大二世向聯軍求和，在 1856 年 3 月簽訂《巴黎條約》。

　　從馬克思的視角，英法等西方勢力本該趁勝追擊，更徹底地打垮沙俄，而不是過早地接受議和。因此，雖然克里米亞戰爭已經告終，但他再接再厲，繼續攻擊英國首相帕默斯頓勾結沙俄，後又認定路易·波拿巴與沙俄結盟。暫且不論這些指控的真實性，馬克思對沙俄及其同路人的深惡痛絕，可謂溢於言表。

　　宣稱要推翻資本的馬克思，鮮少說英國統治階級的好話。他對路易·波拿巴更是鄙視。但他主張英法應全面擊潰沙俄，何故？因為在他看來，沙皇專制是一切政治進步的天敵，根本不能見容於歐洲。他在 1848 年說道：「如果普魯士跟俄國人結成同盟，德國人就會跟法國人結成同盟，和法國人一起進行西方反對東方的戰爭，文明反對野蠻的戰爭，共和反對專

制的戰爭」。[1]

　　恩格斯後來強調，在 1848 年德國革命期間，馬克思主持的《新萊茵報》的政治綱領「有兩項要點：建立單一的、不可分割的、民主的德意志共和國；以及，對俄羅斯進行一場包括恢復波蘭的戰爭」。

> 　　我們的對外政策是很簡單的：支持一切革命民族，號召革命的歐洲對歐洲反動勢力的強大支柱 —— 俄國，進行一場普遍的戰爭。[2]

這裡，「革命」指的是民主革命。馬克思主張，歐洲民主勢力向沙俄發起一場全面的戰爭。就算消滅不了沙皇專制，至少也得恢復民主的波蘭。1867 年 1 月 22 日，他在紀念波蘭起義的大會上表示：

> 　　對歐洲來說，只有以下的選項：要麼是以俄國佬為首的亞細亞野蠻主義，像雪崩一樣壓到它的頭上；要麼它就必須恢復波蘭，以 2,000 萬英雄為屏障把自己和亞洲隔開，以便贏得時間來完成自身的社會復興。[3]

　　推翻沙俄專制、支持波蘭獨立，本是馬克思的一貫主張。前引文字在馬恩生前都已公開發表，並無祕密之有。但在 20 世紀，出於明顯的政治理由，史達林及其羽翼下的各國共產黨無不刻意去淡化這一點。史達林的新式沙皇專制，及其對波蘭的奴役，按說不可能得到馬恩的背書。但在現實世界裡，指鹿為馬幾乎是專制主及其奴隸和幫閒的日常。

　　對馬克思而言，沙皇專制屬於最野蠻、最令人髮指的一種專制。但普魯士王權、波拿巴帝國、俾斯麥主政下的德意志帝國，也都是必須推翻的

1　Marx（*MECW*, 7: 116），馬克思（馬恩全集 I，5：121）。
2　Engels（*MECW*, 26: 123-124, 126），恩格斯（馬恩全集 I，21：21、24）。
3　Marx（*MECW*, 20: 201），馬克思（馬恩全集 II，21：287）。

專制勢力。波拿巴的軍事官僚國家機器是「有如密網一樣纏住法國社會全身，阻塞其一切毛孔的可怕寄生體」。[4] 德意志帝國則是「以議會形式粉飾門面、混雜著封建殘餘、已經受到布爾喬亞影響、按官僚制度組織起來，並以警察來保衛的軍事專制主義國家」。[5] 面對此類專制，馬克思提出「社會把國家權力重新吸收」[6] 的願景，也就是「把國家從一個壓在社會之上的機關，變成完全臣服於社會」。[7] 當務之急則是推翻專制，建立「民主共和國」，在這種國家形式下推進民主化（要求全面的真普選，一切官吏和法官都由普選產生，並可隨時撤換）乃至工人革命。

無論馬克思的革命思想有哪些短處，「反專制」既是它的前提，也是它的目標。但 20 世紀以降的馬列主義政權，卻完全與之背道而馳。在蘇共和中共的國度，所謂「社會把國家權力重新吸收」從未發生。反之，其黨國體制恰恰是「有如密網一樣纏住〔俄國和中國〕社會全身，阻塞其一切毛孔的可怕寄生體」。在中國，則還要加上皇帝和流氓無產者的暴走組合。

按于光遠的研究，毛澤東在大躍進失敗之後，從蘇聯《政治經濟學教科書》汲取靈感，提出「無產階級專政下繼續革命」乃至「對資產階級全面專政」的說法。這後來成了文化大革命的「理論」基礎，但卻是建立在對馬克思〈哥達綱領批判〉的嚴重扭曲。[8] 長話短說，這個扭曲可追溯至列寧對〈哥達綱領批判〉的曲解。〈哥達綱領批判〉區分了革命過渡時期（即「無產階級的革命專政」）、初階共產社會和高階共產社會。一旦完成了革命過渡，也就進入了後資本、無階級、後國家、後政府的共產社會；但共產社會有初階高階之分，初階共產社會因生產力仍不夠發達，只能先按勞分配……等等。列寧在《國家與革命》的若干段落中，混淆了

4　Marx（*MECW*, 11: 185），馬克思（馬恩全集 II，11：226）。

5　Marx（*MECW*, 24: 95-96），馬克思（馬恩全集 II，25：28-29）。

6　Marx（*MECW*, 22: 487），馬克思（馬恩全集 I，17：588）。

7　Marx（*MECW*, 24: 94），馬克思（馬恩全集 II，25：27）。

8　于光遠（2005：220-229）。

革命過渡時期與初階共產社會（列寧稱之為「社會主義」）。[9]史達林更刻意把「無產階級專政」（革命過渡）和「社會主義」（初階共產）混為一談。這樣既可以宣稱「社會主義」已得到實現，還可以正當化「繼續對階級敵人進行專政」。作為史達林的學徒，毛澤東很敏銳地察覺到了這一點。毛所謂的「無產階級專政下繼續革命」和「對資產階級全面專政」，其實都是從史達林那裡挪用而來，再塗抹上一些中土特色。

但此與馬克思何干？所謂「無產階級專政下繼續革命」和「對資產階級全面專政」，無非就是把馬克思曾用過的一些詞語，抽離於其所從出的特定脈絡，轉而嫁接於專制的目的。簡言之，就是掛羊頭賣狗肉，以無產階級的名義、人民的名義，再加上馬克思和列寧的權威，去為中共特色的皇權專制、毛主義專制、黨國專制遮羞。在權力的春藥效應下，有人以為這就是「馬克思主義中國化」，實則只是史達林的菜渣而已。唯一較不同於史達林主義的，大概是造反皇帝和痞子流氓的搭配。

本書聚焦於馬克思的革命政治思想，篇幅頗長。何以在馬恩文獻已汗牛充棟的情況下，還要寫這本書，是一些朋友的疑問。的確，馬恩全集早已有各種語言的版本，二手著作和譯著也不可謂之不多。但儘管如此，關於馬克思的種種「另類事實」仍揮之不去。與其逐一駁斥，也許不如以一種更完整的方式去呈現馬克思的政治思想。這即是寫作本書的初衷。

此外，我的博士論文導師、社會主義思想史家史泰德曼瓊斯（Gareth Stedman Jones）在 2016 年出版的《卡爾·馬克思：偉大與幻覺》（*Karl Marx: Greatness and Illusion*）一書，打開了我的眼界，讓我覺得也許可以站在巨人的肩膀上，從一種結合了政治理論和思想史研究的途徑，去探討、重估馬克思。[10]

對於馬克思研究，中共持續進行嚴格的政治審查——也就是馬克思畢生最痛惡的那種出版檢查。試想：誰要是指出馬克思極度厭惡帝制，且從

9　Lenin（1967, vol. II: 339-343）。

10　Stedman Jones（2016）。

來就把專制主義視作大敵，能通過今日的政審嗎？即因如此，我認為用 50 萬字去寫馬克思的革命思想 —— 特別是在被皇權／專制重度汙染的華文閱讀圈 —— 其實一點也不突兀。趁今天還能做這件事，我想把握住這樣的幸運。

　　本書的主要目的不在批判馬克思，也不在維護馬克思，而是要對馬克思的革命思想及其形成脈絡，進行比較深入的檢視。讀者將不難發現，我既沒有非要貶抑馬克思的念頭，也沒有非要替馬克思辯護的包袱。時至今日，如果還要對馬克思進行偶像崇拜，或「為尊者諱」，那根本也就不必寫這本書。

　　儘管本書對馬克思不無尖銳的批評，但我依然相信：面對愈發不穩定的、正義赤字愈來愈高的當代資本主義，馬克思仍是一筆值得攻錯的思想資源。對於追求政治解放和經濟解放的年輕人來說，說不定在典型的自由主義、民主主義和共和主義之外，馬克思思想仍有反觀對照的價值。且讓我們拒絕一切專制，不僅是資本專制，也包括黨國專制；不僅是黨國專制，也包括資本專制。從這個角度來看，馬克思所謂「共和反對專制的戰爭」並沒有過時。

　　在漫長的寫作過程中，兩岸三地不少師友給予我鼓勵，請恕我不一一點名，謹在此表達最誠摯的謝意。在臺灣，馬克思的研究者向來不多，但我有幸認識馬克思的真正行家萬毓澤，並從他的著作得到啟發。毓澤通讀本書初稿，大方提供了專業的批評與建議，請接受我的感激。學友楊尚儒指正了本書關於德國政治的陳述，令我獲益良多。最後，我還要感謝聯經出版公司總編輯涂豐恩和本書編輯黃淑真的耐心協助。

　　是為序。

第一章

———

在專制的陰影下

一、萊茵之子

　　1818 年 5 月 5 日，在萊茵蘭的古城特里爾，馬克思出生了。[1]

　　特里爾位於萊茵蘭西南部，鄰近盧森堡。1794 年，雅各賓共和國的革命軍進占（神聖羅馬帝國轄下的）萊茵蘭，將之併入法蘭西版圖。[2] 1815 年拿破崙在滑鐵盧一役戰敗後，普魯士根據維也納會議的決議，成為萊茵蘭的新主。[3] 萊茵居民以天主教徒占大多數，約有 5/8 成。[4] 在法國統治期間，該地引入拿破崙法典的要素，包括法律之前人人平等、廢除封建特權、打破行會壟斷、保障私人產權、解放猶太人、陪審制等。發家於易北河以東的普魯士王國，此前從未統治過德語區最西部的萊茵蘭。對於信仰新教、法政實踐相對落後的普魯士接收者來說，萊茵蘭既是戰利品，也是燙手山芋。[5]

　　始於 1806 年耶拿戰敗的普魯士改革運動，在 1815 年終戰之後漸失動能，最後在 1819 年畫上句點。等到馬克思就讀中學時（1830-1835），政治氛圍雖依然高度壓抑，但出現了些許變化。1830 年法國七月革命，推翻了復辟的波旁王朝，帶來一個君主立憲的「自由主義」王朝，即奧爾良王朝／七月王朝。[6] 在其激勵作用下，德意志邦聯也興起一波政治抗爭。在普魯士，儘管高壓統治變本加厲，但爭取出版自由、言論自由、集會結社自由，主張立憲、開全國議會的呼聲，仍漸趨升高。[7]

1　特里爾當時的社會狀況，見 Heinrich（2019: 37-46）。

2　見 Blanning（1983）論法國占領下的萊茵蘭。

3　此指「普魯士萊茵蘭」，1822 年正式編為普魯士萊茵省。在萊茵蘭東南部，還有兩塊幅員較小之地，1815 年以後分別由巴伐利亞王國、黑森大公國納入治下。見 Sperber（1991: 37-43）。關於維也納會議，另見 Evans（2016: 20-28）。

4　見 Sperber（1991: 43-51）論萊茵蘭居民的宗教構成。

5　Stedman Jones（2016: 19-20）、Clark（2007: 406）。

6　見 Pilbeam（2014: chs. 4-5）、Furet（1992: ch. 7）論七月革命和七月王朝。七月革命及其在歐洲的政治效應，見 Evans（2016: 63-80）。

7　Sheehan（1993: ch. X）。

　　萊茵蘭是普魯士自由派的重鎮。在 1848 年革命前夕及革命過程中，它也是激進思潮和運動的溫床，孕育出形形色色的造反者——包括卡爾·馬克思。[8] 卡爾的父母都是猶太人，父親亨利希是成功的執業律師。1815年後，萊茵蘭猶太人面臨更嚴苛的從業限制，因為普魯士當局禁止猶太人擔任公職，而且把律師一概視作公職。亨利希為了繼續執業而受洗，此後也讓全家人（包括卡爾）受洗為新教徒。他受到啟蒙理性主義的薰陶，推崇伏爾泰、康德和萊辛，接納牛頓、洛克和萊布尼茲信仰的自然神論。他期盼卡爾和他一樣，入世發揮一己所長，而不是固守猶太人的傳統。[9] 政治上，亨利希持溫和的自由派見解，曾於 1834 年發言支持「人民的代表制度」而冒犯當道。[10] 他的兩位友人——卡爾的中學校長兼歷史老師維滕巴赫（Johann Hugo Wyttenbach）和卡爾格外敬重的未來岳父威斯特華倫（Luwig von Westphalen）——也都是思想開明的萊茵蘭精英。

　　馬克思的希臘文、拉丁文、古典人文素養、法文，皆奠基於中學階段。19 世紀初由洪堡（Wilhelm von Humboldt）主持的普魯士教育改革，特別看重古典人文教育，並提倡自由思想和批判精神。文科中學生除了本來必修的拉丁文外，還要學習希臘文，及古希臘的政治、文化和歷史。[11] 但普魯士在 1819 年融入歐陸復辟浪潮，為了嚴防學生因獨立思考而叛逆，遂在大學和中學施加思想管制，致使洪堡改革大打折扣。[12] 不過，由康德主義者維滕巴赫擔任校長的特里爾中學，依然保留了若干洪堡要素——這讓馬克思終身受用。

　　1835 年中學畢業後，馬克思赴波昂大學就讀，主修法律。1836年 10 月轉至柏林大學。亨利希期盼卡爾修習法律與行政學，以利未來從事公職，但卡爾厭惡行政學。在柏林，他修了兩位法學大師的課：一位是

8　見 Sperber（1991）論 1848-1849 年德國革命期間的萊茵蘭激進派。

9　Sperber（2013: 11-20）、Heinrich（2019: 52-55）。

10　Heinrich（2019: 76-83）。

11　Sheehan（1993: 363-365）。另見 Butler（1935）論德國思想文化中的古希臘。

12　Heinrich（2019: 95-96）。

歷史法學派的領導者，數年後出任司法部長的薩維尼（Friedrich Carl von Savigny）；另一位是黑格爾指定的法哲學接班人，黑格爾主義自由派的首席代表甘斯（Eduard Gans）。薩維尼從「占有的事實」去申論財產歸屬，這有助於維護容克貴族[13]的既得利益。甘斯則從黑格爾主義式的進步史觀，去論證一種反封建特權的自由派產權觀點。馬克思對普魯士產權爭議的認識，始於柏林大學的法學課堂。[14]

　　但他的最初志向是成為詩人。1837 年以降，則是轉向了哲學。那年 11 月，他在寫給亨利希的一封家書中，特別交代了他探索法哲學的心路歷程。他對於保守的歷史法學派並無好感，但認為（他原本接受的）康德和費希特的體系太過抽象，不足以因應歷史法學派的挑戰。深思長考之後，他不再抵抗他本來視之為敵的黑格爾哲學，及其「從現實本身去尋求觀念」的思路。[15]信中也提到「博士俱樂部」和由此認識的魯騰堡（Adolf Rutenberg），以及柏林大學講師布魯諾・鮑威爾（Bruno Bauer）。[16]

　　「博士俱樂部」不是一個正式的社團組織，而是一群在柏林的黑格爾哲學同好的社交網絡。在經常聚會的若干核心成員之外，究竟誰是或不是成員，未必一清二楚。[17]博士俱樂部在 1837 年，也還稱不上是「青年黑格爾派」。實際上，前信提及的鮑威爾，遲至 1840 年才成為青年黑格爾派的一員。

　　經由博士俱樂部，馬克思認識了鮑威爾、魯騰堡等一群後來加入「青年黑格爾派」的柏林友人。在這個柏林圈子中，馬克思是最年輕的成員，博文強識、辯才無礙，備受圈內人肯定。後來，作為青年黑格爾派的骨幹

13　「容克貴族」，泛指普魯士的貴族地主。

14　Stedman Jones（2016: 62-68; 2002: 148-161）、Heinrich（2019: 160-169）。甘斯的法哲學思想，見 Hoffheimer（1995）。

15　Marx（*MECW*, 1: esp. 18），馬克思（馬恩全集 II，47：esp. 13），1837 年 11 月 10-11 日致亨利希。

16　Marx（*MECW*, 1: 19-20），馬克思（馬恩全集 II，47：15）。

17　Heinrich（2019: 218-225）。

分子，馬克思也分享了該派主要的思維趨勢。舉其大者，該派拒斥人格神論，倡議人本主義；在政治上，則從相對溫和的改革派，轉進為更激進的自由派乃至共和派。

在馬克思寄給父親的柏林家書中，前述 1837 年 11 月 10-11 日的長信，是唯一留存下來的一封。除了若干詩作，以及 1841 年 4 月取得耶拿大學博士學位的論文（未完整保存）[18] 及其相關的讀書筆記外，他在柏林的其他文字幾乎都已散佚。1841 年年初，他在博士俱樂部成員編的《雅典娜神殿》上，發表題為〈狂野之歌〉的詩作。[19] 同年，他與鮑威爾合作，欲創辦新刊《無神論檔案》以攻擊普魯士新國王的「基督教國家」。但 12 月公布的新書報檢查令，卻明令出版品不得攻擊基督教。緊接著，高調宣揚無神論的鮑威爾，在 1842 年 3 月失去教職和教學許可。[20] 這對馬克思來說，意味著他已無可能謀得大學教職。

馬克思的第一篇公共評論〈評普魯士最近的書報檢查令〉成文於 1842 年年初，但未能及時刊登。[21] 5 月 5 日起連載於《萊茵報》的〈關於出版自由〉一文，遂成為他首篇問世的評論文字。[22]《萊茵報》是一份新的自由派報紙，總部設在科隆，幕後有萊茵省企業家的支持。其編輯部及作者群，則與青年黑格爾派關係匪淺。馬克思先是該報的評論作者，後自 1842 年 10 月起，擔任該報的不掛名主編，直到隔年 3 月離開為止。

1842 年春至 1843 年 3 月，或可稱作馬克思的《萊茵報》時期。此時

18　Marx（*MECW*, 1: 25-107），馬克思（馬恩全集 II，1：1-106），《德謨克利特的自然哲學和伊比鳩魯的自然哲學的差異》，寫於 1840 年至 1841 年 3 月。

19　Marx（*MECW*, 1: 22-24, 734 fn. 13），〈狂野之歌〉，寫於 1837 年，刊於 1841 年 1 月 23 日《雅典娜神殿》。

20　Stedman Jones（2016: 99-104）。

21　Marx（*MECW*, 1: 109-131, 738 fn. 39），馬克思（馬恩全集 II，1：107-135），〈評普魯士最近的書報檢查令〉，成文於 1842 年年初，1843 年 2 月在瑞士出版，收於盧格主編《軼文集》。

22　Marx（*MECW*, 1: 132-181, 739 fn. 43），馬克思（馬恩全集 II，1：136-202），〈關於出版自由和公布等級會議紀錄的辯論〉，1842 年 5 月連載於《萊茵報》。

他尚未脫離青年黑格爾派的引力圈，但逐漸展露出自己的獨特風格。以下，擬先勾勒 19 世紀初的普魯士政治脈絡，包括 1830 年以降的變化；進而考察在 1838 年浮上檯面，並迅速激進化的青年黑格爾派；最後，再回到初出茅廬的馬克思。

二、普魯士：夭折的政治改革

從改革到復辟

拿破崙戰爭（1803-1815）結束後，歐洲進入一段復辟時期。

復辟王政的特色，主要是政治上的嚴防死守，而不是真的重返 1789 年以前的舊秩序。那些已被沒收、賣出的教會土地，大都木已成舟；已被解放的農奴，也很難再農奴化。但先前被改革、被革命的對象，又重新取得了政治權力。復辟人士聲稱要捍衛絕對的王權，而不是向第三等級低頭的立憲王權。按其說詞，今天容許「無代表就不納稅」的代議制憲政，明天就會出現羅伯斯庇爾的革命斷頭臺。是以，針對一切新舊的麻煩製造者，如共和派、民族主義者、燒炭黨人、無神論者、民主派、立憲派等，務期從嚴壓制，以免王權遭到挑戰。[23]

復辟年代止於何時，難以一概而論。在法國，波旁王朝維繫至 1830 年，後由實行君主立憲的奧爾良王朝取代。因此，法國在 1830 年就告別了復辟。但在奧地利，梅特涅持續執政至 1848 年 3 月，一路推行強硬的反動政策。普魯士以梅特涅馬首是瞻，在所謂的「三月革命前時期」（*Vormärz*）亦頑強地抗拒政治改革。[24]

23　Cf. Evans（2016: chs. 1-2）。

24　「三月革命前時期」截至 1848 年 3 月德國革命的爆發。它的起始點是 1815 年或 1830 年，則無定論可言，但 1815 年是較常見的說法。Cf. Sheehan（1993: pt. III）、Pinson（1961: ch. IV）。

普魯士的「改革運動」肇始於 1806 年。拿破崙擊敗普軍後，對普魯士予取予求，乃激起普國人的愛國熱情和改革願望。本強烈反對改革的封建貴族，不得不有所收斂；忌憚貴族造反的國王及改革派幕僚，則因戰敗而得到推動改革的機遇。為了強兵，首當其衝的是軍事現代化，包括實行徵兵制。行政上，推行集中化的官僚管理，打造更有效率的官僚國家。在法政方面，開始邁向法律之前一律平等，提倡宗教容忍，削減等級特權，放寬對猶太人的限制。在社經政策上，則解放封建農奴，拆解行會壟斷，保障私有產權，鼓勵工商業發展。[25] 1817 年成立的路德宗與卡爾文宗聯合教會，又稱福音派基督教教會，可謂是普魯士的國教體系，由國王綜合各家教義，推出欽定版的通用祈禱書。[26] 然而，在立憲及開設全國議會的問題上，雖然國王在 1815 年曾做出承諾，但最後無疾而終。

1810 年 10 月，時任首相哈登堡（K. A. von Hardenberg）宣布國王有意設立「結構合適的省級和全國代議機構，並樂意採用其建議」。1815 年滑鐵盧戰役前夕，國王再於《關於未來人民代議機構的詔令》中宣示：未來將從地方等級中，產生區域代表到柏林開議。[27] 這指向一個全國性的代議機關或會議。至於是否分上下兩院，議員如何從地方等級中產生，多久召開一次會議，國會又是否擁有財稅同意權乃至更廣泛的立法權等，則仍待釐清。但國王的承諾並未兌現。及至改革年代（1806-1819）告終之際，全國議會仍無下文，憲法杳無蹤影。

戰後由奧地利主導的德意志邦聯，納入了 39 個大小不一、各自為政的政治體。在邦聯南部，有些邦國率先展開憲政實驗。威瑪在 1816 年引入新憲，使出版自由得到較高保障；1818 年，巴伐利亞、巴登頒布新憲，設上下兩院；1819 年，符騰堡也立新憲。在巴登，下院代表的產生已排除了等級因素，但仍有財產資格限制 —— 這在德邦聯是最先進的選

25　關於普魯士改革運動，另見 Clark（2007: chs. 10-12）。

26　Clark（2007: esp. 415-416）。

27　Clark（2007: 340）。

法。一般而言，上院是貴族世襲制，下院則混合了等級、財產資格、多層級的間接選舉等要素。[28] 今日觀之，此種代議制憲政並不起眼，甚至相當原始，因其依然是世襲者、特權者和有產者的禁臠。但在 19 世紀初，巴登等南德邦國的溫和憲政，在德邦聯已構成某種（有限的）政治突破。比起堅拒憲政的普奧，尤其如此。比起波旁王朝，也並不遜色。[29]

　　普魯士的改革派，當然期盼普魯士能和巴伐利亞、巴登一樣，也朝君主立憲和全國議會邁出一步，但是他們失敗了。在腓特烈‧威廉三世御前，除了改革派重臣如哈登堡、洪堡等，還有一批極度反動的王室顧問。1815 年拿破崙的決定性戰敗，讓普魯士的被改革者從敗部復活。既然容克貴族戰功彪炳，先前折損其利益和地位的改革，就又可以討價還價了。至於憲法改革和全國議會，則尤須制止於萌芽。反動派幕僚搭上了復辟的順風車，並利用改革派大臣之間的嫌隙，把改革派排除在憲法委員會之外。1818 年 11 月，梅特涅告誡王室顧問維根斯坦王子（Prince W. L. Wittgenstein），普魯士「不該設立地方等級會議以上的機構」。在梅特涅的加持下，普國憲法委員會的最終決議是：不立憲，不開全國議會，只設地方等級會議。[30]

　　在戰後歐陸，梅特涅是最有權勢和謀略的復辟領導者。由俄、奧、普組成的「神聖同盟」，是一個以反革命為己任的政治軍事聯盟。其中，要以奧地利帝國最具威望，普魯士則相對弱勢。不忤逆梅特涅、不挑戰俄羅斯，乃戰後普魯士的基本國策。1825 年登基的沙皇尼古拉一世，娶普魯士公主為妻，對普國內政經常指手畫腳。[31] 以權謀家著稱的梅特涅，更是極力阻止普魯士推動政治改革。在梅氏眼中，巴伐利亞和巴登的溫和憲政，已經威脅到了他設想的戰後秩序。此類憲法改革，若不能取消就需要

28　Heinrich（2019: 69）、Sheehan（1993: 411-427）。

29　在波旁王朝，國王隨時可以廢除議會。Evans（2016: 29-30），另見 Pilbeam（2014: chs. 1-3）論波旁王朝。

30　Clark（2007: 403-404）、Sheehan（1993: esp. 419-420）。

31　Clark（2007: 398）。

圍堵，尤其不能允許擴散到更大、更有實力的普魯士。要是普魯士走上立憲道路，奧地利將唇亡而齒寒，其他專制王權也將危機四伏。[32]

1819 年 3 月，發生了一起轟動全德的政治事件：一位身穿德意志傳統服裝的青年桑德（Karl Ludwig Sand）刺殺了名作家柯策布（August von Kotzebue）。桑德是激進的德意志民族主義者，也曾是大學生會社（*Burschenschaft*）運動的一員。這個學運始於 1815 年，其主要訴求是德國統一，弘揚德意志民族文化，建立德意志民族國家。從其視角，在神聖羅馬帝國的廢墟上重組的德意志邦聯，簡直乏善可陳：各邦自行其是，汲汲營營於自身主權，而不追求全民族的團結和政治統一。由於奧普兩強都不支持德國統一，大學生會社的部分成員對時局愈發失望、憤怒，行動也愈趨激烈。[33]

對梅特涅來說，桑德事件有如天上掉下來的禮物。藉由渲染大學生會社的威脅，他說服普魯士國王接受《卡斯巴德決議》（Carlsbad Decrees），並於 1819 年 9 月召開德意志邦聯會議通過之，使之對全邦聯產生約束力。這一組法令，不只是為了禁絕大學生會社，嚴懲其暴力行為。與此同時，它還引入全方位的警察國家手段，包括煽動顛覆罪的濫用，國安情治部門的擴張，對大學及中學的祕密監控和人事清洗。一切有政治問題的大學教師都得開除，全邦聯永不錄用。洪堡教育改革欲培養的獨立思考和批判精神，從此遭到壓制。[34]

《卡斯巴德決議》還樹立了出版品的事前審查制。按其規定，任何損及政府安全或榮譽的言論，皆不得出版；在甲邦攻擊乙邦或丙邦政府的言論，屬於甲邦政府的審查責任區；此外，設於法蘭克福的邦聯會議，亦可

32　Sheehan（1993: 423-425）。

33　Evans（2016: 33-35）。作為激進的德意志民族主義運動，大學生會社有其排外一面。至於該運動追求的統一德國，未來將採行何種政治體制，則沒有明確的共識。全國立憲（不反對立憲君主制）的見解有之，但也有少數成員接受共和主義（反對一切君主制）。

34　《卡斯巴德決議》對中學教育的影響，見 Heinrich（2019: 95-100）。

派員查禁任何有損邦聯榮譽、有害邦國安全，或破壞和平的出版物。[35] 馬克思的第一篇公共評論〈評普魯士最近的書報檢查令〉就是關於出版審查。在普魯士，始於 1819 年的事前審查制，從此維繫了近 30 年之久。直到 1848 年三月革命以後，才改成「出版後再究責」的管制辦法。

《卡斯巴德決議》的生效，標誌著普魯士「改革年代」的落幕。改革派大臣洪堡辭職以示抗議。哈登堡在 1822 年去世之前，也已失去對憲法問題的影響力。由反動派把持的憲法委員會，目的就是要阻止憲法改革。1823 年 6 月，普魯士政府宣布的最終決議是：不接受成文憲法，不成立全國議會，只設立各省的等級會議。此種地方性的等級會議，每 3 年召開一次，沒有立法權，也沒有批准稅收的權力。會議過程不得公開，會議紀錄不得出版；會議代表的座席由官方指定，不得自由入座，以防止串聯；對於任何提議，貴族代表都有一票否決權。在市民社會相對發達的萊茵省，每位市民代表所代表的選民人數，可達每位貴族代表所代表的選民人數的 120 倍。像這樣一種既無權力，代表性又極度扭曲的地方等級會議，勢必滿足不了改革派的政治期待。[36]

儘管普魯士政府擁抱了復辟，拒不接受「無代表就不納稅」的代議制憲政，但這樣的改革訴求始終存在。或者說，它從未消失，只是遭到強力壓制。惟哈登堡在 1820 年的《國家債務法》留下一個伏筆。該法規定：普魯士政府若要舉新債，須得到「未來全國議會的參與和共同擔保」。1847 年，國王為了興鐵路而欲舉債，遂不得不在柏林召開聯合會議，即從各省的等級會議代表中，選出代表到柏林為新債做成決議。這讓長期被分而治之的各省立憲派和自由派人士，首度有了全國政治舞臺。他們旋即要求立憲、開全國議會，與國王展開對決。[37] 但這是後話，暫且打住。

35　其具體條文，見 <https://en.wikipedia.org/wiki/Carlsbad_Decrees#Text_of_the_decrees>。

36　Clark（2007: esp. 404-405）。

37　Clark（2007: 342, 458-462）。

七月革命之後

在來勢洶洶的復辟浪潮下，普魯士的改革派、立憲派、自由派或「運動黨」（不管如何分類和命名），一度顯得完全無力。但 1830 年法國的七月革命，又重新燃起了普國政治改革的希望。

今日，當人們使用「自由派」和「自由主義」等詞時，鮮少提及 1815 年以降王政復辟的政治脈絡。惟「自由派」一詞有其明確的起源，生成於 1810 年代內憂外患的西班牙王國。其國王排拒 1812 年的開明憲法，欲回歸君主專制；然在 1820 年，一群少壯軍人發動政變，欲強迫國王兌現 1812 年憲法，召開立法會（Cortes）。[38] 在那場衝突中，支持 1812 年憲法的一方，被稱為「自由派」。要求君主受憲法約束、保障基本權利、開設全國議會、賦權給議會代表，遂成為「自由派」最初始的政治標記。不久後，「自由派」和「自由主義」等用語從西班牙擴散出去，得到更廣泛的流通。

在法國，「自由派」是波旁王朝的批評者，其主要代表有貢斯當（Benjamin Constant）、基佐（François P. G. Guizot）等。[39] 時至 1830 年，七月革命終結了波旁王朝，帶來一個君主立憲的「自由主義」王朝。比利時從荷蘭分離而出，也邁向自由主義／君主立憲主義。英國是法國自由派推崇的政治典範，其 1832 年《改革法案》放寬了投票資格，讓一部分過去沒有選舉權的精英也能投票。有投票權者在原來的 44 萬人之外，再增加 21.6 萬人，這使英國成為西歐的民主化先驅。[40]

按英國 1831 年的人口普查，其總人口有 1,600 多萬。[41] 以這樣的人口基數，只有 66 萬左右的（男性）選民，今日觀之似乎很不民主。然而，

38　Evans（2016: 37-38）。

39　見 Jennings（2011）論 19 世紀前葉的法國自由主義。另見 Mommsen（2011）、Sheehan（1978）論 19 世紀的德國自由主義。

40　Evans（2016: 30）。

41　見 <https://www.1911census.org.uk/1831>。

彼時法國人口略低於英國人口的兩倍，波旁王朝卻只有不到 9 萬選民。[42]
這不能不說是巨大的反差。但比起根本沒有國會的普魯士，波旁王朝簡直
已經民主過剩。如果連波旁王朝都不及格，都要被七月革命推翻，那普魯
士呢？

　　在德意志邦聯，七月革命及其後續事件（尤其 1830-1831 年的波蘭起
義），對「運動黨」[43] 產生了可見的激勵作用。亞琛和科隆先出現騷動。
1832 年 5 月底在漢巴赫城堡，則有一場以節慶為名的大型政治集會，據
估有 2、3 萬人參與。其主題是出版自由，也要求集會結社的自由、更廣
泛的表達自由，以及德國統一。普魯士當局大受震驚，對集會的組織者和
演講者展開抓捕。隨後在法蘭克福，勇武派學運分子宣稱要攻下德邦聯總
部，挾持各邦代表作為人質，但尚未行動就遭到逮捕。1833 年，漢諾威
王國在抗爭的壓力下頒布新憲。在巴登和巴伐利亞，反對派取得了議會多
數。這些發展讓梅特涅憂心忡忡，他決意要發起新一波政治大掃除。[44]

　　自 1830 年代初，還興起了一波叫作「青年德意志」的反體制文學運
動。其代表性人物有作品遭禁、移居法國的著名詩人海涅，[45] 以及自由共
和派作家波爾內（Ludwig Börne）[46] 等。1837 年，甫登基的漢諾威新國王
欲廢除 1833 年憲法，哥廷根大學則有 7 位教授挺身而出，以失去教職為
代價進行了抗議 —— 史稱「哥廷根七賢」事件。1830 年代在德邦聯出現
的、廣義的自由派（或運動黨）政治抗爭，以上只是較為人知的幾例。受

42　Evans（2016: 30）。

43　作為「秩序黨」的對立面，「運動黨」泛指要求政治變革的一方。彼時，民族主義和
　　自由主義是德國運動黨的主流思想，但也有其他的潛流或支流，如共和主義、民主主
　　義等。

44　Heinrich（2019: 74-75）、Sheehan（1993: 604-615）。

45　海涅是馬克思後來在巴黎的鄰居和友人。見 Prochnik（2020）論海涅。

46　Engels（*MECW*, 2: 289）在 1842 年 7 月發表於《德意志年鑑》的一篇書評中，強調波
　　爾內的共和派本性。青年恩格斯受到波爾內啟發，要比馬克思更早成為共和主義者。見
　　Stedman Jones（2002: 53-55）、Carver（1989: 50-53）。另見 Israel（2021: ch. 12）論海
　　涅和波爾內。

限於篇幅，我們不擬深入細節。但有一起發生在馬克思身邊的事件，雖未必特別起眼，卻值得一提。

1834 年 1 月，亨利希・馬克思在卡西諾俱樂部（按：特里爾精英人士的社交會所）致歡迎詞，代表該俱樂部向甫從（每 3 年召開一次的）萊茵省等級會議歸來的特里爾代表致敬。亨利希並未照本宣科恭祝國王龍體安康，而是感謝國王首開「人民的代表制度」之先河。孰料這就犯了忌諱，使他成為忠誠調查的對象。同月的另一場活動中，有人高唱法國《馬賽曲》，導致俱樂部遭到查抄，帶頭者被控以叛國罪。所幸，亨利希不在此列。[47]

前文提及，腓特烈・威廉三世曾在 1815 年頒布《關於未來人民代議機構的詔令》，顯見「人民的代表制度」在當時還不是禁忌。何以到了 1830 年代，孰曰「人民的代表」就被認為是和國王作對？這是因為復辟集團早已定調：地方等級會議是皇恩浩蕩，絕不能跟「人民」扯上關係，以免助長開全國議會的要求。以 1830 年代的西歐標準，亨利希至多是溫和的憲政改革派，和他持類似見解的市民精英，在萊茵省不在少數。他們並未爭取男性普選，但希望立憲以保障基本權利，設全國議會以落實「無代表就不納稅」的同意權。不過在普魯士，就連這樣的主張都被打成洪水猛獸。

在法國七月王朝的初期，政治自由得到一定程度的維護。但好景不常，自 1830 年代中期以降，法國政府又開始緊縮政治自由，箝制反對派的言論。彼時，法國有選舉權者還是很少，不到成年男性的 5%，依然遠低於英國。[48] 英國改革也仍把大多數民眾排除在外，只吸納了少數新興富裕者。在此背景下，英國自 1838 年起，興起了一場以工人為主體、規模浩大的憲章主義運動，力爭男性普選。大約同時，主張放寬投票資格的呼聲，也出現在法國及其他西歐國。大西洋彼岸的美國，至 1830 年代已有

47　Stedman Jones（2016: 26-30）、Heinrich（2019: 77-80）。

48　此指法國下議院的選舉，見 Sperber（1994: 55）。

幾州趨近於白人男性普選，此亦構成西歐「運動黨」的遠距參照。及至
1848 年革命前夕，除了立憲代議制、男性普選等常見訴求外，其他的改
革或革命思潮也不遑多讓，紛紛浮出水面。這包括新舊不一的激進主義、
共和主義、民主主義、社會主義、共產主義等，加上大大小小的民族主
義。[49]

　　不同於法國，普魯士的復辟王政並未終結於 1830 年。七月革命後，
君主立憲在法國已經實現，於是，人們開始用更高的標準去批判現實。反
觀政治落後的普魯士，就連亨利希‧馬克思「人民的代表制度」一語都難
以見容。對普國的立憲派和自由派來說，君主立憲已被證明是可行的，惟
普魯士當局執迷不悟，非與俄羅斯、奧地利等專制勢力為伍。這樣一種強
烈的政治落後感，以及恥辱感，始終揮之不去。

　　如果說普魯士的高壓統治是一股「推力」，來自法國的進步思潮則構
成一股「拉力」。在一推一拉之間，原屬於普魯士「運動黨」的部分知識
分子，最終告別了溫良恭儉讓的改良主義，走上徹底反建制的激進化道
路。卡爾‧馬克思所從出的青年黑格爾派，就是個中顯例。

三、異軍突起的青年黑格爾派

　　馬克思在 1837 年接觸到博士俱樂部，並結識其要角鮑威爾、魯騰堡
等。約莫 3 年之後，這個圈子成為「青年黑格爾派」的柏林陣地。1838
年以降，保守派論者開始使用「青年黑格爾派」一詞，去指認以盧格
（Arnold Ruge）和費爾巴哈為首的一群新黑格爾主義者。1840 年，鮑威
爾和馬克思也加入青年黑格爾派的行列。馬克思是該派最優秀的年輕成
員。恩格斯則高度關切該派的思想發展，或可視作該派的同路人。1840-
1841 年之交，恩格斯在論及「青年黑格爾主義」時，已視之為一個毋庸

置疑的、客觀存在的範疇。[50]

　　宏觀地看，青年黑格爾派興起於 1830 年代後期，起初以黑格爾作為理論資源，對基督教原教旨主義提出質疑。在普魯士的政治光譜上，這群黑格爾主義者原本從出於廣義的改革派陣營。但 1838 年以後，他們跟宗教守舊派的論爭漸趨白熱化，對當局的不滿也節節升高，乃從改革派演變為體制的批判者。

黑格爾及其敵人

　　1818 年，黑格爾被請到柏林大學擔任講座教授。彼時「改革年代」尚未終結。對於普魯士的政治改革，他仍有樂觀預期。

　　黑格爾在 1820 年《法哲學原理》[51]（以下簡稱《法哲學》）所表達的國家思想，在其時代背景下，是一種相對開明的君主立憲主義。黑格爾早年曾受浪漫主義感召，後來有所修正，發展出寓理性於歷史的思辨哲學。他不贊同柏克對法國大革命的保守主義批判，也不同意康德式的抽象理性、雅各賓式的理性主義，或洛克式的自然權利。他認為，法國大革命的合理要素是普魯士應該、也可以換個方式去吸取的，亦即：不需要革命，而是仰賴從上而下的改革。腓特烈·威廉三世的改革表現，更加深了黑格爾的理論信心。「絕對精神」就其政治含蘊而言，指向一溫和的立憲君主國。[52]

　　黑格爾的國家論有兩張面孔。一方面，它保有顯著的封建殘餘，例如世襲貴族、具前現代特徵的社團法人、等級制、長子繼承制等。另一方面，其「普遍國家」高舉理性自由，蘊含了宗教容忍、思想自由、法律之

50　Engels（*MECW*, 2: 144），〈阿恩特〉，成文於 1840 年年底，1841 年 1 月出版。

51　Hegel（2003 [1820]）。另見 Pinkard（2000: ch. 11）、Weil（1998）、Avineri（1972）、Plamenatz（1992b [1963]: chs. 1-2）。《法哲學》問世於 1820 年，而非第一版所標記的 1821 年。

52　見 Stedman Jones（2002: 74-82）、A. Wood（2003）。Cf. Dickey and Nisbet（1999）、C. Taylor（1979: ch. 2）。

前一律平等、陪審團、私有制、商業社會等現代要素。有人指責黑格爾是
復辟王政的化妝師，但這不合乎事實。[53]《法哲學》蘊含的代議制憲政，
及其勾勒出的兩院制國會，儘管在後世德國自由派的眼中過於保守，卻是
「三月革命前時期」普魯士守舊勢力強烈反對的。

　　《法哲學》付梓之際，改革年代業已告終。為了避免觸怒龍顏，黑格
爾把原稿收了回去，修改後才在 1820 年出版。但即使經過了自我審查，
此書所揭櫫的國家理想，衡諸現實仍不免顯得尷尬。試想：如果普魯士當
局已無意邁向代議制憲政，黑格爾是該繼續堅持，還是向現實妥協？那個
充分兌現理性自由的普遍國家，連同為其背書的歷史目的論，又是否還能
成立？絕對精神只是被守舊勢力暫時卡住，或者，復辟王政已經體現了絕
對精神？這些都是難題。黑格爾在《法哲學》序言中，提及「理性的就是
現實的（actual），現實的就是理性的」。此話何所指，後來引發了諸多
揣測。但黑格爾自己的說法是：《法哲學》把國家「理解和描寫為本身具
有理性的實體」。哲學不該教導國家「應該如何」，只需要「展示國家即
倫理世界該如何被認識」。[54] 可以說，這是一種偏保守的表態。

　　此外，黑格爾在序言中強烈譴責了他的昔日論敵，即支持大學生會社
運動的弗里斯（Jakob Friedrich Fries）。黑格爾宣稱，哲學「沒有任何理
由害怕警察的干預」。弗里斯那類不負責任的言行，國家為了維護公共秩
序，理所當然要進行壓制。在當時脈絡下，這些話無異於擁護普魯士政府
推出的維穩措施，包括對學術自由的打壓，對大學教師的忠誠檢查……等
等。[55] 弔詭的是，正是此文看似表態支持的《卡斯巴德決議》，終結了普
魯士的改革，葬送了《法哲學》立憲君主制構想的實現可能。此後，黑格
爾不再對政治改革發言，晚年變得更加保守。他在 1831 年去世前夕，對

53　Pinkard（2000: ch. 11）。

54　Hegel（2003 [1820]: 20-21）。

55　Hegel（2003 [1820]: 15-18）。《法哲學》序言引發的爭議，另見 Knowles（2002: 8-9）、
　　A. Wood（1991: 11-13, 178-187）、Pinkard（2000: 457-468）。

七月革命和英國改革表示不滿；他更看好拒不立憲但據稱更穩定的普魯士模式。[56]

　　無論如何，《法哲學》樹立了黑格爾的君憲派聲名。此亦所以，在他的追隨者中，要以溫和的君憲派、改革派占大多數。但 1830 年的法國七月革命，在德邦聯帶動了新一波政治分化。黑格爾主義內部的政治分歧，也變得更為顯著。要言之，標榜「存在即合理」的一方，是為右翼黑格爾主義者，或黑格爾主義保守派、建制派。查找現實不足，欲在現實中兌現理性的另一方，是為左翼黑格爾主義者，或黑格爾主義自由派、進步派。不過，為數最多的仍是黑格爾主義中派，即相對溫和的立憲派、改革派。[57]值得一提的是，黑格爾把《法哲學》身後版的編修任務，指派給了甘斯──1830 年代最具代表性的黑格爾主義自由派或左翼黑格爾主義者。[58] 但黑格爾晚年對英法政治表達的憂慮，則為右翼黑格爾主義者提供了彈藥。

　　關於「青年黑格爾派」，一項常見的謬誤是把它跟「左翼黑格爾主義」畫上等號。[59] 就甘斯而言，儘管他大力支持盧格主編的《哈勒年鑑》，但他本人不是青年黑格爾派。1839 年，當甘斯的喪禮變成德國自由派的盛大聚會時，青年黑格爾派才剛開始茁壯。[60] 稍後將指出，青年黑格爾派在其激進化過程中，的確在政治上愈來愈左。但不屬於青年黑格爾派的左翼黑格爾主義者（如甘斯），和政治上不怎麼左的青年黑格爾派如史特勞斯（David F. Strauss），都是存在的。[61]

56　Cf. Stedman Jones（2002: 80 fn. 119）。黑格爾去世前夕的〈論英國改革法案〉一文，見 Hegel（1999 [1831]）。另見 Avineri（1972: ch. 11）。

57　Toews（1980: ch. 7, esp. 206）、Beiser（2011）。

58　Toews（1980: 121-134, 228-230）、Breckman（1999: 133, 164-176）。

59　1830 年代以降黑格爾主義陣營內的左中右之分，見 Toews（1980: ch. 7）、Stewart（2011）。

60　Heinrich（2019: 226-227）、Toews（1980: 233）。

61　Toews（1980: esp. 203）。史特勞斯自稱是宗教問題上的左翼黑格爾主義者，但政治上比較謹慎，從未像後來的青年黑格爾派那樣攻擊「基督教國家」。從其政治表態來看，史特勞斯不算是政治上的左翼黑格爾主義者。

　　令青年黑格爾派得以匯聚起來的一大因素，乃是愈演愈烈的基督教原教旨主義。在普魯士的復辟道路上，原教旨虔信主義、福音主義，以及路德教分離運動抬頭。[62] 有別於英法的自然神論或史賓諾莎的泛神論，普魯士的新教守舊派捍衛「人格神」或「位格神」論。人格神既是超越性的，也是高度擬人化的偶像，不崇拜人格神就是大逆不道。故此，黑格爾那種瀰漫性的絕對精神，遭質疑為不敬神的泛神論。[63]

　　按黑格爾的著名說法，哲學和宗教只是形式不同，內容則一。絕對精神既有哲學（觀念、概念）一面，也有宗教（象徵）一面。他的某些陳述看似迎合了基督教，例如，把絕對精神和上帝相提並論。但在守舊派眼中，黑格爾主張宗教的理性化、宗教臣屬於理性國家，而這絕不可接受。黑格爾雖是路德教信徒，但站在普魯士官方一邊，支持國家化的聯合教會，故不為宗教守舊派所喜。守舊派並且懷疑，黑格爾那種瀰漫性的上帝，根本就不是基督教的上帝。[64]

　　1819 年卡斯巴德體制建立後，抗拒普魯士國教體系的新教守舊派，終於擺脫了「改革」的緊箍咒，得到更大的伸展空間。按普魯士法律，已被國家承認的教派如路德教各派，都享有傳教的自由／特權。於是，質疑國教體系太專制，甚至主張脫離聯合教會的教派，幾乎無法可管。這些新教守舊派對宗教理性化／國家化的不滿，還接上了反啟蒙的復辟浪漫主義，故渴望回歸中世紀君權神授，並以神啟取代理性。[65] 黑格爾主義之所以被視作大敵，至少有兩大理由：一、泛神論式的絕對精神，取消了對人格神的敬畏；二、黑格爾及其追隨者主張的立憲主義，勢將顛覆君主的神人（God-man）位格和絕對主權。

　　在彼時的普魯士知識界，黑格爾主義廣被視作新教改革派的理論代

62　見 Toews（1980: 243-254）論普魯士的新教原教旨主義。

63　Breckman（1999: 32-48）。

64　黑格爾的宗教觀，另見 Lewis（2011）、Sembou ed.（2017）。Cf. Toews（1980: ch. 6）論 1820 年代黑格爾主義者對基督教的不同態度。

65　Cf. Clark（2007: 412-424）。

表。面對 1830 年代繼續水漲船高的新教原教旨主義（及天主教原教旨主義），黑格爾主義改革派備感壓力，並開始做出回應。

先行者史特勞斯

1835 年，黑格爾主義神學家史特勞斯出版《批判地檢視耶穌一生》（以下簡稱《耶穌傳》）。他用了一千多頁的篇幅，申論耶穌是猶太人共同體的「迷思」。這在當時是石破天驚之論，直指《新約》的耶穌記述並非真人真事，而是被杜撰出來的神話／迷思。[66]

關於哲學與宗教，史特勞斯援引黑格爾的說法，即兩者形式不同。但史特勞斯更欲凸顯哲學（理性）相對於宗教（迷思）的優越性，並提出一種泛神論式的人本主義。後者不否認神的（瀰漫性）存在，但拒絕視之為（超越性的、偶像化的）人格神。再者，史特勞斯宣稱神性源自於人、人性。宗教迷思則是人的理性未臻成熟的表徵。[67]這就激起了宗教守舊派的強烈反彈。

對宗教守舊派來說，《耶穌傳》對人格神的詆毀，對道成肉身的質疑，對原罪的視若無物，連同其「神性源自於人」的謬論等，不但坐實了他們對黑格爾派不敬神的指控，更證明了史特勞斯是罪該萬死的泛神論者、無神論者。他們要求查禁《耶穌傳》，但主管教育和宗教的（前改革派）大臣奧騰斯坦（Karl von Altenstein）對黑格爾派向來友善，並未下達禁書令。惟史特勞斯從此成了宗教守舊派的獵巫對象，不僅失去原有的教職，就連新的教職機會也都被「取消」。[68]

隨後在 1837 年 11 月，萊茵省發生一起重大的宗教爭議。科隆大主教因堅持跨教通婚（此指天主教徒和新教徒通婚）的子弟須接受天主教教育，遭到了逮捕和軟禁，旋即引爆一場激烈的論戰。在天主教徒超過 6 成

66　Strauss（1998 [1835]）。

67　見 Toews（1980: ch. 8）論史特勞斯。

68　Heinrich（2019: 249-250）。

的萊茵省，其居民對普魯士統治的不滿，時而以天主教認同的形式表現出來。科隆大主教信奉的教皇至上主義（ultramontanism），則還蘊含著對羅馬教皇國（一個有軍隊的異國）的效忠。可想而知，普魯士當局不樂見這樣的發展勢頭。攻擊教皇勢力的冊子，一度免於查禁。藉此機會，持不同立場的冊子也接連出現，多達 300 種以上。[69]

科隆大主教事件看似與史特勞斯無關，但隨之展開的政教關係爭議，又把史特勞斯捲入了是非。正是在那場論爭中，首度出現「青年黑格爾派」一詞。據其始作俑者的說法，「青年黑格爾派流氓」指的就是史特勞斯及其同路人。[70]

盧格與《哈勒年鑑》

爭議之初，天主教舊派和新教舊派競相登場。天主教人士替科隆大主教辯護，並無意外之有。但某些新教人士，尤其是啟用「青年黑格爾派」一詞的前黑格爾主義者李奧（Heinrich Leo），也對天主教語多敬重—— 藉以貶抑新教陣營中的改革派。自 1838 年年初開始發行，由盧格主持的黑格爾派新刊《哈勒年鑑》，隨即以新教改革派的姿態加入戰局。

盧格曾是大學生會社運動的一員，加入其激進側翼，但尚未行動就被逮捕，遭重判 14 年，後因減刑而提前出獄。大學時期，他已接觸民主與共和觀念。在獄中除了涉獵雅典民主、古典共和外，他也吸收了法國共和思想。1831 年取得博士學位後，在哈勒大學擔任講師，此時才系統地閱讀黑格爾。[71] 1837 年，即「哥廷根七賢」抗議漢諾威新國王毀憲的那一年，盧格為創立《哈勒年鑑》而四處奔走，網羅了一百多位作者。後者多具有

69　Stedman Jones（2016: 77）。附帶一提，1840 年腓特烈‧威廉四世即位後，對天主教勢力做出若干妥協。他受「覺醒」運動影響，靠向一種中世紀浪漫主義，並娶天主教徒為妻。

70　Heinrich（2019: 257）。

71　關於盧格生平，另見 Mah（1987: chs. 5-6）、Heinrich（2019: esp. 253）。

黑格爾主義改革派的色彩，但盧格也邀請了偏保守的黑格爾主義者，包括李奧。

在 1830 年代持續高漲的反動浪潮下，右翼黑格爾主義者更趨於保守。《哈勒年鑑》則有意謀求更多元的言路。例如，史特勞斯引發激烈論爭的《耶穌傳》，在最具權威的黑格爾主義刊物《科學批評年鑑》上，只得到鮑威爾（時為黑格爾主義神學保守派）充滿敵意的評論，其他觀點都不予刊登。[72] 盧格遂邀請史特勞斯替《哈勒年鑑》撰稿，並訴諸學術自由以抵擋外界攻擊。

曾經受業於黑格爾的哈勒大學教授李奧，在 1830 年代急遽地保守化。他聲稱，科隆大主教的做法固然不對，但新教徒應該向天主教教會學習規訓和秩序，尤須拋棄那種背離了宗教改革初衷的理性主義，萬不可與「自由派革命黨」同流合汙。盧格則回應指出，李奧完全誤解了宗教改革，不知其乃精神自由的追求。於是，李奧直接撻伐「自由精神」，指盧格、費爾巴哈和史特勞斯等「青年黑格爾派流氓」詆毀人格神、質疑道成肉身、否認靈魂不朽，根本就是無神論者。[73]

當時，「無神論」是相當嚴重的指控。19 世紀初，費希特曾因「無神論」而被耶拿大學開除。雖然他後來當上柏林大學首任校長，但那發生在普魯士的「改革年代」，背後有開明派重臣的支持。1819 年普魯士擁抱復辟以後，無神論者在大學幾無立錐之地──除非其無神論不為人知。史特勞斯、費爾巴哈、盧格在壓力下離開教職，後來鮑威爾更直接被大學開除，多少都跟無神論的指控有關。李奧痛斥「青年黑格爾派流氓」為無神論者、革命黨人，故絕非出於好意。無獨有偶，新教原教旨主義的柏林大將漢茨騰堡（Ernst Hengstenberg），也在其福音派刊物上登出檄文，呼應李奧對青年黑格爾派的質疑。[74] 在守舊派的圍剿下，一群黑格爾主義改

72　Heinrich（2019: 254）。

73　Breckman（1999: 227-228）、Heinrich（2019: 256-258）。

74　Stedman Jones（2002: 84-85）、Heinrich（2019: 258-259）。

革派及其同路人，開始更真切地意識到「我們」是守舊派的敵人。

　　1838 年初登場時，盧格採取溫和的改革派姿態，不攻擊政府。他對新教原教旨主義的批評，主要是說它遭到天主教和浪漫主義汙染。他強調，無論是啟蒙還是法國大革命，皆與現代新教的自由精神一脈相承，而普魯士的國家理想正是從出於這個系譜。比起黑格爾，盧格對啟蒙、對法國大革命的肯定，要更露骨。但其黑格爾式的新教理性主義，卻也難稱激進。問題在於：普魯士並沒有趨近理性國家的理想，甚至可以說是背道而馳。在理想與現實的強烈反差下，盧格訴諸普魯士「國家本真」的言說進路，不免顯得難以自洽。[75] 1839-1840 年之交，盧格終於把矛頭指向了普魯士國家，稱其只是徒具新教的外表，骨子裡依然是天主教加上絕對君權。普魯士根本背離了新教的精神自由原則，及其要求的「最自由的代表制」。自由、自治、立憲的理性國家基本面，一直付之闕如。[76]

　　比起費爾巴哈、史特勞斯、鮑威爾等理論型作者，盧格不以哲學見長，但在青年黑格爾派的形成過程中，他扮演了議題推動者、人際串聯者、政治定調者等多重要角。「盧格爸爸」是馬克思等一群年輕人後來替他取的綽號。[77] 盧格對浪漫主義的批評，影響甚廣，馬克思亦是受惠者。[78] 在盧格登高一呼之後，「反浪漫主義」也密集出現在鮑威爾和馬克思 1840-1841 年以降的文字。

　　馬克思的柏林友人暨《雅典娜神殿》的編輯梅因（Eduard Meyen），在 1839 年響應盧格，寫了一本冊子追究李奧和天主教的思想淵源。同年，馬克思的好友柯本（Karl Köppen）為文駁斥一位批評黑格爾立憲思想的保守派。柯本直言，黑格爾的確主張立憲君主制，普魯士則還不是立

75　Cf. Breckman（1999: 227-230）。

76　Heinrich（2019: 265）。

77　「盧格爸爸」（Papa Ruge）的綽號，參見 Jenny von Westphalen（*MECW*, 1: 728），1843 年 3 月燕妮致馬克思。

78　此指盧格和艾赫特米爾（Ernst Theodor Echtermeyer）在 1839-1840 年發表的名篇〈新教和浪漫主義〉。Cf. Heinrich（2019: 262-264）。

憲君主國。至於批評者提倡的純君主制，只是一種依附於國王人身的、陳腐的位格主義。柯本為了申論腓特烈大帝不支持純君主制，再於 1840 年出版《腓特烈大帝和他的對手》，並得到盧格的長篇評介和讚賞。柯本把這本冊子獻給了「來自特里爾的吾友卡爾・亨利希・馬克思」。[79]

　　青年黑格爾派的主要代表，一般認為是盧格、費爾巴哈、鮑威爾，再加上先行者史特勞斯。梅因和柯本是柏林的博士俱樂部成員，自 1839 年起與《哈勒年鑑》愈走愈近。鮑威爾則遲至 1840 年，才加入以《哈勒年鑑》為主要陣地的青年黑格爾派。1841 年，鮑威爾成為該派的無神論先鋒，馬克思則是他最重要的合作者。同年，費爾巴哈出版的《基督教的本質》[80]，亦展露出無神論的取向。盧格也從昔日的新教理性主義，轉向無神論人本主義。雖然《耶穌傳》對青年黑格爾派起到了奠基作用，但隨著該派的激進化，史特勞斯與之漸行漸遠。

四、向共和主義轉進

　　1840 年 5 月，主管教育和宗教事務的普魯士大臣奧騰斯坦病逝。同年 6 月，腓特烈・威廉三世駕崩，其長子腓特烈・威廉四世即位。奧騰斯坦在改革年代入閣，曾是黑格爾的支持者，此後一直保護黑格爾派。但他在 1838 年因病退休而漸失影響力。1840 年，甘斯的法哲學講座由保守派政治神學家施塔爾（Friedrich Julius Stahl）接任。黑格爾那個懸缺已久的哲學講座，在 1841 年派給了「啟示哲學」和「實證哲學」的健將謝林，期以神啟壓倒理性，「根除黑格爾主義的龍種」。[81]隔年，與黑格爾主義針鋒相對的歷史法學派傳人薩維尼，入閣成為司法部長。[82]單從這些人事

79　Heinrich（2019: 252, 220-221）、Breckman（1999: 142）、Stedman Jones（2016: 79）。
80　Feuerbach（2011 [1841]）。
81　Stedman Jones（2016: 68, 75, 97）、McLellan（1995 [1973]: 32）。
82　McLellan（1995 [1973]: 38）。

任命，已不難窺見新國王對黑格爾派的敵意。

在此局面下，有些黑格爾主義者選擇了投靠或噤聲，但青年黑格爾派升高了批判現實的力道。他們從泛神論走向無神論，勇於挑戰新國王的「基督教國家」路線。他們對人格神論的質疑，亦逐漸取得特定的政治含蘊，即一種反君主制的公民共和主義。部分成員對黑格爾的評價也發生變化，開始從正轉負，甚至直指黑格爾哲學的保守性。

但無神論再加上共和主義，有如飛蛾撲火。自 1841 年年初開始發行的柏林《雅典娜神殿》，因其青年黑格爾派的色彩，不到一年就遭到查禁。樹大招風的《哈勒年鑑》在審查壓力下，於 1841 年 7 月轉移至薩克森首府德勒斯登，易名為《德意志年鑑》。然而，拜 1819 年《卡斯巴德決議》之所賜，普魯士得以繼續施壓薩克森，要求貫徹嚴格的事前審查。1842 年 3 月，波昂大學開除了鮑威爾，並取消其授課許可 —— 這標誌著青年黑格爾派已成為國家敵人。[83]

無神論人本主義

1835 年，史特勞斯率先從黑格爾主義的神學論辯中，開啟了一種人本主義論說進路。如果神性是人性的投射，那些偶像化、人格化的神明，就可理解為人的自我異化。這個思路構成了青年黑格爾派的重要基石。但史特勞斯止步於泛神論人本主義，不接受無神論人本主義。作為政治上的溫和派，他也拒絕從人本主義走向共和主義。[84]

青年黑格爾派的無神論轉向，浮現於 1840-1841 年間。帶頭宣揚無神論的是鮑威爾，而大約同時，費爾巴哈也成為顯性的無神論者。前文提及，馬克思的柏林友人柯本、梅因等，在 1839 年已響應盧格，加入對抗守舊派的筆陣。但博士俱樂部的核心人物鮑威爾，卻遲至 1840 年才入

83　Stedman Jones（2016: 96, 104）、Breckman（1999: 246-247）。

84　Toews（1980: 286-287）、Breckman（1999: 247）。

列。馬克思在 1837 年結識鮑威爾，當時鮑是柏林大學講師。作為黑格爾
主義神學家，鮑的神學立場相當保守，廣被視作黑格爾主義陣營中的
神學保守派或正統派。[85] 他全盤拒斥史特勞斯的神學見解，起初也不接受
人本主義。[86]

　　但在 1839 年，鮑威爾批評、並觸怒了柏林的新教守舊派要角漢茨騰
堡，隨後被調去波昂大學。1840 年夏，他開始批評教會的等級制度，指
其妨礙了學術發展。從此，他出櫃成為左派，自稱是神學上的左派（無神
論人本主義者）暨政治上的左派（共和主義者）。1841 年，鮑威爾替《哈
勒年鑑》撰稿，攻擊普魯士當局的「基督教國家」，並鼓吹「人的自我意
識乃最高神性」之說。這是一種激進化的人本主義，亮出了無神論的底
牌。[87]

　　突然大幅左轉的鮑威爾，雖然從史特勞斯汲取了人本主義養分，但堅
稱史特勞斯的神學認識是錯誤的。鮑威爾認為，《新約》不是猶太人共同
體的神話，而是一個文學敘事的傳統。基督教係因羅馬帝國的興起才得到
發展，它使人類脫離了古希臘代表的自然／本性，從此陷入普遍的宗教幻
念。然而，「人的自我意識」終將擺脫基督教和封建主義的束縛，迎向普
遍的理性自由。[88]

　　鮑威爾所謂「人的自我意識」，並不是黑格爾「絕對精神」的同等
物，也不是指每個人特殊的意識狀態。他是在個體層面上（而非群體或集
體層面上）運用「人的自我意識」概念，其思路是：沒有理性自由的公
民，就沒有理性自由的國家。「人的自我意識」之說，意在把個人特殊性
轉化成普遍的公民性，指向一種內化了普遍理性的公民個體。此一提法亦
是對人格神論和絕對王權的反擊。它欲以「人的自我意識」革掉基督教上

85　Stedman Jones（2002: 85 fn. 126; 2016: 90-97）。
86　鮑威爾的哲學與政治思想，見 Moggach（2003）。另見 Moggach（2006）、Toews（1980:
　　ch. 9）、Mah（1987: chs. 3-4）。
87　Heinrich（2019: 277-282）。
88　Stedman Jones（2016: 94-95）。

帝的命，並以共和主義推翻君主制。[89]

　　1841 年以降，費爾巴哈在《基督教的本質》及其他文字中，也轉向了無神論人本主義。他關於「人的類存有」的自然主義／物質主義論說，有意與一切思辨哲學（包括黑格爾哲學）決裂。他強調，人是有感覺、有情緒、有肉身的存有。本屬於人的一些美好品質，卻被抽離於人，投射成為異於人的神。這些偶像化、人格化的神，係從人類的感覺和情緒（理解為類存有、類本質）異化而出，取得了一種獨立於人、異於人的假象。[90]正面地看，基督教蘊含了社會性／共同體性的追索（尤指天主教教會），也具有邁向自由人共和的潛力（此指新教個人主義尚未兌現的潛質）。[91]但重點是：這些積極要素源自於人的類存有，而唯有告別宗教，人才能超克自我異化，真正回歸人的類本質。

　　日益激進化的青年黑格爾派，對黑格爾的看法也發生了變化。1839年，費爾巴哈率先攻擊黑格爾的絕對哲學，指其不當地把哲學絕對化，甚至獨尊一位哲學基督。[92]後來，他又把「宗教是人類的自我異化」之說，擴展運用於黑格爾哲學本身，指其係建立於空中樓閣式的、擬人化的「抽象」。[93]這個說法在 1843-1844 年間，對馬克思產生了可見的影響。[94]

　　自 1840 年起，盧格對黑格爾的政治哲學展開批判，指黑格爾的主權

89　Moggach（2006: esp. 123-125; 2003: ch. 4），另見 Tomba（2006）。

90　Feuerbach（2011 [1841]; 2012）。另見 Toews（1980: ch. 10）、Wartofsky（1978: ch. VIII）、Gooch（2011）、Williams（2006）。

91　費爾巴哈認為，比起新教，天主教有更強的共同體面向。見 Feuerbach（1980 [1830]: 7, 135）。不同於大多數親近新教的黑格爾主義者，他對新教個人主義的批判相當嚴厲，並由此走向對市民社會利己主義的批判。但他後來表示，新教個人主義具有共和的潛質：「新教徒是宗教上的共和派。一旦宗教內容消失了，新教自然導致政治上的共和主義」，見 Feuerbach（2012: 152）。

92　此指 1839 年 8 月至 9 月費爾巴哈在《哈勒年鑑》發表的〈黑格爾哲學批判〉，收於 Feuerbach（2012: 53-96）。另見 Wartofsky（1978: chs. VI-VII）、Toews（1980: ch. 11）。

93　另見第二章第二節，此處不贅。

94　對馬克思影響最大的費爾巴哈著作，是寫於 1842 年但隔年年初才出版的〈哲學改革的初步綱要〉和 1843 年《未來哲學》。兩者收於 Feuerbach（2012: 153-173, 175-245）。

觀仍綁定於君王的絕對位格，故與施塔爾等保皇黨人無甚差異。此前，甘斯、盧格、柯本等黑格爾主義自由派，多強調黑格爾的立憲主義一面。如今，盧格卻把黑格爾說成是施塔爾的同路人。施塔爾向來把黑格爾和黑格爾主義視作敵人，且認為黑格爾的主權觀暗藏了共和主義，黑格爾的財產觀甚將導致共產主義，等等。暫且不論盧格新說法的對錯，它顯然蘊含了政治觀點的重大改變。[95]

　　時至 1841 年，青年黑格爾派的激進色彩已展露無遺。其最顯著的外在標誌是無神論，即一種反基督教、後基督教的無神論人本主義。鮑威爾和費爾巴哈以各自不同的方式，走向無神論人本主義。盧格也告別了他以往的新教理性主義，改從無神論人本主義去批評新教。1841-1842 年，盧格發動一波言論攻勢，網羅了鮑威爾等寫手，欲對新國王的「基督教國家」展開攻擊。[96] 鮑威爾左轉之後，成為一位言詞激烈的無神論者，並於 1841 年 10 月匿名出了一本冊子《對無神論者和反基督者黑格爾的末日審判宣告》（以下簡稱《對黑格爾的末日審判》），極盡聳人聽聞之能事。其以故意說反話的方式，用衛道者的口吻「揭發」黑格爾反基督的本質，並「指控」黑格爾是羅伯斯庇爾的傳人。但這不是要批評黑格爾，而是戲謔地表達鮑威爾自己的立場。至此，鮑威爾在無神論之外，還倒向了激進的雅各賓共和主義。[97]

走向共和

　　1835 年，費爾巴哈為文批評施塔爾，質疑其從人格神論去辯護絕對王權的論說。[98] 絕對君主的權威就像是人格神的權威，此乃施塔爾的基本

95　Breckman（1999: 234-235, 117）。

96　Stedman Jones（2002: 90-98）、Toews（1980: 251-253）、Breckman（2011）。

97　《對黑格爾的末日審判》摘錄於 Stepelevich ed.（1983: 177-186）。

98　見 Breckman（1999: 80-89, 109-119）論施塔爾與費爾巴哈。施塔爾早期受謝林影響，把「神啟」當作一切法律和政治的根據。這是一種強烈反理性主義的政治神學。

命題。那麼，否定了後者，就相當於否定了前者——這是費爾巴哈的思路。正因為批評了施塔爾，費爾巴哈成為保守派的眼中釘，被迫放棄體制內的學術生涯。但當時，他對絕對王權的理論商榷，仍是一種改革派的言路，並未宣稱要推翻一切君主制。

換言之，費爾巴哈等所謂的青年黑格爾派，並非從一開始就政治激進。質疑不立憲、不開全國議會的絕對君主制，本來稱不上激進。但如果當局大開倒車，一味倒向守舊勢力，那就另當別論。從某個角度看，正因為新國王把青年黑格爾派打成國家敵人，這就使該派與改良主義漸行漸遠，終至走上了不斷激進化的道路。1840-1841 年起，青年黑格爾派先是轉化成某種激進自由派，然後，又進一步激進化為反君主制的共和派。

前文提及，在 1820 年代的西班牙，反對君主專制、要求實施代議制憲政的一方，是為「自由派」。與此相關，法國七月革命廣被視作「自由主義」和「立憲主義」的勝利。這兩種主義有時是同義語，但在另一些情況下，也可能有不同的含意。畢竟，自由派爭取的是自由主義憲政，立憲派則未必堅持自由主義。相對於立憲派／立憲主義，自由派／自由主義常被認為是更激進的立場。例如，黑格爾是立憲派，但鮮少被稱作自由派。甘斯則常被界定為自由派或進步派，而不只是立憲派或改革派。又如，李奧在 1838 年把青年黑格爾派打成「自由派革命黨」，藉以妖魔化該派。要是李奧改用「改革派」或「立憲派」去稱呼該派，就起不到同樣的作用。

1840-1841 年以降，青年黑格爾派的部分成員（尤其柏林成員），一度採納「自由派」和「自由主義」的政治認同。馬克思在 1841 年的博士論文中，把「自由派」視作對抗保守派（尤指謝林等人的實證哲學）的進步力量，且以自由派的一分子自居。[99] 恩格斯雖不是青年黑格爾派的成員，但他在柏林附近當兵時，跟博士俱樂部（後改名「自由人」）的成員有所往來。[100] 1842 年 4 月，恩格斯暗示自由主義革命即將到來，並

99　Marx（*MECW*, 1: 86），馬克思（馬恩全集 II，1：76-77）。
100　Carver（1989: 62-64）。恩格斯在 1841 年秋抵達柏林，馬克思已於 1841 年春離開柏林。

表示他更看好理論性強的「北德自由派」,而非小步前進的「南德自由派」。[101] 北德與南德自由派的對比,起因是鮑威爾在 1841 年 9 月底的談話。鮑威爾在一場歡迎南德自由派來訪的聚會中,指其改良主義太過溫和,未必適用於普魯士。[102](但不久後,鮑威爾就從北德自由派的位置,繼續轉進到雅各賓共和主義。)

「自由派」與「共和派」的關係為何,並沒有一成不變的答案,取決於具體的政治脈絡。就 1830-1840 年代的普魯士而言,鮮有自由派全盤否定君主制;若是拒斥一切君主制,也就成了危險的共和派。這樣的兩派分化,與來自法國的影響也是有關的。在七月王朝下,自由主義式的君主立憲已經實現,在朝的自由派支持君主制,在野的共和派(從相當右到極度左)都反對君主制。就此而言,「自由派不反君主制,共和派才反君主制」也是彼時法國的政治基本面。

但普法兩國多所不同。法國人享有的言論自由比普魯士人要多得多。在普魯士,自由派遭到強力壓制,共和派被視同欲砍掉國王首級的恐怖分子。1834 年特里爾的卡西諾俱樂部被查抄,導火線就是有人合唱了《馬賽曲》(創作於法國大革命時期的共和主義歌曲,1795 年國民公會定此曲為法國國歌)。雖然七月王朝緊縮了共和派的政治自由,但其思想言論仍得以擴散。普魯士那種蕭殺的政治檢查和事前審查制,則完全是另一回事。就「三月革命前時期」的普國來說,誰要是出櫃為共和派,誰就是公然與國王為敵,必遭懲罰。

1830 年代以甘斯為主要代表的黑格爾主義自由派/進步派,雖然也對復辟王政多所不滿,卻並未與君主制決裂。按甘斯在 1839 年去世前的說法,儘管普魯士尚不是現代立憲國家,但其法政制度已蘊含了憲政要素,只是仍待開展。實則,甘斯的真實立場,可能要比前述的修辭更具批

---

101 Engels(*MECW*, 2: 265-267),〈北德與南德自由主義〉,1842 年 4 月刊於《萊茵報》。
102 Stedman Jones(2016: 97-99)、Moggach(2003: ch. 5)。

判性。[103] 1830 年代初，他曾把普魯士形容為「監護人國家」。在 1833 年修訂版《法哲學》的序言中，他暗示黑格爾的立憲國家論已經過時。[104] 作為普魯士法哲學的啟蒙主義代表，甘斯力抗保守的歷史法學派。他與法國思想界交往，熟悉法國新舊思潮，包括自由主義、共和主義、新興的社會主義、無產階級與階級鬥爭的新說……等等。他既是普魯士自由派產權理論的先驅，也是較早關切「社會問題」的黑格爾主義者。[105] 這裡的重點是：甘斯觀念前衛，但不直接攻擊君主制。

　　有別於甘斯，後起的青年黑格爾派在 1841-1842 年間，位移到了準共和派的戰鬥位置。其最駭人聽聞的說詞，出現在鮑威爾匿名發行的冊子《對黑格爾的末日審判》。它假借反動派的語氣，譴責青年黑格爾派是仇恨德意志的法蘭西革命黨人，是追隨羅伯斯庇爾的雅各賓共和派。[106] 鮑威爾語不驚人死不休，未必能代表青年黑格爾派的其他成員，但共和主義並非鮑威爾一人的偏執，而是愈發成為該派成員的交集。1842 年，青年黑格爾派的共和主義轉向已相當明確。馬克思在 3 月 5 日寫給盧格的信中，稱立憲王權是一種自相矛盾的混雜形式。

　　　　我想為《德意志年鑑》寫的另一篇文章，是對黑格爾自然法（涉及內部政治系統）的批判。它的核心要點，是要和立憲王權這種從頭到尾自相矛盾、自我毀滅的混雜物進行鬥爭。[107]

此時，馬克思已步入共和主義的論域，儘管他避免公開使用「共和」一詞。

103　Breckman（1999: 143-144）。

104　Hoffheimer（1995: 92）、Toews（1980: 228）。1833 年《法哲學》的甘斯序言，收於Hoffheimer（1995: 87-92）。

105　甘斯的社會思想，另見 Bienenstock（2011）、Waszek（2006）、Breckman（1999: 164-176）。

106　Moggach（2003: ch. 5）。

107　Marx（*MECW*, 1: 382-383），馬克思（馬恩全集 II，47：23），1842 年 3 月 5 日致盧格。

青年黑格爾派畢竟不是政治家，其共和主義依然帶有濃厚的哲學味，主要是一種批判性、理論性的共和主義。[108]盧格、鮑威爾和費爾巴哈的共和論說，既相互影響也互有差異。盧格最看重公民政治參與的匱乏；鮑威爾更強調理性自由在公民個體層面的普遍化；費爾巴哈呈現出更強的共同體主義傾向；馬克思則可能是最激進的普遍主義者。他們之間，存在若干顯著的共相。例如，古希臘城邦、古典共和被視作重要的論說資源，而這包括古代的美學自由與藝術表現，不同於現代國家的政治共同體、公共生活和公民參與，人與自然的更和諧關係……等等。再者，他們都受到盧梭公意論的啟發，儘管他們不提倡盧梭式的公民宗教，不欣賞斯巴達式的禁欲主義，也不熱中於小國寡民的直接民主。他們承接了德意志論者（尤其康德）對盧梭式公民共和主義的轉譯，故重視精神自由、理性自主，並指向一種自由人（或自主公民）自我立法的共和。自由人要能自我立法並形成公意，精神自由、出版自由必不可缺──這分別是盧格、馬克思特別著重的面向。[109]

青年黑格爾派對「自由人共和」的憧憬，使之與黑格爾國家論漸行漸遠，終至發生了斷裂。在此，盧格 1840 年以降對黑格爾的一系列批評，格外具有代表性。一開始，盧格責怪黑格爾未能擺脫半封建的絕對主義，指黑格爾仰賴的英國典範已太過陳舊。盧格並不同意「黑格爾擁抱復辟」之說，但和大多數自由派一樣，他認為黑格爾的妥協性太強──這是自由派對黑格爾的常見質疑。[110]

---

108 盧格或許是半個例外。他在參加大學生會社運動時，已接觸共和思想，後來在獄中勤讀，強化了這方面的知識。相對於政治經驗複雜的盧格，青年黑格爾派的其他重要成員如費爾巴哈、鮑威爾、馬克思等，幾乎都是理論型人物。不同於盧格和恩格斯，他們都是先成為黑格爾主義者以後，經由對黑格爾理論的批判，才轉進到共和主義。另見 Breckman（1999: ch. 6）論盧格的共和思想，以及 Mah（1987: chs. 5-6）。

109 這只是簡要的概括，未納入後來導致青年黑格爾派分裂的各種分歧。鮑威爾的共和思想，見 Moggach（2003: chs. 4-5; 2006）。費爾巴哈的共和主義，見 Breckman（1999: 214-220）、Gooch（2011）、Leopold（2007: 203-218）。

110 Heinrich（2019: 265-266）。

　　不出多久，盧格開始譴責黑格爾和新教個人主義糾纏不清。從盧格最新的共和主義視角，新教個人主義之不可欲，乃因其漠視公共生活、貶抑公民參與。正因為黑格爾繼承了新教個人主義的反公共性，黑格爾式國家必淪為「市民社會的國家」。後者原是黑格爾的提法，係指「為市民社會服務的國家」。這種國家立基於英法個人主義式的社會契約論，把國家降格成了原子化市民社會的維繫者，因而也消解了政治共同體。對此，黑格爾深不以為然。但盧格稱，黑格爾對「市民社會的國家」的批評，同樣適用於黑格爾自己的國家論。蓋黑格爾勾勒出的現代國家，依然是一種沒有公共生活的「私和」。[111]

　　1842 年，盧格進一步指出：康德和黑格爾的政治懦弱，皆源自於新教信仰的內向性。這裡蘊含著費爾巴哈對新教位格主義的一項重要批評，亦即：新教以個人和上帝之間的特殊關係，構建出自外於人間共同體的「私人」。[112] 盧格宣稱，新教信仰的內向性，恰恰是一種反政治的私人性。[113] 1842-1843 年之交，盧格再以〈自由主義的自我批判〉為題，譴責德國自由派已淪為新教個人主義的囚徒。他們躲進小樓成一統，不肯積極介入政治，於是成為守舊派的共犯，共同加劇了公民不存、公共不彰的腐朽現實。此文結語是：自由主義可以休矣！「民主主義」此其時也！[114]

　　盧格所謂的民主主義，指的就是民主共和主義——只是迴避了比「民主」更敏感的「共和」一詞。

111　Breckman（1999: 235-246）。

112　這項批評始於費爾巴哈《關於死亡與不朽的思考》（1830）。參見 Feuerbach（1980 [1830]）。

113　見盧格〈黑格爾的《法哲學》與我們時代的政治〉（1842），收錄於 Stepelevich ed.（1983: 211-236）。

114　見盧格〈自由主義的自我批判〉（1843），收錄於 Stepelevich ed.（1983: 237-259）。

五、市民社會的私人性

在盧格看來，黑格爾和自由主義的共同問題，在於縱容私人性、私人利益的追求，致令公共生活極度匱乏，只有去政治化的私和，而沒有公民參與政治、形成公意、追求共同善的共和。基於這樣的思路，盧格對私人性展開批評，並對現代市民社會提出質疑。

從公民共和主義的視角，黑格爾式國家最顯著的問題，首先是它幾乎沒有公民。在黑格爾的立憲君主國，上議院是世襲貴族院，下議院是頂層精英的禁臠，有投票權的選民極少。[115]「三月革命前時期」的普魯士自由派，則可能反對上議院世襲，亦可能支持更寬鬆的選民財產限制。但在他們視作典範的七月王朝，有投票權的「積極公民」還不到成年男性的5%。在這一點上，英國比法國要好，但英國距離男性普選仍非常遙遠。易言之，彼時以英法為師的德國自由派，也預設了頗高的公民權門檻。

在1840年代的英國和法國，要求放寬公民資格、下放投票權的呼聲，漸趨高漲。在普魯士，則只有每3年才召開一次的各省等級會議。其會議代表的選舉方式極其扭曲，當局卻毫無改革意願，遑論設立全國議會。在此背景下，青年黑格爾派選擇與反專制的自由派合作——由青年黑格爾派成員主編的自由派報紙《萊茵報》即是一例。[116] 但在最基本的政治認知上，青年黑格爾派和主流自由派的分歧愈來愈大。

盧格、費爾巴哈和馬克思，都對自由派欲伸張的「人權」有所懷疑。[117] 從表面來看，法國大革命時期的《人權和公民權宣言》是要同時維護這兩種權利。但事實上，唯有「積極公民」才享有公民權，即政治參與的權利；「消極公民」只享有人權。對費爾巴哈、盧格等人來說，「人權」乃是新教個人主義的產物。這種權利是有缺陷的，因其內建了反公共性、反

---

115 Hegel（2003 [1820]: 305 ff.）。Cf. Weil（1998: ch. 4）。
116 另見本章第六節。
117 馬克思在1844年〈論猶太人問題〉對「人權」的批判，另見第二章第四節。

共同體性、反政治性、非公民性。這就關聯到了現代市民社會。[118]

　　人權，包括了追逐私利的消極自由權。從盧格和費爾巴哈的角度，此種私權正是現代市民社會的憲章。恰如《法哲學》所指出，現代市民社會是私人利益、特殊利益的樂園。但黑格爾誤以為，市民社會的特殊利益可被去勢馴服，可受到有效的國家規訓。在盧格等人看來，這是黑格爾的嚴重誤判，與現實完全脫節。

　　依黑格爾之見，政治國家和市民社會的分立，係為現代世界一大特徵。現代市民社會是個人主義、特殊主義的場域，存在各種特殊利益和特殊需要；市民被賦予財產權及其他個人權利，藉以追求各自的私人利益、私人良心、私人價值、私人目的。但在不同的特殊利益之間，在特殊利益與普遍利益之間，衝突勢所難免。「普遍國家」將通過特定的中介機制（官僚、社團法人、代議機構等），納特殊於普遍，以普遍的國家利益去統攝（而非消除）市民社會的特殊利益。唯有如此，才能營造出屬於現代世界的政治共同體和倫理生活。[119]

　　不主張化私為公，不要求掃除市民社會的特殊利益，可謂是黑格爾國家論的「現代」一面。對黑格爾來說，市民社會所承載的特殊利益和特殊需要，以及各式各樣的個人追求，乃現代世界的構成要件，需要保留而非消滅。他之所以擁護私有財產及其他市民權利，與此見解密切相關。黑格爾的權利觀固然不同於自然權利論，不像後者那般個人至上，但即使如此，黑格爾接受現代市民社會的運作邏輯，尤其是私有制和商業。[120] 他相信「普遍國家」有能力去統攝相互傾軋的特殊利益，以實現共同善，以臻於倫理生活。

　　市民社會的陰暗面，《法哲學》亦有所著墨。猖獗的利己主義，激烈的生存競爭，連同一群不算是市民的底層赤貧者，都是隱憂。但黑格爾並

---

118 Cf. Feuerbach（2012: esp. 171）在〈哲學改革的初步綱要〉論人與公民。
119 Hegel（2003 [1820]: pt. 3）。另見 A. Wood（1991: ch. 14）、Pinkard（2000: ch. 11）。
120 A. Wood（1991: ch. 5）。

未深究所謂的「社會問題」及其成因。[121] 在這一方面，著力最深的黑格爾主義者是甘斯。早在青年黑格爾派興起以前，甘斯援用法國和英國的思想資源，已論及貧富差距、無產階級、階級鬥爭、工人的組合權利等課題。[122]

　　1830 年代以降，共和主義在法國再度抬頭，社會主義在法國和英國興起，另有以英國憲章主義工運為代表的激進民主主義。[123] 無論是新興的社會主義，還是中間偏左的社會共和主義，抑或是左翼激進民主，都關切「社會問題」。在法國七月王朝，除了選舉權被極少數人壟斷，其惡政據稱還包括：金融寡頭的宰制；人吃人的逐底競爭；失業、低度就業與貧窮問題的惡化；無產階級的悲慘化……等等。諸如此類的觀點，經由德法交流，也開始流入德國知識界。

　　普魯士雖是後發國，但當然也有「社會問題」，只是和新興工業的關係還不大。彼時法國仍只有零星的現代工業腹地，遑論更落後的普魯士。但從封建關係解放出來的農奴，無法近用被私有化的林地的農民，失去行會保護的手工業者，城市居民和進城農民工，承包制下的工資勞動者等，都可能因經濟起伏而失業或低度就業，陷入貧窮甚至赤貧。此外，糧食生產的不穩定，也依然是社經危機的一大來源。[124]

　　甘斯是最早從法國引入「無產階級」和「階級鬥爭」等新興觀念的普魯士論者之一。他亦對工資勞動、勞資關係、工人的組合權利提出看法，並仔細斟酌了聖西蒙主義者「廢除財產繼承權」的主張。[125] 作為黑格爾法哲學的指定傳人，甘斯在財產權問題上，堅持了黑格爾的基本立場。甘斯

121　Hegel（2003 [1820]: esp. 267 [§ 245]）。Cf. Weil（1998: ch. 5）、Avineri（1972: ch. 7）。

122　Bienenstock（2011）、Waszek（2006）。

123　見 Pilbeam（2000）論法國社會主義；Claeys（1987; 1989）論英國社會主義；Stedman Jones（1983: ch. 3）、D. Thompson（1984）論英國憲章主義運動。

124　Sperber（1994: ch. 1）。

125　Waszek（2006: esp. 36-37）、Bienenstock（2011: 171-172）。Cf. Bazard et al.（1972 [1829-1830]）。

表示，讓渡財產給子女，實為私有財產的題中之意，亦是家庭的基礎。一旦廢除財產繼承權，經營私有財產的動機將大幅減弱，私有財產將失去其立意。但這是不可欲的，因為私有財產是個人性的構成要件。[126]

作為自由派，甘斯質疑容克貴族的土地特權，拒斥歷史法學派的辯護說詞如「實質占有的事實」、施塔爾的位格主義產權論等。[127] 雖然甘斯否決了財產的集體化，並反對廢除財產繼承權，但他的理論可用來支持某些財產（如土地特權、教會特權）的理性重分配。再者，甘斯主張工人通過組合權的行使，「聯合」起來爭取權益。他援引了流行於法國社會主義的「聯合」概念，亦從英國工會運動汲取養分，堪稱是普魯士聯合主義與工會主義的先聲。[128]

若以甘斯作為對照，則青年黑格爾派的市民社會論述，主要是針對私人性／私人利益、特殊性／特殊利益的理論批判。甘斯對「社會問題」的考察，看似更貼近現實。他論及的工人組合權，無疑是一重要課題，卻未受到青年黑格爾派的重視。此外，雖然甘斯指出市民社會的若干弊病，但他堅定捍衛私有財產，並重申「個人性」場域的存在價值 —— 青年黑格爾派則不然。該派猛烈抨擊現代市民社會的私人性，似欲否認市民社會的存在必要。對於私有財產，該派則未置可否。（按：及至 1844 年，馬克思才明確主張「消滅私有財產」，但盧格、鮑威爾和費爾巴哈都不接受這一立場。[129]）

費爾巴哈很早就開始思索基督新教的社會文化效應。他在 1830 年匿名出版的《關於死亡與不朽的思考》中，已把新教個人主義、位格主義關聯到社會層面的利己主義。在他看來，基督教「不朽」觀念的興起，與古希臘城邦、古羅馬共和的衰敗息息相關。人格神論，只是新教位格主義的一面。其另一面是以上帝和信徒個人之間的關係，把信徒轉化成了私

126　Waszek（2006: 39, 41）、Bienenstock（2011: 169-171）。

127　Stedman Jones（2002: 157-158）、Breckman（1999: 167-168）。

128　Bienenstock（2011: 173-176）。

129　另見本書第二章和第三章。

人。[130] 這樣一種崇拜上帝的私人，更關切的是自己死後如何，故吝於融入人間共同體；在經濟生活中，則化身為追逐私利的利己主義者。在此，費爾巴哈把新教個人主義、位格主義（宗教面）關聯到市民社會的利己主義（社經面），認為兩者是同構的。質言之，現代市民社會就是「基督教市民社會」。[131]

費爾巴哈在 1841 年的名著《基督教的本質》中，又把利己主義視作宗教異化的重要環節。他先是把猶太教扣連到利己主義，進而宣稱基督教把猶太教的利己主義精神化了，將之純化為一種主體性。但此種主體性，即位格化的個人，勢必與共同體格格不入。[132] 按黑格爾的思路，蘇格蘭啟蒙思想中的私有制和商業社會，將被統攝於國家的普遍性，由此締造出政治共同體和倫理生活。但如果利己主義大行其道，共同體如何可能實現？在青年黑格爾派三巨頭中，是費爾巴哈最早批判市民社會利己主義，並將其扣連到宗教個人主義（尤指新教位格主義）。不過，費爾巴哈從未主張消滅私有制。他的相關論說稱不上是社會主義，遑論共產主義，而是一種帶有社會關懷的共和主義－共同體主義。

盧格在費爾巴哈的影響下，也嚴厲批判市民社會的私人性。如前所述，他聲稱黑格爾式國家是「市民社會的國家」。盧格是青年黑格爾派的政治舵手，文風流暢明快，也更貼近現實鬥爭。他除了援引費爾巴哈，強調新教個人主義與市民社會利己主義的同構性，還進一步指稱：非僅市民社會，就連官僚國家也受制於特殊利益。[133] 那麼，特殊利益該如何矯治？又該如何克服「市民社會的國家」之弊？盧格只是重申公民共和主義的要點，但對其實現方式，則所言有限。

馬克思是青年黑格爾派的年輕成員，他先後從鮑威爾、盧格、費爾巴哈汲取養分，納為己用。1842 年 5 月以降，他在《萊茵報》再三批判特

---

130 Feuerbach（1980 [1830]: esp. 6-11），另見 Massey（1976; 1980）。
131 Feuerbach（1980 [1830]: esp. 82），另見 Breckman（1999: 99-109, 204-214）。
132 Feuerbach（2011 [1841]: esp. 174, 223）。
133 Breckman（1999: esp. 236-238）。

殊利益，除了揭發萊茵省等級會議的醜態外，亦直指普魯士官僚統治的普遍性只是假象。就《萊茵報》時期的馬克思而言，盧格對他的影響已超過了鮑威爾。盧格對市民社會私人性的質疑，以及對特殊利益穿透官僚國家的批判，後來在馬克思手中得到了發揮。[134]

六、初出茅廬的馬克思

　　1840-1841 年起，青年黑格爾派轉向無神論人本主義，並向共和主義轉進。部分成員（尤其費爾巴哈和盧格）還強調，新教位格主義以個人和上帝的關係，消解了共同體與公共生活，孕育出私性泛濫的現代市民社會。他們亦對黑格爾的國家論及其哲學基礎提出商榷。作為青年黑格爾派的一員，馬克思參與、分享了該派主要的思維趨勢。

　　數年後，尤自 1844 年以降，青年黑格爾派四分五裂，不再成其為一派。但馬克思仍覺得有必要不斷批判舊友，持續爭論孰是孰非。1844 年，他和盧格公開決裂，並在（隔年年初出版的）《神聖家族》以長篇批判鮑威爾兄弟，其篇幅讓合作者恩格斯都感到吃驚。1845 年春，〈費爾巴哈提綱〉以較溫和的語氣，扼要地批評了費爾巴哈。緊接著，1845-1846 年《德意志意識型態》又以極長的篇幅，批評柏林的（前）青年黑格爾派史蒂納（Max Stirner）與鮑威爾，並留下若干批評費爾巴哈的內容。[135] 可以說，直到 1846 年上半年為止，青年黑格爾派仍是馬克思最看重的參考團體。

---

134 此指 1843 年《黑格爾法哲學批判》，收於 Marx（*MECW*, 3: 3-129）。另見第二章第二節。

135 這些後來的發展，留待第三章和第四章再論。《神聖家族》見 Engels and Marx（*MECW*, 4: 5 ff.）；〈費爾巴哈提綱〉見 Marx（*MECW*, 5: 3-5）；《德意志意識型態》見 Marx and Engels（*MECW*, 5: 19 ff.）。

馬克思與鮑威爾

　　馬克思和鮑威爾相差 9 歲，兩人自 1837 年相識後，逐漸結為好友。前文指出，鮑威爾原屬於黑格爾主義陣營中的神學保守派（或正統派），遲至 1840 年才「左轉」加入青年黑格爾派。大約同時，馬克思也成為鬥志昂揚的無神論者。除了博士論文的寫作外，馬克思亦涉獵宗教哲學，與鮑威爾分進合擊。[136]

　　馬克思博士論文的重點是伊比鳩魯哲學。他對伊比鳩魯的研究興趣，係受到柯本的啟發。他從「自我意識」去解讀伊比鳩魯的意志自由論，將其關聯到了鮑威爾的論說。但他對伊比鳩魯也有批評，指其拘泥於「抽象的個人性」，故只能獲致「脫離存有的自由」，而非更高境界的「存有中的自由」。[137] 這兩類自由的對比，及其隱含的某種集體主義式的自由觀，似透露出馬克思不同於鮑威爾的另一面。但彼時，分歧隱而未顯。[138]

　　馬克思在 1837 年 11 月的家書中，肯定了「從現實本身去尋求觀念」的黑格爾主義思路，並從這個角度去批評康德、費希特，以及歷史法學派。[139] 追求觀念和現實的統一的思路，也出現在他的博士論文。照其陳述，無論是進步的「自由派」，還是保守的「實證哲學」（指謝林等實證哲學家），都未能克服「思想」和「存有」的分裂。在此，馬克思以「自由派」自居，盼其思想／概念能從空中落地，不再與存有／現實相悖離。但如何達成？他提到「哲學的實踐」，但只是一筆帶過，未能展開。[140]

　　鮑威爾勸告馬克思，不要在博士論文裡標新立異，以免無法通過。馬克思最後把論文提交給耶拿大學，於 1841 年 4 月取得博士學位。同年，

---

136 Heinrich（2019: esp. 283, 291）認為，馬克思很早就轉向了無神論，要早於柏林青年黑格爾派的其他成員。

137 Marx（*MECW*, 1: 50, 62），馬克思（馬恩全集 II，1：35、50）。

138 馬克思的博士論文究竟受到鮑威爾多大影響，至今未有定論。Breckman（1999: 259-271）指稱馬克思的論文受到費爾巴哈更多影響，但此說欠缺有力的佐證。

139 Marx（*MECW*, 1: 18），馬克思（馬恩全集 II，47：13）。

140 Marx（*MECW*, 1: 85-86），馬克思（馬恩全集 II，1：75-77）。

鮑威爾找馬克思合作，欲在《哈勒年鑑》之外另起爐灶，辦一份叫作《無神論檔案》的新刊。由於出版檢查變本加厲，此事後來不了了之。鮑威爾自己則在 1841 年 10 月匿名出了《對黑格爾的末日審判》，[141] 還打算和馬克思合作出版一本續集，以「黑格爾對基督教藝術的憎恨」為題。孰料12 月頒布的新書報檢查條例，明令出版物不得攻擊基督教。《對黑格爾的末日審判》遭到查禁，遑論出版續集。[142]

　　馬克思是藝術史愛好者，用了好幾個月去完成他的部分，而且愈寫愈長，據稱已寫到一本書的規模。但 1842 年 3、4 月之交，他放棄了成書計畫，書稿亦未留存。從同一時期的文字線索來看，他推崇古希臘藝術的人性／自然，並藉此貶抑基督教藝術中的偶像崇拜。這是他最激烈反基督教的時刻，動輒以「動物性」去譴責基督教。倘若書稿得以保存，或有助於後人理解《資本論》中「拜物教」隱喻的源起，即其最初是如何形成於青年黑格爾派批判宗教異化、抨擊偶像崇拜的脈絡。[143]

　　馬克思取得博士學位後，本欲謀求大學教職。但青年黑格爾派成員因得罪當道，已接連受迫離開大學，馬克思取得教職的機會也甚為渺茫。鮑威爾在 1841 年 9 月底關於南德自由派不夠激進的一席談話，觸怒了普魯士新國王。不久後，《對黑格爾的末日審判》的作者身分遭到揭露。1842年 3 月，鮑威爾被波昂大學開除，就連授課許可也一併取消。[144] 馬克思體認到大學教職已不可得，乃投入評論寫作，成為一名自由作者。

　　馬克思首先投稿給盧格主編的《德意志年鑑》，但出師不利。他寫於 1842 年 1、2 月的〈評普魯士最近的書報檢查令〉一文，根本無法通過審查。雖然《德意志年鑑》已轉移到薩克森王國，照說不受普魯士管轄，

141　摘錄於 Stepelevich ed.（1983: 177-186）。另見 Moggach（2003: ch. 5）。

142　Stedman Jones（2016: 92, 98-99）。

143　Stedman Jones（2016: 101-104）。Cf. Marx（*MECW*, 1: 189），〈《科隆日報》第一七九號社論〉，1842 年 7 月刊於《萊茵報》。《資本論》第一卷第一章的〈商品拜物教及其祕密〉一節，見 Marx（C1: 163-178），另見本書第七章第四節。

144　Stedman Jones（2002: 88; 2016: 101, 106-107）。

但在卡斯巴德體制的運作下（見本章第二節），來自普魯士的政治壓力頗大。馬克思在〈評普魯士最近的書報檢查令〉中表示，1841 年 12 月的新檢查條例，在「禁止攻擊基督教」這一點上，甚至還不如 1819 年那一套審查法令。新條例完全背離了理性主義，屈從於基督教的宗教原則，迫使人們接受精神上的他律。此文遲至 1843 年 2 月才在瑞士出版，收於盧格編的《軼文集》。[145]

《德意志年鑑》作為青年黑格爾派最主要的言論基地，遭到愈來愈嚴苛的出版檢查。但自 1842 年 1 月起，《萊茵報》成為該派的另一陣地。在鮑威爾等柏林友人的建議下，馬克思開始為《萊茵報》撰稿。

漏網之魚《萊茵報》

《萊茵報》是一份新成立的自由派報紙，總部設在科隆。它相當短命，只維繫了 15 個月。

雖然腓特烈‧威廉四世禁止人們攻擊基督教，但他有意展現對市民的寬大為懷。因此，帶有自由化傾向的報紙，並未遭到全面封殺。面對愈發嚴厲的出版管制，自由派言論動輒得咎，但溫和的自由派報紙仍得以苟活。《萊茵報》則不然──它很快就被勒令關閉。

《萊茵報》原是當局為了抑制萊茵省天主教徒的離心力，才讓它在夾縫中出現。這個區域曾被法國納入版圖達 20 年，歷經了拿破崙的法政改革。其與法國的親近性，以及自覺被新教政權壓制的天主教認同，讓普國政府備受壓力。1840 年法國首相梯也爾（Adolphe Thiers）挑起的「萊茵河危機」，更加深了普魯士對法國可能重奪萊茵河左岸的疑慮。[146] 萊茵省閱讀量最大的報紙《科隆報》帶有鮮明的天主教色彩，不時流露出對新教普魯士的敵意。正因為當局想在該省扶植親普魯士的社會輿論，也才陰錯

---

145 Marx（*MECW*, 1: esp. 116-117），〈評普魯士最近的書報檢查令〉。《軼文集》也收錄了費爾巴哈〈哲學改革的初步綱要〉一文。

146 Clark（2007: 396）。

陽差，讓《萊茵報》得以創刊。[147]

　　《萊茵報》自 1842 年 1 月開始發行。最初的主編人選，是主張保護主義的自由派經濟學家李斯特（Friedrich List）。在後發國普魯士，自由派未必都支持自由貿易——李斯特即是一例。李斯特是政治上的溫和自由派，經濟上的保護主義者。他出於健康因素而婉拒出任主編，推薦了另一位保護主義者。但後者甫上任就遭到撤換，改由魯騰堡接任（不掛名的實質主編）。魯騰堡是鮑威爾的姻親、馬克思的友人，屬柏林青年黑格爾派的人馬。魯之獲選不算意外，因為親近青年黑格爾派的榮格（Georg Jung）和赫斯（Moses Hess），早已介入《萊茵報》的組建過程。赫斯是德國第一位哲學共產主義者，後來與馬克思多所往來。在魯騰堡任內，赫斯和榮格對編輯方針頗具影響力，使該報登出了若干激進文字。[148]

　　《萊茵報》是一份商業自由派報紙，幕後不乏重量級商業人士，如1848 年革命期間的第一位自由派首相康普豪森（Ludolf Camphausen），以及科隆各行業的精英。他們多具新教背景，多是立憲派或溫和自由派。[149]雖然《萊茵報》並非普魯士唯一的自由派報紙，但在 1842 年，該報堪稱是最敢言者。支持該報的萊茵自由派人士，並不排斥與青年黑格爾派合作，儘管該派作者的過激言詞不時惹來麻煩。

　　但普魯士官方的耐心是有限的，在 1842 年 5 月已考慮關閉該報。其主要理由是：該報不斷攻擊基督教，並宣揚「法國自由主義觀念」，幾乎成了青年黑格爾派的宣傳部。[150] 10 月中旬，馬克思成為《萊茵報》不掛名的實質主編。為了避免該報遭到查禁，他加強了自我審查的力道，但還是難以挽回。1843 年 1 月，官方勒令《萊茵報》在 4 月 1 日以前停業。[151]

147　Sperber（2013: 81）。

148　Sperber（2013: 81-83, 90-91）。

149　Stedman Jones（2016: 105-106）。

150　Sperber（2013: 89-90）。

151　另見 1843 年 2 月 12 日《萊茵報》股東大會的討論（*MECW*, 1: 712-724），和會後的聯合請願書（*MECW*, 1: 725-726）。

出版自由和理性國家

1842 年 4 月，馬克思向盧格表示，他想為《德意志年鑑》撰寫 4 篇評論，分別是關於宗教藝術、浪漫派、歷史法學派、實證哲學家。[152] 但後來問世的只有歷史法學派一篇，8 月刊登於《萊茵報》。[153] 這篇文字攻擊歷史法學派的奠基者胡果（Gustav Hugo），指胡果出於對理性的絕對懷疑，把人類法律看作是他律的「動物法則」。胡果的後繼者乞靈於政治神學，從宗教去正當化動物法則，但他們跟胡果一樣，崇拜專橫的權力。在此，馬克思從道德自律的理性主義視角，譴責胡果把人類貶抑成了動物，並嘲諷其追隨者的宗教轉向。[154]

馬克思最早刊出的評論是 1842 年 5 月的〈關於出版自由和公布等級會議紀錄的辯論〉（以下簡稱〈關於出版自由〉），分 6 次連載。[155] 在〈評普魯士最近的書報檢查令〉、〈關於出版自由〉及同時期的其他文字中，馬克思從一種理性主義的視角，痛斥出版檢查為理性自由之大敵。沒有全面的出版自由，「人民」就難以獲致精神上的自由和成熟。作為「人民精神」和「公共精神」的化身，自由報刊係為「理性國家」不可或缺的要件。這是〈關於出版自由〉最主要的論點。[156]

前文指出，青年黑格爾派在激進化的過程中，汲取了公民共和主義的思想要素。馬克思在 1842 年 3 月致盧格的信中，已質疑立憲君主制的自洽性。但對於公開訴諸「共和」，他仍有遲疑。然而，正如〈關於出版自由〉等文字所顯示，馬克思描寫的「理性國家」已非黑格爾式的立憲君主國，而是貫徹了理性自由的自由人共和國。在 1842 年 7 月〈《科隆日報》

---

152 Marx（*MECW*, 1: 387），馬克思（馬恩全集 II，47：28-29），1842 年 4 月 27 日致盧格。

153 Marx（*MECW*, 1: 203-210），馬克思（馬恩全集 II，1：229-239），〈歷史法學派的哲學宣言〉，1842 年 8 月刊於《萊茵報》。

154 Marx（*MECW*, 1: 209），馬克思（馬恩全集 II，1：238）。

155 Marx（*MECW*, 1: 132-181），馬克思（馬恩全集 II，1：136-202），1842 年 5 月〈關於出版自由和公布等級會議紀錄的辯論〉。

156 Marx（*MECW*, 1: 152-153, 141, 144-145, 151）。

第一七九號社論〉一文中，他把理性國家形容成「道德人的自由聯合」和
「相互教育的自由人聯合體」。

> 國家所施行的真正「公共」教育，就在於**國家的理性存在和公共存**
> **在**。國家本身教育其成員的辦法是：使他們成為國家的成員，把**個人**
> **的目的轉化成普遍目的**，把粗野的本能轉化成道德意向……

理性國家也被描述為實現了「法律自由、道德自由和政治自由」的「巨大
的有機體」。在理性國家中，個別公民對於國家法律的服從，不外乎是
「服從他自己的理性即人類理性的自然律」。[157]

　　有論者認為，此時馬克思仍是一位自由派，因為他高度看重出版自由
和普遍人權。[158] 但這個說法並不準確。政治上，馬克思在 1842 年尚未與
自由派決裂。儘管他對「假自由主義」、「半吊子自由派」、「不久前的
自由派」冷嘲熱諷，但為了駁斥出版檢查部門的指控，他聲稱《萊茵報》
倡議「德國自由主義而非法國自由主義」。[159] 再者，他反對普魯士專制，
痛惡封建特權，伸張出版自由──這些都是他跟自由派之間的交集。但另
一方面，馬克思當時是否支持普遍「人權」，仍不無疑義。他為出版自由
提供的理據，亦不同於主流的自由派論說。

　　從個人的良心自由擴展至具有外部效應的思想自由、言論與出版自由
──這是典型的自由主義進路。[160] 出版自由之於馬克思，則是理性自由、
理性國家的構成要件。在此，出版自由仍有消極一面（即免於被政府審
查、查禁），但馬克思更看重其積極一面，並將之關聯到「人民精神」和

157　Marx（*MECW*, 1: 192-193, 202），馬克思（馬恩全集 II，1：215、217、228），〈《科
　　隆日報》第一七九號社論〉。Cf. Chrysis（2018: ch. 3）、Abensour（2011 [1997]: ch. 1）、
　　Chitty（2006）論馬克思此時的「理性國家」觀。

158　E.g. Sperber（2013: 84-86）。

159　Marx（*MECW*, 1: 110, 180, 202, 283）。

160　Cf. Rawls（1993）。

「公共精神」的展現。如此理解的言論與出版自由，更接近於一種公民藉以參與公共生活、實現理性自由、進行自我立法的公民自由權／共和自由權，而不是一種以維護個人／私人為目的的人權／私權。

〈關於出版自由〉亦對等級會議展開批評，斥其為私人利益、特殊利益的樂園。彼時，普魯士不存在全國代議機構，只有不具實權的各省等級會議（見第二節），其會議代表來自於上層貴族、普通貴族、市民、農民等不同等級。〈關於出版自由〉抨擊了萊茵省等級會議中的各路人馬，例如：「基督徒兼騎士的、現代的封建原則，即浪漫主義原則的擁護者」；從行業自由去談論出版自由，展露出「布爾喬亞」而非「公民」性格的市民等級代表⋯⋯等等。[161] 在馬克思看來，等級會議代表真正在意的，是各自的特殊利益。這是一種代表者（等級代表）與被代表者（萊茵省、萊茵人民）脫勾的代表制，故根本不成其為代表制。[162]

普魯士自由派當時最主要的政治目標，就是立憲以保障基本權利，並設立全國代議機關。從這種立憲自由主義的角度，馬克思批評的省級等級會議，無疑是代表性嚴重殘缺的半封建機構，而不是真正的「人民的代表制度」（亨利希・馬克思語，見第二節）。但馬克思在他的《萊茵報》評論中，並未積極呼應「開全國議會」的立憲自由派訴求，而是指向某種「人民的自我代表」。

> 一般來說，被代表的東西是被動的。只有物質性的、無生氣的、不獨立的、受到危害的東西，才需要被代表。但國家的任何要素都不該是物質性的、無生氣的、不獨立的、受到危害的。代表，不應理解為對非人民本身的事物的代表，而只應理解為**人民的自我代表**，理解為一種**國家行動**⋯⋯。在這種國家中，只有精神的力量。[163]

161　Marx（*MECW*, 1: 151, 169-172），馬克思（馬恩全集 II，1：162、185-188）。

162　Marx（*MECW*, 1: 148），馬克思（馬恩全集 II，1：159）。

163　Marx（*MECW*, 1: 306），馬克思（馬恩全集 II，1：344-345），〈評奧格斯堡《總彙報》第三三五號和第三三六號論普魯士等級委員會的文章〉，1842 年 12 月刊於《萊茵報》。

「人民的自我代表」何所指，未見更具體的說明。從馬克思的抽象陳述中，我們只知道，它是一種生機勃勃的、瀰漫著理性精神的、由自由人聯合起來的國家。至於國家、人民、自由人、公民、自由、公共、理性、普遍等關鍵詞的彼此關係為何，則未得到釐清。

從〈關於出版自由〉一文起，馬克思對私人利益、特殊利益的尖銳批評，可謂一以貫之。和自由派一致的是，他厭惡專制和封建特權。但他質疑的私人利益、特殊利益，卻不僅止於封建權貴的既得利益。在〈關於出版自由〉中，馬克思首度公開把「布爾喬亞」和「公民」對立起來——這指向市民等級的私人性、非公民性、反普遍性。騎士等級對普遍理性的拒斥，則被歸因於「他們只把自由看作是某些個人和社會等級的個人特性」。在此，「個人」和「等級」都被納入了私人性、特殊性的範疇。[164]

在青年黑格爾派陣營中，對「私人性」的質疑有三個主要來源：鮑威爾化特殊為普遍、化私人為公民的「人的自我意識」論說，及其雅各賓共和主義的政治想像；費爾巴哈對新教位格主義、對市民社會利己主義的批評；以及，盧格的公民共和主義。馬克思在《萊茵報》的批私、反私論說，主要受惠於盧格。而無論是馬克思還是盧格，都把現代「個人權利」的問題意識，排擠到了邊緣地帶。

物質利益

馬克思在 1859 年《政治經濟學批判》的〈序言〉中，提及他在《萊茵報》首度觸及「物質利益」問題，而這促使他後來聚焦於市民社會，乃至投入政治經濟學批判。[165] 從他思想發展的軌跡來看，此說並不失真。但值得強調的是，《萊茵報》時期的馬克思，尚未表態要消滅私有財產。

馬克思關於等級會議的系列文章，在事前審查制下只刊出兩篇，除了〈關於出版自由〉外，另一篇是 1842 年 10 月〈關於林木竊盜法的辯

164　Marx（*MECW*, 1: 169, 151），馬克思（馬恩全集 II，1：185、163）。
165　Marx（*MECW*, 29: 261-262），1859 年〈《政治經濟學批判》序言〉。

論〉。後者展露出他對普魯士法學界財產權論爭的認識，和他當時對私有財產的態度。他的思路看似較接近甘斯，即不反對私有制，但強調產權安排須服膺於普遍理性。

　　拾木農民的問題，並非普魯士獨有，而是歐陸國在告別農奴制、邁向產權明晰化的過程中普遍遇到的棘手問題。過去，農民在經濟蕭條時，可到森林裡撿拾枯木維生，不但不會受罰，還被視為理所當然。但林地私有化以後，拾木者變成了盜木者。[166] 萊茵省等級會議倡議的林木竊盜法，欲以保障私人產權之名，加重懲罰「盜木者」── 也就是把撿拾枯木視同竊盜。對此，馬克思強烈不滿。他的說法是：一、以往封建社會受制於習俗，不存在明晰的產權歸屬；二、現代產權制度應立足於普遍理性。法國大革命把教會土地「世俗化」，並給予教會補償，乃正確之舉。但過去依附於教會土地的窮人，卻未得到任何補償。在普魯士，失去習俗權利的「貧窮階級」也沒有得到補償。反之，封建權貴卻得以將其土地特權，轉化成現代法律保障的排他性私人產權，甚至荒謬地宣稱這是一種習俗權利。[167]

　　話鋒一轉，馬克思痛批林地所有者的特殊利益和特權壟斷，並譴責等級會議代表只在乎林地所有者的私利。如此這般的等級會議，徹頭徹尾就是一個背離普遍理性的機構。[168] 馬克思高度同情貧困農民，但他的評論並不是關於如何緩解農民困境。他指出農民失去了習俗權利，但並未提議補償農民。他質疑容克貴族化特權為私產，但並未直接挑戰私有財產。終究來說，普魯士國家的理性短缺，才是馬克思最在意的事項。在他看來，物質利益衝突的解決之道，絕對繞不開「整個國家理性和國家道德」。[169]

　　這就又指向了出版自由的必要性。

166　Sperber（1994: 39-43）。

167　Marx（*MECW*, 1: esp. 232-234），馬克思（馬恩全集 II，1：esp. 249-253），〈關於林木竊盜法的辯論〉，1842 年 10 月底至 11 月初連載於《萊茵報》。

168　Marx（*MECW*, 1: 257, 261-262），馬克思（馬恩全集 II，1：288-289）。

169　Marx（*MECW*, 1: 262），馬克思（馬恩全集 II，1：290）。

　　1843 年 1 月，馬克思以摩塞爾河谷葡萄酒農的經濟困境為題，發表了另一篇評論。該地酒農陷入貧困，一般認為和普魯士主導的 1834 年關稅同盟（國內市場的打造）有關，馬克思亦未否認此點。[170] 但他的批判對象並不是國內的自由貿易和市場競爭，而是普魯士的國家官僚。官僚自以為代表普遍利益，拒絕接受他人的批評，但這無助於酒農困境的解決。

> 　　為了解決這種困難，統治者和被統治者都同樣需要一個第三因素。這個因素是**政治的**而不是官方的，不是建立於官僚的前提。這個因素也是市民的，但不直接和**私人利益**及其迫切需要糾纏在一起。這個具有國家公民的頭腦和市民胸懷的補充因素，就是**自由報刊**。在報刊這個領域，統治者和被統治者都同樣有機會去批評對方的原則和要求，不再處於從屬的關係，而是作為**國家的公民**進行平等交流。……唯有「自由報刊」才能**化特殊利益為普遍利益**，才能使摩塞爾地區的貧困狀況成為祖國普遍關注和普遍同情的對象……

萬變不離其宗，這就又回到了自由報刊、出版自由的絕對必要性。[171] 但自由報刊如何「化特殊為普遍」？統治者（包括官僚階層）如何可能平等對待被統治者？這些問題未見更深入的說明。

　　馬克思在 1859 年的著名〈序言〉中，提及《萊茵報》時期的自由貿易與保護主義爭論，但只是匆匆帶過，未交代細節。[172] 實際上，在他擔任《萊茵報》實質主編時，他的編輯方針傾向於支持自由貿易，還刊出了攻擊俄羅斯保護主義的文章。為此，沙皇尼古拉一世向普魯士國王告了御狀。[173] 馬克思當時偏向自由貿易的具體理由何在，雖難有定論，但應和一

170　1834 年的關稅同盟，見 Clark（2007: 391-394）。

171　Marx（*MECW*, 1: 348-349），馬克思（馬恩全集 II，1：378），〈摩塞爾記者的辯護〉，1843 年 1 月刊於《萊茵報》。

172　Marx（*MECW*, 29: 262）。

173　Sperber（2013: 92, 94）、Stedman Jones（2016: 120）。

項政治判斷有關，亦即：在普魯士脈絡下，保護主義只會強化專制，自由貿易或有利於鬆動專制。[174]

自由派報紙的客座舵手

馬克思在 1842 年 10 月 15 日進入《萊茵報》編輯部，雖未正式掛名主編，但行使主編的權力。為避免該報遭到關閉，他調整了編輯方針，從嚴處理激進友人的稿件。在他上任以前，《萊茵報》刊登了若干激進文字，包括兩篇提到「消滅私有財產」的文字。甫一上任，他馬上處理外界對《萊茵報》的「共產主義」指控。他為文表示，《萊茵報》不贊同共產主義，更反對其政治實踐。[175]

青年黑格爾派的共和主義已呈現出一定的社會關懷，馬克思亦不例外。但這種具有社會意識的共和主義，至少在一開始，並不等於社會主義或共產主義。在青年黑格爾派的外圈，的確有共產主義的較早支持者，如赫斯和恩格斯；但在 1842-1843 年之交，為數仍十分有限，且影響不大。雖然馬克思也參加了赫斯組織的共產主義與社會主義讀書會，但並不熱中。他在〈共產主義和奧格斯堡《總彙報》〉一文中強調：要是出現共產主義騷亂，可以用大砲去對付；但共產主義的理論值得探討，即使它相當不成熟。[176]

鮑威爾不是社會主義者或共產主義者，但被逐出學界之後相當亢奮，欲繼續痛批「基督教國家」。但在萊茵省，要是動輒從無神論去斥責宗教，恐怕只會把反對普魯士專制的天主教徒，推向政府和「秩序黨」的懷

---

174 《萊茵報》編輯部在 1842 年 11 月，曾刊出一小段關於保護主義與自由貿易的文字，它可能是出自馬克思之手。這段文字（*MECW*, 1: 286, 747 fn. 106）把保護主義比附成一種「戰爭狀態的組織」，稱其除了對抗外國，也對付本國。另見 Marx（*MECW*, 3: 179）在 1844 年年初〈《黑格爾法哲學批判》導言〉對德國關稅保護主義的批評。

175 Marx（*MECW*, 1: 215-221），馬克思（馬恩全集 II，1：291-296），〈共產主義和奧格斯堡《總彙報》〉，1842 年 10 月刊於《萊茵報》。

176 Marx（*MECW*, 1: 220-221），馬克思（馬恩全集 II，1：295）。

抱。馬克思在 1842 年 7 月〈《科隆日報》第一七九號社論〉中，對此已
有警覺。擔任主編以後，他更加不看好激烈的宗教批評。11 月底，他寫
信告訴盧格：

> 　　我對他們〔梅因等柏林「自由人」〕說，我認為在偶然寫寫的劇評
> 之類的東西裡，塞入共產主義和社會主義的教條，即新的世界觀，
> 並不適當，甚至是不道德的。如果真要討論共產主義，我要求他們
> 用完全不同的方式，更切實地去討論。我還要求他們，應該**在批判政
> 治狀況的框架中去批判宗教，而不是在宗教的框架中去批判政治狀
> 況**……。最後，我要求他們，如果真要談論哲學，最好少玩弄「**無神
> 論**」的招牌……

此時馬克思已清楚意識到，青年黑格爾派「把政治問題本質化為宗教問
題」的傾向，有其不妥。[177]

　　在寄出這封信以前，馬克思已在《萊茵報》揭露青年黑格爾派的內
爭，藉此與柏林「自由人」劃清界線。[178] 但無論他如何壓制言詞過激者，
在普魯士官方的眼中，他自己的文字和編輯方針也還是過激。當局原本不
清楚馬克思的角色，但後來派駐了定點檢查專員，始察覺他才是該報的真
正舵手。總之，不管馬克思如何自我審查，甚至不惜與柏林友人公開衝
突，都還是挽救不了《萊茵報》。

　　1843 年 1 月下旬，普魯士當局命令《萊茵報》在 4 月 1 日以前關閉。
大約同時，薩克森也查禁了《德意志年鑑》。[179] 青年黑格爾派就此失去兩
大陣地，並開始邁向新一輪的激進化。

177　Marx（*MECW*, 1: 394-395），馬克思（馬恩全集 II，47：42-43），1842 年 11 月 30 日
　　致盧格。
178　Marx（*MECW*, 1: 287, 747 fn. 107），〈赫維格（Georg Herwegh）和盧格對「自由人」
　　的態度〉，1842 年 11 月 29 日刊於《萊茵報》。
179　Stedman Jones（2016: 116-121）。

第二章

───────

從共和主義到人類解放

一、青年馬克思的激進化

馬克思在 1843 年 3 月 16 日去職，告別了即將停業的《萊茵報》。他如釋重負，亟欲離開德國。[1]

由於《德意志年鑑》和《萊茵報》被勒令關閉，盧格開始籌備新刊，並邀請馬克思擔任副手。馬克思相信革命將至，[2]反對重操《德意志年鑑》的舊業，盼推出「能喚起〔人民〕熱情」的月刊，刊名暫定為《德法年鑑》。[3]約自此時起，青年黑格爾派出現了進一步分化。盧格和馬克思，以辦刊作為介入現實的途徑；鮑威爾和柏林「自由人」，逐漸遠離政治，投注於純理論、純批判；費爾巴哈自成一格，繼續從事哲學批評，不願捲入盧格和馬克思的新事業。

克羅茨那赫、巴黎

馬克思的未婚妻燕妮·威斯特華倫和她的母親，當時移居在特里爾附近的溫泉小鎮克羅茨那赫。離職後，馬克思往來於特里爾和克羅茨那赫兩地。6 月，和燕妮在克羅茨那赫結婚。赴瑞士和巴登度了幾星期蜜月後，再回到克羅茨那赫讀書寫作。1843 年 7、8 月的《克羅茨那赫筆記》，在法國大革命史之外，還摘抄了馬基維利、孟德斯鳩、盧梭等共和論者。馬克思亦對黑格爾《法哲學》涉及立憲君主制的特定段落，進行逐段批評

1　Marx（*MECW*, 1: 400），馬克思（馬恩全集 II，47：54），1843 年 3 月 13 日致盧格。Cf. Stedman Jones（2016: 120-121）。「青年馬克思」只是一個約定俗成的用法，泛指 1845 年以前的馬克思。何以 1844 年 26 歲的馬克思是青年，隔年 27 歲就不是青年？這樣一種分期方式，和恩格斯晚年頗具誤導性的歷史回顧（見第四章第二節）有關。寫於 1844 年年底、隔年年初出版的《神聖家族》，有些論者認為是青年馬克思的著作，如 Leopold（2007）；亦有論者訴諸恩格斯和普列漢諾夫的權威，視之為轉型期作品。《神聖家族》收於 Engels and Marx（*MECW*, 4: 5 ff.）。

2　Marx（*MECW*, 3: 134），馬克思（馬恩全集 II，47：55），1843 年 3 月致盧格。

3　Marx（*MECW*, 1: 398-399），馬克思（馬恩全集 II，47：52），1843 年 3 月 13 日致盧格。另見 McLellan（1995 [1973]: 58-59）。

——此即《黑格爾法哲學批判》手稿。其篇幅頗長，處於未完成狀態。[4]

　　8 月，盧格和赫斯赴巴黎考察。他們考慮過幾個地點，最後決定在巴黎創辦《德法年鑑》。這個刊名尤為馬克思所好，它呼應了費爾巴哈「法德聯合」的倡議。[5]馬克思在 10 月底抵達巴黎，旋即加入盧格的拜訪行程，為《德法年鑑》爭取法國作者。[6]把地址借給他收信的布朗（Louis Blanc），是馬克思最早認識的法國社會主義者之一。布朗把法國大革命視作布爾喬亞的階級革命，這個觀點立刻被馬克思吸收。[7]馬克思還認識了前聖西蒙主義者、曾任《全球報》主編、「社會主義」一詞的先發者勒魯（Pierre Leroux），並接觸孔西德朗（Victor Considerant）領導的傅立葉派。勒魯和孔西德朗皆認為：無產階級和布爾喬亞的衝突正愈演愈烈。[8]

　　在普魯士，法國人所謂的「無產階級」，及其與中等階級或布爾喬亞的「階級鬥爭」，稍早已出現於甘斯的著作。[9]1842 年 10 月馬克思甫擔任《萊茵報》主編，便立即處理該報被抹紅一事，而遭到質疑的兩篇文章，就是關於無產階級和階級鬥爭。[10]但直到此時，這些概念在普魯士／德國尚不流行。在同時期的巴黎左翼圈中，「無產階級」則已是老生常談。

　　在青年馬克思的著作中，最為人所知的是 1844 年《經濟學哲學手稿》。1843 年《黑格爾法哲學批判》的能見度較低，儘管其重要性不亞於前者。《黑格爾法哲學批判》和《經濟學哲學手稿》遲至 1927 年和 1932 年才公諸於世，故不在第二國際和第三國際的馬克思經典之列。但

4　Stedman Jones（2016: 124-125）。《黑格爾法哲學批判》收於 Marx（*MECW*, 3: 3-129）。

5　見 Feuerbach（2012: 165）論法德聯合（1843 年〈哲學改革的初步綱要〉）。馬克思在 1843 年 10 月 3 日致費爾巴哈的信中，指費爾巴哈是最早提出「法德的科學聯盟」的論者之一（*MECW*, 3: 349）。

6　Stedman Jones（2016: 144-147）。

7　另見本章第五節。

8　Gregory（1983: 169-173, 177-184）、Stedman Jones（2002: 103-104）。

9　Waszek（2006: 36-37）。

10　Marx（*MECW*, 1: 215-223），〈共產主義和奧格斯堡《總彙報》〉。Cf. Sperber（2013: 98-99）。另見第一章第六節。

〈論猶太人問題〉和〈《黑格爾法哲學批判》導言〉則廣為早期馬克思主義者所知，因為這兩篇文字已於 1844 年 2 月刊登在《德法年鑑》。

　　本章和下一章擬考察馬克思從《黑格爾法哲學批判》到《經濟學哲學手稿》的進展。在不到一年半的時間裡（1843 年春至 1844 年夏），馬克思迅速完成了從共和主義到共產／社會主義的轉型。以下是幾個醒目的里程碑：

　　（一）1843 年 5 月馬克思在致盧格的信中，痛斥普魯士專制的動物性，並把「自由人」和「共和主義者」相提並論。此時，他是一位青年黑格爾派的人本共和、自由人共和、公民共和、民主共和論者，矢志建立「民主國家」。和該派的其他成員相似，馬克思言必稱希臘，欲從古希臘城邦（和古羅馬共和）去批判現代國家。在他憧憬的民主國家中，「社會」（Gesellschaft）將已轉化成「為了實現人的最高目的而結合的共同體（Gemeinschaft）」。這指向一種公民共和主義式（或自由人共和主義式）的政治共同體。[11]

　　（二）《黑格爾法哲學批判》是馬克思唯一的政治理論之作，它不僅否定了黑格爾式的立憲君主國，還連帶否定了一切現代政治／國家，包括民主共和制。取而代之的是一種更宏大的人本主義願景，要求超越政治國家和市民社會的現代分立，從而實現所謂的「真民主」。由此衍生的政治／國家終結論，蘊含著一種「每個人都代表其他人」的共同體境界。再者，《黑格爾法哲學批判》質疑一切私有財產。此前，雖然馬克思對特殊的私有財產（尤其封建特權、教會特權）有所批評，但未曾全盤否定私有財產。[12]

　　（三）1843 月 9 月馬克思向盧格表示：共產主義是一種抽象的教條，依然受制於私有制，至多只是「社會主義原則的一種特殊、片面的實

11　Marx（*MECW*, 3: 137-139），馬克思（馬恩全集 II，47：57-60），1843 年 5 月致盧格。「社會」與「共同體」之分，另見 Tönnies（2001 [1887]）。

12　見本章第二節和第三節。

現」；但社會主義亦有其局限，不如人本主義來得深刻。由此可見，馬克思在抵達巴黎以前，對共產主義並無好感，對社會主義也不熱中。但從「私有財產的消滅和共產主義絕不是同一回事」一句不難看出，他對「私有財產的消滅」有所認同。[13]

（四）〈論猶太人問題〉區分「政治解放」與「人類解放」，並表達了全盤反金錢、反商業的立場。政治解放是進步的，但為德不卒，無法克服政治國家和市民社會、公民和布爾喬亞、公民權和人權的分立。唯有全面的人類解放，才能超克這些分立，使人們重返類存在、類生活、共同體存有。可以說，〈論猶太人問題〉升高了對共和主義的質疑，強化了對私人性、對私有財產的普遍批評。此文對利己主義、金錢、拜金主義、商業的全面拒斥，暗示馬克思已更靠近社會主義和共產主義。[14]

（五）〈《黑格爾法哲學批判》導言〉是馬克思「無產階級革命」論的第一次公開表述。它宣稱，作為布爾喬亞革命的法國大革命，為法國帶來了政治解放。但德國跟法國不同，注定實現不了政治解放。德國人若要解放，只能發起最根本的革命，也就是「否定私有財產」的無產階級革命。理由是：德國布爾喬亞不具備成為「普遍階級」的條件，而無產階級則可望在德國哲學的輔助下，通過解放自身而解放德國人、解放人類。[15]

（六）1844年春，馬克思已不諱言自己是社會主義者和共產主義者。恩格斯發表於《德法年鑑》的〈政治經濟學批判大綱〉一文，激勵馬克思也投入政治經濟學批判。《經濟學哲學手稿》即是一項初步成果，寫於1844年4月至8月。這部未完成的手稿，除了政治經濟學的內容外，還提出著名的「異化勞動」論，並勾勒出「積極超越私有財產」、「真正占有人類本質」的共產／社會主義願景。此種人本主義式的共產主義，誓言要一舉揚棄異化勞動、私有財產、工資勞動、市場、金錢、分工等一切異

13　Marx（*MECW*, 3: 142-143），馬克思（馬恩全集 II，47：64-65），1843 年 9 月致盧格。
14　〈論猶太人問題〉收於 Marx（*MECW*, 3: 146-174），見本章第四節。
15　〈《黑格爾法哲學批判》導言〉收於 Marx（*MECW*, 3: 175-187），見本章第五節。

化事項。[16]

（七）1844 年 8 月，馬克思在巴黎《前進報》發表〈評一個普魯士人的〈普魯士國王和社會改革〉〉一文，抨擊盧格的共和主義政治革命路線，並為無產階級的社會革命（理解為一種具政治性的、但終將揚棄政治的社會革命）辯護。此文聲稱，哪怕是羅伯斯庇爾最激烈的雅各賓革命行動，也都解決不了赤貧問題，足見一切共和主義的局限性。[17]至此，馬克思從共和主義到共產／社會主義的轉型，已臻完成。

本章聚焦於《黑格爾法哲學批判》、〈論猶太人問題〉和〈《黑格爾法哲學批判》導言〉。下一章再探討《經濟學哲學手稿》和〈評一個普魯士人的〈普魯士國王和社會改革〉〉。

關於費爾巴哈

無論是《黑格爾法哲學批判》還是《經濟學哲學手稿》，都充斥著費爾巴哈的哲學術語。在《經濟學哲學手稿》的〈序言〉中，馬克思高度推崇費爾巴哈的貢獻，儼然以費氏的追隨者自居。[18]但在政治與社會議題上，兩人的見解卻並不一致。

馬克思對費爾巴哈的高度重視，不早於 1843 年。在此之前，他或已讀過費氏發表在《哈勒年鑑》的若干文字，加上 1841 年《基督教的本質》。但真正讓他印象深刻的，是 1843 年 2 月收於盧格所編《軼文集》中的〈哲學改革的初步綱要〉。費爾巴哈於此文指出：黑格爾哲學是神學的最後庇護所，無可挽救而只能拋棄。新哲學須顛倒黑格爾的主詞和賓詞，把被顛倒的再顛倒過來，亦即：把存在當作主詞，思維當作賓詞。由於法國早已有人主張思維源自存在，未來哲學將是德法聯姻的產物。[19]

16　《經濟學哲學手稿》收於 Marx（*MECW*, 3: 229-346），見第三章第五節和第六節。

17　〈評一個普魯士人的〈普魯士國王和社會改革〉〉收於 Marx（*MECW*, 3: 189-206），見第三章第七節。

18　Marx（*MECW*, 3: esp. 232），另見第三章第一節。

19　Feuerbach（2012: 165-171），〈哲學改革的初步綱要〉。

對此，馬克思產生了強烈共鳴，並開始汲取費爾巴哈的思想要素。稍後我們將看到，《黑格爾法哲學批判》除了訴諸主詞和賓詞的倒轉，除了批評黑格爾哲學的抽象性外，還引入了類存有、共同體本質等費爾巴哈式的提法，連同費爾巴哈對基督教位格主義、基督教市民社會、市民社會利己主義的批評。費爾巴哈對黑格爾中介論的拒斥，尤為馬克思重視。黑格爾認為，普遍性與特殊性在現代世界的統一，需通過特定的中介機制（如官僚、等級、法人、兩院制國會）去達成。費爾巴哈則否認「中介」之必要，並質疑黑格爾哲學欠缺「立即的統一，立即的確定性，立即的真理」。[20]

青年黑格爾派的公民共和主義轉向，本已帶有反君主制、反官僚、反等級制的要素，亦對代議制的民主短缺有所質疑。費爾巴哈的反中介論，則蘊含著一種立即性的、瀰漫性的共同體想像。《黑格爾法哲學批判》把「超克政治國家與市民社會的分立」界定為真民主、真共同體的構成要件，或可理解為對費氏「立即性」思維的進一步發展。[21]

長期以來，總有論者貶低費爾巴哈對馬克思的作用力。有人說，黑格爾是馬克思更重要的參照。也有人說盧梭才是。[22] 稍後我們將指出，雖然《黑格爾法哲學批判》援用了盧梭公意論的某些提法，但並未接受盧梭式公民共和。[23] 另外，儘管《經濟學哲學手稿》對黑格爾的勞動論有批評也有肯定，但其「人類本質的真正占有」、「人向自身作為社會存有（即人的存有）的完全復歸」之說，則無疑是費爾巴哈式的。[24]

但需要強調的是，馬克思「運用」費爾巴哈所得出的政治社會論點，未必是（甚至大都不是）費爾巴哈本人的主張。不同於馬克思，費爾巴哈

20　Feuerbach（2012: 157），〈哲學改革的初步綱要〉。

21　Stedman Jones（2002: 104-109）。

22　Colletti（1992 [1975]: 23-24; 1972）堅稱費爾巴哈對《黑格爾法哲學批判》的影響有限，主張盧梭才是這部手稿的最重要參照。Chrysis（2018: 13-15）正確地指出，Colletti 等論者誇大了盧梭之於《黑格爾法哲學批判》的作用力。

23　另見本章第三節。

24　Marx（*MECW*, 3: 296），另見第三章第六節。

從未全盤否定現代代議制，此其一。其二，儘管費爾巴哈大力批判新教個
人主義、市民社會利己主義，他並未倡議「超克政治國家與市民社會的分
立」。其三，費爾巴哈對私人性的批判，不包括對一切私有財產的批判。
其四，費爾巴哈從未成為共產主義者。換句話說，馬克思從費爾巴哈所
「延伸」出的更激進觀點，稱不上是費氏思想的本然。[25]

　　或許可以說，在青年馬克思從共和主義邁向共產／社會主義的過程
中，費爾巴哈構成了一股推力，激發馬克思從一種相當高的共同體標準，
去查找現代政治／國家、現代代議制、現代市民社會的弊病。

二、政治國家和市民社會

　　《黑格爾法哲學批判》是馬克思在政治理論方面的代表作。這部手稿
通過對《法哲學》的批評，首度表達出具個人特色的政治理論命題。雖然
馬克思此時還不是共產／社會主義者，但這部手稿提出的政治／國家終結
論，及其若干重要的理論預設，後來一起匯入了他的共產革命思想。

　　1842 年 3 月馬克思在給盧格的信中，曾透露他有意通盤檢討黑格爾的
《法哲學》。[26] 但他擱置了這篇文章的寫作。隔年，當他重返《法哲學》
批判時，他的觀點已不同於一年前。原本，他的批判對象是「自相矛盾」
的立憲君主制。但一年多後的《黑格爾法哲學批判》把矛頭指向了一切現
代政治／國家。這部手稿質疑的，不只是黑格爾版本的立憲君主制，而是
黑格爾的現代國家論及其理論基礎。在馬克思看來，黑格爾深刻揭露了現
代國家的本質，亦即：現代政治國家係建立於其與市民社會的分立。但一
切建立於此的現代國家，都不可能獲致黑格爾宣稱的普遍性 —— 這是黑格
爾國家論的最大盲點。

25　關於費爾巴哈的政治思想，另見 Leopold（2007: 203-218）、Breckman（1999: 214-
　　220）、Gooch（2011）。
26　Marx（*MECW*, 1: 382-383），馬克思（馬恩全集 II，47：23），1842 年 3 月 5 日致盧格。

《黑格爾法哲學批判》從一開頭，就直指家庭和市民社會並非國家（作為觀念的國家）的衍生物，而是國家的「前提」。[27] 儘管這部手稿尚未主張「消滅」私有財產，但它蘊含了對私有財產的全盤否定，並宣稱一切現代政治制度都是「私有財產的政治制度」。它甚至表示，普魯士（專制王權）和北美（彼時最先進的民主共和）的政治制度大同小異 —— 兩者都是私有財產的俘虜。[28]

轉換批評

馬克思援用的費爾巴哈哲學工具，包括了所謂的「轉換批評」或「轉換方法」。《黑格爾法哲學批判》把黑格爾的主要哲學概念，貶抑為「把概念實體化的（hypostatized）抽象」。[29] 這即是轉換批評的一種運用。

費爾巴哈在〈哲學改革的初步綱要〉中指出，黑格爾哲學係建立於一系列的抽象。在費氏看來，上帝是人類自我異化的衍生物，是人類情感的扭曲投射。但在基督教思想中，主詞（人的存有）被錯置成了賓詞，賓詞（從出於人的神）被錯置成了主詞。神來自於人，卻被顛倒成了人來自於神。神的概念越俎代庖，竟代表了真實的人。照費爾巴哈的陳述，這恰恰是一種把概念實體化的、抽象化的謬誤。

黑格爾的「絕對精神」就像是基督教上帝，號稱創造了一切，實則只是一種抽象。真正的主詞（存有、存在）被錯置成了賓詞；賓詞（思維、觀念、概念）被錯置成了主詞。「思維源自存在」被黑格爾顛倒為「存在源自思維」。因此，被黑格爾顛倒了的主詞和賓詞，需要再顛倒過來 —— 此即「轉換批評」或「轉換方法」的要旨。[30]

27　Marx（*MECW*, 3: 8-9）。在此，馬克思直接翻轉了國家和社會的本體論位階。這預示了後來的「經濟基礎與上層建築」、「實質與形式」和「本質與現象」等隱喻。

28　Marx（*MECW*, 3: 107-108, 31-32）。

29　Marx（*MECW*, 3: esp. 15, 89）。

30　Feuerbach（2012: esp. 154-157, 167-168），〈哲學改革的初步綱要〉。另見 Wartofsky（1978: 209, 213）、Feuerbach（2011 [1841]）。

　　在轉換批評的背後，還有一套自然主義／物質主義式的哲學人類學。對費爾巴哈來說，人類是一種有感覺、有情緒的存有，一種有血有肉的自然存有，暨一種共同體存有、社會存有。作為自然存有，人類是自然的一部分。思維、觀念、概念不可能脫離自然，更不可能創造自然。此所以，思維只能是賓詞而不能是主詞。黑格爾誤把思維、觀念、概念當成主詞，並將之實體化，而這無異於「把自然的本質置於自然之外，把人的本質置於人之外，把思維的本質置於思維行動之外」。[31]

　　馬克思後來在《神聖家族》舉了一個例子，其大意如下。假使黑格爾的說法是對的，那麼，蘋果和梨（及葡萄、香蕉等其他水果）就都是「水果概念」的外化產物，都是「水果」創造出來的。但我們知道，蘋果和梨並不是「水果」所創，也不是「水果概念」的外化、分殊化。[32]

　　在此，我們不妨把「水果概念」換成「國家概念」，再把蘋果和梨換成「家庭和市民社會」。《黑格爾法哲學批判》前幾頁的重點，正在於駁斥黑格爾「市民社會是國家概念的外化、分殊化」之說。在馬克思看來，這正是一種顛倒了主詞和賓詞、把概念實體化的抽象。他還強調，世襲君主本是具體特殊的個人，偶然誕生於某個家庭，卻被黑格爾抬舉成了「普遍性」的化身，據稱「代表」了所有臣民。實則，這整套說詞只是一種抽象的、本末倒置的神祕主義。[33]

　　主詞和賓詞的倒轉，及其相關的宗教隱喻或類比，反覆出現在《黑格爾法哲學批判》。此外，這部手稿再三把王權和官僚的私性、社會等級的私性、市民社會的私性，連結到「抽象的位格」或「抽象的私人」。足見在轉換方法之外，它也高度倚重費爾巴哈對新教位格主義的批評。[34] 但以下，我們盡可能繞開費爾巴哈式的哲學術語，以免遮蔽了馬克思的實質命題。

31　Feuerbach（2012: 171-172），〈哲學改革的初步綱要〉。費爾巴哈的哲學人類學，另見 Wartofsky（1978: chs. XI-XII）。

32　Engels and Marx（*MECW*, 4: 57-61），《神聖家族》。

33　Marx（*MECW*, 3: 5-9, 24-27, 39）。

34　Marx（*MECW*, 3: esp. 26, 40, 104, 107）。

黑格爾與立憲王權

在黑格爾體系中，是「國家概念」創造了市民社會。或者說，市民社會是國家概念外化、分殊化的產物。在這個最抽象的層次上，國家和市民社會並非二元對立，而是前者創造了後者。但在國家概念的分殊化過程中，也就出現了「政治國家」[35]和「市民社會」的分立——黑格爾視之為現代世界的一大特徵。政治國家泛指政治制度和國家機構，有立法、行政與王權三項要素，是普遍利益的代表或化身；市民社會則是特殊性、個人性的場域，以原子主義、個人主義、私有財產作為運轉原則。如何讓市民社會被統攝於國家普遍性，以營造出所謂的「倫理生活」，遂成為黑格爾的論說重點。[36]

黑格爾把市民社會視作「國家概念」的外化，不表示他想要改造或消滅市民社會。在他看來，私有制、商業社會和個人主義乃現代性的構成要素，需要保存而非剷除。但另一方面，他拒絕把國家僅僅當作是個人權利的維護者——此為他和自然權利論者的主要分歧。國家的目的不該只是保障個人權利，還須實現政治共同體和倫理生活。但如何實現？黑格爾的答案並不是回歸古代城邦，也不是小國寡民的直接民主，而是普遍利益與特殊利益的調和。在他的憲政設計中，存在若干重要的「中介」機制，包括行政官僚、社會等級、世襲貴族院等，其作用正在於「納特殊於普遍」。

黑格爾拒斥主權在民，也不支持議會主權，而是主權在王的辯護者。[37] 他還高度讚譽普魯士行政官僚，視之為普遍利益的擔綱者、國家普遍性的中流砥柱。[38] 他的等級議會分上下兩院：上議院是世襲的、長子繼承的地產貴族院；針對下議院代表的資格與選拔方式，他亦設下嚴苛限制，把絕大多數平民都排除在外。[39] 正因如此，到了 1830 年代，《法哲

35　Hegel（2003 [1820]: § 273）。

36　Hegel（2003 [1820]: pt. 3）。另見 Pinkard（2000: ch. 11）、Weil（1998）、A. Wood（1991）、Avineri（1972）。

37　Hegel（2003 [1820]: §§ 275-286, esp. § 279）。

38　Hegel（2003 [1820]: §§ 291-297）。

39　Hegel（2003 [1820]: §§ 301-315）。

學》的立憲思想已顯得落伍。法國七月王朝的君主立憲，本是一種被極少
數人壟斷的政治體制，但其上議院已廢除世襲制。相對於此，黑格爾版本
的君憲又更顯保守。

　　但《法哲學》的思路形成於普魯士改革年代，在當時是一種開明派
思想。當它在 1820 年出版時，法國的波旁王朝徒有憲法而無憲政；在整
個德意志邦聯，也只有幾個南德邦國率先立憲。黑格爾的確是主權在王論
者，推崇官僚和世襲貴族，甚至把下議院也設計成半封建機關。但在封建
土壤特別肥沃的普魯士，《法哲學》卻不為守舊派所喜，正因其蘊含了立
憲、開全國議會的主張。[40]

　　寫於 1843 年的《黑格爾法哲學批判》不免也斥責黑格爾過於保守，
或半封建半現代。例如，《法哲學》中的世襲貴族院，被馬克思嘲諷為封
建等級制與現代代議制的混合，而不是七月王朝那種純政治性的現代上議
院。[41] 但即使如此，馬克思對《法哲學》的批評，仍相當不同於一般自由
派或民主派。

　　馬克思在批判黑格爾時，吸收了黑格爾國家論的關鍵要素，也就是把
「政治國家和市民社會的分立」視作現代世界的構成特徵。再者，馬克思
幾乎完全接受黑格爾對現代市民社會的界定，即它是一個私人利益、特殊
利益的場域。正是在此基礎上，他引入費爾巴哈對新教位格主義、對市民
社會利己主義的批評，再加上（源自於法國共產主義和社會主義的）對私
有財產的普遍質疑。《黑格爾法哲學批判》把市民社會描述成「抽象位
格」、「抽象私人的虛幻權利」、「個人主義」和「私有財產」的領地。
此種原子主義式的、霍布斯式的市民社會圖像，典出於黑格爾。但馬克思
繼續加碼，有意把現代市民社會說得更加私性猖獗。[42]

　　與黑格爾不同的是，馬克思堅稱市民社會的特殊性、私人性根深柢

40　參見第一章第二節和第三節。

41　Marx（*MECW*, 3: 112-113）。在馬克思看來，廢除了世襲制的七月王朝上議院，要比黑
　　格爾的「萬年長子院」進步不少。

42　Marx（*MECW*, 3: esp. 40, 79-81, 108）。

固，絕無可能與普遍性、共同體性相調和。在此，他繼承了黑格爾對普遍性的要求，但進一步提高了普遍性的實現標準。《黑格爾法哲學批判》的核心論點是：若要兌現真正的普遍性，或所謂「普遍與特殊的真實統一」，[43] 就得超克政治國家和市民社會的分立。反過來說，此種分立之所以必須揚棄，正是為了伸張普遍性，為了實現真正的共同體。

國家與社會

　　《黑格爾法哲學批判》頗為冗長，但結構並不複雜，對應了《法哲學》第三部分相關段落的出現順序。馬克思先是運用轉換批評，指責黑格爾顛倒了國家和市民社會；然後，再針對《法哲學》關於王權、官僚、等級、立法權的段落，陸續提出批評。

　　前文提及，黑格爾把市民社會看作是國家概念的衍生物。《黑格爾法哲學批判》則稱：家庭和市民社會才是國家的「前提」和「驅動力」。語意更強的一句話是：家庭和市民社會「使自身構成國家」。[44] 此前，盧格和馬克思在其社會評論中，已論及「官僚／國家受制於特殊利益」，但這是一個比較弱的說法，意在質疑普魯士國家的理性短缺。[45] 市民社會「使自身構成國家」則是一個強說法，意指特殊利益構成了國家的「內容」。

　　緊接著，馬克思聚焦於王權要素，質疑黑格爾把君主視為「神人」，落入抽象的位格主義。[46] 為了替「民主」辯護，馬克思表達了以下論點：

　　首先，他吸納黑格爾的見解，強調政治國家和市民社會的分立發生於現代，而不是中世紀或古代。在中世紀，尚未出現政治領域和私人領域的分立；現代私有制也尚未出現，是政治性的等級制塑造了中世紀的政治性私有制。在古代，公共事務就是公民的私人事務，只有奴隸是完全的、真

43　Marx（*MECW*, 3: 30）。

44　Marx（*MECW*, 3: 8-9），cf. Hegel（2003 [1820]: §§ 261-262）。

45　參見第一章第五節和第六節。

46　Marx（*MECW*, 3: 24），cf. Hegel（2003 [1820]: §§ 275-279）。

正的私人。在亞細亞專制主義國度，政治國家則是單一個人的禁臠。換句話說，與市民社會彼此分立的政治國家，是十足的現代產物。唯有「當私人領域取得了獨立的存在」，政治國家也才分化而出。[47] 在此，馬克思的主要參照是法國：大革命剷除了土地特權，使市民社會「取得了獨立的存在」，從而出現了與市民社會分立的政治國家。[48]

其二，現代政治國家是抽象的，現代市民社會也是抽象的。在現代情況下，政治國家抽離於市民社會，所以是抽象的。政治國家的普遍性是虛幻的、不真實的，只是一種抽象的、形式上的普遍性。

稱現代市民社會是抽象的，意指它和政治國家互相分立，變成了非政治性的存在，並陷入「私人生活的抽象」。何以私人生活是抽象的？這就需要參照費爾巴哈對基督教市民社會的批評，連同類存有、共同體存有等提法。《黑格爾法哲學批判》引入費爾巴哈的「共同體存有」或「共同體主義本質」概念，但未能展開。[49] 曾有論者把 *das kommunistische Wesen* 譯作「共產主義的本質」，[50] 但此時馬克思尚不是共產主義者，甚至強力貶抑共產主義。他所謂「私人生活的抽象」，主要是指現代市民社會使人變成了私人，使人抽離於（某種理想化的）共同體存有。[51]

其三，「財產等等，簡言之，即法律和國家的全部內容，在北美和普魯士都是一樣的，除了一些枝微末節」。這是市民社會「使自身構成國家」的升級版，直指「財產等等」構成了「法律和國家的全部內容」。但馬克思只是斷言如此，而未具體論及北美狀況。他不否認北美共和、七月王朝（相對於普魯士王權）的進步性。但他宣稱，「那裡〔北美〕的共和只是一種國家形式，跟這裡〔普魯士〕的王權是一樣的。國家的內容落於這些制度之外」。[52]

47　Marx（*MECW*, 3: 31-32），馬克思（馬恩全集 II，3：42-43）。

48　Marx（*MECW*, 3: 80）。

49　Marx（*MECW*, 3: 107, 79-80），cf. Hegel（2003 [1820]: § 303）。

50　Avineri（1968: 34）。

51　參見第一章第五節。

52　Marx（*MECW*, 3: 31），馬克思（馬恩全集 II，3：41-42）。

　　在馬克思後來的著作中，這發展成一種本質主義式的國家論：無論現代國家採取何種形式，其內容（或實質、本質）萬變不離其宗，皆是布爾喬亞私有制。不過，他對於不同的現代政治／國家形式，仍有相對好惡。他最痛恨的始終是普魯士專制、沙皇專制、波拿巴專制之流，而不是民主共和國（如美國、法蘭西第三共和）或比較民主的君主國（如英國、荷蘭）。但無論如何，《黑格爾法哲學批判》以「國家的內容落於這些制度之外」為由，否定了一切現代政治／國家，包括最先進的「政治共和」。[53]

　　其四，無論現代國家採取何種形式，都無法企及「真民主」。真民主是「普遍與特殊的真實統一」，與一切抽象的政治國家皆不相容。只要政治國家和市民社會彼此分立，就不可能兌現真正的普遍性、真正的民主。對此，「法國人最近的理解是：在真民主中，政治國家就滅亡了」。[54] 一旦超克了政治國家和市民社會的分立，政治國家將不復存在，真民主也才得以實現。[55]

官僚與社會等級

　　黑格爾表示：「憲法在本質上是一個中介體系」。[56] 其中，官僚和「市民社會的等級」[57] 是最關鍵的中介機制。

　　先看職業官僚。黑格爾稱之「普遍等級」，[58] 並視之為「中間等級」的主體。[59] 官僚來自市民社會，但為君主服務；他們站在國家立場去處理特殊利益，使其合乎普遍的國家利益。著眼於市民社會的原子化性格，黑格爾認為「法人」有助於把各自孤立的特殊利益收攏為「特殊的共同利

53　Marx（*MECW*, 3: esp. 31），馬克思（馬恩全集 II，3：41）。

54　Marx（*MECW*, 3: 30），馬克思（馬恩全集 II，3：41）。

55　Cf. Chrysis（2018: chs. 4-5）、Abensour（2011 [1997]: ch. 5）論「真民主」。

56　Marx（*MECW*, 3: 70），cf. Hegel（2003 [1820]: 343）。

57　Hegel（2003 [1820]: 345）。

58　Marx（*MECW*, 3: 42, 50），cf. Hegel（2003 [1820]: 332）。

59　Marx（*MECW*, 3: 43, 54），cf. Hegel（2003 [1820]: 335）。

益」。然而，法人化的「特殊的共同利益」仍可能與國家利益相衝突，故需要官僚的中介。官僚是更高層級的法人，其功能在規訓「私有財產和這些特殊領域的利益」，使其從屬於「更高的國家利益」。[60]

對此，馬克思的主要批評有二。首先，官僚是一個特殊利益團體，把國家當作其私有財產；個別官僚是追逐私人目的（如升遷）的主體，亦擺脫不了物質利益。因此，官僚的普遍主義是虛幻的，它只是一種「國家形式主義」。再者，黑格爾把官僚視作「國家的代表」，即外於市民社會、反市民社會的一方。所以，「中介」根本不曾發生，官僚其實就是政治國家的統治工具。到頭來，政治國家和市民社會的二律背反，依然屹立不搖。[61]

在官僚之外，黑格爾也把「市民社會的等級」當作中介機制。他所設想的上議院，是由世襲的地產貴族（地位最高的社會等級）組成。據其說法，此種等級是市民社會的等級，雖不同於政治性的、作為普遍等級的官僚，但同樣具有重要的中介功能。那麼，社會等級究竟是如何中介普遍（政治國家）與特殊（市民社會）？對此，馬克思進行了冗長的文本分析。在他看來，社會等級不可能伸張國家普遍性；反之，是社會等級及其特殊性「決定了政治國家」。黑格爾未能認清「真正的兩極不能中介，正因為它們是真正的兩極。它們也不需要中介，因為它們的本質互相對立」。由於政治國家和市民社會構成「本質性的矛盾」，中介既無必要，也注定失敗。[62]

在此，馬克思強調了市民社會的個人主義屬性：「當今的市民社會是實現了的個人主義原則；個人的存在就是最終目的，活動、工作、內容等等都只是手段而已」。現代市民社會的本質，不外乎就是原子化的個人主義、私人主義。正因如此，無論是何種所謂的中介機制，都不可能收攏市

60　Marx（*MECW*, 3: esp. 41），cf. Hegel（2003 [1820]: 329-330）。

61　Marx（*MECW*, 3: 45, 47, 49-50）。

62　Marx（*MECW*, 3: 90, 88, 91），馬克思（馬恩全集 II，3：110-112）。Cf. Hegel（2003 [1820]: §§ 301-307）。

民社會的特殊利益，使之被統攝於真正的普遍性。[63]

　　馬克思對黑格爾中介論的批評是否公允，此處不擬深究。他的「本質性的矛盾」之說，實已排除了中介的可能。黑格爾的基本設想是：通過中介機制，納特殊於普遍，納個人主義於政治共同體。但馬克思對「普遍性」和「共同體性」的要求，則顯然遠高於黑格爾。

　　黑格爾是長子繼承制的擁護者。馬克思則強力質疑黑格爾的說詞，並由此申論現代國家和私有財產的關係。長子繼承制有不同版本，有些較寬鬆，有些更嚴格。美國獨立革命和法國大革命，直接廢除了長子繼承制。其他西歐國在走出封建、邁向現代的過程中，各有不同的調適。黑格爾在《法哲學》主張一種強制性的長子繼承制，亦即：無論地產所有者的意志為何，土地都只能傳給長子。他給出的主要理由是：此種制度有助於維護地產貴族（作為上議院代表）不屈從於行政官僚、不受群眾左右的獨立性，使之更能「為了國家利益而行動」。但在普魯士的政經脈絡下，這無異於以國家強力去鞏固容克貴族的世襲土地特權，乃至世襲政治特權。[64]

　　甘斯等黑格爾主義自由派，雖質疑容克貴族的世襲特權，但不曾否定一切私有財產。馬克思在《萊茵報》時期，也保持了這個基本立場。[65] 但《黑格爾法哲學批判》改變了口徑。這部手稿把黑格爾倡議的長子繼承制，本質化為一種私有財產；又從對一切私有財產的批判，回過頭來批判黑格爾式的長子繼承制，指其必使政治制度淪為「私有財產的政治制度」。[66] 在黑格爾看來，強制性的長子繼承制保證了世襲立法者的獨立性，使之不必去討好官僚和烏合之眾，而能專注於國家利益、國家普遍性的追求。[67] 馬克思則認為，黑格爾根本倒果為因，簡直是把上層政治機構

63　Marx（*MECW*, 3: 81），馬克思（馬恩全集 II，3：101）。

64　Marx（*MECW*, 3: 74），cf. Hegel（2003 [1820]: 345-346）。

65　參見第一章第六節。

66　Marx（*MECW*, 3: 108），馬克思（馬恩全集 II，3：135）。Cf. Hegel（2003 [1820]: §306）。

67　Hegel（2003 [1820]: esp. 345）。

奉送給了世襲地產。

　　強制性的長子繼承制，等於剝奪了土地所有者的意志自由、契約自由。馬克思也指出了這一點。不過，他並不是要申論意志自由或契約自由，而是質疑此種制度讓地產成為國家的主人，使「抽象位格的權利」成了神聖而不可侵犯的國家目的。在長子繼承制中，私有財產有如宗教，自成一種「私有財產的宗教」。無怪乎，替長子繼承制辯護的說詞，多帶有揮之不去的宗教味：「宗教正是這種野蠻思想的最高形式」。[68]

　　長子繼承制，在彼時的美國和法國已被廢除。這暗示，對長子繼承制作為一種特殊私有財產的批評，不直接等於對一切私有財產的否定。馬克思並不是沒有意識到這個問題，但他宣稱「長子繼承制只是私有財產和政治國家的普遍關係的一種特殊展現」。令人費解的是，他還進一步主張「長子繼承制是私有財產的政治意義，即其普遍意義」。第一句話把看似特殊的長子繼承制及其弊病，連結到「私有財產和政治國家的普遍關係」。第二句話則直接把長子繼承制說成是「私有財產的普遍意義」。[69]

　　顯而易見，兩句話都有商榷的餘地。既然長子繼承制是「一種特殊的私有財產」，對長子繼承制的批評，就不能等同於對私有財產的普遍批評。畢竟，單從蘋果難吃、梨難吃，無法直接推斷出「水果」通通難吃。聲稱「蘋果只不過是水果的特殊展現」或「蘋果就是水果的普遍意義」，其實並沒有證明「凡水果都難吃」。

　　「從普遍批評特殊，又從特殊批評普遍」本是青年黑格爾派的重要特徵。例如，該派在批評普魯士國王和守舊派所主張的「基督教國家」時，也把普魯士當作「基督教國家」去批評。在此，被批評的究竟是普魯士版本的基督教國家，還是一切基督教國家，從來就不明確。[70] 此類批評彷彿是從「水果難吃」去說「蘋果難吃」，又把「蘋果難吃」當成「水果難

68　Marx（*MECW*, 3: 107-108, 101-103），馬克思（馬恩全集 II，3：134、128）。

69　Marx（*MECW*, 3: esp. 108），馬克思（馬恩全集 II，3：135）。

70　Cf. Stedman Jones（2002: 90-98）、Breckman（2011）。

吃」的證明。問題在於：如果你沒吃過香蕉，如何證明「蘋果就是水果的普遍意義」？

　　易言之，《黑格爾法哲學批判》對長子繼承制的抨擊，能否擴展為對一切私有財產的普遍批評，又能否導出「私有財產和政治國家的普遍關係」，實則是有疑義的。但無論如何，這部手稿首度勾勒出一項影響深遠的命題：一切現代政治／國家、政治憲法、政治制度等，都是私有財產的奴僕。

三、「每個人都代表其他人」

　　按馬克思的說法，無論是黑格爾版的立憲君主制，還是更先進的現代政治／國家形式（如法國代議制、北美共和、「政治共和」、「抽象國家形式內的民主」等），[71] 都立足於政治國家和市民社會的分立，都是「私有財產的政治制度」。不過，《黑格爾法哲學批判》尚未宣稱要消滅私有財產。至於如何超克政治國家和市民社會的分立，所言也相當有限。但可以確定的是，它否定了現代代議制度，並提出一種「每個人都代表其他人」的共同體願景。

代議制及其超越

　　關於代議制，《黑格爾法哲學批判》聚焦在《法哲學》的兩項說法。黑格爾認為，第一、讓所有的個人都直接參與政治，以審議和決定國家的普遍事務，無異於引進「不具任何理性形式的民主元素」。[72] 但這極不可取，因為國家事務只能交給少數人去審議和決定。第二、立法代表不應受

71　Marx（*MECW*, 3: 31）。
72　Hegel（2003 [1820]: 347）。

制於特殊利益，而應著眼於普遍利益。[73]

　　今日觀之，就算代議制結合了普遍選舉權，也依然是代議制，而不是讓所有的個人都直接參與政治。黑格爾不接受男性普選，在那個時代不算稀奇。但除了把上議院設定為世襲貴族院外，他還把下議院設計成一種民選程度極低的、[74]由官僚和法人主導的機關[75]——這就顯得特別突兀。它明顯帶有封建等級制的殘留，再加上普魯士特色的官僚主義，以及對民主的極度恐懼。就此來說，《法哲學》在 1820 年代被視作一個改革派文本，絕不是因為黑格爾的方案有多民主，而是因為普魯士的復辟勢力特別反動。但 1830 年以降，隨著法國和英國的政治變革，《法哲學》即使在格外反動的普魯士，也已不再屬於時代前沿。[76]

　　針對黑格爾的第一項說法，馬克思指出：「所有的個人都參與政治」或「只有少數代表參與政治」的二分法，並未掌握到現代社會的發展動力。現代社會是去政治化的。市民社會和政治國家之間的橋梁，就是代議部門。正因如此，市民社會才會要求不受限制的選舉權和被選舉權——從而出現了參與的程度和數量之爭。馬克思強調，這個爭議肇因於市民社會和政治國家的現代分立，故無從規避。再者，「數量並非沒有重要性」。[77]

　　何以市民社會要求更多的投票權？馬克思的解讀是：在政治國家和市民社會的分立狀況下，「選舉」是「實存市民社會的最主要政治利益」，構成了市民社會與代議部門的連接點。爭取更廣泛的選舉權和被選舉權的運動，如法國和英國的選舉改革，代表著市民社會起而奪回其被剝奪的「政治性」。這個運動既要求政治國家的消解，也要求市民社會的消解。

73　Hegel（2003 [1820]: §§ 308-309）。代議士不該受到選區／選民特殊利益的束縛，並非黑格爾的獨特倡議，而是 18-19 世紀古典代議思想的基本面，可見於麥迪遜（James Madison）、柏克、西哀耶斯（Emmanuel-Joseph Sieyès）等論者。Cf. Bobbio（1990: ch. 6）、Manin（1997）。

74　Hegel（2003 [1820]: 347）指下議院代表的產生，甚至根本不需要選舉。

75　Marx（*MECW*, 3: 123-129），cf. Hegel（2003 [1820]: §§ 310-313）。

76　見 1833 年甘斯的《法哲學》序言，收於 Hoffheimer（1995: 87-92）。

77　Marx（*MECW*, 3: 118），馬克思（馬恩全集 II，3：147）。

一旦市民社會奪回了政治性，政治國家和市民社會的分立將不復存在。抽象的政治國家，連同去政治化的市民社會，將一起告終。[78]

進而言之，一旦超克了政治國家和市民社會的分立，則「作為代表權的立法權，將完全失去意義」。政治參與的數量或程度也不再是問題。屆時，「每一個功能都具有代表性」；「只要鞋匠滿足了一個社會需要，他就是我的代表」。「作為類活動的每一種特殊的社會活動」，將只是代表了類屬，即我自己的本性。在這樣的共同體中，普遍與特殊獲致了真實統一，「每個人都代表其他人」。[79] 合乎公意的法律，不需要立法代表去「立」，只需要「被發現」。[80] 在此情況下，「所有的個人都參與政治」或「只有少數代表參與政治」的二分法，將變得毫無意義。

針對黑格爾的第二項說法，即立法代表須著眼於普遍利益（而不被任何強制性的指令所約束），馬克思提出了兩點質疑。其一，若代議士須伸張普遍利益，而不受任何選民「指令」的約束，這還算是代表制嗎？其二，代議士其實就是特殊利益的化身，而不是普遍利益的代表。關於強制性的指令，馬克思表示：黑格爾強調信任之於代議制的重要性，但如果代議士不必接受選民的指令，信任還存在嗎？[81]

稍早在 1842 年 5 月〈關於出版自由〉一文，馬克思譴責萊茵省等級會議的代表只顧一己私利，不把被代表者（萊茵省、萊茵人民）放在眼裡，故根本不成其為代表。在此，代表者與被代表者的脫勾，被認為是難以自洽的。[82] 黑格爾反對立法代表受制於特殊利益，主張立法代表聚焦於普遍利益。據此，設若萊茵省議會的議員只關照自己選區的特殊利益，而

78　Marx（*MECW*, 3: 120-121），馬克思（馬恩全集 II，3：150）。

79　Marx（*MECW*, 3: 119），馬克思（馬恩全集 II，3：148）。馬克思在 1842 年 12 月已提出「人民的自我代表」之說，此與「每個人都代表其他人」雖不盡相同，但兩者都構成對代議制的否定。Cf. Marx（*MECW*, 1: 306），參見第一章第六節。

80　Marx（*MECW*, 3: 58, 119），馬克思（馬恩全集 II，3：74、149）。

81　Marx（*MECW*, 3: 123-124），馬克思（馬恩全集 II，3：153-154）。Cf. Hegel（2003 [1820]: §§ 309-310）。

82　Marx（*MECW*, 1: 148）。

不著眼於萊茵省、萊茵人民的普遍利益，黑格爾應該不會贊同。但從《黑格爾法哲學批判》的角度，黑格爾支持的代議制，還是未能克服代表者與被代表者之間的異化。

　　進一步看，雖然《黑格爾法哲學批判》對不受選民「指令」約束的代議制有所質疑，卻未明確主張立法代表聽命於自己選區／選民的「指令」。在利益多元且意見分歧的現實世界裡，一旦強制指令制得到貫徹，恐將造成特殊利益的不斷傾軋。由於各選區代表都得聽命於選區／選民的指令，這個制度在利益衝突或意見衝突較嚴重的情況下，甚至難以運行。[83] 馬克思是否多少意識到了此種可能後果，難以確知。但一項合理的判讀是：他的確支持強制指令制，並假設了後者比現代代議制（包括黑格爾版）更能克服代表者與被代表者之間的異化。

　　以上，大體即是馬克思對黑格爾代議制論說的批評。

　　那麼，馬克思究竟是在批評黑格爾，還是在批評一切代議制？表面上，他的批評對象是黑格爾。但為了批評黑格爾，他引入「每個人都代表其他人」的共同體願景，指向個人活動、特殊活動和「類活動」的統一。毋庸置疑，這是一套超越現代代議制的設想。一旦實現了此種真民主、真共同體，一切代議制都將失去其存在基礎，黑格爾版的代議制也不例外。

　　「每個人都代表其他人」、「普遍與特殊的真實統一」和「特殊活動就是類活動」等提法，可謂是馬克思「哲學共同體主義」的初次表述。儘管它顯得高度抽象，但已呈現出特定的論說進路。要言之，《黑格爾法哲學批判》拒斥黑格爾的中介思想，並擴大運用費爾巴哈的立即性思維。在馬克思設想的真共同體中，個人與共同體的關係是立即的、直接的。每個人（如鞋匠）從事的特殊活動，當下都具有立即的共同體性，都是所謂的類活動，都須臾不離所謂的類本質。唯有這樣一種境界，才算是獲致了普遍與特殊、共同體性與個人性、類活動與特殊活動的真實統一。

83　Cf. Bobbio（1987a: ch. 2; 1987b: ch. 3）、Tomba（2018）。

本書稍後將指出，自從《黑格爾法哲學批判》提出「每個人都代表其他人」的願景後，與之接近（但措詞略有出入）的共同體想像，也出現在《經濟學哲學手稿》、《德意志意識型態》、《政治經濟學批判大綱》、《政治經濟學批判》、《資本論》第一卷、《法蘭西內戰》和〈哥達綱領批判〉等文本。例如，馬克思後來有個重要提法是：在後資本社會，個人勞動將具有「直接的社會性」。[84] 這裡需要強調的是：此種「反中介」的共同體／社會理想，正是起步於 1843 年《黑格爾法哲學批判》，且顯然受到費爾巴哈的啟發。

政治終結、國家終結、選舉

馬克思把英法的選舉改革運動詮釋為：現代市民社會起而奪回其被剝奪的政治性。它是市民社會為了消滅自身而展開的政治行動。它「要求」揚棄政治國家和市民社會的分立。當市民社會奪回了政治性，也就不存在抽象的、專屬於政治國家的政治性；市民社會作為抽象的、去政治化的私人領域，也將不復存在。獨立於市民社會的政治國家，獨立於政治國家的市民社會，公民和私人的分裂等，都將一起落幕。這是馬克思「政治終結論」和「國家終結論」的濫觴。

但何為政治終結、國家終結，向來眾說紛紜。在 1845-1846 年《德意志意識型態》以前，「階級鬥爭」尚未得到強調。此後，馬克思從一種結合了生產力發展的階級鬥爭史觀，稱一旦消滅了階級，將不再有政治權力，因為公權力將失去政治性。[85] 在 1870 年代批判無政府主義的脈絡下，這個論點又再度浮現。[86] 影響所至，後世馬克思主義者多從階級鬥爭的角

84　「直接的社會勞動／生產」之說，自 1857-1858 年《政治經濟學批判大綱》手稿開始現身，並於《資本論》第一卷得到強調。另見第六章第五節、第七章第四節。

85　此說最早出現在 1847 年《哲學的貧困》（*MECW*, 6: 212）和 1848 年《共產黨宣言》（*MECW*, 6: 505）。見第四章第七節。

86　另見第八章第七節。

度，去界定政治／國家的終結。[87] 但需要指出的是，政治／國家終結論在
《黑格爾法哲學批判》的現身，要早於階級鬥爭史觀的出現。政治／國家
終結的理論含蘊，也要比「消滅階級」一句來得更豐富，至少還包括「社
會把政治／國家權力重新吸收」和「消滅官僚國家」的觀點。[88]

　　在此，我們使用較為中性的「終結」一詞，以涵蓋馬克思的多重語
意。他有時使用「揚棄」（*Aufhebung*），有時使用「消滅」、「消解」
或「消失」等詞。其中比較複雜的是「揚棄」，因其兼具消滅、保存和提
升之意。[89] 但無論如何，實質文意才是重點。就《黑格爾法哲學批判》而
言，國家終結係指政治國家的終結，而不是公權力的終結；政治終結則是
指「抽象的政治性」（抽離於市民社會的政治性）的終結。在政治國家終
結了以後，仍將有一個公權力，但它將已失去了政治性。至於它還能否稱
作「國家」，《黑格爾法哲學批判》未給出明確說法。至於是否還存在另
類的、非抽象的「政治」，亦不明朗。[90] 馬克思迴避用「國家」去描述未
來的公權力，並稱後者將失去「政治」性格，主要是 1847 年《哲學的貧
困》和 1848 年《共產黨宣言》以降的發展。

　　再看選舉。《黑格爾法哲學批判》對於「選舉的擴張和最大可能程度
的普遍化，無論是選舉權還是被選舉權」，展露出高度期待。[91] 但這究竟
蘊含著何種政治立場，卻不無爭議。有論者認為，此時馬克思還是一位民

87　E.g. Lenin（1967, vol. II: 263 ff.），《國家與革命》，原寫於 1917 年 8 月至 9 月，經修
　　訂、增補後於 1918 年出版。Cf. Polan（1984）論列寧的政治終結論。

88　《黑格爾法哲學批判》（*MECW*, 3: esp. 121, 48）已蘊含「社會把政治／國家權力重新吸
　　收」和「消滅官僚國家」的觀點，但未能展開。另見第五章第五節論《路易·波拿巴的
　　霧月十八》，第八章第六節論《法蘭西內戰》。

89　關於「揚棄」，另見 Leopold（2007: 17-18, 257-258）。

90　《黑格爾法哲學批判》（*MECW*, 3: 116, 51, 119）兩度用「理性國家」去指稱某種理想情
　　況，又把「每個人都代表其他人」關聯到「市民社會就是真正的政治社會」的假設性狀
　　態。這些提法似乎暗示了「非政治國家的國家」和「非關政治國家的政治」的存在，但
　　未能展開。與此相關的若干討論，見 Leopold（2007: 260-262）、Chrysis（2018: ch. 6,
　　esp. 195-197）、Abensour（2011 [1997]: ch. 6）、Megill（2002: ch. 2）。

91　Marx（*MECW*, 3: 120），馬克思（馬恩全集 II，3：150）。

主自由派、民主共和派或「資產階級民主派」。[92] 然而，馬克思期盼實現的，並不是代議民主、政治民主、政治共和等現代政治制度，而是市民社會起而推翻其與政治國家的藩籬。他之所以肯定英法爭取選舉權和被選舉權的運動，主因是他從中看到了市民社會重奪政治、揚棄代議制、終結政治國家，同時也終結自身的契機。[93]

對於現代政治／國家框架下的選舉，馬克思既不是毫無保留，也不是一味否定。如果是有助於民主化的選舉或普選，他通常正面看待，甚至積極支持——儘管他的終極目標不是代議民主而是「真民主」。1843 年 9 月，《黑格爾法哲學批判》才停筆不久，馬克思向盧格表示：

> 在分析**代議系統**相對於**社會等級系統**的優越性時，批評者〔指《德法年鑑》的主事者〕實際上迎合了一大批人〔此指自由派、民主派及其他反對派〕的利益。把代議系統從其**政治形式**提升為**普遍形式**，並指出代議系統背後的真正意義，批評者也就迫使這一批人跨出自身的限制，因為他們的勝利同時就是他們的失敗。

《德法年鑑》應支持反封建、反專制的運動黨人，並闡發代議系統相對於等級系統的優越性。但與此同時，也要指出代議系統（作為一種政治國家形式）的根本局限，以迫使反對運動在勝利之際，立即邁向更具普遍性的人本主義。[94]

盧格如何解讀馬克思的這封信，已不可考。盧格遲至 1844 年 2 月《德法年鑑》出刊後，才真正警覺到馬克思的共產主義轉向。[95] 實則，馬克思在 1843 年 9 月的信中，不但把「人的統治」和「私有財產的統治」對立

92　見 Colletti（1992 [1975]: 41-42, 44）對科爾努（Auguste Cornu）的批評。另見 Gilbert（1976; 1989）。

93　Cf. Leopold（2007: 258-259）、Megill（2002: 100-101）。

94　Marx（*MECW*, 3: 144），馬克思（馬恩全集 II，47：66），1843 年 9 月致盧格。

95　另見第三章第一節。

起來，也已經把「私有財產的消滅」看作是人本主義的目標。當馬克思說「他們的勝利同時就是他們的失敗」時，他暗示爭取立憲和代議民主的運動，一旦贏得勝利，將可望立刻轉進為消滅私有財產、樹立「人的統治」的人本主義運動。比起《黑格爾法哲學批判》，這個說法又前進了一步。[96]

以後見之明，馬克思對普選的態度並非一成不變。在他看來，專制政權（如波拿巴帝國、普魯士王權、德意志帝國）玩弄的假普選，截然不同於由下而上爭取普選的運動（如英國憲章主義、改革同盟等）。[97] 在 1848 年革命的過程中，法蘭西第二共和實行了男性普選，但先是導致保守派在議會中獨攬大權，後又覆滅於民選大總統波拿巴的帝制復辟 —— 這是馬克思難以接受的普選後果。[98] 但正如《黑格爾法哲學批判》顯示，馬克思對於具有進步意義的普選運動，不吝給予正面評價。後來在 1875 年〈哥達綱領批判〉，他要求德國社民黨通過「民主共和國」（理解為布爾喬亞社會最後的、最進步的國家形式）以實現工人革命。[99] 回頭來看，某種「從民主共和通往更高層級的解放」的思路，或已蘊含在 1843 年 9 月「把代議系統從其政治形式提升為普遍形式」之說。

盧梭之外

義大利馬克思主義者柯列提（Lucio Colletti）曾經宣稱：作為馬克思最主要的政治理論著作，《黑格爾法哲學批判》深受盧梭影響，但未能超越盧梭。馬克思的理論創新落於政治經濟學批判，而不是《黑格爾法哲學批判》中的盧梭式論點。再者，馬克思在 1871 年《法蘭西內戰》勾勒出的巴黎公社模式（尤指強制委任制），與《黑格爾法哲學批判》一脈相

96　Marx（*MECW*, 3: 144, 143），馬克思（馬恩全集 II，47：66、64）。

97　E.g. Marx（*MECW*, 11: 333-341），1852 年 8 月〈憲章主義者〉。

98　Cf. Marx（*MECW*, 11: 99-197），1852 年 3 月《路易‧波拿巴的霧月十八》。見第五章第五節。

99　Marx（*MECW*, 24: 75-99, esp. 96），〈哥達綱領批判〉。另見第九章第四節。

承，皆可上溯至盧梭。[100]

柯列提有意建立一個「盧梭－馬克思－列寧」的思想系譜。列寧在《國家與革命》中，引用了《法蘭西內戰》關於巴黎公社的陳述。[101] 設若《法蘭西內戰》可回溯至《黑格爾法哲學批判》乃至盧梭，「從盧梭到列寧」的思想系譜就可以成立——這是柯列提的思路。[102] 受限於篇幅，以下僅就《黑格爾法哲學批判》和盧梭的關係，略作補充。

馬克思受到盧梭一定程度的影響，是無可否認的。他在第二本《克羅茨那赫筆記》中，從盧梭摘抄了 103 處。[103] 寫作《黑格爾法哲學批判》時，他對盧梭的若干文本相當熟悉，而且不只一次援用盧梭對立法權的批評。在彼時德國，盧梭被看作是法國大革命的思想來源之一，亦是公民共和主義的重要典範。把黑格爾所謂的理性國家「去王權化」，轉而嫁接於帶有盧梭和康德色彩的公民共和主義、自由人共和主義，大致就是青年黑格爾派在 1840 年代初的發展方向。[104] 但盧梭並非體系化論者，其思想存在諸多空隙，從中難以得出確切的政治制度結論。例如，法國大革命最初實行的單一國會，廣被認為是受到盧梭主權在民論的影響。[105] 但單一國會仍是一種代議制，仍是一種立法權。到了後來，則還有共和制下的國民公會，乃至於羅伯斯庇爾的激進雅各賓主義。何者才是盧梭的真傳，很難說得清楚。

雖然馬克思欣賞盧梭的公意論，並仿效盧梭，稱法律只需要「被發現」，[106] 但兩人之間存在顯著差異。舉其大者，馬克思向來不看好小國寡民的共和，反倒認為北美共和是最先進的政治制度——就尚未實現人類解

100　Colletti（1972: 179, 185: 1992 [1975]: 43-46）。Cf. Chrysis（2018: 13-15）。

101　Lenin（1967, vol. II: esp. 293-309）。

102　Colletti（1972: esp. 143 ff.）。另見 A. Levine（1987; 1993: ch. 8）論盧梭與馬克思。

103　Leopold（2007: 269）。

104　見第一章第四節。

105　Stedman Jones（2016: 10-12）。

106　Marx（*MECW*, 3: 119, 58）。

放的布爾喬亞社會而言。1848 年以降，馬克思明確主張「單一不可分割的德意志共和國」，這是一種大國共和，而非小國寡民的盧梭式共和。[107] 當然，馬克思對私有財產的敵意，亦非盧梭所能及。

　　盧梭強調德性之於共和國的重要，馬克思則否。盧梭高度看重作為公民宗教的愛國主義，馬克思則是普世主義者。無論是公民宗教，還是愛國主義，都不是馬克思式共同體主義／共產主義的構成要件。[108] 稍後我們還會發現，《經濟學哲學手稿》那種滿足「人的豐富需要」、反對節儉的人本共產主義，和盧梭推崇的斯巴達式禁欲主義，實在相去甚遠。[109]

　　馬克思從出於青年黑格爾派的人本主義，並吸納了費爾巴哈的類本質、類存有、共同體存有等提法。這使得他的人性論，相當不同於盧梭的人性論。兩造對人的社會性的認識，差異甚大。在青年馬克思看來，主要問題是人的自我異化，其解方只能是人向共同體存有、社會存有、類存有的回歸。在此，共同體性、社會性是人類的根本屬性 —— 此與盧梭的見解大相逕庭。[110]

　　對「選舉的擴張和最大可能程度的普遍化」，馬克思樂見其成，盧梭則不曾有過類似的表態。在盧梭式共和中，並非所有成年男性都是（積極）公民；公民也不必經常開會討論，平時讓政府去處理例行事務即可。馬克思的立場則與此不同。雖然民主共和並非他的終極目標，但他視其為重要的、甚至不可或缺的階段性目標。[111] 他把北美看作是現代民主共和的最佳典範，而在彼時北美，積極公民占人口的比例，及其政治參與的程度，要高於盧梭偏好的日內瓦模式。[112]

107　Marx（*MECW*, 6: esp. 3），1848 年 3 月〈共產黨在德國的要求〉。另見第五章第一節。

108　David Leopold（2007: 269）指出，《克羅茨那赫筆記》完全沒有摘抄盧梭關於「公民宗教」的文字。實際上，馬克思和鮑威爾、費爾巴哈一樣，都不看重公民宗教。盧格則有較顯著的愛國主義傾向。Cf. Calvié（2011）。

109　Marx（*MECW*, 3: esp. 304, 199）。另見第三章第六節和第七節。

110　Cf. Viroli（1988: ch. 2）、Leopold（2007: 265-266）。

111　這種革命階段論是在 1845 年到了布魯塞爾以後，才逐漸得到確立。另見第四章第六節。

112　Leopold（2007: 267）。

進而言之，馬克思的共同體願景也不同於盧梭。《黑格爾法哲學批判》明確表示，在「每個人都代表其他人」的未來共同體中，政治參與的程度和人數不再具重要性。屆時，每個人的特殊活動都是作為「類活動」而存在，都具有直接立即的共同體性：「只要鞋匠滿足了一個社會需要，他就是我的代表」。抽離於非政治生活的政治活動，連同抽離於人的公民，都將不復存在。這個論點非但不同於盧梭，實則有異於一切公民共和主義。公民性與非公民性的分割，恰恰是馬克思欲超越的。

毋庸置疑，《黑格爾法哲學批判》和《法蘭西內戰》有一定的思想關聯性。但在 1871 年以前，馬克思從未表示或暗示共產社會將有選舉。可以說，是巴黎公社啟發了他，使他在《法蘭西內戰》刻劃了巴黎公社模式以後，進而把普選列為共產社會的一個基本面。[113] 不同於主流的民主共和制，此種普選帶有若干限定條件：階級已被消滅；國家和社會不再分立；非議會制；非三權分立；選舉不具政治性；公權力無涉政治，不具有政府職能；非官僚化的例行事務管理；代表者與被代表者不再疏離……等等。[114] 這幅圖像中的核心元素，尤其是破除國家和社會的分立、政治／國家的終結等，已見於《黑格爾法哲學批判》。但另一方面，儘管《黑格爾法哲學批判》對英法的選舉改革寄予希望，它不曾表示在「每個人都代表其他人」的真共同體、真民主中，仍將會有選舉。

四、政治解放和人類解放

1843 年 10 月抵達巴黎後，馬克思在短短幾個月內，開展出一種無產階級革命論，賦予無產階級以實現人類解放的使命。

1844 年 2 月底發行的《德法年鑑》創刊號（兩期合刊號），登出了

113　Cf. Marx（*MECW*, 24: esp. 519），1874-1875 年《巴枯寧筆記》。

114　另見第八章第六節和第七節。

馬克思的兩篇著名文字〈論猶太人問題〉和〈《黑格爾法哲學批判》導言〉。〈論猶太人問題〉分作兩個部分。第一部分延續《黑格爾法哲學批判》的問題意識，進一步區分了政治解放和人類解放。政治解放「當然是一大進步」，[115] 但它尚未企及人類解放（或人的解放）。[116] 第二部分則強烈質疑利己主義、金錢和商業，視之為人類解放必得超克的事項。

鮑威爾與「猶太人解放」

　　鮑威爾在 1842-1843 年之交，發表了兩篇質疑「猶太人解放」的文字。[117] 在普魯士，猶太人是飽受歧視的次等臣民，故欲爭取法律之前的平等地位和平等的臣民權利。但鮑威爾強烈反對猶太人的平權化。他的說法引發諸多回應，馬克思的〈論猶太人問題〉只是其中之一。[118]

　　針對鮑威爾把一切問題神學化的傾向，馬克思在〈論猶太人問題〉首度公開提出質疑。馬克思表示，「我們不把世俗問題化為神學問題，而是要把神學問題化為世俗問題」。世俗的缺陷，如政治國家和市民社會的分立、普遍性短缺的抽象國家、利己主義的市民社會等，不能歸因於宗教：「宗教並不是世俗局限性的原因，而是其現象」。[119] 在此，他貶抑了以神學／宗教為本的批評，轉而強調政治／社會批評的重要 —— 儘管〈論猶太人問題〉仍充斥著宗教隱喻。

　　鮑威爾宣稱，普魯士的「基督教國家」本是一個特權建制，加以猶太教是基督教的死敵，故不可能解放猶太人。再者，只要猶太人還是猶太

115　Marx（*MECW*, 3: 155），馬克思（馬恩全集 II，3：174）。

116　本書主要使用「人類解放」的譯法，以呼應馬克思（在費爾巴哈影響下）的類屬觀念。

117　第一篇題為《猶太人問題》，以小冊子的形式出版，摘錄於 Stepelevich ed.（1983: 187-197）。馬克思在 1843 年 3 月 13 日致盧格的信中，提到鮑威爾此文「太過抽象」。見 Marx（*MECW*, 1: 400），馬克思（馬恩全集 II，47：54）。

118　馬克思後來在《神聖家族》第六章中（*MECW*, 4: 87-90, 94-99, 106-118），再度質疑鮑威爾關於猶太人的論點。

119　Marx（*MECW*, 3: 151），馬克思（馬恩全集 II，3：169）。

人，就根本得不到解放。這裡蘊含了兩項不同命題：一、只要「基督教國家」繼續存在，沒有人能得到解放；二、除非猶太人放棄猶太教，否則沒有資格得到解放。[120] 在鮑威爾的第一篇文字中，這兩項命題是從無神論人本主義的角度提出。第二篇則帶有更顯著的對猶太人的敵意，以及對猶太教的貶抑。它宣稱基督徒距離無神論只有一步之遙，因此，基督徒比猶太人更具有「獲得自由的能力」。[121]

本書第一章指出，在 1839-1840 年以前，鮑威爾是黑格爾主義神學家中的正統派或保守派。1840-1841 年以降，他成為青年黑格爾派的要角，而且是無神論表態最激烈的一位，甚至以最激進的雅各賓共和派自居。但他對猶太人和猶太教的定性，卻是建立於一種宗教等級論：比起猶太教，基督教是一種更完善、更高級的宗教，也更靠近無神論和人本主義。他據此斷言，基督徒的解放（捨棄宗教、擁抱人性）指日可待，作為猶太教徒的猶太人則否。[122]

不難看出，鮑威爾混淆了兩個不同層面的問題：猶太人是否該擁有和基督徒一樣的、平等的臣民權利？以及，猶太教徒是否比基督徒更遠離人性，更不可能放棄一切宗教？鮑威爾聲稱基督徒更靠近人性，即將要放棄宗教信仰，變成無神論者──但這是毫無實據的揣測。歸根究柢，何以尚未放棄信仰的基督徒擁有的臣民權利，尚未放棄信仰的猶太人就不能享有？

馬克思是「猶太人解放」運動的同情者和支持者。[123] 在他看來，猶太人本該享有平等的臣民地位及權利，這個訴求並不激進，完全是現代政治

120　Marx（*MECW*, 3: 146-149），馬克思（馬恩全集 II，3：163-167）。

121　Marx（*MECW*, 3: 168-169），馬克思（馬恩全集 II，3：189-191）。

122　鮑威爾關於猶太人解放的論點，另見 Carlebach（1978: 125-147）、Moggach（2003: 145-149）、Leopold（2007: 120-134）、Avineri（2019: ch. 3）。

123　Cf. Marx（*MECW*, 1: 400），馬克思（馬恩全集 II，47：54），1843 年 3 月 13 日致盧格。馬克思在這封信中，提及他支持了猶太人團體向萊茵省等級會議請願的活動。另見 Avineri（2019: 49-54）。

／國家可以做到的。〈論猶太人問題〉未直接攻擊鮑威爾的宗教等級論，主要是開展了另外兩項批評。首先，此文引入托克維爾等論者的北美觀察，把北美視作「政治解放」的典範，由此質疑鮑威爾誤解了「政治解放」和「人類解放」（或「人的解放」）的不同屬性。此外，它批評鮑威爾把世俗問題化為神學問題，視而不見猶太人的特質 —— 重實際需要、愛做生意、利己主義、拜金主義等 —— 是在基督教世界的市民社會才被發揚光大。易言之，問題不在猶太人或猶太教，而在市民社會的利己主義。

政治解放及其短缺

　　《黑格爾法哲學批判》指稱，北美與普魯士的「國家內容」大同小異，都是「財產等等」。但它並未對北美提出說明。法國而非北美，才是《黑格爾法哲學批判》最常援引的現代政治典範。到了〈論猶太人問題〉，北美躍居為「政治解放」和「政治民主」的主要範例，被視作最完善的現代政治國家。[124] 比起北美，法國略顯失色，普魯士則根本不入流。

　　何以北美是政治解放的典範？在政教分開的北美，宗教被逐出政治領域，政治不再跟宗教綁綁在一起；另取消了選舉權和被選舉權的財產資格限制，使政治不再直接受制於私有財產。政治從「宗教」和「私有財產」解放了出來，並賦予公民以平等權利。在馬克思看來，這正是「政治解放」的基本面。他強調，以北美為代表的政治民主、政治解放，是最進步也最完善的現代國家形式。這種政治解放並非人類解放的最終形式，但「在迄今為止的世界秩序內，它是人類解放的最後形式」。[125]

　　重點是：「政治解放」把宗教逐出了政治，卻不要求人們放棄宗教信仰。既然如此，鮑威爾憑什麼規定猶太人先放棄信仰，否則就無緣於政治解放，就不得享有平等的臣民地位及權利？這是馬克思對鮑威爾的主要批評。

124　Marx（*MECW*, 3: 151, 159, 156）。
125　Marx（*MECW*, 3: 151, 153, 155）。

　　他還指出，鮑威爾對抗的普魯士「基督教國家」，本是一個不完善的現代國家，所以實現不了政教分開。但在最完善的現代政治國家如北美，縱使實行了政教分開，把宗教逐出了政治，卻也還是消滅不了宗教，甚至「不曾嘗試」去消滅宗教。宗教在美國社會不僅存在，而且生氣勃勃。鮑威爾把普魯士當成「基督教國家」去批評，殊不知北美的「無神論國家、民主國家」才是最完善的「基督教國家」。既然這種「基督教國家」能讓猶太人得到政治解放，鮑威爾的說詞也就不攻自破。[126]

　　為了正本清源，馬克思再度以法國大革命為例，聚焦於政治國家和市民社會的現代分立。照其陳述，封建時代尚未出現此種分立。彼時，政治等級與社會是難以分割的。後來隨著現代變遷，尤其是以法國大革命為代表的現代市民社會的興起，政治／國家才被逐出社會。於是出現了「國家觀念主義」和「市民社會物質主義」的對立，一如天堂和人間的對立。[127] 在此結構下，公共和私人、公民和布爾喬亞、[128] 類生活[129] 和物質生活、共同體[130] 和個人追求等，皆處於分裂狀態。政治國家儼然成了普遍性的化身，但這種普遍性是不真實的。[131]

　　〈論猶太人問題〉再度援用費爾巴哈的見解，把基督教視為一種異化的共同體性／社會性的追求，並強調它有「人的基礎」。以此類比，現代政治國家當然也有「人的基礎」。在現代條件下，是政治國家而非市民社會，體現出人們對共同體存有、類存在、類生活的求索。恰如基督徒在墮落的人間渴望天堂，現代人對共同體的渴求，則投射在政治國家身上。[132] 但受制於政治國家和市民社會的分立，縱使是最先進的政治民主、政治解

126　Marx（*MECW*, 3: 155-156, 160）。

127　Marx（*MECW*, 3: 165-166）。

128　Marx（*MECW*, 3: 154, 164）。

129　Marx（*MECW*, 3: 153, 156, 159, 164）。

130　Marx（*MECW*, 3: 154-155, 161-162, 164, 166）。

131　Marx（*MECW*, 3: esp. 154, 166）。

132　Marx（*MECW*, 3: esp. 159）。

放，也不具有真實的共同體性。恰如基督教是人的自我異化，政治民主亦可作如是觀。兩者都有「人的基礎」，卻無法真正兌現人的「共同體存有」。[133]

要言之，政治解放尚不是人類解放。實現了政治解放的最先進國家，不但具有人的基礎，甚至是目前為止人類解放的最高形式。但從人類解放的視野來看，政治解放為德不卒，止步於一種抽象的政治性、國家性，連同一種抽象的私人性。它「一方面把人化約為市民社會的成員，即利己主義式的、獨立的個人；另一方面把人化約為公民，即法人」。此種二元分立的結構不破，就不會有真正的人類解放。

> 只有當現實的個人把**抽象的公民**重新納於自身，並且作為個人，在自己的日常生活、特殊工作和特殊情境中，成為了**類存有**；只有當人……不再把社會力量以**政治權力**的形式和自己分開，只有到了那個時候，**人類解放**才大功告成。[134]

作為私權的人權

〈論猶太人問題〉對政治解放的最尖銳批評，聚焦於「人權」。這是馬克思第一次針對「人權」進行論述。在他後來的著作中，凡提到「權利」大都嗤之以鼻，鮮少申論之，只有〈哥達綱領批判〉或算是部分例外。但〈哥達綱領批判〉未直接涉及作為人權的市民自由權。[135]

〈論猶太人問題〉之所以論及人權，起因是鮑威爾說猶太人不配享有人權。按鮑威爾的說法，基督徒作為基督徒，猶太人作為猶太人，都不配得人權；唯有當教徒放棄了宗教信仰，真正成為了「人」，也才配得人

133　Marx（*MECW*, 3: 154, 164）。在此，「共同體存有」被理解為人最重要的類屬本性，即「類存有」的內核。

134　Marx（*MECW*, 3: 168），馬克思（馬恩全集 II，3：189）。

135　另見第九章第四節。

權。[136] 在馬克思看來，此說顯然有誤。若以北美為例，放棄信仰並不是得到人權的前提。為了進一步闡明這一點，〈論猶太人問題〉以美法幾個版本的人權宣言作為範例，以印證現代人權無涉宗教信仰的有無。與此同時，他把人權痛批了一番，指其是一種反共同體的私權。

馬克思指出，現代人權宣言通常蘊含兩種權利，即「公民權」（政治權）和「人權」。兩者都被視作廣義的人權，但性質並不相同。在廣義的人權中，部分是「政治權，即只能在共同體中與他人一起行使的權利」，又稱「公民權」。此類權利的內容，關乎「參與共同體，也就是參與政治共同體，參與國家生活」。[137] 可以說，馬克思在《萊茵報》為出版自由做的辯護，就是在伸張出版自由作為一種「參與政治共同體」的政治權／公民權。[138] 關於這類權利，〈論猶太人問題〉只是一筆帶過，未進入細節。此文所欲批評的，主要是作為私權的人權。

馬克思最先列舉的狹義人權是「良心自由」。照鮑威爾的陳述，教徒必得放棄宗教信仰，始配得人權。但良心自由何所指？不就是信仰宗教、崇拜神祇的自由權／人權嗎？實則，鮑威爾所謂「信仰的特權」就是一種普遍人權。[139]

此類（狹義）人權，無非就是「市民社會成員的權利，即利己的人的權利，與他人、與共同體分開的人的權利」。按照法國「最激進的憲法，也就是 1793 年憲法」，自然而不可剝奪的狹義人權，包括了平等、自由、安全、財產。這裡的「平等」是非政治性的，指法律之前一視同仁，人享有平等的自由。「自由」則是去做「任何不損害他人權利的事情」的權利，其邊界由法律規定。在此，「人的自由權不是建立於人與人的聯合，而是建立於人與人的分隔」，即一種「退縮到自身的、受限制的個人」的

136　Marx（*MECW*, 3: 160）。

137　Marx（*MECW*, 3: 160-161），馬克思（馬恩全集 II，3：181）。

138　參見第一章第六節。

139　Marx（*MECW*, 3: 161）。

權利。[140]

　　人的私有財產權，正是「人的自由權的實際運用」。按 1793 年憲法第十六條的規定，人的私有財產權是「任意地享用和處置自己的財貨和收入、自己的勞動和勤奮所得」的權利。馬克思表示，這是一種「自利的權利」。它讓每個人從他人看到的，不是「自己自由的實現」，而是「自己自由的障礙」。[141]

　　「安全」，據稱是為了保障市民社會成員的「人身、權利與財產」。安全是市民社會的最高概念，即警察的概念。安全，不但沒有超越利己主義，反而是「利己主義的保險」，保護的是「他們的財產與他們的利己自我」。利己的人的「需要和私利」遂成為市民社會的唯一紐帶。[142]

　　弔詭的是，在法國大革命中奮力爭取政治解放的人士，最後卻「把公民身分和政治共同體，貶抑成維護這些所謂人權的一種手段而已」。這使得「公民」最終成了「利己的人」的僕役；「共同體存有」被降格為「片面存有」；「作為布爾喬亞的人」被附會成本質性的、真正的人。但如果進一步審視歷史發展，就可以發現這些現象並不奇怪。馬克思指出，以法國大革命為代表的現代政治革命，無非是「市民社會的革命」。這種革命消滅了市民社會的政治性格，卻未能重建出共同體。市民社會被塑造成了利己主義的樂園，政治國家則取得了虛幻的普遍性外觀。[143]

　　從表面來看，〈論猶太人問題〉似為公民權留下了餘地，因其並未否定「參與政治共同體」的政治權／公民權。但即使是公民權，馬克思也仍有保留。〈論猶太人問題〉是在回應鮑威爾的脈絡下，批評良心自由、財產權、安全等「利己的人的權利」，其目的是質疑鮑威爾誤解了（狹義）人權的性質。雖然此文看似只拒斥了作為私權的人權，但對馬克思而言，

140　Marx（*MECW*, 3: 162-163），馬克思（馬恩全集 II，3：182-183）。

141　Marx（*MECW*, 3: 163），馬克思（馬恩全集 II，3：183-184）。

142　Marx（*MECW*, 3: 163-164），馬克思（馬恩全集 II，3：184-185）。

143　Marx（*MECW*, 3: 164-166），馬克思（馬恩全集 II，3：185-187）。另見 Baker（1990: ch. 11）論法國大革命過程中的憲法之爭。

現代「政治共同體」作為政治國家的附屬品，並不構成真正的共同體存有。在未來實現了人類解放的共同體中，抽象的政治權、公民權、政治性、公民性等，都將被進步地超越。

後來在《神聖家族》，馬克思進一步表示：

> 現代國家承認人權，跟古代國家承認奴隸制是一個意思。換言之，正如古代國家的自然基礎是奴隸制一樣，現代國家的自然基礎是市民社會，以及市民社會中的人，即僅僅通過私利和無意識的自然必需性等紐帶和別人發生關係的獨立的人……。現代國家通過普遍人權承認了自己的這種自然基礎。[144]

由此衍生出的一項疑義是：在馬克思設想的未來社會中，「普遍人權」或「權利」還有何種角色？是否已完全不需要任何人權或權利？[145] 設若每個人的特殊活動都是類活動，每個人「在自己的日常生活、特殊工作和特殊情境中，成為了類存有」，那麼，是否也就不需要規範群己界限的「人權」或「權利」？由於馬克思並未把這看作是重要問題，故從未闡明他的立場。[146] 不過，他後來確實把每個人都自由發展、各取所需的高級共產主

144　Engels and Marx（*MECW*, 4: 113），馬恩（馬恩全集Ⅰ，2：145）。

145　〈論猶太人問題〉對人權的強烈質疑，讓不少馬克思主義者斥人權為布爾喬亞的錯誤意識型態。勒弗（Claude Lefort）曾經指出，馬克思主義在戰後法國的擴張，帶來一個顯著的後果，就是使法國左翼貶低法律的重要性，並對「布爾喬亞的人權觀念」嗤之以鼻。見 Lukes（1985: 62）。另見 Judt（1986: ch. 4）論 1945 年至 1975 年的法國馬克思主義。

146　與此相關的學界辯論，起初是關於「馬克思是否認為資本主義是不正義的？」否認馬克思指責資本主義不正義的論者，包括 R. C. Tucker（1969）、A. Wood（1972; 1979; 1981）、Buchanan（1982）、Lukes（1985）等。另一方的主要代表是 Cohen（1983）和 Geras（1985）。後來又衍生出「在馬克思式共產社會中，還有沒有人權？有沒有權利？」等疑義。對此，Buchanan（1982: 66-67）和 Lukes（1985: ch. 4）持否定的看法。另見 McLellan and Sayers eds（1990）的相關討論。除了在〈哥達綱領批判〉論及初階共產社會的分配正義（見第九章第四節）外，馬克思幾乎從未討論共產社會的人權或權利。

義社會，描述成一種超越了正義和權利的境界。[147]

利己主義和拜金主義

　　鮑威爾質疑「猶太人解放」的另一說詞是：基督徒距離恢復人性只有一步之遙，猶太人則不然。這是他的第二篇文章，即〈現代猶太人和基督徒獲得自由的能力〉的主題。為了駁斥此說，馬克思看似調動了費爾巴哈對基督教市民社會的批評，[148] 再加上赫斯對金錢的批評。

　　在巴黎，馬克思和赫斯接觸頻繁。赫斯〈金錢的本質〉[149] 表達的觀點，與馬克思〈論猶太人問題〉的第二部分（及後來的《經濟學哲學手稿》）相互呼應。但究竟是誰影響誰較多，又是誰先得出「揚棄金錢」的論點，則眾說紛紜。[150] 但無論如何，馬克思全盤拒斥金錢和商業的立場，正是在〈論猶太人問題〉首度公開浮現。此文的第二部分，把「猶太人問題」從鮑威爾筆下的神學問題，轉化成了現代市民社會的拜金主義問題。甚至可以說，馬克思最終取消了把猶太人當作問題的「猶太人問題」：既然基督教市民社會也充斥著拜金主義，這就不是猶太人獨有的問題。

147　Cf. Rawls（2007: 354-372）、Stedman Jones（2007a）。另見第四章第四節、第九章第四節。

148　參見第一章第五節。Feuerbach（2011 [1841]: esp. 174, 223）分析了猶太教與利己主義的關聯性，進而把基督教看作是利己主義的「精神化」。但這是否對〈論猶太人問題〉的第二部分構成了直接影響，則仍有爭議。對此，Carlebach（1978: 152-153）和 Leopold（2007: 166-167）持不同看法。

149　〈金錢的本質〉見 Hess（1998 [1845]）。

150　〈金錢的本質〉成文於 1843 年，投稿給了《德法年鑑》，但 1844 年 2 月出版的《德法年鑑》創刊號未能收錄此文，緊接著《德法年鑑》就倒閉了。遲至 1845 年，此文才發表於《萊茵社會改革年鑑》。參見 Kovesi（1998: 135）。馬克思〈論猶太人問題〉和赫斯〈金錢的本質〉，究竟是誰影響誰，曾引發諸多揣測。這還涉及另一些爭議：〈論猶太人問題〉的成文時間為何？是寫於克羅茨那赫，還是寫於巴黎？馬克思在〈論猶太人問題〉成文以前，是否讀過〈金錢的本質〉，或從赫斯口中聽過其論點？與此相關的較早爭論，另見 Carlebach（1978: 110-113），本書不擬深究。*MEGA2* 公開的馬克思手稿顯示，〈論猶太人問題〉寫於巴黎，完成於 1843 年 12 月。Cf. Tribe（2015: 182-183）。

　　馬克思表示，與其像鮑威爾那樣聚焦於猶太教信仰，倒不如直接面對猶太人的世俗特質：實際需要的滿足、自利、做生意、賺錢、貿易等等。並不是猶太教創造出了這些特質，反之，是這些特質構成了猶太教的世俗基礎。[151] 猶太教是比基督教更古老的宗教，但基督教世界的現代市民社會，已經把猶太人的世俗特質發揚光大。基督教市民社會的利己主義和拜金主義，已充分展現出「猶太人講求實際的精神」。利己主義和拜金主義是在基督教世界得到了完善。

　　　　在其完善化的實踐中，基督徒的天堂之福的利己主義，必轉化為猶太人的肉身利己主義。天國的需要變成塵世的需要，主觀主義變成自私自利。我們不從宗教去解釋猶太人的頑強，而是相反，從猶太宗教的人的基礎，即實際需要、利己主義去解釋。[152]

結論是：「一旦社會消滅了猶太教的經驗本質，即做生意及其前提，猶太人就不可能存在」。屆時，「個人感性存在和類存在的衝突」將已被消除。換言之，人類解放所須消滅的對象，並非猶太教或猶太人，而是現代市民社會的「經驗本質」，即做生意、利己主義、賺錢等。人類解放就是把「人」從市民社會利己主義和拜金主義之中解放出來，恢復人之為人的類存有、類本質。[153]

　　那麼，馬克思「反猶」嗎？有論者認為，馬克思對猶太人的偏見係出於「自我憎恨」，即厭惡自己的猶太人身分。但這種心理學式的推論，大都是沒有實據的臆測。[154] 為了批評鮑威爾，馬克思的確調動了當時流行的刻板印象，指猶太人都講求實際、自私自利、崇尚金錢、愛做生意……等

151　Marx（*MECW*, 3: 169-171），馬克思（馬恩全集 II，3：191-194）。

152　Marx（*MECW*, 3: 171, 173-174），馬克思（馬恩全集 II，3：194、196-197）。

153　Marx（*MECW*, 3: 174），馬克思（馬恩全集 II，3：197-198）。

154　E.g. Manuel（1995: ch. 1, esp. 25）論馬克思對自己猶太人身分的「自我憎恨」。Leopold（2007: 173-174）和 Carlebach（1978: ch. XVII）皆否定此說。

等。用「猶太人」去嘲諷他人（如拉薩爾）的難聽說詞，尤見於馬克思寫給恩格斯的私信。[155] 那麼，〈論猶太人問題〉的第二部分，是否構成了所謂「反猶」？這個問題的答案，在相當程度上取決於或緊或寬的「反猶」定義，故難有定論。[156] 單就馬克思和鮑威爾的論爭來說，鮑威爾無疑是更「反猶」的一方。[157]

就〈論猶太人問題〉的第二部分而言，對猶太人的刻板印象有之，但此與 19 世紀末結合了科學種族主義的那種「反猶」，仍有一段頗大的距離。[158] 這裡值得重申的是：馬克思是猶太人解放運動的支持者，不只是口頭支持而已，也欣然加入請願者行列。他顯然不贊同鮑威爾的宗教等級論，甚至語帶嘲諷地說：「基督教只在表面上克服了實存的猶太教。基督教太高尚、太具精神性了，以至於無法消除實際需要的粗鄙性，只能讓它升天去了」。[159]

雖然〈論猶太人問題〉反覆動用宗教類比，尤其是基督教類比，但它堅稱世俗問題不該化約成宗教問題。在此文第一部分，不僅政治民主被類比於基督教，市民社會也被如此類比：「宗教〔尤指基督教〕已經變成了市民社會的精神，利己主義領域的精神，一切人反對一切人的戰爭的精神」。[160] 在費爾巴哈那裡，是新教位格主義孕育出社經層面的利己主義。〈論猶太人問題〉未否認此點，但拒絕把對市民社會的批評，化約為對宗教的批評。按其說法，重點已不在於從無神論人本主義去批評宗教，而在於消除「世俗的局限性」。一旦消滅了利己主義和拜金主義，則猶太人也

---

155 Marx（*MECW*, 41: 282）在 1861 年 5 月 7 日致恩格斯的信中，指拉薩爾的伴侶從拉薩爾那裡染上了「猶太腔」；又於 1862 年 7 月 30 日致恩格斯的信中，稱拉薩爾是「猶太黑鬼」（*MECW*, 41: 389）。另見 Paul（1981）論馬克思對特定族類的刻板印象。

156 Carlebach（1978: esp. 356-357）認為〈論猶太人問題〉的第二部分構成了「反猶」。Leopold（2007: esp. 163-171）反對此說。筆者較同意 Leopold 的見解。

157 見 Leopold（1999）論鮑威爾的反猶思想。Cf. Stedman Jones（2002: 101-102 fn. 150）。

158 Leopold（2007: 163）。

159 Marx（*MECW*, 3: 173），馬克思（馬恩全集 II，3：197）。

160 Marx（*MECW*, 3: 155），馬克思（馬恩全集 II，3：174）。

好，基督徒也罷，都將克服其「宗教的局限性」。[161]

　　這是一個重要的轉折，因其正式告別了青年黑格爾派「把世俗問題化為宗教問題」的思維慣性。作為該派的年輕一員，馬克思亦曾積極涉獵宗教哲學。[162] 但 1842 年下半年，他先是注意到萊茵省天主教徒難以接受無神論，故覺得《萊茵報》需要務實地改變口徑，以免把天主教徒推向「秩序黨」陣營。[163] 同年 11 月，他更直接批評柏林「自由人」徒有激烈言詞，且始終「在宗教的框架中去批判政治狀況」。[164] 事實上，把政治問題化為宗教問題的思路，並非鮑威爾獨有，費爾巴哈亦有類似傾向。馬克思也要到〈論猶太人問題〉和〈《黑格爾法哲學批判》導言〉，才公開拒斥青年黑格爾派「言必稱宗教」的慣習。

　　那麼，〈論猶太人問題〉勾勒出的「人類解放」，或可簡要歸結如下。它誓言揚棄政治國家和市民社會的分立，破除公民和布爾喬亞的分裂，且欲全面超克利己主義、作為私權的人權、商業、金錢、拜金主義等異化事項，從而復歸人的類本質、類存在、類生活、類活動、類連結、共同體存有，達致真實而非抽象的普遍性，建立真正的而非片面的共同體。

五、高盧公雞才是德國救星

無產階級與人類解放

　　〈《黑格爾法哲學批判》導言〉（以下簡稱〈導言〉）是刊登在《德法年鑑》創刊號上的另一篇重要文字。它是馬克思「無產階級革命」論的濫觴。

161　Marx（*MECW*, 3: 151）。

162　Heinrich（2019: 283-292）。

163　此指〈《科隆日報》第一七九號社論〉（*MECW*, 1: 184-202）。

164　Marx（*MECW*, 1: 287, 394）。參見第一章第六節。

　　〈導言〉有句流傳甚廣的名言，即「宗教是人民的鴉片」。這句話經常遭致誤解。在 20 世紀，它甚至淪為馬列主義政權打壓宗教、迫害教徒的說詞。但馬克思的原意是：人民之所以信仰宗教，主因不在宗教本身，而在塵世間的苦難。宗教是「被壓迫生靈的嘆息」，沒有壓迫就沒有宗教。若要告別宗教，就得推翻讓人們需要宗教的那些壓迫。[165]

　　〈導言〉宣稱：在德國，宗教批評已大致完成，應可告一段落。展望未來，「對天國的批評〔應〕變成對塵世的批評，對宗教的批評變成對法的批評，對神學的批評變成對政治的批評」。青年黑格爾派的宗教批評，曾有其重要意義，但如今可歸結為要求「推翻使人被貶低、被奴役、被遺棄、被蔑視的一切關係」的「絕對命令」。[166]宗教批評毋須繼續升級，重點是推翻對人的一切壓迫。

　　〈導言〉和〈論猶太人問題〉雖同時出版，但有一重要差異在於：稍早寫成的〈論猶太人問題〉第一部分，暗示人類解放將是政治解放的下一步；〈導言〉則表示德國無緣於政治解放，只能直取人類解放。前文提及，馬克思在離開普魯士的前夕，曾主張新刊物「分析代議系統相對於社會等級系統的優越性」，並支持在德國先建立代議系統，進而「把代議系統從其政治形式提升為普遍形式」。[167]也就是先爭取代議民主，再順勢推進人本主義，超克政治國家和市民社會的分立。這是一種從政治解放邁向人類解放的思路。但〈導言〉改稱：此種循序漸進的發展，或適用於法國，卻不適用於德國。在德國，只能直取人類解放。[168]

　　何以如此？以下是〈導言〉的說法。

　　比起法國和英國，德國極度落後。在法英，「社會對財富的統治」已被提上議程。但在德國，過時的關稅保護主義大行其道。德國只有一樣東

165　Marx（*MECW*, 3: 175），馬克思（馬恩全集 II，3：200）。

166　Marx（*MECW*, 3: 175-176, 182），馬克思（馬恩全集 II，3：199-200、207-208）。

167　Marx（*MECW*, 3: 144）。

168　Marx（*MECW*, 3: 183-184）。

西不落後，與時代同步，就是德國的「法哲學」、「國家哲學」、「政治理論」。德國的法政哲學揭示了現代國家的根本缺陷，並提出以人為本的實踐／革命論。這種人本主義革命倘能在德國實現，不但將使德國擠入現代國家之林，還能使德國躍升到「那些國家即將達到的人的高度」。[169]

但這種有「人的高度」的政治哲學，在德國卻面臨實踐上的困境。其原因在於，徒有革命思想不足以成事，革命還需要「被動因素」即「物質基礎」。或者說，「只有思想力求成為現實是不夠的，現實本身也得力求趨向思想」。德國的麻煩是：人的哲學雖已高度發達，卻沒有與之匹配的物質力量。[170]

〈導言〉把法國大革命解讀為布爾喬亞的階級革命——這是所謂「布爾喬亞革命」在馬克思著作中的首度現身。在大革命中，市民社會的部分成員（即布爾喬亞、第三等級或中等階級）從其特殊的立足點出發，將其特殊的權利及其他要求予以普遍化，使之表現為社會的普遍解放。他們在某個瞬間，成功激起自身和一般民眾的熱情，儼然成為社會的普遍代表。不過，此類「純政治革命」有其特定條件，光靠革命精神和自信是不夠的。關鍵是：

> 要使**人民革命**和**市民社會一個特殊階級的解放**完全一致，要使一個等級被承認為整個社會的等級，社會的一切缺陷就必須相反地集中於另一個階級。一個特殊等級必須成為引起普遍不滿的等級，成為普遍障礙的體現。一個特殊的社會領域必須被看作是整個社會中昭彰的罪惡，因此，從這個領域解放出來就表現為**普遍的自我解放**。要使一個等級真正成為**解放者等級**，另一個等級就必須相反地成為明顯的**壓迫者等級**。法國貴族和法國僧侶的**消極普遍意義**，決定了和他們最接近卻又被他們壓迫的階級，即布爾喬亞的**積極普遍意義**。

---

169 Marx（*MECW*, 3: 179-182）。

170 Marx（*MECW*, 3: 183），馬克思（馬恩全集 II，3：209）。

這裡蘊含著馬克思對「普遍階級」的最初界定，也已隱含著一種「階級的兩極分化」視野。唯有當一個階級（或等級）被承認為整個社會的階級（或等級），或真正的解放者階級（或等級），並與一個罪惡昭彰的壓迫者階級（或等級）截然對立時，它才構成所謂的「普遍階級」（或普遍等級）。[171]

但問題在於：上述以法國大革命作為典範的「純政治革命」，在德國窒礙難行。這主要是因為，德國中等階級「才開始與高於自己的階級進行鬥爭，就捲入了與低於自己的階級的鬥爭」。他們卡在封建舊勢力和無產階級之間，已開始擔心無產階級，故不敢強力對抗封建權貴。如此一來，他們不可能被看作是整個社會的代表，他們的階級利益不可能成為普遍的訴求。[172]

因此，德法是相當不同的。在法蘭西，「部分解放是普遍解放的基礎」。但在德國，「普遍解放〔人類解放〕是任何部分解放〔政治解放〕的必要條件」。再由於法國人的政治理想主義不存在於德國，寄望德國人出於政治理想去爭取解放，是不現實的。在德國，普遍解放只能仰賴物質力量而非政治理念。德國「市民社會的任何階級，如果不是受迫於自己的立即狀況、**物質必然性**、自己的鎖鏈，是不會有普遍解放的需要和能力的」。[173]

這就帶出了〈導言〉的核心論點：德國不可能先實現政治解放；德國解放只能是普遍解放、人類解放；以及，「一個被鑄上徹底的鎖鏈的階級」即無產階級的革命，乃是德國解放的唯一希望。在德國，無產階級是新興「工業運動」的產物。它是人為製造而非自然形成的貧民，源自於「社會的急遽解體」，特別是中間等級的解體。無產階級被鑄上「徹底的鎖鏈」，是「人的完全喪失」，所以只能通過「人的完全救贖」來解放自己和全社會。

---

171 Marx（*MECW*, 3: 184-185），馬克思（馬恩全集 II，3：210-211）。
172 Marx（*MECW*, 3: 185-186），馬克思（馬恩全集 II，3：211-212）。
173 Marx（*MECW*, 3: 186），馬克思（馬恩全集 II，3：212-213）。

　　無產階級本是一個特殊階級，但和法國的革命布爾喬亞一樣，具有「積極的普遍意義」，即成為普遍階級的潛力。不同於布爾喬亞的是，無產階級不要求自身的特殊權利，只要求「消滅無產階級」。正因為它的苦難具有普遍性，它將要糾正的錯誤也具有普遍性。為了掙脫「徹底的鎖鏈」，無產階級將起而「否定私有財產」，從而消滅無產階級自身。[174]

　　就德國而言，「片面的純政治革命，才是烏托邦式的夢想」；追求「徹底的革命」即「普遍的人類解放」，完全是現實的。在法國，從部分解放（政治解放）走向完全解放（人類解放）是可行的。但在德國，沒有最根本的革命，就不會有任何解放可言。是以，「德國人的解放就是人的解放」。[175]

　　〈導言〉把無產階級指定為「德國人的解放」和「人類解放」的主角，但又視其為一種「被動因素」或「物質基礎」。據其陳述，人類解放的「頭腦」是哲學，「心臟」（物質動力）是無產階級。[176] 在此值得注意的是，這是一種需要「哲學」指導的無產階級革命，故不直接等同於1864年《國際工人協會臨時章程》中的「工人階級自我解放」論。[177]

　　〈導言〉最後一句話是：「德國復活之日，將由高盧公雞的高啼來宣布」。在此，高盧公雞指的就是無產階級。[178]

普遍階級的設想

　　〈導言〉是一篇言簡意賅的文字，但蘊含了重要的思想線索。在它之前，馬克思未曾明確論及「無產階級」，遑論賦之以人類解放的重責大任。〈導言〉是馬克思無產階級革命論的起點，也預示了他日後的階級鬥

174　Marx（*MECW*, 3: 186-187），馬克思（馬恩全集 II，3：212-213）。

175　Marx（*MECW*, 3: 184, 186-187）。

176　Marx（*MECW*, 3: 187）。Cf. Feuerbach（2012: 165），〈哲學改革的初步綱要〉。

177　《國際工人協會臨時章程》收於 Marx（*MECW*, 20: 14-16, esp. 14）。另見第八章第二節。

178　Marx（*MECW*, 3: 187），馬克思（馬恩全集 II，3：214）。

爭論。[179]

在〈論猶太人問題〉，人類解放看似是在政治解放的基礎上，對政治解放的進步超越。〈導論〉則主張德國繞開政治解放，以無產階級革命直取人類解放。這兩個立場的反差，不可謂之不大。但需要提醒的是，〈導言〉直取人類解放之說，僅適用於德國。此時馬克思認為，法國或可從政治解放邁向人類解放，德國則無此選項。但後來在布魯塞爾，他改弦易轍，改稱德國不可能繞開布爾喬亞革命。[180]

在德國，社會主義和共產主義是來自巴黎的舶來品。德國最早的共產主義者魏特林（Wilhelm Weitling）、最早的哲學共產主義者赫斯等，皆是到巴黎取經之後，才發展出自己的版本。[181] 馬克思也是在巴黎耳濡目染後，始成為共產／社會主義者。但在抵達巴黎以前，他已形成一種人本共同體主義的思路。正是在此基礎上，〈導言〉引入「布爾喬亞」和「無產階級」等法蘭西素材。

先看布爾喬亞。法國歷史學家和政治家基佐，率先用「階級」概念去詮釋法國大革命與七月王朝，並對「中等階級」多所肯定。[182] 共和派社會主義者布朗，則把基佐的理性中等階級，置換為自私自利、惡貫滿盈的「布爾喬亞」。在布朗看來，法國大革命是一場布爾喬亞革命，代表布爾喬亞階級勢力的上升，且釋放出利己主義式的商業社會。此後，布爾喬亞變本加厲，不斷強化其階級宰制，壟斷選舉權和議會，建立起滅絕式的自由競爭體系。及至七月王朝，布爾喬亞（尤指寡頭金融家）更肆無忌憚，致使金融利益壓倒工商業，大工場取代小作坊，手工業者和工人都更加悲慘，就連中間階層和小資本家也在劫難逃。[183]

---

179 馬克思在 1842 年 10 月〈關於林木竊盜法的辯論〉中（*MECW*, 1: 234），已提及「貧窮階級」。但「無產階級」是一個專有名詞，不同於「貧窮階級」之類的泛泛說法。

180 另見第四章第六節。

181 Stedman Jones（2002: 35-36, 42-46, 55-59; 2016: 141-143, 213-216）。另見 Israel（2021: ch. 13）論赫斯。

182 見 Rosanvallon（1989）論基佐。

183 Blanc（1844-1845 [1841]），《十年史：1830-1840》。Cf. Stedman Jones（2016: 172, 234; 2002: 103 fn. 154）。另見 Loubère（1980）的布朗傳。

在法國社會主義陣營中，布朗是「布爾喬亞革命」和「布爾喬亞階級宰制」史觀的先發者。[184] 但除了上層寡頭（尤指金融寡頭）外，「布爾喬亞」究竟還包括或不包括哪些人，布朗並沒有說清楚。[185]

再看無產階級。「普羅」（*proletarius*）一詞可追溯至羅馬共和，原指沒有財產或只有極少財產、通常被剝奪了投票權，也不具有從軍資格的最底層（非奴隸）人口。1819 年，政治經濟學家西斯蒙弟（J. C. L. Simonde de Sismondi）在討論赤貧問題時，動用了「無產階級」（*prolétariat*）一詞。此後，作為普羅者／無產者的集體稱呼，「無產階級」在法國逐漸取得了更廣泛的流通。

「無產階級」作為一個政治關鍵詞，並不等於古已有之的無產者、窮人或赤貧者，也不直接等於工人階級。1830 年代以降，最有階級意識的工人出現在英國，自稱「工作階級」。窮人也好，工人也罷，都不見得會自我命名（或者被命名）為無產階級。與其把「無產階級」看作是一個等在那裡、讓人去發現的客觀社會範疇，倒不如說它是一種政治話語。在赤貧與失業不得解的社會狀況下，保守派人士也為「無產階級」和「危險階級」話語不斷加碼。[186]

〈導言〉有關布爾喬亞和無產階級的論說，無疑有其法國來源。但其具體的出處為何，則難以確知。[187] 宏觀地看，無論是法國大革命作為布爾喬亞革命，還是無產階級作為私有財產的掘墓者，抑或是無產階級和布爾

184　布朗的法國大革命史觀，另見 Furet（1989a）。西哀耶斯的第三等級論說，一般認為是「布爾喬亞革命」史觀的重要前身。見 Sieyès（2014: ch. 1; 2003: 92-162），另見 Sewell（1994）、Forsythe（1987）、Baker（1990）。

185　Stedman Jones（2016: 234, 308）。

186　Stedman Jones（2016: 171-172, 312; 2002: 33-38; 2004a: 150-152）。另見第三章第三節。

187　馬克思在 1852 年 3 月 5 日致魏德邁爾（Joseph Weydemeyer）的信中，強調「階級的歷史」已由梯埃里（Augustin Thierry）、基佐、韋德（John Wade）等布爾喬亞史學家發現，故不是他本人的發明（*MECW*, 39: 61-62, 65）；又於 1854 年 7 月 27 日致恩格斯的信中，指梯埃里是「法國史學中的『階級鬥爭』之父」（*MECW*, 39: 473-474）。Cf. Ducange（2015）。但對於馬克思本人的階級鬥爭史觀的形成，梯埃里、基佐等人究竟扮演了多大的角色，或仍待商榷。另見 Stedman Jones（2016: 308）。

喬亞的階級鬥爭，這些提法在 1840 年代初的法國左翼圈中，都已有頗高的能見度。[188] 這些「素材」並不是馬克思發明的。馬克思〈導論〉的獨特之處，毋寧是賦予無產階級以人類解放的使命，並從黑格爾啟發下的「普遍階級」設想，去解讀法國大革命和未來的無產階級革命。

黑格爾《法哲學》用「普遍等級」去指稱行政官僚。[189]〈導言〉則把法國大革命中的革命布爾喬亞，以及未來的（德國）無產階級，視作具有「積極普遍意義」的階級——也就是普遍階級。黑格爾式官僚的任務是納特殊於普遍，以普遍的國家利益去統攝特殊利益。〈導言〉所描述的法國布爾喬亞，則在革命時刻躍居為社會的普遍代表，成為擊潰了壓迫者等級（第一等級和第二等級）的解放者等級。對馬克思來說，無產階級革命雖不同於布爾喬亞革命，但兩者仍有共通之處在於：一個躍升為全社會代表的普遍階級，與苟延殘喘的公敵階級進行決定性的對抗，並取得勝利。

但無產階級革命和布爾喬亞革命存在重要差異。法國布爾喬亞本是一個特殊階級，有其特殊的權利及其他要求，只是在某個歷史瞬間成了社會的普遍代表；革命之後，很快就又恢復了特殊階級的本色。無產階級在革命之前，自然也是一個特殊階級。但無產階級是「人的完全喪失」，故不會爭取自身的特殊權利，而是追求「人的完全救贖」。布爾喬亞革命帶來了布爾喬亞的階級宰制，無產階級革命則將消滅無產階級自身。後來，馬克思把這個論點發展為：無產階級革命是社會大多數的革命，勢將「揚棄一切階級統治以及階級本身」，建立一個「無階級社會」。[190]

無產階級與歷史

〈導言〉亦是「無產階級悲慘化」命題的起點。這項命題在〈導言〉

188　Cf. Gregory（1983）。另見第三章第二節和第三節。

189　Hegel（2003 [1820]: 332 [§ 291]）。

190　Marx and Engels（*MECW*, 5: 52），《德意志意識型態》；Marx（*MECW*, 39: 65），1852
　　　年 3 月 5 日致魏德邁爾。另見第四章第三節和第七節。

浮現之後，成為馬克思論說的一個基本面。他在 1860 年代為了駁斥拉薩爾所謂的「工資鐵律」，為了支持工會抗爭，特別強調工資有波動的空間，而不是一路下滑。但即使如此，他並未放棄無產／工人階級的悲慘化之說。例如，《資本論》第一卷說道：「不管工人報酬的高低，工人的情況必隨著資本積累而日益惡化。……一極是財富的積累，但同時在另一極，則是悲慘、勞動折磨、奴役、無知、粗野和道德墮落的積累」。[191]

和悲慘化命題相關的，還有「物質必然性」命題。對於此，〈導言〉僅以幾句話匆匆帶過，指無產階級革命有其物質基礎，主要是由物質因素驅動。直到後來在《德意志意識型態》，馬克思才從「生產力的普遍發展」及其帶動的階級兩極分化，去理論化無產階級革命的物質驅力。[192]

過去總有論者宣稱，馬克思之擁抱無產階級，是因為他深受猶太教或基督教影響。但這種說法欠缺證據。[193]〈導言〉的確把無產階級比附成救世主，把無產階級革命比附為一種救贖。不過，這仍不足以證明馬克思和基督教或猶太教有何（自知或不自知的）緊密連結。實際上，馬克思不曾流露出對任何宗教的熱情或依賴。把他附會成有意識或無意識的教徒，並無法增進認識。

1844 年馬克思成為公開的共產／社會主義者以後，來自昔日友人的最大質疑，就是說他把無產階級當成了新神。馬克思在《神聖家族》回應了這項指控，但尚未意識到其嚴重性。[194] 及至《德意志意識型態》，他體認到單數大寫的「人」和「人類」易產生宗教聯想，故改用複數小寫的「個人」。與此同時，《德意志意識型態》提出了生產力發展論和階級鬥爭論，而未繼續訴諸「人類解放」或「人的自我異化及其超越」。這些理

---

191 Marx（C1: 799），馬克思（馬恩全集 II，44：743-744）。另見第七章第四節和第五節、第八章第二節。

192 另見第四章第三節。

193 見 McLellan（1995 [1973]: 79）對此類說法的批評。

194 Engels and Marx（*MECW*, 4: 36-37）。

論發展，留待後續章節再論。[195] 在此值得指出：雖然馬克思後來拋棄了救世主、救贖者等隱喻，甚至有意迴避單數大寫的「人」，但〈導言〉把無產階級視作「普遍階級」的那套說法，幾乎完整保留了下來。

部分論者認為，無產階級（作為普遍階級）的歷史使命之說，實乃（黑格爾主義式）歷史目的論思維的產物。[196] 這個見解雖不能算錯，但有必要略作補充。自法國大革命以降，不少人苦思基督教上帝的替代物。社會主義的先行者（見第三章第二節）、黑格爾以及青年黑格爾學派，都帶有這一印記。從思想系譜的角度，馬克思的人類解放論，脫胎自青年黑格爾派「以人代神」的人本主義。後者與「尋求後基督教世界的整體解決方案」的問題意識，可謂息息相關。[197] 但這一點該被賦予多大的分量，則見仁見智。

實則，絕大多數的（後）黑格爾主義者，包括大多數的青年黑格爾派，都不支持無產階級革命。鮑威爾、盧格、費爾巴哈皆非例外。換言之，〈導言〉把無產階級設定為人類解放的主角，稱不上是青年黑格爾派的理論邏輯決定的。該派的無神論人本主義和公民共和主義取向，不必然導致「消滅私有財產」和「無產階級革命」等主張。實際上，在該派的核心成員中，也只有馬克思完成了這樣一種激進化。[198]

〈導言〉把無產階級關聯到「工業運動」造成的社會解體，但尚未提出更深入的社經分析。在此值得注意的是，馬克思並非先發明出了「唯物

---

195 另見第四章第二節和第三節。

196 Georg Lukács（1971 [1923]）正是從一種黑格爾主義歷史目的論的視角，去解讀馬克思的無產階級革命論。Cf. Stedman Jones（1971）論盧卡奇。阿杜塞和阿杜塞學派，則欲掃除馬克思思想中的一切黑格爾主義要素、人本主義要素、歷史目的論要素。不過，一旦完全掃除了這些要素，馬克思也就變得面目模糊。受限於既定的主題和篇幅，本書不擬進入 20 世紀的衍生性爭議。關於阿杜塞與阿杜塞學派，見 Althusser（1996 [1965]; 1997 [1965]; 1971; 1976; 1977; 1984; 1994）、Elliott（1987）、Benton（1984）、Kaplan and Sprinker eds.（1993）、Elliott ed.（1994）。

197 Stedman Jones（2002: esp. 8-10）。

198 赫斯和恩格斯並非青年黑格爾派的核心成員，而是該派的同路人。另見第三章第四節。

史觀」，或先研究了資本主義生產的「運動規律」，才開始鼓吹無產階級革命。恰恰相反，他是先把「人類解放」視作歷史的目的，再賦予「無產階級」以實現人類解放的革命大任，然後再去尋找、發展其「物質必然性」的論據。

第三章

———

人本共產主義的時刻

一、聖日耳曼的德國人

　　1843 年 10 月底，馬克思抵達巴黎。他在巴黎停留了約 15 個月，住在德國移民聚居的聖日耳曼區。[1] 在巴黎，他開始向共產／社會主義轉進，先是把人本主義關聯到「否定私有財產」的無產階級革命，接著勾勒出一種「揚棄私有財產，復歸人類本質」的人本共產主義。1844 年春，他已不諱言自己是共產／社會主義者。[2] 在公開文字中，他多用「社會主義」一詞。[3]《經濟學哲學手稿》（未出版）更頻繁使用「共產主義」一詞，但也用「社會主義」。

　　《黑格爾法哲學批判》要求超克政治國家和市民社會的現代分立，以回歸人的「共同體主義本質」，實現「每個人都代表其他人」的真共同體。[4] 這個思路在 1843 年 9 月馬克思致盧格的信中，又得到了確認。但在那封信中，馬克思說共產主義是抽象的教條，並強調人本主義比社會主義優越。當時，他不僅與社會主義保持距離，對共產主義更無好感。[5]

　　到了巴黎，馬克思迅速地向社會主義和共產主義靠近。從〈《黑格爾法哲學批判》導言〉關於布爾喬亞革命、無產階級悲慘化、無產階級革命的說法，已不難看出法國社會主義和共產主義的作用力。1844 年 2 月底《德法年鑑》出刊以後，他更進一步靠向共產／社會主義。同年夏天的《經濟學哲學手稿》，公認為是馬克思人本共產主義的代表作。

　　馬克思在巴黎的思想挺進，有以下幾條線索可循。首先，法國是社會

1　McLellan（1995 [1973]: 71）。

2　Stedman Jones（2002: 103 fn. 153; 2016: 156）、McLellan（1995 [1973]: 87）。本書有時用「共產／社會主義」或「社會／共產主義」去表達「共產主義和社會主義」或「社會主義和共產主義」之意。這只是為了行文方便，而不是要把兩者畫上等號。

3　例如，〈評一個普魯士人的〈普魯士國王和社會改革〉〉與《神聖家族》主要用「社會主義」而非「共產主義」。

4　參見第二章第二節和第三節。

5　Marx（*MECW*, 3: 142-143）。

主義和現代共產主義的搖籃。到了巴黎，馬克思得以深入認識最前沿的社會／共產主義論說，並親身接觸社會／共產主義的圈子。[6] 這如同一場震撼教育，使他很快就對社會／共產主義產生共鳴，並從法國論者汲取了大量養分。[7]

此外，在恩格斯〈政治經濟學批判大綱〉一文[8]的激勵下，馬克思積極投入政治經濟學批判。其初步成果除了《巴黎筆記》中的摘抄和評注外，還包括《經濟學哲學手稿》的經濟學部分。這些文字雖顯得青澀，但構成了馬克思經濟學／政治經濟學批判的出發點。[9]

在巴黎，馬克思從赫斯〈金錢的本質〉得到若干啟發。「生產的生活活動」是此文的重要概念。[10] 與此平行的馬克思理論發展，則是把「勞動／生產」視作人類的本質性活動。在馬克思看來，這個觀點雖已蘊含於黑格爾《精神現象學》，[11] 但後者過度狹隘地把勞動局限於精神勞動。可以說，對黑格爾的勞動觀去蕪存菁，嫁接於費爾巴哈式的類本質論說，並提出「異化勞動及其超克」的視野，是馬克思在巴黎最主要的哲學挺進。

從《德法年鑑》到《神聖家族》

盧格和馬克思的新刊物叫作《德法年鑑》，這反映出他們推進德法聯合的用心。費爾巴哈在 1843 年〈哲學改革的初步綱要〉中，譴責黑格爾

6　馬克思也接觸到旅居巴黎的德國手工業者，和以手工業者為主的法國工人。他在《經濟學哲學手稿》（*MECW*, 3: 313）提及「共產主義手工業者」和「法國社會主義工人」；另於 1844 年 8 月 11 日致費爾巴哈的信中（*MECW*, 3: 355），提到他參加「法國無產階級」的聚會。

7　Stedman Jones（2016: 147-149, 171-177）。另見 Gregory（1983）。

8　Engels（*MECW*, 3: 418-443），〈政治經濟學批判大綱〉（又譯〈國民經濟學批判大綱〉），1844 年 2 月刊於《德法年鑑》。

9　馬克思有時直接把政治經濟學簡稱為經濟學。另見第七章第一節，此處不贅。

10　Hess（1998 [1845]: 184）。

11　Hegel（2018 [1807]）。

犯了抽象主義的謬誤，並主張德國哲學結合法國物質主義。[12] 對此觀點，馬克思熱情地大力支持。[13] 赫斯也歡迎德法聯合的倡議。[14]

　　但法國人的合作意願不高。在《德法年鑑》的主事者中，盧格是倡議民主主義的共和派；赫斯是資深的哲學共產主義者；馬克思則經由費爾巴哈的類本質論說，以及對黑格爾《法哲學》的批評，發展出一套激進的人本共同體主義。三人的交集是費爾巴哈式的人本主義，但其鮮明的無神論色彩讓法國人敬而遠之。彼時，大多數法國左翼人士（除了少數例外如布朗基派）並不敵視宗教，有些派別（尤其聖西蒙派）甚至標榜自身的宗教性。盧格等人努力向法國作者求稿，最終卻毫無成果，這是主因之一。[15]法國作者的完全缺席，使《德法年鑑》變成了純粹的德意志刊物。

　　由於「盧格爸爸」身體不適，《德法年鑑》創刊號（第一、二期的合刊號）交給了副手馬克思去編輯。馬克思編入了自己的〈論猶太人問題〉和〈《黑格爾法哲學批判》導言〉，加上他寫給盧格的幾封舊信，恩格斯的〈政治經濟學批判大綱〉，還有海涅的作品等。創刊號於 1844 年 2 月底問世，印刷 1,000 份。雖然它並未標榜共產主義，但普魯士政府認定它是共產主義宣傳品，遂在普法邊境沒收了數百份。盧格、馬克思和海涅都上了黑名單，成為普國的通緝對象。[16]

　　3 月，盧格以財務為由，逕自終止《德法年鑑》的繼續運行。但財務並非停刊的唯一原因。〈導言〉的無產階級革命論，連同恩格斯在〈政治

12　Feuerbach（2012: 165）。遠在巴伐利亞的費爾巴哈，未參與《德法年鑑》的籌辦，後來也沒有供稿。

13　Marx（*MECW*, 1: 398-399），1843 年 3 月 13 日致盧格。另見 Marx（*MECW*, 3: 349），1843 年 10 月 3 日致費爾巴哈。

14　赫斯在 1841 年《歐洲三國》中，稱德法英正邁向人類解放，只是路徑不同：德國偏重精神，法國擅長政治，英國瀕臨社會革命。Cf. Stedman Jones（2016: 141-142）。赫斯的哲學共產主義萌芽於 1837 年《人類的神聖史》。見 Hess（2004），另見 Kovesi（1998）、Avineri（1985）、Israel（2021: ch. 13）論赫斯。

15　Stedman Jones（2016: 147-149）。

16　馬克思並不是流亡到巴黎，而是在巴黎變成了被通緝者，從此進入被流亡狀態。

經濟學批判大綱〉對私有財產的攻擊，都是盧格難以認同的。馬克思把
《德法年鑑》塑造成了準共產主義刊物，但青年黑格爾派的三巨頭從未主
張推翻私有制，亦不認可無產階級革命。對於馬克思的共產／社會主義轉
向，最不以為然的是鮑威爾——此所以馬克思寫《神聖家族》以反擊鮑威
爾兄弟。和馬克思只有書信往來、未曾謀面的費爾巴哈，雖然在信中保持
客氣，但也不贊同共產主義。[17] 病癒後的盧格則赫然發現，他已被一群流
浪在巴黎，以馬克思為首的德國共產主義者孤立。

　　《德法年鑑》宣告破產後，盧、馬各奔東西。盧格與法國《改革報》
一系的共和派社會主義者布朗、勒杜－洛蘭（Alexandre Ledru-Rollin）等
進行聯合。馬克思則以革命共產／社會主義者自居，並說服赫斯加入他的
陣營。在旅居巴黎的德國激進分子中，遂出現共產主義（或革命社會主
義）與共和主義（或溫和的共和派社會主義）的路線鬥爭。[18]

　　馬克思在巴黎的時間不長，前後只有 1 年又 3 個月。但在他的思想發
展過程中，這段時期具有特殊的意義。他是到了巴黎才成為共產／社會主
義者，也才形成自己最初步的共產／社會主義論說。《經濟學哲學手稿》
的名稱，係由蘇聯編者所擬，原本並不存在。但它大致反映出手稿的兩個
部分：一是政治經濟學及其批判；另則是關於異化勞動、共產主義、人本
主義和黑格爾的哲學部分。當時，馬克思並不看重李嘉圖的勞動價值論。
他主要質疑政治經濟學把私有財產視作理所當然，並控訴勞動者的悲慘處
境。在哲學方面，他把勞動／生產看作是人的本質性活動，由此展演出一
種「超克異化勞動，超越私有財產，復歸人類本質」的共產主義。這部手
稿停筆於 8 月，處於未完成狀態。

　　1844 年 6 月，西里西亞爆發織工抗爭，旋即在德國引發一波關於貧

17　Engels（*MECW*, 4: 235）在 1845 年 3 月〈共產主義在德國的快速進步〉一文中，指費
　　爾巴哈「已宣布自己是共產主義者」。但這是誤解，因為費爾巴哈表達的是共同體主
　　義，而不是共產主義。

18　Stedman Jones（2016: 158-161）。

窮和工人處境的論辯。8 月初，馬克思在《前進報》上發表〈評一個普魯士人的〈普魯士國王和社會改革〉〉一文，以抨擊盧格〈普魯士國王和社會改革〉所表達的共和主義觀點。此文直指一切的共和主義「政治革命」都有局限，都注定解決不了赤貧問題。唯有無產階級的「社會革命」才能去除沉痾。[19]

和盧格決裂之後，馬克思結交了一位新朋友，就是恩格斯。從 8 月 28 日到 9 月 6 日，馬恩在巴黎長談了近 10 天。以批判鮑威爾兄弟為目的的《神聖家族》（寫於 9 月至 11 月），是兩人的初次合作。當時恩格斯比馬克思有名，掛名第一作者，儘管此書的絕大部分是由馬克思所寫。鮑威爾拒斥無產階級革命和社會／共產主義，《神聖家族》則還以顏色，堅稱「真正的人本主義」只能是無產階級的社會／共產主義，而不是共和主義——包括鮑威爾認同的、號稱政治上最激進的革命雅各賓主義。[20]

在巴黎，與馬克思交好的《前進報》主編伯內斯（Carl Bernays），把該刊變成了一個政治園地，並網羅「正義者同盟」（*Bund der Gerechten*）的成員（主要是移居巴黎的德國手工業者）參與其中。[21]《前進報》是 1844 年年初在巴黎創刊的德語刊物，在激進化的潮流下，它愈發親近共產主義。馬克思和正義者同盟的最早接觸，主要是通過《前進報》的網絡。但未過多久，伯內斯等人遭到舉報。到了年底，法國首相基佐在普魯士政府的壓力下，決定驅逐伯內斯、盧格、海涅和馬克思。海涅和盧格因申訴成功而得以豁免。馬克思則被迫離開巴黎，在 1845 年 2 月初轉往布魯塞爾。[22]

19　Marx（*MECW*, 3: esp. 205-206），〈評一個普魯士人的〈普魯士國王和社會改革〉〉，1844 年 7 月 31 日成文，8 月 7 日、10 日刊於《前進報》。

20　Engels and Marx（*MECW*, 4: esp. 7）。另見本章第七節。

21　1836 年成立的正義者同盟，是共產主義者同盟的前身。另見 Engels（*MECW*, 26: 312-330），1885 年 10 月〈共產主義者同盟的歷史〉。

22　Stedman Jones（2016: 164-165）、McLellan（1995 [1973]: 116-117）。

馬克思的參照系

所謂的「唯物史觀」及其關鍵概念，如生產力的發展、階級鬥爭、生產關係等，在巴黎尚未成形，而是後來在布魯塞爾的進展。就巴黎而言，馬克思的主要突破是〈導言〉的無產階級革命論，加上《經濟學哲學手稿》中的經濟學批判和人本共產主義。在此值得強調的是，這些思想發展並非無源之水。在黑格爾、費爾巴哈等原有的思想資源外，馬克思還吸收了恩格斯和赫斯的若干視角，並汲取法國和英國社會主義的養分。

蘇聯編者在編輯《經濟學哲學手稿》時，抽出了具有序言性質的幾段文字，放在手稿的最前面。在這個序言中，馬克思說自己受惠於「法國和英國社會主義者」，並提到若干有原創性的「德國社會主義作品」。後者包括：魏特林和赫斯的著作、恩格斯的〈政治經濟學批判大綱〉、費爾巴哈的《未來哲學》和〈哲學改革的初步綱要〉等。在此，馬克思對費爾巴哈的推崇到達了最高點。

> 　　對政治經濟學的批判，以及整個實證的批判，全靠費爾巴哈的發現才打下真正的基礎。從費爾巴哈起才開始了實證的、人本主義的、自然主義的批判。費爾巴哈的著作愈不被宣揚，其影響就愈扎實、深刻、廣泛和持久；費爾巴哈的著作是繼黑格爾《現象學》和《邏輯學》之後，包含著真正理論革命的唯一著作。[23]

20世紀的黑格爾馬克思主義者，多強調黑格爾之於《經濟學哲學手稿》的作用，但這部手稿大力肯定的是費爾巴哈。其對黑格爾的批評則頗為尖銳：儘管黑格爾已「抓住了勞動的本質」，把現實的、真正的人「理解為人自己的勞動的結果」，但黑格爾只知「抽象的心智勞動」，此其根本局限之所在。[24]

23　Marx（*MECW*, 3: 232），馬克思（馬恩全集 II，3：220）。

24　Marx（*MECW*, 3: 333）。Cf. N. Levine（2012）論馬克思如何閱讀黑格爾。

　　《經濟學哲學手稿》中的「異化勞動」四個面向，今已廣為人知，且已累積了不少文獻。[25] 馬克思如何界定異化、異化勞動，誠為重要的哲學議題，但本書聚焦於馬克思的革命政治思想，不擬深究其哲學細節。為了避免見樹而不見林，本章將對社會主義和現代共產主義的興起，先提出一些概括性的考察。正如馬克思指出，在費爾巴哈、赫斯、恩格斯等人的啟發外，他也從「法國和英國社會主義者」汲取養分。但他並未交代後者是誰。若要評估馬克思可能從其他論者那裡，汲取了哪些社會／共產主義的思想要素，我們只能從大處著眼。

　　以下，擬先扼要說明社會主義和現代共產主義的源起，及其在 1830 年代至 1840 年代的思想概況；再轉到青年恩格斯，尤其他是如何經由英國歐文主義，並結合法德資源，提出一種反競爭、反私有制、實行計畫生產的共產主義；然後，探討《經濟學哲學手稿》的主要命題；繼而考察馬克思在 1844 年對共和主義（包括雅各賓主義和羅伯斯庇爾）的批評。

二、社會主義的源流

以社會取代政治

　　1822 年，「社會主義者」一詞出現在友人致歐文的信中。1827 年，「社會主義者」一詞又現身於歐文派刊物《合作雜誌》──這廣被認為是「社會主義者」和「社會主義」這組詞彙在英國的流通起點。[26] 在法國，（前）聖西蒙派勒魯在 1832 年首用「社會主義」一詞。[27] 一般來說，當一股新思潮被命名時，距離它的「萌芽」已經晚了許多。除非新思潮已有一定的成熟度和能見度，否則不會被特別指認出來，冠上新的名稱。自由主

25　另見 Ollman（1976）、A. Wood（1981: chs. I-IV）。

26　見《牛津英文字典》（<https://www.oed.com>）的「社會主義者」和「社會主義」條目。

27　Pilbeam（2000: 8）、Cole（2002a [1953]: 1）、Stedman Jones（2019: 212）。

義如此，社會主義亦復如此。[28]

　　與共產主義不同，社會主義是十足的現代產物。在法國，大革命摧毀了舊制度，破壞了原有的封建關係。同時期的英國是蒸汽引擎與棉紡機的先發者，但赤貧人口急遽增加。在這個大轉型的背景下，出現了 3 位社會主義的先驅：聖西蒙（1760-1825）、傅立葉（1772-1837）和歐文（1771-1858）。法國大革命爆發時，他們分別是 29、17 和 18 歲。他們目睹大革命的暴起、變形和失敗，對其產生了負面觀感，但也不認同後滑鐵盧時代的政經走向。他們都反對共和主義，並帶有顯著的反政治傾向。他們都想找到能取代基督教的整體方案，都關切所謂的「社會問題」，也都寄望於一個和諧新「社會」的到來。[29]

　　聖西蒙倡導「牛頓教」，主張工業家、科技專家和銀行家的理性之治。他的經濟思想接近於斯密、薩伊（Jean-Baptiste Say）一系。在復辟年代初期，他和自由派多所往來。[30] 著名的薩伊定律「供給會創造出自己的需求」，在其經濟學的含蘊之外，還指向一個只要努力就有回報的「工業／勤奮」社會。薩伊在 1803 年《政治經濟學論》中，動用 *industrie* 一詞去涵蓋農業、製造與商業。這個詞兼有勤奮、努力工作之意，不是專指狹義的工業生產。科學家、企業家和工人，即廣義的工作者／勤奮者，乃現代社會的骨幹。不事生產的懶惰者（*oisifs*）即地主、食利者、尋租者，則欠缺正當性。要言之，薩伊反對軍事化的封建等級秩序，倡議一個以工業／勤奮為本、大家都積極工作、奉行自由經濟的和平共和國。[31] 這是聖西蒙「工業主義」思想的重要源頭。[32]

　　儘管聖西蒙受惠於薩伊，但兩人的政治觀點不同。薩伊對重農學派的批評比斯密更尖銳，政治上也比斯密更激進，是一位堅定的自由共和

28　Cf. Claeys（1986; 1989: 58-62）。

29　Cf. Stedman Jones（2019: 197-203, 206-210）。

30　Manuel and Manuel（1979: 593-594）。

31　Pilbeam（2013a: 6）、Stedman Jones（2004a: 134-138, 161; 2004b: 16）。

32　Stedman Jones（2004a: 131-132; 2004b）。

派。[33] 聖西蒙則是反共和、反政治的，並為「工業主義」注入了大量的精英主義元素。自 1816 年出刊《工業》以降，聖西蒙的立場漸為人知。他看重工業生產和技術進步，並把社會成員區分為生產者和不事生產者，即工作階級和懶惰階級。不事生產的懶惰者，主要是指世襲貴族、上層食利者。生產者或工作階級，則包括工業家、科學家、技術專家、銀行家、企業家，連同藝術家、農夫、記者、醫生等需要靠工作維生的人。工人也包括在內，但工人並非聖西蒙的關注對象。[34]

聖西蒙反對結果平等，主張能者出頭。他不曾提議廢除財產繼承權，更未主張推翻私有財產。他厭惡共和主義和民主，嚮往一種由工業和銀行主導的新組織，從上到下實施層級化的專家管理。他設想的上層管理機構，係由 3 個非民選的專家院（提出計畫的藝術家和工程師，負責查核和教育的科學家，執行計畫的企業家）組成，普通工人只是被管理者。[35] 據稱，這個新秩序不需要國家干預，無關政治統治，而是一種自發的、分工得宜的有機體。[36] 臨終前，聖西蒙倡議某種「新基督教」，並聲稱要改善「最窮困」階級的悲慘處境。[37]

傅立葉是法國社會主義的另一先驅，亦是性別平等、女性主義和性解放運動的先行者，自稱發明了「激情吸引力的科學」。[38] 他認為，壓抑人的熱情和欲望，係為「文明」的最大缺憾，但這種壓抑並不科學。強制性的分工毫不可取，若能疏導人欲，使每個人的不同熱情得以紓解，並避免長時間重覆同樣的工作，則可望達致非強制性的「和諧」。也就是一種有效疏導人的激情、解除各種對本能的壓抑、對人性友善的社會。[39]

33　Whatmore（2000）。

34　Pilbeam（2000: 16-17; 2013a: 9）。

35　Plamenatz（1992a [1963]: 284）、Cole（2002a [1953]: 45-46）。

36　Manuel and Manuel（1979: 600-608）。

37　Pilbeam（2000: esp. 9）、Manuel and Manuel（1979: 608-614）。另見 Durkheim（1958）論聖西蒙與社會主義。

38　Pilbeam（2000: 76-77）。

39　Fourier（1996 [1808]）。另見 Beecher（1986: chs. 11, 14）、Patterson（1996）。

　　傅立葉反對不受限制的財富積累，亦反對齊頭式的結果平等。他貶抑「工業封建主義」，[40] 拒斥一切中央集權，不贊成廢除財產繼承權。在他設想的共同體中，私有財產和階級都將繼續存在，但變得無害；利潤由大家分享，但不實施平均分配。[41] 除了睡覺以外的其他事項，幾乎都是公開的、非私密的活動，包括勞動、吃飯、育兒、自由做愛 [42] 等。傅立葉的理想社區是小社群的聯合，各小社群是個人的聯合。社區稱作「法朗集」（phalanges），主建築叫「法朗斯泰爾」（phalanstère）。[43] 有別於聖西蒙，傅立葉並未把他的理想附會成一種宗教。除了「和諧」與「聯合」外，他還使用「團結」、「集體主義」與「互相主義」等詞。後來，這些都成了法國社會主義者的常用詞。[44]

　　傅立葉經常天馬行空，如幻想一種粉紅色的檸檬水海洋，不會吃人的「反獅子」等。[45] 但他的若干見解對後繼者產生了巨大影響。在傅立葉看來，對女性和工人的壓迫乃是大惡 —— 這一點被聖西蒙派和傅立葉派承繼。強制分工之不可欲，則是馬克思相當重視的傅立葉觀點。傅立葉也是較早論及「生產過剩危機」的論者，並指自由競爭將帶來壟斷；[46] 這兩個提法亦見於英國歐文派，[47] 後來被馬恩吸納。再者，傅立葉對「文明」的質疑，讓後繼者（包括聖西蒙派）注意到工業社會的陰暗面，而不至於

40　Stedman Jones（2004b: 39）。

41　Beecher（1986: chs. 12-13）。

42　Pilbeam（2000: esp. 77）論傅立葉的性觀念。

43　Pilbeam（2000: 108-109, 130-131）。

44　Cole（2002a [1953]: 70-71）。

45　Fourier（1996 [1808]: 50; 2011）、Patterson（1996: viii, xvi）、Pilbeam（2000: 43; 2001; 2013b）。

46　Stedman Jones（2004b: 39-40）。傅立葉的生產過剩危機（crise pléthorique）之說，因恩格斯在 1878 年《反杜林論》以及 1880 年《烏托邦社會主義與科學社會主義》（Socialisme utopique et socialisme scientifique）中的引用，廣為馬克思主義者所知。見 Engels（MECW, 25: 264; MECW, 24: 316）。

47　歐文也是生產過剩論者，見 Stedman Jones（2004a: 186）。另見 Claeys（1987: 178-179）。

（像聖西蒙那樣）毫無保留地吹捧工業。[48]

　　歐文是英國社會主義的開創者，原是一位致力於工廠改革的企業主。他認為市場競爭只會加深窮人苦難，亦不利於其性格健全。在工廠改革的實驗外，他也推動模範共同體的實驗，曾赴印第安納州去建立「新和諧」合作村。他相信人的性格深受環境影響，倘能營造出妥善的環境，輔之以教育，則不僅可解決貧窮與失業，還可望孕育出「新道德世界」。在他看來，這亦是一種「理性的宗教」。[49] 再者，歐文是英國「合作主義」的導師，促成了勞動交換、合作生產、消費合作等具體實踐。[50] 他引入的勞動價值論說，還激發出一脈準社會主義（或勞動主義）政治經濟學，試圖把勞動價值運用於工人合作的脈絡。[51]

　　在社會理念上，歐文派最質疑「競爭」。部分早期的歐文派論者，自 1820 年代起，已從「勞動交換」去構思後競爭的合作經濟。他們多主張以勞動價值（即勞動時間）作為換算基準，以進行平等交換。雖然他們常被稱作「李嘉圖派社會主義者」，但可能更多地受歐文啟發。[52] 後來，部分歐文派著眼於「機器」的突飛猛進，強調生產能力已能滿足人們的需要。這顛覆了那些以「禁欲」和「均貧」為特徵的共同體想像，並指向一個「豐裕」社會的到來。[53]

　　聖西蒙、傅立葉和歐文之所以被封為社會主義者，常被歸因於他們關注「社會問題」，反對自由放任，或反映了工業社會的興起。但這些說法都不準確。聖西蒙倡導工業主義，卻不反對競爭，也一直不太關切貧窮與失業 —— 儘管他在去世前表達了對「最窮困」階級的同情。又如，傅立葉

48　Stedman Jones（2019: 203-205）。

49　Manuel and Manuel（1979: ch. 28）、Claeys（1987: ch. 2）。另見 Claeys ed.（1993）所編的歐文選集。

50　Claeys（1987: 54-56, 139-142; 1989: ch. 5）。

51　N. Thompson（1984: ch. 3）。

52　N. Thompson（1984: chs. 4-5）、Claeys（1987: chs. 4-5）。

53　Claeys（1987: chs. 6-7）。另見 Claeys ed.（2005）所編的歐文派文獻。

對現代工業並不熱中，儘管他不否認「大規模農業和工業」的潛力。[54] 再者，對自由放任的質疑，並非社會主義的先行者獨有。早在 1790 年代，佩恩（Thomas Paine）和孔多塞（Marquis de Condorcet）已察覺到後人所謂的社會問題。[55] 奉洛克和斯密為師的佩恩，當時已提出一套準福利國家方案，包含了累進的財產稅和遺產稅、國家濟貧、窮人就業、補貼窮人教育、促進機會平等、扶助弱勢者與殘障者、老人年金等措施。但佩恩卻不被認為是社會主義者，多被稱作激進民主派。[56]

　　簡言之，當一種新思潮初次被指認出來時，它的身分主要取決於它與既存思想的差異。相對於佩恩，聖西蒙等人帶有反共和、反政治的基本特徵。佩恩等共和派或激進民主派的社會關懷，主要是出於政治的理由，亦即：赤貧者不可能成為好公民。[57] 聖西蒙等人則欲以「社會」取代政治。此外，他們都關切法國大革命（及其失敗）帶來的一大拷問：如果基督教難以為繼，該用什麼去取代？儘管他們的論說各自不同，但都寄望於一個和諧的新社會。聖西蒙的「牛頓教」和「新基督教」，傅立葉的「和諧」，歐文的「新道德世界」、「理性的宗教」和「新和諧」等，皆可理解為後基督教的、反政治的、厭惡衝突的、以「社會」為名的整體解決方案。

聖西蒙主義

　　1825 年聖西蒙去世後，一群理工科人士（主要是巴黎綜合理工學院的畢業生及其家屬）開始集結在「聖西蒙主義」的旗幟下。[58] 該派的領導者是安凡丹（Barthélemy-Prosper Enfantin）和巴札爾（Saint-Amand Bazard）。他們把一系列的公開演講集結成書，在 1829-1830 年出版《聖

54　Stedman Jones（2004b: 40）。

55　見 Rothschild（2001: ch. 7）論孔多塞，以及 Stedman Jones（2004a: chs. 1-2）論孔多塞與佩恩。

56　Cf. Horne（1990: ch. 6）、Claeys（2016）。

57　Stedman Jones（2004a: esp. 233-235）。

58　Pilbeam（2013a: 12-18）。

西蒙學說》兩冊。[59] 此著所產生的效應，既深且廣，從此樹立了聖西蒙的
聲名。

　　前文提及，聖西蒙把社會成員區分為兩種人。一種是生產者、勤奮者
或工作階級，這包括工業家、工程師、科技專家、銀行家、企業家等精
英，也包括一般靠工作維生的人；另一種是不事生產者或懶惰者，尤指地
主和上層食利者。這個二分法似已蘊含著某種階級衝突，只是尚未展開。
到了聖西蒙派的手中，生產者與非生產者、勤奮者與懶惰者的對立，變得
更加尖銳。不同於聖西蒙本人，《聖西蒙學說》主張廢除財產繼承權，以
杜絕「不勞而獲」。[60] 銀行不該是懶惰者剝削勤奮者的工具，而應當為生
產者服務 —— 此為聖西蒙派另一主要的改革倡議。這個「為生產者服務」
的銀行改革思路，對後起的社會主義者多有啟發。[61]

　　顯而易見，聖西蒙派帶有強烈的生產／工作主義色彩。他們厭惡政
治，排斥議會和選舉；並宣稱要以去政治化的管理，去取代「人對人的剝
削」，使眾生從「敵對」走向「普遍的聯合」。[62] 在社經分配問題上，則
主張「各盡所能」和「按工作（或勤奮）和才能去分配」。聖西蒙派拒斥
結果平等，主張以能力和勤奮為本的差別待遇。這意味著：愈努力工作，
回報就愈高；有能力者貢獻較大，報酬也較高。[63] 該派廢除財產繼承權的
主張，還蘊含著生產工具不該被懶惰階級壟斷，而應當為生產者／工作者
所用。是以，《聖西蒙學說》倡議把「**一切生產工具，即今日私有財產的**

59　Bazard et al.（1972 [1829-1830]）。Cf. Stedman Jones（2019: 197-205）。關於聖西蒙派
　　的發展，另見 Pilbeam（2013a）、Manuel and Manuel（1979: ch. 26）、Iggers（1972）。

60　Bazard et al.（1972 [1829-1830]: 86-88）。另見 Pilbeam（2013a: 20-22）、Stedman Jones
　　（2019: 205）、Lichtheim（1969: 50-51）。

61　稍後我們將看到，布朗主張政府成為窮人的銀行家，注資於國有民營的工作坊，貸款給
　　工人的生產合作社。普魯東提議設立人民銀行，向小生產者提供無息貸款。《聖西蒙學
　　說》是這些不同方案的重要源頭。見 Iggers（1972: xxv-xxvi）。

62　Bazard et al.（1972 [1829-1830]: 62）。

63　Bazard et al.（1972 [1829-1830]: esp. 89）。參見 Bovens and Lutz（2019: 244-248）論聖
　　西蒙派的「各盡所能」和「按工作和才能去分配」。

最大宗」予以社會化,交由「普遍的銀行體系」去支配,以造福全社會。[64]

在西方世界,批評私有財產並不稀奇。基於「上帝把世間財富賜給了祂的所有子民」的基督教教義,需要被正當化的不是「財貨共同體」而是私有制。[65] 就此而言,聖西蒙派的貢獻不在攻擊私有制,而在倡議「生產的社會化」。後世社會主義者的「社會化」、「勞動工具」、「社會所有」、「生產資料」等提法,皆可溯及《聖西蒙學說》。正因為現代生產工具(如機器)難以像農地那樣分割,聖西蒙派主張生產工具的社會化。此外,該派也指向土地和資本的社會化,加上一種由專家主導的、高度集中化的計畫生產。此與過去以農為本的、側重消費面的、多訴諸平均主義的前現代「財貨共同體」思維,可謂大異其趣。按聖西蒙派的陳述,「生產的社會化」與個人所得的不平等,與個人消費的自由選擇,並無衝突之有。這毋寧是一種相當現代的提法。

大革命後,法國有為數眾多的小農。那麼,小農的生產工具和小塊土地,是否也該社會化?還是比照個人所得、個人消費,歸入不需要被社會化的「個人持有」範疇?如果答案是後者,小農的持有繼承權應當被保留嗎?[66] 對此,聖西蒙派並未給出確切的說法。但小農是生產者,聖西蒙派對生產者是比較同情的。至於布爾喬亞或私人資本家的資本/生產工具,則被視同缺席地主的土地,即某種尋租工具,故需要社會化。[67]

雖然聖西蒙派以聖西蒙的傳人自居,繼承、發展了聖西蒙的工業論,但該派也吸納了傅立葉的思想要素。傅立葉對工人和女性的關懷,在聖西蒙那裡幾乎是見不到的。雖然聖西蒙在臨終前提到「最窮困」階級,但只是一筆帶過;在其畢生論述中,生產者大都指涉社會精英,鮮少觸及基層工人。聖西蒙派對工人和窮人的重視,實與傅立葉有更大的關聯。甚至,

---

64　Bazard et al.(1972 [1829-1830]: esp. 107)。

65　Macfarlane(1998: chs. 1-2)。

66　這正是普魯東 1840 年《何為財產?》的問題意識,見 Proudhon(1994 [1840])。

67　Lichtheim(1969: 51)。

該派比傅立葉更進一步，稱大革命解放了「利己主義的布爾喬亞」，下一步應該是工人階級即「人數最多的階級」的解放。[68] 此外，聖西蒙派格外看重兩性平等、女性投票權、女性自主、離婚權等問題。鼓勵女性參與社團活動，在社團生活中削弱傳統父權，可說是聖西蒙派和傅立葉的共通之處。[69]

聖西蒙晚年有感於新社會的建立不能單憑理性，還需要仰賴道德的力量，故提出「新基督教」之說。但他所謂的新基督教，其實不是宗教，而是一種待他人如兄弟的倫理。[70] 如果聖西蒙稱之為「友愛」，可能就不會導致誤解。但部分聖西蒙派主將，特別熱中於新基督教。他們試圖把聖西蒙主義變為一種宗教，把聖西蒙派社團形塑成教會。安凡丹和巴札爾致力於該派教會的建立，並以「教父」甚至「教宗」自居。[71] 誰當教宗、何種教義之爭，也就愈演愈烈。1829 年，該派另一核心人物畢舍（Philippe Buchez），[72] 因忍受不了安凡丹的怪異宗教而離去。巴札爾也跟安凡丹起了衝突。1831 年 11 月，聖西蒙派爆發決定性的分裂，從此各奔東西，不再成其為一大派。[73]

馬克思在 1842 年 10 月曾經提及勒魯、孔西德朗和普魯東，指其著作值得研究。[74] 其中，勒魯曾是聖西蒙派要角，但後來也無法接受安凡丹的領導。[75] 當勒魯在 1832 年首創「社會主義」一詞時，這個詞是用來指涉安

68　Bazard et al.（1972 [1829-1830]: 211, 67, 82-84）。Cf. Lichtheim（1969: 57）。

69　Bazard et al.（1972 [1829-1830]: 85）。另見 Pilbeam（2013a: ch. 3; 2000: ch. 6）。

70　Pilbeam（2013a: 9）。

71　Pilbeam（2013a: ch. 2）。

72　Furet（1989b）。

73　Pilbeam（2000: 81-83; 2013a: ch. 3）。聖西蒙派受傅立葉啟發，本就重視兩性平等。但安凡丹欲強行推進女性的情欲解放，或所謂「自由愛」，遂遭到其他成員強烈反對。較早離開的畢舍，後來與天主教靠近，成為「基督教社會主義」的一位先驅。畢舍不反對宗教，但反對安凡丹那種鼓勵自由性交的宗教。另見 Pilbeam（2000: 41, 141-142）。

74　Marx（*MECW*, 1: 220），〈共產主義和奧格斯堡《總彙報》〉。

75　Pilbeam（2000: 82）。

凡丹的神權路線，其對立面則是英國政治經濟學的「個人主義」。勒魯把自己的第三條路稱作「宗教性的民主」，意指他反威權而不反宗教，主張的是「民主教」。[76]

　　大多數聖西蒙派的政治意識形成於復辟年代，勒魯亦不例外。1820年代後期，他和聖西蒙派愈走愈近。不同於畢舍等前燒炭黨人，勒魯是在聖西蒙派分裂了以後，才開始涉入地下組織，參加了雅各賓「人權社」（*Société des droits de l'homme*）。[77] 但他很快就告別了此類陰謀政治，回歸現實批判與烏托邦寫作，並主持小共同體實驗。勒魯是民主共和派，也是社會改革派，支持工人合作運動。他不反對現代工業，但認為在當前體制下，工業化加劇了階級衝突，造成富豪與工資奴隸的兩極分化。[78]

孔西德朗的經濟批評

　　隨著聖西蒙派的解體，傅立葉派開始抬頭。

　　1837 年傅立葉去世後，鐵道工程師孔西德朗成為傅立葉派的領導者。孔西德朗經營有方，開辦《民主和平》日報，馬克思亦是其讀者。[79] 在 1848 年二月革命前夕，該派是最具民間影響力的法國社會主義派別，其宣傳手冊達百種以上。和聖西蒙派類似，傅立葉派也具有異質性。部分傅立葉派曾是聖西蒙派，故吸收了不少聖西蒙派的思想要素。雖然傅立葉本人不帶基督教色彩，但大多數傅立葉派（包括孔西德朗）卻是基督徒。

76　Stedman Jones（2019: 211-212）。

77　1820 年代初，後來成為聖西蒙派骨幹的若干精英分子（包括畢舍），曾因反對波旁王朝而加入祕密會社燒炭黨（此指法國燒炭黨，而非義大利燒炭黨）。此類陰謀政治的失敗，把他們推向反政治的聖西蒙主義。但比起聖西蒙本人，他們對共和主義與民主的態度要更積極。畢舍在 1848 年革命期間，曾擔任立憲國民議會的主席。他尤其支持工人的生產合作運動。見 Pilbeam（2000: 6, 43-44, 49-50, 141-143）。另見 Pilbeam（2014: 23-24）論波旁王朝下的燒炭黨人。

78　J. Bakunin（1975）、Gregory（1983: 177-180）。

79　Pilbeam（2000: 18-19, 118）、Gregory（1983: 180-184）。

傅立葉的性解放主義、反家庭主義，及其他離經叛道的奇思異想，大都被孔西德朗過濾掉了。儘管傅立葉派繼續標榜「法朗斯泰爾」，但其內容已與「原版」有所出入。[80]

馬克思在 1842 年 10 月也提及孔西德朗，但他對「法朗斯泰爾」顯然不感興趣，看重的或許是孔西德朗的其他論說。有論者指稱，《共產黨宣言》有抄襲孔西德朗《社會主義原則》的嫌疑。[81] 這應是出於誤解，忽略了當時社會主義者彼此借用的基本面。由於孔西德朗也運用了其他論者的說法，究竟是誰抄了誰，本難以判定。《社會主義原則》是一本讀者眾多的小冊子，原發表於 1843 年，後於 1847 年再版。它反對革命，質疑革命派的平均主義，拒絕「財貨共同體」。它主張通過「聯合」以增加社會財富，解決工人貧困；並以法國大革命為界，區分封建舊秩序和應當確立的「基督教的、民主的」新秩序。[82] 可以說，孔西德朗樹立了一種「基督教民主社會主義」的典範。

但馬克思更重視的，可能是孔西德朗的經濟批評。孔西德朗表示，「工人與日俱增的悲慘」源自於「自由競爭所造成的工資滑落」。以英國為例，工業／機器是失業與低度就業的元兇，亦是生產過剩危機的主因。生產過剩解釋了「以重度武裝，永無止境地在全球各處尋覓消費者」的現象。在法國、比利時和英國等「現代文明」的國度，「工業與金融封建主義」和「新貴族」正在形成。最悲慘的「無產階級」和赤貧者不斷增加，「中間階級」正在萎縮，「布爾喬亞」也面臨「近乎全面的政治滅絕和社會滅絕」，只剩一小撮「新貴族」獨占鰲頭。如果兩極分化的趨勢不變，以消滅私有財產、兌現「財貨共同體」為目標的暴力革命，恐難以避免──除非推動有效的改革。那麼，孔西德朗的方案是什麼？不是消滅私有

80　Pilbeam（2000: 19, 44-46, 93-94, 114-123）。另見 Beecher（2001）論孔西德朗。

81　Cf. Roelofs（2010: 114）。

82　Considerant（2010 [1847]: esp, 120, 126）。《社會主義原則》的全文，另見 Considerant（2006 [1847]）。

財產，不是平均主義，不是財貨共同體，不是普遍選舉權，不是共和國，甚至也不是以「法朗斯泰爾」去重構全社會。而是，要以和平的、進步的民主，通過「聯合」和合理的社會組織，去取代業已失控的盲目競爭，去協調資本、勞動和才能這三項生產要素，並對「工作權」進行保障，期使經濟活動合乎正義、公平和慈惠。[83]

孔西德朗的經濟批評，主要受惠於西斯蒙弟。西斯蒙弟不僅是「無產階級」一詞的先發者，還把兩極分化歸因於現代工業和自由放任。雖然西斯蒙弟不是社會主義者，而是中間偏左的自由共和派，但他的論點廣被後起的社會主義者吸納。他在 1819 年《政治經濟學的新原則》中，質疑薩伊「供給會創造出自己的需求」之說，指其輕忽了現代機器造成的生產過剩。西斯蒙弟表示，正是拜機器和自由競爭之所賜，失業與貧窮愈發嚴重。薩伊和聖西蒙所謂的工業生產者，不是一個階級而是兩個階級。其中，「悲慘與受苦」的無產階級，必對公共秩序構成威脅。[84]

在法國，西斯蒙弟是較先提出「無產階級悲慘化」命題的論者，也是較早把現代工業／機器關聯到「生產過剩」的一位。西斯蒙弟對薩伊（和聖西蒙）那種樂觀的工業主義的批評，一定程度已為聖西蒙派吸收。[85] 孔西德朗則引入了更多的西斯蒙弟要素，包括無產階級的悲慘化、階級的兩極分化，生產過剩及其與現代工業／機器的連結等。馬克思在《經濟學哲學手稿》和《共產黨宣言》都提到生產過剩，但未加申論。1857-1858 年《政治經濟學批判大綱》則明確指向一種週期性的生產過剩危機。[86] 在此值得指出的是，「生產過剩的危機」稍早已出現在孔西德朗的文字，並可溯及傅立葉和西斯蒙弟。

83　Considerant（2010 [1847]: 123-127; 2006 [1847]: pt. II）。

84　Stedman Jones（2004a: 147-154; 2019: 203-204）。

85　Stedman Jones（2019: 197, 203-204; 2004b: 3-5）。Cf. Bazard et al.（1972 [1829-1830]）。

86　Marx（G: esp. 749-750）。

布朗、普魯東

孔西德朗《社會主義原則》所表達的政治立場，是一種相對溫和的社會改良主義。其最具體的改革主張，不外乎是「工作權」的保障。雖然孔西德朗不積極鼓吹共和，但他也不反對共和。他認為普選權無法解決當下困境，卻也不拒斥普選權。由於保障「工作權」得仰賴政府的行動，孔西德朗已稱不上是堅決「反政治」的社會主義者。[87]

反政治、反共和，乃是聖西蒙和傅立葉的重要特色。但成長於復辟年代、未親歷大革命的新興社會主義者，大都不排拒民主共和，只是支持程度或有高低之別。七月王朝壓制異議者、查禁共和派的高壓手段，一度把進步分子推離了政治活動。但未過多久，各路共和主義又再度抬頭，爭取選舉權的呼聲漸趨升高。社會主義與民主共和主義的距離也逐漸縮減。孔西德朗主張的「和平的民主」相當溫和，未要求七月王朝進行大幅政治改革，幾乎完全聚焦在社經層面。[88]但孔西德朗和大多數未標榜共和的社會主義者（包括畢舍）一樣，等到 1848 年二月革命一爆發，立刻都變成了從被動轉主動的共和派。相對於此，當然也有共和派色彩更鮮明的社會主義者，如前文提到的勒魯。[89]

在 1840 年代，布朗是最著名的共和派社會主義者。上一章提及，布朗是率先闡發「布爾喬亞革命」和「布爾喬亞階級宰制」史觀的左翼論者。他在 1841 年的名著《十年史：1830-1840》中，痛斥「布爾喬亞王朝」倒行逆施，並將之界定為布爾喬亞的階級宰制。[90]馬克思在多大程度上受惠於此書，難以確知，但在當時的法國左翼圈中，此書特別有名，其主要觀點流傳甚廣。布朗是馬克思在巴黎最早認識的社會主義要角。儘管馬克思在 1844 年 8 月和盧格決裂，但他的敵意並未擴及與盧格友好的《改革報》人士，如布朗、勒杜－洛蘭等。後來《共產黨宣言》表示，共產黨

87　Pilbeam（2000: 116-117）。

88　Considerant（2006 [1847]: pt. II）。

89　J. Bakunin（1975）。

90　Blanc（1844-1845 [1841]）。另見 Stedman Jones（2016: 172, 234, 308）。

人在法國的結盟對象是「社會民主派」,指的就是布朗一系。[91]

《十年史:1830-1840》對七月王朝競爭體系的批評,亦是承自西斯蒙弟的經濟評論。但布朗把「布爾喬亞」(尤指最上層的金融寡頭)當成罪魁禍首,就不只是批判競爭體制而已,還進行了一番擬人化,劍指一群自私自利、惡貫滿盈的壞蛋。不過,布朗雖厭惡「布爾喬亞」的所作所為,卻不鼓勵階級戰爭,也不支持無產階級革命。[92] 他對羅伯斯庇爾和1793 年的雅各賓憲法,持正面意見。他認為,雅各賓專政對革命初期的錯誤進行了糾正,在社經層面上有所進步。但他拒斥暴力革命和恐怖統治的重演。[93] 此外,他也是一位親基督教的社會主義者,尤其看重天主教的共同體精神。[94]

布朗是「從各盡所能到各取所需」這句話的先發者之一,[95] 亦是「工作權」的理論先驅,並於 1840 年《勞動的組織》率先提出一套改革方案。他主張(未來)共和政府設立非營利的國家銀行,注資設立國家工作坊(某種國有民營的生產單元),並提供貸款給工人合作社、農業合作社等。這個由政府挹注的社會化部門,將保障工作權、基本工資和更合理的工作環境。假以時日,私部門資本因績效欠佳,也將歸併到社會化部門。在此過程中,自由放任及其惡果可望逐漸消失,主要生產工具的社會化可望達成。這個方案賦予政府以經濟大權,但布朗反對中央集權的計畫生產,主張企業自治。他認為政府的角色不在指揮生產,而在資助工人「合作」與「聯合」。[96] 後來德國拉薩爾派的「靠國家幫助成立生產合作社」

91　Marx and Engels(*MECW*, 6: 518)。

92　附帶一提,布朗不支持 1848 年 6 月巴黎失業者的街頭起義,也不支持 1871 年的巴黎公社。

93　Furet(1989a: 900-907; 1988: 29-30)、Pilbeam(2000: 7, 27, 147)。布朗後來出版了 12 冊《法國大革命史》,見 Blanc(1847-1862)。

94　另見 Pilbeam(2000: 41, 53, 147-149, 157-162, 170-171)、Loubère(1980)。

95　Bovens and Lutz(2019: 248-251)。

96　Blanc(1848 [1840])。另見 Cole(2002a [1953]: ch. XV)、Gerçek(2023)。

之議，或帶有若干的布朗元素。[97]

　　和布朗大約同時成名的普魯東，在 1840 年的成名作《何為財產？》中，主張一種「自由」與「正義」的經濟秩序。後者是「第三種社會形式」，即真正「自由」的社會形式，同時克服了「共同體」和「財產」的缺陷。[98]《何為財產？》聲稱要「消滅財產」，因為財產就是「偷竊」，就是「搶劫」。[99] 這讓不少人（包括馬恩）一度誤以為普魯東反對一切私有制。馬克思在 1842 年，恩格斯在 1843 年，都曾把普魯東視作「共產主義者」。[100] 但這是出於誤解。實際上，普魯東在《何為財產？》的結尾，清楚表達了他對共同體主義（包括基督教「財貨共同體」、盧梭式共同體等）的拒斥。[101] 普魯東之反共，不僅僅是反對共產主義，而幾乎是反對一切共同體。

　　《何為財產？》與馬克思相關的另一點是：它在批評聖西蒙和傅立葉的脈絡下，主張「工資平等」。[102] 聖西蒙派以「能力」和「工作」作為分配依據，傅立葉派認為「資本」、「勞動」和「才能」都應得到報償。普魯東則反對讓「資本」得到任何回報，也不贊同有能力者多得。他指稱，要維繫法國的物質生產，只需要成年男性每天工作 5 個小時，故應當平等地分配勞動，以實現「工資平等」。[103] 不過，這只是普魯東提出的各種社

97　馬克思強烈反對拉薩爾派「靠國家幫助成立生產合作社」之議，主因是他質疑拉薩爾派欲與俾斯麥同流合汙。Marx（*MECW*, 24: esp. 93）表示，拉薩爾派的方案接近 1848 年革命前的畢舍方案。畢舍支持工人生產合作，但主張工人與路易‧菲利浦政權合作。相對於此，雖然布朗倡議設立國家工坊，但這是關於未來共和政府的政策。這些不同方案的共相是：它們都主張國家介入經濟生活，扶助工人的合作生產。

98　Proudhon（1994 [1840] : 211-216）。Cf. Stedman Jones（2002: 163-167）。

99　Proudhon（1994 [1840]: 198 ff.）。

100　Marx（*MECW*, 1: 220），〈共產主義和奧格斯堡《總彙報》〉；Engels（*MECW*, 3: 399），〈歐陸社會改革的進展〉，1843 年 11 月刊於《新道德世界》。

101　Proudhon（1994 [1840]: 195-197）。英文版把 *communauté* 誤譯成「共產」，更適當的譯法應是「共同體」。Cf. Stedman Jones（2002: 163 fn. 261）。

102　馬克思在《經濟學哲學手稿》（*MECW*, 3: 241, 280）質疑了普魯東的工資平等論。

103　Proudhon（1994 [1840]: 94-99）。

經方案之一。後來在 1846 年《經濟矛盾的系統：或貧困的哲學》，他運用勞動價值論，勾勒出一種平等交換的自發秩序。在這個新秩序下，沒有資本也沒有惡性競爭，只要努力工作就有公正回報，各方以產品的勞動價值（即工時含量）進行平等交換。這套方案及其理論基礎，正是馬克思《哲學的貧困》的批判對象。[104]

普魯東式社會主義內建了某種小生產者的眼光，和嚴重的性別歧視。普魯東認為，女人理性不足，根本不該在外工作，應當待在家裡做好家庭婦女。對於女性的社會主義者，特別是受傅立葉影響、追求女性解放和工人解放的崔斯坦（Flora Tristan），[105] 普魯東嗤之以鼻。他說：拋頭露面的女人都是妓女。在女性問題上，他極度守舊，全無「自由」可言。[106]

普魯東反對壓榨小生產者的實存私有制，也反對政府主導的公有制或社會所有制。他雖未完全排除土地的社會化和生產工具的社會化，但他最能接受的還是小生產者（如小農家庭）的持有模式。稍後我們將看到，即使在 1865 年普魯東去世之後，他的追隨者在國際工人協會的土地所有權爭論中，依然強烈反對土地公有化。[107]

回頭來看，《何為財產？》除了幾句易導致誤解的口號外，並未刻意掩蓋普魯東的真實主張：一種「持有」（possession）分散的交換經濟。[108] 但「持有」真的不是財產嗎？「財產就是偷竊／搶劫」一說，只是貌似激進而已。個人財產或私有財產似乎以「持有」的名義，又從後門偷渡了進來。[109]

普魯東的論說與時俱進，但有幾項固定的堅持。舉其大者，他反對資本對小生產者的剝奪；反對政府干預經濟；排斥工會，反對罷工；抵制大

104　Proudhon（1972 [1846]）。另見第四章第五節。

105　另見 Dijkstra（2019）的崔斯坦傳。

106　Pilbeam（2000: 97-99）。

107　另見第八章第三節。

108　Proudhon（1994 [1840]: 57 ff., 77 ff.）。

109　Cf. Waldron（1988: ch. 9）論《何為財產？》的論證策略。

規模工業，嚮往公正交換的（家父長制）小生產者自發秩序；後來主張設立「人民銀行」無償貸款給小生產者……等等。稱普魯東是某種「小布爾喬亞」社會主義的代表，並不為過。二月革命以前，他一直以反政治、反共和的姿態示人。但革命期間（尤其 1848 年下半年），他一度強調自己支持階級鬥爭，同情起義的工人，並期待無產階級革命的到來。[110] 隨著政治形勢的變化，他後來又有所調整。等到波拿巴復辟以後，共和派社會主義者不是流亡就是入獄，但普魯東派卻得以苟延殘喘，即因其多少帶有一層反政治、非政治的保護色。[111]

三、現代共產主義的抬頭

大革命的遺腹子

時至 1840 年代，社會主義與共產主義交互影響、彼此參照，變得愈來愈難以清楚切割。但兩者的源由是不同的。無論是原始共產社會，還是基督教傳統的烏托邦共產主義，都遠遠早於 18 世紀。至於現代共產主義，則發跡於法國大革命時期，原是雅各賓專政受挫之後的產物。

1794 年，熱月黨人推翻了羅伯斯庇爾及其公安委員會。熱月政變後，巴貝夫（Gracchus Babeuf）誓言重奪政權，贖回被反叛的革命。但因行動計畫（即所謂「平等黨人的陰謀」）洩漏，他被逮捕、審判，最後被判死刑，在 1797 年遭到處決。[112] 1828 年，他的昔日同道博納羅蒂（Philippe Buonarroti）出版《巴貝夫的平等陰謀史》。在七月革命的背景下，此書

---

110 見 <http://www.revoltlib.com/anarchism/toast-to-the-revolution-proudhon-pierre-joseph-1848/>，普魯東〈為革命乾杯〉，1848 年 10 月 17 日。Cf. Lichtheim（1969: 85）。

111 另見 Castleton（2018）、Vincent（1984）、Ritter（1969）、Woodcock（2010 [1956]）論普魯東。

112 Furet（1989c）。Mason（2022）詳細說明了巴貝夫審判的始末。

受到法國激進分子的歡迎。[113] 博納羅蒂本人在 1830 年 8 月抵達巴黎，會見了不少激進人士，帶起一波新的雅各賓熱和巴貝夫熱。「（新）巴貝夫主義」應運而生，在法國吸引了一批追隨者，包括成名於 1830 年代、半生都在坐牢的布朗基（Auguste Blanqui）。[114] 在英國，《巴貝夫的平等陰謀史》於 1836 年問世，其譯者是後來著名的左翼憲章主義者歐布萊恩（Bronterre O'Brien）。[115]

約自 1830 年以降，「共產主義」一詞在巴黎的地下會社流通、傳播，起初是巴貝夫主義的同義語。概括地說，它主張武裝起義、陰謀奪權、革命專政、貧富鬥爭、消滅私有財產、嚴格的平均分配、禁欲主義等。它跟雅各賓主義的主要分歧，在於它更激進的「化私為公」主張。雅各賓的領袖如羅伯斯庇爾，並不反對私有制。左翼雅各賓支持的土地重分配，即「打土豪，分田地」，可溯及羅馬共和的農業法 —— 一種農業環境下的均分主義。沒收教會土地、貴族或富人財產，是雅各賓以「公意」或「打擊反革命」之名可能會做的事，但這不等於消滅私有制，也不是要改吃大鍋飯。要言之，巴貝夫主義／共產主義以共有制或公有制取代私有制的主張，溢出了雅各賓主義的範疇 —— 儘管兩者的政治觀、政治行動模式是高度重疊的。[116]

在 18 世紀末工業未興的法國，巴貝夫不可能提出聖西蒙派「生產工具的社會化」主張。他是否明確支持全盤的土地公有化，也仍有商榷空間。[117] 但可以確定的是，他強烈反對私有財產，欲在消費層面上化私為公，對社會財貨進行集體占有和共同消費，並推行更有效的二次分配，以

113　Pilbeam（2000: 30-32）。

114　Pilbeam（2000: 33）。

115　Buonarroti（1836 [1828]）。另見 Cole（2002a [1953]: 19-20）。

116　Lichtheim（1969: ch. 1）、Cole（2002a [1953]: ch. 2）。另見 Furet（1989d）論雅各賓主義。

117　Stedman Jones（2002: 27-28）、Lichtheim（1969: 22-24）。

滿足每個人的基本所需。[118]《經濟學哲學手稿》批評的「粗鄙共產主義」，很可能就是以某種巴貝夫主義作為樣板。在馬克思看來，「粗鄙共產主義」是一種把忌妒發揮到極致、不顧才能差異，只是一味削平的貧乏思想。[119]

伴隨著巴貝夫主義／共產主義浮現的，還有一種無褲黨人（*sans-culottes*）意象下的「無產階級」用語。1819 年，「無產階級」已見於西斯蒙弟《政治經濟學的新原則》。在巴貝夫派那裡，無產階級關聯到了無褲黨人。後者係指「窮到穿不起馬褲或裙褲」的城市底層，在大革命中是雅各賓激進派的群眾。[120] 可以說，指望七月王朝的悲慘底層揭竿而起，成為巴貝夫派的馬前卒，大致就是「無產階級」在共產主義圈的最初寓意。但「無產階級」很快地也成了其他社會／共產主義者的常用詞，巴貝夫派並無法壟斷它的含意。只是在彼時法國，它很難不讓人聯想起支持雅各賓的無褲黨人。[121]

對於新巴貝夫主義者及其同路人，例如布朗基、德薩米（Théodore Dézamy）等，馬克思並非完全否定。儘管他反對陰謀奪權，質疑少數精英的革命專政（一種「替無產階級專政」），但他對布朗基這位革命老將，始終保有一定敬意，不曾口出惡言。馬克思本人的革命專政論說，與布朗基的版本出入甚大。馬克思主張無產階級的「階級專政」，布朗基則無此觀念。[122] 布朗基式的革命專政是：一小群祕密組織起來的、自認有德性的革命精英，在陰謀奪權之後把政治權力集中在自己手裡，藉以打倒統治階級、沒收私人財富；等到革命任務都完成了以後，再功成身退，還政

118　Mason（2022: esp. 63, 224, 171-172）、Cole（2002a [1953]: 21）。

119　Marx（*MECW*, 3: 294-295），另見本章第六節。巴貝夫以平等為由，拒絕「能者貢獻較大，應得更多報酬」。Cf. Lichtheim（1969: 24）。

120　見 Higonnet（1989）論無褲黨人。

121　Cf. Stedman Jones（2002: 32）。

122　馬克思的革命專政概念，留待第五章第六節再論。

於民。[123]

　　在 1830 年代到 1870 年代的法國，布朗基是新巴貝夫主義（或雅各賓式共產主義）最重要的政治代表。他最推崇的大革命人物是埃貝爾（Jacques Hébert）而不是巴貝夫，但在外界看來，這些差異是次要的。[124]後來，布朗基的追隨者就叫作「布朗基主義者」。[125] 新巴貝夫主義及其重要代表布朗基主義，不僅是 19 世紀中葉法國共產主義的要角，對德國共產主義（尤其「正義者同盟」和魏特林）也產生了一定影響。[126]

　　布朗基是執著於陰謀奪權、暴力革命的行動派，但在 1848 年革命以前，他和各路社會主義者保持了良好關係。[127] 奧古斯特·布朗基是自由派經濟學家阿道夫·布朗基（Adolphe Blanqui）之弟，其父在大革命中是吉倫特派。[128] 家境良好且受過精英教育的奧古斯特，在 1824 年即 19歲時，加入了法國燒炭黨。畢舍等一些聖西蒙派成員，也曾是燒炭黨人（charbonnerie），對波旁王朝深惡痛絕。[129] 1829 年，布朗基到勒魯主持的《全球報》當速記員，接觸到聖西蒙主義與傅立葉思想。和他的同輩一樣，布朗基的激進化和七月革命息息相關。七月革命升高了知識青年的政治期望，但七月王朝推行寡頭自由主義的威權統治，強力壓制共和主義運動，並把人民之友社（Société des Amis du Peuple）的布朗基等人逮捕入

123　見布朗基〈共產主義，社會的未來〉（1869）論共產主義與革命專政，收於 Le Goff and Hallward eds.（2018: 243-268）。另見 Engels（*MECW*, 24: 12-18），1874 年〈布朗基派公社難民的綱領〉。Cf. Lichtheim（1969: 67-68）、Cole（2002a [1953]: ch. XIV）。

124　見 Richet（1989a）論埃貝爾主義者。

125　1871 年巴黎公社領導者中的多數派，主要是由雅各賓和布朗基主義者構成。另見第八章第四節。

126　Cf. Stedman Jones（2002: ch. 4）。

127　Pilbeam（2000: 33-34）。

128　見 Ozouf（1989a）論吉倫特派。

129　布朗基的生平和政治思想，見 Le Goff（2020）。布朗基的政治著作，另見 Le Goff and Hallward eds.（2018）。法國燒炭黨是活躍於復辟時期（1815-1830）的祕密會社，謀求以武裝起義推翻波旁王朝。

獄。[130] 1839 年，布朗基和另一位革命家巴貝斯（Armand Barbès）在巴黎發動了一場（失敗的）起義，德國共產主義會社「正義者同盟」的核心成員也參與其中。[131]

在新巴貝夫主義之外，其他的共產主義也開始現身。1840 年，卡貝（Étienne Cabet）在《伊卡利亞之旅》這本名著中，提出一種和平漸進的共產主義，以別於訴諸革命暴力的共產主義。此後幾年間，卡貝躍居為法國「共產主義」的重要代表。在他的「伊卡利亞」裡，不存在私有財產，重要社會活動皆由國家控制；有選舉也有議會，卻沒有出版和言論自由，有害書籍皆被燒光；公民地位平等，勞動付出平等；勞動產品集中管理，成員各取所需。這是「各取所需」一語的另一出處。卡貝在流亡英國期間，接觸到歐文派社會主義者，從中汲取了漸進主義、合作主義，以及豐裕社會的設想。此外，卡貝接受聖西蒙派的基本見解，即現代工業勢不可當，生產工具應為社會所有，並實行有計畫的生產。他表示，過渡到伊卡利亞或需要 50 年獨裁，但他反對陰謀奪權和暴力革命。他相信工人階級可望通過合作運動，以和平漸進的方式取得權力。[132]

《共產黨宣言》把卡貝和聖西蒙、傅立葉、歐文等先行者，都歸類為「批判的烏托邦社會主義和共產主義」。這個分法有其一定道理，因為卡貝反對革命，大談烏托邦「伊卡利亞」，也還納入了歐文派和聖西蒙派的思想要素。[133] 但從更動態的發展眼光來看，卡貝的共產主義反映出兩個重要趨勢。首先是共產主義和社會主義的匯流。卡貝的共產主義吸收了社會主義養分，並帶入英國工人的合作主義和漸進主義意象，而不是指望一群流竄街頭的無褲黨人。再者，卡貝主義的興起，還標誌著基督教「財貨共同體」在共產／社會主義圈的抬頭。

---

130 「人民之友社」是勒魯一度參與的「人權社」的前身。

131 正義者同盟的成員主要是德國移工，一度擁抱巴貝夫主義式的陰謀政治。其主事者參與了 1839 年布朗基和巴貝斯發動的巴黎起義，失敗後轉移至倫敦。

132 Cole（2002a [1953]: ch. VII）、Pilbeam（2000: 91-93, 123-127）。

133 Marx and Engels（*MECW*, 6: 516）。

關於宗教，卡貝的前後表態不一。《伊卡利亞之旅》在 1848 年革命以前，共出了 5 版，且屢次修改。在 1840 年的初版中，尚沒有基督教的蹤影。但卡貝後來改稱：基督教就是共產主義。[134] 這個立場截然不同於非基督教、反基督教的巴貝夫主義。

基督教的身影

如前所述，七月王朝下的新興社會主義者，大都不反對基督教。畢舍、孔西德朗和布朗，基本上都是基督教社會主義者。普魯東則是個異數，因為他在 1843 年放棄了宗教，並從費爾巴哈吸收了無神論人本主義。[135] 大體而言，法國社會主義者有了新的敵人（即「布爾喬亞王朝」及其寡頭自由主義），已不熱中於攻擊基督教。

早在卡貝轉向基督教以前，遭到天主教教會驅逐的德拉梅內（Félicité de Lamennais）已提出一套兼具民主要素和社會關懷的基督教復興論。[136] 德拉梅內是基督教激進主義者，而非社會主義者或共產主義者。他的著作廣受歡迎，例如，1834 年《一個信徒的話》立即被譯成德文，譯者是青年恩格斯特別推崇的波爾內。1838 年《人民之書》的德文版譯者，包括了德國共產主義者魏特林。[137] 可以說，德拉梅內是把基督教元素注入法國和德國共產主義的關鍵人物。

在法國共產主義陣營中，最反基督教的莫過於新巴貝夫主義者，包括布朗基一系。馬克思在《神聖家族》曾誇讚布朗基的同道德薩米，稱德薩米是把物質主義發展為「真正的人本主義」和「共產主義的邏輯基礎」的「更科學的法國共產主義者」。[138] 德薩米曾參加布朗基主導的「四季社」

134　Pilbeam（2000: 39-40, 51）。Cf. Engels（*MECW*, 3: 399），〈歐陸社會改革的進展〉。

135　Stedman Jones（2019: 214）、Vincent（1984: 95-110）。

136　德拉梅內的政治與社會思想，另見 Milbach（2018）、Lebrun and Milbach eds.（2018）、Cole（2002a [1953]: ch. XVIII）。

137　Stedman Jones（2002: 42）、Pilbeam（2000: 49）。

138　Engels and Marx（*MECW*, 4: 131）。

（*Société des Saisons*）和 1839 年巴黎起義。1840 年，德薩米主辦了一場大型的共產主義宴會，據估有 1,200 人參與。德薩米原與卡貝合作，但對卡貝的不革命立場愈發不滿，更難以接受卡貝向基督徒示好，遂與卡貝決裂。[139]

基督教元素的注入，使共產主義變得更加複雜。一方面，有堅定反對基督教的新巴貝夫主義者，如布朗基、德薩米等。另一方面，則開始出現形形色色的基督教共產主義。在兩極中間，還存在一個模糊的光譜。以卡貝為例，他究竟是真的基督教共產主義者，還是為了討好而擺出基督教的姿態，很難說得清楚。在宗教問題上的反覆，也發生在魏特林身上。魏特林是德國最早的共產主義者，亦是 1836 年在巴黎成立的「正義者同盟」的要角。起初，魏特林傾向於一種基督教革命共產主義，主張以暴力革命兌現基督教「財貨共同體」。1842 年《和諧和自由的保證》則去除了基督教元素，故受到鮑威爾、費爾巴哈、馬克思、恩格斯等無神論者的好評。但隔年，魏特林又變回了基督教共產主義者，欲以暴力革命推翻私有財產，達致一個計畫生產、集中分配的基督教共產社會。[140]

基督教對共產主義和社會主義的影響，並不是單面向的。卡貝的基督教人間天堂，和魏特林欲以暴力實現的基督教計畫經濟，堪稱是比較極端的「財貨共同體」。實則長期以來，基督徒發明了各種說法，以繞開財貨共同體「一切共有」的原始含義，以避免得出卡貝或魏特林的那種結論。即使是在 19 世紀強力批判實存私有制的脈絡下，「財貨共同體」也有相對溫和（如改良主義式的基督教社會主義）到特別激進（如魏特林的基督教暴力共產主義）等不同面貌。此外，亦有基督教民主社會主義者如孔西德朗，根本拒絕「財貨共同體」這個提法。[141]

---

139 Stedman Jones（2016: 137; 2002: 30）。

140 Stedman Jones（2002: 42-46; 2016: 213-214）。

141 Considerant（2010 [1847]: 126）。恩格斯自 1843 年以降，反覆使用「財產共同體」和「財貨共同體」去界定共產主義。青年馬克思則否。

實際上，以勞動價值作為交換基準的社會主義思路，與基督教傳統也是有關係的。按基督教教義，上帝把世間財富賜予了祂的所有子民。如果世間財富本該是共有的，私有財產就需要被正當化——這正是近代早期自然法論者最重視的課題之一。[142] 其中，又以洛克的論點最廣為人知。洛克從「勞動」去正當化財產，而他的說法可能被解讀為：如果你據為自己財產的 X，並不含有你自己的勞動投入，那麼，你對 X 的財產權宣稱可能是有問題的。[143] 與此相似的思路（未必直接涉及洛克的論說），亦見於 19 世紀前葉英國社會主義者的勞動價值論。[144]

「勞動是價值的唯一來源」是 19 世紀工人運動的常見宣稱。它強烈暗示，不事勞動的缺席地主或缺席資本家，沒有資格聲稱其對土地或資本的所有權。再者，設若勞動是價值的主要來源甚至唯一來源，則辛勤勞動的工人就不該如此悲慘。在英國和法國，皆有非基督教的社會主義者（如歐文派、普魯東等）由此出發，開展出社會主義式的勞動價值論。例如，部分論者（包括普魯東）欲以勞動價值（也就是勞動時間）作為平等交換的基準，以取代不利於工人的實存競爭體制。[145] 從思想系譜的角度觀之，這些論者雖未必訴諸基督教，但其勞動價值論仍可溯及「私有財產需要被正當化」的問題意識。

馬克思的進路

馬克思最初是在何時、又是如何接觸到社會主義，一直眾說紛紜。有論者指稱，中學生馬克思已從他的未來岳父威斯特華倫，得知了聖西蒙思想。但支持這個說法的根據，只有馬克思一位年輕俄國友人的回憶。當其

---

142 參見 Horne（1990: chs. 1-2）。另見 Waldron（1988）、Macfarlane（1998: ch. 2）、Claeys（1987: ch. 1）。

143 Waldron（1988: ch. 6）、Horne（1990: ch. 2）。

144 N. Thompson（1984: chs. 4-5）、Claeys（1987: chs. 4-5）。

145 Cf. Proudhon（1972 [1846]）。另見第四章第五節。

回憶錄在 1909 年出版時，馬克思已作古 25 年有餘。僅憑其未必可靠的說詞，或不足以確立前述的宣稱。[146] 另有論者推測，甘斯可能是馬克思認識聖西蒙主義的媒介，因為甘斯熟悉聖西蒙派思想，而馬克思修了甘斯的課。但這個臆測始終找不到佐證。[147]

聖西蒙主義興起於 1820 年代末。直到「其他」社會主義在 1830 年代中後期浮現以前，聖西蒙主義幾乎是法國社會主義的代名詞。前文指出，「生產工具的社會化」之說，及以去政治化的「管理」去取代「人對人的剝削」，最早是由聖西蒙派提出。不少論者似乎認為，倘若馬克思很早就受到聖西蒙主義的潛移默化，則他後來的社會／共產主義轉向，也就顯得其來有自。但問題在於：並沒有確切的證據顯示，馬克思在抵達巴黎以前已熟悉聖西蒙主義。[148]

1842 年秋，馬克思移居科隆，10 月中旬擔任《萊茵報》主編。雖然他嚴詞否認《萊茵報》支持共產主義，但他表示法國「共產主義者」勒魯、孔西德朗，尤其普魯東的著作，應值得探究。當時，他或已接觸到這些論者的文字，或只是從赫斯口中略知一二。但如前所述，勒魯是前聖西蒙派，孔西德朗是傅立葉派，普魯東則代表一股新興的社會主義勢力。重點是：他們在法國不會被稱作「共產主義者」，馬克思卻如此誤用，不免顯得生疏。[149]

有論者推測，馬克思在前往巴黎之前，應已讀過親官方學者史泰因（Lorenz von Stein）在 1842 年出版的《當代法國的社會主義和共產主義》。這本名著在德國影響甚廣，發揮了重要的引介作用。按史泰因的說法，社會主義和共產主義都在因應「無產階級」的興起，而後者肇因於大革命對舊制度的破壞。但煽動無產階級起來造反的共產主義，危險而不可

146　Cf. Heinrich（2019: 90-91）。

147　Leopold（2007: 276-277）。

148　Leopold（2007: 271-277）。

149　Marx（*MECW*, 1: 220）。Cf. Gregory（1983: 160-167）。

接受；社會主義則不乏若干合理要素。史泰因對社會問題的關注，以及對無產階級造反的預防性思考，界定出了此後普魯士／德國「親官方社會主義」或「威權政府社會主義」的基調。稱之為俾斯麥式威權福利國家的思想前身，或不為過。[150]

　　然而，就算馬克思很早就讀過《當代法國的社會主義和共產主義》，這對於他後來的共產／社會主義轉向，也不是一項關鍵因素。馬克思有史泰因以外的其他資源，包括《萊茵報》的同事赫斯；也不排除他直接閱讀法國論者的著作。再者，馬克思直到 1843 年 9 月，對社會主義仍持負面看法，更看不起特別「教條的」共產主義。[151] 他是到了巴黎才支持無產階級革命，也才成為共產／社會主義者。這些思想發展與他是否早已讀過史泰因，似乎關係不大。[152]

　　回頭來看，1843 年《黑格爾法哲學批判》對私有財產的普遍批評，及其所表達的政治／國家終結論，無疑有其法國來源。欲以社會取代政治，可謂是早期社會主義的最大特色，也是聖西蒙主義的基本面。聖西蒙派以「管理」取代政治統治之說，已蘊含著一種後政治、後國家的社會想像。對私有財產的強烈否定，則源自於法國的共產主義和部分社會主義。在 1820 年代末以降的法國，有主張廢除財產繼承權，並把「一切生產工具，即今日私有財產的最大宗」收歸社會所有的聖西蒙主義者；也有要以暴力革命消滅私有財產、貫徹平等主義的新巴貝夫主義者；亦有欲以「財貨共同體」取代私有制的基督教共產主義者。進入 1840 年代，則還有卡貝的伊卡利亞主義，加上揚言「消滅財產」的普魯東。

　　麻煩在於，《黑格爾法哲學批判》未交代其法國思想來源，亦未留下足夠的線索。[153] 不過，這並不妨礙吾人從大處去考察馬克思與「別的」社

150　Stedman Jones（2016: 139-141; 2002: 33-37）。

151　Marx（*MECW*, 3: 142-143）。參見第二章第一節。

152　Cf. Avineri（1968: 53-56）。

153　例如，馬克思在 1842-1843 年或已讀過普魯東的《何為財產？》，但《克羅茨那赫筆記》卻未留下閱讀普魯東的紀錄。Cf. Tribe（2015: 180）。

會／共產主義的關聯。在法國七月王朝的統治下，各股社會主義和共產主義接連登場，並交互滲透、彼此挪用，使得「你中有我，我中有你」逐漸變成了常態。到了馬克思進場的 1844 年，某些說法到底屬於哪一派，已顯得模糊。不管是否直接讀過某家論說，都有可能在觀念傳播的過程中，間接地受其啟發。馬克思亦不例外。

在此，值得強調的重點有二。首先，馬克思從他批判、甚至否定的各路社會／共產主義者，汲取了大量的思想養分。長期以來，總有人把馬克思視作 19 世紀社會／共產主義的「真正」代表，並一味貶抑「別的」社會／共產主義。但如果沒有「別的」，恐怕就不會有後人所知的馬克思。

此外，我們或應避免「影響力決定論」式的武斷陳述。馬克思的許多提法，如「布爾喬亞」、「無產階級」、「自由聯合」、「各盡所能」、「各取所需」等，顯然是取自「別的」社會／共產主義者。但具體的管道或媒介為何，大都難以確知。正因如此，這兩節所採用的行文方式，是對馬克思可能參照的社會／共產主義思想資源，進行扼要的概括，而不做直接的因果宣稱。

四、恩格斯與英國因素

1842 年 11 月中旬，恩格斯在啟程前往英國之前，先去科隆拜會《萊茵報》人士，也跟馬克思見了一面。當時，馬克思認為恩格斯是柏林「自由人」一員，故態度冷淡。[154] 恩格斯在曼徹斯特從商期間（1842 年 11 月至 1844 年 8 月），陸續發表了一些英國報導，向德國讀者介紹英國工運和社會主義的現況。1843 年年底，他應邀替《德法年鑑》撰稿，寫成〈政治經濟學批判大綱〉一文。正是這篇文字，讓馬克思對恩格斯刮目相看，並促使馬克思加入「政治經濟學批判」的行列。

154　Carver（1983: ch. 1）。

恩格斯與青年黑格爾派

恩格斯小馬克思 2 歲，出生在一個虔誠的卡爾文教家庭。他的父親是成功的實業家，在巴門經營紡織業，後來也在曼徹斯特設廠。身為長子的恩格斯被寄予厚望，盼能繼承家業。中學畢業後，恩格斯未繼續接受大學教育，而是到布萊梅去實習商業和會計。在布萊梅，恩格斯利用餘暇閱讀、寫詩，並匿名發表詩作。自 1839 年起，他替青年德意志運動的刊物撰稿，主題不一，包括工廠與工人情況的報導。他的興趣很快地也從文學拓展至政治和宗教。政治上，他開始把青年德意志運動的前輩波爾內當成英雄。波爾內是德意志民族主義者，也是自由共和派。因此，恩格斯很早就受到共和主義的洗禮，並以革命自由派自居。[155]

1839 年，恩格斯讀了史特勞斯的《耶穌傳》，[156] 並受其感召。恩格斯的卡爾文教家族，信仰的是原教旨虔信主義。在普魯士，它屬於新教派系中的守舊派。進入叛逆期後，恩格斯有意掙脫家庭規訓，包括他自幼浸淫其中的虔信主義。他通過廣泛閱讀，先是過渡到更富有理性精神的自然神論；然後，又用了幾個月去消化《耶穌傳》，在史特勞斯的影響下轉向了泛神論。吸收了史特勞斯的人本主義後，他也對青年黑格爾派產生興趣。[157] 1841 年秋，恩格斯前往柏林附近服役，借地利之便，常去柏林大學聽課，並接觸青年黑格爾派的圈子，結識了艾德加・鮑威爾（布魯諾・鮑威爾之弟）等「自由人」。彼時馬克思已不在柏林。[158]

第一章提及，腓特烈・威廉四世甫一即位，就把矛頭指向黑格爾派，尤其是青年黑格爾派。為了「根除黑格爾主義的龍種」，謝林被召到柏林大學去接任黑格爾（去世後懸缺已久）的哲學講座，講授其反黑格爾的「啟示哲學」和「實證哲學」。1841 年 11 月 15 日，謝林發表就任演講，

---

155 Carver（1989: 39-42, 20-23, 50-53）。另見 T. Hunt（2009: ch. 1），與 Israel（2021: ch. 12）論波爾內。

156 Strauss（1998 [1835]）。參見第一章第三節。

157 Carver（1989: 3-5, 23-30）。

158 Carver（1989: 60-64）。

聽眾中有齊克果、布克哈特、巴枯寧，還有恩格斯。[159] 為了批評謝林，恩格斯旁聽謝林的課，然後在 1842 年 4 月匿名出了兩本冊子《謝林和啟示》與《謝林：基督哲學家》。前者斥責謝林哲學是「對自由哲學的反動」；後者以謝林辯護者的口吻，暗諷謝林乏善可陳，只是用哲學重新包裝了基督教而已。這兩篇長文展現出恩格斯（作為自學者）的才氣，在異議圈內備受重視。其中，《謝林：基督哲學家》相當於青年恩格斯的無神論宣言。[160]

　　和赫斯一樣，恩格斯不算是青年黑格爾派的成員，而是該派的「同路人」。恩格斯對於青年黑格爾派的內部分歧，尤其是費爾巴哈和鮑威爾的哲學差異，並沒有足夠的認知。他把費爾巴哈主要看作是無神論者，忽略了費爾巴哈對黑格爾哲學的批判。[161] 此外，恩格斯並非經由「以人代神」的人本主義，才走向共和主義。當《哈勒年鑑》還在倡議國家理性和君主立憲時，他已在波爾內的榜樣下，成為一位激進的自由共和主義者。[162] 在他看來，黑格爾的政治是保守的，但黑格爾的理論是激進的；因此，他試圖綜合波爾內（政治）和黑格爾（哲學）。[163] 費爾巴哈和馬克思在走向共和的過程中，對黑格爾的哲學／方法進行了清算，恩格斯則不然。他晚年對黑格爾的「系統」和「方法」所做的區分，從費爾巴哈和馬克思的視角觀之，可能是無法成立的。[164]

　　1841-1842 年間，恩格斯以革命的「自由派」或「自由主義者」自

159 McLellan（1995 [1973]: 32）、Carver（1989: 67）。

160 《謝林和啟示》收於 Engels（*MECW*, 2: 193-240）；《謝林：基督哲學家》收於 Engels（*MECW*, 2: 241-264）。

161 Stedman Jones（1977: 89）。

162 恩格斯（*MECW*, 2: 289）在 1842 年 7 月發表於《德意志年鑑》的一篇文學評論中，直指「波爾內的本性就是一個共和派」。在寫於 1842 年 6 月至 7 月的詩作中，恩格斯（*MECW*, 2: 335）自稱「山嶽派奧斯華」（Oswald the Montagnard）。另見 Stedman Jones（2002: 53-55）。

163 Carver（1989: 50-53, 88-89）。

164 Cf. Stedman Jones（1973: 26-29）。

居，似乎不認為「雅各賓」和「自由派」有所矛盾。在 1842 年 4 月匿名
發表於《萊茵報》的〈北德與南德自由主義〉中，恩格斯雖對南德自由
主義的憲政實踐有所肯定，但強調以波爾內為代表的北德自由主義更講原
則、更徹底，故必將取得更豐碩的成果。[165] 此時他期待的，不外乎是一場
普魯士的自由／共和主義革命。但 1842 年 6 月以降，艾德加‧鮑威爾開
始對所謂的自由主義「中庸政府」冷嘲熱諷。盧格發表於 1843 年年初的
〈自由主義的自我批判〉，則形同與「自由主義」公開決裂。[166] 作為青年
黑格爾派的同路人，恩格斯很快地也不再以自由派自居。但有別於盧格，
恩格斯不是從自由主義走向民主共和主義，而是從自由共和主義走向了共
產主義。

　　1842 年年底，恩格斯被父親派往曼徹斯特。他取道科隆，先去拜訪
《萊茵報》編輯部。按赫斯的說法，10 月上旬恩格斯和他會面時，已被
他說服成了共產主義者。[167] 此話有誇大的成分，但恩格斯在抵達英國後的
即時評論中，的確引用了赫斯觀點：在德法英三國中，將是英國最早爆發
社會革命。初抵英國，恩格斯就把憲章主義運動說得勢不可當，指「社會
革命」在英國已不可避免。[168] 這是否代表恩格斯已成為共產主義者，或仍
有斟酌餘地。但隔年 5 月，他的共產主義已經呼之欲出。[169]

恩格斯與共產主義

　　在曼徹斯特，恩格斯接觸到底層工人，還結識了歐文派社會主義者、
憲章主義運動者等。憲章運動帶有豐沛的「工作階級」意識，以及階級鬥

---

165 Engels（*MECW*, 2: 265-267），〈北德與南德自由主義〉，1842 年 4 月刊於《萊茵報》。

166 Carver（1989: 98）。〈自由主義的自我批判〉收於 Stepelevich ed.（1983: 237-259），
　　參見第一章第四節。

167 Stedman Jones（2016: 183-184）、Carver（1989: 95-96）。

168 Engels（*MECW*, 2: 374），〈內部危機〉，1842 年 12 月刊於《萊茵報》。

169 此指 Engels（*MECW*, 3: 379-391），〈倫敦來函〉，1843 年 5 月至 6 月連載於《瑞士共
　　和報》。

爭意識，但其主要訴求是普遍選舉權，是破除「懶惰階級」的政治壟斷。
正因如此，它廣被界定為工人階級的「激進民主」運動，而不是社會主義
運動。[170] 當時，英國社會主義以歐文派為主要代表。歐文派更關注社經改
革而非選舉權，多迴避政治性的階級衝突。[171] 等到恩格斯對英國情況較有
把握之後，他開始在德語報刊上介紹歐文派，也在歐文派的刊物《新道德
世界》評介德法共產主義。

　　恩格斯在 1843 年 5 月至 6 月的〈倫敦來函〉中，交互使用「社會主
義」和「共產主義」去界定歐文派。但在彼時英國，「共產主義」一詞
並不流行，也鮮有歐文派自稱共產主義者。這暗示，在德國的政治語境
下，恩格斯的主要認同是共產主義。[172] 他的某些提法偏離了英國現實，似
乎是故意說給德國讀者聽的。例如，他說英國社會主義者都嘲笑「純共
和派」，都認為共和國和王權一樣偽善。但這似乎與英國人關係不大，更
像是恩格斯把己見塞到英國人的口中，以貶抑德國的「純共和派」。[173] 在
此值得指出，恩格斯在 1843 年 5、6 月已從「共產主義」去質疑共和主義
──比馬克思至少早了半年。

　　關於恩格斯最初始的共產主義，有兩篇文字特別值得留意，分別是
1843 年 11 月發表在《新道德世界》的〈歐陸社會改革的進展〉，以及同
月寫成的〈政治經濟學批判大綱〉。前者的目的是向英國讀者介紹共產／
社會主義在歐陸（尤其法國和德國）的發展。與馬克思相當不同的是，恩
格斯對於他的評論對象，幾乎都是指名道姓。這讓人較容易把握他的思
路，及其可能存在的誤差。

　　〈歐陸社會改革的進展〉開宗明義指出：「民主」是偽善的，「不能
帶來真平等」；「政治自由」是可恥的，是「最糟糕的一種奴役」。唯有

---

170 見 Stedman Jones（1983: ch. 3）論憲章主義。另見 D. Thompson（1984）、Epstein and
　　Thompson eds.（1982）、Claeys ed.（2001）。
171 見 Claeys（1989: chs. 6-7）論歐文主義與憲章主義。
172 Engels（*MECW*, 3: 385-388），〈倫敦來函〉。
173 Engels（*MECW*, 3: 389）。

共產主義，唯有締建「財產共同體」的「徹頭徹尾的革命」，才能實現真自由和真平等。[174] 但共產／社會主義有不同版本，需要區辨優劣。恩格斯先提及巴貝夫主義，稱其「非常粗糙和膚淺」；接著談到聖西蒙派社會主義者給予「才能」的回報太大，忽視了才能的天生性、偶然性。傅立葉兼顧勞動與享受的「自由勞動」論說，值得英國社會主義者參考；但在該派的「法朗斯泰爾」中，私有財產未被消滅，資本家和工人之分依然存在——這是有問題的。[175] 相對來說，恩格斯似乎更肯定卡貝，指卡貝主義吸取了聖西蒙和傅立葉的「一切理性要素」，且「與歐文先生的共同體安排」無甚差異。在婚姻問題上，卡貝主義者「完全同意英國人」的見解，即「個人自由」須得到保障。[176]

恩格斯對卡貝的相對好感，主要是因為卡貝明確主張廢除私有財產，並要求建立「財產共同體」（恩格斯的用語）。再者，卡貝汲取了歐文、聖西蒙與傅立葉要素，這使其社會論說比其他的法國共產主義（尤其巴貝夫主義）都更先進。[177] 但恩格斯對於部分法國共產主義者（尤其卡貝，但未直接點名）「基督教就是共產主義」的宣稱，頗不以為然。[178] 作為無神論者，他更能接受英國歐文派的非基督教取向。

勒魯、喬治桑、德拉梅內、普魯東等，都被恩格斯視作「共產主義者」。但在法國，這幾位都不被稱作共產主義者。這暗示，恩格斯對法國社會／共產主義的理解，當時仍有所不足。社會主義和共產主義雖已開始匯流，但兩者的基本差異依然存在。恩格斯僅因為普魯東說「財產就是搶劫」，就認定普魯東是「最重要的〔共產主義〕作家」，但這是出於誤

174　Engels（*MECW*, 3: 393, 397, 392），〈歐陸社會改革的進展〉。

175　Engels（*MECW*, 3: 393-395）。

176　Engels（*MECW*, 3: 398-399）。

177　Engels（*MECW*, 3: 397）指巴貝夫主義者欲「毀掉文明、科學、藝術等的一切改進」，「對歷史和政治經濟學完全無知」，故非常粗陋。此與馬克思在《經濟學哲學手稿》對「粗鄙共產主義」的批評，堪稱高度一致。另見本章第六節。

178　Engels（*MECW*, 3: 399）。

解。[179]《何為財產？》明確否定了一切共同體主義，遑論共產主義。[180]

關於德國，恩格斯介紹了魏特林和青年黑格爾派。他表示，從青年黑格爾派的引力圈中，已出現第一位共產主義者赫斯。由於該派在 1842 年已擁抱無神論和共和主義，其下一步必然是共產主義，即「立基於共同財產的社會革命」。這是「新黑格爾主義哲學的必然後果」。在赫斯之外，恩格斯還點名了青年黑格爾派的三巨頭、馬克思，以及詩人赫維格。[181]

此外，恩格斯讚揚了魏特林，指其論說比大多數法國共產主義者（甚至包括卡貝）都更優越。[182] 他之所以表揚魏特林，不僅是因為魏特林是工人，也是因為魏特林明確地主張計畫生產。〈歐陸社會改革的進展〉並未仔細交代這一點，但在同時期的其他文字中，恩格斯做出了說明。魏特林「比卡貝高明的地方」在於主張「消滅一切以暴力和多數為基礎的統治」，代之以「組織不同的勞動分支，並分配其產品」的「**純管理**」。各級官員將不是由共同體的多數成員去任命，而是由各部門專家「通過〔匿名〕徵文競試的辦法，去挑選最合適的人」。[183]

就此而言，恩格斯在成為共產主義者之初，就已經不只是實存私有制的否定者，而同時也是「財產共同體」的積極倡議者。此種「財產共同體」將告別競爭和市場，推行集中化的、計畫性的生產與分配（理解為「純管理」），並奉行實才實能主義。這是恩格斯在 1844 年 1 月公開表達的立場。在計畫生產和「純管理」這兩點上，此後恩格斯維持不變。但晚期恩格斯在巴黎公社的啟發下，以民主普選取代了實才實能主義，主張「把行政、司法和教育方面的一切職位，交給由普選選出來的人擔任，並

---

179 Engels（*MECW*, 3: 399）。

180 Proudhon（1994 [1840]: 195-197）。

181 Engels（*MECW*, 3: 405-406）。

182 Engels（*MECW*, 3: 401-403, esp. 402）。

183 Engels（*MECW*, 3: 413），恩格斯（馬恩全集 II，3：552），〈《泰晤士報》論德國共產主義〉，1844 年 1 月刊於《新道德世界》。

規定選舉者可以隨時撤換被選舉者」。[184]

　　那麼，恩格斯的計畫生產和「純管理」之說，又是從何而來？他提到了魏特林，卻未肯認聖西蒙派對他的影響。從思想史發展的系譜來看，聖西蒙主義係為「理性的生產管理」的最主要源頭。[185] 但到了 1840 年代，究竟誰才是某個理念的始作俑者，已不是那麼關鍵。就算恩格斯不是直接受聖西蒙派影響，他也很可能從其他的論者或管道，接觸到去政治化的「純管理」之說。

〈政治經濟學批判大綱〉

　　在恩格斯的早期著作中，最受馬克思肯定的就是 1844 年〈政治經濟學批判大綱〉（以下簡稱〈大綱〉），[186] 再加上 1845 年《英國工人階級狀況》。[187] 馬克思曾在《經濟學哲學手稿》、《神聖家族》和〈《政治經濟學批判》序言〉中，高度肯定〈大綱〉的貢獻。[188] 它引入的政治經濟學論述，原是馬克思不熟悉的。它把主流經濟學的範疇如貿易、價值、價格、壟斷等，扣連到歐文派撻伐的「競爭」，並歸結為「私有財產」的惡果。這讓馬克思立刻體認到「政治經濟學批判」的重要性。[189]

　　在這篇習作性質的〈大綱〉中，恩格斯試圖結合兩條線索：一是歐文派對競爭的批評；另則是消滅私有財產的問題意識。[190] 市場競爭使人受制於「偶然性的擺布」，但這是非理性的。競爭「已被證明是悲慘、貧窮和

---

184 Engels（*MECW*, 27: 190），恩格斯（馬恩全集 I，22：228），1891 年〈《法蘭西內戰》導言〉）。另見第九章第六節。

185 Cf. Bazard et al.（1972 [1829-1830]）。參見本章第二節。

186 Engels（*MECW*, 3: 418-443），〈政治經濟學批判大綱〉，寫於 1843 年 10 月至 11 月，刊於 1844 年 2 月《德法年鑑》。

187 Engels（*MECW*, 4: 295 ff.），《英國工人階級狀況》，寫於 1844 年 9 月至 1845 年 3 月。

188 Marx（*MECW*, 3: 232）、Engels and Marx（*MECW*, 4: 32）、Marx（*MECW*, 29: 264）。

189 Cf. Tribe（2015: 187-188）。

190 Cf. Claeys（1987: 166-179, esp. 171-174）。

犯罪的成因」，貧富矛盾無非是「競爭的後果」。[191] 愈演愈烈的週期性貿易危機，[192] 以及競爭演變為壟斷的集中化趨勢，[193] 實已內建於競爭體制。「人類支配的生產力不可估量」，卻出現難以維生的過剩人口、過剩勞動力，正是因為生產受制於非理性的競爭。這使得「生產過剩」和接踵而至的暴跌，皆無可避免。[194] 隨著財富的不斷集中和勞工數量的持續增加，勞動和資本的對立日益加劇，「最後必引發一場社會革命」。[195] 其結果將是一個理性的共同體：

> 　　共同體將有必要去計算，靠它所支配的工具能夠生產些什麼，並根據生產力和廣大消費者的關係，去決定它必須提高或縮減生產到什麼程度，又該允許生產或限制多少奢侈品。但為了正確地判斷這種關係，判斷在共同體的理性狀態下能期待生產力增加多少，請讀者參看英國社會主義者的著作，並部分地參看傅立葉的著作。[196]

英國社會主義者和傅立葉有哪些值得參照的論點，恩格斯並未明言。但前引文字已勾勒出他的基本思路。

　　〈大綱〉雖顯得粗枝大葉，但具有里程碑的意義。它的「反競爭」論說，直指整個市場競爭的建制，比馬克思〈論猶太人問題〉要全面得多。它強調共同體須取得對生產的理性控制 —— 這是「計畫生產」觀念的明確表達。恩格斯對市場競爭的主要批評是：其不受控制的「偶然性」，不見容於理性的共同體。[197] 這個理性主義式的反市場論點，先是出現在〈大

191　Engels（*MECW*, 3: 434, 437-438, 436）。

192　Engels（*MECW*, 3: 433-434, 436, 438）。

193　Engels（*MECW*, 3: esp. 440-441）。

194　Engels（*MECW*, 3: esp. 436）。

195　Engels（*MECW*, 3: 434, 441）。

196　Engels（*MECW*, 3: 435），恩格斯（馬恩全集 II，3：462）。

197　Engels（*MECW*, 3: 434）。

綱〉，然後被馬克思吸納。[198]

　　〈大綱〉指出的財產／資本的集中化趨勢，後來在《資本論》得到更系統性的理論表述。[199] 至於「生產過剩」和週期性的經濟危機等提法，則已流行於當時的英法社會主義圈，但恩格斯要比馬克思更早援用之。《共產黨宣言》的兩極分化論，或可溯及〈大綱〉的以下表述：「中間階級必愈發消失，直到世界分裂為百萬富翁和赤貧者、大地主和貧農」。[200] 但階級的兩極分化或類似提法，彼時廣見於社會主義論述，並非恩格斯的獨特發現。[201]

　　〈大綱〉是恩格斯的第一篇經濟學著作，馬克思相當看重，並做了紀要。此文引入的若干範疇，如真實價值、交換價值、資本作為「積累的勞動」等，尤為馬克思注意。[202] 恩格斯表示，在何為「價值」的問題上，無論是李嘉圖的生產成本論（勞動價值論），還是薩伊的主觀效用論，都未能把「競爭」充分納入考量。在競爭環境下，不管「價值」是從生產成本，還是從主觀效用去界定，都擺脫不了競爭的不穩定性。因此，重點在於消滅私有財產和競爭。因為唯有如此，才能夠理性地估定產品的「價值」，並權衡其生產成本和真實效用，以決定生產與否、生產多少。屆時，「價值概念的實際運用，將愈來愈集中在生產的決定，那才是它的適用領域」。[203]

198　見 Marx（*MECW*, 3: 211），1844 年〈論詹姆士・密爾〉。Megill（2002: ch. 3）認為馬克思是從「理性主義」的立場，去拒斥私有財產和市場。此說不能算錯，因為理性主義的確是馬克思論說的重要一面。但用「理性主義」一詞去概括馬克思對私有財產和市場的批判，易生誤解，且有過度化約之虞。

199　另見第七章第五節、第七節和第八節。

200　Engels（*MECW*, 3: 441），恩格斯（馬恩全集 II，3：470）。

201　參見本章第二節，此處不贅。

202　Marx（*MECW*, 3: 375-376），1844 年〈恩格斯〈政治經濟學批判大綱〉紀要〉。

203　Engels（*MECW*, 3: 424-427），恩格斯（馬恩全集 II，3：449-452）。馬克思對李嘉圖式勞動價值論的擴大運用，係為 1850 年代以降的發展。在 1845-1846 年的《德意志意識型態》以前，馬恩並不支持生產成本論／勞動價值論。Cf. Mandel（1977: 46）。

在曼徹斯特，恩格斯勤於參加歐文派的週日討論會，並受到歐文派論者瓦茲（John Watts）影響。[204] 歐文派是個龐大的家族，有各種分支。恩格斯對於歐文派思想要素的吸收，也是選擇性的。部分受歐文啟發的論者（常被稱作「李嘉圖派社會主義者」）自 1820 年代以降，提出一種以勞動價值作為基準，進行平等交換的「勞動交換」秩序。這裡蘊含著一種實踐導向的勞動價值論，即以勞動時間去界定勞動產品的價值，由此展開等價交換。[205] 但〈大綱〉隻字未提歐文派的勞動交換理念。在〈大綱〉描述的未來社會中，私有財產和競爭將已消失，取而代之的是財產共同體和理性的生產管理。至於勞動交換，則落於這個圖像之外。

更值得一提的是，〈大綱〉通過對馬爾薩斯人口論的批評，引入了歐文派的「豐裕」觀點。〈大綱〉宣稱，「人類支配的生產力不可估量」，[206] 所以問題不在人口過剩，而在失控的競爭體系和私有財產。在此，生產力已高度發達之說，其主要來源即是歐文派。部分歐文派論者著眼於機器的發展，稱社會生產力已能滿足人們的各種需要，甚至包括底線需要以外的額外需要。機器在競爭體制下所必然造成的社會災難，將不復見於未來的合作社會。後者將以合作取代競爭，充分運用機器以獲致物質上的豐裕。[207]

〈大綱〉表示，一旦發達生產力受到共同體的理性控制，將得以滿足每個人「一切所需」。[208] 恩格斯並未說明「一切所需」何所指，但不難看出，他設想的是一個相對豐裕的未來社會。[209] 無獨有偶，馬克思在《經濟學哲學手稿》也指向一種非禁欲主義式的、滿足人的豐富需要的未來共同體。

204　Claeys（1987: 166-179, esp. 168）。
205　Claeys（1987: 54-56, 139-142）。
206　Engels（*MECW*, 3: 436），恩格斯（馬恩全集 II，3：463-464）。
207　Claeys（1987: 147-156, 165）。
208　Engels（*MECW*, 3: 438-439）。
209　在此，「相對豐裕」係指生產能力相對於社會需要的過剩。另見第四章第四節。

五、政治經濟學批判的登場

從恩格斯到馬克思

「政治經濟學批判」的問題意識，在〈論猶太人問題〉和〈《黑格爾法哲學批判》導言〉尚未現身。但馬克思從布朗、普魯東等法國社會主義者的著作中，已察覺政治經濟學的重要性。作為《德法年鑑》創刊號的責任主編，他又是恩格斯〈大綱〉的最早讀者。〈大綱〉給了馬克思以激勵和啟發，促使他加速投入政治經濟學批判。[210]

馬克思閱讀的政治經濟學家，第一波有薩伊、斯密、李嘉圖、詹姆士・密爾、麥考洛（J. R. McCulloch）等。1844 年，他做了一系列經濟學筆記，包括大量的節錄。此外，還留下若干手稿。這些手稿究竟是成書前的預備材料，抑或只是為了釐清自己思路的鬆散紀要，其實不無爭議。但蘇聯編者把手稿拼接成了一部書稿，在 1932 年首度公諸於世，名之為《經濟學哲學手稿》（以下簡稱《手稿》）。1932 年也還出現了手稿的另一版本，其編輯是兩位德國社民黨學者。相對來說，蘇聯版較忠實於手稿原貌，西德版則進行了更大程度的選擇性編排。[211] 本書使用的英文版馬恩全集，收錄的是重新校對後的蘇聯版《手稿》。[212]

按《手稿》編排的先後次序，在〈序言〉之後，是關於工資、利潤、地租乃至異化勞動的〈第一手稿〉。〈第二手稿〉概述勞資矛盾。〈第三手稿〉的篇幅最長，涉及私有財產、共產主義和社會主義、個人性和社會性、人的豐富需要、未來共同體的性質、人與自然，並對市場、分工和金錢進行質疑，對黑格爾的辯證法提出若干批評。[213]

210　Tribe（2015: 180-190, esp. 182, 188）。

211　1932 年兩個版本的狀況及爭議，見 Musto（2015a: 233-237）、Tribe（2015: 215-219）。《經濟學哲學手稿》的各種版本，另見 Musto（2015a: 237-239, 259-260）。

212　Musto（2015a: 238, 260）。

213　1932 年蘇聯版還有一個作為附錄的〈第四手稿〉，其內容是馬克思從《精神現象學》最後一章摘抄下來的片段。1975 年英文版馬恩全集第三冊（MECW, 3），則未收錄這個〈第四手稿〉。另見 Musto（2005a: 236）。

　　自 1932 年問世後，《手稿》在西方世界備受重視，乃成為最著名的「青年馬克思」文本。它涉及異化勞動、人與自然、黑格爾辯證法的論說，尤為馬克思主義哲學家關切。其人本主義的思路，曾被當作是史達林主義、馬列主義的解毒劑。實際上，正是為了強調馬克思是人本主義者，西德編輯在 1932 年推出馬克思選集《歷史物質主義》兩冊時，不但把《手稿》編入選集，還刻意改動其原始手稿的出現順序（卻未提供編輯說明）。該選集的編者來自西德社民黨，有意與東德共產黨進行區隔，遂把《手稿》裝修了一番。[214] 及至 1956 年蘇共二十大揭發史達林罪行的祕密文件流出後，西方出現新一波「人本馬克思」熱。與此相關的哲學爭論，又因為阿杜塞的介入，一直延續至 1970 年代。[215]

　　受限於既定的主題和篇幅，本書不擬涉入《經濟學哲學手稿》的二手甚至三手詮釋爭議。就這部手稿而言，不管評論者對其人本主義有何好惡，或對其經濟學批判有何評價，馬克思本人顯然不覺得兩者是互斥的，但也不認為經濟學批判可以化約為人本主義哲學。從他的思想歷程來看，政治經濟學批判是新的要素，把人本主義嫁接於共產／社會主義也是新的進展，但人本主義本身則已表露於他的更早著作。

　　馬克思最推崇恩格斯〈大綱〉的一點是：〈大綱〉係從批判私有制的高度，去批判政治經濟學的基本範疇。這種高度，他後來在《神聖家族》表示，乃是普魯東不曾企及的。[216] 政治經濟學批判的主要目的，在於把經濟學論述所內建的各種矛盾，扣連到私有財產及其後果，並指向私有財產的覆滅。恩格斯〈大綱〉已經演練過了一次。《手稿》的政治經濟學部分，則是馬克思自己在這方面的初步嘗試。

214　1932 年西德版未收錄〈第一手稿〉。它把重新編排後的〈第三手稿〉放在最前面，然後是〈第二手稿〉、〈第四手稿〉。Cf. Tribe（2015: 218-219）。

215　阿杜塞相關爭議，參見 Musto（2015a: 240 ff.）。另見 Elliott（1987）、Benton（1984）、Kaplan and Sprinker eds.（1993）、Elliott ed.（1994）。

216　Engels and Marx（*MECW*, 4: 32）。

悲慘化命題

〈大綱〉高度仰賴歐文派的經濟學論述，馬克思則決定直攻本源，並擬定了閱讀計畫，從薩伊、斯密、李嘉圖、詹姆士・密爾、麥考洛等大家讀起。不過，甫成為一位共產／社會主義者的馬克思，對於政治經濟學家各自的理論邏輯，卻沒有展現出太多的耐心。此時，他的風格較接近「六經注我」，即依照自己的目的去選擇、解讀特定論說，而未必細究其來龍去脈。[217]

在《手稿》的經濟學部分，馬克思相當有意識地蒐集無產階級「悲慘化」的證據。對於當時大多數社會主義者來說，無產／工人階級的悲慘化乃是不爭的事實，亦是主張社會主義的重要理由。但悲慘化命題有其不同版本，不少社會主義者主張改革，而不是把無產階級當作革命力量。馬克思在〈《黑格爾法哲學批判》導言〉中，則把「徹底的鎖鏈」理解為無產階級革命的動力因素：在德國，「市民社會的任何階級，如果不是受迫於自己的立即狀況、物質必然性、自己的鎖鏈，是不會有普遍解放的需要和能力的」。[218] 在此，無產階級的悲慘化，被看作是無產階級革命不可或缺的「物質基礎」。[219]

按《手稿》說法，工資是由「資本家」與「工人」的對立鬥爭決定，但贏者必定是資本家。工人之間的激烈競爭，注定了工人厄運。作為商品的工人，其市場價格即工資是不穩定的，取決於供需關係的偶然性。若其供給遠大於需求，一部分工人就要餓死或淪為乞丐。[220]

工人的悲慘命運，可從三種情況來看。第一、若社會財富處於衰落狀態，工人階級必遭受最大苦難。第二、若社會財富正在增長，對工人的需求超過了工人的供給，這對工人最為有利。不過，工資升高帶來「過度勞

---

217 馬克思的閱讀狀況，另見 Tribe（2015: 196-214）、Mandel（1977: ch. 2）。

218 Marx（*MECW*, 3: 186），馬克思（馬恩全集 II，3：212-213）。

219 Marx（*MECW*, 3: 183）。參見第二章第五節。

220 Marx（*MECW*, 3: 235-236）。〈第一手稿〉關於工資、利潤和地租的討論，馬克思原是以並列的方式呈現。《手稿》編者則改以工資、利潤、地租的先後順序，加以編排。

動」，讓工人犧牲自己的時間，為了貪欲而從事「奴隸勞動」，縮短了壽命。資本是積累的勞動，工人愈是賣命工作，勞動產品愈是積聚在資本家手中。資本積累擴大了分工，分工又助長資本積累，但分工的細化讓工人陷入「極其片面的、機器般的勞動」，使他們在精神上和肉體上都受到重創。隨著資本家的競爭加劇，部分資本家將淪為工人階級，擴增了工人的供給，使工資再度滑落。機器導致的「**生產過剩**」將讓許多工人失業，將使工資淪落至「最悲慘的最小值」。第三、一旦成長到了頂點，則將出現斯密所謂的**停滯**狀態。斯密表示：

> 在財富已到達頂點的國家……，工資和資本利潤可能都會很低。……就業的競爭如此激烈，工資甚至不足以維持現有的工人數。此時，國家的人口已經飽和，工人數不可能再增加。

馬克思接受斯密的經濟推論，但拒斥這樣的經濟建制。他在引述了斯密之後，旋即補上一句：「剩餘工人注定要死亡」。[221]

第一種是伴隨財富衰落而來的「工人與日俱增的悲慘」。第二種是財富成長期「具多重複雜性的悲慘」。第三種是「停滯性的悲慘」。[222] 在三種悲慘之中，馬克思的火力集中在第二種，即經濟增長所導致的悲慘。

後來在 1860 年代，為了駁斥「工資鐵律」也為了支持工會行動，馬克思強調工資未必一路下滑。例如，《資本論》第一卷從工人的維生成本（含生養下一代的成本）去界定工資基準，但表示工資的決定有「歷史和道德的因素」，而不僅限於肉體生存。[223] 相對於此，《手稿》的基調則是：在繁榮時期，部分工人的工資可能上升，但這不可持續，工資將再度跌落到「最悲慘的最小值」。[224]

221　Marx（*MECW*, 3: 237-239），馬克思（馬恩全集 II，3：227-230）。

222　Marx（*MECW*, 3: 239），馬克思（馬恩全集 II，3：230）。

223　Marx（C1: 275）。另見第七章第四節。

224　Cf. Mandel（1977: ch. 9, esp. 143）。

　　馬克思的工人悲慘化命題，從來就不只是關於工資。[225] 前述的第二種悲慘，不僅止於工資跌回飢餓線，還包括：工人的過勞和早死；機器般的片面勞動，及其造成的身心摧殘；工人被不斷增加的勞動產品、不斷積累的勞動（即資本）奴役⋯⋯等等。此外，《手稿》摘錄了德國民主派論者舒爾茲（Wilhelm Schulz）的相對貧窮論：

　　　就算每個社會階級的平均收入都增長的不實情況屬實，收入差別與**相對的收入差距**仍可能擴大，從而貧富對立也更尖銳。正因為生產總量增長了⋯⋯，需要、欲望和要求也擴增了。因此，即使絕對貧窮有所減少，**相對貧窮**可能增加。

這段引文暗示，馬克思並未把工人悲慘等同於絕對貧窮──儘管《手稿》宣稱工資會向「最悲慘的最小值」回歸。[226]

　　《手稿》接著表示：工人階級的悲慘「源自於當代勞動本身的本質」。政治經濟學把無產者即「靠片面的、抽象的勞動維生的人」，都僅僅當作是工人；工人就像是馬一樣，只得到維持勞動所需的東西。也就是說，政治經濟學把大多數人都化約為抽象勞動，把勞動僅僅看作是謀生活動。[227] 在此，《手稿》摘錄了法國論者畢雷（Eugène Buret）：

　　　勞動作為商品的理論，難道不是披著偽裝的奴隸制理論？為什麼把勞動僅僅看作是**交換價值**？⋯⋯勞動是生命，生命如果不每天用食物去維繫，就會受苦並很快死亡。宣稱人的生命是一種商品，就必須容許奴隸制。[228]

225　Cf. Kolakowski（1978a: 289-290）。

226　Marx（*MECW*, 3: 242），馬克思（馬恩全集 II，3：233）。

227　Marx（*MECW*, 3: 241），馬克思（馬恩全集 II，3：232）。

228　Marx（*MECW*, 3: 245），馬克思（馬恩全集 II，3：236），引自畢雷 1840 年《論英法工人階級的悲慘》。

馬克思後來對「勞動」和「勞動力」所做的區分，或已隱含於《手稿》的這些段落。[229]

　　把工人悲慘歸結於作為商品的勞動，相當於指稱：只要工資勞動繼續存在，工人就注定悲慘。《手稿》強調，無論是主張提高工資的改良主義者，還是追求工資平等的普魯東，[230] 都沒有認清問題的本源：「主張點滴改革的人，不是希望提高工資以改善工人階級的處境，就是（像普魯東那樣）把工資平等看作社會革命的目的，他們究竟犯了什麼錯誤？」[231]

　　《手稿》大篇幅地摘錄舒爾茲 1843 年《生產的運動》和畢雷 1840 年《論英法工人階級的悲慘》。雖是摘錄，卻也反映出馬克思的關切何在。他引述的舒爾茲文字，除了絕對貧窮與相對貧窮一段外，另有幾處也值得注意。例如，舒爾茲提及一項估計，即以法國現存的生產狀況，有工作能力者每天只要工作 5 小時，就能滿足全社會一切物質需要。（按：普魯東在 1840 年《何為財產？》舉了同樣的例子。[232]）由此可見，「工業社會相對充裕」之說，彼時已流傳甚廣。舒爾茲還指出，儘管機器節省了工時，工廠中的奴隸勞動卻有增無減。馬克思高度看重這個觀察及其經驗證據，摘錄了舒爾茲關於英國女工和童工的統計數字，以及畢雷的相關研究。[233]

　　舒爾茲不僅反對革命、反對無神論、反對共產主義，還推崇普魯東。即使如此，馬克思一直高度評價舒爾茲 1843 年《生產的運動》。[234] 此外，舒爾茲是較早論及「生產力與生產方式的矛盾」的一位論者。[235]

　　與其說《手稿》如何科學地分析了工資，倒不如說：在此起步階段，馬克思致力於尋找工人悲慘化的證據。〈導言〉所謂「徹底的鎖鏈」，在

229　Tribe（2015: 192-194）、Stedman Jones（2016: 176-177）。

230　Proudhon（1994 [1840]: 94-99）。

231　Marx（*MECW*, 3: 241），馬克思（馬恩全集 II，3：232）。

232　Proudhon（1994 [1840]: 98）。

233　Marx（*MECW*, 3: 241-246）。

234　Sperber（2013: 184, 144）。

235　N. Levine（2006: 223）。

《手稿》得到了確認。〈導言〉賦予無產階級以人類解放的使命，並臆測無產階級革命有其「物質必然性」。[236]《手稿》則從選擇性的經濟推理，以及取自舒爾茲、畢雷等論者的數據和分析，去強化無產／工人階級悲慘化的命題。在此過程中，還出現了一些新的理論要素，例如：勞資對立、從「工人」去界定無產階級、競爭和分工對工人的危害、批判工資勞動、工業社會的相對豐裕……等等。

利潤、土地、工業資本

　　《手稿》關於利潤和土地的有限討論，也包含了若干重要線索。

　　馬克思援引斯密，把資本界定為「儲存起來的勞動」。[237] 他有意探討利潤率的決定因素，並摘錄斯密的相關論說，但未獲致確切的結論。緊接著，他論及資本之間的競爭及其後果。「資本的集中化」自恩格斯〈大綱〉提出後，被馬克思吸收，並初步勾勒於《手稿》。此外，《手稿》援引斯密、舒爾茲和法國社會主義經濟學家佩奎爾（Constantin Pecqueur），指資本的高度競爭必引發「生產過剩」。[238]

　　前文指出，西斯蒙弟是較早闡發「生產過剩」的論者，傅立葉和歐文也有類似見解。時至 1840 年代，這個提法在英法德的社會主義圈中，變得愈發普遍。受歐文派影響較深的恩格斯，在〈大綱〉數度提及生產過剩。《手稿》則主要引述斯密、舒爾茲和佩奎爾，但殊途同歸。自此之後，「生產過剩」成為馬克思經濟論說的基本面，後於《資本論》得到進一步的理論說明。[239]

　　再看兩極分化。在馬克思本人的著作中，關於階級兩極分化的明確陳述，首見於《手稿》，而其主要來源是舒爾茲。按舒爾茲的英國研究，英

236　Marx（*MECW*, 3: 186）。

237　Marx（*MECW*, 3: 247）。

238　Marx（*MECW*, 3: 251-258, esp. 258）。

239　另見第七章第七節。

國大企業已把「生產力」廣泛地結合起來；此類大資本滲透到農工商等各個領域，「必加深有產階級和無產階級的敵對」。馬克思自己的話則是：隨著資本的集中化，「整個社會必分化為兩個階級，即財產所有者和沒有財產的工人」。[240]

此外，《手稿》已隱含了「利潤率下降」的問題意識。對馬克思而言，利潤率下降導致的停滯，正說明資本體制不可持續。儘管《手稿》並未深究利潤率的下降趨勢，但抄錄了舒爾茲的利潤數字。在舒爾茲的例子中，曼徹斯特製造商每匹印花布的利潤，在 1820-1833 年間，已從 4 先令 1 又 1/3 便士，降至 1 先令 9 便士；為了彌補利潤率的損失，又繼續擴充產能，遂造成生產過剩。[241] 可以說，這段摘錄預示了《資本論》第三卷的利潤率趨降論。[242]

在工資和利潤之外，還有土地問題。《手稿》強調，地產、地主等封建殘餘必將被「工業資本」完全收編。英國的發展顯示：大地產在競爭壓力下，必將失去其封建性格，終至變成工業／資本的一環。[243]

關於地產，早在《萊茵報》時期，馬克思已對歷史法學派的實質占有論，連同財產習俗論，表達了不滿。《黑格爾法哲學批判》進而把私有財產視作一切現代政治／國家的本質，並全盤否定私有財產。不過，這部手稿並未分析英美私有制，主要是攻擊了黑格爾版本的長子繼承制。按其說法，否定了後者維護的世襲地產，就等於否定了一切私有財產。[244]《手稿》則提出一個新的說法。

《手稿》以英國為例，斷言封建地產必將式微，並遭到「工業資本」的全面宰制。在馬克思看來，這種宰制是進步的。因為，唯有當封建地產

240　Marx（*MECW*, 3: 258, 270）。

241　Marx（*MECW*, 3: 254）。

242　另見第七章第六節和第七節。附帶一提，《手稿》（*MECW*, 3: 250）摘錄了斯密「〔利潤率〕在窮國較高，在富國較低」的說法。這個論點後來出現在《資本論》第三卷（C3: 374-375）。

243　Marx（*MECW*, 3: 266-270, 285-288）。

244　參見第一章第六節、第二章第二節。

成為純粹的商品，被納入徹底的資本統治，「土地所有者和勞動者的關係」才會單純化為「剝削者與被剝削者的經濟關係」。[245]

當然，英國或有其特殊性。英國路徑的特色在於：保留大型地產，使之資本化，同時釋出大量的失地無產者。但法國就與此不同，實施的是土地分割。在此問題上，《手稿》再次摘錄了舒爾茲。據其陳述，法國的土地分割路徑，與英國的大地產資本化路徑，最終殊途同歸；法國先分割再集中，也完成了土地的集中化和資本化。[246] 馬克思並強調，競爭和壟斷的壓力不僅作用於資本，也作用於地產。土地分割並未消滅壟斷的基礎，即土地私有制。因此，重點是「全面消滅土地私有制」，而不是以土地分割去破除壟斷。若要消滅壟斷，就必須推翻土地私有制。[247]

不同於恩格斯，馬克思未直接訴諸「財產共同體」，而是倡議「聯合」。《手稿》表示「**聯合**一旦應用於土地」，就具有大地產的經濟好處，也實現了土地分割的平等立意。聯合起來的人們將在「理性的基礎」上，通過「自由勞動和自由享受」，讓大地重新成為人們「真正的個人財產／個人性（personal property）」。[248]「個人財產／個人性」之說，後又出現在《資本論》第一卷的原始積累章節。按馬克思的用法，個人財產不等於私有財產；到了後資本社會，「個人財產／個人性」將建立於「合作」和「對土地及靠勞動本身生產出來的生產工具的共同占有」。在此，個人財產不是指法權意義上的狹義財產，而是某種統一了個人性與社會性的廣義財產。[249] 比起恩格斯的「財產共同體」，馬克思所謂的「個人財產／個人性」留下了更模糊的想像空間。

245　Marx（*MECW*, 3: 267）。

246　Marx（*MECW*, 3: 254）。

247　Marx（*MECW*, 3: 267-268）。馬克思出於對普魯士世襲大地產的拒斥，並未完全否定法式地產分割的階段性政治意義，即其反封建的一面。但他認為，在法式地產分割下，工業發展恐相對落後。相對來說，結合了大地產和工業的英國模式，將更快導致危機，甚至「必然導致革命」。見 Marx（*MECW*, 3: 270）。

248　Marx（*MECW*, 3: 268）。

249　Marx（C1: 929-930），馬克思（馬恩全集 II，44：874）。

　　資本是「儲存起來的勞動」之說，經由恩格斯〈大綱〉的中介，成為馬克思論說的構成環節。但不同於斯密，《手稿》把勞資關係進一步闡發為「勞動」與「儲存的勞動」之間的「矛盾」。用更通俗的話來說，就是「活勞動」和「死勞動」的對立。在馬克思看來，以工業資本為代表的、最高級的私有財產／資本形態，蘊含著最純粹的勞資關係。正是在這種關係中，勞動徹底地一分為二：具有主體能動性的活勞動，遭到死勞動即資本的全面壓迫。[250]

　　歷史地看，地產是「私有財產的第一種形式」。封建解體時，農業是唯一產業，勞動起初只是農業勞動。然而，伴隨著私有財產的歷史運動，一切私有財產都將變成工業資本的禁臠，一切地產都將被工業資本化，一切產業都將向「工廠系統」靠攏，一切勞動都將變為「一般勞動」。[251]過去那種附著於某片土地的農業勞動，並不具有普遍性。而在工業資本的統治下，勞動和資本都將取得抽象的普遍性。以往那些有局限性的特殊關係，地方的、宗教的、家族的、民族的等等，都將被掃蕩一空。社會矛盾將被單純化、普遍化為資本和勞動的對立。[252]

　　綜上，《手稿》中的經濟學批判雖顯得粗疏，且以摘錄自其他論者的內容占大宗，但已呈現出一些特定的思維趨勢。《手稿》觸及的勞資對立、工人悲慘化、勞動抽象化、資本集中化、階級兩極分化、生產過剩、利潤率下降等課題，幾乎都成為馬克思後來的申論重點。在《手稿》成文之際，馬克思念茲在茲的是無產階級革命的前景。他給出的宏觀圖像是：封建地產已是強弩之末，勢將消亡於工業資本，而在工業資本的霸權下，無產／工人階級必陷入悲慘境地；資本的競爭必導致壟斷和集中化，並造成生產過剩；階級的兩極分化勢不可當；無產／工人階級將起而革命，奪回失控的「儲存的勞動」即資本，使之受到「聯合」起來的人們的「理性」控制。

250　Marx（*MECW*, 3: 247, 289）。

251　Marx（*MECW*, 3: 293, 292, 289）。

252　Marx（*MECW*, 3: 292-293, 288-289）。

六、勞動與共產主義

異化勞動

　　按《手稿》陳述，勞動是「私有財產的主體本質」。在此，勞動被界定為人最根本的「生活活動」。類生活就是「生產生活」。[253] 勞動的異化就是人的異化。《手稿》把異化勞動歸結為：人與勞動產品的異化；人與生產活動的異化；人與類存有的異化；人與人之間的異化。這部分的內容，可能是《手稿》討論度最高的幾頁文字。

　　「人與勞動產品的異化」係指人與勞動產品的關係是扭曲的。但這種異化不等於勞動產品的外化或對象化。對馬克思而言，勞動產品不留給自己享用，而是讓他人享用，本無可厚非。作為對象的勞動產品，本身不構成問題。[254] 真正的問題在於：人本該是勞動產品的主人，但在現代私有制下，卻變成了勞動產品的僕役。人本該通過勞動，運用自然界提供的原料，去創造出自己「直接的生活憑藉」。但在資本統治下，勞動產品成為一種異於己的存在。工人受迫生產的商品愈多，工人自己的處境就愈悲慘。[255]

　　「人與生產活動的異化」是異化勞動的第二項特徵。作為資本的奴僕，人的生產活動是非自願的，幾無異於「強制勞動」。作為最悲慘的一種商品，工人從勞動獲得的，僅僅是讓他得以苟存的憑藉。勞動或生產行動本身，不再具有自由自發的性格。此其為生產活動的異化、非人化，甚至動物化。[256]

　　正是在此，馬克思首度把「生產生活」界定為人的類生活。赫斯在〈金錢的本質〉提出「生產的生活活動」一語，意指人的生產活動本是合

253　Marx（*MECW*, 3: 290, 276）。
254　馬克思在同時期的〈論詹姆士・密爾〉中，明確表示勞動產品的對象化不等於異化（*MECW*, 3: 227-228）。詳見下述。
255　Marx（*MECW*, 3: 272-273, 275）。
256　Marx（*MECW*, 3: 274-277）。

作性的，卻不幸異化為金錢役使下的生產與交換。[257]《手稿》則動用「生產生活」一詞，把類生活界定成自由的、有意識的、社會性的、彼此聯合的生產生活。作為類活動的勞動，則是自由自發的、有意識的、自我實現的、社會性的生產活動，亦是一種把自然界當作人的無機身體去運用、去彰顯人之為人的活動。[258]

在費爾巴哈式的哲學語言中，諸如類本質、類存有、類存在、類生活、類活動、類意識、類能力、類需要、類行動等等提法，泛指人類作為一個類屬的本質或特性。馬克思在 1843 年最強調「共同體存有」，即把「共同體性」當作人最根本的類存有。[259]《手稿》則增加了前述的新說法：勞動／生產是人的類活動、類生活。正因為勞動／生產是人的本質性活動，異化勞動蘊含了「人與類存有的異化」。

再看「人與人之間的異化」。這個命題似曾相識，不妨理解為人與共同體存有的異化。《手稿》承先啟後，把切割人與人的異化勞動，視為對共同體性的否定。[260]

雖然《手稿》已提及「工廠系統」，但當時大多數工人還不是工廠工人。馬克思在巴黎接觸到的激進工人，大都是手工業者。[261]《手稿》所謂的人與勞動產品、人與生產活動的異化，也比較接近手工業者的問題意識。畢竟，更在意失去對勞動產品和生產過程的控制權的，是資本進逼下的部分手工業者，而不是那些沒有技能的、早已無力回天的現代工廠工人。

進一步看，《手稿》中的異化勞動論，鑲嵌於一套「私有財產及其超越」的歷史敘事。「私有財產的運動」將摧毀封建地產，樹立工業資本的

---

257 Hess（1998 [1845]: 184, 193, 197-198）。

258 Marx（*MECW*, 3: 274-276）。

259 參見第二章第三節。

260 Marx（*MECW*, 3: 277）。Cf. A. Wood（1981: chs. I-IV）、Ollman（1976）論馬克思的異化觀。

261 Marx（*MECW*, 3: 293, 313）。

統治，然後由「**真正人性的、社會性的財產**」取代。屆時，異化勞動不再，工資勞動不再，活勞動和死勞動的矛盾不再，私有財產不再。人們將迎來一個須臾不離類存有、類本質的「新的生產方式」。[262]

那麼，異化勞動和私有財產的關係何在？簡言之，私有財產是「異化勞動的必然結果」，而不是異化勞動的原因。在此，「人的勞動及其異化」被視作更根本的、更具本質性的歷史運動。[263]

再者，「工資和私有財產是同一的」。[264] 若要揚棄私有財產，就必須揚棄工資勞動。據此，馬克思強烈質疑《何為財產？》的工資平等論。他認為，普魯東的方案把社會理解成一個「抽象的資本家」，把所有的人都變為工資勞動者，對其發放平等的工資。[265] 但只要工資勞動繼續存在，就注定擺脫不了私有財產（理解為實質的財產關係）及其惡果。[266]

共產主義與社會主義

《手稿》區分了三種共產主義，分別是：粗鄙共產主義；未臻成熟的共產主義；以及，積極超越（或揚棄）私有財產、超克人的自我異化、真正占有人類本質、復歸人的社會存有的共產主義。這三種共產主義之分，主要涉及其思想的成熟度。三者都否定私有財產，但高下有別。

誰是粗鄙共產主義者，《手稿》並未直接點名。按其陳述，粗鄙共產主義以滅私之名，欲「摧毀不能被所有的人都作為私有財產去占有的一切東西」。它不考慮才能差異，只是一味削平。它弘揚「普遍的忌妒」和「貪婪」。它是「對整個文化與文明的世界的抽象否定」。它「在每個領域都否定人的個性」，甚至提倡反人性的、無思想的公妻制。

262　Marx（*MECW*, 3: 279, 281, 306）。

263　Marx（*MECW*, 3: 279）。

264　Marx（*MECW*, 3: 280）。

265　Cf. Proudhon（1994 [1840]: 94-99）。馬克思對《何為財產？》的工資平等論的概括，未必完全準確，但此處不擬展開。

266　Marx（*MECW*, 3: 280）。

工人這個範疇未被取消，而是擴及一切人。私有財產的關係，作為共同體對實物世界的關係，依然頑固地存在。最後，這種用普遍的私有財產去反對私有財產的運動，是以動物的形式表現出來的，也就是把婦女變為一種共同體的、共同的財產，用公妻制去反對婚姻制（後者確實是一種排他性的私有財產形式）。可以說，公妻制的思想揭露了這個**完全粗鄙的、無思想的共產主義**的祕密。就像婦女從婚姻轉向普遍賣淫一樣，整個財富的世界……也從與私有者的排他性婚姻關係，轉向**共同體的普遍賣淫**狀態。

粗鄙共產主義「不但沒有超越私有財產，就連私有財產的水平都還無法企及」。[267] 雖然《手稿》未明言粗鄙共產主義的身分，但後來《共產黨宣言》對巴貝夫主義有以下的評語：「伴隨著無產階級的這些初期運動而出現的革命文獻，必帶有反動的性格。它鼓吹普遍的禁欲主義和最粗鄙的平均主義」。[268] 和恩格斯一樣，馬克思所謂的粗鄙共產主義，不外乎是某種刻板化的巴貝夫主義。

在馬克思看來，粗鄙共產主義欲建立一個「積極的共同體系統」。這種共同體

只是勞動的共同體。一種由**共同體資本**，即由作為**普遍的資本家**的共同體，支付平等工資的共同體。關係的兩個方面，都被提高到想像的普遍性：**勞動**是為每個人設定的天職，**資本**是共同體公認的普遍性和力量。[269]

馬克思表示，此種「積極的共同體」不但沒有揚棄工資勞動，還把「工

---

267 Marx（*MECW*, 3: 294-295），馬克思（馬恩全集 II，3：295-296）。
268 Marx and Engels（*MECW*, 6: 514），馬恩（馬恩全集 I，4：499）。
269 Marx（*MECW*, 3: 296, 295），馬克思（馬恩全集 II，3：297、296）。

人」這個範疇擴及每一個人。與此同時，它樹立起一個代表共同體的「普遍的資本家」、「抽象的資本家」或「共同體資本」，向作為工人的共同體成員支付工資。就像是「婦女從婚姻轉向普遍賣淫一樣」，這種「積極的共同體系統」只會導致「共同體的普遍賣淫狀態」。[270]

以後見之明，這裡蘊含著馬克思對 20 世紀實存社會／共產主義政權的一項潛在批評。亦即，它並未超克私有財產、工資勞動和勞資對立，而是把國家樹立成一個共同體資本家，把人都變成受雇於國家的工資勞動者。在 20 世紀的托派（托洛茨基主義）論辯中，除了「蘇聯是墮落的工人國家」的見解外，還有以下的非主流觀點：蘇聯不是任何意義的社會主義，而是一種「國家資本主義」。[271] 暫且不論這個觀點的細節及其對錯，它大致呼應了《手稿》對粗鄙共產主義的以上批評。

何為未臻成熟的共產主義，《手稿》只是一筆帶過。這種共產主義（1）仍具有政治性質，是民主的或專制的；（2）要求消滅國家。它雖已認識到共產主義是人的復歸，卻尚不理解「私有財產的積極本質」，也還不了解「**需要**所具有的人的本性」。[272]

關於人的需要，《手稿》動用了「豐富的人的需要」、「人的需要的豐富性」或類似表達，並強力譴責禁欲主義和節儉主義。[273] 共產／社會主義將滿足人的豐富需要──這是《手稿》的重要命題。這裡所謂的「需要」，除了動物性的需要外，還包括更高級的人的需要。在人的需要中，馬克思最強調「對社會的需要」和「自我實現的需要」。他表示，「**豐富的人**……就是**自我實現**作為一種內在的必然性、作為**需要**而存在的人」。[274]

270　Marx（*MECW*, 3: 295, 280）。

271　見 Callinicos（1990: chs. 4-5）論非正統托派，及其「蘇聯為國家資本主義」之說。Cf. Cliff（1988）、Dunayevskaya（2019）。關於主流托派，另見 Deutscher（1967），以及 Callinicos（1990: ch. 3）和 P. Anderson（1992a: ch. 3）的評論。

272　Marx（*MECW*, 3: 296），馬克思（馬恩全集 II，3：297）。

273　Marx（*MECW*, 3: 304, 306, 309-311）。

274　Marx（*MECW*, 3: 313, 304），馬克思（馬恩全集 II，3：308）。

在異化的私有制／資本社會裡，「一方面出現了需要和滿足需要的手段的精緻化，另一方面產生了需要的牲畜般的野蠻化，即其徹底的、粗陋的、抽象的簡單化」。[275] 後者尤其顯現於工人的悲慘處境，因為就連其動物性的、底線生存的需要，都難以得到滿足。野蠻化、粗陋化的需要，還包括現代私有制助長的「對金錢的需要」。私有財產實在「不懂得如何把粗陋的需要變成人的需要」。但不可諱言的是，需要和滿足需要的手段，在工業資本的統治下不斷增生。未來在「社會主義」下，人的豐富需要將能得到滿足，並且帶來「人性力量的新的展現」和「人的本性的新的充實」。[276]

那麼，什麼才是真正成熟的共產主義？以下是馬克思的定義：「共產主義是對**私有財產即人的自我異化**的積極超越，因而是對**人的本質**的真正占有」，也就是「人向自身作為**社會存有**（即人的存有）的完全復歸，一種有意識的、**擁抱先前發展的一切財富**的復歸」。共產主義「作為完全發展的自然主義，等於人本主義；作為完全發展的人本主義，等於自然主義」。共產主義將化解人與自然界、人與人的衝突。它是「歷史之謎的解答，也知道自己就是這個解答」。[277]

這些說法相當抽象，廣泛地涉及共產主義的性質、人本主義與自然主義、人與自然界的互動等。先看共產主義的基本定義。

1843 年以降，馬克思主要從「共同體存有」[278]（《手稿》改稱「社會存有」）去界定人的類屬本性。但「人向自身作為社會存有（即人的存有）的完全復歸」何所指，難以具體表述，始終停留在高度抽象的層次。《手稿》表示：

---

275 Marx（*MECW*, 3: 307），馬克思（馬恩全集 II，3：340）。
276 Marx（*MECW*, 3: 307-308, 306），馬克思（馬恩全集 II，3：341、339）。
277 Marx（*MECW*, 3: 296-298），馬克思（馬恩全集 II，3：297-298、301）。
278 參見第二章第二節和第三節。

　　宗教、家庭、國家、法律、道德、科學、藝術等等，都只不過是生產的一些特殊方式，受制於生產的普遍規律。對私有財產的積極超越，作為對人的生命的占有，因此是對一切異化的積極超越，也就是人從宗教、家庭、國家等等向人的存在即社會存在的復歸。[279]

但何以揚棄了私有財產，就能讓人從「宗教、家庭、國家……」回歸人性的、社會性的正軌，似未得到實質的說明。

　　《手稿》指出，一旦揚棄了私有財產，勞動產品將不再是奴役人的力量，而是「個人性的直接展現」，同時也是「自己為別人的存在，別人的存在，別人為自己的存在」。[280] 最後這句話的意思為何，在《手稿》未得到闡發。但在同時期的〈論詹姆士·密爾〉一文中，馬克思提出了如下的願景：每個人按其個性，自由地生產；彼此承認各自的貢獻，以及彼此共有的人類本性（尤指社會性／共同體性）；每個人自由展現其個性而生產出來的勞動產品，同時也滿足了其他成員的需要。在這個境界中，儘管每個人的勞動產出各不相同，但這些產品都是類本質的對象化，也被如此普遍認知。[281]

　　這裡值得重申的是，馬克思並未把人與勞動產品的異化，等同於勞動產品的外化或對象化。對他來說，私有制下的勞動產品，並不是類本質的對象化，而是一種背離人性的東西。重點不在於勞動產品的對象性本身，而在於人與勞動產品的關係。[282]

279　Marx（*MECW*, 3: 297），馬克思（馬恩全集 II，3：298）。這段引文堪稱是「經濟基礎與上層建築」隱喻的重要前身之一。

280　Marx（*MECW*, 3: 298）。

281　Marx（*MECW*, 3: 227-228），1844 年〈論詹姆士·密爾〉。

282　Lukács（1971 [1923]）在《歷史與階級意識》把勞動產品的對象化等同於異化，但這完全誤解了馬克思，錯把馬克思和黑格爾混為一談。此與盧卡奇成書時未讀過《經濟學哲學手稿》，或是有關的。馬克思在《經濟學哲學手稿》和〈論詹姆士·密爾〉表達的立場相當清楚，亦即，勞動產品的外在性和對象性不直接等於異化。見 Colletti（1992 [1975]: 16-17）對盧卡奇的批評。另見 Stedman Jones（1971）論盧卡奇。

　　關於理想的未來社會，馬克思有一個不變的基本設想，即「個人性與共同體性／社會性的真實統一」。也就是說，每個人從事的不同活動，未來都將是類活動，都將具有立即的、直接的共同體性／社會性，而毋須仰賴間接的中介機制（如官僚、社會等級、代議制、市場等）。《黑格爾法哲學批判》曾以鞋匠為例，稱只要鞋匠滿足了一個社會需要，他就是你我的代表。屆時，「作為類活動的每一種特殊的社會活動」都代表了人的類屬本性。[283]〈論詹姆士‧密爾〉和《手稿》繼續發揮了這個思路。

　　從〈論詹姆士‧密爾〉不難看出，在馬克思的理想共同體中，每個人的自由勞動及其勞動產品，都將是（1）個人性的自由發揮，個人的自我實現；同時也具有（2）立即的共同體性／社會性。[284]《手稿》則強調，在超克了異化的未來社會中，「社會」和「個人」的對立不復存在。到時候，「人的**個人生活**和**類生活**不是各不相同的」。儘管每個人都有特殊性，也正是特殊性造就了個人，但個人特殊性與類生活、與社會生活將不再扞格不入。

> 　　社會活動和社會享受絕不僅僅存在於直接共同的活動和直接共同的享受。……甚至當我從事科學之類的活動，即從事一種只在很少情況下才和別人進行直接聯繫的活動時，我的活動也是社會性的，因為我是作為人活動的。……我自身的存在就是社會活動……[285]

馬克思的願景是：每個人不受強制的、發揮個性的、實現自我的自由活動，都內建了當下立即的社會性。在這樣的理想社會中，只要「我是作為人活動的」，我的活動就是社會性的，不管它是不是「直接共同的活動」。不涉及集體參與、不必與他人接觸的個人活動，只要是作為人的活

283　Marx（*MECW*, 3: 119）。參見第二章第三節。

284　Marx（*MECW*, 3: 226-228）。

285　Marx（*MECW*, 3: 299, 298），馬克思（馬恩全集 II，3：302、301）。

動，當然也是社會性的。

以上描述的理想未來社會，能否稱作「共產主義」，馬克思未給出明確的答案。在《手稿》的不同段落中，「共產主義」一詞有不同的含義。它是「自我超越」的歷史運動，正邁向私有財產的揚棄。它是一種革命倡議，指向推翻私有財產的社會革命。[286] 它也被用來指涉未來社會。但在最後這一點上，《手稿》還提出另一說法：**共產主義是否定性的運動；完全解放的未來社會則是社會主義。**

馬克思在此表示，共產主義是人的完全解放的必經之途，正如同無神論是超克宗教異化的必要環節。不過，一旦超克了宗教，無神論就不再有任何意義。同理，「社會主義作為社會主義不再需要〔共產主義〕這樣的中介」。社會主義人的自我意識，將「不再以**私有財產的揚棄**即**共產主義**為中介」。

> 共產主義的立場是作為否定的否定。它在人的解放和復原的過程中，因而是對下一階段歷史發展有其必要的現實環節。共產主義是最近將來的必然形式和動力原則。然而，共產主義本身並不是人類發展的目標，並不是人類社會的形式。[287]

長期以來，總有人宣稱：馬克思真正認同的是共產主義，而不是社會主義。[288] 或者說，馬克思後期常用「社會主義」一詞，主要是出於現實考量，他的內心其實更偏向共產主義。但作為對馬克思的概括，這些說法不完全準確。僅就早期馬克思而言，他在 1843 年 9 月致盧格的信中，對社會主義的評價要高於對共產主義的評價。[289] 稍後我們將看到，他在

286　Marx（*MECW*, 3: 313, 282）。

287　Marx（*MECW*, 3: 305-306），馬克思（馬恩全集 II，3：310-311）。

288　Cf. Lenin（1967, vol. II: 328）。列寧稱馬恩更認同「共產主義」的依據，是恩格斯 1888 年〈英文版《共產黨宣言》序言〉中的一段話，見 Engels（*MECW*, 26: 516-517）。

289　Marx（*MECW*, 3: 142-143）。參見第二章第一節。

1844 年 8 月批評盧格的檄文中，是用「社會主義」去界定後政治的未來社會 [290] —— 此與《手稿》是一致的。《手稿》談不上偏好共產主義或社會主義，而是賦予兩者以不同的理論意涵。社會主義是關於未來社會，指向一種後政治的、後無神論的、後共產主義（因已揚棄了私有財產）的完全解放境界。成熟的共產主義作為「否定的否定」，則是政治性的、革命性的歷史動力。[291]

　　本章第四節提到，恩格斯約自 1843 年 5、6 月起（若非更早），開始以共產主義者自居，並把共產主義關聯到「財產共同體」。有別於當時的馬克思，恩格斯不但認同「共產主義」，而且，從一開始就對「社會主義」一詞有所保留。他明知歐文派在英國被稱作社會主義者，卻向德國讀者表示歐文派是共產主義者；還把強烈反對共產主義的普魯東，也硬說成是共產主義者。恩格斯褒共產主義、貶社會主義的傾向，不存在於馬克思1845 年以前的文字（包括寫於 1844 年年底，隔年出版的《神聖家族》）。及至 1845-1846 年《德意志意識型態》以降，馬克思的提法才出現較顯著的變化。但這是後話。

人與自然

　　《手稿》把（成熟的）共產主義界定為「完全發展的自然主義」和「完全發展的人本主義」。與此相關的另一命題是：一旦揚棄了私有財產，人與自然界將獲致「完全統一」。這些提法涉及人與自然、人本主義與自然主義的關係，顯得高度晦澀。單就 nature 一詞來說，它兼有「本性」、「自然」和「自然界」之意。在匆促寫成的《手稿》中，各種不同語意交纏在一起，增加了解讀困擾。

　　《手稿》表示，一旦揚棄了私有財產，人將從異化的人即「非社會

290　另見本章第七節。

291　Marx（*MECW*, 3: 305-306, 313）。《手稿》在批評黑格爾的脈絡下，對「否定的否定」進行了若干哲學分析，見 Marx（*MECW*, 3: 328-340, 343-344）。

人」，復歸為完全解放的人即「社會人」或「社會主義人」。[292] 屆時，每個人自由勞動的產品，都是個人性的展現，同時也是社會性的存在。進一步言，「自然界的**人的面向**」只有對「**社會人**」才是存在的。

> 只有在社會中，自然界對人來說才是人與人聯繫的紐帶，才是他為別人的存在和別人為他的存在。只有在社會中，自然界才是人的現實的生活要素，才是人的存在的基礎。只有在社會中，他的自然存在才是他的人的存在，**自然界對他來說才成為人**。因此，**社會是人和自然界的完全統一**，是自然界的真正復活，是實現了的**人的自然主義**（naturalism of man）和實現了的**自然界的人本主義**（humanism of nature）。[293]

何以只有在社會（主義）中，自然界才是人的存在基礎？何以「自然界的人的面向」只有對「社會人」才是存在的？雖然這些句子詰屈聱牙，且有同義反覆的嫌疑（因為此處的「人」就是指「社會人」），但其大意如下。首先，人的勞動／生產活動，本是人與自然界的互動。其勞動過程、勞動工具、勞動產出等，必參雜自然界的要素。更重要的是，正是通過對無機的自然界的改造，在實踐中創造出一個對象（或客體）的世界，人才真正「證明自己是有意識的類存有」。《手稿》以美的追求為例，強調人唯有在創造對象（或客體）的生產生活中，才能讓「類存有」得到表現和確認。異化勞動「從人奪去了他的生產的對象，也就從人奪去了他的類生活，……把人對動物具有的優點變成缺點，即從人奪走了他的**無機身體**即自然界」。正因如此，唯有揚棄了私有財產和異化勞動，使人從非社會人復歸為社會人、社會主義人，自然界才會成為人的存在基礎，成為「人化的自然界」。[294]

292　Marx（*MECW*, 3: 305）。

293　Marx（*MECW*, 3: 298），馬克思（馬恩全集 II，3：301）。

294　Marx（*MECW*, 3: 276-277, 298, 302），馬克思（馬恩全集 II，3：273-274）。

　　馬克思向來強調人與動物的差異。人和其他動物一樣，都會感到飢餓，都有生理需要。但除此之外，人還有更高層級的人性需要，尤其是「自我實現」的需要。[295] 在馬克思看來，現代工業對自然界的運用和改造，雖發生在嚴重異化的資本社會，卻也是人的「本質能力」的表現。故重點是揚棄異化，而不是取消現代工業。在此，馬克思把現代工業對自然界的改造，視作人的類能力的對象化。沒有這種對象化，人就無從表現和確認其類能力。正是在此意義上，他把自然界說成是人的「存在基礎」，甚至是人的「無機身體」。[296]

　　對馬克思而言，一旦揚棄了異化勞動，人與自然界的關係也將改變。他以人的感官為例，指感官（作為人的本質能力）未來將得到徹底解放。過去鑑別不出優美音樂的耳朵，辨別不出美的眼睛，都將被解放出來。一旦恢復了這些本質能力，並將其運用於創造優美的音樂和藝術品，自然界將復歸為人的無機身體。它將是一種「人化的自然界」，即真正為社會人所用的自然界。[297]

　　但自然界真能完全被人化嗎？若改以地震、海嘯或颱風為例，恐怕就難以得出「自然界成為人」的論點。晚近有論者指稱馬克思已有生態關懷，而其主要依據是馬克思晚年的閱讀筆記。[298]《手稿》則把自然界視作人的無機身體，亦即，人藉以展現人性、滿足豐富需要、實現自我、施展本質能力的必要場域。毋庸置疑，《手稿》預設了社會人與自然界的良性互動。但其與當今的生態主義、環境保護主義，或仍有一些距離。[299]

　　在人與自然界的關係外，《手稿》還涉及「人是否為自然存有？」的問題。人有食欲和性欲、會生病和死亡的生理現實，經常被引為「人是自

295　Marx（*MECW*, 3: 276-277, 304, 307-311）。另見 Leopold（2007: 226-245）論青年馬克思的「需要」論說，Geras（1983）論馬克思的人性論。

296　Marx（*MECW*, 3: 301-303）。

297　Marx（*MECW*, 3: 302-304）。

298　參見萬毓澤（2018：ch. 8）。另見 Saito（2017）、Foster and Burkett（2016）。

299　Cf. Liedman（2018: 478-481）、Claeys（2021: 114-116）。

然存有」的明證。由此衍生的自然主義論說，多強調人被（內在）生理因素和（外在）環境因素驅使。1843 年以降，馬克思受費爾巴哈的啟發，開始批判黑格爾哲學的抽象化謬誤。費爾巴哈強調人是一種有感覺的存有，並把他的人本主義界定成自然主義。為了對抗黑格爾那種高度抽象的人論，費爾巴哈把人解作「自然存有」。[300] 對此，馬克思其實是有保留的──儘管《手稿》看似支持費爾巴哈的理論立場，並指向人本主義和自然主義的統一。[301]

馬克思最晚在 1845 年春的〈費爾巴哈提綱〉中，已開始和費爾巴哈拉開距離。〈費爾巴哈提綱〉質疑費爾巴哈的自然主義／物質主義，指其輕忽了人的能動性。[302] 事實上，即使是充斥著費爾巴哈術語的《手稿》，都不曾無條件接受「人是自然存有」之說。《手稿》以飢餓為例，稱人和動物一樣，都「直接是自然存有」。然而，

> 人不僅是自然存有：他是**人的**自然存有（human natural being）。也就是說，他是**為己的存有**，因而是類存有。他必須在自己的存在和自己的知識中，確證並表現他自己。[303]

七、超越共和主義

1844 年，馬克思在轉向共產／社會主義之際，進一步升高了對共和主義的批評，且近乎與德國共和主義決裂。

《經濟學哲學手稿》雖非成熟之作，但對照幾個月前的〈《黑格爾法哲學批判》導言〉，馬克思的進展可謂迅速。有論者認為，蘇聯和西德編

300　Feuerbach（2012）。參見第一章第四節。
301　Marx（*MECW*, 3: 296）。另見 A. Schmidt（2014）論馬克思的自然觀。
302　〈費爾巴哈提綱〉收於 Marx（*MECW*, 5: 3-5）。另見第四章第二節。
303　Marx（*MECW*, 3: 336-337），馬克思（馬恩全集 II，3：324-326）。

者刻意從《巴黎筆記》中，挑出《手稿》的內容編輯成書，而這帶來了不可欲的後果。因其暗示《手稿》已是深思熟慮的作品，而非筆記性質的紀要，以至於它的重要性遭到嚴重高估。[304] 但無論如何，就馬克思早期的共產／社會主義思路來說，《手稿》提供了有價值的線索。

《手稿》所勾勒出的共產／社會主義理論，強化了馬克思的信心。他儼然認為，自己已握有「歷史之謎」的解答，或至少已有堅實的理論後盾，足堪因應青年黑格爾派舊友的質疑。

盧格與共和主義

本書第一章指出，青年黑格爾派在 1840-1841 年以降的激進化過程中，走向了無神論和共和主義。在該派的三巨頭中，盧格是最貼近政治現實的一位。後來在巴黎，盧格是《德法年鑑》的主事者，馬克思則是第一副手。盧格因病而讓馬克思去編輯創刊號，結果，創刊號被普魯士當局認定為共產主義宣傳品。財務問題再加上路線分歧，使得創刊號很快就變成了停刊號。馬克思大約從此時起，公開以革命共產／社會主義者自居。盧格則繼續維持民主共和主義的立場。兩人的關係愈發緊張而終至交惡。[305]

1844 年 6 月初，在普魯士的西里西亞省，發生一起備受矚目的織工抗爭。雖然在此前後，波希米亞和德國其他地區也有工人抗議，但其能見度都不如西里西亞織工抗爭。為了抗議低工資和惡劣的工作條件，織工搗毀了雇主的住所、勞動工具及產品。由於軍警向抗爭者開槍，打死了 10 多人，衝突一度升級。這起抗爭不僅受到普魯士國王的重視，甚可說是催生德國社會主義的關鍵事件。國王聲稱他關注工人福祉，呼籲成立慈善組織，並要求各界診斷赤貧問題。正是在此背景下，社會主義刊物接連出現。[306]

304　Musto（2015a: esp. 258）。
305　參見本章第一節。
306　Stedman Jones（2016: 161-164, 209-210）。

　　盧格在《前進報》上匿名發表的〈普魯士國王和社會改革〉一文，激起了馬克思的強烈不滿。該文署名「一個普魯士人」，但馬克思是那個小圈子中唯一的普魯士人，故懷疑盧格蓄意挑釁。於是，馬克思在 7 月底寫出回應文字，8 月初刊登於《前進報》，題為〈評一個普魯士人的〈普魯士國王和社會改革〉〉（以下簡稱〈評一個普魯士人〉）。

　　盧格在〈普魯士國王和社會改革〉表示：在去政治化的德國，當局根本不把社會改革真當回事，織工抗爭只會被視作地方事件，不會被賦予普遍意義。他的言外之意是：德國須實現政治共和，社會問題才能得解。[307]像盧格這樣的共和主義者，不排除以革命手段催生共和政府，再由共和政府推動社會改革，以緩解失業和貧窮。比起 20 世紀的社會民主改良主義，19 世紀中葉（法德）的社會共和主義更具變革色彩。這是因為面對頑強的專制政權，誰要是真想實現「民主與社會共和」，都無法排除政治革命的選項。[308]

　　然而，馬克思已經判定政治共和、政治民主、政治解放是不徹底的──因其未能超克政治國家和市民社會的分立。〈評一個普魯士人〉運用了他在《黑格爾法哲學批判》和〈論猶太人問題〉表達的基本論點，即政治共和仍是一種公私分立的、割裂公民和人的現代政治國家。無論共和主義者有多激進、多革命，正因為他們故步自封，自限於現代國家框架內的「政治革命」，所以根本解決不了赤貧，消滅不了悲慘的無產階級。[309]

　　誰才能消滅無產階級？正是以西里西亞織工為代表的德國無產階級。〈評一個普魯士人〉重申了〈導言〉論點，指德國布爾喬亞得了革命無力症。因此，德國的希望不在**政治革命**，而在無產階級的**社會革命**。比起英法無產階級，德國無產階級在「理論性」和「自覺性」這兩方面都更優越，而其主要證據是：織工摧毀了公司帳本。德國人「對政治革命無能為

307　Marx（*MECW*, 3: 189-192），〈評一個普魯士人〉。
308　Marx（*MECW*, 3: 205-206）不否認盧格是政治革命派。另見 Calvié（2011）論盧格。
309　Marx（*MECW*, 3: 196-199）。

力」，但最能勝任社會革命：「一個哲學民族只能從社會主義中找到相應的實踐，因此，也只能在無產階級身上找到解放的動力因素」。對於剛剛冒出頭來的「德國無產階級」，馬克思顯然投射了強烈的願望。[310]

為了釜底抽薪，〈評一個普魯士人〉直接以羅伯斯庇爾為例，稱即使是最激進、最極端的共和主義政治行動，也都解決不了市民社會的奴役。

> 羅伯斯庇爾把大貧和大富僅僅看作是**純民主**的障礙，因此，他想建立一種普遍的**斯巴達式儉樸**。政治的原則〔對他來說〕就是**意志**。由此可見，政治心智愈是單面向，因而愈是完善，就愈相信意志是萬能的，愈看不見意志的自然限制和精神限制，因而也愈沒有能力去發現社會缺陷的來源。[311]

文末，馬克思強調社會革命必有政治一面，並稱之「具有社會靈魂的政治革命」。這個措詞顯得有些突兀，但它是為了回應盧格對「沒有政治靈魂的社會革命」（指共產主義）的批評。馬克思表示，社會主義「不通過革命就無法實現」，故必然具有政治性。社會主義「需要此種政治行動，因為它需要破壞和消解舊事物」。此種破壞舊事物的政治行動、革命行動，其實就是《經濟學哲學手稿》中作為「否定的否定」的共產主義。

但社會主義終將告別政治：「社會主義在哪裡啟動了自身的組織活動，它的自我目的，即它的靈魂，就會在哪裡顯露出來。在那裡，社會主義將拋棄政治的外殼」。無產階級將通過政治性的革命行動，揚棄私有財產，並消滅無產階級自身。由此誕生的完全解放的新社會，即社會主義，則將失去政治性格。[312]

---

310 Marx（*MECW*, 3: 201-202），馬克思（馬恩全集 II，3：389-391）。

311 Marx（*MECW*, 3: 199），馬克思（馬恩全集 II，3：387）。

312 Marx（*MECW*, 3: 205-206），馬克思（馬恩全集 II，3：394-395）。

馬克思與共和主義

　　《神聖家族》是馬克思在巴黎的後期著作，寫於 1844 年 9 月至 11 月。它雖是由恩格斯掛名第一作者，但恩格斯的注入有限，絕大部分都是馬克思的手筆。馬克思以一本書的篇幅去攻擊鮑威爾，適足以說明鮑威爾在他心中的分量。〈論猶太人問題〉是他對鮑威爾的第一次公開批評。此後，兩人的分歧不是縮小了，而是擴大了。

　　鮑威爾約自 1841 年 10 月《對黑格爾的末日審判》起，以最激進的雅各賓共和主義者自居。[313] 馬克思當時也轉向了共和主義，但離開《萊茵報》後，他很快地與共和主義拉開距離。他先是從政治國家和市民社會的分立去質疑共和主義，指共和主義充其量只是政治解放而非人類解放；然後，他擁抱了無產階級革命，進而成為一位革命共產／社會主義者。對此，鮑威爾相當不以為然，並嚴詞批評馬克思。《神聖家族》則是馬克思的還以顏色。

　　《神聖家族》向來不被認為是馬克思的核心著作，因為它主要是重申 1843-1844 年已表達過的論點，或略加補充，而沒有提出新的見解。此書質疑鮑威爾的人本主義論說，指其流於精神主義、抽象的思辨主義，並指責鮑威爾視而不見雅各賓共和主義的局限。正是在此，馬克思針對羅伯斯庇爾等雅各賓革命領袖，提出了進一步批評。

　　　羅伯斯庇爾、聖茹斯特（Louis de Saint-Just）和他們的黨之所以垮臺，是因為他們混淆了以真正的奴隸制為基礎的古代現實主義民主共和，和以解放了的奴隸制即**布爾喬亞社會**為基礎的現代精神主義式的民主代議制國家。

這些雅各賓領袖接受了人權、布爾喬亞社會、工業、普遍競爭、私有財產、私人利益的追求。但另一方面，他們又想「取締」這個社會的種種生

---

313 Moggach（2003: ch. 5）。另見第一章第四節。

命表現，「還想仿照古代的方式去建立這個社會的政治首腦」。他們以為現代社會與古代共和可以兼容——這就注定了悲劇命運。[314]

馬克思對羅伯斯庇爾等人的描述是否準確，並非此處重點。[315]他對這些雅各賓領袖及其路線的主要批評是：未能克服政治解放的局限性，未能超克布爾喬亞和公民的分立（〈論猶太人問題〉）；把社會問題化約為政治問題（〈評一個普魯士人〉）；「相信意志是萬能的」（〈評一個普魯士人〉）；以及，現代社會與古代共和的必然矛盾（《神聖家族》）。這些批評容或有商榷餘地，但歸根究柢，馬克思真正的批判對象是同時代的德國共和主義者——包括、卻不僅止於盧格和鮑威爾。可以說，為了鞏固自己才剛剛形成的革命共產／社會主義認同，馬克思在 1844 年不斷升高他對德國共和主義的攻擊。

不過，馬克思對共和主義的真實態度，並不是簡單否定。對他而言，批評政治解放、政治共和、民主共和、社會共和、革命共和之不足，本是革命共產／社會主義的題中之意。但這並不代表他完全排除了「從政治解放邁向人類解放」或「從政治革命通往社會革命」的可能性。在巴黎時期的文字（從〈導言〉到〈評一個普魯士人〉再到《神聖家族》）中，他宣稱德國走不通布爾喬亞革命（即「純政治革命」）的道路，只能直奔無產階級革命。但以他的理解，這只適用於政治特別落後的德國，而不是關於法國和英國。後來在布魯塞爾，雖然他繼續從革命共產主義的角度去批判共和主義，但他的策略思維發生了顯著變化。他轉而主張德國先實現布爾喬亞革命，接著再推進無產階級革命／共產主義革命。

314　Engels and Marx（*MECW*, 4: 122），馬恩（馬恩全集 I，2：156）。

315　另見 Furet（1989d）論雅各賓主義。Cf. Gauchet（2022）、McPhee（2012）、C. Jones（2021）、Haydon and Doyle eds.（1999）論羅伯斯庇爾。

第四章

生產力和階級鬥爭

一、布魯塞爾：理論與政治

迫於法國政府的驅逐令，馬克思在 1845 年 2 月初轉往布魯塞爾。

他在布魯塞爾住了 3 年，直到 1848 年 3 月初被迫離境為止。[1] 旅居布魯塞爾期間，他兩度造訪英國：第一次是在 1845 年 7 月到 8 月，隨恩格斯赴曼徹斯特進行調查研究；[2] 第二次是在 1847 年 11 月底，赴倫敦參加兄弟民主派（Fraternal Democrats）和共產主義者同盟（Communist League）的會議。《共產黨宣言》即是共產主義者同盟責成馬克思撰寫的路線文件，成文於 1848 年 1 月。

在布魯塞爾，馬克思繼續投入德國海外激進圈的政治活動。這段時期，他熱中於論戰文字。主要著作有：寫於 1845-1846 年的未出版手稿《德意志意識型態》、1847 年夏在巴黎和布魯塞爾出版的《哲學的貧困》（以法文寫成），以及《共產黨宣言》（以下簡稱《宣言》）。另有若干名篇如：1845 年春〈費爾巴哈提綱〉、1847 年 10 月〈道德化的批評和批評的道德〉、1847-1848 年之交的《雇傭勞動與資本》和〈論自由貿易〉演講稿。

《經濟學哲學手稿》已出現「生產力」和「生產方式」等用詞，[3] 也已提到現代工業和工廠系統，但尚未提出生產力發展論。恩格斯在 1859 年稱之為「物質主義史觀」（常譯「唯物史觀」），[4] 即以「生產力的發

1　比利時自 1830 年從荷蘭獨立後，成為政治自由度較高的歐陸小國，但在收容他國異議者時，仍不免戒慎恐懼。馬克思被要求簽下切結書，承諾不介入比利時政治。但普魯士政府仍不斷施壓比利時當局，要求引渡馬克思。於是，馬克思在 1845 年 12 月放棄了普魯士國籍。見 Stedman Jones（2016: 168）、McLellan（1995 [1973]: 126）。

2　另見 Bohlender（2019）、Pradella（2019）論馬克思的《曼徹斯特筆記》。

3　《手稿》（*MECW*, 3: 297, 306）兩度使用「生產方式」一詞，並指「分工提高了勞動生產力」（*MECW*, 3: 240）。另有至少 6 處提及生產力（或近似詞）：4 次摘自斯密，一次摘自薩伊，另一次（*MECW*, 3: 321）是在正文中歸納波蘭學者 Frederick Skarbek 的論點。

4　Engels（*MECW*, 16: 469），1859 年 8 月〈評卡爾·馬克思《政治經濟學批判》〉。這是「物質主義史觀」（常譯「唯物史觀」）一詞的首度現身。

展」作為歷史動力的馬克思理論，是在布魯塞爾才浮上檯面，而且不早於
《德意志意識型態》。與「生產力的發展」一起浮現的，還有「階級鬥
爭」。先前在 1844 年，馬克思聚焦於無產／工人階級的悲慘化，尚未把
「階級鬥爭」當作關鍵概念。諸如無產階級和布爾喬亞的階級鬥爭，以及
「迄今一切社會的歷史都是階級鬥爭的歷史」[5] 等提法，係從《德意志意識
型態》以降才得到理論化。

在生產力發展論（或生產力發展史觀）的形成過程中，恩格斯再度扮
演了中介的角色。恩格斯在1845年6月出版的《英國工人階級狀況》（寫
於 1844 年秋至 1845 年春）中，把論說重心從〈政治經濟學批判大綱〉側
重的競爭和私有財產，轉移到現代工業生產及其社會效應。英國憲章主義
者所謂工作階級和懶惰階級的鬥爭，[6] 被恩格斯嫁接於法國論者所謂無產階
級和布爾喬亞的鬥爭。廣大的無產／工人階級隊伍的興起，連同失業的產
業後備軍，被歸因於現代工業的突飛猛進。恩格斯的這些論點，以及他安
排的曼徹斯特之行，對馬克思的理論發展起到了促進作用。[7]

當馬克思和恩格斯開始寫作《德意志意識型態》時，其初始目的是
回應鮑威爾和史蒂納。但在此過程中，為了論證無產階級革命的「物質
必然性」，[8] 馬恩勾勒出一種由「生產力的發展」驅動的歷史運動。重大
社會轉型的關鍵成因，據稱是生產力與交往形式的矛盾（《德意志意識型
態》），或生產力與生產關係的矛盾（《哲學的貧困》）。當生產力發展
到了一定階段，難以在現存的交往形式／生產關係下繼續發展時，將迎來
決定性的階級鬥爭。

這個歷史理論中的「生產力的發展」，係以布爾喬亞生產／現代工業
作為主要參照。「階級鬥爭」則主要是指無產階級和布爾喬亞的階級鬥

5　Marx and Engels（*MECW*, 6: 482），《共產黨宣言》。

6　Cf. Stedman Jones（1983: ch. 3）。

7　Stedman Jones（1977: 96-104）、S. H. Rigby（1992: ch. 3）。

8　「物質必然性」一詞，見 Marx（*MECW*, 3: 186），1844 年〈《黑格爾法哲學批判》導
　　言〉。另見第二章第五節。馬克思如何理解「必然性」，另見 Cohen（1988: ch. 4）。

爭，兼及法國大革命中第三等級和封建勢力（教士與貴族等級）的鬥爭。[9]
但《德意志意識型態》更進一步，把「生產力的發展」從當下回溯到了過
去，也就是把前資本社會（尤其封建社會）的轉型，也歸因於生產力受到
現存關係的阻礙。此外，馬恩把「階級鬥爭」擴大運用於英、德等其他西
歐國，進而宣稱「迄今一切社會的歷史都是階級鬥爭的歷史」。這就把
「階級鬥爭」塑造成了一個普適性概念。[10]

　　《德意志意識型態》也對後資本社會做出了進一步界定。從《黑格爾
法哲學批判》到《經濟學哲學手稿》，馬克思對他憧憬的未來共同體，已
提出若干基本規定。舉其大者：超克政治國家和市民社會的現代分立；普
遍性和特殊性的真實統一；個人性和共同體性的立即統一；每個人都代表
其他人；特殊活動同時也是類活動；揚棄金錢、私有財產、工資、異化勞
動；個人性須臾不離社會性；人化的自然界……等等。[11]《德意志意識型
態》進一步指出：無產階級的「共產主義意識」清澈透明，將超克一切
「意識型態」，並揚棄一切「階級統治」和「階級本身」；共產主義將起
而「消滅分工」，把「供需關係」化為烏有，並占有「全部的生產力」，
將其收歸社會所有，由「社會調節生產」；並將「揚棄勞動」，化勞動為
「自活動」（self-activity），讓每個人都能「自由發展」。

　　在馬克思往後的著作中，「揚棄勞動」和「化勞動為自活動」等提
法，不再繼續出現。但其背後的問題意識，即如何消除或至少削減勞動
／分工的強制性，始終是他的重要關切——尤見於《政治經濟學批判大
綱》、《資本論》第三卷和第一卷、〈哥達綱領批判〉等。[12] 儘管馬克思
後來不再相信勞動／分工的強制性可一舉消滅，也不再認為「生產力的發
展」很快就可以帶來「豐裕」，但他並未放棄《德意志意識型態》「消滅
分工」的終極願景。

9　Cf. Sieyès（2014: ch. 1; 2003: 92-162）論第三等級，Sewell（1994）論布爾喬亞革命。

10　Stedman Jones（2016: 234-235）。「普適性」指普遍適用性。

11　參見第二章第三節、第三章第六節。

12　另見第六章第六節、第七章第八節、第九章第四節。

馬克思在離開巴黎之際，和一家德國出版社簽下了經濟學書約。但在布魯塞爾，他總以各式各樣的理由，推遲政治經濟學批判的成書工作。《德意志意識型態》手稿除了批評史蒂納和鮑威爾外，後又把「真社會主義」[13] 增為批評對象，致使篇幅愈來愈長。投入論爭的時間和精力愈多，自己的專著就愈沒有進度。另外，馬克思在 1846 年 2 月成立「共產主義通訊委員會」，藉以拓展自己在德國海外激進圈的影響力，並結交各國的同道。[14] 此類政治性活動的增加，不免也排擠到了經濟學寫作。

普魯東在 1846 年 10 月出版《經濟矛盾的系統：或貧困的哲學》（以下簡稱《貧困的哲學》），這讓馬克思產生了危機感。[15] 普魯東是馬克思最想爭取加入共產主義通訊委員會的法國社會主義者，但普魯東跟馬克思敵視的德國社會主義者格倫（Karl Grün）有合作關係。馬克思要求普魯東跟格倫劃清界線，卻遭到普魯東婉拒。最終，馬克思決定和普魯東決裂，並在自己的經濟學專著尚未寫成的情況下，先對《貧困的哲學》進行批判。此即《哲學的貧困》（寫於 1847 年上半年）的由來。[16]

普魯東是馬克思最重視的法國社會主義者。及至 1860 年代，馬克思持續把普魯東派視作主要論敵，與之維持著既聯合又競爭的關係。[17] 馬克思和普魯東的基本分歧，在《哲學的貧困》已清楚地呈現出來。表面上，普魯東反對罷工，馬克思支持罷工。但在其背後，還存在著截然不同的兩種社會想像。作為勞動交換論者，普魯東主張以勞動時間作為基準，建立一個平等交換的新秩序。馬克思則反對一切未經事先計畫的「個人交換」，指其必導致「生產的無政府狀態」。《哲學的貧困》針對普魯東的

13　「真社會主義」被馬恩用作一種蔑稱，主要是指受費爾巴哈影響的德國人本社會主義。但誰是或不是「真社會主義者」，又是否符合馬克思對「真社會主義」的定義，時而仍有爭議。

14　McLellan（1995 [1973]: 136-137, 139-143）。

15　Proudhon（1972 [1846]）。Cf. Tribe（2015: 224-227）。

16　Stedman Jones（2016: 216-219）、Sperber（2013: 181-185）。

17　另見第八章第二節和第三節。

勞動交換論，提出了各種質疑。與此同時，它勾勒出以下的革命圖像：伴隨著生產力的迅猛發展，無產階級和布爾喬亞的「階級敵對」也愈演愈烈；無產階級將成為階級意識飽滿的「為己階級」，起而推翻布爾喬亞階級統治，占有全部的生產力，並消滅一切階級。到了那個時候，將「不再有所謂的政治權力」。[18]

約莫半年後，這個革命圖像又出現在《共產黨宣言》。

馬克思在布魯塞爾的另一重要進展，發生在革命策略的層面。《宣言》主張共產黨人在法國先聯合社會民主派（指《改革報》一系的民主與社會共和派），在德國先聯合反封建、反專制的布爾喬亞，而不是直接發動共產革命。由於布爾喬亞的先進生產力是共產主義「絕對必要的實踐前提」（《德意志意識型態》語），[19]在布爾喬亞尚未取得政經霸權的德國，共產黨人應先支持布爾喬亞革命，接著再推進無產階級革命 —— 這是《宣言》的立場。[20]此前在巴黎，馬克思曾主張德國繞開布爾喬亞革命，跳過民主共和，直奔無產階級革命。[21]但在布魯塞爾，尤自 1846 年以降，他對於布爾喬亞自由派、民主派、共和派等勢力，有了更複雜的看法，欲引為階段性的聯合對象。

本章擬考察馬克思革命思想從《德意志意識型態》到《共產黨宣言》的主要進展。這包括《德意志意識型態》的生產力發展論、階級鬥爭論，及對共產革命和未來社會的界定；《哲學的貧困》對普魯東的批評，乃至對「個人交換」的全盤拒斥；在布魯塞爾形成的「在德國先支持布爾喬亞革命」的革命路徑；以及，《宣言》作為路線文件的若干要點。但在此之前，將先扼要說明《德意志意識型態》的編輯爭議，連同「唯物史觀」一詞的疑義。

18　Marx（*MECW*, 6: 211-212）。《哲學的貧困》的主要論點，見本章第五節。
19　Marx and Engels（*MECW*, 5: 49）。
20　Marx and Engels（*MECW*, 6: 518-519）。
21　參見第二章第五節、第三章第七節。

二、關於《德意志意識型態》

　　《德意志意識型態》廣被視作「唯物史觀」的奠基之作，但馬克思本人從未使用過這個詞。「物質主義史觀」（常譯「唯物史觀」）是 1859 年恩格斯為了推介《政治經濟學批判》而首度使用的一個詞，亦見於 1888 年版《費爾巴哈和德國古典哲學的終結》的序言。[22] 除此之外，恩格斯晚年還用「物質主義式的歷史理論」[23]和「歷史物質主義」[24]（常譯「歷史唯物主義」）等詞。

　　恩格斯在 1885 年〈共產主義者同盟的歷史〉中表示：

　　　1844 年夏，我到巴黎拜訪馬克思，我們在一切理論領域都顯得完全一致，我們共同的工作也從此開始。**1845 年春**，當我們在布魯塞爾再度碰面時，馬克思已從上述的基礎，**完整發展**出了他的**物質主義式的歷史理論**的主要輪廓。於是，我們著手在各個非常不同的方面，去詳細闡發這個新形成的觀點。[25]

按此說法，馬克思在 1845 年春以前，就已完成了生產力發展論的基本建構。但這個時隔 40 年的歷史回顧，難稱準確。實則，並沒有任何文字紀錄顯示，那時馬克思已經形成了生產力發展論。如果「物質主義史觀」或「物質主義式的歷史理論」係指生產力的發展、生產力與現存關係的矛盾、經濟基礎決定上層建築等命題，則其浮現的時間不早於《德意志意識型態》（寫於 1845 年年底至 1846 年 8 月）。

22　Engels（*MECW*, 16: 469; *MECW*, 26: 519）。《費爾巴哈和德國古典哲學的終結》先在 1886 年以文章的形式發表，再於 1888 年以冊子的形式出版。

23　Engels（*MECW*, 26: 318），1885 年〈共產主義者同盟的歷史〉。

24　Engels（*MECW*, 27: 283, 289），1892 年英文版《烏托邦社會主義與科學社會主義》導言。此著的 1880 年法文版，題為《烏托邦社會主義與科學社會主義》。1892 年英文版沿用了這個標題。在中文世界，更常見的譯名是《社會主義從空想到科學的發展》。

25　Engels（*MECW*, 26: 317-318），恩格斯（馬恩全集 I，21：247-248）。

史蒂納的挑戰

　　《德意志意識型態》手稿的寫作，係由馬克思主導。恩格斯是最主要的合作者，赫斯、魏德邁爾也一度參與其中。這部手稿的初始目的是駁斥鮑威爾。1845 年 10 月，鮑威爾為文批評費爾巴哈，順帶也批評了馬克思。於是，馬克思先寫了一篇即時回應，[26] 接著和恩格斯合寫一篇反擊鮑威爾的檄文。但這篇檄文愈寫愈長，因為馬克思發現了一個問題：若要徹底駁倒鮑威爾，就必須對史蒂納進行徹底批判。[27]

　　史蒂納是馬恩的舊識，曾是柏林「自由人」一員，後來自成一格。其代表作《唯一者及其所有物》在 1844 年 10 月問世，堪稱是現代哲學無政府主義的先驅。它反對以大我之名犧牲小我，力主伸張個人性、個人特性。[28] 史蒂納認為，費爾巴哈「以人代神」的人本主義，看似趕走了神，但其實不然。費爾巴哈所謂的「人」和「人類」宛如一個新神，繼續對獨特的個人構成壓迫。[29]

　　《唯一者及其所有物》出版後，恩格斯一度向馬克思表示，史蒂納的利己主義或可與共產主義相容。[30] 對此，馬克思頗不以為然。赫斯也不贊同恩格斯的見解。[31] 在馬克思看來，史蒂納代表著一種以特殊性壓倒普遍性、以個人性凌駕社會性的錯誤思路。正因如此，他在《德意志意識型態》亟欲申論：唯有共產主義才能達致個人性和社會性的統一，也才能真

26　Marx and Engels（*MECW*, 5: 15-18），〈布魯諾・鮑威爾的反批判：一個回應〉，1845 年 11 月 20 日成文，1846 年 1 月出版。

27　Carver and Blank（2014a: 144-145）。

28　Stirner（1995 [1844]: esp. 323），另見 Leopold（1995）。《唯一者及其所有物》自 1844 年 10 月開始發行，但書上標示的出版年份是 1845 年。

29　Stedman Jones（2002: 140-144; 2016: 188-189）。恩格斯在 1886 年《費爾巴哈和德國古典哲學的終結》（*MECW*, 26: 353-398）中，也質疑費爾巴哈未完全擺脫宗教包袱。但恩格斯的具體說法與史蒂納不同，此處不贅。

30　Engels（*MECW*, 38: 11-12），1844 年 11 月 19 日致馬克思。

31　見赫斯〈最近的哲學家〉（1845）一文，收錄於 Stepelevich ed.（1983: 359-375）。

正兌現每個人的自由發展。[32]

　　馬克思在 1844 年 12 月已準備批評史蒂納，並向《前進報》預約了較大版面。但從巴黎搬遷到布魯塞爾，加上後來的曼徹斯特之行，可能都耽誤了史蒂納批判。另值得一提的是，由於《神聖家族》曾駁斥「社會主義者把無產階級當成神」的質疑，所以，馬克思也許不覺得史蒂納批判有那麼緊迫。總之，馬克思遲至《唯一者及其所有物》問世了一年多以後，自 1846 年 1 月起，才開始針對史蒂納進行回應。如前所述，他是在反擊鮑威爾的過程中，才更充分體認到駁斥史蒂納的必要。[33]

　　針對艾德加・鮑威爾責難社會主義者「把無產者看作神」，馬克思在《神聖家族》寫道：

　　　問題不在於個別的無產者或甚至整個無產階級，此時此刻把什麼看成自己的目標。問題在於究竟什麼是無產階級，及其出於**自身的存有**，在歷史上會**被迫去做什麼**。它的**目標和歷史行動**已無可辯駁地展露於它自身的生活情況，和今日布爾喬亞社會的整個結構。……英法無產階級中有一大部分人，已經意識到自身的**歷史任務**……[34]

這可能是《神聖家族》最常被引述的一段話。它是否成功駁斥了「把無產者看作神」的指控，或見仁見智，但它顯然帶有強烈的歷史目的論色彩。在青年黑格爾派的裂解過程中，鮑威爾和費爾巴哈的分歧變得愈發顯著。鮑威爾訴諸個體層面的「人的自我意識」，看重公民個體的意識覺醒；費爾巴哈則發展出集體主義式的「類存有」論，訴諸「人類」的類屬本性。[35]

32　Cf. Engels（*MECW*, 38: 16），1845 年 1 月 20 日致馬克思。在這封信中，恩格斯表示自己已被說服，現在完全同意馬克思對史蒂納的批評。Cf. Stedman Jones（2016: 188-190）。

33　Carver and Blank（2014a: 145）。

34　Engels and Marx（*MECW*, 4: 36-37），馬恩（馬恩全集 I，2：44-45）。

35　參見第二章第一節、第三章第一節。

在 1840-1841 年青年黑格爾派轉向無神論之初，分歧尚不明顯。但未過多久，盧格、馬克思和赫斯都成了費爾巴哈式人本主義的同路人。〈論猶太人問題〉從人類解放的角度去批判鮑威爾，正凸顯出兩造差異。[36]

　　本書第三章提及，青年黑格爾派的三巨頭，都不贊同馬克思的共產／社會主義轉向。從鮑威爾的視角，馬克思那種單數大寫的「人」連同「無產階級」，都欠缺微觀基礎，正因其忽略了個體層面的自我意識。雖然費爾巴哈不是共產主義者，但在鮑威爾看來，費爾巴哈對其追隨者（尤其馬克思）的共產／社會主義轉向，可謂難辭其咎。鮑威爾在 1845 年 10 月的文字中，比以往都更鮮明地表達了上述觀點，並把史蒂納的利己主義視作對費爾巴哈的一種反彈。儘管馬克思對鮑威爾的自我意識論並不陌生，但這一次，鮑威爾直指費爾巴哈的要害，點明了史蒂納之所以反對費爾巴哈，乃因費爾巴哈仍與宗教糾葛不清，儼然把大寫的「人」和「人類」當成了新神。由於馬克思高度仰賴費爾巴哈的類存有論，他自覺遭到了連帶打擊。於是，他全力投入史蒂納批判。[37]

　　《德意志意識型態》的主要批判對象是史蒂納，其次是鮑威爾。1846年春，在完成了冗長的史蒂納批判後，馬恩又回頭修訂鮑威爾批判——這兩部分構成了後人所知的《德意志意識型態》第一冊的主要內容。[38] 史蒂納和鮑威爾對費爾巴哈的批評，顯非無的放矢。影響所至，《德意志意識型態》盡可能迴避了單數大寫的「人」，連同「類存有」、「人類解放」等集體主義式的用語，並代之以複數小寫的「個人」。「異化」一詞還在，但使用率降低。此外，為了駁斥史蒂納「共產主義壓抑個人性」的指控，《德意志意識型態》反覆申論唯有共產主義才能兌現每個人的自由發展、個性解放。

　　1846 年 4 月，在史蒂納批判和鮑威爾批判告一段落後，馬克思決定

36　參見第二章第四節。

37　Carver and Blank（2014a: 144-145）、Stedman Jones（2002: 140-144; 2016: 188-189）。

38　Carver and Blank（2014a: 145-146）。

對「真社會主義」展開批判。1844-1845 年間，在西里西亞織工抗爭等事件的激勵下，德國出現第一波社會主義熱。部分論者強調自己反對階級仇恨，不是法國那種政治性的社會主義者，更不是革命共產主義者。其中，不乏追隨費爾巴哈或赫斯的人本社會主義者。但此時，馬克思不再以人本共產／社會主義者自居，而是搖身一變，站到人本社會主義的對立面。他把德國「真社會主義」歸結為一種訴諸人性的、不革命的社會主義，其錯誤是避談階級鬥爭、不重視政治經濟學、敵視共產主義，並且誤解了社會主義和共產主義的關係。[39]

　　批判「真社會主義」的內容初步完成後，馬恩（約自 1846 年 6 月或 7 月初起）一度準備批判費爾巴哈。但 8 月中旬，恩格斯從布魯塞爾移居巴黎。自此之後，費爾巴哈批判處於一種延宕狀態，最終遭到擱置。[40]

　　在馬恩共同掛名的著作中，絕大多數是由馬克思或恩格斯一人主筆。不同於此，《德意志意識型態》的史蒂納部分和鮑威爾部分，幾乎都是馬恩的共同創作；[41] 而且，是兩人坐在馬克思家的同一張桌子前，一起討論內容，由恩格斯負責手寫。[42] 1846 年上半年，他們耗費大量時間於《德意志意識型態》手稿的寫作。但遲至 1847 年，仍未能如願出版，只好束之高閣。[43]

「唯物史觀」存在嗎？

　　前文提及，恩格斯曾以「物質主義式的歷史理論」、「物質主義史觀」（常譯「唯物史觀」）和「歷史物質主義」（常譯「歷史唯物主

39　Marx and Engels（*MECW*, 5: 453 ff.），《德意志意識型態》第二冊。馬克思在 1846 年 5 月 14 日致魏德邁爾的信中，提及「第二冊幾已完成」。參見 Carver and Blank（2014a: 71, 147）。

40　Carver and Blank（2014a: 147-148）。

41　赫斯和魏德邁爾也貢獻了部分內容，見 Carver and Blank（2014a: 115-117, 132）。

42　Carver and Blank（2014a: 111-112, 117）。

43　Cf. Marx（*MECW*, 29: 264），1859 年〈《政治經濟學批判》序言〉。

義」）去指稱馬克思的歷史理論。[44] 恩格斯還把後者形成的時間點，界定在 1845 年春（他和馬克思在布魯塞爾再度碰面）以前。[45] 但這誤植了生產力發展論的出現時間。進一步看，恩格斯使用的「物質主義史觀」一詞，本身也是有疑義的。

恩格斯晚年從 19 世紀後期的物質主義和觀念主義之爭，回過頭去界定馬克思在 1840 年代中期（尤其 1844-1845 年）的理論進展。但馬克思當時並不認為物質主義和觀念主義是一種非此即彼的關係。例如，1844 年《手稿》宣稱要超越觀念論和物質論的對立，而不是一味倒向物質論。[46]《手稿》特別推崇費爾巴哈，但並未全盤接受費氏的自然主義／物質主義。費氏把人看作自然存有，《手稿》則強調人是「人的自然存有」，是一種「為己的存有」。[47] 可以說，對人的能動性的看重，是馬克思不曾放棄的觀念論思想要素。

《神聖家族》曾被普列漢諾夫解讀為馬克思邁向物質主義的重要一步，因為此書對法國物質主義表達了肯定之意。[48] 不過，《神聖家族》主要是駁斥鮑威爾那種高度抽象的精神主義或思辨觀念論，而不是要否定一切觀念論。彼時，馬克思在費爾巴哈的影響下，雖已拉近了他與（法國）物質主義的距離，[49] 並批判鮑威爾的精神主義，但他不支持物質主義和觀

44　Engels（*MECW*, 26: 318, 519; *MECW*, 27: 283, 289）。在中文世界，「物質主義史觀」和「歷史物質主義」常被譯作「唯物史觀」和「歷史唯物主義」。筆者認為，materialism 若是直譯為「物質主義」，較不易引起誤解。這是因為，強調物質作用力的物質主義者，未必主張「唯有」物質具作用力。本書之所以繼續使用「唯物史觀」、「歷史唯物主義」和「歷史唯物論」等詞，只是出於約定俗成，不代表對「唯物」這個譯法的積極認可。

45　Engels（*MECW*, 26: 317-318），恩格斯（馬恩全集 I，21：247-248）。恩格斯是在 1845 年 4 月初抵達布魯塞爾。

46　Marx（*MECW*, 3: 302, 336）。

47　Marx（*MECW*, 3: 337）。參見第三章第六節。

48　Engels and Marx（*MECW*, 4: 124-134）。另見普列漢諾夫 1896 年〈論物質主義的歷史 III：馬克思〉，收錄於 Plekhanov（1976, vol. II: 122 ff.）。

49　Cf. Feuerbach（2012: 164-165）論法國物質主義。

念主義的二元對立。這個立場亦見於 1845 年春的〈費爾巴哈提綱〉。

　　為了證明「物質主義式的歷史理論」或「物質主義史觀」萌芽甚早，恩格斯晚年從塵封已久的舊紙堆中，找出、並發表馬克思寫於 1845 年春的〈費爾巴哈提綱〉。[50] 但〈費爾巴哈提綱〉第一條開宗明義表示：「過去一切物質主義（包括費爾巴哈版）的主要缺陷是……不把對象、實際、感性當作人的感性活動，當作實踐去掌握，不是從主觀方面去理解」。馬克思在此明確指出，人的「能動一面是從**觀念論**抽象地發展而出」。儘管他反對抽象化，但他強調：人的能動性和實踐是觀念論的思想要素。[51] 由此可見，馬克思並不是排斥一切觀念論要素的**唯物**論者。在他看來，觀念主義有其缺陷，但物質主義也有缺陷。[52]

　　再看《德意志意識型態》。這部手稿是馬克思生產力發展論的開端，手稿中出現的「**實踐的**物質主義者」一詞，[53] 顧名思義，指向一種吸納了觀念論養分的物質主義，而不是外於一切觀念論要素的唯物主義。

　　《德意志意識型態》宣稱：共產主義將「有意識地把一切自然演化的前提，都視為過去世世代代的創造，並去除其自然性格，使它們受到聯合起來的個人的支配」。[54] 這裡蘊含的「自然的人化」觀點，和《手稿》如出一轍。儘管《德意志意識型態》盡可能迴避了人本主義話語，但並未放棄「人真正取得對社會、對自然界的理性支配」的願景，及其內建的「人的能動性」命題。

　　綜上，恩格斯的「物質主義史觀」、「物質主義式的歷史理論」和

50　〈費爾巴哈提綱〉收於 Marx（*MECW*, 5: 3-5），另見孫善豪譯注（2016：99-103）。此文遲至 1888 年才公諸於世，作為《費爾巴哈和德國古典哲學的終結》一冊的附錄。

51　Marx（*MECW*, 5: 3），孫善豪譯注（2016：99）。

52　馬克思不排斥物質主義，這一點從《手稿》已可看出。但《手稿》也汲取了黑格爾勞動論的積極要素，乃把勞動扣連到人的「活動」和「實踐」。Cf. Marx（*MECW*, 3: 275-277, 332-333）。

53　Marx and Engels（*MECW*, 5: 38）聲稱「實踐的物質主義者」就是「共產主義者」。

54　Marx and Engels（*MECW*, 5: 81），馬恩（馬恩全集 I，3：79）。

「歷史物質主義」等提法，在相當程度上偏離了馬克思的理論認知。馬克思自己從未使用過恩格斯的這些用詞，並非出於偶然。[55]

〈費爾巴哈章〉的虛與實

設若恩格斯的歷史回顧為真，即馬克思在 1845 年春就已經發展出「物質主義史觀」（或唯物史觀）的大要，那麼，其證據何在？〈費爾巴哈提綱〉難以證明這種史觀的存在。但在廣義的《德意志意識型態》手稿中，則有一小部分關於費爾巴哈的內容，其在批評費爾巴哈的同時，對生產力的發展、階級鬥爭、共產主義及其將要締建的新社會，提出了若干新的說法。及至 1920 年代，梁贊諾夫（David Riazanov）領導的蘇聯編輯團隊，把這些文字整理出來發表，題為〈I. 費爾巴哈〉。但蘇聯編者添加了原本不存在的子標題，藉以製造、強化馬克思以物質主義對抗觀念主義的印象。梁贊諾夫宣稱〈I. 費爾巴哈〉格外重要，因為它是「物質主義式史觀的最早陳述」。[56]

梁贊諾夫先於 1924 年發表〈I. 費爾巴哈〉俄文版，又於 1926 年發表其德文版。再於 1932 年首度出版的《德意志意識型態》中，把〈I. 費爾巴哈〉編為第一冊第一章（俗稱〈費爾巴哈章〉），放在〈鮑威爾章〉和〈史蒂納章〉之前。這個〈費爾巴哈章〉所取用的原始材料，主要是馬恩在改定〈史蒂納章〉與〈鮑威爾章〉的過程中，從初稿中抽掉的、不打算付印的、留待日後再利用的數十頁文字，再加上另外寫的若干片段。[57] 假如馬恩真的找到了出版社，則在正式出版的《德意志意識型態》中，將沒有所謂的〈費爾巴哈章〉。

如前所述，馬恩一度起心動念，欲對費爾巴哈也進行一番批判。為

55　Cf. Stedman Jones（2016: 191-199）。

56　Carver and Blank（2014a: 18-19）。另見趙玉蘭（2019：50-66）論梁贊諾夫與《德意志意識型態》。

57　Carver and Blank（2014a: 145-147）。

此，他們寫了三個較短的片段，準備用作費爾巴哈批判的開頭。但恩格斯在 1846 年 8 月中旬移居巴黎後，此事就不了了之。除了這三個片段，和從臃腫的〈史蒂納章〉和〈鮑威爾章〉切割下來的那些內容外，還有馬克思寫的一小段前言，再無其他。恩格斯承諾到了巴黎，會讀完費爾巴哈的新作，並把重點抄錄下來寄給馬克思。但馬克思等了兩個月，什麼都沒有等到。[58]

近半個世紀以來，《德意志意識型態》的編輯方式引發了不少爭議，其中又以〈費爾巴哈章〉最受質疑。畢竟，它根本沒有完成，其內容尚不構成對費爾巴哈的系統性批判，也還不是「一章」。按常理來說，這些留作他用或只是起了個頭的段落，本可以和馬克思的其他手稿、書信或筆記一樣，當作原始資料納入全集而不牽強附會。但梁贊諾夫出於一定的政治目的，對這些殘稿進行強勢編輯，從此造成了〈費爾巴哈章〉已然存在的印象。[59]

〈費爾巴哈章〉所依據的原始手稿，如今已公諸於世。[60] 一旦撇開蘇聯編者施加的誤導性標題，則「所謂〈費爾巴哈章〉」的實際內容，或仍是理解馬克思思想發展的重要線索。不同於〈鮑威爾章〉和〈史蒂納章〉，「所謂〈費爾巴哈章〉」處於一種斷簡殘編的狀態。但即使如此，它在《德意志意識型態》時期的手稿中，仍是理論密度最高、也最具討論價值的一部分。[61]

58　Carver and Blank（2014a: 81）。

59　Carver and Blank（2014a: esp. ch. 2）。

60　*MEGA2* 歷史考證版的《德意志意識型態》，見 Marx and Engels（2017 [*MEGA2*, I/5]）。〈費爾巴哈章〉的原始手稿，亦見 Carver and Blank（2014b）。另見孫善豪譯注（2016）的 1974 年廣松版，以及陶伯特編（2014 [2003]）的 2003 年 *MEGA* 版。2017 年（實際上問世於 2018 年）的 *MEGA2* 歷史考證版，是目前最具權威的版本。其編輯方式及相關說明，請見編者〈導論〉（*MEGA2*, I/5: 725 ff.）。這個版本最重要的考證發現是：馬恩把《德意志意識型態》規劃為一部季刊。參見趙玉蘭（2019：esp. 193-201）對歷史考證版兩位編者的訪談。關於 *MEGA2* 的源起和發展，另見趙玉蘭（2013）。

61　為了行文方便，以下把「所謂〈費爾巴哈章〉」視作《德意志意識型態》手稿的一部分。

三、生產力的普遍發展

　　《德意志意識型態》刻意迴避了「人」、「類存有」等人本主義話語，並開始構建另一種論說進路，也就是改從「生產力的發展」和「階級鬥爭」去闡發共產主義。其要點雖已出現在〈史蒂納章〉，但更多的理論陳述落於「所謂〈費爾巴哈章〉」的原始材料中。

　　馬克思在這些手稿中強調：共產主義「不是應該被確立的事態」，而是「揚棄現存狀況的實際運動」，其「絕對必要的實際前提」是「生產力的普遍發展」。[62] 這是一個新的論說策略，儘管其立足點和《經濟學哲學手稿》是一致的，即人們的生產／勞動生活。據其說法，人們為了生存需要而生產，隨之又產生了新的需要。「生產力」的發展和「需要」的擴增，故為一體兩面。[63] 其二，人們從事生產的「生產方式」，不能僅從肉體生存的角度去理解，因其也是人們藉以表現自我的「自活動」方式。[64] 其三，生產力的發展和與之對應的「交往形式」，制約或規定了人們的社會與政治關係。[65] 在此，前兩點是對《手稿》相關說法的進一步發展。第三點則是新的理論要素，指向一個由「生產力的發展」所驅動的歷史運動。

生產力和分工

　　馬克思的「生產力」概念源自何處，並無定論可言。但斯密是可能性最高的出處。[66] 雖然馬克思總是批評斯密，但《德意志意識型態》關於生產力和分工的論說，明顯受到《國富論》的啟發。斯密在《國富論》第一卷的開頭，表明第一卷是關於「勞動生產力（productive powers）得

62　Marx and Engels（*MECW*, 5: 49），孫善豪譯注（2016：39）。
63　Marx and Engels（*MECW*, 5: 42-43）。
64　Marx and Engels（*MECW*, 5: 82）。
65　Marx and Engels（*MECW*, 5: 35-37）。
66　Cf. Liedman（2018: 128）。

到改進的原因」。其第一卷第一章的主題，就是分工如何提升勞動生產力。[67] 馬克思《手稿》中的「分工提高了勞動生產力」之說，直接來自於斯密。[68] 這個論點在《德意志意識型態》得到了某種發展。但馬克思賦予生產力（Produktivkräfte）以相當不同於斯密《國富論》的理論意涵。[69]

　　《手稿》大篇幅地摘抄斯密和舒爾茲，對「生產力」這個用詞已不陌生。後來在 1845 年 3 月評論李斯特的文字中，馬克思已頻繁使用「生產力」及其近似用語。[70] 此外，恩格斯稍早在〈政治經濟學批判大綱〉引入生產過剩之說，並強調「人類支配的生產力不可估量」。[71]《英國工人階級狀況》進一步把現代工業關聯到無產階級的興起。[72] 正是在這些基礎上，《德意志意識型態》把現代工業解作「生產力的普遍發展」，且視之為共產主義「絕對必要的實際前提」。

　　照《德意志意識型態》的陳述，生產力的發展帶動分工的發展。在此，馬恩倒轉了斯密的說法。《國富論》第一卷第一章以扣針的製造為例，指勞動分工的細化（例如，把扣針的製程分成 18 種操作）將大幅增進勞動生產力。[73] 馬克思則從他的生產／勞動生活論，把人的生產活動視作最根本的歷史驅動力。因此，生產力的發展是因，分工的發展是果：「一個民族的生產力有多發達，可從分工的發展程度最清楚地看出來。任何新的生產力，只要它不是迄今已知的生產力（例如，開墾土地）之單純的量的擴張，就都會引起分工的進一步發展」。[74]

67　A. Smith（1976: 13, ch. 1）。

68　Marx（*MECW*, 3: 240）。

69　Cf. Therborn（1980: 355-356, 362-363）。

70　Marx（*MECW*, 4: 265-293），〈評李斯特《政治經濟學的國民體系》〉手稿，寫於 1845 年 3 月，生前未發表。

71　Engels（*MECW*, 3: 436）。另見第三章第四節。

72　Engels（*MECW*, 4: 295 ff.），《英國工人階級狀況》，寫於 1844 年 9 月至 1845 年 3 月。另見 Stedman Jones（1977: 98-104）。

73　A. Smith（1976: 15）。

74　Marx and Engels（*MECW*, 5: 32），孫善豪譯注（2016：15）。

　　分工發展的不同階段，也就是所有制的不同形式。「第一種所有制形式是部落所有制」，對應著低度的生產力／分工發展；第二種是古代的「共同體和國家所有制」；第三種是「封建的或等級的所有制」。後兩者的差異，可從不同的城鄉關係去說明。馬恩指出，分工導致了工商業勞動和農業勞動的分離，促成了城鄉分離。古代「共同體和國家所有制」係以城市為中心，封建所有制則是扎根於廣大的鄉村地帶。[75] 後來，商人避開了聚集於城市的手工業行會，在沒有行會壟斷的鄉村地帶建立手工業工場，這使分工得到擴展、資本加速積累。隨著市場規模的擴大，手工業工場的所在地也繁榮了起來，工資勞動漸趨普及，工資勞動者的數量持續增加。[76]

　　依此圖像，所謂的「布爾喬亞」是在封建關係式微的環境下，才漸漸得到長成的機會。它從來就不是內建於封建生產方式（領主與農奴關係）的一個社會階級。[77] 至於所謂「從封建主義到資本主義的過渡」，則主要是由貿易、市場和商業資本驅動。[78] 這是《德意志意識型態》的基本思路。[79]

　　不難看出，《德意志意識型態》賦予「分工（的發展）」以頗大的理論分量。分工的本體論位階，要高於所有制形式。[80] 後來在〈哥達綱領批

75　Marx and Engels（*MECW*, 5: 32-35）。

76　Marx and Engels（*MECW*, 5: 67-69）。

77　布爾喬亞和封建生產方式的關係為何？何為布爾喬亞革命？這些問題皆具爭議性。另見第六章第二節。

78　Cf. Hobsbawm（1980 [1965]: 30-32, 46）。20 世紀馬克思主義者關於「從封建主義到資本主義的過渡」的辯論，另見 Hilton（1978; 1985）、Sweezy et al.（1978）、Aston and Philpin eds.（1985）、Brenner（1993）、Tribe（1981）、Sweezy（1970 [1942]）、Hindess and Hirst（1975; 1977）、Hirst（1985）。

79　《資本論》第一卷關於「所謂原始積累」的陳述，廣被認為蘊含著另一種解釋，亦即：資本主義在英國的興起，主要繫於農民被剝奪了土地和生產工具，為了生存而不得不變成工資勞動者。另見第七章第八節、第九章第二節。

80　當馬克思動用「形式與實質」的隱喻時，被稱為「形式」者，常有「較不真實」之意。在《黑格爾法哲學批判》，私有財產是實質，政治國家是形式。在《手稿》，異化勞動是實質，私有財產是形式。到了《德意志意識型態》，勞動分工是實質，所有制是形式。

判〉[81]和恩格斯《家庭、私有制和國家的起源》，分工亦被賦予「解釋項」的地位，藉以說明國家的源起、私有制的形成等「被解釋項」。[82]分工被視作物質生產的構成環節；國家形式、政治形式、甚至財產權形式等，則被貶入所謂的上層建築。

馬克思的「經濟基礎與上層建築」隱喻，因出現在 1859 年《政治經濟學批判》的著名〈序言〉而廣為人知。[83]實際上，《德意志意識型態》手稿已經使用了「上層建築」一詞：「直接從生產和交往中發展出來的社會組織，在所有時代都構成了國家及其他意識型態上層建築的基礎」。[84]物質生產和交往直接衍生出的社會組織，是為基礎；國家、政治、法律、倫理道德、宗教、哲學、民族等，則是上層建築。

在《德意志意識型態》，馬恩從「分工」去解釋國家的虛幻性。隨著分工的發展，產生了特殊利益與共同利益的矛盾，共同利益遂採取了看似獨立的國家形式。但這是一種虛幻的共同體，僅具有形式上的普遍性，實則受制於分工所衍生的特殊利益：「國家內部的一切鬥爭，民主政體、貴族政體和君主政體之間的鬥爭，爭取選舉權的鬥爭等，都只是一些虛幻的形式，底下進行著不同階級之間的真正鬥爭」。[85]國家乃「虛幻的共同體」之說，上承《黑格爾法哲學批判》對政治國家的質疑，但如今融入了「分工」和「階級鬥爭」的視野。

那麼，國家是不同階級之間的鬥爭場域嗎？前引段落如此暗示。[86]但關於階級和國家，《德意志意識型態》手稿中還有一個更著名的說法：國

81　Marx（*MECW*, 24: 96），1875 年〈哥達綱領批判〉。
82　Engels（*MECW*, 26: 129 ff.），1884 年《家庭、私有制和國家的起源》。
83　Marx（*MECW*, 29: 263）。
84　Marx and Engels（*MECW*, 5: 89）。
85　Marx and Engels（*MECW*, 5: 46-47），馬恩（馬恩全集 I，3：38）。
86　把國家視作統治階級的禁臠，不等於把國家看成階級鬥爭的場域。這兩種說法是有張力甚至衝突的。Poulantzas（1978）等左翼歐共主義者，一度發揮了國家作為階級鬥爭場域的觀點。另見 Jessop（1982）、Mandel（1978）。

家「是統治階級的個人藉以維護其共同利益」的形式。這通常被歸類為一種階級工具論，即把國家看作「統治階級的工具」。[87] 與此相關的另一命題是：「統治階級的思想在每個時代都是占統治地位的思想」；「一個階級是社會中占統治地位的物質力量，同時也就是社會中占統治地位的精神力量」。[88] 主導物質生產的統治階級，不但把國家權力用作自己的工具，也還占領了思想高地。

不同於標榜「自由」和「平等」的布爾喬亞意識型態，德意志意識型態固著於「國家」。在馬克思看來，落後的生產力／分工發展，大致解釋了「德意志意識型態」的極度虛幻。比起北美和英法，德國的統治思想更抽離現實，其官僚國家更是特別落後。[89] 然而，不管是德意志意識型態／官僚國家，還是更先進的布爾喬亞意識型態／階級國家，都將隨著生產力的普遍發展而煙消雲散。

生產力和共產主義

〈《黑格爾法哲學批判》導言〉把無產階級當成救贖者，賦之以人類解放的使命，遂引來了「把無產階級看作神」、「把人類當作新神」等指控。於是，馬克思改從「生產力的發展」去說明共產主義。他的論證可分為兩類。一類是前提論式的論證，指共產主義並非天馬行空，有其必要的物質前提，尤其是「生產力的普遍發展」。另一類是因果論式的論證，也就是關於生產力的普遍發展將如何「導致」共產革命。

馬恩指出，共產主義至少有兩項必要的實踐前提：無產化、嚴重異化的社會大眾，和生產力的高度發展。大多數人須遭遇不堪忍受的異化力

87　Marx and Engels（*MECW*, 5: 90），馬恩（馬恩全集 I，3：70）。馬克思、恩格斯和馬克思主義者的國家論，另見 Draper（1977）、R. N. Hunt（1984）、Carnoy（1984）、Jessop（1982; 1990）、Miliband（1983）、Poulantzas（1978）。

88　Marx and Engels（*MECW*, 5: 59），馬恩（馬恩全集 I，3：52）。

89　Marx and Engels（*MECW*, 5: 55, 60, 90）。

量，跟「財富與文化的世界」截然對立，才會成為革命的力量。在此，有幾個新舊不一的思想要素，被整合在了一起：共產革命是社會大多數的革命；廣大的無產者陷入悲慘境地；階級的兩極分化；以及，革命無產階級的形成。按馬恩說法，這些不可或缺的革命要件，又是以「生產力的大幅提高和高度發展」為前提。[90]

要言之，「生產力的普遍發展」乃是共產主義「絕對必要的實踐前提」。沒有高度發達的生產力，人們注定陷入「匱乏」的普遍化，及其必然衍生的必需品爭奪戰。再者，唯有生產力的普遍發展，才能帶來人與人的「普遍交往」；也才能使原本不相往來的人們，共同陷入、一起反抗「世界市場」的嚴峻異化。否則，共產主義將只是地域性的，將欠缺四海一家的普遍性。若要開創出真正普遍的共產主義，就須仰賴「占支配地位的民族」[91] 一起同時行動，而這預設了「生產力的普遍發展，和與之相連的世界交往」。[92]

以上是前提論式的論證。它們雖有助於釐清馬克思式共產主義的基本設想（如大多數人的革命、超克匱乏、普遍的世界交往等），卻未能說明何以共產主義是歷史運動之所趨。從「A 是 B 的必要前提」只能得出「沒有 A 就沒有 B」，卻得不出「有 A 就會有 B」。何以生產力的普遍發展將導致共產革命，仍需要額外的解說。

馬恩確實也提出了因果論式的論證。其中最主要的說法是：當生產力發展到了一定階段，將和現存關係發生矛盾。馬恩表示，生產力的發展尤其體現在「大（規模）工業」。大工業「把各種元素力量應用於工業目的，採用機器生產，實行最全面的分工」；並「使競爭普遍化……，建立了交通工具與現代世界市場，使貿易臣服其下，把所有資本都轉變成工業資本，從而使流通加速（貨幣制度的發展）、資本集中」。但就大工業的

90　Marx and Engels（*MECW*, 5: 48）。

91　「占支配地位的民族」何所指，馬恩並未具體交代，但應該包括了英法德。

92　Marx and Engels（*MECW*, 5: 49），孫善豪譯注（2016：39）。

生產力而言，「私有財產成了它們〔進一步〕發展的桎梏」。大工業孕育出的無產／工人階級，勢將擺脫民族性的束縛，成為「整個舊世界」的掘墓者。大工業「不僅使工人對資本家的關係不堪承受，甚至使勞動本身都不堪承受」。[93]

　　當生產力發展到了一定階段，生產力與現存關係（交往形式）的矛盾將愈演愈烈。此階段的生產力

> 　　不再是生產的力量，而是破壞的力量（機器和貨幣）。同時還產生出一個階級，……被迫和所有其他的階級截然對立。這個階級是全部社會成員中的大多數所形成的，從它會產生必須徹底革命的意識，即**共產主義意識**。[94]

和歷史上的新興統治階級（如法國布爾喬亞）一樣，無產階級將占有國家權力，把自己的特殊利益表現為社會成員的共同利益。但不同於過去的是，無產階級將消滅分工、揚棄勞動，並「**揚棄一切階級統治以及階級本身**」。特殊利益和共同利益的分歧，以及建立於其上的「虛幻的共同利益」形式（即國家），也將隨之告終。[95]

　　在這些提法中，「揚棄一切階級統治以及階級本身」、「消滅分工」和「揚棄勞動」[96] 都是在布魯塞爾才得到強調，可算是新說。生產力的發展及其與現存關係的矛盾，生產力和階級對立的發展連動性等，也是新的論點。

93　Marx and Engels（*MECW*, 5: 72-74），馬恩（馬恩全集 I，3：67-68），孫善豪譯注（2016：72-73）。

94　Marx and Engels（*MECW*, 5: 52），另見馬恩（馬恩全集 I，3：77-78），孫善豪譯注（2016：43-44）。

95　Marx and Engels（*MECW*, 5: 46-47, 52, 60-61），孫善豪譯注（2016：esp. 44）。

96　這裡不擬細究「揚棄」和「消滅」的差異。實際上，馬恩也混用這兩個詞。

希望與科學之間

在《德意志意識型態》手稿中，生產力發展論得到了初次表述。但其基本概念難稱精確，若干推論大而化之，故不宜看作是一套成熟的理論。

以「分工」為例，它同時涵蓋了：勞動過程中的分工；市場分工；更廣義的社會分工；勞心與勞力；城鄉之分；農業、商業與工業勞動之別……等等。從布爾喬亞和無產階級的對立，到其他的階級／利益分歧，再到特殊利益與共同利益的矛盾，連同國家的起源、不同的國家形式等，都被歸因於「分工」的發展。「分工」儼然是萬用的解釋項，解釋了所有制形式、世界市場、國家形式、階級與階級鬥爭、意識型態等，不一而足。[97]

究竟什麼才是或不是「生產力」，亦未得到清楚的定義。諸如生產工具、勞動力，與生產密切相關的科學和技術等，應是生產力的構成要素，這一點或無疑義。但馬恩筆下的「生產力」更像是一種功能性的概念。例如，「合作模式本身也是一種『生產力』」[98]── 這暗示某些社會關係也是生產力。後來，《哲學的貧困》宣稱：「在一切生產工具中，最大的生產力就是革命階級本身」。[99]在這些表述中，有助於生產力發展的某些事項，被說成是生產力自身。

「生產方式」和「交往形式」等用詞也不甚明確，但此處不贅。[100]

另一疑義是關於物質生產（生產力、生產方式、物質生活、物質交往等）與其他範疇（交往形式、國家形式、上層建築、意識型態等）的關係。語意較強的用字是 bestimmen，有前者「決定」或「規定」後者之意，如「生活決定意識」一句。[101]此外，還有語意更強的「創造」

97　Cf. Rattansi（1982: 77-85）。

98　Marx and Engels（*MECW*, 5: 43）。

99　Marx and Engels（*MECW*, 6: 211）。Cohen（1978）從「功能解釋」去辯護歷史唯物論，但對「生產力」做出了更明晰的定義。Cf. Callinicos（1987: ch. 2）。

100　另見第六章第四節。

101　Marx and Engels（*MECW*, 5: 37），孫善豪譯注（2016：25）。

一詞，如「被這個生產方式所創造出來的交往形式」。[102] 語意較弱的是 *bedingen*，有制約、限制或約束之意。[103] 另有更弱的「對應」一詞。「基礎與上層建築」在《德意志意識型態》手稿出現了一次，但基礎與上層建築的關係為何，卻未見解說。更常見的是「內容（或實質）與形式」的隱喻，顯現於交往形式、所有制形式、國家形式等用語。這種種說法並不一致，留下了頗多的不確定性。[104]

按馬克思的新史觀，當生產力發展到了一定階段，其進一步發展將受到現存關係的阻礙，進而激化階級敵對，使舊的生產方式遭到推翻。他並且表示，這個史觀不僅適用於當下的布爾喬亞社會，也適用於過去的重大社會轉型。這裡值得指出的是，在前資本社會，生產力發展緩慢。若把「現存關係阻礙了生產力的繼續發展」當作前資本社會的轉型關鍵，將不免顯得牽強。實則，在《德意志意識型態》關於封建晚期（至近代早期）的社會經濟史描述中，商業資本的興起並不是因為本來持續成長的生產力，如何受到了封建關係的桎梏。而是，封建關係已先走向衰落，遂令商業資本得以在夾縫中茁壯，使手工業工場、貿易和市場得到擴張。[105]

「現存關係阻礙了生產力的繼續發展」之說，顯然是以持續發展、快速擴張的現代生產力作為理論參照。也就是說，它是建立在對現代工業發展的觀察和預期。至於「生產力與現存關係的矛盾」，則是基於對經濟危機（生產過剩）和社會危機（尤其廣大無產階級的悲慘化）的考察，同時也是出於對共產革命的殷切期盼。《德意志意識型態》不再把無產階級說成是救世主，也不再直接訴諸人的異化及其超越，而是寓革命希望於「生產力的普遍發展」和「生產力與現存關係的矛盾」。千禧年主義式的救贖論，信者恆信，不信者恆不信。「人的異化及其超越」作為強勢的歷史目的論，差不多也是如此。《德意志意識型態》中的生產力發展論，雖仍帶

102　Marx and Engels（*MECW*, 5: 53）。

103　Marx and Engels（*MECW*, 5: 36），孫善豪譯注（2016：24）。

104　Cf. M. Evans（1975: 64-65）。

105　Cf. Hobsbawm（1980 [1965]: 30-32）。另見第六章第四節。

有歷史目的論的成色，但已開始引入現代社會科學的要素。可以說，這是一種理論上的改進。

　　但在希望與科學之間，依然存在很大的張力。

　　再以分工為例。《德意志意識型態》把共產主義需要揚棄的事項，幾乎都歸因於分工。一旦無產階級消滅了分工，也就一起消滅了私有制、市場、金錢、工資勞動、階級關係、政治國家、意識型態等異化事項。但「消滅分工」牴觸了生產力發展論的一項最基本命題：「任何新的生產力……都會引起分工的進一步發展」。[106] 馬克思的設想是：共產主義將繼承布爾喬亞社會的先進生產力，及其所帶來的世界交往，但全盤消滅分工、世界市場和私有制。然而，何以複雜的現代分工可通過革命一舉消滅？消滅了分工以後，還能維繫先進的生產力嗎？

　　馬克思在〈史蒂納章〉中表示：「分工的消滅是由交往和生產力的發展所決定的；當後者普遍發展到了一定程度，私有財產和分工將成為它們的桎梏」。[107] 但這似乎只是把「消滅分工和私有財產」的社會理想，改換成「分工和私有財產將阻礙生產力的繼續發展，因而遭到消滅」的論斷。問題在於，馬克思只是斷言如此，而未提出更扎實的論據。

四、每個人的自由發展

　　《德意志意識型態》常被引述的一句話是：「共產主義對我們來說不是應該被確立的事態，不是藉以調整現實的理想。我們稱為共產主義的，是揚棄現存狀況的實際運動」。[108] 共產主義非關倫理，不是意識型態，不是據以批判現實、改造現實的觀念，不是想像出來的烏托邦，而是正在發

106　Marx and Engels（*MECW*, 5: 32）。

107　Marx and Engels（*MECW*, 5: 438-439）。

108　Marx and Engels（*MECW*, 5: 49），孫善豪譯注（2016：39）。

生的歷史運動。話雖如此，但馬克思仍對共產革命和未來社會做出了基本
規定。

　　本書第三章論及，恩格斯自 1843 年已開始倡議「財產共同體」，並
主張計畫性的生產與分配。青年馬克思則多使用否定性的句法，要求揚
棄、否定、消滅或超克私有財產。《德意志意識型態》雖繼續使用否定性
的字眼，但已明確主張把「全部的生產力」、「全部的生產工具」收歸社
會所有，使之得到全體社會成員的「控制和有意識的支配」。也就是生產
工具的全盤公有化，加上有計畫的生產調節。[109]

　　但馬克思對「財產共同體」這類用詞，還是有所保留。與此有關，
《手稿》曾把某些消費面的共產主義視作「粗鄙共產主義」，斥之為不可
欲的「積極的共同體系統」。[110]《德意志意識型態》則勾勒出一種作為**消
極共同體**的共產主義。在這種豐裕的共產社會中，生產工具收歸社會所
有，經濟生產受到社會調控，每個人都能自由發展。

　　但在回到這個願景以前，以下先對《德意志意識型態》手稿中的意識
型態終結論，略作考察。

意識型態的終結

　　照《德意志意識型態》的陳述，隨著生產力的普遍發展，不但民族
性將會消散，[111] 一切抽離於直接的物質生產的意識或思想，即一切意識型
態，也將一起告終。

　　《德意志意識型態》為了批判青年黑格爾派的舊友，把一切意識型態
（非僅德意志意識型態）都貶為無足輕重的附帶現象、次級現象。[112] 可以

109　Marx and Engels（*MECW*, 5: 87, 51）。

110　參見第三章第六節。

111　Marx and Engels（*MECW*, 5: 73）。

112　Marx and Engels（*MECW*, 5: 36-37）。關於馬克思的意識型態理論，另見 Larrain（1992
　　[1979]: ch. 2; 1983）、Balibar（1994: chs. 4, 6）、Eagleton（1991）。

說，此種「從普遍批判特殊」的批判方式，本身就帶有強烈的青年黑格爾派色彩。該派曾把腓特烈‧威廉四世主政的普魯士國家，當成「基督教國家」去批判，此即「從普遍批判特殊」的一個前例。與此相仿，馬克思為了批判鮑威爾和史蒂納，先是將其界定為德意志意識型態；[113] 然後，再從對一切意識型態的批判，去批判德意志意識型態。

一切意識型態都「沒有歷史，沒有發展」，其獨立的外觀只是假象。在此，「意識型態」泛指一切抽離於**直接的**物質生活過程的意識或思想。與之相對的則是「和人們的物質活動、物質交往直接交織在一起」的意識或思想，其有如「物質行為的直接流出物」。某種意識或思想是不是意識型態，取決於其與物質生活的關係。抽離於直接的物質生活者，就是異化的意識或思想，即意識型態。從物質生活直接流出者，則是非異化的意識或思想，非關意識型態。[114]

意識型態源起於分工。正是分工的發展，才使心智勞動從物質勞動中分離出來，由此產生了抽離於直接的物質活動的意識或思想。但這些「意識型態」只是分工發展的次級現象甚至泡沫現象，或所謂「時代的幻覺」。[115] 一旦消滅了分工，一切意識型態都將失去其存在基礎，從此煙消雲散。

從馬克思對未來共同體的歷次描述中，不難發現一項不變的規定：個人性與共同體性／社會性的立即統一。《黑格爾法哲學批判》曾以鞋匠為例，指向一種「每個人都代表其他人」的真共同體。[116]《手稿》以個人的科學活動為例，宣稱個人活動在回歸了類本質的未來社會中，本身就是人

---

113 Marx and Engels（*MECW*, 5: 44-45, 55）。

114 Marx and Engels（*MECW*, 5: 37, 36）。在馬恩論述中，還存在另一種非異化的、非意識型態的思想，其特徵並不是「從物質生活直接流出」，而是「直接表現」了人們的物質生活──這指的就是生產力發展論。

115 Marx and Engels（*MECW*, 5: 44-45, 55）。

116 參見第二章第三節。

的類活動，就已經內建了社會性。[117]《德意志意識型態》則把這種境界關
聯到意識型態的終結：在革命後的未來社會中，人們的意識、思想跟物質
生活緊密地交織在一起，一切的意識型態中介都將不復存在。

　　關於意識型態的終結，馬恩舉出的主要例子是民族性。隨著生產力的
發展及其與現存關係的矛盾，無產階級將形成最徹底的革命意識，也就是
「共產主義意識」。後者不是意識型態，而是直接從出於無產階級的物質
生活過程。正因如此，無產階級將衝決網羅，擺脫屬於舊世界的一切意識
型態，尤其民族性。大工業

> 　　只要可能，就消滅意識型態、宗教、道德等等；要是做不到這一
> 點，就把它們都變成明顯的謊言。……大工業到處都產生了相同的社
> 會階級關係，從而消滅了不同民族的特色。最後，雖然每個民族的布
> 爾喬亞還堅守各自的民族利益，但大工業卻創造出一個階級，它不管
> 在哪個民族都有著同樣的利益。對這個階級來說，民族性已經死了。
> 它是一個真正脫離整個舊世界，並同時與之對立的階級。[118]

在馬克思的諸多預言中，「工人無祖國」屬於偏差較大者之一。回頭來
看，他顯然高估了現代大工業／先進生產力掃蕩「整個舊世界」，讓「一
切固定的東西都煙消雲散」（《共產黨宣言》語）[119] 的清道夫作用。

化勞動為自活動

　　在「所謂〈費爾巴哈章〉」的原始手稿中，有一段具爭議性的文字如
下：

117　參見第三章第六節。
118　Marx and Engels（*MECW*, 5: 73-74），馬恩（馬恩全集 I，3：68），孫善豪譯注（2016：
　　73）。
119　Marx and Engels（*MECW*, 6: 487）。

分工一旦開始，每個人就被迫有了一個特定的、封閉的活動範圍，他不能逾越這個範圍：他是獵人、漁夫、牧人或批判的批判家，而如果他不想失去維生的憑藉，他就必須持續如此。但在共產主義社會，沒有人被限定在一個封閉的活動範圍，每個人都可以在隨便哪個部門裡發揮其才；社會調控著一般生產，使我有可能今天做這個、明天做那個，上午打獵、下午捕魚、傍晚放牧、晚飯後批判，一概隨我興之所至，而不必各變成獵人、漁夫、牧人或批判家。[120]

手稿上的原句「上午當鞋匠、下午當園丁、傍晚當演員」是恩格斯的筆跡，被馬克思刪改成了「上午打獵、下午捕魚、傍晚放牧」。何故？恩格斯寫的鞋匠、園丁、演員，都是職業。如果共產社會還存在職業，那就必然還有分工。馬克思將之改成打獵、捕魚、放牧等活動，不外乎是為了彰顯共產社會的後分工屬性。亦即，未來將「沒有人被限定在一個封閉的活動範圍」，沒有人被迫進入特定的職業，或被迫從事一成不變的工作。[121]

打獵、捕魚、放牧、批判等活動，看似與現代工業生產有段距離。由於馬克思假定共產社會將擁有高度發達的生產力，有些論者認為前引段落並不可靠，甚至並不認真，故不該被賦予太大的詮釋分量。[122] 但實際上，《德意志意識型態》還有其他的段落，也同樣表達了消滅分工、化勞動為自活動的設想。例如，「在共產主義的社會組織中，藝術家對地方狹隘性和民族狹隘性的屈從……，以及個人局限於某一藝術領域，只是當一個畫家、雕刻家等等，無論如何都會消失」。以及，「共產社會沒有畫家，只有把繪畫當成眾多活動中的一項活動的人們」。這些話出現在〈史蒂納章〉，同樣不是以現代工業生產為例。[123] 要言之，雖然馬克思給的例子

120　Marx and Engels（*MECW*, 5: 47），孫善豪譯注（2016：38）。

121　對前引段落的各種不同解讀，另見 Carver（1998: 99-104）的歸納。

122　Cf. Carver（1998: 104-107）。

123　Marx and Engels（*MECW*, 5: 394）。

（如打獵、批判、藝術、繪畫等）都不夠貼近工業生產，但不管是所謂〈費爾巴哈章〉還是〈史蒂納章〉，都一貫主張消滅分工、化勞動為自活動。這是《德意志意識型態》對共產主義社會的基本規定，且有堅實的文本證據，很難一筆勾銷。

前引段落未曾明言的一個假設是：就算消滅了分工，物質生產也不會停擺。設若「社會調控著一般生產」，就算沒有職業分工或任何強制性的社會分工，物質生產仍得以順利運作。而且，物質生產和每個人隨興之所至的「自活動」[124]不相衝突。比方說，雖仍需要有人去捕魚（否則無魚可吃），卻不必強迫任何人去當職業漁夫，因為在社會的生產調節下，自願性的捕魚活動已能提供社會所需。勞動分工或甚至勞動本身，[125]都已無必要，因為自活動已兼具生產功能。

但如果這的確是馬克思當時的想法，它有個潛在的難題在於：每個人隨興之所至的自活動，未必總能與計畫性的物質生產相調和。再以捕魚為例，如果捕魚活動集中在夏季，冬季想捕魚的人少，「社會」就得調控生產，不排除勸說、激勵、要求、甚至施壓一些人在冬季捕魚。又如，某些具危險性或特別令人不適、卻又是維持社會運行所需的事項，可能乏人問津。由此所衍生的生產調控，不可避免地帶有程度不一的強制性。總有些人、甚至有不少人無法隨興之所至。

在往後的著作中，馬克思放棄了「化勞動為自活動」和「揚棄勞動」之說，但並未完全放棄「消滅分工」的終極願景。1875 年〈哥達綱領批判〉把「共產主義社會的更高階段」界定成一個「個人對分工的奴役式屈從」和「心智勞動和體力勞動的對立」都已經消失的社會 —— 足見晚期馬克思仍未放棄「消滅分工」的理想。但另一方面，這無異於承認了共產主義社會除非已進入高級階段，否則仍將存在準奴役式的分工。[126]在這一點

124　Marx and Engels（*MECW*, 5: esp. 89）。

125　Marx and Engels（*MECW*, 5: 52, 80）。

126　Marx（*MECW*, 24: 87），〈哥達綱領批判〉。另見第九章第四節。

上，《德意志意識型態》要比〈哥達綱領批判〉樂觀得多。

豐裕社會、消極共同體

　　何以「生產力的普遍發展」是共產主義「絕對必要的實踐前提」？主要理由是：「如果沒有它，就只會有匱乏的普遍化，從而隨著這個內急，必定重新開始爭奪必需品，而全部舊有的屎糞又要被攪翻起來」。[127] 沒有高度發達的生產力，人們將陷入匱乏環境下的必需品鬥爭；有了高度發達的生產力，才能免除因資源稀缺而起的衝突。至於生產力要多發達才足以支撐共產社會，馬克思未提出確切的說法。但如果沒有「機器的發展，自然力和許多其他生產力的利用」，共同體經濟「將沒有任何物質基礎，而只是建立於純粹理論性的基礎」。也就是說，「它將純粹是一種怪想，只能導致寺院經濟」。[128]

　　《德意志意識型態》勾勒的豐裕社會，時而被解讀成一個「樂園式」的烏托邦。在這個共產主義「樂園」中，正因為生產力已高度發達，各種欲求都能得到滿足，每個人都能隨興之所至取用資源。不過，這真是馬克思的意思嗎？前引的「爭奪必需品」一句，只是說共產社會克服了普遍匱乏，不必再爭奪必需品。至於必需品以外的其他社會財貨，是否仍相對稀缺，則不甚明朗。在此問題上，馬克思的各種表述並不一致，且有模糊之處。

　　首先，他並未嚴格區分「需要」和「欲求」。從動態發展的視角，需要和欲求的界線是浮動的。例如，智慧型手機今已接近於一種基本需要，但多年以前大致只是一種欲求，更早以前甚至根本沒有這種欲求。但正如這個例子顯示的，「需要」和「欲求」有語意上的差異。當我們說「人需要呼吸」或「喝水是人的需要」時，這是指：不管你想不想呼吸、喝水，

127　Marx and Engels（*MECW*, 5: 49），孫善豪譯注（2016：39）。
128　Marx and Engels（*MECW*, 5: 76），馬恩（馬恩全集 I，3：33 fn. 1）。

總之你都得呼吸、喝水，否則你活不下去。就此來說，「需要」是相對客觀的、非意欲性的。[129]「欲求」則是主觀的，比方說，「我想要環遊世界」就是一個主觀欲求。但馬克思筆下的「需要」，既包括非意欲性的需要，也包括主觀欲求。[130]

照他的說法，人們為了滿足當下的需要，又產生了新的需要、更新的需要，致使需要不斷擴張。他的某些陳述可能給人一種印象，即共產主義將全面承接布爾喬亞社會創造出來的「豐富需要」——但其實不然。《手稿》痛斥「對金錢的需要」，即是一例。[131] 但終究來說，共產社會將繼受哪些豐富需要，又將揚棄哪些其他的需要或欲求，仍未得到釐清。[132]

再回到前述的「樂園」之說。有論者指出，每個人都隨興之所至自由發展、各取所需的共產主義樂園，等於是把取用資源的「機會成本」降至接近於零，但這樣的「絕對豐裕」幾無可能實現。[133] 再者，先進資本主義創造新需要、新欲求的動能，已遠遠超出馬克思的想像。試想：如果每個人環遊世界、遊覽太空的機會成本都趨近於零，那將需要何種程度的超級生產力？設若人欲永無止境，絕對豐裕又如何可能？若把環境生態、地球存續也納入考量，則充分滿足人欲的思維亦不可取……等等。[134]

然而，「無條件滿足激增的人欲」顯然不是馬克思的立場。上一章論及，「豐裕」的設想廣見於新興社會主義（尤其歐文主義），而非馬克思獨有。豐裕論主要繫於先進生產力（蒸汽引擎、紡織機、火車等）和「路有凍

129　關於當代的「基本需要」論說，另見陳宜中（2014：37-39）。

130　關於馬克思的「需要」論述，另見 Leopold（2007: 226-245）、Soper（1981）。

131　參見第三章第六節。

132　恩格斯的說法向來比較簡單。他多次表示生產力將帶來豐裕，滿足眾人所需。Cf. Engels（*MECW*, 3: 438-439），1844 年〈政治經濟學批判大綱〉；Engels（*MECW*, 6: 352），1847 年〈共產主義原則〉；Engels（*MECW*, 25: 269-270），1878 年《反杜林論》。

133　Nove（1991: 17-19）。

134　晚近關於「馬克思與生態」的議論，參見萬毓澤（2018：ch. 8），另見 Saito（2017; 2023）、Foster（2000; 2020; 2022; 2024）、Foster and Burkett（2016）。Cf. Liedman（2018: 478-481）。

死骨」的對照。相比於其他的豐裕論者，馬克思對 19 世紀中葉資本主義的生產力發展，容或有更高的期待。但他談論的豐裕，大致上仍是一種相對豐裕，而不是滿足一切可能人欲的絕對豐裕。[135] 他對於人們實際需求的估計，要高於他斥為粗鄙的禁欲共產主義者，也要高於反對機器和大工廠的手工業社會主義者，但遠遠低於今日資本主義世界的洶湧人欲。

　　無論如何，相對於一組實際需求的相對豐裕，仍是豐裕。如果我們一方面低估了實際需求，另一方面又高估了生產力，相對豐裕也就滑向了（取用資源的機會成本接近於零的）絕對豐裕。馬克思相關論說的含混之處，或在於此。

　　馬克思式共產主義欲揚棄的主要事項，如私有財產、政治國家、金錢、市場、工資勞動等，在《德意志意識型態》之前已經出現。《德意志意識型態》則用「分工」去囊括這些有待揚棄的對象，指其都是以分工為基礎。反之，在未來的共產主義社會，先進生產力帶來的相對豐裕，將使分工失去其存在必要。與此同時，私有財產、市場和政治國家，連同正義、權利和法律等「意識型態上層建築」，亦將失去其存在條件。[136]

　　這套後政治、後國家、後正義論說的來源為何，思想史家有不同的揣測。但其中一條重要線索是 17 世紀以降，自然法論者關於原始共產主義的論述。格勞秀斯（Hugo Grotius）在論及私有財產的起源時，把原始共產主義界定為一種豐裕社會。當時人們的需要有限，身邊資源卻有如大海一樣，取之不盡用之不竭。後來隨著貪婪和野心的擴張，爭奪資源的鬥爭愈演愈烈，也才出現了國家、私有財產、正義、權利和法律，以規範人們之間的社會交往。這個基本圖像在格勞秀斯提出之後，又得到 18 世紀自然法理論家普芬道夫（Samuel von Pufendorf）的系統化。普芬道夫區分了「積極共同體」和「消極共同體」。消極共同體係以原始共產主義作為參照，其特徵是相對豐裕（相對於實際需求的豐裕），故不存在明晰的權利

135　Claeys（2021: 114-116）。
136　Cf. Stedman Jones（2002: esp. 177; 2007a: 149-152）。

義務關係。積極共同體的特徵則是資源的相對稀缺，這解釋了私有財產、國家、正義和法律規範的出現。[137]

　　格勞秀斯和普芬道夫是私有制的辯護者，其關於原始共產主義的論說，原是為了說明相對豐裕難以為繼，乃至出現了使私有制、國家、正義、法律得以形成的環境。[138] 馬克思（在《德意志意識型態》手稿）則傾向於認為，先進生產力帶來的相對豐裕，將使人們得以超越分工和私有財產，以及國家、正義、權利、法律等等。[139] 從其基本特徵來看，馬克思式的豐裕共產社會，接近於普芬道夫所謂的「消極共同體」。儘管《德意志意識型態》未動用這個概念，但《手稿》明確拒斥了「積極的共同體系統」。對於消極共同體與積極共同體之分，馬克思並不陌生。[140]

五、個人交換的終結

　　馬克思在轉向共產主義之際，除了主張揚棄私有財產外，也一併拒斥了金錢／貨幣、貿易、競爭、市場、工資勞動、分工等等——也就是整個商品生產與交換的體系。自 1844 年〈論詹姆士·密爾〉和《經濟學哲學手稿》以降，他吸納了恩格斯〈政治經濟學批判大綱〉對市場／競爭的批

137　Stedman Jones（2002: 164-173）。

138　Horne（1990: ch. 1）、Tuck（1979）。

139　另見 Rawls（2007: 354-372）論馬克思與正義。

140　「積極的共同體系統」見 Marx（*MECW*, 3: 296）。參見第三章第六節。Stedman Jones（2002: 171）表示：馬克思是否讀過蘇格蘭啟蒙論者的人類社會「四階段理論」，難以確知；雖然馬克思讀了《國富論》，但《國富論》並未直接探討四階段理論。不過，隨著馬克思筆記的陸續問世，如今我們知道，他在 1844 年至 1845 年初閱讀了弗格森（Adam Ferguson）和米勒（John Millar）的著作，並留下摘要。Cf. Davidson（2012: 114）。因此，他在 1845 年年底開始撰寫《德意志意識型態》手稿以前，對於蘇格蘭啟蒙的四階段理論已有所悉。但消極共同體和積極共同體之分，是不是從這個管道進入馬克思的視野，則未可知。

判：市場供需的不穩定性，使人受制於偶然性的擺布。[141]《手稿》把私有財產、市場、工資勞動、分工和金錢，視作一個異化的整體。《德意志意識型態》則宣稱無產階級將起而消滅分工和私有財產，以及供需關係。

> 隨著私有制的揚棄，隨著共產主義式的生產調節……，供需關係的力量將化為烏有，人們將把交換、生產及他們相互對待的方式，重新納入自己的控制之下。[142]

為了取得對經濟生活的有意識／理性控制，必得全盤揚棄供需關係。這個立場在巴黎已經形成，後於《德意志意識型態》得到鞏固。

1847 年《哲學的貧困》進一步要求「個人交換」的揚棄。這裡所謂的「個人交換」，係指在社會分工體系下，彼此分離的行動者為了交換而生產，各自做出自己的生產決定，並自行與他人進行交換。19 世紀中葉的資本主義市場經濟，在馬克思的理解，正是這樣一種個人交換的體系。但個人交換不僅止於實存的市場交換。普魯東式的勞動交換（詳見下述）雖看似不同於實存的市場交換，但從馬克思的視角，其仍是一種社會性不足、不受理性支配的個人交換。要言之，馬克思反對一切未經預先計畫的、外於理性調控的自發性經濟交換，連同一切以交換為目的的生產。

馬克思與普魯東

1844 年以降，隨著馬克思自己理論體系的逐漸成形，他和普魯東的分歧也從隱性漸變為顯性。《手稿》批評普魯東要把社會變成一個抽象資本家，以兌現工資平等。[143] 但普魯東與時俱進，1840 年《何為財產？》中的工資平等論，並沒有維持太久。《手稿》通過對工資平等論的質疑，凸

---

141 參見第三章第四節。
142 Marx and Engels（*MECW*, 5: 48），馬恩（馬恩全集 I，3：40）。
143 Cf. Proudhon（1994 [1840]: 94-99）。參見第三章第六節。

顯出馬克思自己「揚棄工資勞動」的立場。[144] 後來在《神聖家族》，馬克思為了貶抑鮑威爾，刻意表彰了法國物質主義、社會主義與共產主義的貢獻。他表示《何為財產？》是「法國無產階級的科學宣言」，儘管它對私有財產的批判還不夠徹底，未能把「工資、貿易、價值、價格、貨幣等，也視作私有財產的形式」。普魯東是「從政治經濟學的立足點去批評政治經濟學」，雖做出了一定貢獻，但未達恩格斯〈政治經濟學批判大綱〉的理論高度。[145]

　　繼 1846 年 2 月成立了共產主義通訊委員會後，馬克思欲邀請普魯東加入該會。但他要求普魯東斷絕與格倫的往來，普魯東不為所動，甚至替格倫辯護。[146] 合作之議遂不了了之，馬克思後來更為文痛批「真社會主義者」格倫。[147] 1846 年 8 月，恩格斯前往巴黎進行活動，期能削弱格倫的影響力，但成效有限。《貧困的哲學》在 1846 年 10 月問世後，馬克思更感到腹背受敵。《貧困的哲學》德文版的譯者不是別人，就是格倫。再由於馬克思自己的經濟學專著一再拖延，與他簽約的出版社遂要求解約。[148] 1847 年 5 月，這家出版社發行了格倫譯的《貧困的哲學》德文版，加上格倫的長篇導讀。[149] 正是在此背景下，馬克思（以法文）寫出《哲學的貧困》一書，針對普魯東展開批判。[150]

　　《哲學的貧困》雖未達成壓制普魯東的目的，卻是馬克思獨自掛名出

144　Marx（*MECW*, 3: esp. 280）。

145　Engels and Marx（*MECW*, 4: 41, 32, 31）。

146　Marx（*MECW*, 38: 39-40），1846 年 5 月 5 日致普魯東。Proudhon（*MEGA2*, III/2: 203-205），1846 年 5 月 17 日致馬克思。

147　馬克思公開批判格倫的文字有兩篇，一短一長。短篇〈反卡爾‧格倫〉（*MECW*, 6: 72-74）刊於 1847 年 4 月。長文在 1847 年 8 月至 9 月刊於《西伐利亞汽船》，是一篇書評，主要攻擊格倫不懂法國社會主義。這篇書評的內容，亦見於《德意志意識型態》第二冊手稿（*MECW*, 5: 484-530, 604 fn. 128），故其成文時間較早。由於是恩格斯的筆跡，不排除它的主要作者是恩格斯。

148　該合約簽於 1845 年 2 月 1 日（*MECW*, 4: 675）。

149　Stedman Jones（2016: 219）、Tribe（2015: 223-225）。

150　Stedman Jones（2016: 216-219）。

版的第一本書。他高度看重此書，後於《資本論》第一卷多次引為對照。
不過，《哲學的貧困》針對普魯東的經濟學批評，因涉及過多的細節而乏
人問津。此書最有名的一些段落，與普魯東幾乎都沒有直接關係，主要是
涉及馬克思自己的生產力發展史觀，以及關於分工、罷工、階級鬥爭的若
干說法。例如，「手工磨給你一個封建主的社會，蒸汽磨給你一個工業資
本家的社會」。又如，一旦階級和階級對抗消失不見，將「不再有所謂的
政治權力」。[151] 再者，《德意志意識型態》所用的「交往形式」一詞，在
《哲學的貧困》被改為「生產關係」。[152] 生產力發展史觀的基本陳述，從
此大約固定了下來，亦即：當生產力發展到了一定階段，將被現存的生產
關係阻礙，從而帶來生產方式的根本變革。[153]

　　另外，《哲學的貧困》指向「生產力」和「階級對抗」的發展連動
性：

　　　從文明開始的那一刻起，生產就開始建立在級別、等級和階級的對
　　抗上，最後建立在積累勞動和直接勞動的對抗上。沒有對抗就沒有進
　　步。這是文明直到今天所遵循的法則。目前為止，生產力就是憑藉著
　　這種階級對抗的系統而發展起來。

在馬恩論述中，生產力的發展帶動階級鬥爭的發展，這是較常見的說法。
但《哲學的貧困》強調：生產力憑藉著階級對抗而發展。以及，「在一切
生產工具中，最大的生產力就是革命階級本身」。[154] 這些說法是否融貫一
致，或仍有商榷的餘地，但此處不贅。

　　再回到普魯東。《哲學的貧困》對普魯東的主要批評，並非普魯東不
理解歷史發展的動力。這至多只是附帶的、次要的批評。馬克思寫作《哲

151　Marx（*MECW*, 6: 166, 212）。
152　Marx（*MECW*, 6: 160, 165, 174, 202, 209）。
153　另見第六章第四節。
154　Marx（*MECW*, 6: 132, 211），馬克思（馬恩全集 I，4：104）。

學的貧困》的更大目的，是通過對普魯東經濟學的批評，彰顯自己才是這方面的行家。為了駁斥普魯東的科學宣稱，馬克思也跟著標榜自身的科學性。由於《貧困的哲學》引入了勞動價值，馬克思被迫也要釐清自己對勞動價值的看法。正是在此脈絡下，他首度援用李嘉圖的價值論。

勞動交換及其不滿

價值是《貧困的哲學》第二章的主題。其核心思想是：勞動是唯一的價值基準和財富來源。據此，它指向（但未詳細闡發）一種以勞動時間作為交換基準的新秩序。[155] 比方說，如果你工作 2 小時，你就創造了 2 小時的勞動價值。假使你用 2 小時做出一根針，這根針就相當於 2 小時的價值。要是你的朋友以 4 小時做出 1 個蛋糕，他就可以用 1 個蛋糕跟你交換 2 根針，以此類推。[156]

這種平等交換的思路，先前已出現在若干英國論者（常被稱作「李嘉圖派社會主義者」）的論說。[157] 在英國，以勞動時間（簡稱「工時」）作為交換基準的理論與實踐，叫作「勞動交換」。其基本觀念可歸納如下：勞動是價值的唯一（或最主要）來源，唯有勞動才能創造價值；但在當前體制下，工人創造出來的大部分勞動價值，遭到系統性的剝奪；故應建立一個平等交換的新秩序，讓工人的回報相當於其勞動付出，讓產品的交換價值相當於其工時含量。[158]

從操作面來講，此種勞動交換論常遭到以下質疑。首先是關於勞動價

155　Proudhon（1972 [1846]: ch. 2, esp. 124-126）。

156　這只是舉例說明其基本邏輯，故未把人工以外的其他成本納入考量。

157　Cf. N. Thompson（1984: chs. 4-5）、Claeys（1987: chs. 4-5）。

158　另見 Cohen（1988: ch. 11）論「大眾版」勞動價值論。「勞動是價值的唯一來源」和「唯有勞動才能創造價值」這兩項宣稱，構成了大眾版（或工運版）勞動價值論的內核。馬克思後來（約自《政治經濟學批判大綱》起）也吸納了這兩項宣稱，儘管他本人並不是勞動交換論者。勞動交換論的特殊之處，主要是它把大眾版勞動價值論（1）運用於理想的未來社會；（2）嫁接於平等交換的問題意識。

值的計算。比方說，張三用 1 小時做出一頂帽子，李四用 2 小時做出同樣一頂帽子，那麼，李四是否創造了 2 倍於張三的價值？如果完全不考慮勞動效率而只看勞動時數，又是否公平？如果產品的「工時價格」是固定的，不因供需關係而改變，難道不會出現供過於求或供給不足，乃至嚴重的經濟失衡？

針對普魯東版的勞動交換論，馬克思提出各方面的批評，當然也包括上述等質疑。值得特別一提的有以下幾項，因其關聯到後來馬克思自己的勞動價值論。其一，李嘉圖的價值論預設了實存的市場競爭環境，普魯東的價值論則抽離於現實。其二，普魯東搞錯了工資的價值含量。其三，普魯東未認識到：一旦脫離了競爭環境，簡單勞動和複合勞動將難以換算，低效率勞動的問題亦難以解決。其四，比普魯東版更完善的勞動交換論，早在1839年已由英國論者布雷（John Francis Bray）提出，惟不具可行性。

按李嘉圖的理論，產品的均衡價格係由產品的（交換）價值所決定；產品的（交換）價值大致是由生產該產品所需的勞動量（必要勞動時間）決定。[159] 在馬克思看來，商品的交換價值／相對價值由其工時量決定，已得到李嘉圖的科學證明。這個經濟現象發生於實存的競爭環境，而不是對未來社會的臆想。普魯東的價值論則脫離了現實，從一種外於實存市場的角度去空談勞動價值，這必導致種種難題。[160]

勞動交換論者多主張工人應得到（近乎於）全部的勞動成果。比方說，如果你用 10 小時生產出 10 頂帽子，你的工資或所得的價值，就該等於 10 頂帽子的價值，也就是 10 小時勞動的價值。對於這種工資論，馬克思的批評是：普魯東根本搞錯了工資的價值。馬克思運用李嘉圖的論點，指工資勞動作為一種商品的價值，相當於工人的必要維生成本。他還引述

159　Ricardo（1983 [1821]: ch. IV）。值得提醒的是，李嘉圖不認為勞動是價值的唯一來源。對他而言，勞動時間並非價值的唯一決定因素，因為價值還取決於其他變數如機器、生產週期等。但他宣稱，勞動是價值的最主要來源。Cf. Cohen（1988: 210, 224-226）、Peach（1993: 174-175）。另見第七章第二節。

160　Marx（*MECW*, 6: 121-124, 131-132）。

了李嘉圖的以下說法：

> 通過減少維持生活的食物和衣服的自然價格，去減少人們的維生成
> 本，工資終將下降 —— 即使對勞動力的需求也許大幅增加。[161]

《資本論》第一卷關於「通過降低工人維生用品的價值，以榨取相對剩餘價值」的分析，或可回溯至這句重要的引文。[162]

　　自從《哲學的貧困》把工資的價值等同於工人的必要維生成本，它從此成為馬克思經濟學的一大支柱。儘管馬克思要到 1850 年代才發展出剩餘價值論，但剩餘價值論不可或缺的工資定義，則已出現在《哲學的貧困》。普魯東等勞動交換論者宣稱，工人本該得到其全部勞動的價值，卻遭到了嚴重剝奪。馬克思雖不同意普魯東的大多數見解，但他亦認為「無償勞動」或「遭竊工時」的現象不僅存在，而且需要解釋 —— 這是剩餘價值論的重要起因。[163]

　　馬克思的另一項批評是：普魯東以實際工時作為交換基準，必遭遇價值換算的難題。在勞動交換秩序下，非但產品的價格（理論上）是固定的，也無法通過市場競爭去決定不同勞動的相對報酬。然而，「你每小時的勞動和我每小時的勞動是不是等值？這是要由競爭去解決的問題」。此外，「據一位美國經濟學家的意見，是競爭決定了一天的複合勞動包含多少天的簡單勞動」。[164]

> 一個東西的價值不是由生產它的時間所決定，而是由生產它的最少
> 可能時間所決定，而這個最低值又是由競爭來確定。暫且假定沒有競

161　Marx（*MECW*, 6: 124-125）。

162　Marx（C1: 432-433, 436-437）。另見第七章第五節。

163　Cf. Tribe（2015: 190-192）。

164　Marx（*MECW*, 6: 126-127），馬克思（馬恩全集 I，4：96）。

爭,因而沒有任何辦法去確定生產某個商品的最低所需勞動,那會出現什麼情況?按照普魯東先生的理論,只要把別人僅用 1 小時就能生產出來的同樣物品,用上 6 小時去生產,就有權利去要求交換到 6 倍於別人的東西。[165]

馬克思亦對布雷提出批評,藉以貶抑普魯東。他列舉出 1820 年代以降多位英國論者的著作,指其為普魯東式勞動交換論的前身。然後,他大幅摘抄布雷 1839 年《勞動的錯誤與勞動的補救》中的相關段落,包括布雷的以下陳述:

> 在平等交換下,一個人的得益不會是另一個人的損失,因為到時每一次交換只不過是勞動和財富的轉移,不需要任何犧牲。……現在所謂的利潤和利息,在平等交換制度下不會繼續存在。……如果一個人工作一星期,另一個人只工作半星期,那麼,前者的報酬就會比後者多一倍;但是,前者多得的報酬並不損害後者的利益……。每個人都用自己所得的工資去交換同樣價值的商品……[166]

相比於普魯東的晦澀,布雷清晰了許多。布雷主張一種以工時作為基準的平等交換,並視之為進入更高級的「共同體」系統以前的過渡階段。馬克思把布雷稱作「英國共產主義者」,但質疑其過渡方案的可行性。[167] 在布雷的過渡方案中,勞動者的個人收入相當於其實際工時,產品的價格相當於其所需工時。完全沒有利息和利潤。勞動者若想消費更多,就得有更多的工作時數。無論勞動者加入哪個合作社或合股事業,「個人收入相當於

---

165 Marx(*MECW*, 6: 136),馬克思(馬恩全集 I,4:107)。

166 Marx(*MECW*, 6: 138, 141),馬克思(馬恩全集 I,4:113-114)。

167 Marx(*MECW*, 6: 142, 138)。Cf. Bray(1839)。馬克思在 1845 年夏訪問曼徹斯特期間,閱讀了布雷《勞動的錯誤與勞動的補救》一書,並做了大量筆記。見 Musto(2020a: 410)。

實際工時」的原則不變。

馬克思宣稱：布雷 1839 年的著作，已充分揭示了普魯東從過去、現在到未來的所有論說。換句話說，如果布雷是錯的，普魯東就更不必提了。為了批評布雷，馬克思以一個兩人經濟為例。他問：要是張三勞動了 6 小時，李四勞動了 12 小時，兩個人開始交換，這種交換經濟如何可能維繫？如果李四停下來等張三，這意味著生產過剩，失業將難以避免。要是李四自行消費其剩餘產品，這就證明了：

> 他不需要**為了交換而生產**。一個建立於**交換和分工**之上的社會的整個假設，也就不攻自破。……因此，設若社會成員都是直接勞動者，則只有在事先同意要用多少時間於物質生產的條件下，工時的等量交換才是可能的。但這種協議是對**個人交換**的否定。[168]

布雷假設的是一個 500 萬人的經濟，馬克思卻僅以兩人經濟作為靶子，難稱是合理的批評。[169] 但他想得出的結論是清楚的，亦即：勞動交換是一種「為了交換而生產」、「建立於交換和分工之上」的體系。和布爾喬亞社會一樣，它是一種立足於「個人交換」的經濟秩序，必導致生產過剩、失業等危機，使人受制於不可控的偶然性。

終究來說，個人交換「對應於特定的生產方式，生產方式本身對應於階級對抗」。只要個人交換繼續存在，階級對抗也就繼續存在。反之，「沒有階級對抗就不會有個人交換」。[170]

計畫生產 vs. 個人交換

要是不存在勞動市場，不同勞動的相對價值將難以估定。如上所示，

---

168 Marx（*MECW*, 6: 138, 142-143），馬克思（馬恩全集 I，4：115-116）。

169 Cf. Moore（1993: 32-34）。

170 Marx（*MECW*, 6: 138, 144）。

這是馬克思對普魯東的一項主要批評。但另一方面，馬克思似乎不反對共產主義計畫生產以「工時」作為計量的基準：「只有在**事先同意**要花多少時間於物質生產的條件下，**工時的等量交換**才是可能的」。[171] 此外，「用於生產某個產品的時間，將從它的社會效用的大小去決定」。[172]

因此，非關個人交換的「工時的等量交換」，或將存在於共產社會。從《哲學的貧困》到《政治經濟學批判大綱》再到《資本論》和〈哥達綱領批判〉，馬克思都不否認未來將以「工時」作為經濟計算的重要依據，但他強調：在共產社會，工時將已無涉「價值」。[173] 這裡值得一提的是：由於共產社會已無市場競爭，馬克思憑藉「工時」去配置生產資源、分配個人消費品的計畫經濟設想，就和普魯東、布雷等人的勞動交換論一樣，也將遭遇「你每小時的勞動和我每小時的勞動是不是等值？」的難題。關於此，待後續章節再論。[174]

《哲學的貧困》表達的立場是：一切「為了交換而生產」的經濟秩序，皆不可取。普魯東等人的勞動交換，也許不同於實存的市場交換，但殊途同歸，依然是建立於分工和交換。彼此分離的行動者各自為政，為了交換而進行生產，並做出各自的生產與交換決定——此即馬克思所謂的「個人交換」。在他看來，一切建立於個人交換的經濟秩序，都是理性不足、社會性短缺的，必導致「生產的無政府狀態」。只要個人交換繼續存在，人們就將持續受制於偶然性，而無法取得對物質生產的理性／有意識控制。[175]

是以，馬克思不僅反對實存的市場建制，還拒斥一切立足於個人交換

171　Marx（*MECW*, 6: 144）。

172　Marx（*MECW*, 6: 134）。在此，「社會效用」何所指、該如何計算、由誰決定等問題，皆未得到討論。恩格斯在《反杜林論》（*MECW*, 25: 295）亦觸及「消費品的效用」及其之於生產計畫的重要性，但也未提出更具體的說明。另見第七章第九節。

173　Cf. Nove（1991: pt. 1）。

174　另見第六章第六節、第七章第四節和第九節、第九章第四節。

175　Marx（*MECW*, 6: 137-138）。

的經濟秩序。他認為，隨著階級對抗的發展，無產階級勢將推翻布爾喬亞統治。屆時，經濟生產將取決於「生產力的總和」與「實存需要的總和」的關係。生產不再是為了交換，個人交換將不復存在。[176]

　　關於共產社會的經濟組織，恩格斯向來比較露骨。他在 1843-1844 年之交已倡議計畫生產，[177] 馬克思則相對含蓄。恩格斯在 1845 年 2 月一次公開演講中，稱共產社會將以「需要」為據，推行理性化、組織化的生產；並表示「中央權威」根據統計數字，很容易就可以判斷出各種需要的質與量。[178] 他在 1847 年 10 月底的〈共產主義原則〉再度重申：革命無產階級將「把一切資本、一切農業、一切工業、一切交通和一切交換，都愈來愈集中在國家的手裡」；共產社會將「依照一個相符於可得的工具與全社會的需要而制定的計畫」去從事經濟生產。[179]《哲學的貧困》所謂「生產力的總和」與「實存需要的總和」的關係，與恩格斯可謂互相呼應，只是同樣未提供細節。

　　不同於《德意志意識型態》，馬克思在《哲學的貧困》區分了「社會面的分工」與「工作坊內的分工」：「社會範圍內的分工愈不受權威支配，工作坊內的分工就愈發達，就愈從屬於單一個人的權威」。[180] 市場的無政府狀態愈烈，工作坊內的威權主義也就愈烈。[181] 在這兩種分工之中，馬克思更反對的是不受控制的社會分工（或更確切地說，市場分工）。工作坊內的分工及其專制傾向，則似未得到同等強度的批判。

176　Marx（*MECW*, 6: 175-176, 143）。

177　E.g. Engels（*MECW*, 3: 413），1844 年 1 月〈《泰晤士報》論德國共產主義〉。參見第三章第四節。

178　Engel（*MECW*, 4: 246-247），1845 年 2 月 8 日在艾柏菲爾（Elberfeld）的演講。

179　Engels（*MECW*, 6: 351-352），〈共產主義原則〉，寫於 1847 年 10 月底。

180　Marx（*MECW*, 6: 185），馬克思（馬恩全集 I，4：166）。

181　《哲學的貧困》關於分工的討論，受惠於 Andrew Ure 和 Charles Babbage，見 Marx（*MECW*, 6: 188-190, 186）。其批評對象是《貧困的哲學》論及分工和機器的第三章和第四章，見 Proudhon（1972 [1846]: chs. 3-4）。Cf. Tribe（2015: 231-232）。

如果我們把現代工作坊內的分工當作典範，把它運用於整個社會，那麼，組織得最有利於財富生產的社會，無疑是由單一主要雇主按預先制定的規則，把任務分配給共同體不同成員的社會。[182]

當然，馬克思並未主張共產社會效法工作坊內的專制主義。但《資本論》第三卷和第一卷描述的後資本社會的勞動組織，看似接近於「把現代工作坊內的分工當作模範，把它運用於整個社會」。[183]再者，前引文字與《德意志意識型態》「化勞動為自活動」的提法，有相當顯著的距離。設若現代工作坊內的分工是由「單一主要雇主」發號施令，設若共產主義計畫生產將把這種分工運用於全社會，那麼，此種計畫生產和每個人「隨興之所至」的「自活動」能相容嗎？[184]在多大程度上，此種計畫生產將得以免除（或至少削減）威權主義和專制主義？這些都是重要問題，容後再論。

從《哲學的貧困》可以看出，馬克思式計畫生產的獨特性，不在於簡單的反私有制，也不僅僅在於生產工具的公有化，而在於它把「揚棄私有財產」、「全盤反市場」和「消滅個人交換」扣連了起來，故顯得格外徹底。在西方世界，財產共有或公有的思想，有很深的基督教淵源；質疑或反對私有制的立場，其實並不罕見。[185]但重點是：儘管私有制的反對者往往也要求抑制競爭，但他們未必主張根除市場交換，或馬克思所謂的「個人交換」。

換言之，馬克思並不是私有制的一般反對者。他要求徹底消除一切「事實上的」（de facto）私有財產，無論其法權形式為何。他的思路是：推翻私有制不能只改變財產的法權形式，還必須消滅金錢和市場，並杜絕個人交換。否則，各自為政的經濟單元無論其產權形式為何（不管是

182　Marx（*MECW*, 6: 184），馬克思（馬恩全集 I，4：165）。

183　另見第七章第五節和第八節。

184　《哲學的貧困》不曾出現「自活動」一詞。

185　參見第三章第三節。

私有還是集體所有、合作所有、公有、國有，或其他混合形式），都仍將受到偶然性的擺布。只要「事實上的」私有財產和個人交換繼續存在，則生產的無政府狀態、生產過剩、不穩定的供需關係、市場的無政府狀態等，皆無可避免。[186]

雖然《哲學的貧困》常被看作是對「市場社會主義」的批判，但普魯東等勞動交換論者是否算是市場社會主義者，仍不無疑義。一方面，他們都反對實存的市場競爭，都反對起伏不定的供需關係，都反對大資本對小生產者或合作生產者的宰制。另一方面，他們都主張某種純化的、和諧的、自發的經濟交換，即以工時為基準的等價交換。以普魯東為例，他反對實存市場環境下的惡性競爭，卻不反對某種理想化的、被拔掉了牙齒的競爭。[187]可以說，這個立場頗不同於當代（1980年代以降）大多數所謂的「市場社會主義」。[188]

正因為《哲學的貧困》的批判對象是普魯東，它質疑的不僅是實存的商品生產、市場競爭、市場交換，還擴及一切建立於「個人交換」的經濟秩序。對個人交換的拒斥，從此成為馬克思共產思想的基本面。

六、革命策略、路線鬥爭

在布魯塞爾，伴隨著新史觀（生產力發展史觀和階級鬥爭史觀）的成形，還出現了一套特定的革命戰略。它有兩個重要面向：一是關於無產階

---

186 Adaman and Devine（1997: 54-55）。另見 McNally（1993）、Devine（1988; 2019）、Chattopadhyay（2018）。

187 見 Proudhon（1972 [1846]: ch. 5）論競爭。另見 Marx（*MECW*, 6: 190-195）的批評。

188 關於馬克思與市場社會主義，另見 Selucký（1979）、Elson（1988）、Mandel（1988）、Blackburn（1991）、Nove（1991）、McNally（1993）、Moore（1993）、Roemer（1994）、C. Pierson（1995）、Gray（1995）、Schweickart et al.（1998）、Schweickart（1993; 2011）、Bockman（2011）、Bardhan and Roemer eds.（1993）、Roosevelt and Belkin eds.（1994）。

級和布爾喬亞的決定性鬥爭；另則是關於後發國（尤指德國）脈絡下的布爾喬亞革命。

《德意志意識型態》有關無產階級革命的論點，已說明於本章第三節，此處不贅。其基本設想是：隨著生產力的普遍發展，大多數社會成員都將淪為悲慘的無產者，進而形成一種要求徹底革命的共產主義意識；革命無產階級將擊敗碩果僅存的布爾喬亞，占有國家權力，把所有生產力都集中在國家手裡，推行有計畫的生產，消滅一切階級統治及階級本身。《哲學的貧困》進一步表示，隨著兩極分化和階級對抗的愈演愈烈，無產者、工人群眾將會團結起來，成為一個有意識的為己階級。[189] 上述等論點後來以更精煉的方式，重申於《共產黨宣言》。

本節關注的是馬克思革命戰略的另一面向，即共產黨人在德國應「先支持布爾喬亞革命」的主張。顯而易見，這相當不同於〈《黑格爾法哲學批判》導言〉「德國人對政治革命無能為力，只能直取人類解放」之說。但它最早是在何時形成，則難以確知。在「所謂〈費爾巴哈章〉」的原始手稿中，雖然馬恩宣稱生產力的普遍發展是共產主義的必要前提，卻也同時表示：像德國這樣的後發國，因已捲入與更先進工業國的競爭，其無產階級的階級運動並不遜色。[190] 在此，似不存在德國無產階級應「先支持布爾喬亞革命」的語意。

但馬克思在 1846 年 3 月底的一次聚會中，當眾羞辱了德國共產主義者魏特林。[191] 事後魏特林說：馬克思堅稱「目前不可能談到共產主義的實現」，因為「布爾喬亞必須先成為舵手」。[192] 約自此時起，在德國「先支持布爾喬亞革命，再推翻布爾喬亞階級統治」，成為馬克思革命戰略的基本面。

189　Marx（*MECW*, 6: 175-176, 211）。

190　Marx and Engels（*MECW*, 5: 74-75）。

191　Stedman Jones（2016: 214-215）。

192　McLellan（1995 [1973]: 141）。

先支持布爾喬亞革命

1845 年 2 月，恩格斯、赫斯等一行人，赴巴門和艾柏菲爾宣講共產主義。恩格斯在兩場演講中，告訴他的中產階級聽眾：共產主義在德國是可以、也應該和平實現的，不妨先從免費教育、濟貧和累進稅制做起。[193]當時，恩格斯仍在進行《英國工人階級狀況》的寫作。該書把英國憲章主義工運扣連到現代工業，視之為無產階級對布爾喬亞的階級鬥爭。[194] 但在艾柏菲爾，恩格斯卻強調德國可以和平實現共產主義，何故？

簡言之，彼時恩格斯仍接受赫斯的多線發展論。照赫斯的說法，英法德各擅勝場：英國將最先爆發社會革命，但法德的各自路徑又與英國不同。[195] 某種多線發展論亦見於馬克思 1844 年的著作，尤其〈《黑格爾法哲學批判》導言〉。此文指德國布爾喬亞形成太晚，過早地面臨無產階級的挑戰，以至於欠缺推翻封建專制的革命意志。因此，德國走不通法國的布爾喬亞革命道路。德國既不可能、也不該以布爾喬亞革命（或純政治革命、政治解放、政治共和）作為目標，而應當直奔無產階級革命。這是馬克思在巴黎時的立場。[196]

在巴黎，雖然馬克思已開始使用無產階級、布爾喬亞等階級概念，但「階級鬥爭」尚未得到強調。〈導言〉提到布爾喬亞和貴族、教士之間的等級鬥爭，把法國布爾喬亞視作普遍階級，並把無產階級當作未來的普遍階級。不過，「無產階級和布爾喬亞的階級鬥爭」尚未被凸顯出來。當〈評一個普魯士人〉論及國家時，完全沒有展露出階級國家的視角，不管是把國家看作布爾喬亞的禁臠，還是視之為階級鬥爭的場域。《神聖家族》談到無產階級的歷史任務，但仍未強調階級鬥爭。1845 年春寫於布魯塞爾，被恩格斯當作「唯物史觀」明證的〈費爾巴哈提綱〉，也絲毫沒

193　Engels（*MECW*, 4: 243-264, esp. 253-255, 263），1845 年 2 月 8 日、15 日在艾柏菲爾的演講。

194　Engels（*MECW*, 4: 295 ff.）。

195　Stedman Jones（2016: 141-142）。

196　參見第二章第五節。

有階級鬥爭的蹤影。[197]

　　回頭來看，恩格斯在《英國工人階級狀況》把現代工業關聯到無產階級的興起，以及無產階級對布爾喬亞的鬥爭，這對馬克思產生了啟發作用。[198] 馬克思之所以主張在德國「先支持布爾喬亞革命」，與《德意志意識型態》代表的理論進展可謂息息相關。首先，如果高度發達、普遍發展的生產力是共產主義「絕對必要的實踐前提」，則在生產力相對低落的德國，也許該先讓布爾喬亞成為統治階級？布爾喬亞統治將催生廣大的無產階級，加速兩極分化，使階級對抗愈演愈烈，這似乎也是「先支持布爾喬亞革命」的重要理由。

　　馬克思對德國布爾喬亞的政治觀感，在 1847 年也發生了變化。儘管青年馬克思強烈反對普魯士專制，但在《萊茵報》時期，他對自由派的「立憲」和「開全國議會」兩大訴求並不熱中。1843 年 3 月告別《萊茵報》後，他對普魯士自由派更是心灰意冷。但 1847 年年初以降，普魯士自由派看似振作了起來。藉國王欲舉新債而召開「聯合會議」之機，自由派要求落實「無代表就不納稅」原則，也就是主張立憲和設立常態性的全國代議機構。由於國王堅拒立憲也無意開全國議會，來自各省等級會議的自由派代表遂拒絕在舉債問題上妥協。[199]（這個僵局一直未解，直到 1848 年 3 月爆發了三月革命，國王才不得不暫時低頭。）在馬克思看來，普魯士自由派在 1847 年的抬頭，意味德國的布爾喬亞革命已不遠矣。他最直白的「先支持布爾喬亞革命」的政治表態，集中出現在 1847-1848 年。

　　在 1847 年 9 月〈《萊茵觀察家》的共產主義〉[200]一文中，馬克思表示：

197 Stedman Jones（1977: 96-98）。

198 Stedman Jones（1977: 98-104）。另見 Engels（*MECW*, 4: 562-583）在《英國工人階級狀況》論英國布爾喬亞對無產階級的態度。

199 Clark（2007: 342, 458-462）。參見第一章第二節。

200 Marx（*MECW*, 6: 220-234），〈《萊茵觀察家》的共產主義〉，1847 年 9 月 12 日刊於《德意志－布魯塞爾報》。馬克思攻擊的是《萊茵觀察家》上的一篇匿名文章，其作者是後來與俾斯麥過從甚密的 Hermann Wagener。

　　無產階級不想知道布爾喬亞只是想怎麼做，但關心它被迫會怎麼做。對無產階級來說，問題在於到底是當前的政治系統即官僚統治，還是自由派為之奮鬥的布爾喬亞統治，才能幫助他們達成自己的目的。只要把無產階級在英國、法國和美國的政治地位，跟其在德國的遭遇比較一下，就可以看出：布爾喬亞統治不僅使無產階級在反對布爾喬亞的鬥爭中得到嶄新的武器，還讓無產階級得到不同於以往的地位，即成為一種被承認的力量。

再者，

　　無產階級當然不會對等級的特權有任何興趣。但如果議會能夠提出陪審制、法律之前人人平等、廢除徭役、出版自由、結社自由和真正的人民代表制的要求，……這樣的議會將可望得到無產階級最強力的支持。
　　……這種人民首先要向陛下要求一部憲法，連同普選權、結社自由、出版自由和其他令人不快的東西。[201]

比起 1842-1843 年馬克思在《萊茵報》上的文字，這段話對普魯士／德國布爾喬亞自由派的支持之意，明顯要強烈了許多──幾乎前所未有。《萊茵觀察家》在自由派聲勢高漲的時刻，欲見縫插針，挑起工人和共產主義者對自由派的不滿，並強調相信國王、接受「基督教的社會原則」才是正途。馬克思則予以迎頭痛擊，指「布爾喬亞和人民聯合起來推翻貴族」才是無產階級的真實利益所在。[202]
　　當然，布爾喬亞統治並非無產階級的最終目標，共產主義才是。馬克

201　Marx（*MECW*, 6: 222, 228），馬克思（馬恩全集 I，4：210、215）。
202　Marx（*MECW*, 6: 233, 231, 232-233），馬克思（馬恩全集 I，4：221、218、220）。

思在 1847 年 10 月底〈道德化的批評和批評的道德〉[203] 一文中，為了拉開他與激進共和派海因岑（Karl Heinzen）的距離，特別強調布爾喬亞革命只是工人革命的必經之途，而不是工人的終極目標。

> 　　德國工人相當清楚：絕對王權為了討好布爾喬亞，會毫不猶豫地向工人敬以霰彈和皮鞭。與其忍受絕對政府及其半封建侍從的粗暴壓迫，何不接受**布爾喬亞的直接統治**？工人非常明白：布爾喬亞比起絕對王權，不但一定會向他們做出更多讓步，而且布爾喬亞出於其工商業利益，必定會違背自身意願，替工人的團結開創條件……。工人知道，保留封建的財產關係，並不能消滅布爾喬亞的財產關係。他們知道，**布爾喬亞對抗封建等級與絕對王權的革命運動**，只會加速工人自己的革命運動。他們知道，他們自己跟布爾喬亞的鬥爭，只有在**布爾喬亞勝利之日**才能開始。儘管如此，他們不會同意海因岑先生的布爾喬亞幻想。他們能夠也必定會接受**作為工人革命的前提的布爾喬亞革命**。但他們絲毫不會把布爾喬亞革命當作自己的**終極目標**。[204]

海因岑是激進的共和派，主張以強力推翻王權、締建共和。1845 年在布魯塞爾，海因岑與馬克思的圈子有所往來，彼此相識。馬恩在 1847 年年底猛攻海因岑，起因是海因岑公開批評、反對共產主義。[205] 就 1847 年的馬克思而言，他對於不同於自己的其他政治路線，幾乎是錙銖必較。他唯一網開一面的，似乎是堅定反對半封建的專制王權、但不公開質疑共產主義的布爾喬亞自由派、民主派或共和派。[206] 誰要是攻擊共產主義，他絕對不假辭色，加倍奉還。儘管海因岑是普魯士王權的敵對者，甚至是最激進的

203　Marx（*MECW*, 6: 312-340, 682 fn. 133），〈道德化的批評和批評的道德〉，1847 年 10 月底成文，10 月底至 11 月連載於《德意志－布魯塞爾報》。

204　Marx（*MECW*, 6: 332-333），馬克思（馬恩全集 I，4：346-347）。

205　恩格斯在 1847 年 10 月發表了兩篇對海因岑的短評，見 Engels（*MECW*, 6: 291-306）。

206　Stedman Jones（2016: 242-243）。

政治共和派，但海因岑詆毀了共產主義，故引來馬克思的檄文〈道德化的批評和批評的道德〉。

　　1843 年以降，馬克思只要談到共和主義，幾乎都是持批判態度。政治共和雖有其進步性，但不夠徹底、為德不卒，從來都解決不了貧窮與失業——這是馬克思在巴黎時的觀點。但因批判對象之不同，他強調的重點也不同。〈評一個普魯士人〉對盧格的民主共和主義，《神聖家族》對鮑威爾的雅各賓共和主義，幾乎都是一味貶抑。[207] 相對來說，1847 年對海因岑的批評，要顯得溫和了許多。工人接受「作為工人革命的前提的布爾喬亞革命」和「布爾喬亞的直接統治」，因為布爾喬亞對工人的讓步更多，也更有利於工人團結。無論海因岑有何幻想，工人之所以支持布爾喬亞革命，正是為了實現作為終極目標的工人革命。

　　但「布爾喬亞的直接統治」真的有利於無產階級嗎？

　　在馬克思著作中，「無產階級悲慘化」命題首見於〈《黑格爾法哲學批判》導言〉：無產階級被銬上了「徹底的鎖鏈」，是「人的完全喪失」。[208]《手稿》進一步探究悲慘化的經濟學證據。[209]《德意志意識型態》把無產化的大眾視作共產主義的必要前提，指其須遭遇不堪忍受的異化力量，才會起而革命。[210] 由此觀之，馬克思的真實立場似乎不是「布爾喬亞的直接統治」將改善工人處境，而是這種統治更有助於壯大無產階級的階級運動。

　　對馬克思來說，工資滑落只是悲慘化的一面，而不是悲慘化的全貌。但不同於《資本論》第一卷對工資的更複雜看法，[211] 馬克思在布魯塞爾受李嘉圖某些說法的影響，認為工資有繼續探底的趨勢。[212] 在 1847 年 12 月

207　參見第三章第七節。

208　Marx（*MECW*, 3: 186）。參見第二章第五節。

209　參見第三章第六節。

210　參見本章第三節。

211　另見第七章第四節、第八章第二節。

212　關於工資漲跌，李嘉圖有截然不同的兩種說法。Cf. Ricardo（1983 [1821]: 93, 96-97）論「勞動的自然價格」的上漲趨勢，以及風俗習慣對工資的影響。另見第七章第二節。

《雇傭勞動與資本》講稿[213]中，工資係由工人的底線維生成本決定。由於機器取代了工人，助長了工人間的競爭，降低了維生產品的價格，故工資將向下沉淪。從工資和利潤的相對比例來看，工資的占比也只會持續減少。[214] 那麼，如果這就是「布爾喬亞的直接統治」的必然結果，它對工人有利嗎？

在 1848 年 1 月 9 日〈論自由貿易〉演說中，馬克思向布魯塞爾民主協會的聽眾表示，他支持的是自由貿易而非保護主義。

　　先生們，不要以為我們批評商業自由，就有捍衛保護主義的意思。……總的來說，關稅保護制度現今是保守的，自由貿易系統則是有破壞力的。自由貿易瓦解了舊有的**民族性**，使無產階級和布爾喬亞的對抗到達了頂點。一言以蔽之，**自由貿易加速了社會革命**。只有在這種革命意義上，先生們，我贊成自由貿易。[215]

在自由貿易系統下，「工人必得經受經濟規律的全部災難」。此指「商品勞動的規律」，也就是「最低工資的規律」。讓工人及其子嗣得以苟活的最低支出，就是最低工資；由於更廉價、更低劣的食品不斷出現，「最低工資也不斷降低」。這個經濟規律的威力「隨著自由貿易的實現而加強」，貿易愈是不受阻礙，「最低工資的規律」就愈起作用。[216]

按此邏輯，自由貿易愈是伸張，工人就愈是悲慘。自由貿易使工人陷入不堪忍受的境地，「加速了社會革命」——這是馬克思支持自由貿易的

---

213 《雇傭勞動與資本》直到 1849 年 4 月才發表於《新萊茵報》（*MECW*, 9: 197-228），但是並不完整。另見 1847 年 12 月的部分手稿（*MECW*, 6: 415-437）。

214 Marx（*MECW*, 9: 208-209, 227, 221）。Cf. Tribe（2015: 232-235）、Mandel（1977: 143-144）。

215 Marx（*MECW*, 6: 465, 695-696 fn. 246），馬克思（馬恩全集 I，4：458-459），1848 年 1 月 9 日〈論自由貿易〉演說。

216 Marx（*MECW*, 6: 463, 462），馬克思（馬恩全集 I，4：456、455）。

理由。換句話說，他自己並不相信「布爾喬亞的直接統治」真能改善工人生活。恰恰相反，此種統治必使工人更加悲慘，就連「最低工資也不斷降低」，故有助於工人形成最徹底的革命意識。

如果布爾喬亞統治只會讓工人更加悲慘，何以工人還要支持布爾喬亞成為統治階級？這是不少激進工人和共產／社會主義者的疑惑。後來在 1848 年 3 月以降的德國革命過程中，馬克思積極鼓吹工人「先支持布爾喬亞革命」，但遭遇不小的阻力。關於此，留待下一章再論。[217]

路線鬥爭

馬克思在 1846 年 2 月創建共產主義通訊委員會的主要目的，是要介入德國共產／社會主義圈的路線爭論，以擴大自己的影響力。從某個角度來看，他的政治活動不無成效，因其促成了正義者同盟的改組，並使他成為改組後（改稱共產主義者同盟）第一份路線綱領（即《共產黨宣言》）的作者。但在其他方面，卻難稱成功。例如，《哲學的貧困》對普魯東的批判，並未掀起任何漣漪。馬恩對魏特林的年輕友人克利蓋（Hermann Kriege）的批評，廣被認為氣度狹小。[218] 他們對格倫的苛刻批評，也不只是普魯東看不過去。[219]

1844 年堪稱是德國社會主義的元年。在西里西亞織工抗爭等事件的推波助瀾下，「社會問題」浮上檯面。普魯士國王鼓勵各界提出建言，並號召基督教慈善機構投入扶貧。「社會主義」一詞也逐漸脫敏。此後，親普魯士官方的「威權政府社會主義」漸趨抬頭，起到了混淆視聽的作用。[220] 在這一波（即第一波）德國社會主義熱之中，除了親官方的威權社會主義外，還有另一類社會主義 —— 所謂「真社會主義」—— 特別為馬克

217　另見第五章第四節。

218　Marx and Engels（*MECW*, 6: 35-51），1846 年 5 月〈反克利蓋的通告〉。

219　Stedman Jones（2016: 215-219）、Sperber（2013: 188-189）。

220　Cf. Stedman Jones（2016: 139-141; 2002: 33-37）論德國親官方社會主義的源起。

思所不容。

　　《德意志意識型態》第二冊手稿的前言，把「真社會主義」斥為小布爾喬亞思想，指其用黑格爾或費爾巴哈的哲學術語，去貶抑「不科學」的英法社會／共產主義。這種自以為是的德國「真社會主義」，動輒訴諸人和人性，視而不見階級鬥爭的現實性。[221] 由於馬克思直到《神聖家族》仍以人本主義者自居，這些批評彷彿是以今日之我去責難昨日之我。《手稿》曾極力推崇費爾巴哈，但 1846 年以降，受費爾巴哈影響的「真社會主義」卻被馬恩打成了錯誤思想。

　　德國新興的人本社會主義者，主要是以費爾巴哈和赫斯的人本主義作為理論資源。但即使是受到費爾巴哈或赫斯影響者，也互有差異，難以一概而論。以馬克思最敵視的格倫為例，格倫本來是在赫斯〈金錢的本質〉和馬克思〈論猶太人問題〉的啟發下，才成為一位社會主義者。格倫活躍於德國移工群體，和普魯東多所往來，主張消滅工資勞動、消滅無產階級，並非沒有階級觀念。但和普魯東一樣，格倫反對暴烈革命，拒斥階級戰爭 [222] —— 這其實也是 1840 年代不少法國社會主義者的立場。[223]

　　1847 年，馬克思開始公開批評格倫。[224] 但隨著被納入「真社會主義」範疇的論者愈來愈多，它變得更加寬泛，更不具識別力。[225] 到了《共產黨宣言》，「真社會主義」幾乎變成了德國社會主義的同義詞。《宣言》指稱，「真社會主義者」非但不支持布爾喬亞，還跟專制王權同流合汙。[226]

221　Marx and Engels（*MECW*, 5: 455-457）。附帶一提，《德意志意識型態》第二冊手稿中的第五章（*MECW*, 5: 531-539, 606 fn. 143），可能是赫斯所寫，魏德邁爾也參與其中。

222　Stedman Jones（2016: 210-212）、Sperber（2013: 181-185）。

223　參見第三章第二節。

224　Marx（*MECW*, 6: 72-74），1847 年 4 月〈反卡爾・格倫〉。以及 Marx（*MECW*, 5: 484-530, 604 fn. 128），〈評格倫《法國和比利時的社會運動》〉，1847 年 8 月至 9 月刊出，不排除是恩格斯所寫。

225　這種寬泛化的趨勢，參見 Engels（*MECW*, 5: 540-581, 607 fn. 144），〈真社會主義者〉（未完成手稿），停筆於 1847 年 4 月中旬。

226　Marx and Engels（*MECW*, 6: 510-513）。

但同流合汙之說，至多只適用於親官方的威權社會主義者，而不適用於馬克思的眼中釘格倫，及其他運動黨陣營中的社會主義者。後者無論是不是「真社會主義者」，在 1848 年革命中都站在反專制的一邊。[227]

　　當然，馬克思也有說對的地方。他相當敏銳地觀察到，在新興的德國社會主義者中，存在一種德國特色的去政治化性格。後來在 1848-1849 年德國革命的過程中，雖然工人團體得到一定的活動空間，但不少工人寧可與政治保持距離，起初甚至不願涉入選舉。此與德國社會主義去政治化、反政治化的傾向，的確是有關的。但這是後話。[228]

　　在德國海外的共產／社會主義圈中，格倫是馬克思主要的競爭對手。當時最具規模、在流浪的德國手工業者中扎根最深的激進團體，是 1836 年在巴黎成立的正義者同盟。成立之初，該同盟最青睞魏特林的基督教革命共產主義。上一章論及，魏特林在宗教問題上來回反覆。1842 年《和諧和自由的保證》拿掉了基督教元素，但隔年，他又變回了基督教勇武派共產主義者。[229] 此後，魏特林的影響力逐漸消退。正義者同盟在艾韋貝克（Hermann Ewerbeck）的領導下，先是被卡貝的和平漸進共產主義吸引，1844-1845 年則轉向了格倫。[230]

　　但最終出現了一個破口，使馬恩得到壓制格倫的良機。正義者同盟在創建之初，受巴貝夫主義感召，是一個準備陰謀奪權的祕密會社。它當時之所以採納魏特林路線，與魏特林的巴貝夫主義成色也是有關的。1839 年，若干同盟成員參加了布朗基和巴貝斯發動的巴黎起義。失敗後，他們逃到倫敦，在倫敦組建了一個頗富活力的同盟分部，並創立「德國工人教育協會」，藉以舉辦公開活動、吸納新的會員，並拓展社會網絡。[231] 倫敦分部的要角是夏佩爾（Karl Schapper）、鮑爾（Heinrich Bauer）和莫爾

227　Sperber（2013: 212-213）。

228　另見第五章第四節。

229　Stedman Jones（2002: 42-46; 2016: 213-214）。參見第三章第三節。

230　Stedman Jones（2016: 219-220）。

231　另見 Lattek（2006: ch. 2）論 1840-1849 年間的德國工人教育協會。

（Joseph Moll）。[232]

　　在倫敦分部的辯論中，卡貝主義被宣告出局。魏特林結合了基督教財貨共同體和巴貝夫主義的路線，在 1846 年 1 月遭到拒絕。在宗教問題上，倫敦分部更偏向歐文的理性主義無神論，或赫斯的無神論人本主義。政治上，1847 年已是山雨欲來風滿樓，革命的味道飄蕩在空氣之中。歐文的和平主義愈發不具說服力，但另一方面，夏佩爾等人又擔心魏特林的回歸。畢竟，在同盟成員中，激進的勇武革命派不在少數。[233]

　　正是在此情況下，同盟倫敦分部和在布魯塞爾的馬克思團體，愈走愈近。馬克思最耿耿於懷的，是格倫（尤其在巴黎）與日俱增的影響力。但在倫敦，格倫尚不成氣候。1846 年 11 月，正義者同盟的中央委員會從巴黎移轉到了倫敦。隔年 1 月，莫爾親赴布魯塞爾，邀請馬克思加入同盟。1847 年 6 月 1 日，正義者同盟正式改組為共產主義者同盟。[234] 11 月底，馬克思以布魯塞爾民主協會代表的身分，赴倫敦參加「兄弟民主派」紀念 1830 年波蘭起義的大會。但此行更重要的行程，是共產主義者同盟中央委員會的章程會議。

　　該委員會在冗長的討論過後，採納了馬克思的建議，把同盟宗旨從宣揚和實現「財貨共同體」改為：

> 推翻布爾喬亞，樹立無產階級統治，消滅以階級對抗為基礎的舊布爾喬亞社會，建立沒有階級、沒有私有財產的新社會。

在連續開了 10 天的會議中，馬克思究竟是如何說服同盟中央接受他的主張，並未留下紀錄。在德國「先支持布爾喬亞革命」的路線，會中很可能也被提出來討論。但有多少與會者表示贊同，則不得而知。[235]

232　McLellan（1995 [1973]: 149-152）。
233　Stedman Jones（2002: 45-49; 2016: 219-220）。
234　McLellan（1995 [1973]: 152-153）。
235　McLellan（1995 [1973]: 156-157）。

七、「一切固定的東西都煙消雲散」

　　同盟中央賦予馬克思和恩格斯一項任務，即依據會議共識，擬出一份新的共同綱領──此即《共產黨宣言》的由來。雖然馬克思參考了恩格斯的初稿〈共產主義原則〉，[236] 並把恩格斯列為共同作者，但《宣言》是馬克思一人寫成，帶有鮮明的個人色彩。作為同盟的內部文件，《宣言》在1848年2月付印。但2月下旬，七月王朝瞬間垮臺，法蘭西第二共和宣告成立。3月中旬，維也納和柏林也進入革命狀態。《宣言》因突如其來的革命而被擱置一旁。

　　德國三月革命爆發後，馬克思認為《宣言》不盡合乎當下的革命需要。在他看來，德國還不到推動共產革命的時候，當務之急是先促成布爾喬亞革命。雖然《宣言》已表明德國共產黨人將先促成布爾喬亞革命，[237]但《宣言》的主旨是共產革命，這不利於聯合布爾喬亞自由派。於是，《宣言》被馬克思冷凍了起來，未擴大流通。[238] 1872年要出版這本冊子時，馬恩把篇名改為《共產主義宣言》，並強調它只是歷史文件，部分內容已經過了時。[239] 任誰都有沒料到，被凍結了24年才正式發行的《宣言》，竟成為20世紀讀者最多的一本政治手冊。

　　這本冊子以生動的文字，先刻劃「布爾喬亞生產」的爆發力、全球擴張，及其破舊立新的革命效應，並預言無產階級的興起。它接著勾勒共產黨的性質，乃至共產革命的基本輪廓；進而批評其他的社會／共產主義；最後，提及共產黨人在各國應結盟的對象。在理論方面，《宣言》取材

---

236 〈共產主義原則〉見 Engels（*MECW*, 6: 341-357）。

237 Marx and Engels（*MECW*, 6: 519）。

238 Cf. Stedman Jones（2002: ch. 2）。1848年2月印出後，《宣言》在倫敦仍有少量流通，並連載於德國移民的刊物。3月，有1,000份《宣言》從倫敦寄達革命中的巴黎，但此時馬克思已有意淡化共產主義色彩，遂另擬了行動綱領〈共產黨在德國的要求〉。見 McLellan（1995 [1973]: 177），另見第五章第一節。

239 Marx and Engels（*MECW*, 23: 174-175），《共產黨宣言》1872年德文版序言。

自《德意志意識型態》和《哲學的貧困》。在實踐方面，則大致歸結了
1846-1847 年的革命策略思維。

布爾喬亞：共產主義的孕母

　　《宣言》以「共產主義的幽靈在歐洲遊蕩」破題。時值 1848 年革命
前夕，連年的糧食危機和就業危機，加上政治反對運動的抬頭，已經讓有
識之士看到革命的預兆。[240] 歐洲的統治者與建制派，彼時對「危險階級」
和共產主義也特別提心吊膽 [241] —— 此即「共產主義的幽靈」之所指。

　　《宣言》最具渲染力的第一節，題為〈布爾喬亞和無產者〉。它的第
一段話是：「迄今一切社會的歷史都是階級鬥爭的歷史」。此種**普遍化**的
階級鬥爭觀點，稍早已出現在《德意志意識型態》和《哲學的貧困》。它
把法國語境下的無產階級和布爾喬亞的階級鬥爭，擴大運用於其他社會；
再把「階級」和「階級鬥爭」向前回溯，稱其適用於**迄今一切社會**。但當
然，馬克思最關注的是「布爾喬亞時代」。後者的最大特徵，據稱是整個
社會分裂為兩個直接對立的階級，即布爾喬亞和無產階級。[242]

　　先看布爾喬亞。隨著現代工業和世界市場的建立，布爾喬亞「在現代
的代議國家裡奪得了獨占的政治統治」。現代國家的行政權「不過是**管理
整個布爾喬亞共同事務**的委員會」。布爾喬亞「除非對生產工具，從而對
生產關係、對全部社會關係不斷地進行革命，否則就不能生存下去」。不
斷的生產變革，動搖了一切社會關係，使「**一切固定的東西都煙消雲散，
一切神聖的東西都被褻瀆**」。布爾喬亞開拓了世界市場，「使每個國家的
生產和消費都有了世界性格」。世界市場帶來的互相交往，使「民族的片
面性和局限性日益成為不可能」。[243]

240　Cf. M. Levine（1998）論《宣言》的社經脈絡。

241　Stedman Jones（2002: 36-37）。

242　Marx and Engels（*MECW*, 6: 485）。

243　Marx and Engels（*MECW*, 6: 486-488），馬恩（馬恩全集 I，4：468-470）。

　　布爾喬亞「在它不到 100 年的統治中所創造的生產力，比過去一切世代創造的全部生產力還要大，還要多」。封建制度的滅亡，是因為封建財產關係阻礙了發展起來的生產力，「變成了束縛生產力的桎梏」。如今，布爾喬亞也已面臨「現代生產力對現代生產狀況的反抗」。此種反抗顯現於週期性的商業危機，即**生產過剩**的危機。與此同時，現代工業催生出了現代工人／無產階級。[244]

　　現代工業引入機器、擴大分工，使工人變成了機器的附屬品。工資僅足以維持工人和他的後代的底線生存。然而，無產階級的人數不斷增加，力量也日益增長。中間階級的下層「即小商人、小店主和小食利者，手工業者和農民」，都逐漸跌入無產階級的隊伍。現代工業亦為工人團結創造了條件：

　　　　布爾喬亞無意中造成而又無力抵抗的工業進步，使工人通過聯合而達到的革命團結，代替了他們由於競爭而造成的分散狀態。於是，隨著現代工業的發展，布爾喬亞賴以生產和占有產品的基礎本身也就從它的腳下被挖掉了。布爾喬亞所生產的，首先是它自身的掘墓人。布爾喬亞的滅亡和無產階級的勝利同樣不可避免。[245]

《宣言》還引入了形成於《德意志意識型態》手稿的意識型態終結論，包括民族性的消亡。

　　　　現代的工業壓迫，現代的資本壓迫，無論在英國或法國，在美國或德國，都是一樣的，都使無產者失去了任何**民族性**。**法律、道德、宗教**，在他們看來全都是掩蓋布爾喬亞利益的布爾喬亞偏見。[246]

244　Marx and Engels（*MECW*, 6: 489-490），馬恩（馬恩全集 I，4：471-472）。

245　Marx and Engels（*MECW*, 6: 490-492, 495），馬恩（馬恩全集 I，4：473-474、478-479）。

246　Marx and Engels（*MECW*, 6: 494-495），馬恩（馬恩全集 I，4：468-470）。

上述等主要論點，幾乎都已出現在《宣言》以前的文字，特別是《德意志意識型態》和《哲學的貧困》。階級的兩極分化、生產過剩的危機，工人淪為機器的附屬品等提法，甚可追溯至《經濟學哲學手稿》。

共產黨、共產革命

關於共產黨的角色，馬克思在第二節〈無產者和共產黨人〉中表示：共產黨人「不是和其他工人政黨相對立的特殊政黨」，「沒有不同於整個無產階級的利益的自身利益」，也「不提出藉以塑造無產階級運動的任何派性原則」。共產黨人和其他工人政黨的唯一區別在於：共產黨人關注「整個無產階級不分民族的共同利益」，且「始終代表整個運動的利益」。共產黨人的理論結論，並不是建立於特定的改革理念或原則，而是（如《德意志意識型態》指出）[247] 表現了「源自於現存的階級鬥爭，我們眼前的歷史運動的真實關係」。

這些提法不免高度抽象。但除此之外，還有兩個更具體的論點。其一，無論是在實踐方面，還是在理論方面，共產黨人都比其他工人政黨、其餘的無產階級大眾**更先進**。其二，共產黨人的立即目標是「使無產階級形成為階級，推翻布爾喬亞統治，由無產階級奪取政治權力」。

關於共產黨人的「先進性」宣稱，首先應該避免一種誤解，即1848年的馬克思已有列寧主義式的革命先鋒黨概念。但我們也應該注意到，共產黨人更「清澈地理解無產階級運動的條件、進程和一般結果」的先進性宣稱，常被「自命先進者」用來正當化自身的政治獨斷、權力壟斷。[248]

至於「由無產階級奪取政治權力」，則是馬克思自《德意志意識型態》以降的一貫立場。但無產階級取得政權後，該做些什麼？馬克思說服了夏佩爾等同盟要員，接受以「消滅私有財產」和「消滅階級」而非「財

247　Cf. Marx and Engels（*MECW*, 5: 49）。

248　Marx and Engels（*MECW*, 6: 497-498），馬恩（馬恩全集 I，4：479-480）。另見 Löwy（2003: ch. 3）論馬克思在 1846-1848 年的黨理論。

貨共同體」作為主要訴求。

　　不過，「消滅私有財產」之說，卻又衍生出另一些疑慮。一種見解是：由於無產者的悲慘源自於沒有財產，故應當使無產者變成有產者，而不是讓他們繼續無產下去。為了消解這類顧慮，《宣言》區分**私有財產**和**個人財產**，指共產主義不會把個人財產變為社會財產，只是把資本收歸社會所有。

　　　　把資本轉變為屬於社會全體成員的共同財產，並不是把個人財產變為社會財產。這裡所改變的只是財產的社會性格。它將失去它的階級性格。[249]

在此，非關資本的「**個人財產／個人性**」何所指，未得到說明。私有財產和個人財產之分，先前已出現在 1844 年《手稿》，後來亦見於《資本論》第一卷。[250] 但在抽象的理論陳述外，馬克思並沒有舉出任何實例，以釐清「個人財產」的具體所指。

　　同樣在第二節，馬克思又重申了民族性消亡論：

　　　　工人無祖國。我們剝奪不了他們原來沒有的東西。既然無產階級首先必須取得政治統治，上升為民族的階級，把自身確立為民族，所以它本身暫時還是民族的，不過這完全不是布爾喬亞所理解的那個意思。

　　　　……人對人的剝削一終止，民族對民族的剝削也會隨之終止。民族內部的階級對抗一消失，民族之間的敵對關係就會隨之消失。

何為「民族的階級」？無產階級又如何「把自身確立為民族」？這些說法

249　Marx and Engels（*MECW*, 6: 499），馬恩（馬恩全集 I，4：481）。
250　Marx（*MECW*, 3: 268; C1: 929-930）。

都不夠明晰。但值得注意的是，儘管馬克思聲稱「工人無祖國」，並預言「民族之間的敵對關係」將會消失，但他至少務實地承認無產階級「暫時還是民族的」，必須先推翻本國、本民族的布爾喬亞統治。[251]

在第二節的最後，馬克思論及共產革命的基本面。在他看來，布爾喬亞促成生產工具的集中化，使財產集中在少數人手裡，而這必導致「政治的集中化」。[252] 順勢而為的廣大無產階級，將奪取已高度集中的政治權力。第一步是「使無產階級上升為統治階級，**贏得民主的戰役**」。然後，動用自己的政治霸權「逐步奪得布爾喬亞的一切資本，**把所有生產工具集中在國家手裡**，即組織為統治階級的無產階級手裡，並盡可能快速地增加生產力的總量」。為了達成這個目標，必須得「對財產權與布爾喬亞生產的狀況進行專制性的（despotic）干預」。儘管最初步的手段一定不夠充分，但隨著革命升溫，將會有更進一步的舉措，終使布爾喬亞生產無以為繼。[253]

革命過渡之初，無產階級可推行下列等初步措施：消滅地產，把地租用於公共支出；徵收高額累進的所得稅；廢除繼承權；沒收流亡者和叛亂者的財產；建立壟斷性的國家銀行，把信貸集中在國家手裡；運輸業集中在國家手裡；擴充國有的工廠和生產工具，按計畫開墾荒地和改良土壤；平等的勞動義務，並成立產業軍，特別是在農業領域；結合農業和工業，逐步消滅城鄉對立；給兒童免費的公共教育，廢除當前的童工形式，結合兒童教育與工業生產。[254]

這些只是革命過渡的初步措施，非指過渡以後的共產社會。此外，由於《宣言》是共產主義者同盟的路線文件，成文前在倫敦會議中已有冗長討論，故需要求同存異。事實上，馬克思本人不僅主張生產工具的全盤公有化／社會化，以及理性的計畫生產，還要求全面廢除市場和金錢，揚棄

251　Marx and Engels（*MECW*, 6: 502-503），馬恩（馬恩全集 I，4：487-488）。

252　Marx and Engels（*MECW*, 6: 488-489）。

253　Marx and Engels（*MECW*, 6: 504），馬恩（馬恩全集 I，4：489-490）。

254　Marx and Engels（*MECW*, 6: 505），馬恩（馬恩全集 I，4：490）。

一切個人交換。但《宣言》僅論及「把所有生產工具集中在國家手裡」和「消滅地產」，未言明其他。

雖然《宣言》並未提出革命過渡的時間表，但從上下文來看，過渡是漸進但快速的。

再者，當無產階級完成了革命過渡，公權力將失去政治性。

> 當階級差別已經消失，當所有生產都集中在聯合起來的個人手中，**公權力將失去其政治性格**。所謂的政治權力，只是一個階級藉以壓迫另一階級的組織化權力。……如果通過革命，無產階級使自己成為統治階級，強力消滅舊的生產條件，它將消滅階級對抗和一切階級的存在條件，從而也*消滅它自己的階級統治*。

屆時，將獲致一個「**每個人都自由發展**」的聯合體。[255]

無產階級的階級統治

我們不妨追問：何以高度集中化的無產階級統治、無產階級國家，終將使每個人都自由發展？先前在《德意志意識型態》手稿，「每個人的自由發展」係建立於一套消滅分工、揚棄勞動、化勞動為自活動的設想。《宣言》則沒有這方面的陳述。它未曾提及消滅分工（只說要逐步消滅城鄉對立），亦未引入自活動的概念。這使得「每個人的自由發展」成為一句斷言，缺乏必要的理論支撐。

無產階級終將「消滅它自己的階級統治」之說，亦值得商榷。按馬克思的推論，隨著現代工業的發展，大多數社會成員都將淪為無產階級。由於社會財富和政治權力已集中在極少數人的手裡，無產階級可望順利實現「政治的集中化」，並奪取已經高度集中化的生產力。一旦無產階級消滅

255　Marx and Engels（*MECW*, 6: 505-506），馬恩（馬恩全集 I，4：490-491）。

了布爾喬亞私有財產，剷除了布爾喬亞生產的存在條件，使布爾喬亞消失殆盡，那麼，全社會將只剩下無產階級。由於階級是一種關係，如果只剩下無產階級，就等於沒有階級。

換句話說，當無產階級的階級統治貫徹到了極致，完全消滅了階級敵人，也就消滅了自己的階級統治。屆時，將已經沒有被無產階級統治的對象。隨著階級統治、階級鬥爭、階級對抗、階級關係、階級本身的終結，無產階級的政治／國家也將一起告終。既然無產階級國家已完成了革命過渡，它也就自動喪失了政治性／國家性，不再成其為政治／國家權力。

馬克思的政治／國家終結論，首見於 1843 年《黑格爾法哲學批判》。彼時，他尚未運用無產階級、階級鬥爭等概念，而是聚焦於政治國家和市民社會的現代分立。國家終結，指的是政治國家的終結；政治終結，係指「抽象的政治性」的終結。但在政治國家終結了以後，某種非政治性的公權力似仍存在。[256] 在《哲學的貧困》和《宣言》，則出現了第二版本，即一種階級鬥爭視野下的政治／國家終結論。它繼續把政治／國家的終結視作未來社會的構成特徵，但宣稱：只要無產階級使自身成為統治階級，集中國家權力以貫徹其階級統治，並完成革命過渡的任務，則階級將不復存在，政治／國家也將一起終結。

問題在於：無產階級「消滅它自己的階級統治」，為政治／國家畫下句點的整套說法，帶有太多的想當然耳。只要任一環節有所偏差，其結果將完全不同於預期。比方說，如果現代工業助長兩極分化的作用力不夠強大，如果無產階級並非社會絕大多數，如果政治分歧有階級以外的其他重要來源，或如果無產階級國家淪為少數（自命先進的）精英的禁臠……，那麼，馬克思的未來願景將根本無從實現。稍一偏離他那種高度理想化的沙盤推演，整個劇情都要為之丕變。20 世紀掛羊頭賣狗肉的馬列主義政權，無一不是如此。

256　參見第二章第三節。

其他的社會／共產主義

在《宣言》的第三節，馬克思把其他的社會／共產主義分作三類。第一類是「反動的社會主義」，又細分為「封建的社會主義」、「小布爾喬亞的社會主義」和「德國的或『真正的』社會主義」。第二類叫作「保守的或布爾喬亞的社會主義」。第三類是「批判的烏托邦社會主義和共產主義」。時至 1848 年年初，馬克思對於法國和英國的社會主義、新興的德國社會主義，以及現代共產主義，都已有長足的認識。但《宣言》對其他派別的批評，卻不盡公允。

關於「封建的社會主義」，馬克思的生動描述並不失真。但他只舉了法國正統主義者、青年英國、基督教社會主義為例，卻未論及德國。實則，德國的「威權政府社會主義」及其他親官方（尤指親普魯士官方）的社會主義，多帶有顯著的半封建色彩，且往往結合了基督教要素。[257]

所謂「小布爾喬亞的社會主義」，馬克思是指西斯蒙弟在法國和英國的部分追隨者。不過，西斯蒙弟是「無產階級」和「生產過剩」等提法的先行者，他對法國社會主義有廣泛的影響，受其啟發者未必都是小布爾喬亞的代言人。

此前，《哲學的貧困》把普魯東視作小布爾喬亞社會主義者。[258] 但《宣言》卻把普魯東當作「保守的或布爾喬亞的社會主義」的最主要代表。顯而易見，這兩種定位不可能都對。較可信的是《哲學的貧困》而不是《宣言》。[259]

《宣言》把「德國的或『真正的』社會主義」也界定為小布爾喬亞思想，並用了相對最多的篇幅去批評這種社會主義。雖未直接點名格倫，但《宣言》對真社會主義的惡評，主要就是針對格倫。為了貶抑格倫，馬克思刻意把「德國社會主義」和「真社會主義」混為一談。1846 年以降，

257　Marx and Engels（*MECW*, 6: 507-508），馬恩（馬恩全集 I，4：491-493）。

258　Marx（*MECW*, 6: 190）。

259　Marx and Engels（*MECW*, 6: 509-510, 513-514），馬恩（馬恩全集 I，4：493-494、498-499）。

馬克思對真社會主義的主要批評是：它迴避階級鬥爭，空談抽象的人性，誤解了法國社會主義。《宣言》維持了這些批評。但除此之外，《宣言》還把格倫和親官方的反動社會主義打成一丘之貉，並生造出「德國的或『真正的』社會主義」這個範疇。

　　《宣言》對真社會主義的最嚴厲指控是：它與專制政府同流合汙，共同打擊布爾喬亞。德國布爾喬亞，特別是普魯士布爾喬亞，正在進行「反抗封建貴族和絕對王權的鬥爭」。這個「自由主義運動」正愈演愈烈。於是，

> 「真正的」社會主義得到垂涎已久的機會，把社會主義的要求和政治運動對立起來，用詛咒異端邪說的傳統辦法詛咒自由主義，詛咒代議政府，詛咒布爾喬亞的競爭、布爾喬亞的新聞出版自由、布爾喬亞的立法、布爾喬亞的自由和平等，並向群眾大肆宣揚，說這個布爾喬亞運動對他們有百害無一利。

易言之，「真社會主義」是專制政府鎮壓工人的武器。它代表一種反動的利益，也就是小布爾喬亞的利益。它有意調動小布爾喬亞對布爾喬亞統治的恐懼，使之團結在專制政府反布爾喬亞的旗幟下。說到底，「現今在德國流通的一切所謂社會主義和共產主義著作，除了極少數例外，都屬於這一類卑鄙齷齪的、令人萎靡的作品」。[260]

　　但「真社會主義者」尤其格倫，真是普魯士專制政府的幫兇或走狗嗎？馬克思的「同流合汙」之說，很快就不攻自破。因為在1848年3月以降的德國革命中，格倫等所謂的真社會主義者，絕大多數是運動黨人而非秩序黨人。

　　最後，「批判的烏托邦社會主義和共產主義」係指聖西蒙、傅立葉、歐文的論說，再加上卡貝，但不包括巴貝夫。那些表達出無產階級訴求的

260　Marx and Engels（*MECW*, 6: 510-513），馬恩（馬恩全集Ⅰ，4：495-498）。

早期革命文獻（此指巴貝夫主義），多倡導「普遍的禁欲主義和最粗鄙的平均主義」，幾乎必然是「反動的」。[261]

聖西蒙等人的烏托邦社會／共產主義，也形成於（無產階級和布爾喬亞的）階級鬥爭尚未充分展開的早期。他們已目睹階級對抗，但由於「階級對抗的發展同步於工業的發展」，他們尚未看到「無產階級解放的物質條件」，故「拒絕一切政治行動，特別是一切革命行動」。他們主要通過對理想社會的描繪，去批評現存社會；並熱中於推動共同體實驗，如法朗斯泰爾、新和諧、小伊卡利亞等。他們的作品雖蘊含了批判要素，卻是鑲嵌於不著邊際的烏托邦。[262]

布爾喬亞革命、無產階級革命

在《宣言》最簡短的第四節，馬克思列出了共產黨人在各國應聯合的對象。在英國，支持憲章主義者；在美國，支持農業改革派；[263] 在法國，支持「社會民主派」（指布朗、勒杜－洛蘭等民主與社會共和派）；在瑞士，支持由「民主社會主義者」和「激進布爾喬亞」等異質要素組成的激進派；在波蘭，支持要求土地改革的民族解放力量。[264] 至於在德國，「無論何時布爾喬亞以革命的方式去行動，去反對絕對王權、封建土地所有制、小布爾喬亞，共產黨人就和布爾喬亞並肩戰鬥」。[265]

彼時，馬克思最關注德國和英國的革命前景。就英國而言，他對於 1847 年再起的憲章主義工運寄予厚望。1847 年 11 月 29 日，他在紀念

---

261 這呼應了《經濟學哲學手稿》對「粗鄙共產主義」的批判，見 Marx（*MECW*, 3: 294-296）。參見第三章第六節。

262 Marx and Engels（*MECW*, 6: 514-517），馬恩（馬恩全集 I，4：499-502）。關於《宣言》的解讀和評論甚多，另見 Stedman Jones（2002）、Cowling ed.（1998）、Carver and Farr eds.（2015）、Derrida（1994）。

263 Cf. Marx and Engels（*MECW*, 6: 667 fn. 38）。

264 Cf. Marx and Engels（*MECW*, 6: 669 fn. 55）。

265 Marx and Engels（*MECW*, 6: 518-519），馬恩（馬恩全集 I，4：502-503）。

1830 年波蘭起義的倫敦大會上表示：「在英國，無產階級和布爾喬亞的矛盾最為尖銳。因此，英國無產階級對英國布爾喬亞的勝利，對一切被壓迫者戰勝他們的壓迫者具有決定意義。所以說，應該在英國解放波蘭，而不是在波蘭解放波蘭」。[266] 不難看出，馬克思殷切期盼英國無產階級的勝利。

恩格斯亦復如此。英國憲章主義者哈尼（Julian Harney）在 1846 年 3 月向恩格斯表示：「你臆測英格蘭很快就有一場革命，我對此存疑。……你預言人民憲章今年就會實現，3 年內就可以消滅私有制，這絕無可能成真。後者〔消滅私有制〕也許將會到來，我也希望如此，但我相信它不會發生在你我有生之年」。[267] 比起馬克思和恩格斯，哈尼對英國的判斷更接近事實。

德國的情況不同於英國，自不待言。《宣言》表示，共產黨人特別關注德國，是因為

德國正處在**布爾喬亞革命**的前夜。比起 17 世紀英國和 18 世紀法國，德國的布爾喬亞革命必將在歐洲文明更進步的條件下，和已有更發達的無產階級的情況下得到實現。因而，德國的布爾喬亞革命將只是**緊接而來的無產階級革命的序曲**。[268]

麥克里蘭（David McLellan）指出，「在當時德國，無產階級事實上不到人口的 5%；即使在英國，布爾喬亞的統治也遠遠稱不上『普遍』」。[269]《宣言》把德國的無產階級革命設定在近期未來，指其將「緊接」布爾喬亞革命而來。但這似乎操之過急。馬克思可能高估了布爾喬亞生產力的政治社會效應，或者說，他低估了發揮這種效應所需要的時間。

266　Marx（*MECW*, 6: 389），馬恩（馬恩全集 I，4：410）。

267　引自 Stedman Jones（2016: 235-236）。

268　Marx and Engels（*MECW*, 6: 519），馬恩（馬恩全集 I，4：503-504）。

269　McLellan（1995 [1973]: 161）。另見 Ree（2013: 541）。

　　當然，馬克思意識到了德國無產階級革命的條件尚不成熟。他之所以主張共產黨人在德國「先支持布爾喬亞革命」，與此直接相關。但在他的論說中，無產階級革命緊接布爾喬亞革命而來，兩者的時間差似乎是很短的。疑義在於：除非布爾喬亞的生產力和階級統治，真能在很短的時間內發揮奇效，否則，縱使出現了成功的布爾喬亞革命，德國可能仍不立即具備（馬克思式）無產階級革命的條件？

　　無論如何，共產主義者同盟的成員還來不及討論《宣言》，法國已於1848 年 2 月下旬爆發了革命。

第五章

————

1848 年革命的起落

一、世紀中葉的革命

　　歷史上，偶有一些特別戲劇化的場景。看似固若金湯的七月王朝，竟在 3 天之內就被推翻，或為一例。

　　王朝末年，爭取選舉權的呼聲高漲。由於政治集會不合法，以吃喝為名義的「改革宴會」或「民主宴會」蔚然成風，動輒吸引上千人參與。[1]在野人士原訂於 1848 年 2 月 22 日，在香榭麗舍大道舉辦一場宴會，卻被首相基佐提前宣告為違法。22 日中午，抗議者發起示威遊行，一路呼喊「基佐下臺」、「改革萬歲」等口號。街頭衝突漸漸升級。隔天，基佐下臺，梯也爾接任首相。在外交部附近，軍人射殺了幾十名示威者，巴黎市民為之沸騰，並迅速築起一千多個路障。在當局倚重的國民衛隊中，亦有不少同情市民的隊員。「公民國王」路易・菲利浦乾脆放棄鎮壓，匆匆逃往英國。24 日，臨時共和政府成立，宣布立即廢除貴族院、保障結社和出版自由、解放殖民地的奴隸、禁止處死政治犯，並宣告將實施男性普選。又於 26 日設立「國家工作坊」以救濟失業。這一新興的共和模式，被稱作「民主與社會共和」。[2]

　　七月王朝一夕變天，是 1848 年革命浪潮中的關鍵事件。「1848 年革命」的起點和終點為何，或無定論可言，但泛指 1847 年 11 月瑞士內戰以降，幾乎席捲歐陸的一波革命潮。它在 1848 年春到達高峰，然後往下坡走，至 1849 年夏已接近尾聲。法國雖非最早變天者，卻是當時政治最先進的歐陸國，其**二月革命**鼓舞了全歐的運動黨人。不多久後，維也納和柏林也爆發人民起義，史稱德國**三月革命**。[3]

1　七月王朝的統治及其反抗者，見 Pilbeam（2014: chs. 7-9, esp. 56-58, 76-84）。

2　關於二月革命，另見 Rapport（2009: 47-57）、Fortescue（2005: ch. 3）、Agulhon（1983: ch. 2）。

3　1848 年革命的一般性介紹，見 Rapport（2009）。更深入的案例研究，見 Wilson ed.（2006）、Evans and Strandmann eds.（2000）、Moggach and Stedman Jones eds.（2018）。另見 Sperber（1994）的綜合研究。關於法蘭西第二共和，參見 Furet（1992: ch. 8）、Fortescue（2005）、Agulhon（1983）、Ellis（2000）等。

　　3 月 3 日，馬克思接到比利時國王簽署的驅逐令，限他 24 小時內離境。他的母親剛剛寄來一筆遺產，比利時政府懷疑這是起義經費，就把他拘留到離境的期限將至，連整理行李的時間都不給他。所幸，法國的臨時共和政府伸出援手，歡迎「勇敢忠誠的馬克思」入境。臨時政府的部長級要員布朗、勒杜－洛蘭、弗洛孔（Ferdinand Flocon）等，係為馬克思的巴黎舊識，亦是《共產黨宣言》所稱共產黨人在法國應聯合的對象。[4] 不過，馬克思並不看好第二共和。抵達巴黎後，他認為法國即將爆發無產階級革命。

　　在二月革命的鼓舞下，一群流浪巴黎的德國民主派與共產黨人，招兵買馬成立軍團，欲跨越邊境攻回德國。作為共產主義者同盟在 3 月 10 日選出的新任主席，馬克思極力勸阻軍事冒進，也反對共產黨人跟民主派結盟。他強調，無產階級革命在法國指日可待，德國共產黨人應留在法國，投入決定性的鬥爭。儘管他勸阻未果，但軍團很快就以失敗告終。[5]

　　3 月 13 日，維也納出現抗爭。出人意表的是，梅特涅竟立刻下臺。15 日，奧地利當局做出讓步，承諾立憲。[6] 18 日在柏林，軍警鎮壓起義民眾，造成數百人死亡。隔日，普魯士國王同意立憲，並表示支持德國統一。29 日，曾是 1847 年自由派立憲運動的要角，亦曾支持《萊茵報》的科隆銀行家康普豪森，被任命為普魯士首相。4 月 1 日，舊的聯合議會自廢武功，宣告普魯士將舉行立憲議會的選舉。[7] 在此變局下，馬克思和他的盟友決定返回德國各地，投入革命。

哪一種革命？

　　3 月下旬，在返回德國以前，馬克思和夏佩爾、恩格斯等幾位同盟

4　Stedman Jones（2016: 246）、McLellan（1995 [1973]: 174-176）。

5　McLellan（1995 [1973]: 176-177）、Stedman Jones（2016: 249-251）。

6　關於維也納革命，見 Evans（2000a: esp. 181-187）、Ward（1970: ch. X）。

7　關於柏林革命，見 Sheehan（1993: 657-668）、Rapport（2009: 57-66）。

人士，擬定了一份行動綱領〈共產黨在德國的要求〉，主張以「單一不可分割的共和國」作為現階段革命目標，並提出 17 項具體要求。它納入了（1）共和主義要素：單一不可分割的共和國（這曾是法國雅各賓的口號）；以人民軍取代常備軍；政治和宗教的完全分開。（2）民主要求：普遍的選舉權和被選舉權；人民代表的有給制。（3）社經層面的訴求：廢止一切封建義務；封建領地和礦業的國有化；地租的國有化；以國家銀行取代私人銀行；交通工具收歸國有；限制繼承權；陡峭的累進稅制；廢除消費稅；設立國家工作坊；普遍和免費的教育等。[8] 這份綱領的政治位置，接近於左翼民主共和、左翼社會民主，比當時法國人所謂的「民主與社會共和」還要激進。[9]

〈共產黨在德國的要求〉與《共產黨宣言》的成文時間，相距不到 2 個月，但兩者有些微妙差異。《宣言》表示，在德國「無論何時布爾喬亞以革命的方式去行動，去反對絕對王權、封建土地所有制、小布爾喬亞，共產黨人就和布爾喬亞並肩戰鬥」。值得注意的是，這裡只說要聯合進步的、革命的布爾喬亞；至於小布爾喬亞，則被視作需要消滅的反動勢力。[10] 但這樣一種對小布爾喬亞的強烈敵意，已不復見於〈共產黨在德國的要求〉。另外，《宣言》不曾直接提出的「共和」和「普選」，在〈共產黨在德國的要求〉被列為頭兩項要求。

兩個文本都觸及財產繼承權。《宣言》主張在革命過渡時，直接「廢除」繼承權。〈共產黨在德國的要求〉則改稱將「限制」繼承權。[11]《宣言》才剛剛把小布爾喬亞（泛指小生產者、部分手工業者，或再加上小農）貶抑為抗拒改變的反動分子，但三月革命爆發後，馬克思審時度勢，很快地

8　Marx and Engels（*MECW*, 7: 3-5），〈共產黨在德國的要求〉，寫於 1848 年 3 月 21-24 日。

9　「社會民主」、「社會共和」、「民主社會主義」等用語，在 1840 年代已經存在。《共產黨宣言》（*MECW*, 6: 518）提及「社會民主派」和「民主社會主義者」。在法國，則還有「民主與社會共和」。

10　Marx and Engels（*MECW*, 6: 519）。

11　Marx and Engels（*MECW*, 6: 505; *MECW*, 7: 4）。

改變了口徑。主因是，他期待小布爾喬亞能成為德國共和／民主革命的助力，或至少不構成阻力。

然而，在〈共產黨在德國的要求〉與 1848 年的德國現實之間，仍有一段不小的距離。這份綱領中的社經要求，不可謂之不多，但其中只有一項（廢止封建義務）後來進入了政治議程。「單一不可分割的共和國」曲高和寡，乏人問津。普遍選舉權也只得到（高度扭曲的）部分實現。但這是後話。

在巴黎擬定的〈共產黨在德國的要求〉，未過多久就和《宣言》一樣，因不合時宜而被束之高閣。回到德國以後，馬克思認為在新的政治環境下，共產主義者同盟作為一個地下組織，已無繼續運作的必要。[12] 該同盟的兩份綱領《宣言》和〈共產黨在德國的要求〉也就變成了歷史文件。雖然馬克思並未放棄「單一不可分割的共和國」和「普遍的選舉權和被選舉權」這兩項目標，但〈共產黨在德國的要求〉的大多數社經要求，後來（此指在德國革命過程中）未得到強調。

馬克思在 4 月初返抵德國，旋即回到科隆辦報。他所籌辦、主編的《新萊茵報》自 6 月 1 日起發刊，自稱「民主的機關報」。發刊之初，他強烈質疑自由派首相康普豪森的妥協傾向。他和恩格斯斥之為「大布爾喬亞」放水派。[13] 這奠定了《新萊茵報》激進民主的基調。直到 1849 年 4 月以前，馬克思除了辦報，也參與民主派的政治活動。他從一開始就鼓吹運動黨人以更堅定的民主信念，以更積極的行動，去對抗君主專制和容克勢力。他的民主／共和革命立場，屬於德國泛民主派中的最激進者。[14]

12　Stedman Jones（2016: 262-263, 297）、McLellan（1995 [1973]: 179）。共產主義者同盟是否完全停止了運作？作為同盟主席，馬克思是否曾下令解散？從何時起，同盟又恢復了活動？這些都仍有疑義，在此不贅。

13　Marx（*MECW*, 7: 108），1848 年 6 月〈康普豪森內閣的垮臺〉；Engels（*MECW*, 7: 73-74），1848 年 6 月〈柏林的革命辯論〉。

14　Cf. Marx（*MECW*, 7: 48-52），1848 年 6 月〈法蘭克福激進民主派與法蘭克福左派的綱領〉。

　　1848 年 8 月 4 日，馬克思在科隆民主協會的演講中表示：「法國人在 1789 年就已經達到的社會發展水平，我們德國人才剛剛抵達」。也就是說，德國當下的革命，接近於 1789 年法國的布爾喬亞革命。[15] 但馬克思認為，法國大革命後來的激進化過程，亦可能發生在德國。[16]

　　《共產黨宣言》曾謂：「德國的布爾喬亞革命將只是緊接而來的無產階級革命的序曲」。[17] 但在科隆，馬克思大致擱置了無產階級革命，而是聚焦在德國的布爾喬亞革命，及其激進化為共和革命的前景。但 1848 年的德國畢竟不是 1789 年的法國。德國自由派和民主派中的溫和大多數，未曾想要一舉推翻舊勢力，只是尋求憲政妥協而已。[18] 部分民主派雖然漸趨激進，但實力有限，難以扭轉革命衰敗的態勢。終究來說，馬克思挪用自法國大革命的若干政治想像，不盡合乎德國的政治現實。

革命挫敗之後

　　1849 年 4 月 14 日，也就是德國民主派 5 月武裝起義的前夕，馬克思等《新萊茵報》相關人士發出聲明，以民主派的「成分太複雜」為由，公開與民主派劃清界線。[19]

　　在此之前，馬克思投身於德國民主派的宣傳和組織活動，相對輕忽了工人的利益訴求，這使他在科隆的工人群體中頗受質疑。[20] 政治地看，在民主派與工人團體之間，存在競爭關係。要同時駕馭兩者，殊為不易。但

15　Marx（*MECW*, 7: 556, 650 fn. 346），1848 年 8 月 4 日馬克思在科隆民主協會的演說紀要。

16　值得一提的是，馬克思把 1789-1794 年間的法國大革命視作一個連續過程，而不是將之切割成兩半（前一半由立憲派或自由派主導，後一半由共和派主導）。後者是布朗等一些法國左派論者的提法。另見 Furet（1988: 29-30）。

17　Marx and Engels（*MECW*, 6: 519）。

18　Cf. Sheehan（1978: ch. 5）論革命過程中的德國自由派。

19　這份退出民主協會的聲明，收於 Marx et al.（*MECW*, 9: 282）。

20　Stedman Jones（2016: 259-262, 289-290）。

令許多人不解的是，何以不斷呼喚民主派積極行動的馬克思，卻偏偏在民主派愈發激進的時候，與之割袍斷義？[21]

1849 年 5 月 16 日，普魯士政府向馬克思發出驅逐令。19 日，《新萊茵報》的停刊號以紅字印刷，宣示追求「工人階級的解放」，但要求科隆工人不要起義，以免給政府以戒嚴的藉口。[22] 馬克思隨即離開科隆，輾轉多地之後，於 8 月 24 日前往英國。在倫敦，他支持、參與共產主義者同盟的重建，與若干「革命共產主義者」結盟，並提出一種「不間斷的革命」論。其最著名的文本是 1850 年 3 月〈共產主義者同盟中央委員會告同盟書〉（簡稱〈3 月告同盟書〉）。[23]

在〈3 月告同盟書〉等同期文字中，馬克思以今日之我否定昨日之我，把他先前寄予厚望的德國民主派，視作共產黨人的大敵。他的說法是：無論是德國民主派，還是法國的社會共和派，本質上都是**小布爾喬亞**勢力。由於這股勢力即將在德國取得勝利，推行其小布爾喬亞階級議程，因此，無產階級須建立獨立的政治隊伍，而不能混雜在小布爾喬亞民主派中替人作嫁。無產階級須做好奪權的準備，務期在民主派贏得選舉勝利、欲停止革命時，繼續推進革命。其目標是施行徹底的中央集權，把一切生產力都集中在自己手中，並以土地國有化制止農民分地。在尚未達成這些目標，也就是尚未消滅一切階級以前，無產階級只能一路革命到底。此即「不間斷的革命」的要旨。[24]

然而，馬克思在革命受挫後的激烈姿態，為時甚短。1850 年 9 月以

21　Stedman Jones（2016: 292-294）。

22　Marx（*MECW*, 9: 467, 469）。

23　Marx（*MECW*, 10: 277-287），1850 年 3 月〈共產主義者同盟中央委員會告同盟書〉。另見 1850 年 4 月馬恩參與連署的〈世界革命共產主義者協會規約〉（*MECW*, 10: 614-615）。

24　Marx（*MECW*, 10: esp. 285-287），〈3 月告同盟書〉。這篇文字被列寧高度看重，因其看似肯認了在工業萌芽之際的農民大國（如 1850 年的法國、普魯士等），發動共產主義革命是可行的。Cf. Blumenberg（1998: 142）。

降，他強力譴責那些聲稱現在就要革命、不達目的誓不甘休的極端派，斥之為不問現實條件的唯意志論者。他指出，英國自 1848 年起的經濟復甦，已排除了革命馬上再起的可能。再者，就算現在取得了政權，也不可能推行無產階級的政策。工人實力不足，還需要「15 年、20 年、50 年」的磨練。據此，他與極端派決裂，並樂觀表示：下一次「危機」到來時，工人革命必將再起。[25]

馬克思在 1850-1852 年的觀點變化，集中呈現在兩個著名文本：一是恩格斯在 1895 年編輯出版的《1848 年至 1850 年的法蘭西階級鬥爭》（以下簡稱《法蘭西階級鬥爭》），收錄了馬克思寫於 1850 年的幾篇法國評論；另則是 1852 年 3 月在美國首發的《路易·波拿巴的霧月十八》（以下簡稱《霧月十八》）。[26] 這些文字對於法蘭西第二共和的興衰，提出了相當精彩的分析。此外，《霧月十八》隱諱地進行了自我批評，默認自己不當地套用法國大革命的範疇，以至於誤解了 1848 年革命的性質。

從 1848 年 3 月〈共產黨在德國的要求〉直到 1852 年 3 月《霧月十八》，馬克思的革命思想處於迅速流變的狀態。但在回到馬克思之前，以下先勾勒 1848 年革命的若干基本面。

二、革命的政經輪廓

在 1847 年 11 月的瑞士內戰中，保守派未得到奧地利的軍援，其結果是激進派獲勝。這讓奧地利帝國顯得外強中乾，因其鎮壓能力被打上了問號。彼時，義大利全境都是奧地利勢力範圍，倫巴第－威尼西亞王國更

25　Marx（*MECW*, 10: 134, 628-629, 626, 135）。

26　《法蘭西階級鬥爭》見 Marx（*MECW*, 10: 43-145）。Cf. Engels（*MECW*, 27: 506-524），1895 年〈《法蘭西階級鬥爭》導言〉。《霧月十八》見 Marx（*MECW*, 11: 99-197），另見本章第五節。

受其直接控制。出乎預料的是，1848 年 1 月的西西里起義事件，旋即觸發了義大利半島上一波抵抗奧地利的運動。2 月底，七月王朝傾覆，法國走向共和。3 月，在慕尼黑、維也納、布達佩斯、威尼斯、克拉科夫、米蘭、柏林等城市，接連出現街頭抗爭，甚至流血衝突。奧、普當局為避免重蹈七月王朝的覆轍，第一時間就做出政治讓步，開了立憲支票，並安撫被壓制已久的德意志民族主義者。[27] 在義大利和德國，絕大多數運動黨人都追求統一，這對奧、普政權構成了嚴峻挑戰。多民族的奧地利帝國還有另一個麻煩，就是其境內的非德意志民族紛紛要求自治。[28]

於是，就在 1848 年的前幾個月，在位的政治權威一個接著一個，被迫答應運動黨人的部分要求。直接垮臺的只有七月王朝，其他政權（如奧、普）則是先退讓再說。各國運動黨人在起義的數天或數週內，看似已取得重要的勝利，且幾乎不費吹灰之力。革命浪潮一時席捲歐洲，只有孤懸海外的英國和半歐半亞的沙俄幾乎不受影響。革命烈度較大者，是法國、義大利、奧地利和普魯士。但約自 1848 年 6 月以降，保守勢力展開反攻，到了年底已占上風。1849 年上半年，又爆發第二波起義潮，但形勢已難逆轉，紛紛遭到壓制。同年 9 月，撐到最後的匈牙利民族運動，也終於不敵奧俄聯軍的鎮壓。[29] 可以說，革命至此告終 —— 儘管波拿巴的復辟圖謀仍在進行之中。

關於 1848 年革命，馬克思留下了大量文字，包括革命期間在《新萊茵報》上的評論，以及事後的分析和反思。若要深入了解他的論說，並評估其得失，勢必也得考察 1848 年革命本身。但受限於篇幅，以下僅選擇與馬克思最相關的若干面向，略述其梗概。

27　Sperber（1994: 111-115）、Rapport（2009: ch. 2）。
28　關於義大利，見 D. M. Smith（2000）。另見 Evans（2000a）論革命中的霍布斯堡帝國。
29　見 Evans（2016: 199-219）、Rapport（2009: ch. 6）論革命的衰敗。

饑荒、失業與工農

　　《共產黨宣言》從「生產過剩」去概括資本主義（或布爾喬亞生產）的週期性經濟危機。[30] 自 1850 年以降，馬克思亦從生產過剩的危機，去界定 1848 年革命的經濟成因。[31] 然而，生產過剩作為「布爾喬亞生產」所內建的危機趨勢，在多大程度上適用於革命前的歐陸，或仍有疑義。這是因為，無論是在革命前的農奴制東歐，還是在工業化程度仍低的歐陸西部，「布爾喬亞生產」都難稱羽翼豐滿。[32]

　　但 1848 年革命確實伴隨著經濟危機而來。從現象面來看，革命前夕嚴重的經濟衰退，助長了大規模失業。經濟衰退又與糧食短缺有關。1840 年代被稱作「飢餓的 40 年代」。1845-1847 年，馬鈴薯病變導致的糧食不足，在愛爾蘭造成 100 萬人餓死。愛爾蘭農民在英國的殖民統治下，高度依賴廉價的、易種植的馬鈴薯作為卡路里來源。在農產品貿易自由化的背景下，農場主偏好經濟價值更高的產品，而不是獲利有限的糧食作物。被高度壓榨的愛爾蘭農民，基本上只有馬鈴薯可吃。一旦馬鈴薯發生病變，跟著漲價的其他糧食又買不起或不可得時，饑荒隨之而至。[33]

　　歐陸未爆發大饑荒，但也受到波及。糧食的短缺和漲價，導致其他經濟需求的縮減，遂令失業問題惡化。[34] 在此情況下，政治不滿也與日俱增。1847 年是普魯士自由派和國王對決的一年，[35] 是法國在野人士頻繁舉辦民主餐會的一年，[36] 也是英國憲章主義工運迴光返照的一年。[37] 這些抗爭

30　Marx and Engels（*MECW*, 6: 489-490）。

31　Marx（*MECW*, 10: 52, 134-135, 490-493）。馬克思的主要診斷是生產過剩，但也提到馬鈴薯病變和 1845-1847 年的糧食危機（*MECW*, 10: esp. 52, 492），並論及貨幣危機（*MECW*, 10: 494-496）。

32　Sperber（1994: 12-13）。

33　見 Donnelly（2002: chs. 1-3）論愛爾蘭的馬鈴薯大饑荒。

34　Sperber（1994: 105-107）。

35　Clark（2007: 458-462）。參見第一章第二節。

36　Pilbeam（2014: 76-81）。

37　D. Thompson（1984: ch. 13）。

的政治訴求，如立憲、男性普選等，稱不上是被經濟決定的。但 1845 年起擴及全歐的糧食短缺，1847 年嚴峻的經濟衰退，及其加劇的失業和貧困，無疑是政治衝突的助燃劑。

1848 年革命也有經濟上的遠因，只是其分量較難以估定。以法德為例，從 1815 年至 1848 年，大多數居民的實質收入是下降的。社會財富持續增加，分配狀況卻逐漸惡化，多數平民的生計在顛簸中往下坡走。只不過，貧富差距擴大的元凶，尚不是未成氣候的大工業資本主義。在 1840 年代，縱使是工業最先進的英國，其工廠工人仍遠遠不是社會多數。至於在經濟落後的歐陸，此類現代工人更屈指可數；[38] 在零星的工業腹地外，蒸汽引擎、紡織機、大工廠仍屬稀少，鐵路也才開始興建。在商業資本較發達的地區，工資勞動者增多，但他們未必已完全失去生產工具。只要生計艱困，就有動機成為工資勞動者。惟家庭幫傭以外的工資勞動者，大都不是工廠工人，而是外包工。其中除了進城的農民工外，也有收入低落或不穩定的手工業者、小生產者，或其他平民。外包經濟像是一個長長的鏈條：商業資本家雇用的最大工頭，又雇用了第二大工頭，第二大工頭又雇用了第三大工頭……等等。[39]

在 1848 年革命中，城鎮居民最關切失業問題。法國臨時政府設立的「國家工作坊」，接近於一種以工代賑的失業救濟，名之為對「工作權」的保障。但國家工作坊只維持了 4 個月，就在保守派的壓力下遭到廢除。這導致 1848 年 6 月下旬的失業者起義，隨之而來的軍事鎮壓和巴黎戒嚴，以及卡芬雅克（Louis-Eugène Cavaignac）將軍得到議會授權的臨時專政。[40]

就歐陸廣大的農業人口而言，受法國大革命衝擊較大的西歐，有為數眾多的小農。在易北河以東的東歐，則仍有一大片未解放的封建農奴。

38　Ree（2013: 541-542）。

39　Sperber（1994: 24-26, 16-19）。

40　Fortescue（2005: ch. 4）、Agulhon（1983: 60-63）。

1848 年革命最主要的「反封建」成果，莫過於東歐（不包括沙俄）農奴制的式微。就西歐農民來說，馬克思在《萊茵報》論及的農民盜木（因經濟困窘而到森林裡拾木）和摩塞爾河谷葡萄酒農的貧困（因關稅同盟、自由貿易而收入低落），[41] 其實都不是個案，而是廣泛發生的現象。不再被允許近用森林資源，等於失去了窘迫時的救命稻草 —— 這是革命前西歐農民最大的不滿來源之一。[42]

在西歐，革命促進了農民的政治參與，讓不少農民首度嘗到投票的滋味。不過，在革命中被政治化的農民，卻未必支持革命起義的一方。各國保守勢力在反攻的過程中，除了開動鎮壓機器外，往往也得到農民選票的支持（如果有選舉的話）。1848 年革命期間的選舉，大都放寬了投票資格，讓不少農民第一次有了選票。農民票偏向保守，本是可以預期的。但法國小農在選舉（男性普選）中的表現，依然跌破不少人的眼鏡。其在 1848 年 4 月的選舉中，選出一個保守派主導的立憲議會；在 6 月巴黎失業者的起義事件中，又扮演了支持鎮壓的角色。後來在 12 月的總統大選中，眾多農民誤以為路易・波拿巴（拿破崙的姪子）就是拿破崙本尊。結果，路易・波拿巴以 74% 的超高得票率當選大總統。[43]

說法蘭西第二共和亡於農民票，或許並不為過。看似弔詭的是，沒有民主共和派的抗爭，農民不會得到選票；但得到了選票的農民，卻大都把票投給了反民主、甚至也反共和的保守派。雖然小農並非鐵板一塊，但保守派小農的占比是壓倒性的。這在總統直選的法蘭西第二共和，格外顯著。

政治關鍵詞

革命前，歐陸「秩序黨」的最大堡壘是奧地利。「運動黨」多以法國作為參照，或者從法國共和派汲取靈感，或者爭取七月王朝式的君主立

41　參見第一章第六節。

42　見 Sperber（1994: 117-118）論森林的近用爭議。

43　Fortescue（2005: ch. 5）、Agulhon（1983: 69-74）。

憲。在法國，在野勢力訴諸民主與共和。在普魯士和奧地利，運動黨人多要求立憲而非共和。在義大利，運動黨中既有共和派如馬志尼，亦有立憲君主制的支持者。[44]

「立憲」是 1848 年德國革命的核心議題。在普魯士和德邦聯，運動黨及其議會代表的主要訴求，就是立憲。它是一種君主制框架下的立憲，而不是共和派憧憬的人民制憲。無論是康普豪森的自由派內閣，還是柏林議會與法蘭克福議會中的大多數自由派，皆主張立憲君主制。德國自由派反對政治絕對主義，要求廢除殘存的封建特權，實現法律之前一律平等。他們雖未必反對男性普選，但疑懼直接選舉，多支持兩階段的間接選舉。[45]

「共和」的最大舞臺在法國。在法國共和派的光譜上，有強調權威和秩序的「純共和派」，即右翼或偏保守的共和派；有落於光譜中間的民主共和派；還有既主張男性直選，也伸張工作權的社會共和派，即中間偏左的共和派；亦有緬懷 1793 年公安委員會的老式雅各賓；還有極左的革命共產主義者，尤其布朗基主義者。[46]七月王朝滅頂後，各股政治勢力在共和制下重新排列組合。起初，民主共和派與社會共和派位居要津。在 6 月失業者起義之後，則由右翼共和派（純共和派）主導政局。右翼共和派、奧爾良派、波旁正統派等新舊保守勢力，聯合起來實施某種議會「專政」，儼然成了第二共和的「秩序黨」。但 1848 年 12 月高票選上大總統的路易・波拿巴，在政爭中逐漸擊敗議會保守派，最終於 1851 年年底發動復辟政變。[47]

再看德國「民主派」。比起法國的民主共和派與社會共和派，德國民主派是一個異質性更高的政治聯盟，既包括非共和的、但民主傾向較強的

44　Cf. D. M. Smith（2000）。

45　另見 Sheehan（1978: chs. 4-5）、Mommsen（2011）論德國自由主義。

46　見 Pilbeam（2014: ch. 7）、Fortescue（2005: ch. 1）、Agulhon（1983: 14-21）論七月王朝下的共和派。

47　Cf. Furet（1992: ch. 8）論第二共和時期的共和派。

自由派，也包括法國意義的民主共和派、社會共和派。正因為德國民主派不都是共和派，其大多數仍可接受立憲王權框架下的民主選舉，所以才叫作「民主派」。這種「民主派」是在革命過程中才逐漸集結起來的，成分比較複雜，像是一個大雜燴，邊界並不明確。[48]

1848 年革命是「人民之春」，也被喻為「民族之春」。在法國大革命時期，民族、國族初登政治舞臺，並產生一系列連鎖反應，促成了拉美多國的獨立。希臘在 1832 年爭得獨立，也算是法國大革命的餘波盪漾。但 1815 年拿破崙戰爭結束後，歐陸復辟王權對「民族」戒慎恐懼，多採取高壓政策。及至 1848 年，被壓抑已久的民族情緒猛然爆發。[49]

在法國，路易‧波拿巴的當選乃至稱帝，和他被廣大農民當作民族英雄，被誤認成拿破崙本尊，可謂息息相關。在其他國家，運動黨人不管是立憲派、自由派還是民主派、共和派，幾乎都是形形色色的（準）民族主義者。若問誰是民族主義者？運動黨人幾乎都是。義大利如此，奧地利境內的非德意志民族如此，普魯士也是如此。[50] 但當然，若以 20 世紀高烈度的民族自決和獨立運動，及其經常伴隨的大規模殺戮作為標準，則 1848 年的「民族覺醒」只是初試聲啼。

在 1848-1849 年的德國，德意志民族究竟該走「大德國」（和奧地利合一）還是「小德國」（普魯士主導，排除奧地利）的統一道路，成為重大的憲政議題。1848 年 9 月，普魯士和丹麥之間的領土紛爭，在普魯士引發了激烈的政治衝突。隔年 3 月，法蘭克福議會制定出德意志帝國憲法，欲封普魯士國王為德皇，卻遭到國王拒絕；4 月底，國王解散了支持帝國憲法的柏林議會，遂激起民主派的武裝起義。[51] 這兩次重大的政治危機，都直接涉及民族問題，足見其爆發力非同小可。

48　另見本章第三節。

49　Evans（2016: 177-199; 2000b）、Sperber（1994: 86-101）。

50　奧地利帝國境內的民族問題格外複雜，見 Evans（2000a）、Sked（2018）。

51　見 Sheehan（1993: 672-691）論德國革命過程中的民族爭議。

該翻頁而未翻頁？

　　1848 年革命以失敗告終。唯有瑞士保住內戰成果，實施了聯邦憲法和男性（直接）普選。在奧、普、義，革命初期看似接連敗退的舊勢力，於 1848 年下半年重整旗鼓，逐漸收復政治失地；繼而在隔年夏天，壓制了第二波起義。1849 年春夏，路易・波拿巴以捍衛教皇國之名，派兵鎮壓羅馬共和國，等於是加入了歐陸的秩序黨陣營。至此，第二共和已高度保守化。歐陸開始進入一段新的「反動年代」。[52] 各國政府除了強力整肅、關押革命激進分子，亦全面縮限異議者的政治自由。由此產生的寒蟬效應，直到 1860 年代才逐漸趨緩。

　　歐陸保守勢力的「逆轉勝」，最終憑藉的是武裝力量。彼時英國在愛爾蘭的軍警布署，人均密度乃全歐之最。在歐陸，鎮壓機器最發達的是法國，而不是被喻為警察國家的普魯士。七月王朝的瞬間覆滅，不是因為軍警不足，主要是因為基佐政府不得人心，使喚不動國民衛隊。普魯士國王則從頭到尾掌握了軍隊，只是選擇先做出政治妥協。此種以武力為後盾的「先讓步，後反攻」策略，從結果來看是成功的。[53]

　　英國史家泰勒（A. J. P. Taylor）曾說：歷史（指德國的歷史）本該在 1848 年翻頁，卻拒絕翻頁。[54] 這可能也是不少革命參與者的心聲。歐陸專制國的立憲派和自由派，本期待爭取到更像樣的憲法，無奈只得到次級品（如普魯士），甚至連次級品都得而復失（如薩丁尼亞以外的義大利諸國、奧地利等）。法國的民主共和派與社會共和派，則是眼睜睜看著共和國一步步走向覆滅。

　　但 1848 年革命並非徒勞一場。

　　首先，暫且不論沙俄，在東歐看似牢不可破的封建農奴制，大致退出了歷史舞臺。[55] 再者，1848 年革命注入的平民政治參與，日後並未被全盤

52　Evans（2016: 199-228）、Sheehan（1993: 710-729）。

53　Cf. Sperber（1994: 242, 249-250）。

54　A. J. P. Taylor（1962: 69）。另見 Granieri（2001）。

55　Sperber（1994: 250-251）。

沒收，而是逐漸被保守派吸納。

　　以法國為例。第二共和在 1848 年 4 月率先以直接的男性普選，選出立憲議會的代表；再於頒布憲法後的同年 12 月，舉行總統直選。直接的男性普選，從此成為法國的常態。（按：法國女性遲至 1944 年才獲得投票權。）後來在第二帝國時期，議會選舉雖遭到嚴重扭曲，淪為一種假普選，但依然保留了男性直接普選的形式。相較於 95% 成年男性都沒有選票的七月王朝，這是一種新型態的保守派政治。

　　再看普魯士。其惡名昭彰的「三級選舉制度」，原是在 1848 年 5 月由康普豪森內閣引入。它是一種很不公平的、嚴重背離了票票等值原則的選舉制度，卻維持了近 70 年之久，直到 1918 年才被廢除。但在此需要指出，三級選制本是為了引進男性普選而推出的。比起革命前的等級會議選舉，它至少在形式上取消了財產資格限制，讓所有成年男性都能投票 —— 儘管它仍是一種高度扭曲的選制。[56]

　　進一步看，路易・波拿巴以超高得票率當選大總統，後來復辟稱帝，堪稱是歐洲政治史上的重大路標。它首開現代「威權民粹主義」之先河。[57] 歐陸保守派歷經 1848 年革命，發現農民票偏向保守之後，也就不再那麼懼怕男性普選。俾斯麥讓 1867 年成立的北德邦聯實施男性普選，即為個中顯例。[58]

　　同樣值得一提的，還有 1848 年「民族覺醒」的後續效應。革命前，捍衛王權的各國秩序黨，多把民族統一、民族自治、民族獨立等訴求視作牛鬼蛇神，能壓制就壓制。革命後，統治精英開始理解到民族主義難以消滅，或該吸收一定的民族主義要素，以疏導、緩解政治壓力。後來的義大利統一和德國統一，以及奧地利帝國對匈牙利的讓步，都是從上而下的、由當權者發動的變革，而不是人民起義的結果 —— 但滿足了民族主義者的

56　Clark（2007: 478）。Cf. Wehler（1985: 80）。

57　Cf. Hall（1985）論威權民粹主義。

58　Mulholland（2012: ch. 6）。

基本願望。[59]

　　看似全軍覆沒的 1848 年革命，其實不盡然如此。

三、《新萊茵報》的進擊

　　1848 年 3 月下旬，馬克思本欲動員共產主義者同盟的成員，以同盟的身分參與德國革命。〈共產黨在德國的要求〉即是為此而擬定的政治綱領。但返回德國後，馬克思很快地改弦易轍，不再以同盟作為重心，而是投入《新萊茵報》和科隆民主協會的運作。作為同盟的新任主席，馬克思運用主席權力在 6 月初解散了同盟。他給的理由是：在新的政治環境下，因已有結社自由和言論自由，祕密組織已無必要。[60]

　　從 1848 年 4 月至 1849 年 5 月，馬克思在德國居留了近 14 個月，堪稱是德國革命的全程參與者。《新萊茵報》上的政治評論，廣泛地涉及德國革命和歐洲革命中的重要事件，乃至宏觀的革命形勢及其流變。該報在其存活的近一年間，發行量成長至 5,000 份左右，雖比不上主流大報，但聲名鵲起，以德國最激進的民主派報紙著稱。馬克思的辦報班底，主要是恩格斯等幾位同盟舊部，加上科隆的幾位舊友。除了經營《新萊茵報》外，馬克思也是科隆民主協會的要角。[61]

　　在科隆，馬克思站在「最激進的民主派」的戰鬥位置。他認為在德國，由於反封建反專制的任務尚未達成，尤須鼓吹、支持布爾喬亞起來革命，再順勢把布爾喬亞革命推向民主共和革命。工人革命則是下一階段的任務，暫不必提上政治議程。不過，這只能說是他的基本立場。在某些時刻，連他自己都維持不住這個立場。

59　Cf. Sperber（1994: 252-259）。

60　Stedman Jones（2016: 262-263）。

61　Stedman Jones（2016: 261-267）。

哪一種民主派？

　　《新萊茵報》在 1848 年 6 月 1 日問世，自稱「民主的機關報」。就在 6 月上旬的幾篇文章中，馬克思已展露出強烈的個人風格和特定的政治取向。例如，他和恩格斯強力譴責康普豪森等「大布爾喬亞」的謹小慎微，並呼籲運動黨人堅持「人民主權原則」，勇於對抗舊的封建專制勢力。[62] 他反對間接選舉，要求直接的男性普選，且不諱言他主張集中化的、統一的共和國，而不是多數德國民主派偏好的聯邦制。[63] 此外，他直指沙俄是德國革命的大敵，並聲稱德國和沙俄必有一戰。[64] 按恩格斯晚年的回顧：

　　　《新萊茵報》的政治綱領有兩項要點：建立單一的、不可分割的、民主的德意志共和國；以及，對俄羅斯進行一場包括恢復波蘭的戰爭。[65]

這個說法並不失真。《新萊茵報》在其他問題上或有搖擺，但恩格斯指出的上述兩項要點，則始終如一。

　　發刊之初，馬恩嚴厲批評「不承認三一八是革命」的首相康普豪森。法蘭克福議會和柏林議會中的運動黨議員，則被嘲諷為「同意派」——他們以為不衝突就能和國王達成協議。在馬恩看來，沒有 3 月 18 日的人民抗爭，就沒有自由派內閣，也不會有兩個議會。若因擔心冒犯王權而不承認三一八是革命，那麼，自由派內閣和兩議會的正當性從何而來？難道只是國王的施捨？若只是施捨，豈不隨時都可以收回去？[66]

62　Engels（*MECW*, 7: 48, 73-74）、Marx（*MECW*, 7: 108）。

63　Marx（*MECW*, 7: 48-51），〈法蘭克福激進民主派與法蘭克福左派的綱領〉，1848 年 6 月 7 日刊於《新萊茵報》。

64　Marx（*MECW*, 7: 51, 89-90, 106, 115-116）。與沙俄必有一戰之說，後來變得更加露骨。

65　Engels（*MECW*, 26: 123-124），1884 年 3 月〈馬克思和《新萊茵報》（1848-1849）〉。

66　Engels（*MECW*, 7: 16, 73-74）。

　　恰如馬克思所言，大多數德國自由派怯於革命，只想跟國王達成妥協。但這並不是「大布爾喬亞」和國會議員獨有的問題，而是德國自由派的基本面。彼時，德國自由派對「民主」的態度是曖昧的：雖未必反對男性普選，但大都偏好間接選舉。如果主張票票等值的、直接的男性普選才算是民主派，大多數自由派就不是民主派。不過，在革命時期浮現的德國「民主派」，本是一個異質性頗高的臨時組合。它幾乎是「運動黨」的同義詞，自由派也是其中一分子。

　　在德國民主派中，當然也有相對更激進的支流。1848 年 6 月初，馬克思評論了德國民主派的兩個立場文件：一個自稱「激進民主派」；[67]另一個出自於法蘭克福議會的「左派」。他注意到，「左派」不要求直接的男性普選；「激進民主派」主張直接的男性普選，但偏好美式聯邦制，而不是他主張的「單一不可分割的共和國」。[68] 在此，重點不在於德國民主派中的聯邦制設想，而在於馬克思反聯邦制的立場。他主張德國建立「單一不可分割的共和國」，並再三強調政治集中化（和經濟集中化）之於德國的必要。在他看來，美式聯邦制或可在全歐洲的層次上實現，但德國須先成為統一的共和國。[69]

　　馬克思和大多數德國民主派的主要不同，故可扼要歸結如下。政治上，他是堅定反對君主制的共和派；他反對間接選舉，堅持直接的男性普選；他反對德國實行聯邦制，主張單一制共和國。在彼時德國，這是一個格外激進的立場。

　　《新萊茵報》對於德國運動黨人「革命不力」的質疑，不可謂之不

67　「激進民主派」就是法蘭克福議會中的極左派，其成員包括盧格，見 Marx and Engels（*MECW*, 7: 610 fn. 39）。

68　Marx（*MECW*, 7: 48-52），〈法蘭克福激進民主派與法蘭克福左派的綱領〉。後來在 1850 年〈3 月告同盟書〉，馬克思又做出以下區分：在 1848 年革命過程中，為帝國憲法背書的法蘭克福議會左派，支持的是民主聯邦制（按：民主聯邦未必是聯邦共和）；各地的民主派團體，則偏好瑞士那種更鬆散的聯邦共和制。見 Marx（*MECW*, 10: 279）。

69　Marx（*MECW*, 7: esp. 51）不反對全歐層面的美式聯邦制。

多。這恰恰暗示，革命的發展不合乎馬克思的預期。但直到 1850 年春，馬克思依然相信一場民主／共和革命在德國是可能的，甚至迫在眉睫。[70] 這裡的悖論是：如果正如他自己所說，德國運動黨人（自由派和民主派）習於妥協，那麼，更激進的民主／共和革命何以可能實現？

這就關聯到了法國大革命。

以大革命為參照

在 19 世紀中葉的歐陸，人們對法國大革命仍有深刻的記憶。1843-1844 年，大革命（尤其 1792-1794 年的激進共和）曾是馬克思的研究重點。他查找雅各賓主義的缺失，與一切共和主義拉開了距離，稱其只是政治解放而非人類解放。從〈論猶太人問題〉、[71]〈評一個普魯士人〉到《神聖家族》，他直指一切共和主義的局限，並質疑羅伯斯庇爾「相信〔政治〕意志是萬能的」。他指出，就算是最激進的共和主義政治革命，也無法解決赤貧——唯有「社會革命」才能擔此大任。[72] 雅各賓追求的德性共和國及其禁欲主義，[73] 亦不為他青睞。

但馬克思並未簡單地否定共和主義。在布魯塞爾，他主張工人先支持「布爾喬亞的直接統治」。後者未必是最先進的共和制，但也不排除此種可能。[74] 三月革命爆發後，馬克思從法國大革命又汲取了新的啟示。他尤其看重 1792 年以降的激進化過程。

1789 年爆發的法國大革命，廢除了第一等級（教士）和第二等級（貴族）的特權。但第三等級何所指？積極公民和消極公民的界線何在？

70　Cf. Marx（*MECW*, 10: esp. 279-281），1850 年〈3 月告同盟書〉。

71　見 Marx（*MECW*, 3: 164）對 1793 年雅各賓憲法的批評。另見第二章第四節。

72　參見第三章第七節。

73　Cf. Linton（2013）論法國大革命中的德性與恐怖。

74　馬克思在 1847 年〈道德化的批評和批評的道德〉所批評的海因岑，是一位主張政治革命、且不排除使用強力的共和派。正是海因岑要求建立的共和國，被馬克思關聯到「布爾喬亞的直接統治」。見 Marx（*MECW*, 6: 332），另見第四章第六節。

代議機構的地位為何？凡此種種皆具爭議性。在政治拉鋸的過程中，準君
主立憲派遭遇主權在民論者的挑戰，乃妥協出 1791 年的立法議會（單一
國會），而不是準立憲派更想要的兩院制國會。但對於更激進的共和派來
說，立法議會和君主制的結合，仍無法體現真實的國民意志。立法議會不
到一年就遭到廢除。1792 年，準立憲派失勢，吉倫特派 [75]（原為雅各賓俱
樂部的一支）上臺，向奧地利和普魯士宣戰，接著廢黜出逃未遂的路易十
六，以共和國取代君主制，以國民公會取代立法議會。1793 年 1 月，路
易十六被送上斷頭臺。同年，山嶽派 [76]（更激進的雅各賓派系）推翻吉倫特
派，施行革命專政、革命恐怖，其公安委員會把德性不足的政敵（包括吉
倫特派領袖）送上斷頭臺。[77] 在 1794 年 7 月熱月黨人發動政變，剷除羅伯
斯庇爾勢力以前，大革命呈現出不斷激進化的趨勢。[78]

　　前文提及，馬克思在 3 月下旬的〈共產黨在德國的要求〉中，把「單
一不可分割的共和國」和「普遍的選舉權和被選舉權」列為最重要的兩項
訴求。[79] 雖然這份綱領很快就被擱置不用，但即使是在不標榜共產主義的
《新萊茵報》上，馬克思仍維持了民主／共和革命的目標。[80] 其背後的設
想是：德國的布爾喬亞革命可望像法國大革命一樣，激進化為一場民主／
共和革命。若然，則應先支持布爾喬亞起來革命，並促其激進化，將之推
向民主／共和革命。這是馬克思在 1849 年 4 月中旬以前的基本思路。

　　設若法國大革命是一場布爾喬亞革命，則其過程中的變異（如走向共
和、雅各賓專政、革命恐怖、熱月時期到拿破崙上臺）和**布爾喬亞**的關係

75　Ozouf（1989a）。

76　Ozouf（1989b）、Kennedy（1988: ch. XXII）。

77　關於 1792-1794 年的雅各賓共和國，見 Bouloiseau（1987）、Furet（1992: ch. 3）。另見
　　Kennedy（1982; 1988）論雅各賓俱樂部，Linton（2013）論革命恐怖。

78　Cf. Best ed.（1989）。另見 Gauchet（2022）、McPhee（2012），以及 C. Jones（2021）、
　　Haydon and Doyle eds.（1999）論羅伯斯庇爾。

79　Marx and Engels（*MECW*, 7: 3），〈共產黨在德國的要求〉。參見本章第一節。

80　E.g. Marx（*MECW*, 7: 48-52），〈法蘭克福激進民主派與法蘭克福左派的綱領〉。

何在，或是需要說明的。但對於這些變異，馬克思未提出有力的解釋。他把大革命理解為法國布爾喬亞的抬頭。這個興起過程中的政治變異，則被看作次級現象。[81]

在此值得一提的是，馬克思對於羅伯斯庇爾和革命恐怖，並沒有融貫一致的說法。不少反共論者強調馬克思和羅伯斯庇爾的親近性。但馬克思（和恩格斯）對羅伯斯庇爾並無好感，只要提到羅伯斯庇爾，幾乎都是負面語意。[82]〈論猶太人問題〉雖未點名羅氏，但譴責 1793 年的雅各賓憲法，指其維護了布爾喬亞的所謂「人權」。[83]〈評一個普魯士人〉質疑羅氏的純政治主義和唯意志主義。[84]《神聖家族》指羅氏誤把古代共和嫁接於現代布爾喬亞社會，又稱拿破崙「以不間斷的戰爭取代不間斷的革命，由此完善了恐怖」。[85] 在此，馬克思對羅伯斯庇爾只有負評，對恐怖則保持了距離。

不過，《德意志意識型態》在批評史蒂納時，對羅伯斯庇爾做出了看似更正面的評價。源由是，史蒂納把羅伯斯庇爾、聖茹斯特等雅各賓領袖，說成是「神聖利益」的代表，指其背離了無數個人的世俗利益。馬克思曾為了駁斥鮑威爾而肯定普魯東。[86] 與此相仿，他為了駁斥史蒂納，對他不喜的羅伯斯庇爾進行了辯護。

　　是誰與他們〔羅伯斯庇爾、聖茹斯特等〕相對立呢？是吉倫特派和熱月派。這兩派經常非難他們這些**革命力量的真正代表**，即當時唯一

81　Cf. Furet（1988: 51, 62-63）。

82　此指《神聖家族》以降的恩格斯，而不是以山嶽派自居的青年恩格斯。馬克思在 1842 年年底和鮑威爾出現分歧以前，亦未質疑鮑威爾那種極端的雅各賓主義。參見第三章第四節、第一章第六節。

83　參見第二章第四節。

84　Marx（*MECW*, 3: 199）。

85　Engels and Marx（*MECW*, 4: 121-123）。另見第三章第七節。

86　《神聖家族》（*MECW*, 4: 31-32）對普魯東的正面評價，本是為了反擊鮑威爾對法國社會主義的德國偏見。

真正革命的階級的真正代表，也就是「無數」群眾的真正代表。[87]

在馬克思著作中，這可能是給予羅伯斯庇爾最高度肯定的一段話。正因如此，亟欲為自身的革命恐怖辯解的後世馬列主義者，簡直如獲至寶。這段話也被反共論者用來證明：馬克思確實就是羅伯斯庇爾的傳人。[88]

另外，馬克思至少兩度從宏大的歷史目的論敘事，把革命恐怖說成是替布爾喬亞掃除路障的歷史工具。

> 恐怖在法國所能起到的作用，只是通過自己的猛烈錘擊，像施法術一樣把全部封建遺跡從法國土地上一掃而光。這個任務是怯懦的布爾喬亞用幾十年也完成不了的。因此，人民的流血行動只是替布爾喬亞鋪平了道路。[89]

這段話從出於 1847 年 10 月〈道德化的批評和批評的道德〉。它的意思是：在無產階級革命的條件尚不成熟時，無產階級（或人民群眾）的一切革命參與，包括法國歷史上的革命恐怖，都只是布爾喬亞革命的輔助因素。與此相近的說法，後又出現在 1848 年 12 月的〈布爾喬亞與反革命〉：「過去一切的法國恐怖主義，都只不過是應付布爾喬亞的敵人即絕對主義、封建主義和庸俗主義的一種平民方式」。[90]

顯而易見，馬克思關於羅伯斯庇爾和革命恐怖的說法，前後並不一致。《神聖家族》稱羅氏欲把古代共和嫁接於現代社會，注定是徒勞一場。《德意志意識型態》則把羅氏捧成「唯一真正革命的階級」的真正代表，並暗示被羅氏送上斷頭臺的吉倫特派是革命階級的敵人。到了〈道德

87　Marx and Engels（*MECW*, 5: 178），馬恩（馬恩全集 I，3：193）。

88　Furet（1988: 38-41）。

89　Marx（*MECW*, 6: 319），馬克思（馬恩全集 I，4：332），〈道德化的批評和批評的道德〉。

90　Marx（*MECW*, 8: 161），〈布爾喬亞與反革命〉，1848 年 12 月連載於《新萊茵報》。

化的批評和批評的道德〉和〈布爾喬亞與反革命〉，革命恐怖不再是革命階級對階級敵人的打擊，而是替布爾喬亞掃除障礙的歷史工具。

　　當代著名的法國大革命修正主義史家傅勒（François Furet），對馬克思的大革命論說提出了以下兩項批評。一、馬克思從無產階級革命、階級鬥爭的角度，正當化了羅伯斯庇爾的革命恐怖。二、馬克思未提及革命恐怖的戰爭脈絡，也就是說，他甚至不是從「受迫於客觀形勢」去辯護恐怖，而是更積極地支持恐怖。[91] 這兩個論點都值得商榷。

　　實際上，《德意志意識型態》的前引段落，並不足以證明馬克思擁抱了革命恐怖，或成了羅伯斯庇爾的擁護者。如前所述，馬恩對羅氏的各種貶抑，可謂洋洋灑灑。以下僅再舉出幾個相關的例證。其一，馬克思把社會革命思想的萌芽，回溯至法國大革命中的「社會吉倫特派」和（比雅各賓左得多的）一群工人革命左派即「憤激派」。[92] 對於這兩個少數派的貢獻，馬克思不吝於給予肯定。相形之下，他對於中產雅各賓主義，以及巴貝夫那種雅各賓式的共產主義，則鮮有正面評價。[93]

　　其二，在馬恩通信中，兩人幾乎是逢羅伯斯庇爾必損。馬克思在1851 年 8 月 8 日致恩格斯的信中，用了好幾頁去摘抄普魯東的新書《19世紀革命的一般觀念》。[94] 他告訴恩格斯，此書包含了「寫得很好的對盧梭、羅伯斯庇爾、山嶽派的攻擊」。[95] 恩格斯在 8 月 21 日的回信中，說書還沒看完，但覺得普魯東「對布朗、羅伯斯庇爾和盧梭的攻擊」寫得不錯。[96]

　　其三，恩格斯在 1870 年 9 月初致馬克思的一封信中，說巴黎那些反

91　Furet（1988: esp. 38-41）。

92　Richet（1989b）。

93　Engels and Marx（*MECW*, 4: 119）。Cf. Draper（1986: 121）。參見第三章第六節和第七節。

94　Proudhon（1969 [1851]）。

95　Marx（*MECW*, 38: 409），1851 年 8 月 8 日致恩格斯。

96　Engels（*MECW*, 38: 435），1851 年 8 月 21 日致馬克思。

波拿巴人士（尤指老派雅各賓）的恐怖主義技倆，就像是 1793 年布爾喬亞的那些殘暴行為。

> 恐怖多半是心懷恐懼的人為了安慰自己，才幹出來的無濟於事的殘暴。我深信，1793 年的恐怖統治幾乎完全要歸罪於過度恐懼的、以愛國者自居的布爾喬亞，歸罪於嚇破了膽的小市民和那些知道如何從恐怖牟利的地下幫派流氓。目前的小恐怖也正是這些階級造成的。[97]

這裡所謂「以愛國者自居的布爾喬亞」，顯然包括了羅伯斯庇爾等雅各賓領袖。當時正忙於撰寫〈國際工人協會總委員會關於普法戰爭的第二篇宣言〉[98]的馬克思，並未對恩格斯的以上說法做出回應。一個合理的推測是，馬克思不覺得前引文字有糾正的必要。

傅勒的第二項說法，即馬克思未從戰爭環境去考察革命恐怖，也是有偏差的。傅勒表示：自米涅（François Mignet）在 1824 年出版《法國大革命史》後，從戰爭情境去解釋革命恐怖，已成為法國的大革命史學的重要一環，但馬克思卻不把革命恐怖扣連到戰爭。然而，馬克思真的不看重戰爭脈絡嗎？恩格斯所謂布爾喬亞的「過度恐懼」，就是指對戰爭的恐懼。恩格斯晚年還回想起馬克思的老友柯本「對恐怖時期的正確解釋」，亦即：革命恐怖發生於戰爭情境，等到法國戰勝了，羅伯斯庇爾就被推翻了。[99] 在此問題上，我們沒有理由相信馬恩嚴重相左。

傅勒認為，馬克思完全低估了戰爭之於恐怖的作用力。然而，《新萊茵報》在其存活的一年間（自 1848 年 6 月 1 日至 1849 年 5 月 19 日），一再主張向沙俄發動戰爭，也就是以革命戰爭去促進革命的激進化。當

97　Engels（*MECW*, 44: 63），恩格斯（馬恩全集 I，33：56），1870 年 9 月 4 日致馬克思。

98　另見第八章第四節。

99　Engels（*MECW*, 50: 504），1895 年 4 月底致梅林（Franz Mehring）。Cf. Draper（1990: xiii-xvii, esp. xv; 1986: 360-374）。

時，恐怕沒有任何人比馬克思更熱中於「以對俄戰爭去補貼革命」—— 暫且不論其對錯。就此而言，傅勒稱馬克思未把戰爭納入視野，是站不住腳的。[100]

要言之，馬克思既不是羅伯斯庇爾的傳人，也不曾把羅氏當成模範。但他在三月革命爆發後，確實急切地把法國大革命的激進化引為參照，並想像德國正進入類似的情境。恩格斯在 1895 年表示：

> 當二月革命爆發時，我們大家關於革命運動的條件和進程的觀念，都受過去歷史經驗，特別是法國經驗的影響。須知正是法國在 1789 年以來的全部歐洲歷史中起了主要作用，正是它現在又發出了普遍變革的信號。

恩格斯承認，他們當時仍寄望於一種少數人（為多數人爭取利益）的革命行動主義。但回頭來看，「歷史已證明我們是錯誤的」。[101]

在 1848-1849 年的革命情境下，馬恩的確有過激昂的政治表態。這包括發動對俄戰爭，和以革命恐怖對付反革命分子。[102] 馬克思自己所描述的德國布爾喬亞、德國民主派，與昔日法國的第三等級、雅各賓共和派不可同日而語。或許正因為德國布爾喬亞太過軟弱，正因為德國民主派的實力不足，馬克思殷切期盼革命戰爭的爆發。他再三預言、甚至指望德國向沙俄開戰。[103] 對此，恩格斯後來指出：

100　Furet（1988: 41）。

101　Engels（*MECW*, 27: 509, 511-512），恩格斯（馬恩全集 I，22：594、596-597），1895 年〈《法蘭西階級鬥爭》導言〉。

102　馬恩從未完全拒斥革命恐怖（理解為具有恐嚇作用的革命手段），但他們認為羅伯斯庇爾的做法很有問題。Cf. Draper（1986: 360-374）。

103　Cf. Marx（*MECW*, 7: 115-116），〈《蓋文努溫報》的威脅〉，1848 年 6 月 25 日載於《新萊茵報》。

我們的對外政策是很簡單的：支持一切革命民族，號召革命的歐洲**對歐洲反動勢力的強大支柱**——俄國，進行一場普遍的戰爭。……革命只有一個真正可怕的敵人——俄國，運動愈是具有整個歐洲的規模，這個敵人愈是不得不參加鬥爭。……如果能使德國對俄羅斯作戰，霍布斯堡王朝和霍亨索倫王朝就會滅亡，革命就會在全線獲得勝利。

這個政策貫穿著俄軍真正入侵匈牙利以前的每一期報紙，而俄軍的入侵完全證實了我們的預見，並決定了革命的失敗。[104]

對俄戰爭在擊潰反動沙俄的目的外，當然也是為了激化國內衝突，期使德國革命更上層樓，一舉推翻霍布斯堡王朝和霍亨索倫王朝。

1848 年 10 月，奧地利軍隊在維也納屠城，馬克思憤而主張以「革命恐怖」回擊反革命。[105] 1849 年 1 月 1 日，儘管路易·波拿巴甫以高票當選大總統，馬克思卻聲稱法國將爆發工人革命，引發世界大戰，並帶動英國和德國的革命。[106] 此類「以戰爭補貼革命」的想像，連同情急下的革命恐怖之說，皆與法國大革命的**記憶**有關。但在 1848-1849 年的德國脈絡下，這些來自於法國大革命的啟示，卻難免顯得不切實際。畢竟，1792 年的法國，並不是為了革命升級而發動戰爭；而是被迫出戰，後來才在戰爭情境下出現了革命升級、革命恐怖，乃至熱月政變等發展。

政治危機和民族主義

在德國革命的過程中，至少出現三次重大危機，先後發生在 1848 年 9月、11 月，和 1849 年 4 月至 5 月。這三次危機都跟民族主義的紛爭有關。

104　Engels（*MECW*, 26: 123-124, 126-127），恩格斯（馬恩全集 I，21：21、24），1884 年〈馬克思和《新萊茵報》（1848-1849）〉。

105　Marx（*MECW*, 7: 506），〈反革命在維也納的勝利〉，1848 年 11 月 7 日刊載於《新萊茵報》。

106　Marx（*MECW*, 8: 215），〈革命運動〉，1849 年 1 月 1 日刊於《新萊茵報》。

　　1848 年 4 月，普魯士當局派兵至什勒斯維希－霍爾斯坦（Schleswig-Holstein）驅逐丹麥人，此舉得到德國自由派的普遍支持。但由於俄羅斯威脅出兵反制，英國也擔心俄羅斯蠢動，普魯士遂在 8 月 26 日簽下《馬爾摩條約》，把什勒斯維希北部讓給丹麥。這讓德國民族主義者（包括了幾乎所有的運動黨人）感到雙重難堪：未能拿下什勒斯維希，此其一；其二，普魯士政府在簽約前，未徵詢法蘭克福議會的意見，等於完全不把「德國」放在眼裡。沒有實權的法蘭克福議會先是否決了條約，但因為下不了臺，就又接受了條約。當消息傳開後，科隆爆發了大規模騷動，導致為期一週的戒嚴。在那次危機中，馬克思作為科隆民主派的要角，被選入一個匆促成立的「公安委員會」。其名稱取自 1793-1794 年山嶽派的革命專政機關，嚇壞了科隆民主派中的溫和多數，故立刻遭到否決。[107]

　　第二次危機發生在 1848 年 11 月。在奧地利的革命過程中，捷克等斯拉夫民族（不包括波蘭）逐漸和秩序黨合流，支持政府鎮壓運動黨人。奧地利運動黨的主力是德意志自由派民族主義者，以及匈牙利民族人士。10 月初，已處於劣勢的運動黨人，占領了維也納；但 10 月下旬，就遭到 6 萬軍隊鎮壓。這是奧地利反革命、反民族主義勢力的重大勝利。緊接著，以奧地利馬首是瞻的普魯士國王也展開反攻，開始強硬壓制自由派民族主義者。他換上一位特別保守的首相，派軍隊進入柏林，解散柏林議會。在此形勢下，《新萊茵報》呼籲全民抗稅，並得到部分柏林議員的支持。[108] 惟「無代表就不納稅」的觀念，在德國相對淡薄。抗稅運動的動能不足，迅速衰竭。12 月 5 日，普魯士當局提出新憲草案，宣布將於 1 月下旬舉辦選舉，選出代表以議決新憲。這部憲法的主要目的是鞏固王權、確認主權在王，但對自由派做出了若干讓步，包括全國代議機構的設立。立憲、開全國議會，係為革命前普魯士自由派的核心訴求。對於大多數自由派來

107　Clark（2007: 491-493）、Stedman Jones（2016: 275-277）。

108　這是《新萊茵報》的公開訴求。參見 Marx（*MECW*, 8: 36），〈拒絕納稅〉，1848 年 11 月 17 日刊於《新萊茵報》。

說，既然核心訴求已得到回應，也就沒有必要再抗爭下去。[109]

不過，普魯士自由派的德國統一願望，仍未得到滿足。

第三次也是最後一次重大危機，發生在 1849 年 4 月到 5 月。3 月底，德邦聯議會即法蘭克福議會，通過了一部德意志帝國新憲，並邀請腓特烈·威廉四世出任德國皇帝。四世未必不想當皇帝，但拒當民選議會授予的皇帝，因其意味著主權不在王，而在民選議會。拒絕出任德皇，等於拒絕了帝國新憲，拒絕了德國統一。於是，他立刻成了德意志民族主義者的公敵。再由於柏林議會支持法蘭克福議會的帝國新憲，他在 4 月底索性解散了柏林議會，遂引發新一波起義潮。恩格斯變成了一個革命浪人，先後在艾柏菲爾和巴登參加武裝行動。[110] 馬克思在 4 月 14 日與民主派割席之後，拒絕涉入民主派主導的 5 月起義。[111] 但這裡的重點是：儘管普魯士國王公然與兩個議會為敵，對德意志民族主義簡直不屑一顧，但 5 月起義（一波發生在萊茵蘭和德國中部的起義潮）還是不成氣候。隨著造反分子的關押或流亡，德國革命以失敗告終。[112]

上述三次政治危機，凸顯出民族主義的龐大動能。運動黨人把什勒斯維希視作德國統一的試金石，所以在希望落空時強烈反彈；11 月危機的重要一面，是奧、普當局重操反民族主義的舊業；隔年的 5 月起義，竟是以「腓特烈·威廉四世拒當德皇」作為出師之名，不覺令人莞爾。民族主義與反民族主義的衝突，堪稱是德國革命中最具爆炸性的火藥。後來俾斯麥接連在 1864 年普丹戰爭、1866 年普奧戰爭、1870-1871 年普法戰爭中獲勝，並於 1871 年 1 月 18 日成立德意志帝國。他拿下什勒斯維希，兌

109　Sperber（1994: 215-219）。

110　T. Hunt（2009: 167-177）。巴枯寧和作曲家華格納，則是參加了（薩克森王國轄下）德勒斯登的巷戰。

111　見 Marx（*MECW*, 9: 467），〈致科隆工人〉，1849 年 5 月 19 日刊於《新萊茵報》停刊號。這篇簡短的文字（署名《新萊茵報》編輯部）呼籲科隆工人不要起義，因為起義必導致戒嚴。

112　見 Sperber（1991: chs. 9-11）論 1849 年 5 月至 6 月發生在萊茵蘭的革命起義。Cf. Stedman Jones（2016: 286-287）。

現德國統一，推出帝國憲法，讓普魯士國王當上了德皇。這些都是 1848-1849 年自由派／民主派民族主義者的殷切願望，卻是在俾斯麥手中得到實現。[113]

　　值得指出的是，縱使出現了重大危機甚至準革命情境，德國運動黨人（自由派和民主派）在抗爭意志、社會基礎、組織強度、資源動員等各方面，都還是力有未逮。1848 年 11 月的危機過後，更具抗爭意識的民主派草根團體持續成長，但由於「起點」太低，這股力量在 1849 年夏遭到全面壓制以前，仍頗不成熟。至於更溫和的自由派，則早已是國王的囊中物了。

布爾喬亞與反革命

　　《新萊茵報》自發刊起，就不停責難德國布爾喬亞軟弱。其批判對象除了康普豪森等「大布爾喬亞」，也擴及一切布爾喬亞。1848 年 10 月維也納淪陷，馬克思怪罪於「布爾喬亞」。[114] 12 月初普魯士國王推出新憲，多數自由派竟願意被收編，這讓馬克思更加憤怒。他在 12 月的著名評論〈布爾喬亞與反革命〉[115] 中，看似又回到了〈《黑格爾法哲學批判》導言〉對「德國布爾喬亞不革命」的斷言。[116] 但如果德國布爾喬亞不革命，馬克思「先支持布爾喬亞革命，並促其激進化，將之推向民主／共和革命」的路線圖，也就出現了問題。

　　馬克思時而寄望布爾喬亞起來革命，時而譴責布爾喬亞倒向反革命，這正暗示「布爾喬亞」並非鐵板一塊。實際上，他取自法國論者的「布爾喬亞革命」典範，可能從一開始就不合乎德國現實。革命前夕，普魯士的布爾喬亞自由派為爭取立憲，阻撓國王的鐵路貸款，看似勇於抗爭。但其

113　Clark（2007: ch. 15）。

114　Marx（*MECW*, 7: 503-506），1848 年 11 月〈反革命在維也納的勝利〉。

115　〈布爾喬亞與反革命〉見 Marx（*MECW*, 8: 154-178）。

116　參見第二章第五節。

政治訴求依然是立憲、開全國議會，而不包括直接的男性普選，遑論砍掉王頭的共和。正因其目標只是初階的君主立憲，自由派後來與國王妥協，或無意外之有。馬克思期盼德國布爾喬亞奮勇出擊，一舉推翻普魯士封建專制，從而使民主共和派得以抬頭，以民主共和取代君主制。然而，德國布爾喬亞對法國大革命也記憶猶新。為避免重蹈覆轍，他們頗有意識地拒絕聯合危險分子。

法國大革命發生在舊政權已瀕臨財政破產的情況下。其後來的激進化，與路易十六在 1791 年 6 月出逃未果、嚴重失去民心，可謂息息相關。[117] 相對於此，1848 年三月革命爆發後，腓特烈・威廉四世立即把軍隊調離柏林，隻身留在首都以穩定人心——這個表現就和路易十六截然不同。

如果演員都不按上一次的劇本演出，法國大革命式的激進化就不易重現。腓特烈・威廉四世在 1848 年 12 月提出的憲法草案，雖堅持主權在王，卻也務實地做出讓步，包括開設全國議會。對此，多數自由派表示歡迎。馬克思則在《新萊茵報》強調革命須貫徹到底，如果布爾喬亞不跟舊勢力決裂，就會被「反革命」吞噬。

馬克思在 12 月〈布爾喬亞與反革命〉一文中，以英法作為參照，對普魯士布爾喬亞提出以下診斷：

> 在〔1648 年和 1789 年〕這兩次革命中，布爾喬亞都是**實際上領導運動的階級**。……〔它們〕並不是英國的革命和法國的革命，而是歐洲範圍的革命。它們不代表社會中某一特殊階級對舊政治秩序的勝利，而是宣告了新歐洲社會的政治秩序。布爾喬亞在這兩次革命中獲得了勝利，但布爾喬亞的勝利同時是新社會秩序的勝利……。和 1789 年的法國布爾喬亞不同，普魯士布爾喬亞並不是一個代表**整個**

117　Kennedy（1988: ch. XVIII）。

> **現代社會**去反對代表舊社會的王權和貴族的階級。它已經沉淪到了一種社會等級的水平……[118]

在1648年和1789年，布爾喬亞是否真是領導運動的階級，並非沒有疑義。這涉及何為「布爾喬亞革命」的爭議，暫且存而不論。[119] 就1848-1849年的普魯士布爾喬亞來說，他們既不是臨陣脫逃，也不是突然保守了起來。雖然在1847年，他們看似勇於向國王爭取立憲，但他們的立場並未改變。他們大都是溫和的立憲主義者，不要求共和，也不主張直接的男性普選。對此，馬克思知之甚詳，並曾在1844年〈《黑格爾法哲學批判》導言〉以及1847年〈道德化的批評和批評的道德〉，對普魯士／德國布爾喬亞做出相似的診斷。[120]

換句話說，問題似乎不是出在德國布爾喬亞身上，而是出在馬克思的兩個不同判斷。一個判斷是「德國布爾喬亞不革命」，另一判斷是《共產黨宣言》所謂「德國正處在布爾喬亞革命的前夜」。[121] 這兩個判斷不可能同時為真。他在〈布爾喬亞與反革命〉中，再度倒向了前者。

> 普魯士布爾喬亞和一般德國布爾喬亞從3月到12月的歷史證明：無論是**純粹布爾喬亞的革命**，還是**君主立憲形式**的布爾喬亞統治，在德國都是不可能的。可能發生的，要不是封建絕對主義的**反革命**，就是**社會共和革命**。[122]

這裡所謂「純粹布爾喬亞的革命」，係以1648年和1789年作為標竿。在

---

118 Marx（*MECW*, 8: 161-162），馬克思（馬恩全集 I，6：124-126）。

119 另見第六章第二節。

120 關於〈《黑格爾法哲學批判》導言〉，參見第二章第五節。另見 Marx（*MECW*, 6: 331-332），〈道德化的批評和批評的道德〉。

121 Marx and Engels（*MECW*, 6: 519）。

122 Marx（*MECW*, 8: 178），馬克思（馬恩全集 I，6：146）。

後發的德國，正因為封建專制勢力尾大不掉，所以也不可能建立「君主立
憲形式的布爾喬亞統治」。也就是說，立憲王權和布爾喬亞統治在德國不
可能共存。

　　何為「社會共和革命」，則未見說明。但顧名思義，它不是單純的民
主共和革命，也不是無產階級／共產主義革命，而是兼具若干社會（主
義）要素的、法國人所謂的「民主與社會共和」革命。1848 年 11 月，在
法國國會遭到邊緣化的社會共和派，發起了名為「共和團結」的政治組織
運動。[123] 德國自 11 月危機以降，也有平行的發展：激進民主派的政治俱
樂部湧入了更多會員，而為了爭取工農支持，其政綱也帶有一定的社會色
彩。[124] 馬克思所謂的「社會共和革命」，大致指向這一群人的革命潛力。
可以說，正因「布爾喬亞革命」在德國已顯得無望，他轉而寄望於「社會
共和革命」。

　　1848-1849 年之交，馬克思亦從地緣政治的視角，對歐陸革命的近期
未來做出臆測。他認為，最關鍵的變數是法國工人革命。由於英國霸權構
成了歐陸革命的障礙，法國工人必須在取得勝利之際，迎接革命戰爭，擊
潰英國反動勢力，協助憲章主義工人在英國執政。如此一來，歐洲大戰、
世界大戰在所難免，但唯有如此才能實現歐洲的解放。[125] 這個地緣政治
「沙盤推演」的參照系，顯然仍是法國大革命。

　　但馬克思並未放棄對德國布爾喬亞的最後一絲希望。1849 年 1 月中
旬，科隆工人聯合會為了是否推派工人代表參選，發生激烈爭議。馬克思
說道：

　　　目前狀態下的工人聯合會，不可能推出任何候選人；當前問題也不
　　在於需要維護某些原則，而在於起來反對政府、絕對主義和封建宰

123　Sperber（1994: 159-160, 192-194）。另見 Agulhon（1983: 85-94）。

124　Sperber（1994: 160-161; 1991: ch. 6）。

125　Marx（*MECW*, 8: 215），1849 年 1 月 1 日〈革命運動〉。

　　制；這連**普通民主派**，即**所謂自由派**也能做到，因為他們對現存政府
　　也很不滿意。……要務是建立一個盡可能強大的反對當前絕對主義政
　　權的反對派。[126]

結果如馬克思所願，科隆選出了兩位民主派代表。[127]但科隆工人群體對馬
克思的不滿，不是減少了而是增加了。

　　1月下旬投票前夕，馬克思對德國布爾喬亞發出聲嘶力竭的最後喊
話，希望他們否決國王版本的新憲，起而推翻普魯士的封建專制。面對主
流媒體指控他要搞「紅色共和」，他的回答是：現在的問題不在於紅色共
和或任何共和，而在於你們到底要不要「布爾喬亞的代議制度」？要不要
爭取被新憲壓制的「布爾喬亞財產關係」？

　　　我們對工人和小布爾喬亞說：寧可在現代布爾喬亞社會裡受苦，也
　　不要回到過時的舊社會。因為現代布爾喬亞社會將以它的工業，創造
　　出使你們都能解放的新社會的物質條件。舊社會則以拯救你們的階級
　　為藉口，把整個民族拋回中世紀的野蠻主義。[128]

不難看出，馬克思此時對德國的「布爾喬亞革命」仍有一絲期盼，儘管他
已認知到這樣的革命在德國難以兌現。他本來的設想是：先出現布爾喬亞
革命，再激進化為民主共和革命。但事與願違，第一步並沒有發生。

126　Marx（*MECW*, 8: 514），馬克思（馬恩全集 I，6：688），〈科隆工人聯合會委員會
　　　1849 年 1 月 15 日會議紀錄摘要〉。
127　McLellan（1995 [1973]: 192-193）。
128　Marx（*MECW*, 8: 262, 266），馬克思（馬恩全集 I，6：230），〈孟德斯鳩第五十六〉，
　　　1849 年 1 月 21-22 日刊於《新萊茵報》。這是馬克思在布魯塞爾發展出的基本論點，
　　　尤見於〈《萊茵觀察家》的共產主義〉和〈道德化的批評和批評的道德〉。參見第四章
　　　第六節。

四、不間斷的革命

　　馬克思在 1849 年 4 月中旬，宣告退出一切民主派活動。他不再寄望於德國布爾喬亞，也和民主派分道揚鑣。《新萊茵報》的言詞愈發激昂，轉而強調自身的工人階級立場。5 月 19 日該報停業後，馬克思和恩格斯一起前往賓根、法蘭克福、巴登、巴拉丁等地，途中一度遭到逮捕，又被釋放。馬克思建議法蘭克福左派向外求助，請巴登和巴拉丁的武裝抗爭力量前來支援，但各方意見不一，不了了之。在他看來，這恰恰應證了民主派不能成事。最後，恩格斯前往巴登打革命游擊，成為一名砲手。[129] 馬克思則在 6 月初抵達巴黎。此時，儘管第二共和已高度保守化，並對社會共和派進行強力鎮壓，[130] 但馬克思仍相信「高盧公雞」即將起義。由於法國政府不讓他留在巴黎，限定他只能去布列塔尼沼澤地，又因為其他歐陸國似乎也不安全，他決定前往英國。[131] 他也要求恩格斯離開瑞士，前往倫敦和他會合。[132] 原只是想去避風頭，待革命形勢逆轉，就重返歐陸。孰料，這成了長居英國的起點。

　　1849 年 8 月底，馬克思抵達倫敦。除了籌辦《新萊茵報：政治經濟評論》外，他又再度捲入德國流亡者的政治。他同意重建共產主義者同盟，以發展獨立的無產階級政治力量。[133] 1850 年春，他勾勒出一套新的革命戰略。他表示，隨著「小布爾喬亞民主派」的不斷壯大，德國的民主／共和革命即將到來。為此，無產階級須做好準備，和即將（通過選舉）取得政權的「小布爾喬亞民主派」進行長期鬥爭，從其手中奪取國家權

129　Sperber（1991: 457-458; 2013: 239-241）、T. Hunt（2009: 173-175）。

130　Cf. Merriman（1978）。

131　McLellan（1995 [1973]: 201）。

132　Marx（*MECW*, 38: 213），1849 年 8 月 23 日致恩格斯。

133　共產主義者同盟恢復運作之議，自 1848 年 12 月已被一些同盟成員提出。彼時，馬克思對此並不熱中。但他在 1849 年 4 月中旬退出民主協會後，又重新加入了該同盟。見 Stedman Jones（2016: 297）。

力，壓制大大小小的有產階級，把土地和主要生產力收歸國有，進而消滅一切階級。這樣一種長期的革命奮鬥，馬克思用「不間斷的革命」一詞稱之。其代表作是 1850 年〈3 月告同盟書〉。[134]

及至 9 月中旬，馬克思在共產主義者同盟中央委員會的會議上，直指 1848 年革命已經結束，單靠革命意志不足以成事。以此為由，他跟一群堅持革命尚未結束、現在就必須革命到底的極端分子決裂。[135] 這導致了共產主義者同盟的分裂乃至覆滅。

在回到這些發展以前，以下先回顧兩項較早的爭議：一是關於巴黎失業者的「六月起義」；另則是馬克思與科隆工人聯合會的創始者哥特沙克（Andreas Gottschalk）的衝突。

六月起義和工人本位

1849 年 4 月中旬以前，《新萊茵報》的主題是「民主」，不是工人革命。但有個重要例外是：巴黎工人的六月起義遭到血腥鎮壓，激起馬克思的義憤，遂使他一度「暴露」出工人革命的底牌。但一個月後，他又回歸民主派的位置，改口稱德國需要跨階級的民主，而不是魏特林主張的單一階級的專政。[136]

在法國，布朗基派自 1848 年 3 月開始發動示威，5 月中旬一度攻入立憲議會。其目的在於激化左右對立，迫使革命左轉，但適得其反。4 月 23 日立憲議會選舉的結果是：前朝保守派獲得約半數席次，另一半由共和派拿下。但在共和派的席次中，只有約 1/5 相對激進，其他大都是所謂「純共和派」（偏右或保守的共和派）。於是，新舊保守派在立憲議會抬

134　Marx（*MECW*, 10: esp. 281, 286）。

135　Marx（*MECW*, 10: esp. 626, 628）。

136　Marx（*MECW*, 7: 556-557），1848 年 8 月 4 日馬克思在科隆民主協會會議中的談話紀要。

頭，臨時政府執委會的構成也發生了變化，大幅右轉。[137] 成立於 2 月 26 日的國家工作坊，收容了巴黎大批失業者中的一部分，本有助於社會穩定，但引發另一些人的強烈不滿。稅負增加了 45% 的農民，尤其痛惡失業救濟。[138] 得到廣大小農支持的保守派政府，遂欲解散國家工作坊。風聲傳出之後，數萬巴黎失業者揭竿而起，巷鬥 5 天遭到壓制，死傷近 1 萬人，史稱「六月起義」（1848 年 6 月 22 日至 26 日）。[139]

六月起義還導致了卡芬雅克將軍的臨時專政，包括巴黎的軍事戒嚴。被議會授權指揮軍事鎮壓的卡芬雅克，本人是偏保守的共和派，但也得到前朝保守派的支持。[140] 當時歐陸的運動黨人多認為，六月起義並不明智，因其危及第二共和的穩定，且有助於保守派擴權。《新萊茵報》則獨樹一幟，對六月起義肯定有加，視之為工人階級對「布爾喬亞秩序」的革命。[141] 在科隆民主派中，這個立場遭到諸多非議。此所以，馬克思在 8 月初改弦易轍，還順便把魏特林損了一頓。他改稱：魏特林主張的單一階級的專政，並不可取；階級妥協的「民主」才是正途。[142] 這個言詞上的讓步，與馬克思「先支持布爾喬亞革命」、「先聯合民主派」的階段論思維是有關的。《新萊茵報》的編輯大都是共產主義者，如果再強化這方面的色彩，又何必要留在民主派陣營？

然而，馬克思出於統戰考量的階級妥協論，不免又得罪另一群人。在科隆，他主張工人先協助布爾喬亞（自由派和民主派）上位。但對於不少工人來說，這偏離了維護工人權益、壯大工人組織的當務之急。再者，替布爾喬亞作嫁，又真是工人革命的必經之途嗎？這是一個常見的疑問。

三月革命爆發後，科隆工人聯合會的創辦者哥特沙克醫生，迅速集結

137　Agulhon（1983: 45-61）、Stedman Jones（2016: 268-270）。

138　Cf. Marx（*MECW*, 10: 61），1850 年〈1848 年的六月失敗〉。

139　Fortescue（2005: ch. 4）、Sperber（1994: 197-203）。

140　Agulhon（1983: 60-66）。

141　Marx（*MECW*, 7: 147），〈六月革命〉，1848 年 6 月 29 日刊於《新萊茵報》。

142　Marx（*MECW*, 7: 556）。

了 8,000 位成員，其中以手工業者占多數。比起馬克思主持的科隆民主協會，科隆工人聯合會的會員數高出近 10 倍，也更具工人基礎。哥特沙克曾受赫斯啟發，原是一位「真社會主義者」，帶有一定的反政治傾向。在他的領導下，科隆工人聯合會有如一個舊時行會的聯合體，木工有木工的分支，鞋匠有鞋匠的分支……等等。[143] 哥特沙克本來不支持共和，更認同英國憲章主義──理解為君主制下的民主運動。但在政治環境的作用力下，他於 1848 年 6 月改以共和派自居，7 月遭到普魯士政府關押，直到 12 月底才被釋放。關押期間，馬克思的人馬搶下科隆工人聯合會的領導權，其代價是多數會員出走。該會的機關報則仍由哥特沙克的追隨者掌控。[144] 1849 年 2 月底，哥氏匿名發表〈致卡爾・馬克思先生〉一文，嚴厲批評馬克思「先支持布爾喬亞革命」的立場，指其背離了工人利益。與之相對，哥氏主張一種以工人為本位的「不間斷的革命」。

> 我們為什麼要革命？我們無產階級，為什麼要去流血？難道我們要像您（傳道士先生）對我們宣揚的那樣，為了逃避中世紀的地獄，自願落入腐朽的資本主義統治的煉獄？……雖然您有共產主義的信條，但您並不相信工人的反抗，這種反抗的洪流已開始讓資本主義垮臺。您不相信**不間斷的革命**。……〔但〕我們〔革命黨〕的唯一任務，就是不間斷地進行革命。[145]

「不間斷的革命」並非哥特沙克發明的用語。這個詞的確切起源，已不可考。但它最初指涉的現象，不外乎是法國大革命的激進化過程。時至 1840 年代，把熱月政變以前（或拿破崙上臺以前）的大革命形容為一種

---

143 Sperber（2013: 220）、Stedman Jones（2016: 260-263）。8,000 人相當於科隆成年男性的 1/3。

144 Stedman Jones（2016: 289-291）、Sperber（1991: 298-300）。

145 McLellan（1995 [1973]: 195-196）。

連續不斷的激進化，在左翼圈中已不罕見。[146] 馬克思最早使用「不間斷的革命」或近似說法，是在〈論猶太人問題〉和《神聖家族》。他在〈論猶太人問題〉說道：

> 當政治生活感到特別自信的時候，它試圖壓制自己的前提，即市民社會及其要素，並使自己成為人的現實的、沒有矛盾的類生活。但是，它只有跟自己的生活條件發生暴烈矛盾，只有**宣布革命是不間斷的**，才能做到這一點。[147]

在此，馬克思意在批判左翼雅各賓（羅伯斯庇爾等）追求的政治解放，指其通過「宣布革命是不間斷的」，掩蓋其政治革命的內建矛盾。正因其未能超克政治生活和市民社會的分立，其不間斷的革命也者，終究無濟於事。[148] 類似論點稍後又出現在了〈評一個普魯士人〉以及《神聖家族》。《神聖家族》除了質疑羅伯斯庇爾欲把古代共和嫁接於現代市民社會外，還說拿破崙「以不間斷的戰爭取代不間斷的革命，由此完善了恐怖」。[149] 不難看出，無論是在〈論猶太人問題〉還是在《神聖家族》，馬克思都未曾**主張**「不間斷的革命」，而是把「不間斷的革命」關聯到左翼雅各賓，並對其提出批判。

　　把「不間斷的革命」當作一種革命戰略，與討論法國大革命史上的「不間斷的革命」，顯然不是同一回事。後來在 1848 年革命期間，**主張**革命應繼續升級的左翼人士不在少數，馬克思和恩格斯也包括在內。無論他們是否明確使用了「不間斷的革命」一詞，他們期許革命的進一步激進化，並為此付出努力。[150] 哥特沙克那種以無產／工人階級為本位的不斷革

146　Draper（1978: 593-595, 201-206）。

147　Marx（*MECW*, 3: 156）。

148　Draper（1978: esp. 594）。

149　Engels and Marx（*MECW*, 4: 121-123）。另見第三章第七節。

150　Draper（1978: chs. 8-9, esp. 204-206）。

命論，只不過是其中一個版本。

　　有論者認為，馬克思在 1849 年 4 月中旬退出民主派，主要是為了爭奪科隆工人聯合會的主導權。[151] 可以確定的是，馬克思在退出民主派之際，也開始主張工人階級本位。後來在 1850 年 3 月，他索性把自己的立場也描述為「不間斷的革命」，儘管他的版本頗不同於哥特沙克及其他極左派。[152]

小布爾喬亞民主派

　　1849 年夏，歐洲革命遭到全面壓制。匈牙利民族運動在 9 月被軍事鎮壓，已是終曲。但馬克思在接下來的一年間，仍不相信革命已經結束。1849 年 6 月，他在巴黎親眼目睹「共和團結」運動遭到壓制，但他依然認為「高盧公雞」的革命已近。1850 年上半年，除了繼續對法國工人革命抱以希望，他還把德國民主派形容為一股「非常強大」的力量，指它即將在德國取勝。[153] 以後見之明，這些都是誤判。但所謂當局者迷，革命的激情難以立刻散去，或不讓人意外。

　　初抵英國時，馬克思試圖遠距辦刊，即在倫敦編輯，再於德國發行。他找到一家漢堡出版商，前後推出 6 期《新萊茵報：政治經濟評論》。前四期集中出現在 1850 年春，後兩期的合刊號則在 11 月問世。前四期假設德國革命尚未終結，並從無產階級／共產主義的立場，猛烈攻擊德國民主派。但在反動勢力已再度抬頭的普魯士／德國，民主派早就成了落水狗，不是入獄就是被流亡。此所以，馬克思對民主派的口誅筆伐，根本得不到民主派讀者的歡迎。[154] 恩格斯在 1849 年 7 月致燕妮的信中，提及民主派

151　Stedman Jones（2016: esp. 293）。
152　Marx（*MECW*, 10: 287, 281），〈3 月告同盟書〉。
153　Marx（*MECW*, 10: 279-280），〈3 月告同盟書〉。
154　Stedman Jones（2016: 303-305, 316）。

指責《新萊茵報》「太膽小而不敢戰鬥」的流言。[155] 這個流言不是針對勇武派恩格斯，而是針對馬克思。《新萊茵報：政治經濟評論》以高姿態去批判民主派，不免又讓人想起馬克思在關鍵時刻（即 1849 年 5 月民主派起義）的「臨陣脫逃」。最後，這份刊物因嚴重虧損而停刊。

　　辦刊之外，馬克思著手重建共產主義者同盟。1849 年年初，他曾拒絕同盟重新運作之議。其理由是：現下仍有一定的言論與出版自由，不需要祕密組織；以及，現階段的目標是建立德意志共和國，而不是共產主義。[156] 到了倫敦，馬克思積極投入同盟的重建。他的新說法是：無產階級須建立起自己獨立的政治隊伍，而在當前形勢下，地下組織也有其必要。

　　在〈3 月告同盟書〉和同時期文字中，馬克思把德國民主派（以及法國的社會共和派、社會民主派）界定為小布爾喬亞勢力，並對其痛加撻伐。他強調，無產階級須建立、捍衛自身的政治獨立，並做好向「小布爾喬亞民主派」奪權的準備。無產階級在德國民主派成功地建立「布爾喬亞民主」[157] 之際，須開始向民主派奪權。其目標是最徹底的中央集權，把土地和主要生產力收歸國有，把國家權力集於己身，並掃蕩一切其他階級，直到樹立起無產階級的完全統治，從而消滅了階級為止。

　　先看「小布爾喬亞民主派」這個提法。

　　恩格斯在 1847 年〈共產主義原則〉中，已觸及小布爾喬亞和民主憲法／制度的關係。他主張共產黨人支持民主憲法／制度，由此轉進到工人統治。但他提到：不同於英國，法國和德國還有為數眾多（尚未完全無產化）的小農和城市小布爾喬亞，故也許需要「第二場戰鬥」，以樹立無產

---

155 Engels（*MECW*, 38: 203），1849 年 7 月 25 日致燕妮。馬克思並非沒有意識到，他可能會被攻擊為臨陣脫逃的放水派。因此，他鼓勵恩格斯寫下並出版其革命戰鬥的經歷。見 Marx（*MECW*, 38: 207），1849 年 7 月底致恩格斯。另見 T. Hunt（2009: 175-176）。

156 McLellan（1995 [1973]: 196-197）。

157 「布爾喬亞民主」一詞，在〈3 月告同盟書〉中出現兩次，見 Marx（*MECW*, 10: 281, 283）。更頻繁出現的是「小布爾喬亞民主派」、「民主派小布爾喬亞」和「布爾喬亞民主派」。這樣一種刻意把「民主」貶抑為**小布爾喬亞**（或布爾喬亞）的語言，未見於倡議「贏得民主的戰役」的《共產黨宣言》（*MECW*, 6: 504）。

階級的政治統治。在第一場戰鬥中，則應以民主制度作為革命標的，先聯合小布爾喬亞。[158]

　　馬克思執筆的《共產黨宣言》略去了這些複雜性，直接上升到無產階級和布爾喬亞的決定性鬥爭，僅留下一句含混的「贏得民主的戰役」。《宣言》強力斥責小布爾喬亞的反動性，但要求共產黨人支持法國的社會民主派，以及瑞士的激進派。[159]由此可見，後兩者當時還不被視作「小布爾喬亞」勢力。

　　在 1848 年 3 月〈共產黨在德國的要求〉中，恩格斯「先聯合小布爾喬亞」的問題意識脫穎而出。本章第一節指出，這份綱領對小布爾喬亞懷柔，欲聯合農民和小資產者以爭取民主共和。雖然它很快就被擱置，但「聯合小布爾喬亞，共促民主革命」的念頭並未消失。不過，小布爾喬亞和民主派並非同一回事。在科隆，《新萊茵報》以「民主的機關報」自居，高舉「人民主權」原則，不斷要求布爾喬亞升高革命行動。為促進民主派的壯大，馬克思（在 1849 年 4 月以前）更親自投入民主協會的宣傳和組織活動。當時，他並未把民主派打成「小布爾喬亞」，而是把民主派視作一個異質的階級聯盟。[160]

　　1850 年〈3 月告同盟書〉把民主派說成是「小布爾喬亞民主派」（有時也使用「布爾喬亞民主派」一詞），因此是一項新的發展。其背景是，布爾喬亞自由派已投向國王懷抱，使馬克思期盼的布爾喬亞革命落空。在此情況下，只好另覓其他的政治可能性。按馬克思的說法，以小布爾喬亞為主力的民主革命，在德國已勢不可當。要是「法國無產階級自行起義」或「神聖同盟侵略革命巴比倫」，則必觸發德國「民主派小布爾喬亞」的革命。[161]與此前不同的是，這回馬克思宣稱自己站在無產階級的階級本位，絕不替「小布爾喬亞民主派」或「民主派小布爾喬亞」作嫁。

158　Engels（*MECW*, 6: 350），1847 年 10 月〈共產主義原則〉。
159　Marx and Engels（*MECW*, 6: 518）。
160　Cf. Marx（*MECW*, 7: 556）。
161　Marx（*MECW*, 10: 278-279），〈3 月告同盟書〉。

照〈3月告同盟書〉的陳述，德國民主派至少包含了 3 種人：大布爾喬亞中的最先進者；主張民主憲政和聯邦制的小布爾喬亞，如先前為帝國憲法奔走的法蘭克福議會左派；偏好瑞士聯邦共和、號稱自己是紅色共和派、社會民主派的小布爾喬亞。當時，普魯士政府正乘勝追擊，嚴厲整肅民主派的激進分子。馬克思卻把民主派形容成一股「非常強大」的勢力。它

> 不但包括居住在城鎮裡的絕大多數市民、小工商業者和手工業師
> 傅，跟著它走的還有農民，和尚未得到獨立的城市無產階級支持的農
> 村無產階級。[162]

除了「小布爾喬亞民主派」和「民主派小布爾喬亞」外，馬克思也交替使用「布爾喬亞民主派」一詞，這造成了一些混淆。至於民主派欲建立的民主，他稱之為「布爾喬亞民主」而非小布爾喬亞民主。[163] 馬克思未曾明言的是：事實上，德國民主派也吸收廣義的城鎮工人。支持民主派的城鎮工人有多少，難以確知，但比支持共產主義的城鎮工人更多。[164]

馬克思在 1850 年春，宣稱德國民主派非常強大，且即將革命成功。這顯然是誤判。但更值得注意的，是他提出的新革命方針。

不斷革命和中央集權

〈3月告同盟書〉的要點是：無產階級作為獨立的政治力量，絕不能聽信小布爾喬亞民主派的花言巧語。儘管民主派努力爭取工人支持，甚至標榜自身的紅色屬性，但他們只是想利用工人、用後即棄。他們在建立民主制度之際，必欲早日結束革命，但「我們的利益和我們的任務卻是要不

162　Marx（*MECW*, 10: 279-280）。

163　Marx（*MECW*, 10: esp. 281-283）。

164　Cf. Sperber（1991: chs. 6-7）。

間斷地進行革命」。[165] 馬克思的說法有以下幾個面向：

第一、無產階級和「小布爾喬亞民主派」有共同的敵人。面對反動勢力，它們站在同一陣線。

第二、無產階級須建立一個獨立於其他階級的政治隊伍，而不是淪為民主派的附庸。馬克思反對陰謀政變，這一點並未改變。[166] 但此時他強調，在公開活動之外，也需要祕密的組織以確保獨立性。[167]

第三、隨著民主革命的迫近，無產階級和民主派的分歧必愈演愈烈。在這一政治鬥爭中，無產階級絲毫不能讓步。例如，一旦民主運動推翻了舊政權，首當其衝的將是國民代議機構的選舉。屆時，就算是在沒有勝選機會的選區，無產階級也要推派自己的候選人，而不該（像馬克思在 1849 年 1 月主張的那樣）禮讓民主派。民主派也許想讓工人的工資多一點，生活更有保障一點，想通過國家的力量去節制資本，部分地解決失業問題；但諸如此類的賄賂，終究是為了摧毀工人的革命力量。面對民主派的半吊子改良方案，工人應加碼提出更激進的、直接攻擊私有財產的訴求，以迫使民主派做出讓步。[168]

第四、在農地與農業問題上，無產階級和小布爾喬亞民主派有根本分歧。民主派作為小布爾喬亞勢力，勢必主張把過去的封建領地分給農民。工人出於自身利益，以及農村無產階級的利益，須堅持土地國有和大規模農業。[169]

第五、關於國家體制，德國民主派：

165　Marx（*MECW*, 10: 281），馬克思（馬恩全集 II，10：389）。

166　馬克思在 1850 年春的一篇書評中，批評了陰謀，以及無產階級運動中的陰謀家。他認為，無產階級自身的政治成熟，終將使陰謀家失去影響力。Marx and Engels（*MECW*, 10: 311-325, esp. 318-319），載於 1850 年《新萊茵報：政治經濟評論》第四期。Cf. Campbell, Kaiser and Linton eds.（2007）論法國大革命中的「陰謀」。

167　Marx（*MECW*, 10: 281-283）。

168　Marx（*MECW*, 10: 284, 280, 286）。

169　Marx（*MECW*, 10: 284-285）。

　　或者將直接建立一個聯邦共和國，或者，當單一不可分割的共和國無可避免時，他們至少會設法賦予鄉鎮和各省以最大可能的獨立自主，以使中央政府陷於癱瘓。反對這個計畫的工人，不僅得力求建立**單一不可分割**的德意志共和國，而且在這個共和國內，還要最堅決地**把權力集中在國家權威的手裡**。⋯⋯就像 1793 年的法國，在今日德國力行**最嚴格的中央集權**，是真正革命黨的任務。[170]

　　第六、為了對抗將來會背叛工人的民主派，工人須武裝起來，最好能建立自己的軍事力量，擁有自己的步槍、大砲與彈藥。如果這不具可行性，則應當堅持工人兵聽令於自己選出來的指揮官，和工人自己設立的革命委員會。[171]

　　第七、為了消滅一切階級，工人必須不間斷地進行革命：

　　　　直到把大大小小的有產階級通通去勢，直到無產階級奪得**國家權力**，直到無產者的聯合不僅在一國內部，而且在世界上所有舉足輕重的國家內，都發展到這些國家的無產者之間不再競爭的地步，而且，至少要讓**決定性的生產力**都集中在無產者手中。對我們來說，問題不在於改變私有財產，只在於消滅私有財產；不在於掩飾階級對立，而在於消滅階級；不在於改良現存社會，而在於建立新社會。[172]

　　〈3 月告同盟書〉是馬克思最重要的政治文本之一。值得注意的，首先是它強烈的中央集權傾向。恩格斯在 1885 年為此文加上了一個注解，藉以指出（1）他們當年主張的那種中央集權，是出於對歷史的誤解。他們是被（波拿巴派與自由派的）法國大革命史家誤導，以至於誤認為國民

170　Marx（*MECW*, 10: 285），馬克思（馬恩全集 II，10：394-395）。

171　Marx（*MECW*, 10: 283）。

172　Marx（*MECW*, 10: 281），馬克思（馬恩全集 II，10：389）。

公會在對抗封建勢力和外國勢力時，仰賴了集中化的國家機器。實則，在拿破崙政變以前，地方政府與省政府擁有高度的自治權。（2）後者類似於美國聯邦制下的地方自治，有其可取之處，但地方利益彼此傾軋的瑞士聯邦制則不然。[173] 恩格斯這個注解，大致代表了馬恩後期的立場，亦即：雖依然主張政治和經濟的集中化，但強調此與地方自治不相衝突，並有意迴避過度的中央集權表態。[174]

〈3 月告同盟書〉的「無產階級奪得國家權力，……讓決定性的生產力都集中在無產者手中」之說，承自革命前夕的《共產黨宣言》。[175] 雖然恩格斯在 1885 年修正了〈3 月告同盟書〉倡議的極端中央集權，但並未放棄或修正土地國有化、生產工具國有化等主張。

馬克思主張無產階級建立自己的軍事力量，這可能給人以武裝革命的聯想。但實際上，他是在六月起義慘遭血腥鎮壓的陰影下，才從工人自保的角度論及武裝化——儘管其可行性甚低。1850 年春，他的政治認知是小布爾喬亞民主派非常強大，無產階級相對弱小。無產階級和民主派的競爭場域，主要是未來國民議會的選舉，而不是街頭武鬥。

以上，大體即是馬克思 1850 年版的不斷革命論。為了避免混淆，這裡需要強調：馬克思的以上論點，從出於 1848 年革命失敗的政治脈絡，且相當不同於 20 世紀前葉托洛茨基的不斷革命論。對托洛茨基而言，不斷革命意謂先發生以實現俄羅斯民主化為目標的**工人革命**，隨後**迅速**向社會主義過渡。[176] 馬克思在 1850 年春主張的則是：面對**小布爾喬亞民主派**領導的，且即將取得勝利的民主革命，德國無產階級須做好（在民主革命

173 Engels（*MECW*, 10: 285-286 fn.），恩格斯（馬恩全集 II，10：395 fn. 1）。Cf. Engels（*MECW*, 27: esp. 227-229）論中央與地方的關係，1891 年〈艾爾福特綱領（草案）批判〉。

174 Cf. Marx（*MECW*, 22: 328-334），1871 年《法蘭西內戰》。另見第八章第六節。

175 《宣言》的措詞是「把所有生產工具集中在國家手裡」（*MECW*, 6: 504）。

176 托洛茨基的不斷革命論，見 Trotsky（1969）、Löwy（1981）、Knei-Paz（1978）。另見 Ree（2013）論相關爭議。

後、民主制度下）**長期**鬥爭的準備。同樣是「不斷革命」一詞，卻有著截然不同的政治指涉，故不該以詞害意、混為一談。

直面革命失敗

1850 年 6 月，馬克思取得大英博物館的閱覽證，重啟經濟學研究。他的初步心得是，英國自 1848 年以降的經濟復甦，已使這一波革命難以為繼。但他相信下一場商業危機來臨時，革命將會再起。以此為由，他決定與堅稱 1848 年革命尚未結束、務須革命到底的極端派劃清界線。

這裡所謂的「極端派」，主要是指一小群拒絕面對革命失敗、揚言革命到底的歐陸流亡者。其中有共產主義者，也有激進的民主派。由於歐陸各國政府強力掃蕩殘餘的革命分子，這些流亡者無從介入各自的國內政治，故只能言詞激進而已。他們構成了一個同溫層，彼此強化「革命未敗」的迷思和「革命到底」的姿態。馬克思在與之決裂以前，也有著類似的感覺結構。1850 年 4 月中旬，馬恩和德國共產主義者維利希（August Willich）、法國布朗基派的兩位代表，以及左翼憲章主義者哈尼，共同簽署了一份「世界革命共產主義者協會」規約。其第一條的內容是：

> 協會的宗旨是推翻一切特權階級，使那些階級受**無產者專政**的統治。為此將進行不間斷的革命，直到人類社會制度的最後形式 —— 共產主義 —— 得到實現為止。[177]

1850 年，馬克思在《新萊茵報：政治經濟評論》寫了 4 篇法國評論。恩格斯在 1895 年將其集結為《法蘭西階級鬥爭》。[178] 前三篇寫於 1850 年

---

177 1850 年 4 月中旬馬恩參與連署的「世界革命共產主義者協會」規約，共有 5 條。見 Marx and Engels（*MECW*, 10: 614-615, 683 fn. 277），馬恩（馬恩全集 II，10：718-719）。文件起草者可能是維利希。Cf. Draper（1986: ch. 12）。
178 Cf. Engles（*MECW*, 27: 506-524），1895 年〈《法蘭西階級鬥爭》導言〉。

的頭幾個月，與〈3 月告同盟書〉屬於同期文字 —— 當時馬克思仍相信革命未敗。第四篇寫於 10 月，題為〈1850 年普選權的廢除〉。此文表示：「危機首先在大陸造成革命，但革命的基礎卻始終在英國」。如今英國已進入普遍繁榮期，在此情況下，

> 即在布爾喬亞關係的容許範圍內，布爾喬亞社會的生產力正蓬勃發展時，談不上什麼真正的革命。只有當現代生產力與布爾喬亞生產形式這兩個因素發生衝突時，革命才有可能。

當下歐陸秩序黨內的派系紛爭，不可能導致新的革命。1848 年革命已經告終。

> 只有在**新的危機**發生後，**新的革命**才有可能。新的革命就像新的危機一樣，是不可避免的。

馬克思強調，「一切想要阻止布爾喬亞發展的反動嘗試，都會像民主派所有的道德憤慨和熱情宣言一樣，將只是徒勞」。[179] 布爾喬亞生產力的發展必帶來危機，新的危機必帶來新的革命。正是在此，馬克思第一次明確指向「危機」和「革命」的因果連結。

　　馬克思跟革命極端派的公開分裂，發生在 1850 年 9 月 15 日。當天，共產主義者同盟中央委員會召開會議，馬克思在會上發言指出：有些人逢迎德國手工業者的愛國情感，拋棄了《共產黨宣言》的物質主義觀點。

---

179 Marx（*MECW*, 10: 134-135），馬克思（馬恩全集 II，10：229），〈1850 年普選權的廢除〉，原載於 1850 年 11 月《新萊茵報：政治經濟評論》第五、第六期合刊號。馬恩關於 1848 年革命背後的經濟危機的更詳細分析，出現在《新萊茵報：政治經濟評論》第五、第六期合刊號上的另一篇文字〈時評：1850 年 5 月至 10 月〉（*MECW*, 10: 490-532）。又及，馬克思在 1849 年 12 月 19 日（*MECW*, 38: 220）致魏德邁爾的信中，曾說他希望革命不要在經濟危機到來以前爆發，因為法國和德國的工人還沒有做好準備。

他們

　　不把革命視為現實關係的產物，只是一味強調**意志**的努力。我們對
工人說：為了改變社會和訓練自己行使政治權力，你們有 **15 年、20
年、50 年的內戰**要經歷。他們卻說：我們必須**馬上奪取政權**，不然
乾脆去睡大覺。正像民主派濫用「民主」一詞，他們現在讓「無產階
級」這個詞淪為空話。

馬克思還說：幸好我們無法取得政權！要是真的取得了政權，在當前的實
力對比下，我們推行的不會是無產階級的政策，而是小布爾喬亞的政策。
在 1848 年的法國，社會共和派一度取得政治權力，但在眾多農民和小資
產者的制約下，根本推不動自己的政策：「路易・布朗正是當你在不成熟
的條件下取得政權時，將會遭遇什麼情況的最佳案例」。[180]
　　九一五會議的直接後果是共產主義者同盟的分裂。由馬克思代表的原
同盟中央，在他的安排下，從倫敦轉移至科隆；另一支由夏佩爾和維利希
主導。1851 年 5 月以降，普魯士政府對科隆共產黨人的逮捕，乃至後來
的顛覆罪審判，使馬克思一支受到重創。宣判後，馬克思在 1852 年 11 月
解散了共產主義者同盟。幾個月後，夏佩爾和維利希的另一個黨中央，也
不再運作。[181]
　　馬克思在 1850 年 9 月 15 日的發言，堪稱是一個重要的轉捩點。「不
把革命視為現實關係的產物，只是一味強調意志的努力」，未嘗不可理解
為馬克思的自我批判。工人還有「15 年、20 年、50 年」的內戰要經歷，也
是他以往未曾說過的。從 1844 年公開成為共產主義者以來，馬克思的基
本假設是：在英法德，無產階級／共產主義革命的條件已趨於成熟。縱使

180　Marx（*MECW*, 10: 626, 628-629），馬克思（馬恩全集 II，10：732-733、735-736）。關
　　於 1849-1850 年在倫敦恢復運作的共產主義者同盟，另見 Lattek（2006: ch. 3）。
181　Sperber（2013: 278-286）。另見 Dixon（2020）的維利希傳。

是在相對落後的德國，其布爾喬亞革命將是「緊接而來的無產階級革命的序曲」（《共產黨宣言》語）。[182] 但 1848 年革命的波折和挫敗，終使馬克思更真切地體認到：無產階級或需歷經「長期的革命發展」才能獲勝。[183] 可以說，九一五發言預示著某種中程（甚至中長程）發展眼光的出現。

五、波拿巴的復辟政變

在普魯士、義大利和奧地利，革命已於 1849 年夏秋之際告終。但法蘭西第二共和的命運仍不明朗——直到 1851 年 12 月 2 日路易・波拿巴發動了復辟政變為止。政變之前，波拿巴施壓立法議會，要求修改總統不得連任的規定，但由於修憲門檻甚高，修憲案雖得到過半議員的支持，卻未達所需票數。亟欲稱帝的波拿巴遂直接訴諸人民，以恢復（1850 年被立法議會取消的）男性普選為由，[184] 派軍隊強行占領、解散立法議會。至此，第二共和已名存實亡。[185]

發表於 1852 年 3 月的《路易・波拿巴的霧月十八》，[186] 是馬克思對第二共和從暴起到覆滅的全面分析。其部分題材已出現在《法蘭西階級鬥爭》所收錄的 4 篇評論，但前三篇原寫於 1850 年上半年，彼時馬克思仍相信法國將爆發工人革命。動筆於 1851 年 12 月復辟政變之後的《霧月十八》，則是一個經過更多深思熟慮的文本。它在馬克思數量龐大的政治評論中，堪稱是最膾炙人口的一篇。

《霧月十八》開宗明義指出：人們總把新革命比附為舊革命，例如，

182　Marx and Engels（*MECW*, 6: 519）。

183　「長期的革命發展」一語，從出於〈3月告同盟書〉。見 Marx（*MECW*, 10: 286）。

184　《法蘭西階級鬥爭》的第四篇即最後一篇法國評論，即是以〈1850 年普選權的廢除〉為題。見 Marx（*MECW*, 10: 132-145）。

185　Cf. Agulhon（1983: chs. 5-6）、Furet（1992: 410-437）。

186　Marx（*MECW*, 11: 99-197, 641-643 fn. 64），1852 年 3 月《霧月十八》。

把 1848 年比附為 1789 年。但這只是拙劣的模仿而已。人們把自己想像成舊革命的演員，穿上舊時代的戲服和面具，卻忘了環境已大為不同。

> **一切已死的先輩們的傳統，像夢魘一樣糾纏著活人的頭腦**。正當人們好像忙於改造自己和周圍事物，並創造前所未有的事物時，恰好在這種革命危機時期，他們焦慮地請出亡靈來服務自己，借用它們的名字、戰鬥口號和戲服……1848 年革命就只知道時而戲仿 1789 年，時而又戲仿 1793 到 1795 年的革命傳統。就像一個剛學會新語言的初學者，總是把新語言譯回自己的母語一樣……[187]

那麼，是誰堅持取法 1789 年，再加上 1792 年以降的激進化？馬克思自己從法國大革命借用的「戰鬥口號和戲服」，可謂相當全面。從 1789 年的革命開端，到 1792 年對外出戰、走向共和，再到 1793-1794 年的公安委員會，1794 年熱月政變後的革命極左派等 —— 這些亡靈都曾（在不同程度上）出現在馬克思 1848-1850 年的革命論述中。[188] 但 1848 年的德國革命，畢竟與法國大革命不同。所謂「一切已死的先輩們的傳統，像夢魘一樣糾纏著活人的頭腦」，未嘗不是馬克思自己的生動寫照。

　　就此來說，《霧月十八》兼帶有自我反省、自我批判之意，儘管此文無涉德國革命，而是關於法蘭西第二共和的起落。

政治與階級

　　按《霧月十八》的陳述，二月革命相當不同於 1789 年的一點是：二月革命後不久，「無產階級」就在六月起義中遭到壓制，社會共和派也被

187　Marx（*MECW*, 11: 103-104），馬克思（馬恩全集 II，11：131-132）。

188　Cf. Furet and Ozouf eds.（1989）編的法國大革命辭典。法國大革命的修正主義論辯，見 Furet（1981）、Baker（1990）、Sewell（1994），另見 Hobsbawm（1990）、Heller（2006; 2017）的回應。馬克思關於法國大革命的各種說法，參見 Furet（1988: pt. II）的選編。

逐出了權力核心。由於左翼勢力從一開始就被淘汰出局，自然也就不可能
重演大革命的不斷激進化。[189] 恰恰相反，二月革命後的政治發展，幾乎是
一種不斷保守化。以壓制六月暴動之名，「純粹的布爾喬亞共和派」（即
共和右派或保守共和派）實施專政，在巴黎進行戒嚴，並起草憲法。但螳
螂捕蟬，黃雀在後。1848 年 12 月 10 日路易・波拿巴以懸殊比數（74%
得票率）當選總統後，以卡芬雅克為首的布爾喬亞純共和派的專政，被趕
下了政治舞臺。[190]

　　緊接著，波拿巴掌握了行政權，而以前朝保皇黨為主力的「秩序黨」
則主導了立法議會。1849 年 5 月至 6 月，「小布爾喬亞民主派」即以勒
杜－洛蘭為首的社會共和派，向波拿巴和議會秩序黨發起抗爭，但遭到鎮
壓。[191] 議會秩序黨的兩大山頭，分別是親波旁王朝的正統派，和親七月王
朝的奧爾良派。[192] 在馬克思看來，波旁正統派是大地主勢力，奧爾良派的
支柱是金融貴族和工商業大資本家。[193] 議會秩序黨在 1850 年 5 月底，為
了鞏固自身利益而廢除男性普選，但在接下來與波拿巴的鬥爭中，卻接連
失去了內閣控制權和軍隊指揮權。[194] 波拿巴節節進逼，秩序黨遂聯合政敵
「山嶽黨」（即馬克思所謂的小布爾喬亞民主派，其前身是勒杜－洛蘭領
導的社會共和派）共同對抗波拿巴，但這已是困獸之鬥。[195] 最後，議會秩
序黨「被自己的階級、軍隊和其餘各階級所唾棄」。波拿巴大獲全勝，
「布爾喬亞統治」隨之告終。[196]

　　有別於法國大革命在熱月政變以前的不斷激進化，《霧月十八》描述

189　Marx（*MECW*, 11: 111-112, 180）。

190　Marx（*MECW*, 11: 112-123）。Cf. Agulhon（1983: ix-xiv）編的第二共和大事記。

191　Marx（*MECW*, 11: 123-126, 130-136）。

192　Marx（*MECW*, 11: 103-104, 127-130）。另見 Pilbeam（2014: ch. 5）論奧爾良主義，Furet（1992: ch. 7）論奧爾良王朝。

193　Marx（*MECW*, 11: 119-120, 127-128）。

194　Marx（*MECW*, 11: 137-163）。

195　Marx（*MECW*, 11: 156-181）。Cf. Agulhon（1983: ch. 5）。

196　Marx（*MECW*, 11: 181, 194）。

的是第二共和的不斷倒退。最先陣亡的是六月起義的「無產階級」。「純粹的布爾喬亞共和派」的專政，只維持了半年左右。「小布爾喬亞民主派」則彷彿是不太起眼的配角。「秩序黨」一度在立法議會引領風騷，廢除了男性普選。但秩序黨終究不是波拿巴的對手。無產階級早就失敗；小布爾喬亞民主派不成氣候；布爾喬亞純共和派被更保守的秩序黨取代，但秩序黨撐不起議會制度；最終，迎來了獨攬大權的新皇帝。[197]

以下是一些名詞解釋。馬克思所謂「純粹的布爾喬亞共和派」，又稱「純共和派」，係指看重穩定和秩序，在共和制下願與前朝保守派合作的右翼共和派。他們把社會共和派人士從臨時政府執委會中排擠出去，並於1848 年 6 月下旬，支持卡芬雅克將軍擔任最高執政官。卡芬雅克除了對六月起義者大開殺戒外，亦持續在巴黎實施戒嚴。

小布爾喬亞民主派／共和派，係指中間偏左的民主共和派與社會共和派。革命之初，社會共和派推動救濟失業的國家工作坊；但在 1848 年 4月的立憲議會選舉中，因表現欠佳而淪為議會少數派。由於被逐出了臨時政府執委會，在議會也被邊緣化，該派遂向外發展，發起全國性的「共和團結」運動，爭取工農與小資產者的支持。[198] 他們一度成為立法議會中的最大反對派，但影響力甚為有限。1849 年 6 月 13 日的起義失敗後，其領導者勒杜－洛蘭流亡到了英國。[199]

立法議會的「秩序黨」，是指在共和制下重新整合的保守派。他們因民主普選而得利，大舉進入立法議會，然後回過頭來廢除普選，一舉剝奪300 萬男性的選舉權。但議會秩序黨自身嚴重分裂，抵擋不住波拿巴的接連攻勢，甚至被議會外的布爾喬亞精英和選民唾棄。最後，秩序黨的多數選民拋棄了秩序黨，選擇了波拿巴。

197　Marx（*MECW*, 11: esp. 180-182）。

198　Sperber（1994: 159-160, 192-194）。

199　另見 Marx（*MECW*, 10: 71-100, 101-131），〈1849 年 6 月 13 日〉和〈1849 年 6 月 13日事件的後果〉，編為《法蘭西階級鬥爭》第二篇和第三篇評論，原載於《新萊茵報：政治經濟評論》第二期和第三期，寫於 1850 年年初。

　　《霧月十八》著眼於各股政治勢力的博弈與消長。既然是博弈，輸贏就不是命定的。此文對政治鬥爭及其「非意圖後果」的精彩分析，至今給人以啟發。但它把政治行動者都安上階級標籤的做法，卻值得商榷。

　　先看六月起義。數萬巴黎失業者因不滿國家工作坊的廢止，上街抗爭而遭到血腥鎮壓。《法蘭西階級鬥爭》視之為攻擊「布爾喬亞秩序」的無產階級起義／革命，[200]《霧月十八》也維持了這個基調。然而，這些失業者並不是為了推翻布爾喬亞階級統治而上街，而是強烈反對失業救濟的取消。其次，這些失業者只能說是廣義的無產者，稱不上是革命無產階級／工人階級。此外，鎮壓六月起義的士兵和國民衛隊隊員，大都也是廣義的無產者。

　　至於純共和派，馬克思刻意稱之「純粹的布爾喬亞共和派」，以強調其布爾喬亞階級屬性。[201]但布爾喬亞不都是純共和派。馬克思筆下的布爾喬亞，除了純共和派，至少還包括緬懷七月王朝的奧爾良派。照他自己的說法，大多數布爾喬亞後來都支持了波拿巴。那麼，布爾喬亞的階級位置和階級利益，究竟在何種程度上，決定了他們的政治／意識型態取向？

　　立法議會秩序黨的兩大派系，按馬克思分析，分別對應了大地產和先進大資本這兩種財產。但革命前夕，親波旁王朝的正統派，曾為了推倒七月王朝而呼應普選訴求。七月王朝的大資本家，一度支持純共和派，後來又與波旁正統派聯手廢除普選權。[202]換言之，雖然馬克思嘗試把布爾喬亞的不同政治派系，關聯到不同的財產組合，但這即使為真，卻仍不足以說明各派系的政治行動與選擇。雖說布爾喬亞很不可能去擁抱共產革命，但他們的其他政治意見是分歧的，並隨著形勢而流變。

200　Marx（*MECW*, 10: 67-69），〈1848 年的六月失敗〉，編為《法蘭西階級鬥爭》第一篇評論，原載於《新萊茵報：政治經濟評論》第一期，寫於 1850 年年初。六月起義是對「布爾喬亞秩序」的攻擊之說，稍早出現在 1848 年 6 月 29 日刊於《新萊茵報》的〈六月革命〉（*MECW*, 7: 147）一文。

201　Marx（*MECW*, 11: 180）。

202　Marx（*MECW*, 11: 127-129）。

　　1848 年革命中的政治／意識型態符號，如立憲、共和、普選、民主、民族等等，幾乎都可以追溯至法國大革命。《霧月十八》從階級鬥爭的視野，把各主要的政治行動者看作是階級，也就是把政治／意識型態的衝突，解讀成不同的階級位置／階級利益之間的碰撞。然而，政治／意識型態的分歧及其成因，很難乾淨俐落地化約至階級。儘管馬克思堅持從階級去解讀政治，但另一方面，《霧月十八》卻也指向階級和政治之間的間隙。

　　例如，彼時法國農民大都是保守的，但也有相對激進的。[203] 無產者中有六月起義者，有民主共和派或社會共和派的支持者，有鎮壓失業者的士兵，也有波拿巴的追隨者。《霧月十八》有十幾次提到「流氓無產階級」，並稱波拿巴是「流氓無產階級的首領」。[204] 但這些替波拿巴搖旗吶喊的群眾，就其階級背景來說，與一般廣義的無產者無甚差異。[205]《霧月十八》最引入入勝之處，或不在於充斥其中的階級標籤，而在於它呈現出的各種政治樣貌，及其快速變遷。人們或有客觀的階級位置，但對於自身利益的政治理解，卻變化多端。

波拿巴主義國家

　　《共產黨宣言》曾說，現代國家行政「不過是管理整個布爾喬亞共同事務的委員會」。[206] 這常被歸類為一種階級工具論，也就是把國家視作布爾喬亞的階級工具。《霧月十八》則廣被視作「國家的相對自主性」論說代表。按《霧月十八》的說法，波拿巴主義國家並不是一種「布爾喬亞統

203　Cf. Marx（*MECW*, 11: 188-189）提及支持波拿巴的保守農民，以及反對波拿巴的革命農民。

204　Marx（*MECW*, 11: 110）。

205　Stedman Jones（2016: 339-340）。

206　Marx and Engels（*MECW*, 6: 486）。馬克思與馬克思主義的國家理論，另見 Draper（1977）、Carnoy（1984）、Jessop（1982; 1990）、Poulantzas（1978）、R. N. Hunt（1984）、Miliband（1983）、A. Hunt ed.（1980）。

治」，而是代表著「**布爾喬亞統治的終結**」。[207]

《霧月十八》的宏觀見解是：波拿巴作為「一種已經成為獨立力量的行政權力」，贏得了跨階級的支持，取得了相對於各階級的一定自主性。首先，波拿巴得到眾多的小農選票，保守派小農是其關鍵的社會基礎。此外，他以慈善會作為幌子，招募了一批「流氓無產階級」作為禁衛軍。他還得到了「布爾喬亞群眾」、[208]議會外的布爾喬亞精英，以及痛恨議會亂象的其他階級的支持。

最值得玩味的是「**布爾喬亞放棄了布爾喬亞統治**」之說。在此，「布爾喬亞統治」係指布爾喬亞的議會統治，也就是「議會共和國」。馬克思把後者視作最純粹、最直接的布爾喬亞政治統治。由於波拿巴摧毀了議會，獨攬大權於一身，所以「布爾喬亞統治」已不復存在。[209] 不過，布爾喬亞作為舉足輕重的階級／經濟力量，還是得到了保存。波拿巴自覺有必要捍衛「布爾喬亞秩序」，甚至以中等階級的代表自居，聲稱將維護中等階級的物質利益。

儘管波拿巴與「中等階級的政治力量和文字力量」為敵，但既然他要保護布爾喬亞的物質力量，布爾喬亞的政治力量就可能再起。此所以，波拿巴小心翼翼地保護**原因**（布爾喬亞的物質力），但消滅**結果**（布爾喬亞的政治力）。[210]

在布魯塞爾，馬克思並未特別關注法國的官僚國家。相對於英法，他認為德國是某種異例。其臃腫的、訴諸「虛幻的普遍利益」的官僚國家，在《德意志意識型態》被歸因於生產力發展的滯後。英法那種更直接的布爾喬亞工具國家，則被視作德國的未來。[211] 在《共產黨宣言》中，作為「整個布爾喬亞」管委會的現代行政國家，主要是以英國作為典範。以馬克思

207　Marx（*MECW*, 11: 181, 123-124 fn. c）。

208　Marx（*MECW*, 11: 194, 173）。

209　Marx（*MECW*, 11: 134, 181）。

210　Marx（*MECW*, 11: 194），馬克思（馬恩全集 II，11：236-237）。

211　Marx and Engels（*MECW*, 5: 47, 55-56, 90）。參見第四章第三節。

的認知，七月王朝是由金融寡頭而非「整個布爾喬亞」主導。[212] 但這裡的重點是：波拿巴式官僚國家的興起，落於馬克思先前的理論預期之外。

　　《霧月十八》指出，波拿巴的行政權力「有龐大的官僚和軍事機構」作為基石。這個

> 有如密網一樣纏住法國社會全身，阻塞其一切毛孔的可怕寄生體，是在絕對王權時代隨著封建制度的衰敗而產生。

法國大革命為「破除一切地方的、區域的、城市與各省的特殊權力，以開創全國的公民統一」，必得繼續發展絕對王權所開啟的中央集權。可以說，拿破崙「完善了這個國家機器」。波旁王朝和七月王朝則把這個國家機器當作戰利品，使之成為統治階級的工具。但真正要等到路易·波拿巴掌權，「國家看起來才使自身獨立於社會，並對社會進行奴役」。[213]

　　那麼，行政權力的進一步擴張，和比以往都更厲害的中央集權，從無產階級革命的角度來看，究竟是好是壞？《霧月十八》表示：

> 過去一切革命都只是完善這個機器，而不是搗毀它。[214]

這暗示，無產階級革命須打破波拿巴式的官僚國家機器。「打破它」、「搗毀它」或「粉碎它」之說，後來被列寧挪用，藉以指稱共產黨人須剷除一切布爾喬亞國家，「就算是最民主的布爾喬亞共和國」。[215] 但這並不是馬克思本人的立場。馬克思對普魯士官僚國家、波拿巴式官僚國家、俾

212　Marx（*MECW*, 11: 109-110, 113, 120, 127, 170）。把七月王朝界定為金融寡頭之治的最著名人士，是法國社會主義者路易·布朗。參見第二章第五節、第三章第二節。

213　Marx（*MECW*, 11: 185-186），馬克思（馬恩全集 II，11：226-227）。參見 Merriman（2006）。

214　Marx（*MECW*, 11: 186）。

215　Lenin（1967, vol. II：237, 280）。

斯麥式官僚國家的深惡痛絕，可謂溢於言表。但他不曾表示「最民主的布爾喬亞共和國」也需要搗毀。恩格斯晚年也不曾有過這樣的表態。[216]

對馬克思來說，官僚國家和中央集權是兩回事，須分開來看待。他在1852年《霧月十八》的初版中強調：「拆除這個國家機器不會危及中央集權。官僚不過是中央集權還受其對立物，即封建主義拖累時的低級和粗鄙狀態」。到了1869年略經修正後的第二版，這段文字被改寫成：

> 隨著小塊土地財產日益加劇的解體，建立於其上的國家結構將會坍塌。**現代社會所需要的國家中央集權**，只會在……**軍事官僚政府機器的廢墟**上建立起來。

照馬克思的陳述，中央集權與官僚國家互相糾纏，一同興起於絕對王權對抗封建主義的時代；後於法國大革命得到發展，在拿破崙手中更加完善。但如此一來，兩者真能清楚分割嗎？一旦打破了官僚國家機器，中央集權還能維繫嗎？馬克思看似主張某種「**非官僚國家的中央集權**」，但未提出進一步論證。他儼然認為，推行「現代社會所需要的國家中央集權」的共產革命，將不會導致另一個可怕的官僚國家機器。[217] 何以如此，則未見說明。

早先在布魯塞爾，馬克思把「布爾喬亞的直接統治」視作標竿，預言德國也將出現這種統治。但在德國，1848年革命以失敗告終，並未建立起「布爾喬亞的直接統治」。在法國，此種統治則是從有到無，而這落於馬克思的預期之外。於是，他被迫做出修正，也就是賦予國家／政治以某種相對自主性，默認布爾喬亞經濟生產可相容於不同的政治／國家形式。《霧月十八》雖是1851年12月波拿巴復辟政變後的即時評論，但它準確預言到了波拿巴帝國的基本面。亦即，儘管波拿巴國家不是「布爾喬亞的

216　另見第九章第六節。
217　Marx（*MECW*, 11: 193），馬克思（馬恩全集 II，11：235）。

直接統治」，但這不妨礙「布爾喬亞生產」的繼續前進。波拿巴欲討好一切階級，但各種矛盾勢將接連顯現。暫且不論他受到哪些階級的牽制，或先後偏向哪些勢力，「布爾喬亞生產」的擴張是擋不住的。[218]

馬克思的另一預言是，伴隨著資本的集中化，波拿巴的小農選民所賴以維繫的小塊土地，必將受到嚴重侵蝕。但回頭來看，19 世紀後期法國的資本主義經濟發展，並未在短時間內大幅削減農民的數量，或促成小塊土地的迅速集中。在農民和農地問題上，馬克思可能高估了資本橫掃一切的爆發力。[219]

波拿巴主義國家的興起，對於馬克思在布魯塞爾構建出的理論，構成了嚴峻挑戰。在法國，就算早已發生（1789 年和 1830 年）兩次布爾喬亞革命，1851 年 12 月卻出現「布爾喬亞統治的終結」——這顯然不合乎馬克思的理論預期。再者，如果「布爾喬亞生產」不需要「布爾喬亞的直接統治」也能蓬勃發展，那麼，布爾喬亞與國家的關係、階級與政治的關係，就要比《宣言》那套說法來得複雜。[220]

六、何為「無產階級專政」

十月革命後，列寧很快地擁抱一黨專政。1919 年，他聲稱布爾什維克的「一黨專政」就是「無產階級專政」。[221] 在同年 12 月的第七屆蘇維埃大會中，來自全國各地的蘇維埃代表，已被清洗到 97% 都是蘇共黨員。[222] 那麼，這就是馬克思主張的「無產階級專政」嗎？

218　Marx（*MECW*, 11: 194-197）。

219　Marx（*MECW*, 11: 193）。法國工人運動在整個 19 世紀（暫且不論 20 世紀），都得持續面對小農經濟下工農關係的複雜性。Cf. Judt（1986: ch. 2）論 19 世紀法國工運。另見 Hussain and Tribe（1981a; 1981b）論 19 世紀末 20 世紀初德國和俄國的農業問題。

220　另見 Cowling and Martin eds.（2002）收錄的《霧月十八》評論。

221　Carr（1985 [1850], vol. I: 230-231）。

222　T. H. Rigby（1979: 161-162）。

　　1918 年，考茨基率先質疑列寧以專政取消民主，扭曲了無產階級專政的原意。考茨基表示：馬恩所謂的無產階級專政，非關政府形式，指的就是無產階級的階級統治；但馬恩堅持後者是民主的，不能是專制的或獨裁的。正因如此，列寧那種廢除了議會的少數人專制，實已背離了無產階級的民主統治。[223] 作為對考茨基的回應，列寧在 1918 年《無產階級革命與叛徒考茨基》中表示：對於馬克思主義者來說，重點是無產階級的階級統治，政府形式為何毫不重要。布爾喬亞國家雖有君主制、共和制等不同形式，但本質上都是布爾喬亞專政。同理，無產階級國家不論採取了何種政府形式，本質上都是無產階級專政。[224]

　　考茨基和列寧的那場論爭，從此揭開了 20 世紀「無產階級專政」爭議的序幕。[225] 實際上，列寧扭曲了馬恩的無產階級專政論，考茨基對馬恩的解讀也有偏差。但這已超出了本書範圍，只能存而不論。本節關注的是：當馬克思在 1850-1852 年啟用「無產階級專政」一詞時，它的意思是什麼？

源起和變遷

　　馬克思在 1850 年春的〈1848 年的六月失敗〉和〈1849 年 6 月 13 日事件的後果〉兩文中，提及法國革命工人的口號「工人階級的專政」和「無產階級的階級專政」。[226] 他表示，法國無產階級已

　　愈發團結在革命社會主義的周圍，團結在布爾喬亞以布朗基來命名

223　K. Kautsky（1964 [1918]: esp. ch. V），《無產階級專政》。

224　Lenin（1973, vol. 28: esp. 106-108, 231-238），《無產階級革命與叛徒考茨基》，寫於 1918 年 10 月至 11 月。另見 Draper（1987: ch. 4）、Walicki（1995: ch. 4）論列寧的專政觀。

225　Cf. Lovell（1984: ch. 7）、Martov（2022 [1923]）、Farber（1990: ch. 1）。

226　Marx（*MECW*, 10: 69, 127）。1848 年 8 月，馬克思提及魏特林主張單一階級的專政（*MECW*, 7: 556）。階級專政的提法，或早已流傳於德國共產主義圈。

的共產主義周圍。這種社會主義就是宣告不間斷的革命，就是**無產階級的階級專政**，這種專政是為了消滅一切階級差別……的必要過渡階段。[227]

那麼，「無產階級專政」是馬克思從布朗基派那裡取來的嗎？

　　布朗基派主張的陰謀奪權和專政，是由一小群革命精英去擔綱的。無產者或可扮演無褲黨人的角色，但革命的主體並不是無產階級，而是有德性的革命精英。對布朗基派來說，要先等到革命精英奪權成功、成為專政者，進而完成了革命任務以後，才會出現是否還政於民的問題。此種革命專政是少數革命精英的專政，或革命黨人的一黨專政，而不是「無產階級的階級專政」。[228]

　　對這個議題下過最多工夫的德雷普（Hal Draper）指出，馬克思一以貫之地指涉「無產階級的階級專政」，也就是整個無產階級的專政。[229] 從已知的文本證據來看，這的確就是馬克思的語意——暫且不論專政權力如何由整個無產階級去行使。以後見之明，儘管馬克思主張的是無產階級的階級專政，而非革命黨人的一黨專政，但階級專政淪為「少數人的專制藉口」的現實可能性，卻難以排除。[230] 本書稍後會再回到這個問題。[231]

---

227 Marx（*MECW*, 10: 127），馬克思（馬恩全集 II，10：220），1850 年〈1849 年 6 月 13 日事件的後果〉。

228 關於布朗基派的革命觀，最精闢的分析是恩格斯 1874 年〈布朗基派公社難民的綱領〉一文（*MECW*, 24: 12-18）。Cf. Draper（1986: chs. 9-10, 18）論馬恩與布朗基主義的差異。另見第三章第三節、第八章第七節。

229 Draper（1986; 1987: ch. 1）。

230 《共產黨宣言》聲稱，共產黨人「沒有不同於整個無產階級的利益的自身利益」，追求的是「整個無產階級不分民族的共同利益」，並「始終代表整個運動的利益」，而且「清澈地理解無產階級運動的條件、進程和一般結果」（*MECW*, 6: 497）。但這只是一種高度理想化的陳述。在現實世界裡，以共同利益之名遂行私利的情況，比比皆是。《宣言》關於共產黨人的代表性、無私性和先進性宣稱，參見第四章第七節。

231 另見第八章第七節、第九章第七節。

　　「專政」（又譯「獨裁」）可追溯至羅馬共和，本有行使緊急權力之意。專政者／獨裁者通常是一個人或少數幾個人。因此，某個階級的專政云云，實已溢出了專政的原意，且使之從一個政治憲法學的範疇，變異成了一個政治社會學的範疇。但時至 19 世紀中葉，把專政和階級連結起來的提法，已不罕見。[232] 卡芬雅克從 1848 年 6 月至 12 月的專政／獨裁，即被馬克思在內的部分左翼人士，視作「布爾喬亞的」專政。

　　卡芬雅克的「專政」是一個中性的用法。無論左派右派，都用「專政」去指稱卡芬雅克得到議會授權的臨時統治。正因為卡芬雅克的鎮壓行動和軍事戒嚴是一種臨時權力的行使，所以才被稱作專政。這本是「專政」一詞的原始含意。

　　但對於一些激進左派來說，由於卡芬雅克專政權力的來源是「布爾喬亞」主導的立憲議會，因此，卡氏專政其實就是「布爾喬亞的專政」。此亦所以，《霧月十八》交替使用「卡芬雅克的專政」、「布爾喬亞共和派的專政」、「純布爾喬亞共和派的專政」和「布爾喬亞專政」等詞。[233] 其中最合乎「專政」原意的用法，是「卡芬雅克的專政」。由於卡芬雅克是共和右派，立憲議會又是由共和右派主導，馬克思為了強調共和右派的布爾喬亞屬性，就使用了「（純）布爾喬亞共和派的專政」一語。最後，他乾脆省略掉共和派的指涉，直接把「卡芬雅克的專政」本質化為「布爾喬亞專政」。但嚴格來說，「布爾喬亞專政」的指稱是不妥當的，因為共和右派不代表整個布爾喬亞，至多只是布爾喬亞的一部分。

　　在第二共和時期，非共和派的布爾喬亞所在多有，包括了立法議會中的奧爾良派和波旁正統派（馬克思視之為大資本和大地產勢力）。由於這兩派主導了波拿巴復辟以前的立法議會，還在 1850 年 5 月廢除了男性普選，《霧月十八》將其議會統治（尤指 1849 年 6 月 13 日至 1850 年 5 月 31 日這段時期）界定成「布爾喬亞的議會專政」或「秩序黨的議會專

232　Cf. Draper（1986: pt. I）。
233　Marx（*MECW*, 11: 119-120, 130, 180）。

政」。[234] 但疑義在於：不同於卡芬雅克的專政，立法議會的秩序黨並未施行狹義的專政（緊急權力的行使），而主要是動用議會多數決去伸張自己的利益，去壓制政敵，並推動反民主普選的立法。那麼，它究竟是何種意義的「專政」？專政是否就等於「統治」？「布爾喬亞專政」和「布爾喬亞統治」是同義詞嗎？對此，《霧月十八》語焉不詳，從中找不到確切的答案。

長期以來，總有論者把馬克思所謂的「無產階級**專政**」，直接等同於「無產階級**統治**」。考茨基即是一例。德雷普的分析要比考茨基複雜，卻也有類似的傾向。[235] 這樣的解讀不算全錯，因為在馬克思的若干文字中，「專政」的確有中性的「統治」之意，並非總是關聯到緊急權力。例如，上述「秩序黨的議會專政」和「布爾喬亞的議會專政」之說，即有把「專政」等同於「統治」之嫌。但另一方面，當《霧月十八》論及「卡芬雅克的專政」和「（純）布爾喬亞共和派的專政」時，就多少仍保有「行使緊急權力」之意。這些語意上的模糊，不可避免地造成了混淆。

不過，馬克思並未斬斷「專政」的「臨時權力」之意。1850 年春，他強調無產階級須通過自身的階級專政，把國家權力集中在自己手裡，並把主要生產力和土地收歸國有。當時，他對德國政局的理解是：小布爾喬亞民主派「非常強大」且將要取得政權，無產階級則將陷入長期苦戰。正是在此認知下（暫且不論其對錯），他指向一種**過渡性**的無產階級專政。

1850 年 6 月，由於有人質疑他只主張「工人階級的統治和專政」而不提「消滅一切階級區分」，馬克思回應指出：《共產黨宣言》和《哲學的貧困》已明言要消滅一切階級，近期著作也是如此，只是批評者沒注意到而已。[236] 除了引述〈1849 年 6 月 13 日事件的後果〉的相關段落外，[237]

234　Marx（*MECW*, 11: 123-124 fn. c, 181）。

235　K. Kautsky（1964 [1918]: ch. V）、Draper（1987: ch. 1）。

236　Marx（*MECW*, 11: 387-388），〈致《新德意志報》編輯部〉，1850 年 6 月成文，7 月 4 日刊於《新德意志報》。

237　即前引的「〔無產階級的階級〕專政是為了消滅一切階級差別……的必要過渡階段」。見 Marx（*MECW*, 10: 127）。

他還引述《宣言》的一段話：「如果通過革命，無產階級使自身成為統治階級，強力消滅舊的生產條件，它將消滅階級對抗和一切階級的存在條件，從而也消滅它自己的階級統治」。[238] 實則，馬克思更早在《德意志意識型態》手稿中，已把「揚棄一切階級統治以及階級本身」視作共產主義的構成要件。[239] 在此值得注意的是，他在 1850 年 6 月回應批評者時，並未質疑批評者的「工人階級的**統治和專政**」一語。但這是否意味著他把「專政」當作「統治」的同義詞，並非一目了然。[240]

馬克思在回應時，還暗示「無產階級的統治和專政」已蘊含於《宣言》，儘管《宣言》未使用「專政」一詞。那麼，若把《宣言》也引為立論依據，則「無產階級的統治和專政」具有以下的意涵。在通往共產主義的道路上，將有一段革命過渡時期。作為社會大多數的無產階級，將使自己成為統治階級，運用國家權力以推進革命。在常規的政治手段以外，亦不排除「對財產權與布爾喬亞生產的狀況進行專制性的干預」，以消滅舊的生產關係，把生產工具收歸國有，消滅一切階級區分。一旦無產階級完成了革命過渡，則階級將已消失，政治權力不復存在，公權力也將失去其政治性格。[241]

問題在於，〈1849 年 6 月 13 日事件的後果〉所謂的無產階級專政，不盡吻合《宣言》所表達的革命過渡模式。《宣言》設想的無產階級革命，是一種勢不可當的社會大多數的革命。相對於此，馬克思在 1850 年訴諸「無產階級的階級專政」時，他假設的是小布爾喬亞民主派非常強大，無產階級則處於劣勢，必將陷入苦戰。這兩種情況顯然是不同的。

到了 1850 年 9 月，又出現了新的變化。馬克思在九一五的談話之中，

---

238 Marx and Engels（*MECW*, 6: 505-506）。

239 Marx and Engels（*MECW*, 5: 52）。

240 Draper（1986: ch. 13, esp. 223-226）認為，馬克思和他的批評者都把「統治和專政」並列，顯見對他們來說，「專政」是「統治」的同義詞。但此說顯得牽強，因為把 A 和 B 並列，未必就是把 A 等同於 B。

241 Marx and Engels（*MECW*, 6: 504-506）。參見第四章第七節。

強調無產階級革命的條件並不成熟。無產階級尚未成為社會大多數，也還不具備發動革命的主客觀要件。有些人「不把革命視為現實關係的產物，只是一味強調意志的努力」，並宣稱現在就要革命到底，不達共產主義絕不甘休——但這根本不具可行性。在此，馬克思嚴詞否定了此類唯意志論。[242] 不過，他並沒有放棄「無產階級專政」的概念，只是斷開了它與唯意志主義的連結。

　　1852 年 3 月，馬克思在寫給魏德邁爾的信中，提出了更新的說法。他向魏德邁爾表示，他個人的貢獻不在於發現了階級或階級鬥爭（因其早已被「布爾喬亞歷史學家」發現），而在於證明（1）階級的存在和「生產發展的特定歷史階段」是緊密相連的；（2）「階級鬥爭必導致**無產階級專政**」；和（3）這個專政本身不外乎是「通往無階級社會的過渡」。[243] 至此，「無產階級專政」取得了更一般性的意涵。

　　在這封信之後，「無產階級專政」淡出了馬克思著作。直到 1871-1875 年才因巴黎公社事件、與巴枯寧派的鬥爭，乃至德國社民黨內的路線爭議，而再度浮現。[244]

專政和革命過渡

　　按德雷普的研究，「無產階級專政」在馬恩著作中共出現十餘次。[245] 就次數而言，不能算多。1850 年以前，這個概念尚未現身。在 1853-1870 年間，以及 1875 年〈哥達綱領批判〉以後，馬克思幾乎完全不用這個詞。但即使如此，由於它總是出現在關鍵之處，其重要性仍不容低估。以下是幾點扼要的歸納：

242　參見本章第四節。

243　Marx（*MECW*, 39: 62, 65），1852 年 3 月 5 日致魏德邁爾。另見 Draper（1986: chs. 11-15）論 1850-1852 年間的馬克思「階級專政」概念。

244　另見第八章第七節、第九章第四節和第七節。

245　這不包括同一篇文字內的重複。見 Draper（1987: ch. 1）。

　　第一、「專政」在馬克思的用法中，或多或少保有了「行使緊急權力」的古典含意。由於無產階級在革命時刻，要把生產工具和土地收歸國有，故不免遭致抵抗。在此環節上，「專政」多少帶有「動用非常權力以完成過渡」之意。

　　第二、馬克思又把**整個革命過渡時期**，都稱作無產階級專政。

　　實際上，革命過渡期間的許多措施，用常規的民主權力就可以推行，未必要動用臨時的專政權力。把整個革命過渡期都稱作「專政」，因而是有誤導性的，很容易造成混淆。

　　作為過渡時期的總稱，「無產階級專政」是通往共產社會的革命過渡，而不是共產社會本身。馬克思後來在〈哥達綱領批判〉中，區分了「無產階級的革命專政」、「共產主義社會的第一階段」和「共產主義社會的更高階段」。無產階級專政是從資本主義到共產主義的革命過渡；一旦完成了革命過渡，也就進入了**無階級的**共產主義社會。[246] 這本是馬克思革命思想的 ABC，在 20 世紀卻遭到嚴重扭曲。[247] 但這是後話，留待第九章再論。

　　第三、無產階級專政是**階級**專政，不是個人獨裁，也不是一小群職業革命家的專政。成為統治階級以推動革命過渡，乃無產階級專政的題中之意。無產階級在完成了革命過渡的那一刻，同時也就消滅了自身，消滅了一切階級。政治國家也隨之終結，公權力將失去政治性。

　　第四、無產階級專政（至少在原則上）非關特定的政治形式或政府形式。馬克思後來在 1872 年表示，英美荷等先進國，或可和平實現工人統治；但在專制的歐陸國，就未必如此。[248] 這相當於說，實現工人統治的政

246　Marx（*MECW*, 24: 95, 87），1875 年〈哥達綱領批判〉。

247　Bertell Ollman（1977: 9）把「無產階級專政」等同於共產主義社會的第一階段。但這不是馬克思的說法，其真正來源是列寧的《國家與革命》。Cf. Lenin（1967, vol. II：341-342）。另見于光遠（2005：224-227）論毛澤東的「無產階級專政下繼續革命」論。

248　Marx（*MECW*, 23: 255），1872 年 9 月 8 日在阿姆斯特丹集會上的演說。另見第八章第七節。

治形式是多元的。但另一方面，〈哥達綱領批判〉把「民主共和國」界定為布爾喬亞社會最後的國家形式，意指德國社民黨應通過「民主共和國」（而非俾斯麥主政的專制帝國）去實現革命過渡。這暗示，馬克思（和恩格斯）對於德國無產階級／共產主義革命的政治形式，絕非無可無不可。[249] 惟此處暫不展開，容後再論。

第五、無產階級專政不排除動用《宣言》所謂「專制性的干預」。至於哪些非常規的手段是正當的，哪些又是過當的，則未得到說明。[250] 馬克思從未在口頭上排除暴力革命，亦未排除和平過渡的可能。[251]

第六、雖然馬克思主張的是階級專政，不是少數人專政，但「階級專政滑向少數人專政」的**現實可能性**仍無法排除。在此，或有必要區分兩個不同層次的問題。信念上，馬克思反對少數人專政。但在現實世界裡，什麼才是（或者不是）無產階級的階級專政，往往存在爭議。以階級專政之名，行少數人專制之實，堪稱是 20 世紀一切馬列主義政權的基本面。

《共產黨宣言》曾說，共產黨人和無產階級不存在領導關係，共產黨人只是無產階級中較有意識的一群，未發明出任何教條或原則。[252] 但實際上，沒有任何一個 20 世紀的共產黨，真的符合這些宣稱。無產／工人階級的階級專政，從不曾發生。反倒是「無產階級專政」作為一黨專政、黨國專制的正當化說詞，在 20 世紀大放異彩。這是馬克思始料未及，卻也是他的理論難以解釋的。

---

249 Marx（*MECW*, 24: 96）。另見第九章第四節。

250 列寧一以貫之地把「專政」界定為「法外專制」，但這不是馬克思的立場。另見 Lenin（1973, vol. 28: esp. 236）。Cf. Draper（1987: ch. 4）、Lovell（1984: ch. 7）。

251 另見第九章第六節。

252 Marx and Engels（*MECW*, 6: 497-498）。

第六章

反動年代：歷史與政治

一、政治反動和經濟成長

1849 年 8 月底，馬克思從巴黎前往倫敦。他原以為這只是短暫避難，但事與願違。

隨著反革命勢力的勝利，歐陸進入一段長達 10 年左右的反動年代。1849 年夏（若非更早）以降，革命分子不是入獄就是流亡。各國政府承諾的立憲，或者跳票或者大幅縮水。言論和出版自由、結社自由、政治權利等，又遭到強力壓制，形成寒蟬效應。1851 年 12 月波拿巴的復辟政變，更助長了歐陸反動陣營的氣焰。這一波政治緊縮，一路延續至 1858-1859 年始有變化。[1]

但 1848 年革命的挫敗，並未使馬克思對（無產階級）革命失去希望。著眼於大工業在英國和西歐的挺進，以及世界市場的持續擴張，他認為生產過剩的危機已近在眼前，革命即將再起。雖然他在 1850 年 9 月 15 日的發言中，宣稱無產階級還有「15 年、20 年、50 年的內戰要經歷」，[2] 但在幾乎整個 1850 年代，他總是不斷預言危機／革命將至。及至 1858 年 10 月，他依然相信「在歐洲大陸上，革命已迫在眉睫，並將立即具有社會主義的性質」。[3]

儘管這個希望未能兌現，但馬克思在反動年代筆耕不輟，留下大量的政治評論與歷史評論，在經濟學方面也有長足的進展。

從革命者到評論家

1850 年夏，在倫敦陷入貧困的馬克思和恩格斯，一度考慮赴紐約市發展。紐約市是德國人數量最多的大城市之一，僅次於柏林和維也納。在

1　在普魯士，1858 年 10 月威廉親王的攝政，為反動年代畫下了句點。就歐陸而言，1859 年 4 月至 7 月的義大利戰爭，以奧地利帝國的失敗告終；由於奧地利是歐陸反動之首，其軍事失利使歐陸的政治氛圍發生變化。

2　Marx（*MECW*, 10: 626）。參見第五章第四節。

3　Marx（*MECW*, 40: 347），1858 年 10 月 8 日致恩格斯。

其德國移民中，亦不乏激進的活動家和社團。由於倫敦物價高昂，紐約也就成了一個選項。但馬恩已窮到籌措不出渡海費用。恩格斯的家人擔心他到了紐約，又和激進分子攪和在一起，故拒絕支持。燕妮去荷蘭向親戚求助，佯稱馬克思已取得紐約一教職，但未被採信。[4] 最終，恩格斯只好向現實低頭，在 1850 年 11 月前往曼徹斯特，成為家族企業的管理者。[5]

上一章提及，馬克思在 1850 年 9 月跟極端派決裂，致使共產主義者同盟一分為二：一邊是馬克思團體，另一邊是維利希－夏佩爾集團。分裂之後，馬克思把同盟中央遷至科隆，由科隆的盟友協助看管。他遂得以空出時間，在大英博物館的閱覽室鑽研經濟學。寫於 1850 年代初的《倫敦筆記》，[6] 除了考察商業危機外，也留下重讀政治經濟學（包括李嘉圖）的紀要，並廣泛地涉及經濟史、社會史、殖民史等各種議題。1851 年是馬克思最投入經濟學研究的一年。隔年，他再度陷入流亡者的政治。

1850 年 11 月，越獄成功的德國詩人金克爾（Gottfried Kinkel）逃到英國，受到德國流亡群體的熱烈歡迎。金克爾被譽為「德國的拉馬丁」，因參與 1849 年春的民主派武裝起義而受傷、入獄。他難以接受《新萊茵報：政治經濟評論》對德國民主派和對他本人的攻擊，到了倫敦後，遂與馬克思的敵對者維利希結盟。金克爾是激進民主派而不是共產主義者，但他和維利希都曾投入武裝戰鬥，都以勇武派的面貌示人。對於不少流亡者來說，金、維的激烈姿態是有吸引力的。馬克思則被貶抑成一個臨陣脫逃者、放水派。為了還以顏色，馬恩在 1852 年 5 月至 6 月寫成《流亡的偉人》[7] 一書，對金克爾、維利希、盧格等人極盡嘲諷，但因故未能出版。[8]

4　Sperber（2013: 258-259）。

5　Cf. T. Hunt（2009: ch. 6）論恩格斯在曼徹斯特。

6　《倫敦筆記》係指馬克思在 1850 年 9 月至 1853 年 8 月寫的 24 本筆記。其涉及的各項子題，見萬毓澤（2022：501-513）。另見 Pradella（2015: ch. 4）、Musto（2018: ch. 3）。

7　Marx and Engels（*MECW*, 11: 227-326, 656-657 fn. 155），1852 年 5 月至 6 月《流亡的偉人》。

8　Cf. Lattek（2006: chs. 4-6）論盧格、金克爾等民主派的內部紛爭，以及共產主義者同盟的維利希－夏佩爾集團。另見 McLellan（1995 [1973]: 229-236）。

　　1851 年 5 月，一位科隆的裁縫、共產主義者同盟的成員被捕，身上搜出了同盟文件。警方循線逮捕其他的科隆成員，包括與馬克思往來密切者。在 1852 年 10 月進行審判以前，共 11 位已被關押一年有餘。普魯士國王指派他的御用探長負責此案，欲辦成陰謀推翻政府的大案，再進行展示性的公審。但由於被捕者並無具體的陰謀罪證，在科隆又定罪不易，探長遂動用了假造文件、偽造簽名等手段，並把被捕者打成「馬克思黨」，指馬克思就是幕後黑手。[9]

　　為了援助即將受審的盟友，馬克思做出各種努力，如駁斥謠言、揭穿偽證、成立法律後援會、募款等。他給盟友的建議是：在庭上，應強調自己並非維利希－夏佩爾集團的成員，也無意於推翻普魯士政府，而是主張在經濟危機觸發了民主革命以後，再對決上臺的民主派政府。但在旁人眼中，這兩種路線大同小異。更何況，被當作罪證的 1850 年〈3 月告同盟書〉曾經表示：面對反動政府，工人應作為一股獨立的政治力量，和民主派站在同一陣線。[10] 最終，有 4 位盟友被判無罪，其餘被判刑 3 年至 6 年，算是重判。對此，馬克思深感失望。幾天後，他解散了共產主義者同盟（時值 1852 年 11 月）。[11] 隔年 1 月，他的冊子《揭露科隆共產黨人審判案》在巴賽爾（匿名）出版。[12]

　　1850-1856 年間，馬克思全家住在狄恩街（位於倫敦市中心蘇荷區）的狹小公寓，環境與衛生條件甚差。痛失 3 名子女，和私生子事件，都發生在狄恩街。[13] 直到 1852 年 8 月起替《紐約每日論壇報》定期供稿，他才有了稍微穩定的收入來源 —— 儘管入不敷出仍是常態。此類緊跟時事的評論寫作，須追蹤細節、考察背景，得付出頗多時間。馬克思雖是新聞老

9　Stedman Jones（2016: 302-303）、McLellan（1995 [1973]: 226-228）。

10　Marx（*MECW*, 10: 281-282），〈3 月告同盟書〉。參見第五章第四節。

11　Sperber（2013: 278-286）。

12　Marx（*MECW*, 11: 395-457, 672-673 fn. 263），《揭露科隆共產黨人審判案》，寫於 1852 年 10 月底至 12 月初。

13　Stedman Jones（2016: 319-321）、Blumenberg（1998: 112-113）。

手，卻非快筆。一旦接下定期評論，他又擱置了經濟學的寫作計畫。

　　及至 1862 年初，《紐約每日論壇報》共發表了 487 篇來自馬克思的文章。其中 350 篇由他本人所寫，125 篇由恩格斯所寫，另有 12 篇是兩人合寫。[14] 馬克思的任務是以美國讀者為對象，評介歐洲政治與經濟。他的選題包羅甚廣：從英國的內政到殖民政策，從歐陸各國政局到地緣政治，從 1853-1856 年的克里米亞戰爭到 1859 年的義大利戰爭，從東方專制到近東問題，沙俄、泛斯拉夫主義與波拿巴主義，印度兵變、第二次鴉片戰爭，再加上經貿與金融評論，以及恩格斯捉刀的軍事評論等，不一而足。

　　馬克思在 1850 年代累積的報刊文章，數量驚人，是他身前已發表文字中的一大板塊。在《紐約每日論壇報》以外，他也替其他報刊撰稿。這些評論文字的題材眾多，難以一概而論，但仍有一定的思想脈絡可循，並呈現出若干重要的問題意識。

經濟、政治與歷史

　　自 1850 年起，馬克思要比以往更關切所謂的「商業危機」。此前，他已觸及週期性的經濟危機，尤其是「生產過剩的流行病」（《共產黨宣言》語）。[15] 但真正要到 1849 年抵達了倫敦，尤自 1850 年夏以降，才更認真投入危機研究。在革命退潮的背景下，他相信唯有新的危機才能帶來新的革命。他在 1850 年和 1851 年，預測危機將於 1852 年爆發；在 1852 年[16] 和 1853 年，稱隔年將出現危機；在 1855 年和 1856 年，繼續提出危機的預言。[17] 可以說，他對革命的殷切渴望，化身為「危機將至」的反覆預告。對此，李卜克內西（Wilhelm Leibknecht）多年後表示：「他淪為預

14　Stedman Jones（2016: 327, 344）。

15　Marx and Engels（*MECW*, 6: 490）。

16　Cf. Marx（*MECW*, 11: 361），〈赤貧和自由貿易：日益迫近的商業危機〉，寫於 1852 年 10 月 12 日，刊於 1852 年 11 月 1 日《紐約每日論壇報》。

17　McLellan（1995 [1973]: 252-253）、Stedman Jones（2016: 351-352）。

言〔危機〕的頑童而被我們強烈嘲笑，這讓他非常生氣」。[18]

反動政權在政治上的嚴防死守，使馬克思把革命再起的希望，主要寄託於經濟危機。在他看來，商業危機的內核是生產過剩的危機。後者導因於生產力太過發達，致使部分產品無法實現其交換價值。在歐陸，1850年代是真正大規模工業化的起點。由鐵路和蒸汽帶動的工業發展，以及政府主導的國內市場打造，在法、德等歐陸國突飛猛進。英國則通過帝國與殖民行動，繼續推進世界市場的擴張。對於這些發展，馬克思樂觀以待。

> 所謂的 1848 年革命，只是微不足道的插曲。……蒸汽、電力和自動機是比巴貝斯、拉斯佩爾（François-Vincent Raspail）和布朗基都更危險的革命家。[19]

反動政府（尤指普魯士與法國）或許阻礙、甚至取代了布爾喬亞的政治統治，但終究阻擋不了「布爾喬亞生產」及其內建的生產過剩危機。

1857 年終於爆發了商業危機，卻未激起波瀾，遑論馬克思期待的社會革命。但他依然相信革命將至，並向恩格斯表示：

> 布爾喬亞社會的真實任務是創造**世界市場**（至少是一個輪廓）和以這種市場為基礎的生產。因為地球是圓的，所以隨著加州和澳洲的殖民地化，隨著中國和日本的門戶開放，這個過程看來**已經完成**了。對我們來說，難題在於：在歐洲大陸上，**革命已迫在眉睫**，並將立即具有**社會主義**的性質。但由於在更加廣闊的領域內，布爾喬亞社會還在上升之中，革命在這個小小角落難道不必然被鎮壓嗎？[20]

18　引自 McLellan（1995 [1973]: 253）。

19　Marx（*MECW*, 14: 655），1856 年 4 月 14 日在《人民報》創刊紀念會上的演說。

20　Marx（*MECW*, 40: 347），馬克思（馬恩全集 I，29：348），1858 年 10 月 8 日致恩格斯。

這是馬克思在 1858 年 10 月表達的見解。

在 1850 年代，馬克思亦高度關注歐洲的地緣政治，以及英國的海外擴張。針對印度和中國，他自 1853 年起寫了一系列評論。他沿用孟德斯鳩、黑格爾等論者的「東方專制主義」[21] 概念，但更側重於亞細亞社會的社經基本結構，並由此開展出「亞細亞生產方式」論。在他看來，英國的大砲已經觸發了天朝帝國的解體過程。他一度期待「中國革命」（指太平天國）能像火星一樣點燃英國的工業危機，從而引發「歐洲革命」。[22] 在 1853 年兩篇著名的印度評論中，他指出英國殖民統治雖使印度人陷入極度悲慘，但「英國的蒸汽和英國的自由貿易」起到了進步作用。[23]

比起印度和中國，俄羅斯是馬克思更關切的對象。他把沙俄視作阻礙歐洲進步的頭號反動勢力，故特別希望沙俄因戰爭失利而爆發革命，即推翻沙皇專制的革命。他的另一個眼中釘則是波拿巴帝國。是以，他從反沙俄的角度，去針砭克里米亞戰爭和第二次鴉片戰爭；並從反沙俄和反波拿巴的雙重視角，去解讀義大利戰爭。[24] 馬克思的女兒愛蓮娜於 1897 年，把他的克里米亞戰爭評論集結成《近東問題》一書，厚達 600 多頁。[25] 1899 年，愛蓮娜又編輯出版《18 世紀的祕密外交史》，收錄馬克思在 1856-1857 年連載於英國小報，指控英國政界勾結沙俄的一系列文字。[26] 針對 1859 年的義大利戰爭，馬克思持堅定的反波拿巴立場，並再度捲入德國流亡圈的相互攻訐。為了駁斥、反擊對他的不實指控，他在 1860 年用了將近一年的時間去完成《福格特先生》一書。[27]

21　Cf. O'Leary（1989: ch. 2）、Sawer（1977: ch. I）。

22　Marx（*MECW*, 12: 93-100, esp. 95, 99），1853 年 5 月〈中國革命和歐洲革命〉。

23　Marx（*MECW*, 12: 125-133, 217-222, esp. 131），1853 年 6 月〈英國在印度的統治〉和 1853 年 7 月〈英國在印度統治的未來結果〉。

24　參見本章第七節。

25　Marx（1969 [1897]），《近東問題》。

26　馬克思為這一系列文章定的大標題是《揭發 18 世紀的外交史》，收於 Marx（*MECW*, 15: 25-96）。另見其出版史說明（*MECW*, 15: 636-637 fn. 22）。

27　《福格特先生》收於 Marx（*MECW*, 17: 21-329）。

　　就馬克思在反動年代的理論發展而言，最重要的莫過於 1857-1858 年
《政治經濟學批判大綱》手稿（以下簡稱《大綱》）。在他生前未出版
的著名手稿中，《大綱》是最晚問世者，遲至 1953 年才有完整可流通的
版本。[28] 1857 年，終於爆發了馬克思期待已久的商業危機。[29] 他告訴恩格
斯，他希望在革命的「洪水」到來以前，至少能完成經濟學的概要。[30] 以
後見之明，革命並沒有來，他的寫作進度也不如預期。但無論如何，他
於 1857-1858 年寫出《大綱》，再於 1859 年出版《政治經濟學批判》，為
《資本論》打下了基礎。

　　《大綱》本不打算出版，它在短時間內急速寫成，故結構鬆散，但內
容特別豐富。它提出三種社會形式（前資本、資本、後資本社會）之說。
無論前資本社會的財產形式為何，其社會生產都是由共同體支配。資本則
是一種交換價值的生產系統，它使個人脫離了共同體束縛，但陷入徹底的
異化。然而，資本社會的發達生產力，加上資本的「文明化作用」，卻也
為後資本社會提供了實現條件。後資本社會將揚棄交換價值，使生產／勞
動取得**直接的社會性**，而不再仰賴交換價值的中介。人們將在更高的基礎
上，復歸「共同體生產」卻又不必受制於前資本社會的共同體束縛。後資
本的共同體生產，將滿足「普遍發展的個人」的「豐富需要」。[31]

　　《大綱》以一種較為粗放的、未經修飾的形式，涵蓋了馬克思經濟學
的大部分構成要素。這包括、但不僅止於「剩餘價值」概念。[32] 此外，《大
綱》把前資本社會的財產形式（或人類走出原始部落的路徑），分為亞細

28　Nicolaus（1973: 7）。

29　馬克思在寫作《大綱》時，持續關注經濟危機在英、法、德等國的發展，並蒐集相
　　關資料。這份《危機筆記》寫於 1857 年 11 月至 1858 年 2 月，收於 Marx（*MEGA2*,
　　IV/14）。另見 Krätke（2008a; 2008b）、Musto（2020a: 411）、萬毓澤（2018：21）。

30　Marx（*MECW*, 40: 217），1857 年 12 月 8 日致恩格斯。

31　另見本章第五節和第六節。

32　Cf. Rosdolsky（1977）、Oakley（1984: pt. II）。Ernest Mandel（1977: 102）認為，《大
　　綱》雖未妥善說明平均利潤率的下降，亦未處理再生產課題，但除此之外，它已蘊含了
　　馬克思成熟經濟理論的一切要件。這個說法可能太過，但《大綱》的奠基作用是毋庸置
　　疑的。

亞、斯拉夫、古代古典、日耳曼等 4 種。儘管其相關陳述仍顯粗略，但對於理解馬克思的歷史理論構成了寶貴線索，其重要性不亞於 1859 年〈《政治經濟學批判》序言〉（簡稱〈序言〉）。[33]

以下，擬對馬克思在反動年代的思想發展，提出進一步分析。首先是他在德國革命失敗、波拿巴復辟稱帝的背景下，對「布爾喬亞的直接統治」這項命題的修正（第二節）。接著考察他的中國評論和印度評論（第三節），〈序言〉與亞細亞生產方式（第四節）。再聚焦於《大綱》對三種社會形式的界定，尤其是後資本社會的性質（第五節），乃至後資本社會的勞動和自由（第六節）。最後，略述馬克思對沙俄專制的強烈敵意，和他對克里米亞戰爭、對義大利戰爭的特定見解（第七節）。

二、布爾喬亞與政治

1852 年 9 月，恩格斯向馬克思表示：《霧月十八》的英譯者把 *bürgerliche Gesellschaft* 譯成 middle class society 不甚妥當，宜改成 bourgeois society。按恩格斯的說法，布爾喬亞社會是「布爾喬亞，中等階級，工商業資本家階級，在社會上和政治上已成為統治階級」的發展階段；「歐美幾乎所有的文明國家，現在都是如此」。[34]

但馬克思不這麼看。

他在歷經 1848 年革命的失敗，以至 1851 年 12 月的波拿巴政變後，對於他以往認為已成為現實（英法）或即將兌現（德國）的「布爾喬亞的政治統治」產生了若干懷疑。舉其大者，普魯士布爾喬亞向國王妥協的表現，不合乎《宣言》對德國「布爾喬亞革命」的樂觀期待。[35] 波拿巴帶來「議會政體和布爾喬亞統治的終結」，造成「布爾喬亞統治的覆滅，立憲

33　1859 年〈《政治經濟學批判》序言〉收於 Marx（*MECW*, 29: 261-265）。

34　Engels（*MECW*, 39: 191），1852 年 9 月 23 日致馬克思。

35　Marx and Engels（*MECW*, 6: 519）。

或議會共和國的終結」。[36] 但這樣一種「得而復失」完全落於馬克思的理論預期之外。如果布爾喬亞「在社會上和政治上已成為統治階級」（恩格斯語），何以它在普魯士仍是政治侏儒，在法國則被逐出了政治領域？

有別於恩格斯的上述說法，馬克思從 1848 年革命的失敗中，得出了一個重要教訓：布爾喬亞與日俱增的社經權力，未必或尚未帶來布爾喬亞的政治統治。此與革命前夕《宣言》所表達的見解，可謂相當不同。[37]

布爾喬亞革命

安德森（Perry Anderson）曾經宣稱：馬克思並不關切 19 世紀後期發生在義大利、德國、美國和日本的布爾喬亞革命，而這顯示他不重視這個概念。[38] 但馬克思真的不看重「布爾喬亞革命」嗎？

1844 年〈《黑格爾法哲學批判》導言〉關於無產階級革命的初步思考，正是建立於對「作為布爾喬亞革命的法國大革命」的理論化。據其說法，在法國大革命中，布爾喬亞上升為代表社會大多數的普遍階級。作為普遍階級／解放者階級的布爾喬亞，與壓迫者階級（僧侶、貴族）截然對立，形成兩極分化，並取得決定性的勝利。由此，馬克思延展出無產階級革命的基本概念，即把無產階級看作是比布爾喬亞更具普遍性的階級。被銬上鎖鏈的無產階級，必得消滅自身，故有更高的普遍性。〈導言〉並以法國大革命作為參照，指德國布爾喬亞形成較晚，已面臨無產階級的挑戰，故怯於對抗舊的統治階級。[39]

36　Marx（*MECW*, 11: 181, 123-124 fn. c）。參見第五章第五節。

37　《宣言》稱布爾喬亞已經取得了政治霸權，「在現代的代議國家裡奪得了獨占的政治統治」。見 Marx and Engels（*MECW*, 6: 486）。

38　P. Anderson（1992b: 105-107），〈布爾喬亞革命的觀念〉，原發表於 1976 年。另見 P. Anderson（1974a; 1974b）論從古代到封建的過渡，以及絕對國家的系譜。

39　Marx（*MECW*, 3: 184-185）。參見第二章第五節。論者如 Davidson（2012: 117）和 P. Anderson（1992b: 107），都不把〈導言〉看作是關於「布爾喬亞革命」的重要文本。但這個立場是有問題的。

　　後來在布魯塞爾，隨著生產力發展論和階級鬥爭論的成形，馬克思不再固著於「德國布爾喬亞不革命」之說。他在〈道德化的批評和批評的道德〉中，對布爾喬亞革命進行了若干闡發。[40]《宣言》更讚揚布爾喬亞的革命性，並稱「德國正處在布爾喬亞革命的前夜」。[41] 1848 年 12 月的〈布爾喬亞與反革命〉一文，把 1648 和 1789 當作布爾喬亞革命的典範，藉以貶抑普魯士布爾喬亞。由於後者接受了國王版的半吊子憲法，這令馬克思大失所望，遂又重返「德國布爾喬亞不革命」的見解。〈布爾喬亞與反革命〉表示：基於德國布爾喬亞的後發性，及其導致的政治軟弱，「無論是純粹布爾喬亞的革命，還是君主立憲形式的布爾喬亞統治，在德國都是不可能的」。[42]

　　1850 年春，馬克思在《新萊茵報：政治經濟評論》第二期發表了一篇評論，[43] 評基佐剛剛出版的《英國革命為何成功？論英國革命史》。[44] 這篇評論是關於英國的布爾喬亞革命。但此後，他鮮少再直接討論「布爾喬亞革命」。

　　在馬克思的論說中，「布爾喬亞革命」除了是「無產階級革命」的重要參照外，也是他譴責「普魯士／德國布爾喬亞不革命」的立足點。某種理想化的、勇於革命的法國布爾喬亞，被用來嘲諷畏畏縮縮的普魯士／德國布爾喬亞。但在 1848 年革命失敗了以後，還有必要繼續用這種激將法嗎？實則，馬克思不再對德國的布爾喬亞革命抱有幻想，[45] 也不再對「布爾喬亞革命」進行更多的理論投資。

40　Marx（*MECW*, 6: 319, 321, 333）。

41　Marx and Engels（*MECW*, 6: 519）。

42　Marx（*MECW*, 8: 160-163, 178）。參見第五章第三節。

43　Marx（*MECW*, 10: 251-256），〈評基佐《英國革命為何成功？論英國革命史》〉。

44　Guizot（1850），《英國革命為何成功？論英國革命史》。

45　儘管如此，馬克思強調德國工人作為獨立的政治力量，應聯合反封建反專制的布爾喬亞，以剷除普魯士半封建的專制政權。他強烈反對拉薩爾派把布爾喬亞（而非容克統治集團）看作是主要敵人。見 Marx（*MECW*, 24: 88-89），1875 年〈哥達綱領批判〉。Cf. Draper（1990: chs. 3-4）。另見第八章第一節、第九章第四節。

　　就他的歷史理論而言，構成更大挑戰的不是德國，而是法國。若謂法國在 1789 年出現了純粹的布爾喬亞革命，則後來的熱月政變、拿破崙帝國、波旁復辟又該如何解釋？這是馬克思未曾直面的一大問題。[46] 設若 1830 年是又一次布爾喬亞革命，1848 年是「民主與社會共和」革命，接著又變成布爾喬亞的議會統治，那麼，何以會出現這些波折？何以路易‧波拿巴竟復辟成功？要是布爾喬亞統治（如《霧月十八》所言）已終結於波拿巴政變，則 1789 年和 1830 年的布爾喬亞革命，恐怕也需要重新檢視？

　　在安德森看來，馬克思忽視了 1850 年代末至 1870 年代初，發生在義大利、德國、美國和日本的布爾喬亞革命。或者說，儘管馬克思對義大利戰爭、對普魯士內政和德國統一、對美國內戰和林肯廢奴都有所議論，他並未從「布爾喬亞革命」的角度去探討之。[47] 但問題恰恰在於：安德森認定為「布爾喬亞革命」的那些政治變革，大都不屬於馬克思意義的布爾喬亞革命。

　　安德森極為寬泛地界定「布爾喬亞革命」，把容克貴族領導的德國統

46　Furet（1988: 29-30, 51-59）。不同於布朗等其他左翼論者，馬克思並未把法國大革命的前五年，拆解成相對溫和的上半場和雅各賓主義的下半場。在他看來，法國大革命是一個整體，儘管在政治表層上多有變異，但其本質（或主題）就是布爾喬亞成為統治階級。但究竟誰才是布爾喬亞的真正代表？如何理解熱月政變和後來的拿破崙時期？在這些細節上，馬克思未給出明確說法。見 Furet（1988: pt. II）選編的馬克思關於法國大革命的論說。限於篇幅，本書不擬深究法國大革命是否為「布爾喬亞革命」的論爭。早期的修正主義史家如 Cobban（1999 [1964]）等，係從「社會」視角去質疑布爾喬亞革命之說。他們指出，例如，貴族和布爾喬亞在革命前夕並沒有清楚界線；大革命帶有反資本主義的性質；舊政權下的布爾喬亞無涉（工業）資本主義，等等。關於修正主義論辯，見 Doyle（1988: pt. I）、Comninel（1987）、Davidson（2012: ch. 15）。P. Anderson（1992b: 109）認為，馬克思主義史家並未有效回應修正主義的挑戰。另見 Hobsbawm（1990）、Callinicos（1989）、Heller（2006; 2017）。法國大革命的修正主義史學，後來歷經了政治轉向和語言轉向，愈發聚焦於政治、意識型態和語言層面。Cf. Furet（1981）、Sewell（1994）、Baker（1989）、Forsythe（1987）。

47　P. Anderson（1992b: 105-106, 112-113）。

一，以及武士推動的明治維新等，都涵蓋在內。但從馬克思的視角，布爾喬亞革命必須是布爾喬亞領導的革命。在英國與法國，「布爾喬亞都是實際上領導運動的階級」。[48] 由其他階級或群體領導的政治變革，無論是否有利於資本主義的發展，都不屬於馬克思理解的布爾喬亞革命。

被馬克思視作成功的布爾喬亞革命的案例，有 16 世紀荷蘭起義、17 世紀英國內戰，以及法國大革命。〈布爾喬亞與反革命〉強調英法布爾喬亞的結盟對象不同：英國布爾喬亞和新貴族結盟，反對王權、封建貴族和建制教會；法國布爾喬亞和人民結盟，反對王權、貴族和建制教會。[49] 1850 年〈評基佐《英國革命為何成功？論英國革命史》〉進一步指出：在英國，正因為地產已經「不是封建財產，而是布爾喬亞財產」，布爾喬亞和大地主才得以結盟。法國則無此條件，所以布爾喬亞結合民眾，以革命行動去裂解與之敵對的封建大地產。[50]

在此，馬克思點出了一個重要的英國史實：17 世紀中葉內戰爆發時，英國已稱不上是封建社會。但他並未進入細節，而是繼續把英國內戰界定成一場布爾喬亞反封建、反專制王權的革命。疑義在於，如果地產已經「不是封建財產，而是布爾喬亞財產」，英國布爾喬亞也就沒有真正的封建主義可反。馬克思出於對普魯士容克貴族的痛惡，不僅把法國大革命視作布爾喬亞革命的典範，還特別強調其徹底反封建的屬性。但正如他已認知到、卻未能展開的，英國革命並不像法國大革命那樣反封建。甚至，英國革命根本不存在推翻封建的意圖。[51]

無論是法國大革命還是 17 世紀英國革命，其革命黨人是否具有明確的布爾喬亞身分，又是哪一種布爾喬亞身分，皆不無疑問。實際上，這些爭議早已行之有年。關於英國革命的論爭，自 1940 年代末即已展開，今

48　Marx（*MECW*, 8: 161），1848 年 12 月〈布爾喬亞與反革命〉。

49　Marx（*MECW*, 8: 161）。

50　Marx（*MECW*, 10: 254-255），〈評基佐《英國革命為何成功？論英國革命史》〉。

51　Stone（1985: 53），另見 Stone（1986）、Stone ed.（1980）。

已累積出汗牛充棟的史學文獻。馬克思本人所謂的「布爾喬亞革命」，並不是指後果有利於資本主義（或布爾喬亞生產）的革命，而必須是由布爾喬亞領導的革命。更確切地說，它是布爾喬亞奪取政治統治權、上升為政治統治階級的革命。但究竟誰才是布爾喬亞？修正主義史家針對法國大革命和 17 世紀英國革命的階級成分，提出了難以辯駁的經驗證據，基本上否證了馬克思「由布爾喬亞領導的反封建革命」之說。著名的馬克思主義者、英國革命史家希爾（Christopher Hill）也承認了這一點。[52] 在馬克思主義陣營中，甚有論者歡迎修正主義的挑戰，指其有助於破除線性的經濟決定論。[53] 但另一方面，亦有馬克思主義者在做出讓步時，仍勉力維繫「布爾喬亞革命」概念。[54]

　　以希爾為例，他放棄了「由布爾喬亞領導的反封建革命」的馬克思觀點，改從後果論去界定布爾喬亞革命，也就是從「革命的後果有利於資本主義發展」去推論某種「布爾喬亞革命」的存在。[55] 霍布斯邦（Eric Hobsbawm）、安德森等其他馬克思主義者，也多採用後果論式的說法，或從宏觀的經濟發展去擺放「布爾喬亞革命」的位置。[56] 在此，希爾是最具代表性的。他聲稱，布爾喬亞革命「不是指布爾喬亞發動的革命，或布爾喬亞立志實現的革命」，而是「社會的結構、斷裂和壓力」所致。[57] 但無論如何，這不是馬克思的立場。一旦採取希爾式的寬鬆定義，就連馬克思深惡痛絕的波拿巴和俾斯麥，恐怕也都算是「布爾喬亞革命」的領袖。這對馬克思本人來說，會是荒謬而不可接受的。

52　Hill（1980: 110-111; 1986: 95-96; cf. 1948）、Carlin（1988）。另見 Kaye（1984）論英國馬克思主義史家。

53　E.g. Comninel（1987）。

54　Hill（1986: ch. 5）、Hobsbawm（1990）、P. Anderson（1992b: ch. 3）、Callinicos（1989）、Mooers（1991）、Heller（2006; 2017）、Nygaard（2007）。

55　Hill（1980: 111; 1986: 95），〈一個布爾喬亞革命？〉。

56　Esp. Hobsbawm（1990）、P. Anderson（1992b: ch. 3）、Callinicos（1989）。

57　Hill（1980: 110-111; 1986: 95-96）。

再回到德國。在馬克思看來,1848-1849 年的德國革命,是一場失敗的布爾喬亞革命。對其敗因,他的基本見解是:後發國如德國的布爾喬亞,因興起於較發達的經濟環境,一登場就面臨新興無產階級的挑戰,故欠缺推翻封建專制的革命意志。[58] 後來,他也從同樣的視角,去分析 1854-1856 年的西班牙政局。

> 埃斯派特羅背棄了議會,議會背棄了領導者們,領導者們背棄了中等階級,中等階級又背棄了人民。這對 1848-1849 年歐洲大多數的鬥爭和以後將在西歐發生的鬥爭的性質,提供了一個新的例證。一方面,有現代工商業,其當然首領即中等階級是反對軍事專制主義的;另一方面,當中等階級開始反對專制主義,現代勞動組織的產物即工人,便參加到鬥爭中來,要求取得勝利果實中工人應得的一份。中等階級對於這種有違自身意志的聯盟的後果感到害怕,便又重新縮回到他們所憎恨的專制主義的砲臺保護之下。

在此,1854-1856 年的西班牙政爭,被視作 1848-1849 年以降西歐政治格局的一個例證。中等階級(即布爾喬亞)擔心工人危及自身利益,故「屈從於一個他們厭惡的政治權力」。[59]

布爾喬亞的直接統治

馬克思一則把法國大革命看作是布爾喬亞革命的典範,另則把英國視為「布爾喬亞的直接統治」的原型。此種成熟的布爾喬亞階級國家(尤指 1846 年廢止了穀物關稅以後的英國)推行自由貿易、自由競爭和低稅收

58　這個論點的最清晰表述,見〈道德化的批評和批評的道德〉(*MECW*, 6: 332)。其最初版本,見〈《黑格爾法哲學批判》導言〉(*MECW*, 3: 185)。

59　Marx(*MECW*, 15: 102),馬克思(馬恩全集 I,12:46-47),〈西班牙的革命〉,1856 年 8 月 8 日載於《紐約每日論壇報》。

政策，全然不需要普魯士那種肥大的官僚機器。這是馬克思在 1848 年革命前夕的看法。

　　隨著革命的敗北以至波拿巴的復辟，馬克思修正了以上見解。他依然相信，直接的、完全的布爾喬亞階級統治在英國是可能的。但他把這種統治的實現，延後到了自由貿易派／工業資本家全面掌權以後的未來英國。至於當下英國，則被形容為工業布爾喬亞仍受大地主牽制、尚未完全執政的狀態。[60]

　　先看 1850 年的基佐書評。馬克思在這篇評論中指出：「正是隨著立憲君主制的鞏固，英國才開始了布爾喬亞社會的巨大發展和變革」。光榮革命只是起點而非終點——這是基佐不解的。正是在立憲君主制下，工場手工業突飛猛進，後來讓位給大工業、蒸汽機和大工廠，「新的更龐大的布爾喬亞」也隨之興起。這個征服世界市場的新布爾喬亞，即工業布爾喬亞，早在 1832 年《改革法案》賦予它「直接的政治權力」以前，就已經讓國會立法完全服膺於它的利益和需要。不出多久，新布爾喬亞勢將動用其議會代表權，進一步消滅舊布爾喬亞賴以存續的大地產。這是馬克思在 1850 年的陳述。[61]

　　及至 1852 年，他繼續看好新布爾喬亞的潛力。他表示，無論是輝格黨還是托利黨，基本上都是大土地占有者。自光榮革命以來長期執政的輝格黨，先後與金融巨頭、工業巨頭結盟，實乃「布爾喬亞即工商業中等階級的貴族代表」。但正因為輝格黨和土地權貴多所糾葛，它愈來愈不能代表新布爾喬亞的利益。托利黨、輝格黨、皮爾派都屬於過去，「自由貿易派（曼徹斯特學派的信徒、議會改革派和財政改革派）方是現代英國社會的官方代表，即統治世界市場的英國代表」。這個「有自我意識的布爾喬亞黨派，即工業資本的黨派，正竭力把自己的社會權力也變成政治權力，

60　Marx（*MECW*, 11: 327-332, 333-341），〈英國選舉：托利黨和輝格黨〉與〈憲章主義者〉，1852 年 8 月載於《紐約每日論壇報》。

61　Marx（*MECW*, 10: 255），〈評基佐《英國革命為何成功？論英國革命史》〉。

把封建社會最後的傲慢殘餘加以剷除」。他們

> 　　要求讓布爾喬亞取得完全的、不加任何掩飾的統治。……他們的最
> 終訴求必然是布爾喬亞**共和國**。其生活的各個領域，都處在**自由競爭**
> 的統治之下。只留下**最低限度的政府**，以便對內對外維護布爾喬亞的
> 共同階級利益，並管理其共同事務。就連這個最低限度的政府，也要
> 組織得盡可能樸實而經濟。[62]

此即「布爾喬亞的直接統治」的典範。這種低稅收、最低限度的政府（若
真能實現），自然不同於普魯士或法蘭西第二帝國那種龐大的官僚國家。

　　值得注意的是，馬克思把新布爾喬亞取得「直接的政治權力」的時間
點，從通過《改革法案》的 1832 年，延後到了不確定的（近期）將來，
從過去式改成了未來式。他說，英國布爾喬亞寧可與「垂死的對手」即大
地主妥協，也不願向「新興的敵人」即工人階級做出讓步。但因為「歷史
必然性和托利黨人」推著布爾喬亞向前走，布爾喬亞終將成為「唯一的政
治統治者」，並「把政治統治權和經濟大權集中在自己手中」。屆時，階
級鬥爭將變得敵我分明，由憲章派工人對決自由貿易派的「英國的社會革
命」隨之爆發。在英國，「**普選權**的實現，比起歐陸任何標榜社會主義的
東西」都更加社會主義，因其結果必然是「**工人階級的政治霸權**」。[63]

　　但馬克思對英國政治的判斷，常有偏差。他所謂的「布爾喬亞共和
國」，稱不上是 19 世紀英國布爾喬亞的主要政治取向。[64] 至於憲章派工人
對決自由貿易派的「英國的社會革命」設想，幾年後完全落空。自由貿易

62　Marx（*MECW*, 11: 329-330, 333-334），馬克思（馬恩全集 II，11：422-423）。

63　Marx（*MECW*, 11: 335-336），1852 年〈憲章主義者〉。

64　Cf. Finn（1993: ch. 7）論英國共和主義在 1870 年代初的抬頭。另見 Marx and Engels
（*MECW*, 22: 587, 701 fn. 379）論英國的共和主義運動（1871 年 3 月 28 日在國際工人協
會總委員會的發言紀要）。

派的兩位關鍵人物，在 1857 年甚至未能連任國會議員。[65]同年，憲章運動
領導者瓊斯（Ernest Jones）也放棄了重振運動的嘗試。1859 年，輝格黨
人、自由貿易派、皮爾派和愛爾蘭國會議員結盟，成立了自由黨。該黨隨
後吸收了新興的工會勢力，成為馬克思始料未及的一種政治組合。[66]

　　按馬克思的前述說法，英國布爾喬亞（尤指工業布爾喬亞）尚未成為
政治上的統治階級。如果工業最先進的英國尚且如此，那麼，其他西歐國
距離「布爾喬亞的直接統治」就更遙遠了。以普魯士為例，其布爾喬亞自
由派在反動年代遭到壓制，後於 1861-1862 年的憲法衝突中再度抬頭；[67]
但後來在俾斯麥的統治下，多數自由派被威權國家收編，變成了國家統一
和帝國偉業的附庸。[68]指望普魯士或德國出現「布爾喬亞的直接統治」，
因而是很不現實的。

　　對馬克思構成最大挑戰的案例，倒還不是普魯士或西班牙，而是法國
的波拿巴主義。從他的視角，法國在大革命（布爾喬亞革命）、七月革命
（布爾喬亞的二次革命）、七月王朝（君主立憲式的布爾喬亞統治）、第
二共和的議會統治（布爾喬亞議會共和國、純粹的布爾喬亞階級統治）接
連登場之後，竟出現波拿巴主義國家 —— 這才是最大的異例。何以布爾喬
亞共和國得而復失，被波拿巴國家取代？《霧月十八》（成文於波拿巴復
辟政變後的前 3 個月）的初步說法，馬克思似乎並不滿意。畢竟，如果法
國布爾喬亞長期屈從於波拿巴主義的淫威，這勢必對他的理論構成挑戰。

　　關於波拿巴主義，馬恩前後有不同的論點，未必都融貫一致。1871
年《法蘭西內戰》稱波拿巴帝國「是在布爾喬亞已喪失治國能力，而工人
階級又尚未獲得這種能力時，唯一可能的統治形式」。[69]但何以如此，則

65　此指 Richard Cobden 和 John Bright。
66　Stedman Jones（2016: 359-362）。
67　Cf. Sheehan（1993: 869-888）。
68　Cf. Wehler（1985）、Mommsen（2011）。
69　Marx（*MECW*, 22: 330），馬克思（馬恩全集 I，17：357），《法蘭西內戰》。

未得到闡釋。[70] 恩格斯在 1866 年 4 月致馬克思的信中，把俾斯麥的統治關
聯到波拿巴主義。

> 　　俾斯麥雖然沒有他的拉薩爾，但還是玩弄了普選權的把戲。看來德
> 國布爾喬亞在做過某些抵抗以後是會同意的，因為波拿巴主義畢竟是
> **現代布爾喬亞的真正宗教**。我愈來愈清楚地看到，**布爾喬亞沒有自
> 己直接進行統治的能力**。因此，如果不是像英國這裡，有一個寡頭
> 有能力維護布爾喬亞的利益，在豐厚報酬下**替布爾喬亞**管理國家和社
> **會**，**波拿巴主義式的半專政**就成了常態。它維護布爾喬亞巨大的物質
> 利益，甚至到了違反布爾喬亞意志的程度。但它不讓布爾喬亞參與統
> 治。另一方面，這種專政又不得不違反自己的意志，把布爾喬亞的物
> 質利益宣告為自己的利益。[71]

在反動的 1850 年代，馬恩尚未預見俾斯麥的上臺，及其推動的德國版波
拿巴主義。但在 1856 年的西班牙評論中，馬克思已把布爾喬亞「屈從於
一個他們厭惡的政治權力」視作西歐的普遍現象。恩格斯在 1866 年的
信中，則進一步把波拿巴主義視作「現代布爾喬亞的真正宗教」。此與
1847 年馬克思關於「布爾喬亞的直接統治」的樂觀論調，可謂大相逕庭。
　　馬克思在革命退潮後發現，所謂「布爾喬亞的直接統治」即使在英國
也尚未實現，遑論法國、德國和西班牙。1862 年 12 月底，他向友人庫格
曼（Ludwig Kugelmann）表示，「不同的國家形式與不同的社會經濟結構
之間的關係」是尚待他探究、寫作的課題。[72] 但可惜的是，他終未完成這
個心願。

70　1870 年代後期，隨著法蘭西第三共和的漸趨穩定，馬恩又開始把「民主共和國」視作
　　布爾喬亞社會的某種標準模式。另見第九章第六節。

71　Engels（*MECW*, 42: 266），恩格斯（馬恩全集 I，31 上：209），1866 年 4 月 13 日致馬
　　克思。

72　Marx（*MECW*, 41: 435），1862 年 12 月 28 日致庫格曼。

三、東方專制：印度和中國

在 1850 年代以前，馬克思並不是那麼關注非西方社會，但每每論及世界市場的擴張。《共產黨宣言》提到「東印度和中國的市場，美洲的殖民化，對殖民地的貿易」，並表示：

> 布爾喬亞，藉由一切生產工具的迅速改進，藉由極其便利的交通，把一切民族甚至最野蠻的民族都捲到文明中來。商品的低廉價格，是它用來摧毀一切萬里長城、征服野蠻人最頑強的仇外心理的重砲。它迫使一切民族——如果不想滅亡的話——採用布爾喬亞的生產方式。它迫使這些民族引入它所謂的文明，即變成布爾喬亞。……它使野蠻和半野蠻的國家屈從於文明國家，使農民的民族屈從於布爾喬亞的民族，使東方屈從於西方。[73]

這是一幅西風東漸的景象，布爾喬亞文明征服野蠻人的景象，工業資本掃蕩前資本社會的景象。至於被征服的非西方社會及其性質，則未得到論說——除了「野蠻」和「半野蠻」等刻板印象。真正要到 1853 年以降，這個局面才有所改觀。

作為《紐約每日論壇報》的歐洲評論員，馬克思的選題除了西歐各國的內政外，也涉及歐洲強權在東方的戰爭、貿易與殖民。就東方議題而言，讓他耗費最多筆墨者，莫過於 1853-1856 年的克里米亞戰爭（見本章第七節）。此外，為了報導英國下議院的外交政策辯論，他開始補充對印度和中國的認識。正是在此機緣下，他形成一套關於亞細亞／東方專制社會的假說，後於 1857-1859 年發展為「亞細亞財產形式／生產方式」論。[74]

馬克思在 1853 年兩篇著名的印度評論中，以英國人在印度引進現代

73　Marx and Engels（*MECW*, 6: 488），馬恩（馬恩全集 I，4：470）。
74　此指 1857-1858 年《政治經濟學批判大綱》和 1859 年〈《政治經濟學批判》序言〉。

工業、推行自由貿易為由，肯定了英國殖民統治（作為布爾喬亞／資本統治）的進步作用。他譴責殖民者施於印度人的「血腥和汙穢、悲慘和羞辱」，但認為「英國的蒸汽和英國的自由貿易」可望在印度促成進步的社會轉型，並為印度人的未來解放創造物質條件。[75] 當然，這個論點是具爭議性的。《紐約每日論壇報》的主編就不贊同馬克思的見解。[76]

近幾十年來，對於馬克思 1853 年的印度評論，反對者遠多於贊成者。無論是從反帝國、反殖民主義的角度，還是從反歐洲中心、反西方中心主義的視角，馬克思的以上說法都很不討好，甚至根本就是政治不正確。[77] 但我們或有必要先了解他的論點為何，以及論據何在。

中國：從木乃伊到活化石

先看中國。寫於 1853 年 5 月的〈中國革命和歐洲革命〉是馬克思第一篇實質的中國評論。此文所謂的「中國革命」係指太平天國。據其說法，這場革命的成因是第一次鴉片戰爭所加劇的社會動盪。

> 所有這些消解性的因素，共同作用於中國的財政、社會風尚、工業和政治結構，在 1840 年英國大砲的轟擊下得到充分發展。大砲破壞了中國皇帝的權威，迫使天朝帝國與地上的世界接觸。與外界完全隔離是保存舊中國的首要條件。當這種隔離在英國的努力下被暴力打破，隨之而來的必然是解體，正如小心保存在密閉棺材裡的**木乃伊一接觸新鮮空氣便必然要解體**一樣。英國今已帶來了中國革命，問題在

75　Marx（*MECW*, 12: 221, 131）。這兩篇著名的印度評論，分別是寫於 1853 年 6 月 10 日的〈英國在印度的統治〉，和寫於 1853 年 7 月 22 日的〈英國在印度統治的未來結果〉。

76　馬克思在 1853 年 6 月 14 日致恩格斯的信中（*MECW*, 39: 346），說〈英國在印度的統治〉將會讓《紐約每日論壇報》的主事者「非常震驚」。另見 Stedman Jones（2016: 344-345, 353-356）論《紐約每日論壇報》的共和黨背景和保護主義立場。

77　Cf. K. Anderson（2010: ch. 1）、Habib（2002: 14-58）、萬毓澤（2022：510-511）。另見 Sen（2021）和 Said（1978: 153-155）對馬克思的批評。

於這個革命將來會對英國、並通過英國對歐洲產生何種影響？[78]

馬克思表示，英國工業自 1850 年以來的空前發展，意謂市場規模趕不上工業增長。如果某個重要市場（此指中國市場）突然縮小，就會加速危機的到來：「中國革命將把火星拋到現代工業體系即將爆炸的地雷上，使醞釀已久的普遍危機爆發，並向外擴散，隨之而來的將是**歐洲大陸的政治革命**」。[79] 可以說，這是一種歐洲視角的中國評論。它真正關切的是「歐洲大陸的政治革命」，而不是作為觸媒的「中國革命」（太平天國運動）本身。

　　馬克思從 1853 年到 1860 年代初的中國評論，表達了幾項要點。首先，他認為 1840 年的第一次鴉片戰爭，迫使木乃伊似的天朝帝國與外界接觸，起到了破舊的積極作用。但他一直強烈譴責鴉片貿易，[80] 以及西方強權對華的恣意妄為，包括後來的亞羅號事件。[81] 1856 年以降的第二次鴉片戰爭，他持鮮明的反對意見，[82] 指其促進不了貿易，反把中國推向俄羅斯。[83] 他在 1858-1859 年不只一次指出，在鴉片貿易之外，英美對中國的出口貿易並沒有顯著增長。這是因為「依靠著小農業和家庭〔手〕工業相結合的中國社經結構」難以在短時間內解體。[84] 1858 年的《天津條約》只

78　Marx（*MECW*, 12: 95），馬克思（馬恩全集 II，12：115-116），〈中國革命和歐洲革命〉，寫於 1853 年 5 月 20-21 日。

79　Marx（*MECW*, 12: 95-96, 98），馬克思（馬恩全集 II，12：116-118）。

80　Marx（*MECW*, 16: 13-20），〈鴉片貿易史〉，1858 年 9 月 20 日、25 日載於《紐約每日論壇報》。

81　Marx（*MECW*, 15: 232-235），〈英國在華的殘暴行動〉，1857 年 4 月 10 日載於《紐約每日論壇報》。

82　Marx（*MECW*, 16: 508-524），〈新的對華戰爭〉1859 年 9 月至 10 月載於《紐約每日論壇報》。

83　Marx（*MECW*, 15: 223-225），〈俄國的對華貿易〉，1857 年 4 月 7 日載於《紐約每日論壇報》。

84　Marx（*MECW*, 16: 536-539），〈對華貿易〉，1859 年 12 月 3 日載於《紐約每日論壇報》。

是英國首相帕默斯頓圖利沙俄的作為，根本促進不了英國的對華貿易。[85]

從 1853 年到 1858-1859 年，馬克思對中國的看法出現了一些變化。他原以為木乃伊一接觸到新鮮空氣，就會迅速解體。但後來逐漸發現，天朝帝國的社經基礎（小農業和家庭手工業的結合）相對穩固，不是那麼容易被摧毀。1862 年，他改換了隱喻，把「木乃伊」替換成了「活化石」，並對太平天國運動提出以下觀察。

> 這種現象〔**活化石鬧革命**〕本身並無特別之處，因為在東方帝國，常出現**社會基礎不動**而奪取政治上層建築的人物和氏族不斷更迭的情況。……〔太平天國〕運動從一開始就帶有宗教色彩，但這是一切東方運動的共同特徵。運動發生的直接原因顯然是：歐洲人的干預，鴉片戰爭及其對現政權的損害，白銀外流，外貨輸入所引發的經濟失衡……等等。以前我覺得很弔詭的是，鴉片沒有起到催眠作用，反而起了驚醒作用。但實際上，這次中國革命唯一的新奇之處，是搞革命的那些人。**除了改朝換代**，他們沒有提出任何任務。他們沒有任何口號。他們給予民眾的驚慌，比給予老統治者的驚慌還要厲害。他們的全部使命，好像僅僅是用醜惡萬分的破壞來與停滯腐朽相對立，而沒有任何新建設的內核。

終究來說，「只有在中國才可能有〔太平軍〕這類魔鬼。它是一種化石般的社會生活的產物」。[86]

早自 16 世紀西班牙征服美洲起，西歐已開始出現對殖民主義的批判。揭發殖民者的貪婪、虛偽和腐敗，質疑其不必要的戰爭和殺戮，及其高昂的經濟代價等，在 18 世紀已不罕見。及至 1770 年代，由雷諾爾（G.

85　Marx（*MECW*, 16: 28-32），〈英中條約〉，1858 年 10 月 5 日載於《紐約每日論壇報》。
86　Marx（*MECW*, 19: 216, 218），馬克思（馬恩全集 I，15：545、548），〈中國紀事〉，1862 年 7 月 7 日載於《新聞報》。

T. Raynal）和狄德羅（Denis Diderot）等人合寫的十幾冊《兩印度群島史》，對西方殖民者的貪婪和殘暴進行了揭露。此書贏得眾多讀者，在 17 年內出了 30 版。[87] 斯密《國富論》對重商主義的拒斥，也蘊含著對英國殖民主義的不滿。[88] 在英國，英屬東印度公司惡名昭彰，幾無正面形象。馬克思不僅受益於英國人第一手的印度報導，也汲取英國論者對英屬東印度公司如何腐敗墮落的批評。[89]

但馬克思並不是原則性的「反西方干預」論者。不管他有多厭惡英國人在中國的惡行，他肯認（或至少不否認）第一次鴉片戰爭的「開棺」作用。約自拿破崙戰爭結束以降，西歐出現一股強勁的西方優越論，馬克思亦受其影響。這股思潮的主要代表有詹姆士・密爾、薩伊、黑格爾等著名論者。他們多從文明開化、理性、歷史進步的角度，去論證西方相對於東方／亞洲的優越性，甚至認為東方是停滯的、靜止的。[90] 照黑格爾的陳述，印度根本「沒有歷史」，中國雖有「一系列連續不斷的歷史書寫者」，但中印（連同波斯和土耳其）搞的都是**專制主義**，或「用更難聽的話來說，就是**暴政**」。不管馬克思如何批判黑格爾哲學，他在「東方專制主義」問題上，堪稱是黑格爾《歷史哲學》的追隨者。[91]

馬克思把中國歸入「東方專制主義」的範疇，故不讓人意外。這個觀念的歷史悠久，已見於 16 世紀初馬基維利《君王論》對土耳其帝國的評論，甚可追溯至亞里斯多德對「專制主義」一詞的定義。[92] 在這個思想系譜上，如果說馬克思有何特別不同，那就是他（相對）更關注東方專制主

87　Muthu（2003: ch. 3, esp. 72）。

88　A. Smith（1976）。

89　Stedman Jones（2007b: 186-188）。

90　Cf. Pitts（2005）、P. Anderson（1974b: 462-472），及曾國祥、劉佳昊主編（2022：chs. 10-12）。

91　Hegel（2001: esp. 77, 179, 181），《歷史哲學》。另見 Stedman Jones（2007b: 189-196）。

92　P. Anderson（1974b: 397-400, 462-468）。Cf. O'Leary（1989: ch. 2）、Sawer（1977: ch. 1）、Krader（1975: ch.1）。

義的社經基礎，並把後者界定成一種小農業和家庭手工業的結合。[93] 但因自知對中國的認識有所不足，他在闡發東方專制的社經基礎時，主要是以印度而非中國為例。

　　值得指出的是，馬克思並未把他 1853 年的印度論點（即英國殖民統治雖作惡多端，但以工業和自由貿易帶動了印度進步），完全照搬到中國。這是因為中印的情況頗為不同：英國在印度的長期殖民統治，不存在於中國。儘管馬克思確實認為，英國人對華的惡行（鴉片貿易、鴉片戰爭等）加速了陳腐的、內捲化的天朝帝國的瓦解，但他漸漸意識到：中國的基層組織仍有抗拒變革的力量，此非船堅砲利能輕易破壞。

　　再者，雖然馬克思強力譴責英國人在中國的倒行逆施，但此與 20 世紀民族主義式的反帝國主義、反殖民主義，不能混為一談。無論是「木乃伊」還是「活化石」，馬克思對專制中國的看法，可謂相當負面。對他來說，痛斥殖民統治者的貪婪、腐敗和殘暴，絲毫不等於認同被西方凌虐者的民族文化。不過，他認為中國人有抵抗侵略的自衛權。他的捉刀人恩格斯在 1857 年寫道：

　　　　簡言之，我們不要像道貌岸然的英國報刊那樣去斥責中國人的可怕暴行，最好承認這是保衛社稷和家園的戰爭，這是保存中華民族性的戰爭。雖然你可以說，這場戰爭充滿著這個民族一切傲慢的偏見、愚蠢的行動、飽學的愚昧和迂腐的野蠻，但它終究是人民戰爭。對於起義民族在人民戰爭中所採取的手段，不應當根據公認的正規作戰規則或任何別的抽象標準去衡量，而應當根據這個起義民族所達到的文明程度去衡量。[94]

93　這個論點在《政治經濟學批判大綱》得到強調（見本章第四節），亦出現在《資本論》第三卷（C3: 451-452）。

94　Engels（*MECW*, 15: 281-282），恩格斯（馬恩全集 II，16：146-147），出自恩格斯替馬克思捉刀的〈波斯和中國〉，1857 年 6 月 5 日載於《紐約每日論壇報》。

用白話來說就是，縱使中國人的文明程度甚低，但仍有抵抗侵略的權利。
反過來講，馬恩承認中國人有自衛權，但對天朝帝國和太平軍的評價甚
低。太平軍是只有在中國才可能存在的「魔鬼」，不外乎是「化石般的社
會生活」的惡果。

為了印度的進步

　　英屬東印度公司在 17 世紀就進入了印度。1853 年，英國下議院對東
印度公司的章程進行辯論。馬克思為了寫出較深入的印度評論，除了在圖
書館閱讀文獻外，還通過書信跟恩格斯交換意見。他向恩格斯表示：17
世紀法國論者貝尼爾（François Bernier）「正確地看到，東方（他指的是
土耳其、波斯、印度斯坦）一切現象的基礎是**土地私有制的闕如**」。[95] 恩
格斯在回信中指出：在東方，土地私有制之所以沒有發展起來，就連封建
型態都沒有出現，應與氣候、灌溉及其助長的中央集權有關。[96] 恩格斯信
中的這個段落，後來被馬克思納入〈英國在印度的統治〉一文。[97]

　　〈英國在印度的統治〉宣稱，當前英國人在印度造成的災難，遠比印
度過去的一切災難都更嚴峻。這指的並不是英屬東印度公司「在亞細亞專
制的基礎上建立起來的歐洲式專制」。後者「比薩爾賽達廟裡的猙獰神像
還要可怕」，但並不是英國殖民統治的獨有特色，而是對荷蘭殖民者的模
仿。印度當前更深重的悲慘及其特殊性，源自於英國「破壞了印度社會的
整個結構」，使印度人「與自己的全部古代傳統相分離」。[98]

　　那麼，舊的印度斯坦具有何種制度或結構特徵？以下是馬克思取自恩
格斯（但稍加調整）的著名段落：

95　Marx（*MECW*, 39: 333-334），1853 年 6 月 2 日致恩格斯。

96　Engels（*MECW*, 39: 339-340），1853 年 6 月 6 日致馬克思。

97　Marx（*MECW*, 12: 127），1853 年〈英國在印度的統治〉。

98　Marx（*MECW*, 12: 126-127），馬克思（馬恩全集 II，12：138-139）。

一般來說，亞洲自遠古時代起，只有 3 個政府部門：財政部門，或對內進行掠奪的部門；軍事部門，或對外進行掠奪的部門；最後是公共工程部門。氣候和土地條件，特別是從撒哈拉經過阿拉伯、波斯、印度和韃靼區，直到最高的亞洲高原的一片廣大沙漠地帶，使利用渠道和水利工程的**人工灌溉**設施成了東方農業的基礎。……在東方，由於**文明程度太低**，幅員太大，不能產生**自願的聯合**，因而需要**中央集權的政府**進行干預。[99]

再者，印度社會的最基層，係以「農業和手工業的家庭結合」為特徵的小聚落。無論印度過去有多大的政治變化，「它的社會狀況從遙遠的古代直到 19 世紀的最初 10 年，始終沒有改變」。1810 年代以降，英國人向印度大量出口棉織品，這才「在印度斯坦全境把農業和手工業的結合徹底摧毀了」。[100] 在此，馬克思引述了英國下議院一份關於印度村社的報告，然後指出：拜「英國的蒸汽和英國的自由貿易」之所賜，印度的社會機體即「這些半野蠻半文明的小小共同體」大部分已被破壞，正走向滅亡。這是「亞洲前所未聞的、最大的，老實說也是歷來僅有的一次社會革命」。[101]

眼見古老的社會組織崩潰、瓦解，「從人的感情來說，一定會感到不適」。然而，這些看似無害的農村公社「始終是東方專制主義的牢固基礎」。它們「被種姓劃分和奴隸制度汙染，使人屈服於環境，而不是把人提升為環境的主宰」。真正的問題在於：「如果亞洲的社會狀況沒有根本的革命，人類能完成自己的使命嗎？如果不能，那麼，不管英國幹了多少罪行，她在造成這種革命時，只是充當了不自覺的歷史工具」。[102]

在 1853 年第二篇印度評論〈英國在印度統治的未來結果〉中，馬克

99　Marx（*MECW*, 12: 127），馬克思（馬恩全集 II，12：139-140），〈英國在印度的統治〉。另對照 Engels（*MECW*, 39: 339-340），1853 年 6 月 6 日致馬克思。

100　Marx（*MECW*, 12: 128），馬克思（馬恩全集 II，12：140-141）。

101　Marx（*MECW*, 12: 131-132），馬克思（馬恩全集 II，12：141-142）。

102　Marx（*MECW*, 12: 132），馬克思（馬恩全集 II，12：142-143）。

思給予英國殖民統治更多的正面評價。他表示，「問題不在於英國是否有權征服印度，而在於印度被英國人征服是否要比被土耳其人、波斯人或俄國人征服好些」。英國在印度有雙重的使命，即「消滅舊的亞細亞社會」和「在亞洲為西方式社會奠定物質基礎」。所幸，英國人在一味破壞之外，已開始從事建設性的工作。[103]

首先，英國人在更大的疆域範圍，促成了更牢固的政治統一。英國人還訓練出印度人軍隊，這對印度人將來的自我解放、抵抗外侮是有益的。英國人引入自由報刊，以及亞洲社會所需要的土地私有制。英國人還推動教育訓練，帶來政府管理和歐洲科學的新知。蒸汽動力的鐵路和輪船，使印度得以擺脫孤立，走近西方世界。鐵路帶動的現代工業，必將瓦解印度的種姓制度，即妨礙印度進步的最大障礙。凡此種種，都是具有建設性的。[104]

然而，「英國布爾喬亞將被迫在印度實行的一切，既不會為人民群眾帶來解放，也不會根本改善他們的社會狀況」。英國布爾喬亞能夠做到的，是為印度人民的未來解放，開創出兩個物質前提：一是「生產力的發展」；另則是「使個人和整個民族遭受流血和汙穢、悲慘和屈辱」。印度人只有在兩種情況下，才可望摘下新社會的果實：或者，英國現在的統治階級被工業無產階級推翻；或者，印度人「強大到了能完全擺脫英國的枷鎖」。可以期待的是，「在比較遙遠的未來，這個巨大而有趣的國家將復興起來」。[105]

最後，馬克思再度強調了布爾喬亞時代的兩面性。布爾喬亞文明的「極度偽善和野蠻本性」，在殖民地表現得最為赤裸。英國工業造成的極度悲慘，亦顯而易見。但另一方面，布爾喬亞時代的生產力發展和世界交往，正在為新世界創造物質條件。他的結論是：

---

103 Marx（*MECW*, 12: 217-218），馬克思（馬恩全集 II，12：245-246），〈英國在印度統治的未來結果〉。

104 Marx（*MECW*, 12: 218-220）。

105 Marx（*MECW*, 12: 221），馬克思（馬恩全集 II，12：250）。

只有當偉大的社會革命支配了布爾喬亞時代的成果，支配了世界市場和現代生產力，並使這一切都服從於**最先進民族**的共同監督時，人類的進步才不再像可怕的異教神像那樣，只有用人頭做酒杯才能喝下甜美的酒漿。[106]

這段話呼應了《德意志意識型態》的以下說法：「只有當**占支配地位的民族**一起同時行動，共產主義才是可能的；此種行動預設了生產力的普遍發展，和與之相連的世界交往」。[107] 在此，「占支配地位的民族」何所指，未得到釐清。它可能是指英法德，或再加上西歐與北美的其他先進國。前引段落中的「最先進民族」，在英國之外還包括哪些民族，亦無從確知。

但「最先進民族」一語，不可避免地暗示著印度人的落後和迷信，因而挑動了一些人的敏感神經。雖然馬克思並不是說印度人（而是說世界市場和現代生產力）該受到「最先進民族」的監督和支配，但對後世的反帝國主義者、反殖民主義者而言，這樣的措詞夾帶了羞辱。

馬克思與殖民主義

馬克思 1853 年的印度評論，常被認為蘊含了西方中心主義。由於他的確把西歐視作歷史進步的火車頭，他似乎很難擺脫西方中心（甚至西方優越）主義的指控。但我們也要注意到，一旦「反西方中心主義」被無限上綱，很容易就忽略掉了馬克思論說的特性。畢竟，帶有西方中心主義傾向的論說甚多，彼此差異甚大，難以一概而論。

薩伊德（Edward Said）曾以馬克思 1853 年的印度評論為據，指馬克思犯了「東方主義」的謬誤。[108] 在薩伊德《東方主義》的啟發下，批判西方論者對東方的刻板印象，分析其論述內外的權力關係，一度蔚為顯學。

---

106 Marx（*MECW*, 12: 222），馬克思（馬恩全集 II，12：251-252）。

107 Marx and Engels（*MECW*, 5: 49）。

108 Said（1978: esp. 153-155）、K. Anderson（2010: esp. 17-20）。

但薩伊德相當寬泛地使用「東方主義」一詞，這一點是有疑義的。在近代歐洲，「東方主義者」主要是指東方學家，也就是研究東方的語言、宗教、歷史文化的專家，他們對東方往往是含情脈脈的。但 19 世紀初，西歐興起一波貶抑東方的理性主義思潮。在黑格爾眼中，東方沒有進步，甚至沒有歷史。對詹姆士・密爾來說，文明開化的歐洲人去征服野蠻或半野蠻的東方，根本無錯之有。馬克思受到這脈思潮（尤其黑格爾）的一定影響，跟著強調「印度社會根本沒有歷史」。[109] 但這並不是對東方含情脈脈的東方主義，而是那種東方主義的對立面。[110]

　　馬克思 1853 年的印度論說，不僅僅是運用了貶抑東方的理性主義思路。他對英國殖民統治者、對英屬東印度公司的批判，呼應了佩恩以降，英國激進民主派和激進自由派對殖民主義的質疑。如前所述，這脈批判在英國存在已久；在法國，則有雷諾爾、狄德羅等人的名著《兩印度群島史》。[111] 可以說，馬克思 1853 年的印度論述，同時結合了（1）理性主義的進步史觀；和（2）18 世紀以降，英法啟蒙主義者和激進自由派／民主派人士對殖民統治醜惡面貌的攻擊。在兩者之間，無疑存在著緊張關係。由於馬克思強力譴責殖民者的罪惡，這使得「英國的蒸汽和自由貿易為印度帶來進步」之說，多少顯得突兀。因其意味著：英國殖民統治雖作惡多端，但應當繼續進行下去，直到完成其歷史使命為止。

　　晚近，諾貝爾經濟學獎得主沈恩（Amartya Sen）以專文駁斥馬克思 1853 年的說法。沈恩的主要論點並不算新：縱使舊印度需要革新，殖民統治既非必要，也不可欲。[112] 從反殖民主義的視角，這言之成理。但當年，馬克思的確認為舊印度斯坦無法自我變革，並從這個角度去（最終）正當化「英國布爾喬亞」的殖民統治。

109　Marx（*MECW*, 12: 217）。另見 Stedman Jones（2007b: 191-196）。
110　Cf. Pitts（2005）。
111　Cf. Pitts（2005: ch. 2）、陳正國（2022）。另見 Muthu（2003: ch. 3）。
112　Sen（2021）。

為了避免誤解，以下是幾點補充：

首先，1853 年的印度評論不應孤立看待，而須扣連到馬克思「布爾喬亞社會的興起及其全球擴張」的宏觀歷史圖像。對他來說，暫且不論工業布爾喬亞能否在英國實現完全統治，其在世界各地推動的工業化和自由貿易，本身就是歷史的推進器。《大綱》把資本看作是一種交換價值的生產體系，並預言交換價值將瓦解一切前資本社會，將之捲入資本的全球擴張。作為前資本社會的印度，當然不是例外。[113]

值得注意的是，在 1853 年的印度評論外，馬克思不曾同樣露骨地支持英國殖民統治。嚴格來說，他看重的是「英國的蒸汽和英國的自由貿易」，而不是泛泛的英國殖民統治，這是其一。其二，他後來在評論 1857 年的印度兵變時，已不強調英國殖民統治的建設性。[114] 其三，1853 年的評論，係建立於英國人在印度已超過兩個世紀的前提上。在 19 世紀中葉，英國殖民印度已是既成事實，而不是馬克思本人的主張。就中國而言，他從不曾主張英法殖民中國。儘管他提及第一次鴉片戰爭「破除天朝帝國的隔離狀態」的作用，但強力質疑英法後來的侵略行徑。實際上，出於反沙俄、反斯拉夫主義的定見，他從未支持西方勢力去支解鄂圖曼帝國──儘管後者也落在亞細亞／東方專制主義的範疇。[115]

1848 年革命前夕，馬克思曾公開宣稱自己支持自由貿易：「自由貿易加速了社會革命。只有在這種革命意義上，先生們，我贊成自由貿易」。[116] 與此相關，他當時主張共產黨人在德國先支持布爾喬亞革命，再推翻布爾喬亞統治。這裡值得注意的是，馬克思 1853 年的印度評論，也呈現出類似的思維邏輯。「英國的蒸汽和英國的自由貿易」把印度捲入布

113　參見本章第五節。

114　Cf. Marx（*MECW*, 15: 309-313），〈印度問題〉，1857 年 8 月 14 日載於《紐約每日論壇報》；及 Marx（*MECW*, 15: 353-356），〈印度起義〉，1857 年 9 月 16 日載於《紐約每日論壇報》。

115　參見本章第七節。

116　Marx（*MECW*, 6: 465），1848 年 1 月 9 日〈論自由貿易〉演說。

爾喬亞生產，並創造出一個受盡凌虐和羞辱的民族——這勢將加速社會革命的進程。

回頭來看，問題或不在於馬克思如何熱情擁抱了西方殖民主義，而主要在於他高估了布爾喬亞生產的爆發力。他以為現代工業和自由貿易將以摧枯拉朽之勢，掃蕩一切舊事物，讓「一切固定的東西都煙消雲散」，但這太過樂觀。1853 年，他說印度農村公社已瀕臨全盤瓦解，甚至走向滅亡。但他後來發現，印度和中國的農村有其頑強的生命力，不是那麼容易消散。中國的農村共同體未遭遇「直接的政治強力」，其解體速度比印度的農村共同體更慢。但即使是在英國殖民統治下的印度，「消解的作業也非常緩慢」。[117]

四、〈序言〉與亞細亞生產方式

「亞細亞生產方式」是馬克思 1853 年印度評論的副產品。由於它出現在著名的 1859 年〈《政治經濟學批判》序言〉，故廣為人知。〈序言〉表示：

> 大體來說，亞細亞的、古代的、封建的和現代布爾喬亞的生產方式，可以看作是社會經濟型態演進的幾個時代。[118]

〈序言〉未說明「亞細亞生產方式」是為何物。但稍早在 1857-1858 年《大綱》，馬克思對亞細亞財產形式／生產方式進行了討論。後者的主要特徵有：私有財產不存，只有個人占用；「直接的共同體財產」，尤其是

---

117 見 Marx（C3: 452），《資本論》第三卷。Cf. Marx（*MECW*, 16: 539），1859 年〈對華貿易〉。

118 見 Marx（*MECW*, 29: 263），馬克思（馬恩全集 I，13：9），〈《政治經濟學批判》序言〉，成文於 1859 年 1 月。

土地的共同體所有；農業和手工業相結合的小共同體；氣候和地理環境下的灌溉需要；公共工程（尤其水利建設）不可或缺；城鄉未分化，大城市只是皇家營壘；以及，掌控剩餘產品的、凌駕一切的專制政府。這些要點大都已出現在 1853 年的印度評論。

《德意志意識型態》曾舉出 3 種前布爾喬亞的財產形式：部落的、古代的、封建的。古代是指古希臘羅馬，封建是指歐洲的封建主義。至於走出了原始部落的非西方社會，則完全缺席。[119] 正是在此，「亞細亞生產方式」填補了一個理論空缺。但這個概念卻也引發了若干難題。按馬克思的陳述，印度和中國正在從「亞細亞」過渡到「布爾喬亞」生產方式。然而，中國是被英國的船砲打開門戶，印度則是英國的殖民地。兩者的變化都是迫於外來的強制力，而不是因為在「亞細亞生產方式」下，生產力發展到了一定階段而被生產關係阻礙。

以下，擬先對〈序言〉略作考察，再回到亞細亞生產方式。

〈序言〉與「唯物史觀」

1859 年〈序言〉廣被視作「物質主義史觀」（常譯「唯物史觀」）最精要的理論概括。在這篇文字中，馬克思把「我所得到的一般結論」即「我的研究的指導原則」[120] 歸結如下：

> 人們在自己生活的社會生產中，不可免地進入一定的、不以他們的意志為轉移的關係，也就是和他們的**物質生產力**的一定發展階段相對應的**生產關係**。這些**生產關係**的總和，構成了社會的經濟結構——即**法政的上層建築**形成於其上，並有一定的社會意識形式與之對應的**真實基礎**。**物質生活的生產方式**制約著整個社會生活、政治生活和精

---

119 Marx and Engels（*MECW*, 5: 32-35）。

120 Marx（*MECW*, 29: 262）。何以「我所得到的**一般結論**」就是「我的研究的**指導原則**」，未見進一步說明。

神生活的過程。不是人們的意識決定人們的存在，反之，是人們的社會存在決定人們的意識。社會的**物質生產力**發展到一定階段，便和**它們運作於其中的現存生產關係**或財產關係（這只是生產關係的法律用語）發生衝突。這些關係就從生產力的發展形式，變成**生產力的桎梏**。那時，社會革命的時代就到來了。[121]

作為對馬克思歷史理論的概括，這段話存在一些疏漏和疑點。舉其大者，它完全沒有提到階級鬥爭。《政治經濟學批判》出版於 1859 年 6 月，彼時普魯士雖已漸漸走出反動年代，但政局仍不明朗。此書避開階級鬥爭等敏感字眼，或是出於審慎，以免遭到查禁。但隻字不提階級鬥爭、無產階級革命和共產主義的所謂「唯物史觀」，毋寧是殘缺不全的。在這些關鍵環節上，《德意志意識型態》的陳述就要豐富得多。[122]

生產力發展史觀形成於布魯塞爾，並不是 1850 年代的新說。在社會經濟史方面，馬克思的最新進展出現在《大綱》。但可惜的是，〈序言〉只是重彈「生產關係變成生產力的桎梏」的老調，而未能整合《大綱》引入的新理論要素──除了一筆帶過所謂的「亞細亞生產方式」。

本書第四章曾就《德意志意識型態》指出，生產力發展史觀的主要概念，及其彼此之間的關係，帶有一定程度的含混性。在這一點上，〈序言〉似乎略有改進，但若干長期未解的疑義仍在。例如，「生產方式」何所指？它是純粹物質性的，還是也包括所謂的「社會生產關係」？在馬克思的筆下，「生產方式」時而帶有技術決定論的色彩，時而又涵蓋了社會生產關係。[123]

又如，「生產關係」何所指？是否涵蓋了生產過程中的技術分工？它和「財產關係」、「財產形式」又有何干係？〈序言〉表示財產關係「只是生產關係的法律用語」。《大綱》則訴諸形式與實質的隱喻，指「特殊

---

121 Marx（*MECW*, 29: 263），馬克思（馬恩全集 I，13：8-9）。

122 參見第四章第三節。

123 Cf. M. Evans（1975: 69-72）。

的財產形式」表現了特定的生產狀況，即「特定的生產方式」。[124] 但何以如此，仍待釐清。比方說，在現代生產條件下，不排除兩家汽車廠（例如，一家在前東德，一家在前西德）的「生產關係」大同小異，但「財產形式」（一家國有，一家私有）南轅北轍。在相似的生產關係下，財產形式有各種變異──此類現象似乎被馬克思低估了。[125]

此外，第四章第三節提及，馬克思使用的「B 對應 A」、「A 制約 B」、「A 決定 B」、「A 創造 B」等用法，及「A 是實質，B 是形式」、「A 是基礎，B 是上層建築」等隱喻，在性質上或強度上是不同的。例如，〈序言〉稱法政上層建築形成於經濟基礎（生產關係）之上，但〈《政治經濟學批判大綱》導言〉則說：「每一種生產形式都**創造出**自己的法律關係、政府形式……等等」。[126] 比起「A 是 B 的基礎」，「A 創造出 B」顯然是一個更強的宣稱。

關於基本概念（及其彼此關係）的這些疑義，並非無關緊要的小節。[127] 但除此之外，還有一些更大的理論爭議，例如：以〈序言〉和《德意志意識型態》作為主要代表的生產力發展史觀，是否是技術決定論式的？如果不是，它能否自圓其說？在此問題上，著力最深的是馬克思主義哲學家柯亨（G. A. Cohen）。柯亨關注的，並不是馬克思的本意為何，而是如何為「馬克思的歷史理論」提供最有力的辯護。[128]

124　Marx（G: 495）。

125　部分（非正統）托派把前蘇聯界定成「國家資本主義」，主要即是著眼於：前蘇聯雖已把生產工具國有化，使之變成國家財產，但保留了事實上的（*de facto*）資本主義生產關係，繼續宰割作為工資勞動者的無產階級。見 Callinicos（1990: ch. 5）、Cliff（1988）。正統托派的一位重要代表是 Deutscher（1967），另見 P. Anderson（1992a: ch. 3）的評論。Cf. Dunayevskaya（2019）、Beilharz（1987）、Howe（1978）、Rosmer et al.（2002）、Thatcher（2003）論托洛茨基主義。

126　Marx（G: 88），〈《政治經濟學批判大綱》導言〉，成文於 1857 年 8 月至 9 月。

127　受限於篇幅，此處不擬展開這方面的討論。另見 Callinicos（1987: 41-52）、M. Evans（1975: 61-72）、Therborn（1980: 317-413）、Wright et al.（1992）、Cohen（1978）、Hindess and Hirst（1975; 1977）。

128　Cohen（1978），《卡爾‧馬克思的歷史理論：一個辯護》。

馬克思的某些說法，無疑帶有技術決定論的色彩。最常被引述的是
《哲學的貧困》的一段話：

> 社會關係是和生產力緊密相連的。隨著**新生產力**的獲得，人們改變
> 自己的生產方式；隨著**生產方式**的改變，即自己謀生方式的改變，人
> 們改變自己的一切**社會關係**。手工磨給你一個封建主的社會，蒸汽磨
> 給你一個工業資本家的社會。[129]

在此，是物質性的生產力／生產方式決定了社會關係。但另一方面，馬克
思也強調布爾喬亞社會之於生產力的促進作用。畢竟，布爾喬亞「在它不
到 100 年的統治中所創造的生產力，比過去一切世代創造的全部生產力還
要大，還要多」。[130] 柯亨認為，若要整合這兩方面的見解，則（1）生產
力的定義須排除社會關係，[131] 和（2）須引入功能主義解釋，以申論生產力
選擇了最有利於自身發展的社會生產關係。[132] 在柯亨看來，這是對「馬克
思的歷史理論」的最佳可能辯護。[133]

柯亨在 1978 年出版的《卡爾‧馬克思的歷史理論》，帶動了「分析
馬克思主義」學界的一系列論辯。[134] 惟此已超出本書範圍。這裡值得指出
的是，柯亨那種功能主義式的技術決定論（或物質決定論），顯與馬克思

129　Marx（*MECW*, 6: 166），馬克思（馬恩全集 I，4：144）。

130　Marx and Engels（*MECW*, 6: 489），《共產黨宣言》。

131　Cohen（1978: chs. 2-4）試圖對「物質的」與「社會的」做出明確區分。在他看來，如
　　果生產力的定義納入了社會關係，它就無法成為獨立（於社會關係）的解釋項。由此導
　　致的混淆，勢必折損馬克思歷史理論的說服力。另見 Cohen（1988: ch. 1）論生產力與
　　生產關係。

132　Cohen（1978: 160-163, ch. 9; 1988: 7-15, 24-25）。另見 Callinicos（1987: 52-64）。

133　Cohen（1978; 1988: chs. 8-9）。

134　見 Roberts（1996）論分析馬克思主義。Elster（1985）的「理性選擇馬克思主義」是分
　　析馬克思主義的一支。Roemer（1982）、Wright（1985）亦是分析馬克思主義的重要代
　　表。另見 Roemer ed.（1986）。

相去甚遠。不過，柯亨點出了一個事實：馬克思從未真正說明（或解釋）何以在布爾喬亞生產關係下持續成長的現代生產力，必將受到布爾喬亞生產關係的阻礙。〈序言〉最關鍵的一項宣稱「這些關係就從生產力的發展形式，變成生產力的桎梏」，該如何轉譯成現代社會科學的語言，一直是個難題。

　　進一步看，上述等基本概念（及其彼此關係）的疑義，乃至理論解釋上的爭議，都還不是問題的全貌。生產力發展史觀的成立與否，終究還取決於「生產力受到生產關係的阻礙」能否解釋歷史上的重大社會轉型，如前資本社會（前布爾喬亞的生產方式）向資本社會（布爾喬亞生產方式）的轉型。

前資本的財產形式

　　對於大多數社會史家、經濟史家或人類學家來說，《大綱》最有價值的內容是〈資本主義生產以前的各種形式〉一節。[135] 在這一節中，馬克思區分了 4 種前資本的財產形式，即亞細亞、斯拉夫、古代古典、日耳曼等形式。除此之外，他延續《德意志意識型態》的思路，把「資本的原始形成」[136] 關聯到：封建關係的解體；自由勞動市場的形成；面向海外市場的新興商業資本，及其在農村地區推動的工場手工業等。[137]

　　馬克思是在「資本原始積累」的主題下，引入「資本主義生產以前的各種形式」的討論。其目的不在深究前資本社會的各個方面，而在凸顯前資本社會與資本社會的對比。上述等 4 種前資本的財產形式，雖互有差異，但據稱都是以共同體為基礎，都立足於使用價值（而非交換價值）的生產，都保有人和土地、人和自然界的天真關係，都沒有剝奪勞動者對土地、對勞動工具的近用。

135　Marx（G: 471-514），另見 Marx（1980 [1965]: 67 ff.）。
136　「資本的原始形成」是《大綱》（G: 506, 508）的用詞。
137　Marx（G: esp. 504-512）。

　　4 種前資本形式的共同出發點，都是原始的部落共同體，但後來依不同的內外條件而發生變化。其中，亞細亞形式保留了最多的原始特徵，馬克思稱之「直接的共同（體）財產」形式。[138] 斯拉夫形式未得到申論，只說它類似於亞細亞形式。[139] 古代古典形式（如《德意志意識型態》已指出）係以城市為重心，「作為國有財產、公有地的共同財產，在這裡和私有財產是分開的」。在亞細亞形式下，「個人並沒有和共同體分開的〔私有〕財產，至多只是共同體財產的占用者」。古代古典形式則不然：在共同財產、公有地外，公民還有私人財產、私人地產。[140]

　　在 4 種財產形式中，真正有新意的是亞細亞形式。它含括了馬克思自 1850 年代初以降，對亞細亞社會（尤其印度）形成的理論性見解。

> 　　在大多數亞細亞的基本形式中，……個人在事實上是沒有財產的，或者說，財產……對個人來說是間接的財產，這種財產是由作為眾多小共同體之父的專制主所體現的統一總體，通過特殊的小共同體而賜予他的。[141]

1853 年，馬克思已引入貝尼爾（關於波斯、土耳其和印度的）「土地私有制的闕如」之說。[142]《大綱》進一步表示：亞細亞形式中的個人，並沒有真正的財產可言，只有對共同體財產的個人占用。[143]

> 　　在看似不存在法定財產的情況下，部落財產或共同體財產事實上是作為基礎而存在的。後者大致是**手工業和農業在小公社內的結合創造**

138　Marx（G: 475, 497）。

139　Marx（G: 473, 495, 497, 882, 891）。

140　Marx（G: 474-476）。

141　Marx（G: 472-473），馬克思（馬恩全集 II，30：467）。

142　Marx（*MECW*, 39: 333-334），1853 年 6 月 2 日致恩格斯。

143　Marx（G: 477, 484）。

出來的，這種小公社**完全自給自足**，自身包含了再生產和剩餘生產的
一切條件。[144]

結合了手工業和農業的、自給自足的基層小共同體，係為亞細亞形式的基
本特徵和構成要件。這是《大綱》特別強調的一點。它已出現在〈英國
在印度的統治〉一文，其來源是英國下議院關於印度基層社會的一份報
告。[145]
　　再者，

　　小公社的一部分剩餘勞動屬於更高的共同體，後者最終是作為一個
位格而存在的。這種剩餘勞動既表現在**貢賦**等形式上，也表現在為了
頌揚統一體 —— 部分是為了頌揚實存的專制主，部分是為了頌揚想像
的部落體即神 —— 而進行的**共同勞動**。……對亞細亞民族格外重要的
灌溉渠道、交通工具等等，就表現為更高的統一體，即籠罩於小公社
之上的**專制政體**的事業。[146]

這裡強調了公共工程 —— 尤其灌溉系統 —— 之於亞細亞形式的重要性，及
其與專制政體的緊密連結。至此，亞細亞形式的構成要素幾已齊備：沒有
真正的個人財產；「直接的共同體財產」，尤指土地的共同體所有；農業
和手工業相結合的基層小共同體；公共工程尤其水利建設的重要；凌駕一
切的「總合統一體」；[147]剩餘勞動表現於納貢和共同勞動；以及，至高無

144　Marx（G: 473），馬克思（馬恩全集 II，30：467）。

145　Marx（*MECW*, 12: 131），〈英國在印度的統治〉。此文摘錄的下議院報告內容，後又
　　出現在《資本論》第一卷（C1: 477-479）。黑格爾在《歷史哲學》（2001: esp. 172）論
　　及印度時，也有極其類似的描述。不難看出，兩人參考了同樣的英國文獻。馬克思是不是
　　從黑格爾書中得知這份報告的存在，則難以確定。Cf. P. Anderson（1974b: 480 fn. 17）。

146　Marx（G: 473-474），馬克思（馬恩全集 II，30：468）。

147　Marx（G: 472）。

上的專制主。

在 4 種前資本形式中，共同體束縛最烈、最中央集權的是亞細亞形式。日耳曼形式則是共同體約束程度最低的一種。它是由眾多的獨立家庭聯合起來的共同體：住在森林裡的各個家長（作為自由的土地所有者）彼此相距甚遠，除了家世淵源、共同的語言和歷史外，共同體看似只存在於定期的集會。若從城鄉關係來看，

> 古典古代的歷史是城市的歷史，不過這是以土地財產和農業為基礎的城市。亞細亞的歷史是城鄉未分化的統一（真正的大城市只能看作王公的營壘，看作真正的經濟結構上的贅疣）。中世紀（日耳曼時期）一開始是以鄉村作為歷史的舞臺，後來在城鄉矛盾之中進一步發展。[148]

比起亞細亞與古典古代，日耳曼是一種更鬆散的、去中心化的共同體形式。其構成主體是自由獨立的土地所有者，公有地（如獵場、牧場、林地等）「只是個人財產的補充」。有別於「個人財產表現為以共同體為中介」的亞細亞形式，在日耳曼形式下，「共同體的存在和共同體財產的存在，表現為以獨立主體為中介，即表現為獨立主體相互之間的關係」。[149]

馬克思關於「資本主義生產以前的各種形式」的討論，只是初步界定出亞細亞、古代古典、日耳曼等形式的基本輪廓，而未深入細節，故留下不少疑義。例如，他說「〔奴隸制、農奴制等等〕總是派生的形式，從來

---

148 Marx（G: 483, 479），馬克思（馬恩全集 II，30：473-474）。

149 Marx（G: 483-484），馬克思（馬恩全集 II，30：474-475）。把亞細亞形式說成「個人財產表現為以共同體為中介」，似有不妥。其一，如果亞細亞形式中的個人「沒有財產」，就不宜又說亞細亞形式有（以共同體為中介的）「個人財產」。其二，何為「以共同體為中介」未得到清楚的說明。在某些段落（e.g. G: 484），「以共同體為中介」指亞細亞形式；但在其他段落（e.g. G: 485），古典古代與日耳曼形式也是「以共同體為中介」，只是「表現為」不同形式。

不是原始的形式，儘管它們是以共同體……為基礎的所有制的必然結果和
邏輯結果」。

> 財產最初（在其亞細亞、斯拉夫、古代、日耳曼等形式中）意味
> 著，勞動的（生產的）主體（或再生產自身的主體）把自己的生產或
> 再生產條件看作是自己的東西。……〔這〕是以個人作為部落或共同
> 體成員為前提的。……在奴隸制、農奴制等等之下，勞動者本身則表
> 現為服務於第三人或共同體的自然生產條件之一……[150]

奴隸制、農奴制毀壞了以共同體為基礎的財產形式，使勞動條件不再（能
看作）是「自己的東西」。那麼，何以這種毀壞或顛覆，卻又是共同體財
產形式的「必然結果和邏輯結果」？關於此，馬克思只是略述了古代形式
的若干衰變趨勢。至於古代形式與奴隸制、與封建農奴制的關係為何，則
未得到申論。[151]

　　再看日耳曼形式。〈序言〉列舉了亞細亞、古代、封建、布爾喬亞等
生產方式，卻未提「日耳曼生產方式」。《大綱》則未探討封建生產方式，
而是討論了日耳曼財產形式。疑義在於：日耳曼形式（一種初級型態）作
為土地所有者的自由聯合，顯然不同於以農奴制（一種派生型態）為內
核的封建生產方式。雖然兩者都是「以鄉村作為歷史的舞臺」，但無法
視作同一種生產方式？若然，「日耳曼財產形式」究竟對應了何種生產方
式？

　　再者，何以自由的、獨立的土地所有者的聯合，會蛻變為封建農奴
制？封建農奴制究竟是日耳曼形式獨自演化的結果，還是日耳曼形式與古
代形式互動下的產物，或是古代形式的內在矛盾所使然，抑或以上兼具？

150　Marx（G: 495-496），馬克思（馬恩全集 II，30：488-489）。
151　Marx（G: 487, 494-495）。另見 Hobsbawm（1980 [1965]: 38-41）、E. M. Wood（2008: 81-83）。

凡此關於「封建生產方式的起源」的問題，亦未得到說明。[152]

關於亞細亞形式

　　再回到亞細亞形式。《大綱》未指明亞細亞形式的地理範圍，這不能不說是一大缺失。在 1853 年的評論和書信中，亞細亞／東方專制涵蓋了印度和中國，「土耳其、波斯、印度斯坦」，[153]「從撒哈拉經過阿拉伯、波斯、印度和韃靼區，直到最高的亞洲高原的一片廣大沙漠地帶」。[154] 在同一時期，馬恩把俄羅斯視作「半亞細亞」。[155] 按《大綱》的分類，俄羅斯似乎最接近「斯拉夫形式」，但未見其詳。在更後來的文字中，馬克思曾說俄羅斯公社和沙俄專制是亞細亞式的，恩格斯更直稱俄羅斯是東方專制主義的國度（見本章第七節）。

　　照馬克思的陳述，亞細亞形式並非僅僅出現在亞洲，其原生型態也出現在斯拉夫群體。其派生型態則因戰爭、征服和遷徙，出現在墨西哥、祕魯和古代的塞爾提克（威爾斯）。[156] 就此來說，亞細亞形式不是嚴格的地理範疇。馬克思後來在 1868 年表示：「在歐洲的每個角落，起點都是亞細亞或印度的財產形式」。[157] 但問題在於：如果到處都有「亞細亞形式」，這個概念的解釋力必大打折扣。何以它還要被稱作「亞細亞」形式，多少也令人困惑。

　　1974 年，安德森對彼時熱門的「亞細亞生產方式」，尤其是《大綱》相關論說，提出了鉅細靡遺的批評。在安德森看來，《大綱》和 1853 年

152　Marx（G: 487, 494-495）。另見 Hobsbawm（1980 [1965]: 41-45）。

153　Marx（*MECW*, 39: 333），1853 年 6 月 2 日致恩格斯。

154　Marx（*MECW*, 12: 127），〈英國在印度的統治〉。

155　Cf. Engels（*MECW*, 12: 23, 639 fn. 23），〈土耳其問題〉，1853 年 4 月 19 日載於《紐約每日論壇報》。此文是恩格斯替馬克思捉刀之作，愛蓮娜·馬克思在 1897 年出版《近東問題》時，曾誤以為此文作者是馬克思。另見 Marx（1969 [1897]）。

156　Marx（G: 473, 490）。

157　Marx（*MECW*, 42: 547），1868 年 3 月 14 日致恩格斯。

評論的主要差異在於：《大綱》更強調土地共有的小共同體，並賦予這種小共同體以高度的自主性；1853 年評論則從「土地私有制的闕如」去界定亞細亞形式，將之更緊密地關聯到專制政府和土地國有。[158] 當《大綱》宣稱某些（不存在專制政府的）非亞細亞社會也有亞細亞形式時，這就是用土地共有的、結合農業和手工業的、自給自足的基層共同體去界定亞細亞形式。但安德森指出，農業和手工業的結合乃前現代農村的基本特徵，稱不上是亞細亞特色。[159]

　　馬克思把印度（和中國等亞細亞社會）的社經基礎說成是靜止不動的，只有「政治上層建築的人物和氏族不斷更迭」。[160] 這個觀點承自黑格爾《歷史哲學》，強調印度基層社會自給自足，難以改變。[161] 但無論是黑格爾還是馬克思，引用的英國二手資料都是有誤的。實際上，印度不存在小共同體的土地共有。馬克思筆下那種土地共有、自給自足的小共同體，大幅偏離了印度社會的經驗現實。他的另一失誤在於：他把此種小共同體說成是不受上層建築的變動影響的社會基層，但這嚴重低估了政治、意識型態、宗教等因素的作用力。[162] 實則，印度基層社會完全被種姓制度穿透。[163]

158　P. Anderson（1974b: 477-482）。

159　P. Anderson（1974b: 487, 490, 489 fn. 11）。

160　Marx（*MECW*, 19: 216），1862 年〈中國紀事〉。Cf. Marx（C3: 479），《資本論》第三卷。

161　Cf. Hegel（2001: 156-185）論印度。

162　P. Anderson（1974b: 407, 483, 488-490）。安德森認為，上層建築之於前資本社會的重要性，本是馬克思自己的命題，但常常被他自己遺忘。馬克思在《黑格爾法哲學批判》（*MECW*, 3: 31-32）表示，政治國家和市民社會、政治和經濟的分立，本是十足的現代現象。在中世紀，是政治性的等級制塑造了政治性的私有制。前現代社會沒有獨立於政治的社經領域，其社經生活的各個方面都受到政治力形塑。在當代馬克思主義者中，安德森屬於最強調這一點的論者。立場與之接近的，還有 Robert Brenner 和 Ellen Meiksins Wood。見 Aston and Philpin eds.（1985）、Brenner（1993）、E. M. Wood（1995; 2008）。另見 Hirst（1985: ch. 5）對安德森的批評。

163　P. Anderson（1974b: 488-489）指出：黑格爾比馬克思更看重、也更了解種姓制度之為禍。另見 Habib（2002: 161-179）論印度的種姓制度。

安德森進一步表示，在近代早期的土耳其、波斯和印度，不存在任何重要的公共灌溉系統。在灌溉體系高度發達的中國，土地是私有的，而不是國有或小共同體所有。俄羅斯則是一個土地私有，但沒有灌溉系統的案例。凡此種種差異，使馬克思建構的「亞細亞形式」搖搖欲墜。[164] 安德森對馬克思的其他詮釋，容或有商榷餘地。[165] 但他的以上批評，可謂擲地有聲。[166]

在《大綱》，亞細亞財產形式既是最原始的共同體形式，同時也指涉發達的東方專制社會。從最原始的財產共同體，到 19 世紀中葉的東方帝國，《大綱》都用「亞細亞」一詞去涵蓋，遂不免造成混淆。一項常見的誤解是：既然亞細亞形式是最原始的，它就應該早於古代，更早於封建。〈序言〉關於「社會經濟型態演進的幾個時代」的排序，似乎也暗示亞細亞（比起古代與封建）是更原始、更落後的生產方式。但這種解讀是錯的，或至少是以偏概全。馬克思把莫臥兒帝國和大清帝國 —— 兩者都不是原始社會 —— 視作亞細亞／東方專制的重要代表。被恩格斯稱作「半亞細亞」的 19 世紀俄羅斯，也不是原始社會。彼時，古代生產方式早已消

---

164 P. Anderson（1974b: 491-492）。另見 P. Anderson（1974b: 496-549）論近代早期的穆斯林帝國和中國。

165 P. Anderson（1974b: 477-483）把馬克思在亞細亞問題上的變化，分成 4 個階段：聚焦於亞細亞專制政府和土地國有的 1853 年評論；更強調小共同體土地共有的《大綱》；呼應了 1853 年基調的《資本論》第三卷和第一卷；以及，在《資本論》第一卷出版以後，尤其 1875-1882 年，又回到《大綱》那種土地共有的小共同體典範。但這個說法並不準確。例如，在《資本論》第一卷（C1: 477-479）中，土地共有的、結合了農業和手工業的小共同體，依然被看作是亞細亞社會的社經基礎。此與《大綱》並無明顯出入。再者，馬克思晚年關於俄羅斯農村公社的論說，蘊含著一種跳過資本主義、從原始共同體直接轉型為現代社會主義的設想（另見第九章第二節和第三節）。《大綱》則不存在這樣的見解。無論是《大綱》還是《資本論》第一卷，也都把亞細亞社會關聯到專制主義。馬克思對原始共同體的浪漫情懷，並非始於《大綱》，而是始於 1868 年左右。他在 1868 年 3 月 25 日致恩格斯的信中（MECW, 42: 557）首度提到：從原始共同體中或可發現「社會主義的趨勢」。Cf. Stedman Jones（2007b: 198-201）。

166 Cf. Callinicos（1987: 48）。

亡，封建生產方式在西歐也已告終，但「亞細亞生產方式」指涉的東方帝國仍苟延殘喘。這些帝國有高度發達的社會等級系統，雖不敵船堅砲利的資本主義西方，但它們既不是原始社會，也不是什麼前古代、前封建的社會，大致只能說是一種前資本社會。[167]

關於非西方社會，馬克思動用的主要理論範疇，就是亞細亞形式／東方專制主義。相對於另外三種前資本形式（即斯拉夫、古代、日耳曼），亞細亞是最穩定、甚至超穩定的。

> 亞細亞形式必然保持得最頑強也最長久。這導因於亞細亞形式賴以立足的基本原則，亦即：個人對共同體的依賴；自給自足的生產循環；農業和手工業的結合……等等。[168]

前資本社會立足於使用價值的生產，並沒有不斷提高生產力、不斷累積財富的內建動能——亞細亞形式亦不例外。[169]生產力從舊的生產關係中「破繭而出」的意象，本是馬克思基於對布爾喬亞生產力的觀察而提出的。但這個意象，卻不適用於前資本社會的轉型，且特別不適用於（在馬克思看來）高度穩定的亞細亞／東方專制社會。亞細亞形式「必然保持得最頑強也最長久」，正因其欠缺內在的變化動力。

事實上，馬克思從未明確表示「亞細亞財產形式／生產方式」將因其內建的「生產力和生產關係的矛盾」而轉型。就印度和中國而言，正因其社會停滯，故缺乏內在的轉型動力（暫且不論要轉到何處去）——此乃馬克思承自黑格爾的基本觀點。惟外部勢力（尤指英國）強行破壞、顛覆印度舊社會，並植入布爾喬亞社會要素，這也才使轉型成為可能。重點是：這是一種由外部強力（甚至暴力）驅動的社會轉型，而不是亞細亞生產方

167　Cf. Mandel（1977: ch. 8）。

168　Marx（G: 486），馬克思（馬恩全集 II，30：478）。

169　Marx（G: 487）。

式的內在矛盾使然。生產力發展史觀的核心命題，即「社會的物質生產力
發展到一定階段，便和它們**運作於其中的現存生產關係**……發生衝突」，
並不適用於馬克思自己描述的亞細亞／東方專制社會。

資本的原始形成

　　那麼，何以資本（主義）在西歐興起？它能從「生產力擺脫現存生產
關係的桎梏，從中破繭而出」去解釋嗎？針對資本的原始形成，《大綱》
指出：

> 　　正如同貨幣財富本身就是這種解體〔指「以前的生產方式」的解
> 體〕的動因之一，這種解體也是貨幣財富轉化為資本的條件。但**僅僅
> 有了貨幣財富**，甚至它取得某種統治地位，還不足以使它轉化為資
> 本。否則，古代羅馬、拜占庭等等，就會以自由勞動和資本去結束自
> 己的歷史了。[170]

在前資本時期，貨幣財富的形成有賴「高利貸、貿易、城市及隨之而來的
政府財政」。但徒有貨幣財富，並不足以使它轉化為資本。「資本的原
始形成」繫於：在「舊的生產方式解體的歷史過程」中，貨幣既能買到
「勞動的客觀條件」如生產工具，也能交換到「已經自由的工人的活勞
動」。[171]

　　「自由工人」從何而來？約自 14 世紀和 15 世紀前葉以降，英國大地
主遣散其侍從，租佃者趕走貧農，遂把大量的勞動力拋到勞動市場上。這
些「自由得一無所有」的工人，只能出賣勞動力維生，否則就是行乞、偷
盜。在打造「勞動市場」的過程中，政治力（尤其「亨利七世、亨利八世

170　Marx（G: 506），馬克思（馬恩全集 II，30：500-501）。
171　Marx（G: 509, 506-507）。

等的政府」）後來也扮演了重要角色。再者，以往把紡織當作農村副業的織工和紡工，通過外包制，逐漸受制於商人。商人先剝奪了他們對產品的所有權，進而剝奪他們對勞動工具的所有權，遂使他們愈來愈「自由得一無所有」。[172] 貨幣財富

> 既沒有發明、也沒有製造紡車和織機。不過，一旦和自己的土地相分離，紡工和織工連同他們的織機和紡車，就陷入了貨幣財富等的統治。資本只是把已經存在的大批人手和大量工具結合起來……聚集在自己的統治之下。[173]

《大綱》維持了《德意志意識型態》的基本見解，亦即：工場手工業起初不是興起於行會聚集的城市，而是在「舊的生產方式解體的歷史過程」中，興起於農奴制已經式微的農村地帶。

> 工場手工業最初並沒有侵入所謂的城市貿易，而是侵入農村副業如紡和織，即最不需要工藝技巧和技術訓練的那種勞動。除了大的貿易集中地外，……工場手工業一開始不是建立於城市，而是建立於鄉村，建立於沒有行會的農村。[174]

商人為了從海外市場獲利，繞開城市中限制重重的手工業行會，注資於農村地帶的手工業工場。本來規模有限的農村家庭副業，被改造、擴張為規模更大的手工業工場。本來握有勞動工具的農村織工和紡工，則被轉化為依賴商人雇主的自由工人。

但如第四章指出，《德意志意識型態》關於「商業資本如何在封建衰

172　Marx（G: 510, 507, 511）。

173　Marx（G: 507-508），馬克思（馬恩全集 II，30：503）。

174　Marx（G: 510-511），馬克思（馬恩全集 II，30：506）。

落的環境下興起」的敘事，其實並不支持「生產力受到現存關係的阻礙而衝決網羅」的命題。[175] 按《大綱》的陳述，商業資本避開了農奴制和城市行會，以對外貿易為基礎，在管制程度較低的鄉村地帶建立手工業工場。隨著封建生產關係的解體，商人用錢收購了能買到的生產工具，和已經能交換到的半自由工人、自由工人。顯而易見，這些變化並不是因為「當生產力發展到一定階段，便和它們運作於其中的封建生產關係發生衝突」或「這些關係就從生產力的發展形式，變成生產力的桎梏」。毋寧是封建生產方式本身的衰敗（按：馬克思未探究其成因），才讓資本得以把大批人手和大量工具聚集起來，使手工業工場和海外市場得以擴張，從而帶動了生產力的發展。[176]

　　回頭來看，馬克思是在 1845-1846 年《德意志意識型態》首度勾勒出生產力發展史觀，並把「新史觀」應用於過去的歷史，尤其是封建社會的轉型。《共產黨宣言》聲稱：當生產力發展到一定階段，封建的財產關係就「變成了束縛生產力的桎梏，必須被打破，而且果然被打破了」。[177] 類似的宣稱也出現在《大綱》。[178] 但問題在於，馬克思自己關於封建關係式微、商業資本興起的描述，遠比這個理論宣稱來得複雜。甚至可以說，他的歷史認識否證了上述的理論宣稱。

五、三種社會形式

　　《政治經濟學批判大綱》寫於 1857 年 10 月至 1858 年 6 月，由 7 本筆記組成，分為兩章，從較短的貨幣章到冗長的資本章。另有一篇稍早寫

175　Marx and Engels（*MECW*, 5: 67-69）。參見第四章第三節。

176　Marx（G: esp. 510）。

177　Marx and Engels（*MECW*, 6: 489），馬恩（馬恩全集 I，4：471）。

178　Marx（G: esp. 496）。

於 1857 年 8 月至 9 月的〈導論〉。[179] 這部手稿本不打算出版，主要是初步寫下自己的各種思路，以作為後續寫作的基礎。《政治經濟學批判》才是馬克思第一本正式出版的經濟學專著（寫於 1858 年 11 月至 1859 年 1 月，出版於 1859 年 6 月）。但這本專著只探討了商品和貨幣，未寫到資本就匆匆結束。除了它的〈序言〉外，此書乏人問津，不算是成功之作。[180] 相對而言，《大綱》自 1953 年完整問世後，得到了更高評價。[181]

　　《大綱》之受到重視，有多方面的原因。《資本論》以剩餘價值作為內核的論說，已初步勾勒於《大綱》的資本章。《大綱》重新引入「異化」一詞，並將之與生產力發展史觀、與剩餘價值論相結合。[182]《大綱》關於前資本形式的討論（包括被史達林壓抑多年的亞細亞生產方式論），受到社會經濟史家和人類學家的關注。[183]《大綱》還提及一種全自動化機器生產的未來可能。[184]《大綱》亦是馬克思最接近「崩潰論」的時刻，稱逐次升高的危機將導致資本被「暴烈推翻」，屆時「以交換價值為基礎的生產將會崩潰」。[185] 再者，《大綱》大量挪用了黑格爾《邏輯學》的哲學範疇，卻又有意與黑格爾進行區隔，這就又牽連到馬克思和黑格爾的關係爭議。[186]

　　馬克思在 1857 年〈導論〉中表示：

179　嚴格來說，這篇〈導論〉（G: 81-111）並不是《大綱》的導論，而是整個經濟學寫作計畫的導論。

180　Marx（*MECW*, 29: 257-417），《政治經濟學批判》。Cf. Stedman Jones（2016: 401-410）。

181　Cf. Rosdolsky（1977）、Harvey（2023）、Oakley（1984）、Nicolaus（1973）、Musto ed.（2008）、Bellofiore et al. eds.（2014）、Hudis（2012: 100-133）。《大綱》的形成背景和出版史，見 Rosdolsky（1977, vol. I: 1-9）、Nicolaus（1973: 7）。

182　見 Carver（2008）論《大綱》的異化論述。

183　Cf. Sawer（1977: 80-103）論「亞細亞生產方式」與中蘇關係。另見 Dunn（1982）論「亞細亞生產方式」在蘇聯的殞落（尤指 1929-1934 年）和 1964 年以降的復興。

184　Marx（G: 705-706）、Rosdolsky（1977, vol. II: 425-428）。

185　Marx（G: 750, 705）。

186　Cf. Moseley and Smith eds.（2014）、Uchida（1988）、Callinicos（2014: ch. 3）、Bidet（2007）。

> 對於黑格爾主義者來說，把生產和消費等同起來，是最簡單不過的
> 事。……〔但〕我們得到的結論並不是生產、分配、交換、消費是同
> 一的，而是它們構成一個總體的各個環節，即一個統一體內部的差
> 別。生產既支配著……生產自身，也支配著其他要素。[187]

按阿杜塞的解讀，這是一個反黑格爾主義的理論立場。[188] 但如果馬克思真
已和黑格爾決裂，何以在寫完〈導論〉以後，《大綱》卻大幅運用黑格爾
《邏輯學》的範疇？這是阿杜塞難以解釋的。但另一方面，把《大綱》甚
至《資本論》解讀為黑格爾哲學的某種移植，也是過甚其詞。[189]

實則，「生產支配著其他要素」之說，並不是那麼具有新意。早在
1844 年《經濟學哲學手稿》，馬克思已把生產／勞動視作人的類生活、
類活動。《大綱》更值得注意的一點是：它區分「以交換價值為基礎的生
產」和「以使用價值為基礎的共同體生產」，並由此勾勒資本社會和前資
本社會的對比。[190] 後資本社會則被規定為一種揚棄了交換價值、以使用價
值為本、兌現了「自由的個人性」[191] 的共同體生產。

普魯東派與交換價值

先看《大綱》對普魯東派的批評。

《大綱》最主要的假想敵是普魯東派。在貨幣章的開頭，馬克思列出
達里蒙（Alfred Darimon）1856 年的《銀行改革》一書，隨即展開評論。
達里蒙曾主編普魯東派的報紙，其《銀行改革》建立於普魯東開創的理論

187　Marx（G: 93, 99），馬克思（馬恩全集 II，30：35、40）。Cf. Nicolaus（1973: 24-44）、
　　　Stedman Jones（2016: 389-391）。

188　Althusser（1996 [1965]: 183 ff.; 1997 [1965]: 47-49）。

189　Cf. Callinicos（2014: ch. 3; 2005）、Bidet（2007: ch. 7）。另見第七章第一節和第二節。

190　Marx（G: 509-510）。

191　Marx（G: 158）。

基礎。[192] 可以說，幾乎整個貨幣章，都圍繞著普魯東派的勞動交換方案而發。[193] 稱之為《哲學的貧困》的續集，或升級版的普魯東批判，一點也不為過。

《霧月十八》曾數落法國的社會（主義）共和派，指其是小布爾喬亞的偽社會主義。[194] 但波拿巴奪權後，共和派社會主義者遭到強力整肅；反倒是政治性較低的社會主義派系，如普魯東派和聖西蒙派，仍有一定的生存空間，至少不需要流亡。在此情況下，馬克思欲凸顯自身和普魯東派的差異，或非難以理解。

《哲學的貧困》曾指出：普魯東的價值論抽離於現實的市場環境，其以實際工時（實際所用的勞動時間）作為價值的計量基準，必導致價值換算的難題。以及，普魯東對工資的界定有誤，因為在實存的資本社會，工資的價值僅及工人的必要維生成本。更嚴密的勞動交換論及其方案，早已由布雷等英國論者提出，但不具可行性。《哲學的貧困》的結論是：一切「為了交換而生產」的經濟秩序皆不可取；只要「個人交換」繼續存在，就無法擺脫生產的無政府狀態。[195]

《大綱》並未更動前述等基本論點，而是在此之上，對普魯東派展開更細部的批評，並構建出自己的理論體系。對馬克思而言，普魯東始終停留在交換的層面，忽略了生產的支配作用。達里蒙倡議的「工時幣」方案，正因其立足於普魯東的勞動交換論，必導致混亂而窒礙難行。僅僅更換貨幣的形式，並無法克服貨幣關係的危害：「貨幣系統和貨幣系統下產品交換的一切矛盾，都是產品作為交換價值關係的發展」。[196] 唯有揚棄以交換價值為基礎的生產，從根本上廢除貨幣關係本身，才得以消解這些矛盾。

192　Cf. Proudhon（1972 [1846]: ch. 2），《貧困的哲學》。

193　Marx（G: 115, 136-137, 153-155）。另見 Nicolaus（1973: 14-16）。

194　Marx（*MECW*, 11: 129-130）。

195　參見第四章第五節。

196　Marx（G: 152），馬克思（馬恩全集 II，30：101）。

　　普魯東曾說「財產即偷竊」。據其說法，如果工人未得到相當於其實際工時的報酬，那就是不平等的交換，意味著不少工時被偷走了。《哲學的貧困》則援引李嘉圖，把工資界定為工人的必要維生成本。在此基礎上，《大綱》稱工人賣給資方的是「勞動能力」[197]而非勞動，並提出「剩餘價值」概念。由於工人的平均工作時數，要高於生產其維生物品所需的平均工時，這個落差就是「被偷走的工時」。後者所對應的勞動價值，就是工人被偷走的勞動價值，也就是「剩餘價值」。

　　那麼，何以看似自由平等的勞資交換，其結果卻是資方占盡便宜？對此，社會主義者長期爭論不休。普魯東派聚焦於不平等的交換，欲建立一個自由平等的新交換秩序。《大綱》則強調：資本體制下的勞資契約，已經是一種自由平等的交換。平等和自由

> 　　不僅在以交換價值為基礎的交換中受到尊重，而且，交換價值的交換是一切平等和自由的生產基礎和現實基礎。作為純粹觀念，平等和自由只是此種交換的理想化表現……。古代的自由和平等，恰恰不是以發展了的交換價值為基礎，而是由於交換價值的發展而毀滅。現代意義上的平等和自由所要求的**生產關係**，在古代世界還沒有實現，在中世紀也沒有實現。[198]

平等和自由，故是一種表層現象，其基礎是交換價值的交換和生產。但要害不在流通／交換的領域本身，而在「為了交換而生產」的生產體系。是以，普魯東派錯置了問題的焦點。

　　《大綱》對普魯東派的批判，還隱含著革命主義與改良主義的對立。普魯東派的銀行／貨幣改革倡議，無疑是改良主義式的。馬克思則期盼商業／經濟危機帶來新的革命。資本致力於剩餘價值的生產，但不斷生產

197　Marx（G: e.g. 365, 367）。
198　Marx（G: 245），馬克思（馬恩全集 II，30：199-200）。

出來的剩餘價值，須在流通的領域得到「實現」（簡言之，產品要賣得出去）。[199] 正因為資本內建了過度生產的動能，生產過剩／價值實現的危機無可避免。[200] 而且，週期性的危機一次比一次更嚴重，終將使資本遭到「暴烈推翻」。[201] 雖然《大綱》隻字未提無產階級革命，但資本究竟會被**誰**暴烈推翻，可說是不言而喻。

前資本形式、資本形式

無論是從歷時性的角度，還是從社會形構的角度，「前資本」都是一個高度異質的範疇。或許正因如此，〈資本主義生產以前的各種形式〉一節關於前資本形式的討論，始終高度抽象。其目的不外乎是勾勒出幾種「理念型」，藉以對照資本社會。

上一節指出，雖然《大綱》區分了 4 種前資本形式，但強調它們都是以共同體為基礎，都不脫使用價值的生產，也都沒有使勞動者失去「客觀的生產條件」（土地、勞動工具等）。反之，「以交換價值為基礎的生產，和以這些交換價值的交換為基礎的共同體，……都預設、並產生了勞動與其客觀條件的分離」。[202] 要言之，資本社會預設、並產生了異化勞動，前資本社會則不然。

在《大綱》的貨幣章，馬克思區分了 3 種不同的社會形式，分別對應前資本社會、資本社會、後資本社會。以下是他的要點：

在較早期的歷史階段，社會生產受到共同體強力約束，生產力的發展程度甚低。個人化的過程尚未展開，人們依附於家庭、部落，或也依附於因部落衝突和兼併而產生的更大共同體。早期共同體或者維持共同所有

199　這個論點稍早已出現在《倫敦筆記》，見 Dussel（2008: 68）。

200　Marx（G: 411-413）。《大綱》也論及利潤率的下降，指其「在各方面都是現代政治經濟學的最重要規律」（G: 745-749, esp. 748）。

201　Marx（G: 749-750）。關於馬克思的經濟危機論，另見第七章第六節和第七節。

202　Marx（G: 509），馬克思（馬恩全集 II，30：504-505）。

制，或者也容許部分的私有要素，但社會生產是由共同體支配，個人財產或私人財產（如果存在）亦為共同體調節。這是第一種社會形式，其特徵是人對人的支配，和共同體對個人的束縛。一般來說，

> 交換媒介所擁有的社會力量愈小，……把個人綁在一起的共同體力量就必然愈大——如家父長制的關係、古代共同體、封建主義和行會制度。每個個人以物的形式占有社會權力。如果你從物那裡奪去這種社會權力，你就必須把這種權力賦予人，讓人去支配人。人的依賴關係（起初完全是自發的）是第一種社會形式。[203]

隨著交換價值／貨幣的滲透和擴張，共同體逐漸遭到侵蝕。及至 18 世紀，西歐已形成了高度個人化的現代市民社會。這是第二種社會形式，其特徵是以物化的社會關係為基礎的「個人獨立」。彼此獨立的個人，雖擺脫了共同體束縛，但共同陷入對物的依賴，尤其是對金錢／貨幣的依賴，和對世界市場的依賴。

> 以**物的依賴性**為基礎的**個人獨立**，是第二大形式。於此，才首度形成一個普遍的社會代謝、普遍的關係、全方位的需要、全面的能力的體系。[204]

《大綱》區分貨幣的 3 個面向。在早期社會，金錢具有「度量」和「交換媒介」兩種功用。第三個面向——作為「資本」的貨幣——則在資本社會才得到充分開展。[205] 用賣出商品 A 所得到的貨幣，去買商品 B，這是一種簡單流通，其功能是使用價值的交換，即以有用物去交換有用物。

203　Marx（G: 157-158），馬克思（馬恩全集 II，30：107）。
204　Marx（G: 158-159），馬克思（馬恩全集 II，30：107）。
205　Marx（G: esp. 203, 217, 250-251）。

但隨著貨幣的擴張，另一種交換邏輯也逐漸抬頭，就是先用一筆錢去買商品，再用更高的價格賣出該商品，以賺取價差。儘管此類貿易古已有之，但主要是發生在共同體邊界的跨界貿易，故在大多數情況下，其對共同體內部關係的影響不大。終究來說，貨幣作為資本，即「貨幣作為發達的生產要素，只能存在於工資勞動存在的地方」。[206] 這就接上了〈資本主義生產以前的各種形式〉一節關於「資本的原始形成」的討論（見本章第四節）。

按馬克思的說法，第二種社會形式下的個人獨立，係建立於對物的依賴性。相互獨立的各個行動者，雖已擺脫了人身依附和共同體約束，但陷入充滿變數的經濟互賴。任何生產者都得仰賴其他的生產者和消費者。在世界市場上，「個人與一切人發生連結，但同時這種連結又不以個人為轉移」。此種客觀連結「比個人之間沒有連結要好，或也比建立於血緣關係、原始關係、自然關係或主僕關係的僅僅地方性連結要好」。畢竟，「人們無法支配他們自己的社會連結，除非先創造出這些連結」。在人們能對社會施加理性的、有意識的控制以前，須先建立普遍的社會連結。此種普遍連結（或所謂「世界交往」）雖使人們受制於偶然性的擺布，卻也是第三種社會形式的必經之途。[207]

第二種社會形式「把個人的產品和活動轉化為交換價值，轉化為貨幣」，而這意味著：

（1）個人現在只為社會生產，也只在社會中生產；（2）他們的**生產不具有直接的社會性**，不是在自身內部分配勞動的「聯合的產物」。個人從屬於像命運一樣存在於他們之外的社會生產；社會生產不從屬於個人，並不是作為他們的**共同財富**被他們管理。因此，誰要是設想在**交換價值**、在**貨幣**的基礎上，由聯合起來的個人對他們的總

206　Marx（G: 223-224），馬克思（馬恩全集 II，30：175-177）。
207　Marx（G: 159, 161-162），馬克思（馬恩全集 II，30：109、111-112）。

生產進行控制，那是再錯誤再荒謬不過的了——正如前面提到的〔普魯東派〕發行小時券的銀行那樣。[208]

比起只有地方性連結的前資本形式，資本主義生產是社會性的：個人「只為社會生產，也只在社會中生產」。但這並不是一種直接的社會性。唯有當社會生產被當作共同財富，受到聯合起來的個人的管理和控制，這種生產才具有「直接的社會性」。

直接的社會生產

這就關聯到第三種社會形式：

> 立基於個人全面發展和他們共同的社會生產能力……的**自由的個人性**，是第三階段。第二階段為第三階段創造了條件。[209]

關於第二階段如何為第三階段創造了條件，《大綱》有豐富的論述。但在回到這個問題以前，或有必要先考察第三種社會形式（即後資本形式）的基本性質，也就是「直接的社會生產／勞動」。

為了避免以詞害意，首先需要提醒的是：「直接」和「間接」何所指，「共同體性」和「社會性」又有何差異，取決於具體的使用脈絡。例如，在4種前資本形式中，馬克思唯獨把亞細亞視作「直接的共同體財產」形式。但他又表示，相對於資本形式，一切前資本形式都是「以共同體為中介」。[210] 此外，儘管資本主義生產不受共同體支配，但它是社會性

208　Marx（G: 158-159），馬克思（馬恩全集 II，30：108）。在此，馬克思重申、並發展了他的一項核心論點，亦即：「由聯合起來的個人對他們的總生產進行控制」，在聯合體「自身內部分配勞動」的共產主義社會，絕不可能建立在交換價值／貨幣的基礎上。
209　Marx（G: 158），馬克思（馬恩全集 II，30：107-108）。
210　Marx（G: 497, 485）。

的。惟其社會性不是直接的，因其是一種以交換價值、貨幣、市場供需為
中介的社會生產。[211]

第三種社會形式的特質正在於：它超克了交換價值、貨幣／金錢、市
場供需關係，使社會生產從屬於聯合起來的個人，受到他們有意識的理性
控制，服膺於「共同體需要和共同體目的」。馬克思表示：

> 在以個人的獨立生產為出發點的第一種情況下，中介是經由商品交
> 換，經由交換價值和貨幣而發生……。在第二種情況下，前提本身起
> 中介作用，亦即：**共同體生產、共同體性**被預設為生產的基礎。個人
> **勞動從一開始就被設定為社會勞動**。因此，不管他創造的或協助創造
> 的產品的特殊物質形式為何，他用自己的勞動去購買的不是特定特殊
> 的產品，而是共同體生產中的一定分額。此所以，他不需要去交換特
> 殊產品。他的產品**不是交換價值**。……在這裡，交換價值的交換必然
> 產生的分工不復存在，代之而起的是**以個人參與共同體消費為結果的
> 勞動組織**。在第一種情況下，生產的社會性，只是由於產品變成交換
> 價值和這些交換價值的交換，才得到**事後的確立**。在第二種情況下，
> **生產的社會性是前提**；參與產品界、參與消費，並不是以互相獨立的
> 勞動或勞動產品之間的交換為中介。[212]

這段文字的含意尚稱清晰──除了「前提本身起中介作用」一句。暫且不
論後者何所指，前引段落（及其上下文）蘊含了兩項要點。首先，後資本
社會將告別商品交換，其社會生產將不再以交換價值和貨幣作為中介，而
是預設了「共同體生產」。但這裡所謂的共同體，並不是束縛個人的前資
本共同體，而是以普遍的社會交往、個人的全面發展為特徵的後資本共同
體。於此，個人勞動「從一開始就被設定為社會勞動」，從一開始就是共

---

211 Cf. Selucký（1979: 25-27）。
212 Marx（G: 171-172），馬克思（馬恩全集 II，30：122）。

同體勞動，就具有「共同體性」。

再來，後資本社會的個人消費，將不再以「互相獨立的勞動或勞動產品之間的交換」為中介，而是由個人直接參與共同體消費。《大綱》強調：「最初在生產中發生的交換（非關交換價值的交換，而是由共同體需要和共同體目的所決定的活動的交換），從一開始就意味著個人參與共同體的產品界」。亦即，消費層面的個人參與，已包含在預先決定的共同體生產目標內。[213] 但個人究竟如何分享、又能分享到多少的共同體產品，以及共同體最初的生產目標該如何決定，則未見更多說明。

馬克思的重點是：資本主義生產的社會性是間接的、事後的；後資本生產的社會性則是直接的，是從一開始就設定好的。在資本社會，個別生產者和個別消費者各行其是，藉由市場交換以達成「事後的」（post festum）社會性。正因其未經預先的、有意識的計畫，資本主義生產是不可控的，是一種無政府狀態。後資本社會則將揚棄交換價值、貨幣和市場，並以預先計畫好的共同體生產目標為依歸。[214]

在這些重要段落中，馬克思至少使用了 3 組不同的隱喻。隱喻一：直接的或間接的；隱喻二：預先的或事後的；隱喻三：經或未經「共同體的中介」。嚴格來說，就算「預先」決定了生產計畫，這仍難以保證整個經濟過程都「直接」受控於它。此外，「以共同體為中介」連同「前提本身起中介作用」等說法，也不免顯得含混。但儘管如此，馬克思的大意算是清楚的：後資本社會將超克交換價值、貨幣／金錢、市場供需，代之以共同體對社會財富的理性管理，使社會生產服膺於預先設定好的總生產目標。

在《大綱》首度浮現的「直接的社會生產／勞動」之說，此後反覆出現於馬恩著作，如《政治經濟學批判》、[215]《資本論》第一卷、[216]〈哥

213　Marx（G: 171），馬克思（馬恩全集 II，30：122）。
214　Marx（G: 172-173）。
215　Marx（MECW, 29: e.g. 321-322）。
216　Marx（C1: e.g. 169-173, 188 fn. 1, 448）。另見第七章第四節。

達綱領批判〉[217]和《反杜林論》[218]等。其含意則基本不變：在後資本社會，個人勞動將具有直接的社會性和共同體性，不假交換價值、貨幣和市場的中介。屆時，社會性和共同體性將被預設為生產的前提，而這個前提將規約（或中介）「共同體生產」和「個人參與共同體消費」的全過程。

六、未來的勞動和自由

　　《大綱》把後資本社會（第三種社會形式）關聯到「立基於個人全面發展」的「自由的個人性」，並強調資本為其開創了有利的實現條件。一方面，資本是「最極端的異化形式」，不容改革而必得揚棄。另一方面，資本的「偉大的文明化作用」，為「全面發展的個人」掃除了障礙。[219]
　　那麼，資本的「文明化作用」何所指？

資本的文明化作用

　　全面發展的個人……不是自然的產物，而是歷史的產物。使這種個人性成為可能的財富發展的程度和普遍性，預設了一個**先行條件**，即**以交換價值為基礎的生產**。這種生產的普遍性，不僅帶來了個人和自己、和他人的異化，也促成了個人關係和個人能力的普遍性與全面性。……**渴望回歸原始的豐富，是荒謬的**。[220]

第三階段（全面發展的個人）預設了第二階段（以交換價值為基礎的生

217　Marx（*MECW*, 24: 85）。

218　Engels（*MECW*, 25: 294）。

219　Marx（G: 515, 409）。

220　Marx（G: 162），馬克思（馬恩全集 II，30：112）。「全面發展的個人」不是一個新的提法，它曾出現在《德意志意識型態》的史蒂納章（*MECW*, 5: 439）。

產）。正是拜第二階段之所賜，生產力得以普遍發展，「個人關係和個人能力的普遍性與全面性」得以養成。這也就為第三階段創造了實現條件。回歸原初豐裕社會的想法是「荒謬的」，因為原初豐裕是出於需要有限，致令極度落後的生產力也能滿足需要。有別於此，後資本社會將立足於高度發達的生產力，以滿足豐富多樣的需要和樂趣，使個人得到全面的、自由的發展。

在布魯塞爾，馬克思已經論及「布爾喬亞生產」的兩面性，即其迫使無產階級陷入悲慘的一面，和促進社會進步、為共產主義鋪路的另一面。在此基礎上，《大綱》進一步申論資本的「文明化作用」。

> 資本創造出布爾喬亞社會，並創造出**社會成員對自然界、對社會紐帶本身的普遍占有**。此乃**資本的偉大的文明化作用**。資本產生了一個社會階段，與之相比，一切更早階段都只表現為人類的地方性發展和自然崇拜。……資本超越**民族**的界限和偏見，克服**自然崇拜**，超克一切傳統流傳下來的、閉關自守的**對現存需要的自滿自足**，以及舊生活方式的再生產。資本破壞這一切並不斷革命化，摧毀一切阻礙發展生產力、擴大需要、使生產多樣化、利用和交換自然力量與精神力量的路障。[221]

這段文字所表達的論點，幾乎都是老生常談。其中較值得一提的是，雖已歷經了 1848-1849 年的「民族之春」，馬克思仍相信資本將掃除「民族的界限和偏見」。此外，他重申《經濟學哲學手稿》的「自然界的人化」觀點。[222] 資本對自然界的支配，克服了自然崇拜，這是有進步意義的。展望未來，一旦擺脫了資本，自然界將真正成為「社會個人」的無機身體。[223]

221　Marx（G: 409-410），馬克思（馬恩全集 II，30：390）。

222　參見第三章第六節。

223　Marx（G: 409-410, 488-490）。另見 Nicolaus（1973: 51）列出的「社會個人」相關段落。

　　但《大綱》並非全都是老調重彈，也提出了一些更具新意的說法，如關於豐富需要、機器的進步潛力、普遍勤勞、自由時間等。

　　「豐富需要」雖已出現在《經濟學哲學手稿》、《德意志意識型態》和《共產黨宣言》，但《大綱》給出了更確切的解釋。「相對剩餘價值」的生產，指向生產力的不斷提升。部分產能遂從滿足現存的需要，轉移到發現、創造和生產出新的需要。就此來說，需要的擴張、樂趣的增加，係內建於資本提高生產力的基本動能。儘管資本是為了交換價值而開發新商品，但新商品除了交換價值一面，也還有使用價值一面。新的有用物的增加，即新的使用價值的開發，使人們的需要得以豐富化，不再局限於維生需要，而是納入了歷史創造的更多樣需要。後資本社會將擺脫異化的交換價值體系，但繼承資本的文明化成果，更進一步培育出有豐富需要和享受能力的社會個人。[224]

　　關於機器的進步潛力，《大綱》表達了以下思路。相對剩餘價值的榨取，意味著機器的擴大運用。但在資本體制下，工人變成了機器的附隨物，機器／科學成為一股壓迫工人的異己力量。引入最發達的機器，反倒「迫使工人的勞動時間比野蠻人還要長」。[225] 不過，機器不等於資本，「當機器不再是資本，也不會失去其使用價值」。[226] 一旦機器變成聯合生產者的共同財產，成為共同生產的要素，它將成為一股解放的力量。屆時，

　　　勞動不再像是被包括在生產過程中。相反地，人將是以**監督者**和**調節者**的身分，與生產過程本身發生關係。……不再是工人把改變了形態的自然物〔即作為異己力量的機器〕當作中間環節放在自己和對象之間；而是工人把改變為工業過程的自然過程〔即從屬於聯合生產者的自動化過程〕當作自己和被自己支配的無機自然界之間的媒介。工

224　Marx（G: 408-410, 488）。另見 Rosdolsky（1977, vol. II: 413-424）。

225　Marx（G: 708-709）。

226　Marx（G: 699-700）。

人不再是生產過程的主要作用者，而是**站在生產過程的旁邊**。[227]

這個著名段落指向一種幾近於全自動化的（終極）未來。聯合生產者將把機器從異化的力量變為解放的力量，藉以削減自己的勞動負擔。工人不再是生產過程中的要角，而是站在自動化生產過程的旁邊，從旁進行監督、調節。自動化的程度愈高，工人的勞動負荷就愈低；自動化使勞動時間得以大幅縮減，增加了自由時間。這裡需要強調的是：全自動化只是《大綱》對未來社會的諸多臆測之一。它指涉的不是資本社會，也不是近期將來，而是後資本社會（在生產力極度發達以後）的一種可能境界。[228]

《大綱》亦從資本對工人施加的勞動規訓，看出了一些積極要素。資本體制下嚴峻的勞動紀律，本是異化的淵藪，但也使人變得更加勤勞。

　　資本施於接連幾代人的嚴酷規訓，**已使普遍勤勞**成為新人的一般品質……。資本孜孜不倦地追求財富的一般形式，驅使勞動越過其自然需要的界限，這為豐富的個人性的發展……創造出物質要素。因此，〔全面發展的個人的〕勞動也不再表現為**勞動**，而是**活動自身**的完全展開。[229]

這段話可能讓人聯想到《德意志意識型態》的「自活動」之說，但當時並未觸及勞動規訓的問題。[230] 按《大綱》的陳述，資本迫使工人養成工作紀律，以承擔更大的勞動負荷，以生產更多的剩餘產品。此種「普遍勤勞」

227　Marx（G: 705），馬克思（馬恩全集 II，31：100）。Cf. Heinrich（2014）。

228　Marx（G: 704-709）、Rosdolsky（1977, vol. II: 425-428）。Cf. Bastani（2019）和 Munn（2022）論自動化。

229　Marx（G: 325），馬克思（馬恩全集 II，30：286）。Fetscher（2008: 118 fn. 2）認為，這段文字指向一種外顯特徵（普遍勤勞）的可遺傳性，可能是受到拉馬克主義（Lamarckism）的影響。

230　Cf. Marx and Engels（*MECW*, 5: 82, 87-88, 111）論「自活動」。另見第四章第四節。

一旦成為習慣，將有助於（社會主義）新人自動自發地投入勞動，以維繫高度發達的生產力。在後資本社會，「普遍勤勞」可望降低勞動的強制性，甚至使勞動「不再表現為勞動，而是活動自身的完全展開」。

再者，資本「為了獲取剩餘勞動而縮減必要工時」，大幅增進了社會必要產品（即維持基本生存和生養後代的必需品）的生產效率。在這個基礎上，後資本社會將「直接把社會必要勞動降至最低限度」，並「為所有的人騰出自由時間、創造手段，使個人在藝術、科學等方面得到發展」。屆時「衡量財富的尺度不再是勞動時間，而是可以自由支配的時間」。[231]要言之，生產力在資本體制下的突飛猛進，使後資本社會得以大幅縮減工時，增加自由時間，以促成個人的自由發展、全面發展。

「真正自由的勞動」

《大綱》關於「勞動和自由」論說，散見於手稿的不同片段，但未經系統性的整合。不同於《德意志意識型態》，《大綱》並未主張「揚棄勞動」和「化勞動為自活動」。其反覆動用的「必要勞動」一詞，暗示勞動時間或可縮減，但勞動很難一舉消滅。設若「必要勞動」和「必要的勞動時間」仍存在於後資本社會，則勞動的組織方式、勞動的強制性等問題，按理講也就需要一定的說明。[232]但在這些方面，《大綱》的論說並不充分，留下了若干空缺。

《德意志意識型態》曾提出以下設想：在社會調節生產的前提下，每個人隨興之所至的「自活動」，將足以使社會生產順利進行。但《大綱》並未重返這個立場，而是有了新的說法。照《大綱》的陳述，在資本體制下「必要勞動」是生產出工人維生物品的最低所需勞動。為了榨取更多的剩餘勞動，資本想盡辦法提高剝削率，即剩餘勞動相對於必要勞動的比例。與此不同，後資本社會不再榨取剩餘勞動，而是直接把社會必要勞動

231　Marx（G: 706, 708），馬克思（馬恩全集 II，31：101、104）。
232　Stedman Jones（2002: 179）。

降至最低。這裡的重點是：「必要勞動」或可縮減至最低程度，卻不可能免除。[233]

對馬克思而言，只要是「勞動」就可能仍是負擔，就可能具有一定的非自願性。如前所述，他的一個臆測是：「普遍勤勞」有助於降低勞動強制性。設若資本的勞動規訓已使人們更加勤勞，增強了人們的勞動欲，則在後資本社會，勞動的負荷感或不至於太重。這個思路首見於《大綱》，後來在〈哥達綱領批判〉也有相似的提法。[234] 此外，《大綱》還提到另一種可能性，亦即：自由時間的增加及其運用，將可望改變人的主體性，使勞動（作為負擔）更能被承受。[235]

在另一著名段落中，《大綱》質疑斯密和傅立葉的勞動觀。斯密對「勞動」和「自由與幸福」的二分，馬克思頗不以為然。斯密說對的是：歷史上的奴隸勞動、徭役勞動、工資勞動等，都是令人厭惡的勞動，而且始終是「外在的強制勞動」。但斯密忽視了勞動成為「吸引人的工作」和「個人自我實現」的現實可能性。再者，勞動通常是嚴肅的，而不是傅立葉形容的遊戲、娛樂或消遣。「真正自由的工作」，例如作曲，往往非常嚴肅、緊張。

《大綱》表示，作為個人自我實現的勞動，即真正自由的勞動，至少須滿足兩項要件：一、具有**社會性**；二、具有**科學性**，同時又是一般勞動，並具有**支配自然力**（而非受制於自然力）的屬性。換言之，當聯合生產者實現了直接的社會勞動，充分運用科學於共同體生產，並貫徹人對自然界（理解為人的無機身體）的支配，則勞動將成為**真正自由的勞動**。或者說，「自我實現，主體的對象化，也就是真正的自由，其行動恰恰就是勞動」。[236]

---

233 Marx（G: esp. 612 fn.）。

234 1875 年〈哥達綱領批判〉（*MECW*, 24: 87）表示：在「共產主義社會的更高階段」，勞動將成為人們的「首要欲求」。另見第九章第四節。

235 Marx（G: 712）。

236 Marx（G: 611-612），馬克思（馬恩全集 II，30：615-616）。

　　但這個說法不足具說服力。揚棄交換價值，實行直接的社會生產，運用科學以支配自然界等，本是馬克思對後資本社會的基本規定。但何以具有此種社會性與科學性的勞動，就是真正自由的勞動？在「外在的強制勞動」和「真正自由的勞動」之間，照理來說，還存在其他的可能性。馬克思似乎是以「真正自由的勞動」的意象，規避了勞動的強制性及其規範問題。實則，作曲並不是一個很好的例子，因為作曲落於所謂的「必要勞動」之外。

　　馬克思無疑相信，降低勞動強制性是可能的。但此與「真正自由的勞動」仍有一段距離。《大綱》並未成功地說明「必要勞動」將成為真正自由的勞動，反倒再三暗示「必要勞動」的非自願性難以免除。無論是「普遍勤勞」之說，還是「把必要勞動降至最低限度」的主張，都暗示在可預見的（後資本）未來，「必要勞動」仍將是一種負擔。

　　後資本社會將縮減必要勞動、增加自由時間的提法，未見於《經濟學哲學手稿》和《德意志意識型態》，而是在《大綱》才浮現出來。《大綱》宣稱，「直接把社會必要勞動降至最低限度」將為所有的人騰出可自由支配的時間，「使個人在藝術、科學等方面得到發展」。在此值得注意的是，這種落於勞動領域之外的「個人性的自由發展」，恰恰暗示勞動領域不是那麼自由。試想：如果後資本社會的「必要勞動」都能成為「真正自由的勞動」，又何必如此看重勞動以外的自由時間、自我實現和自由發展？

　　後來在《資本論》第三卷手稿中，馬克思明確提出一種勞動（理解為「必然性的領域」）與自由時間（「真自由的領域」）的二元論，直指真自由始於勞動之外。這無異於承認：即使在後資本社會，只要是「勞動」就難免有不由自主的一面。[237] 後來〈哥達綱領批判〉更暗示：在初階共產社會，「個人對分工的奴役式屈從」依然存在。[238]

237　Marx（C3: 958-959）。
238　Marx（*MECW*, 24: 87）。

　　柯亨曾經指出，《大綱》之所以天外飛來一筆，想像出一種近乎於全自動化的未來，正是因為馬克思不再相信「化勞動為自活動」是可能的。誠然，每個社會都得滿足起碼的生產與再生產需要。但這是否意謂勞動必帶有強制性，必難以轉化成所謂的「自活動」？柯亨認為，《大綱》對此過於悲觀，所以畫餅充飢，指向一個全自動化的終極未來。[239] 但柯亨只說對了一半。他說對的是，《大綱》的確放棄了「化勞動為自活動」之說。不過，《大綱》並沒有捨棄「免於強制的勞動」的問題意識，也尚未提出「真自由始於勞動之外」的見解。就此而言，《大綱》（比起《資本論》和〈哥達綱領批判〉）或稱不上悲觀。

　　在「勞動和自由」問題上，《大綱》最主要的弱點或空缺在於：它不曾觸及後資本社會的勞動組織。與《德意志意識型態》不同的是，《大綱》並未宣稱要消滅一切分工。《哲學的貧困》曾區別兩種分工：一是社會層面的分工，尤指安那其式的市場分工；另則是工作坊內具有專制性質的分工。對馬克思來說，最需要消滅的是市場分工，而不是工作坊內的分工。[240] 但疑義在於：若如《哲學的貧困》所暗示，未來將把工作坊內的分工擴及全社會，那麼，其專制主義的弊病該如何克服或緩解？其勞動組織如何不同於資本社會？社會成員的勞動角色、勞動負擔，又該如何分配？現實地看，只要有勞動組織，只要有勞動分工，就有權力關係和群己權界的問題。要是勞動不可避免地帶有非自願性，則勞動的負擔或需要合理分配，勞動領域內的權力行使或需要一定規範……等等。但《大綱》迴避了這些難題。[241]

使用價值的生產

　　關於後資本社會的經濟生產，《大綱》給出了若干原則性的提示。其

239　Cohen（1988: 204-208）。Cf. Klagge（1986）。

240　參見第四章第五節。

241　另見第七章第八節。

中最重要者，莫過於揚棄整個交換價值的生產系統，代之以「直接的社會生產」。在後資本社會，社會生產將被當作共同財富，受到聯合生產者的有意識控制和共同管理。生產「從一開始」就服膺於預先設定好的共同體目標，個人勞動「從一開始就被設定為社會勞動」，故具有立即直接的社會性。在消費領域，不再以「互相獨立的勞動或勞動產品之間的交換」作為中介，而是個人「用自己的勞動去購買……共同體生產中的一定分額」。

　　前述等提法已於上一節做出說明，此處不贅。但因其停留在高度抽象的理論面，若干實踐面的疑義仍在。例如，「個人參與共同體消費」何所指？[242] 馬克思反對禁欲主義，拒斥「粗鄙共產主義」。此類聚焦於消費面的早期共產主義，曾有共產共妻、節衣縮食、以禁欲為德、吃大鍋飯、妒恨才能、絕對的平均主義等主張或傾向 —— 這些都不為馬克思接受。[243]《大綱》重申了反禁欲主義的立場。[244] 但《大綱》未申論「個人參與共同體的產品界」的具體所指，亦未對後資本社會的「個人財產」加以說明。[245] 後來在《資本論》，馬克思才更明確地表示：後資本社會是有某種個人所得的。[246]

　　另一疑義在於：後資本社會顯然不能只為「絕對需要」而生產，也得為「新需要」或「歷史創造的需要」而生產。[247]《大綱》表示，相對剩餘價值的生產將創造出新的需要、新的使用價值。後資本社會則將承接資本創造出的新需要，使社會個人、自由個人得到全方位的豐富發展。但如此

242　Marx（G: 172, 171）。

243　參見第三章第三節和第六節。

244　Marx（G: 711）。

245　後資本社會將揚棄私有財產，但仍將有「個人財產」之說，最早出現在《經濟學哲學手稿》（*MECW*, 3: 268），亦出現在《共產黨宣言》（*MECW*, 6: 499）。在《資本論》第一卷關於原始積累的討論中（C1: 929-930），也有類似的陳述。按馬克思的理路，某種「個人財產」（而非私有財產）與「社會財產」是相容的。

246　Marx（C1: 172）。另見第七章第四節和第九節。

247　Marx（G: 256, 325, 408-409）。

一來，「直接把社會必要勞動降至最低限度」之說，就值得商榷。後資本社會的「社會必要勞動」，顯然不同於資本體制下的「必要勞動」（僅足以維持基本生存的勞動），因其還必須把社會個人、自由個人的新需要（含個人全面發展之所需）也納為生產對象。但如果把這些新需要都包括在內，「社會必要勞動」能縮減至何種程度，可支配的「自由時間」能增加到何種地步，就出現了不確定性。對此，《大綱》未進行實質的討論，僅留下一句：未來，「目標是消除〔必要勞動和剩餘勞動的〕關係本身，使剩餘產品本身表現為必要產品。最後，物質生產也就為每個人留下了從事其他活動的剩餘時間」。[248]

　　基於《大綱》的草稿性質，過度詮釋或無必要。但如果後資本社會在必需品以外，也要為各種新需要而生產，那麼，生產力是否總是超前於社會需要，就顯得不太確定。要是生產力滯後於社會需要，相對稀缺必再度出現，爭奪稀缺品的社會衝突也將再度登場。[249] 可以說，《大綱》承繼了《德意志意識型態》「生產力總是超前於社會需要」的理論預設，但這個預設可能過於理想化。[250]

　　《大綱》宣稱，後資本社會將以使用價值的生產去取代交換價值的生產。這個提法未見於更早著作，但其基本要素已出現在《哲學的貧困》。後者拒斥一切建立於「個人交換」的、「為了交換而生產」的經濟秩序，並主張根據總體生產力和總體需要的關係，去推行理性生產。[251]《大綱》和《政治經濟學批判》把後資本社會關聯到「使用價值」的生產，也就是「被需要的有用之物」的生產。按《政治經濟學批判》，各種使用價值不可通約共量，對應著各種異質的「具體勞動」；交換價值則是以均質化的「抽象勞動」作為計量和換算的基準。在資本體制下，使用價值／具體勞

248　Marx（G: 612），馬克思（馬恩全集 II，30：617）。

249　Marx and Engels（*MECW*, 5: 49）。

250　參見第四章第四節。

251　參見第四章第五節。

動和交換價值／抽象勞動，本是商品的一體兩面。[252] 後資本社會則將揚棄交換價值／抽象勞動，改行使用價值的直接生產。[253]

《大綱》還說道：

> 一旦直接形式的勞動不再是財富的巨大源泉，勞動時間就不再是、也必然不再是財富的尺度。因此，交換價值也不再是使用價值的尺度。群眾的剩餘勞動不再是發展一般財富的條件……。於是，以交換價值為基礎的生產將會崩潰。[254]

這段引文的概念用法，不甚精確。若按《政治經濟學批判》（和《資本論》第一卷第一章）的界定，則即使在資本體制下，交換價值也不是使用價值的尺度。[255] 但無論如何，前引段落中的「勞動時間就不再是、也必然不再是財富的尺度」一句，反映出馬克思的基本立場：後資本社會將告別交換價值／抽象勞動。它將依據共同體的需要（含每個人的需要），去生產具體有用的、真正被需要的使用價值。[256]

麻煩在於：該如何去計算每個人的不同需要及其強度？如果具體勞動不可通約共量，又該如何確定「你每小時的勞動和我每小時的勞動是不是等值？」（《哲學的貧困》語）。事實上，馬克思對普魯東、達里蒙等勞動交換論者，及其英國先行者布雷、格雷（John Gray）的一項主要批評，即在於此。《哲學的貧困》強調，普魯東以抽離於市場競爭的實際工時（實際使用的勞動時間）作為價值基準，但這無法解決「一天的複合勞動包含多少天的簡單勞動」的問題。此外，「按照普魯東先生的理論，只

252　Marx（*MECW*, 29: 277, 292, 298-299, 307），1859 年《政治經濟學批判》。

253　Marx（G: 171-172; *MECW*, 29: 321-322）。

254　Marx（G: 705），馬克思（馬恩全集 II，31：101）。

255　Cf. Marx（C1: 126 ff.）。前引段落出現在《大綱》論機器的片段，呈現出若干概念上的混淆。另見 Heinrich（2014: 206-209）、Moore（1993: 44-45）。

256　Marx（G: esp. 171-172）。

要把別人僅用 1 小時就能生產出來的同樣物品，用上 6 小時去生產，就有權利去要求交換到 6 倍於別人的東西」。但這類勞動交換必難以為繼。[257]《大綱》對達里蒙的批評，連同《政治經濟學批判》對格雷的質疑，都維持了《哲學的貧困》的以上論點。[258]

那麼，正因為「使用價值的生產」已消滅了市場、貨幣與價格機制，它同樣也將遭遇普魯東等勞動交換論者的難題，亦即：各種「具體勞動」將如何估定、換算？

> 如果共同生產已成為前提，時間的規定當然仍有重要意義。……一切節約終究來說都是時間的節約。正如同個人必須正確地分配自己的時間，……社會也必須合理地分配自己的時間，才能實現符合整體需要的生產。因此，時間的節約，以及**勞動時間**在不同的生產部門之間的**有計畫分配**，在共同生產的基礎上仍然是首要的經濟規律。這甚至在更高的程度上成為規律。然而，這和**用勞動時間去計量交換價值**（勞動或勞動產品）有本質性的區別。[259]

於此，馬克思再度宣示：後資本社會將廢除交換價值。他同時強調，「時間的節約」和「勞動時間在不同的生產部門之間的有計畫分配」依然是「首要的經濟規律」。但他並未繼續申論「勞動時間」的換算方式。[260] 按他的說法，抽象的勞動時間將已不復存在；各種具體勞動則是不可通約共量的。那麼，在不同的生產部門之間進行有計畫分配的「勞動時間」，指的是何種勞動時間？又如何可能彼此換算？

在質疑勞動交換論的脈絡下，《哲學的貧困》曾振振有詞地指稱：沒

257　Marx（*MECW*, 6: 136）。參見第四章第五節。

258　Marx（G: esp. 137-139; *MECW*, 29: 320-323）。

259　Marx（G: 172-173），馬克思（馬恩全集 II，30：123）。

260　Cf. Rosdolsky（1977, vol. II: 428-436）、Hudis（2012: 112-113）。

有勞動市場，就無法換算不同的具體勞動。由於「使用價值的生產」廢除了勞動市場，馬克思需要說明的是：在此種社會生產下，該如何去計算和比較不可通約共量的各種具體勞動，以及不可通約共量的各種使用價值？與此相關的另一問題是：在廢除了商品市場的情況下，各種產品的「所值」又該如何估定？可惜的是，馬克思未直面這些難題。[261]

關於使用價值的生產，《大綱》舉出了若干實例，但全都是前資本社會的案例。[262] 再由於《政治經濟學批判》徹底否定了使用價值／具體勞動的可換算性，這就不免給人一個印象，亦即：馬克思式的共產主義是一種自然經濟。[263] 當然，此種前現代的聯想是有偏差的，因為《大綱》充斥著高度現代性的陳述（包括全自動化的終極未來），並對亞細亞等前資本形式多所貶抑。[264] 但無論是《大綱》還是《政治經濟學批判》，都未對「後資本社會的使用價值生產」進行實質的闡發。

七、沙俄：反動勢力的強大支柱

在 1850 年代馬克思的政治評論中，俄羅斯占據了一個顯著的位置。對沙俄的痛惡和執迷，一度使他落入陰謀論的陷阱，先是把英國首相帕默斯頓打成通俄者，後又懷疑波拿巴勾結沙俄。不能不說，反沙俄和反波拿巴的情結，時而讓馬克思失去了平衡。

與沙俄勢不兩立

1830-1831 年的波蘭起義，及其擺脫俄羅斯宰制的訴求，彼時已得到

261　Cf. Moore（1993: 71-76）。另見第七章第九節、第九章第四節。

262　Marx（G: esp. 485）。參見本章第四節。

263　Walicki（1995: 84）。

264　Marx（G: 157-158, 162, 409-410, 487-488, 496-497）。

德國運動黨人的廣泛同情。[265] 德國運動黨人對沙俄的敵意，甚可追溯至拿破崙戰爭結束之際，奧地利、俄羅斯和普魯士合組的神聖同盟。[266] 在這個復辟同盟中，普魯士只是小弟，其實力不及俄羅斯和奧地利。沙俄和梅特涅主政下的奧地利，都反對普魯士推動政治改革，都想把普魯士繼續綁定於半封建的專制王權。這是主張立憲、開全國議會、追求德國統一的運動黨人難以接受的。[267]

不過，馬克思對沙俄的強烈敵意，顯非一般運動黨人所能及。1848年6月《新萊茵報》發刊之初，馬克思預言德國和沙俄終有一戰。[268] 他表示，若要實現德國統一和德國憲法，「對東方的戰爭」與國內鬥爭具有同等的決定性作用。[269] 俄羅斯

> 不是普魯士東部的省，普魯士反倒是**俄羅斯西部的省**。……如果普魯士跟俄國人結成同盟，德國人就會跟法國人結成同盟，和法國人一起進行**西方反對東方**的戰爭，**文明反對野蠻**的戰爭，**共和反對專制**的戰爭。[270]

恩格斯在1884年的歷史回顧中指出：《新萊茵報》的綱領有兩項要點，除了建立單一不可分割的共和國外，就是「對俄羅斯進行一場包括恢復波蘭的戰爭」。但恢復波蘭並不是對俄戰爭的唯一目的。其更大的目的是一舉擊潰歐洲的反動勢力：我們「號召革命的歐洲對歐洲反動勢力的強大支

265　Evans（2016: 50-52, 76-77）、Clark（2007: 410-411）。

266　神聖同盟是沙皇亞歷山大一世提議成立的。Cf. Evans（2016: 21-23）。

267　參見第一章第二節。

268　Marx（*MECW*, 7: 51, 89-90, 106, 115-116）。

269　Marx（*MECW*, 7: 51），〈法蘭克福激進民主派與法蘭克福左派的綱領〉，1848年6月7日刊於《新萊茵報》。

270　Marx（*MECW*, 7: 115-116），馬克思（馬恩全集 I，5：120-121），〈《蓋文努溫報》的威脅〉，1848年6月25日載於《新萊茵報》。

柱——俄國，進行一場普遍的戰爭。……如果能使德國對俄羅斯作戰，霍布斯堡王朝和霍亨索倫王朝就會滅亡，革命就會在全線獲得勝利」。為了壓制德國運動黨人，沙俄先是施壓普魯士從什勒斯維希撤軍，後又協助奧地利鎮壓匈牙利反抗軍。這「完全證實了我們的預見」，亦即：革命的歐洲必須發動對俄戰爭，擊潰沙俄專制，否則必遭沙俄進犯。[271]

《新萊茵報》的政治綱領，包括對俄戰爭的倡議，係為主編馬克思制定。恩格斯被分配到的一大任務，就是替《新萊茵報》撰寫東歐民族問題。這包括波蘭問題、匈牙利人的抗爭、捷克人和其他斯拉夫人、泛斯拉夫主義等。[272] 馬恩對（波蘭人以外的）東歐斯拉夫人的敵意，與他們的反俄立場緊密相關。在他們看來，泛斯拉夫主義「不是純粹的幻想，就是俄國的皮鞭」，等於「把自己和波蘭出賣給了俄國沙皇」。[273]

在革命期間的奧地利帝國，以捷克人為首的斯拉夫人有意自立門戶，遂與德意志民族主義者和匈牙利人起了衝突。在此衝突中，馬恩從一開始就堅定反對捷克人鼓吹的泛斯拉夫主義。倘若斯拉夫主義者取得權力，這在馬恩看來，必導致沙俄的進逼，使奧地利更加受制於沙俄。恩格斯更以近乎於詛咒的語氣，稱捷克等斯拉夫小民族並非「歷史民族」，而是必將被歷史淘汰的「民族殘餘」。

---

271 Engels（*MECW*, 26: 123-124, 126-127），恩格斯（馬恩全集 I，21：21、24），1884 年〈馬克思和《新萊茵報》（1848-1849）〉。參見第五章第三節。

272 關於泛斯拉夫主義，恩格斯最早的兩篇著名文字是：〈匈牙利的鬥爭〉（*MECW*, 8: 227-238），1849 年 1 月 13 日載於《新萊茵報》；和〈民主的泛斯拉夫主義〉（*MECW*, 8: 362-378），1849 年 2 月 15-16 日載於《新萊茵報》。與之相關的另一篇文章，也是馬克思委請恩格斯寫的，是 1866 年〈工人階級和波蘭有什麼關係？〉，見 Engels（*MECW*, 20: 152-161）。

273 Engels（*MECW*, 8: 233-234）。恩格斯的文字向來比較直接，但反斯拉夫主義是馬恩的共同立場。《新萊茵報》不是一個多元意見的平臺，而是一切文字都要得到主編馬克思的背書。恩格斯在《新萊茵報》批判泛斯拉夫主義，係由馬克思授意。Cf. Walicki（1995: 153）。

　　這些（如黑格爾所說）被歷史進程無情蹂躪了的民族殘餘，這些**殘存的民族碎片**，每次都成為**反革命**的狂熱代表，以後還會是這樣，直到它們被完全消滅或完全喪失其民族性為止。[274]

1856 年上半年，《紐約每日論壇報》的主編達納（Charles Dana），退還給馬克思 14 或 15 篇批判泛斯拉夫主義的文字。後者皆是由恩格斯捉刀，用字特別辛辣，對（波蘭人以外的）斯拉夫人極盡貶抑，超過了達納的容忍範圍。[275]

　　泛斯拉夫主義者如赫爾岑、[276]巴枯寧、[277]鮑威爾[278]等，多稱革命在西方已經失敗，斯拉夫民族才是真正的希望所在。這往往蘊含著對俄羅斯農村公社的浪漫想像，和對沙俄專制的輕描淡寫。作為回應，馬克思強調了 3 個重點。首先，「原始的共同體財產」非俄羅斯人或斯拉夫人獨有，而是廣泛存在於不同人群，至少（如《大綱》指出）有亞細亞、斯拉夫、古典古代、日耳曼等形式。易言之，俄國農村公社並不是那麼特殊。《政治經濟學批判》乃至《資本論》第一卷，都指出了這一點。[279]

　　其次，俄國公社接近於亞細亞／印度形式。恩格斯曾在 1853 年〈土耳其問題〉中，以「半亞細亞」去形容俄羅斯。[280]馬克思在 1868 年致恩

274　見 Engels（*MECW*, 8: 234），恩格斯（馬恩全集 I，6：202）。「歷史民族」是恩格斯從黑格爾那裡拿來的一個概念，最初發展於〈民主的泛斯拉夫主義〉一文（*MECW*, 8: 372）。限於篇幅，我們不擬細究恩格斯的「歷史民族」與「非歷史民族」之分，及其從出的奧地利革命脈絡。另見 Rosdolsky（1987）、Draper and Haberkern（2005: ch. 2, 189-213）、Walicki（1995: 152-167）、Nimni（1989）。

275　Stedman Jones（2016: 349）。

276　Walicki（2015: ch. 10; 1969: 8-13）。另見第九章第二節。

277　Stedman Jones（2016: 345, 661-662 fn. 122）。巴枯寧的民主泛斯拉夫主義，見 Angaut（2018）、Carr（1975: ch. 14）、Draper and Haberkern（2005: 64-74）。巴枯寧在 1860 年代放棄了泛斯拉夫主義，見 Stedman Jones（2016: 514-515）。另見第八章第五節和第七節。

278　Cf. Marx（*MECW*, 40: 4），1856 年 1 月 18 日致恩格斯。

279　Marx（*MECW*, 29: 275 fn.; C1: 171 fn. 32）。

280　Engels（*MECW*, 12: 23）。

格斯的兩封信中，則把俄羅斯說得更靠近「亞細亞或印度」形式。「在歐洲的每個角落，起點都是亞細亞或印度的財產形式」，但後來的演化路徑有所不同。俄羅斯農村公社像是「印度〔南部〕的共同體系統」，其兩大特色是：共同體領導方式的「非民主」和「家父長制」性格；以及，向國家繳稅的集體責任。[281]

最後，則是俄羅斯的專制統治。把俄羅斯關聯到亞細亞／印度形式，意指它內建了根深柢固的專制主義。恩格斯在《反杜林論》寫道：「在古代共同體還繼續存在的地方，它們數千年以來支撐了**最殘酷**的國家形式，也就是從印度到**俄羅斯的東方專制主義**」。[282]馬克思則在 1867 年 1 月的一次公開場合中，強調歐洲絕不該向「亞細亞野蠻主義」低頭。

> 對歐洲來說，只有以下的選項：要麼是以俄國佬為首的**亞細亞野蠻主義**，像雪崩一樣壓到它的頭上；要麼它就必須恢復波蘭，以 2,000 萬英雄為屏障把自己和亞洲隔開，以便贏得時間來完成自身的社會復興。[283]

值得一提的是，自 1870 年代初以降，馬克思對俄國農村公社（及其他前現代的共同體財產形式）有了相對更積極的評價。但他依然強烈敵視沙俄專制，並期待沙俄因戰敗或內部崩壞而爆發（推翻專制的）革命。與此前不同，晚年馬克思不排除俄國人在推翻了沙皇專制後，在共同體財產的古老基礎上，從西方引入先進科技，使農村公社直接轉型為現代社會／共產主義。但這是後話。[284]

---

281 Marx（*MECW*, 42: 547; *MECW*, 43: 154），1868 年 3 月 14 日、11 月 7 日致恩格斯。

282 Engels（*MECW*, 25: 168），恩格斯（馬恩全集 II，26：190），1878 年《反杜林論》。

283 Marx（*MECW*, 20: 201），馬克思（馬恩全集 II，21：287），1867 年 1 月 22 日在倫敦紀念波蘭起義大會上的演說。

284 Rubel（1981: ch. 5）。另見第九章第二節和第三節。

克里米亞戰爭

　　1853-1856 年的克里米亞戰爭，本來早已被人淡忘。但俄羅斯在 2014 年併吞克里米亞半島，再於 2022 年入侵烏克蘭，遂使黑海的地緣政治得到更多關注。事實上，克里米亞戰爭所涉及的多方政治角力，正是馬克思在 1850 年代投入最多筆墨的話題之一。

　　克里米亞戰爭在其發生的當下，廣被視作 1815 年拿破崙戰爭結束後，第一場涉及強權博弈、且可能擴大化的歐洲戰爭，故引發諸多議論和揣測。其遠因是鄂圖曼帝國的長期衰落；近因則是沙俄以保護東正教信徒之名，出兵占領鄂圖曼帝國的屬地。英法和薩丁尼亞為了遏制沙俄，派軍協助土耳其人。聯軍從黑海進入克里米亞半島與俄軍交戰，經過 11 個月，攻下俄國海軍基地塞凡堡。因戰爭失利，沙皇尼古拉一世在 1855 年抑鬱而終。繼位的亞歷山大二世向聯軍求和，最後在 1856 年 3 月底簽訂《巴黎條約》。[285]

　　在馬克思為《紐約每日論壇報》所寫的文章中，克里米亞戰爭是歷時最久、最錯綜複雜、篇數最多、文字量也最大的一項主題。他和恩格斯一直期盼戰事升高，從局部的黑海之戰擴大為擊潰沙俄的全面戰爭，進而為德國、為西歐帶來新的革命契機。但戰事緩慢，英法看似不夠果決，馬克思遂強調英法須全面出擊，否則必敗於沙皇的優越武力。不過，這個判斷是有偏差的，因為英法確實擊敗了俄軍。[286]

　　戰爭結束後，馬克思仍不肯善罷甘休，但轉換了口徑，不再聲稱俄軍有多強大，而是譴責英國故意放水。實際上，正是被他口誅筆伐的「通俄者」帕默斯頓（原英國外交大臣、內政大臣，1855 年 2 月出任英國首相）而不是波拿巴，堅持聯軍不拿下塞凡堡就不和談，以免俄羅斯逃過應有的制裁。但對馬克思來說，在沒有全面打垮沙俄以前就停戰，幾乎就等於故

285　Evans（2016: 229-239）。
286　Sperber（2013: 302-304）。

意放水。[287] 因此，縱使戰爭已經結束，他還繼續寫了一系列評論，以揭發英國政客長期以來的「通俄」行徑。[288]

愛蓮娜在 1897 年編輯出版的《近東問題》一書，集結了馬克思關於克里米亞戰爭的各種評論。今日觀之，這些評論雖有偏失，或仍是探究「近東問題」及其地緣政治的力作。[289] 1899 年，愛蓮娜又編輯出版《18世紀的祕密外交史》，收錄馬克思在 1856-1857 年「揭發」英國政界勾結沙俄的文字。[290] 這些文字帶有強烈的陰謀論色彩，不免顯得偏執。馬克思對沙俄專制的深惡痛絕，本有其合理的內核，但當他堅稱帕默斯頓是沙俄魁儡時，也就誤入了歧途。

所幸 1857 年爆發的世界經濟危機，轉移了他的焦點。否則，他可能繼續沉迷於英國通俄的祕辛。

義大利戰爭

在普魯士，因腓特烈‧威廉四世出現心智障礙，威廉親王自 1858 年1 月開始攝政，10 月起則是永久攝政。他撤換國王的反動派舊臣，任命一位有王室背景的自由派組閣，揭開了「新時代」的序幕。[291] 1859 年 4 月底，奧地利軍隊入侵薩丁尼亞。5 月初，波拿巴向奧地利宣戰，派兵到薩丁尼亞驅逐奧軍，史稱「第二次義大利獨立戰爭」。其結果是 6 月底法薩聯軍獲勝，7 月簽署停戰協定，奧地利被逐出倫巴第。奧地利的敗北，標誌著歐陸「反動年代」的落幕。[292]

287　馬克思指望的似乎是：帕默斯頓和波拿巴以推翻沙俄政權（即今日所謂的「政體改造」）作為戰爭目標。

288　Marx（*MECW*, 15: 25-96），《揭發 18 世紀的外交史》，寫於 1856 年 6 月至 1857 年3 月。Cf. Sperber（2013: 305-312）。

289　Marx（1969 [1897]）。

290　Cf. Marx and Engels（*MECW*, 15: 636-637 fn. 22）。

291　Sheehan（1993: 869-888）。

292　Clark（2007: 510-517）。

　　1859-1860 年間，德國各界對義大利戰爭的前因後果，展開了激烈爭辯。[293] 出於反法的民族主義情緒，部分德國人認為德邦聯（尤其普魯士）應軍援奧地利，以遏制波拿巴的帝國野心。但也有政治精英持不同見解，包括主張「小德意志」道路的人士。後者的設想是：如果波拿巴擊敗奧地利，普魯士或將更順利地擺脫、排除奧地利，以獨自領導其他的德意志邦國。俾斯麥後來在 1871 年建立的德意志帝國，正是「小德意志」統一道路的產物。

　　波拿巴的確打敗、削弱了奧地利。若非德國人反法、挺奧的呼聲高漲，波拿巴可能更全面地驅趕奧地利勢力，而不是只攻下倫巴第（卻未拿下威尼西亞）就急於議和。

　　在德國的海外民運圈中，支持波拿巴戰爭政策最不遺餘力者，莫過於知名的動物學家暨地理學家卡爾‧福格特（Carl Vogt）。他曾是法蘭克福議會的左派，並於 1849 年該議會遭解散時，被推舉為流亡政府的領袖之一。對大多數的德國民主派來說，義大利擺脫奧地利帝國而獨立，本是應有之義。但另一方面，波拿巴曾於 1849 年派兵鎮壓羅馬共和國，本身也是反動勢力，並對德國構成了潛在威脅，故難以成為德國民主派積極支持的對象。福格特為了消解民主派對波拿巴的疑慮，再三宣稱波拿巴對德國並沒有領土野心，這就引起了一些人的不滿。福格特勾結波拿巴的傳聞不脛而走。最後，福格特通過其中一條線索，把矛頭指向了馬克思。他指控馬克思是祕密會社的頭目，為反動政府豢養，長期舉報、勒索德國民主派和激進工人。如此聳人聽聞的情節，當然是假造的。但福格特在德國民主派中頗負聲望，其不實指控是有殺傷力的，遂激起馬克思捍衛自身清譽的強烈反應。[294]

　　馬克思和恩格斯不僅是固執的反波拿巴論者，還認為波拿巴已串通沙俄，要聯合起來對付德國。義大利戰爭爆發前夕，恩格斯在《波河與萊茵

293　Sperber（2013: 327-329）。
294　Latteck（2006: 207-214）、Stedman Jones（2016: 366-371）、Sperber（2013: 331-337）。

河》中表示：從預防波拿巴侵略萊茵河左岸的角度來看，義大利北部具有重要的軍事價值，故普魯士應支持奧地利繼續留在該地，以作為德國的安全屏障。[295] 這本冊子得到馬克思的高度讚許，指其「特別聰明」。[296] 馬克思在指控帕默斯頓通俄了之後，又把波拿巴視作沙俄的盟友，稱其已與沙俄結盟。[297]

　　針對福格特的指控，馬克思與之纏鬥一年有餘，最後在 1860 年 12 月出版了冗長的《福格特先生》一書。[298] 他把福格特說成「俄羅斯的泛斯拉夫主義者」，稱其主張俄羅斯兼併奧地利，以形成一個斯拉夫帝國。[299] 此類說詞係從義大利戰爭的可能後果（讓沙俄有機可趁、使斯拉夫人得以集結）出發，再將其附會為福格特等波拿巴支持者的動機、意圖或陰謀，可謂成立不易。不過，馬克思對福格特被波拿巴收買的懷疑，多年後被證實為真。[300]

　　1860 年，《紐約每日論壇報》的主編達納在替馬克思作證的信函中表示：「在沙俄專制和波拿巴主義的有關問題上，我有時覺得你對德國的統一與獨立，展現出太多的關切和太大的焦慮」。[301] 馬克思把 1848 年歐洲革命的失敗，主要歸咎於反動的沙俄和波拿巴。達納指出的執念，與此直接相關。

　　馬克思原本預期《福格特先生》能起到重振旗鼓的作用，以重新凝聚

295　Engels（*MECW*, 16: 211-255），1859 年 4 月《波河與萊茵河》，以單行本在柏林出版。

296　Marx（*MECW*, 40: 400），1859 年 3 月 10 日致恩格斯。

297　Cf. Marx（*MECW*, 17: 439-443），〈俄法聯盟〉，1860 年 8 月 16 日載於《紐約每日論壇報》。

298　Marx（*MECW*, 17: 21-329）。另見 Musto（2018: 117-126）。

299　Marx（*MECW*, 17: 150, 152）。

300　Stedman Jones（2016: 667 fn. 213）。拉薩爾在 1859 年《義大利戰爭和普魯士的任務》中指出：要是普魯士支持奧地利，使奧地利得以繼續宰制義大利，那將是個錯誤。拉薩爾還向馬恩強調：「我們人民的去王權化程度太低了」，若向法國宣戰，必使普魯士王權更加穩固。回頭來看，拉薩爾的這個判斷要更貼近現實。Cf. Sperber（2013: 339-340）、Footman（1946: 107-109）。

301　轉引自 Stedman Jones（2016: 345）。

「我們的黨」的向心力。但自 1844 年開始形成的所謂「我們的黨」，即曾經和馬克思一起共事、並接受他領導的一小群舊部，到了 1860 年已是花果飄零。[302] 儘管普魯士已進入「新時代」，歐陸也已漸漸走出了反動年代，但馬克思自認重出江湖的時機尚不成熟。1861 年起，他啟動新一輪的經濟學寫作。

302　Stedman Jones（2016: 369-373）。

第七章

《資本論》和後資本社會

一、關於《資本論》

1867 年 9 月出版的《資本論》第一卷，係為馬克思最看重的個人著作，亦是馬克思經濟學（暨政治經濟學批判）的代表作。[1] 它從商品出發，帶入使用價值、交換價值、價值等概念，區分具體勞動和抽象勞動，再轉入貨幣乃至資本；接著引進剩餘價值和勞動力，分析絕對剩餘價值的生產、相對剩餘價值的生產、資本的積累過程；最後以英國為例，論及資本的前史即「所謂原始積累」。[2] 在第一版〈序言〉中，資本主義生產的「經濟運動規律」被形容成一種具「鐵之必然性」的「自然律」。是以，「工業較發達的國家〔如英國〕向工業較不發達的國家〔如德國〕所顯示的，只是後者未來的景象！」[3]

1857 年 9 月至 11 月，馬克思數度論及他的經濟學寫作構想。[4] 1858-1859 年，他提出 6 卷成書計畫，預計將完成資本、地產、工資勞動、國

1　馬克思在 1844 年開始密集閱讀經濟學時，採納了恩格斯〈政治經濟學批判大綱〉（*MECW*, 3: 418-443）的提法，把自身任務界定為「政治經濟學批判」。1845 年 2 月 1 日，他和德國出版商 Carl Leske 簽約（*MECW*, 4: 675），預定推出《政治學批判和政治經濟學批判》共兩冊，但未能寫成。見 Rubel（1981: 123-126, 224）。以「政治經濟學批判」命名的馬克思著作，主要是 1859 年《政治經濟學批判》（*MECW*, 29: 257-417）。《資本論》第一卷的德文第一版至第四版和 1872 年俄文版，皆把「政治經濟學批判」用作副標題。1875 年法文版（馬恩全集 II，43）則去除了這個副標題。自 1844 年起，馬克思也用「經濟學」去簡稱他的理論工作。Cf. Heinrich（2021: 35-36）。另見 Rubel（1981: ch. 3）論馬克思經濟學的演變。

2　目前最常見的英文版《資本論》第一卷（即本書採用的 Penguin 版），分作 8 部分共 33 章。其內容取自恩格斯編的 1890 年德文第四版，但結構上沿用了馬克思親自改定的 1875 年法文版。目前通用的簡體中文版（馬恩全集 II，44），以及 2017 年聯經出版公司出版的繁體中文版，都是譯自德文第四版，後者有 7 部分共 25 章。1867 年的德文第一版（馬恩全集 II，42）則只分作 6 章。另見萬毓澤（2018：21-24）整理的馬克思經濟學筆記、手稿及《資本論》出版概況。

3　Marx（C1: 91-92），馬克思（馬恩全集 II，44：8-10）。在第一版中，這句話的末尾是驚嘆號，不是句號。到了 1873 年德文第二版，驚嘆號被改成了句號。1875 年法文版（馬恩全集 II，43：17）又對這句話做出了調整。另見第九章第二節。

4　Marx（G: 108, 227-228, 264, 275）。

家、國際貿易、世界市場等 6 卷。[5] 在 1858 年 4 月寫給恩格斯的信中,他把資本卷分作 4 個部分:資本一般(capital in general)、競爭、信用、股份資本。[6] 1862 年 12 月,他告訴庫格曼,他即將完成的著作是關於「資本一般」,不涉及「諸資本的競爭和信用系統」。它將命名為《資本論:政治經濟學批判》,而不是 1859 年《政治經濟學批判》的續集。[7] 1863 年 1 月,他草擬了一份計畫,列出《資本論》第一部分的大多數子題、第三部分的若干條目,並有意把《剩餘價值理論》手稿的內容插入第一部分和第三部分。[8] 此時,《資本論》前三卷的主題(資本的生產過程、資本的流通過程、資本和利潤)已大致確定,但尚未提到第四卷。[9]

時至 1865 年 7 月,馬克思向恩格斯表示:「再寫 3 章,就能完成理論部分(前三卷)」。雖然「還有關於歷史文獻的第四卷要寫」,但「比起前三卷,這對我來說是最容易的部分」。[10] 1866 年 10 月,馬克思告知庫格曼,4 卷《資本論》將分別處理:資本的生產過程、資本的流通過程、總過程的各種形式、理論史。在這封信中,他抱怨自己身體欠佳,國際工人協會的會務也很吃重,所以寫作老是被打斷。但他表示,《資本論》前兩卷(第一冊)即將完成,稍後將繼續推出第三卷(第二冊)和第四卷(第三冊)。[11]

在馬克思生前,真正問世的只有《資本論》第一卷的 4 個版本,即

5　Marx(*MECW*, 40: 270),1858 年 2 月 22 日致拉薩爾;Marx(*MECW*, 40: 298),1858 年 4 月 2 日致恩格斯;Marx(*MECW*, 29: 261),1859 年〈《政治經濟學批判》序言〉。

6　Marx(*MECW*, 40: 298),1858 年 4 月 2 日致恩格斯。

7　Marx(*MECW*, 41: 435),1862 年 12 月 28 日致庫格曼。

8　1863 年 1 月草擬的《資本論》寫作計畫,見 Marx(*MECW*, 33: 346-347; 1963: 414-416)。

9　馬克思在 1859 年春或 1861 年夏的〈資本章計畫草稿〉中(馬恩全集 II,31: 583-593, 653-654 fn. 201),已把資本章分作「資本的生產過程」、「資本的流通過程」及「資本和利潤」,加上內容龐雜的「其他」。另見萬毓澤(2018:48-49)。

10　Marx(*MECW*, 42: 173),1865 年 7 月 31 日致恩格斯。

11　Marx(*MECW*, 42: 328),1866 年 10 月 13 日致庫格曼。「總過程的各種形式」後來被恩格斯改成了「資本主義生產的總過程」。

1867 年德文第一版、1872 年俄文版、1873 年德文第二版、1875 年法文版。第二卷未能完成，遑論第三卷和第四卷。

今日所見的《資本論》第二卷和第三卷，是恩格斯從馬克思手稿中選取（在恩格斯看來）較合適的內容，進行一定程度的編輯後，才先後在 1885 年和 1894 年出版。[12] 被恩格斯當作《資本論》第四卷的《剩餘價值理論》，係由考茨基（受恩格斯的指示）所編，在 1905-1910 年分 3 冊出版。[13] 關於後三卷，馬克思未留下明確的編輯指示；因此，要以哪些手稿或內容為主，最終取決於恩格斯的判斷。恩格斯編輯的第二卷，取材自 1868-1871 年的手稿 IV 和手稿 II（共占 1/2 有餘），加上 1877-1881 年的手稿 V-VIII。[14] 第三卷是以 1864-1865 年的「主要手稿」[15] 為本，輔以其他短篇手稿。[16] 由於大多數手稿處於草稿狀態，恩格斯的編輯負擔可想而知。第三卷遲至 1894 年才終於問世，反映出這項工作的難度。

若干新舊爭議

針對《資本論》的探討和論辯，早已行之有年。

1990 年代以降，隨著馬克思原始手稿和筆記的陸續出版，《資本論》研究又增添了新的素材。例如，第三卷手稿在 1993 年公諸於世，[17] 這讓學者得以評估恩格斯在編輯過程中，究竟做出了哪些更動，並衡量這些更動是否妥當。恩格斯在第三卷第十五章的一個段落中，把資本主義生產將「被撼動」（馬克思的原話）改成了「迅速崩潰」。[18] 這是恩格斯助長

12　另見 Engels（C2: 84-87, 103-104; C3: 92-98）的編輯說明。

13　Marx（1963; 1968; 1971）。《剩餘價值理論》的內容，取自馬克思的 1861-1863 年經濟學手稿。

14　Cf. Engels（C2: 85-86, 103-104）。此處參照了 Heinrich（2009: 86-87; 2013a: 20）。

15　1864-1865 年的第三卷「主要手稿」，見 Moseley ed.（2015）。

16　第三卷還有較短的手稿 II-V（1867-1868）和若干散稿（1874-1878）。Cf. Heinrich（2009: 86-87）。

17　Heinrich（1996-1997: 452-453）、Vollgraf et al.（2002: 36）。

18　Marx（C3: 355）。Cf. Roth（2009: 43-44）、萬毓澤（2018：132）。

第二國際「崩潰論」的又一佐證。[19] 但如此改動是正當的嗎？「崩潰」是馬克思的原意嗎？稍後再回到這些問題。

馬克思在 1858-1859 年多次提到的「6 卷」計畫（即資本、地產、工資勞動、國家、對外貿易、世界市場等 6 卷），後來是否被放棄了？這是一個長期未決的公案。馬克思學家呂貝爾（Maximilien Rubel）力陳馬克思從未放棄 6 卷計畫，只是力有未逮而已。在呂貝爾看來，《資本論》第三卷以及第一卷表示「地產」、「工資勞動」須另行分析，這證明了 6 卷計畫不變。[20] 另一位馬克思學家羅斯道爾斯基（Roman Rosdolsky）則認為：雖然馬克思並未放棄國家、對外貿易、世界市場這幾項主題，但在 1864-1865 年，他已修正了寫作計畫，決定把地產和工資勞動的要點併入《資本論》。[21] 觀點與羅氏接近的海因里希（Michael Heinrich）進一步指出：馬克思在寫作 1861-1863 年手稿時，發現《大綱》對「資本一般」和「諸資本的競爭」所做的嚴格區分，很難維持下去；因此，他在 1863-1864 年捨棄了「資本一般」。[22]

何為「資本一般」？馬克思在 1857 年 9 月的〈導論〉中，把他的政治經濟學方法界定為「從抽象上升到具體」。[23] 同年 10 月，他重讀了黑格爾《邏輯學》（又稱《大邏輯》）。[24] 11 月以降，《大綱》的資本章引入「資本一般」和「諸資本的競爭」之分，並將之類比於《邏輯學》本質論的「內」「外」之分。[25] 另從《邏輯學》概念論中，借用了「普遍性」、「特殊性」和「個別性」等範疇。[26] 他主張先分析最抽象的、抽離於競爭

19　Vollgraf et al.（2002: 62）。

20　Rubel（1981: 193）、Marx（C3: 751; C1: 683）。

21　Rosdolsky（1977, vol. I: 22-23, 53-54）。

22　Heinrich（2009: 80-82, 86-87; 2013a: 18-20）。

23　Marx（G: 101）。

24　Marx（*MECW*, 40: 249），1858 年 1 月 16 日致恩格斯。另見萬毓澤（2018：45）。

25　Marx（G: 443-444, 520, 552, 651, 657）。另見 Callinicos（2014: 116）、Uchida（1988: chs. 3-5）。

26　Marx（G: esp. 275）。Cf. Moseley（2014）。

的「資本一般」[27]或「資本的一般概念」[28]，再考察「特殊性」（諸資本的積累、諸資本的競爭、諸資本的積聚）乃至「個別性」（作為信用的資本、作為股份資本的資本、作為貨幣市場的資本）。[29]1858年4月，馬克思表示資本卷將涵蓋4項子題：資本一般（普遍性），再加上競爭（特殊性）、信用（個別性）和股份資本（個別性）。[30]「資本一般」後來被分作3個部分，亦即：資本的生產過程；資本的流通過程；資本和利潤。[31]在此值得強調的是，馬克思在這個較早階段，主張在不引入「競爭」（及其他被歸為特殊性或個別性的事項）的情況下，對高度抽象的「資本一般」進行闡發。這是他在方法論上的一項早期堅持。

但這個立場有其難處。舉其大者，「資本一般」第三部分的利潤、地租、利息等課題，都涉及利潤率。如果要討論利潤率，就迴避不了競爭。[32]易言之，馬克思發現唯有引入競爭，才能說明「資本一般」的若干構成環節。但如此一來，「資本一般」作為一個比「諸資本的競爭」更具本質性的理論範疇，就出現了裂縫。海因里希指出，馬克思在完成了1861-1863年手稿後，「從未再提及『資本一般』」，並於1863-1864年調整寫作計畫；[33]此所以，1863-1865年手稿引入競爭，也討論工資勞動和地產，還約略觸及信用。[34]這些議題本來被劃在「資本一般」之外，甚至

27　Marx（G: 310, 346, 420, 449, 521, 657, 852）。

28　Marx（G: esp. 264）。

29　Marx（G: esp. 275）。

30　Marx（*MECW*, 40: 298），1858年4月2日致恩格斯。關於《大綱》如何挪用黑格爾的「普遍性」、「特殊性」和「個別性」等概念，參見萬毓澤（2018：47）。

31　見〈資本章計畫草稿〉（馬恩全集 II，31：583-593、653-654 fn. 201），成文於1859年春或1861年夏。

32　和李嘉圖一樣，馬克思接受「競爭使利潤率趨於平均」之說。見 Marx（esp. C3: pt. 2），另見本章第六節。關於李嘉圖，見本章第二節。

33　Heinrich（2009: 80-81; 2013a: 19）。海因里希的說法太過絕對。「資本一般」一詞並未消失，仍可見於第三卷手稿（C3: e.g. 346, 455, 468-469, 651, 827）和第二卷手稿（C2: e.g. 204, 281）。

34　關於信用，另見萬毓澤（2018：133-134）。

落於資本卷之外。

那麼，馬克思是否放棄了 6 卷寫作計畫？雖然地產和工資勞動寫入了《資本論》，但馬克思稱，這兩項議題須另作分析。既然他未明確表示「放棄」了 6 卷計畫，後人或無必要非說他「放棄」了不可。以他晚年的健康狀態，別說是 6 卷計畫，就連《資本論》也只出版了一小部分。與其說是「放棄」，倒不如說是力不從心。[35]

馬克思又是否捨棄了「資本一般」？羅斯道爾斯基認為，「資本一般」和「諸資本」之分，仍不失為理解《資本論》的重要線索，儘管《資本論》（尤其第三卷）的討論範圍溢出了本來的「資本一般」。[36] 筆者大致接受這個看法。實際上，第三卷第二部分對平均利潤率和「生產價格」的討論，仍是在抽離於市場價格的價值論脈絡下進行。其所引入的競爭，不是一般人理解的市場競爭，而是某種抽離於實際競爭的、高度概念化的競爭。[37] 馬克思明確表示，雖然第三卷預設了「信用系統和世界市場上的競爭」，但它不會去討論「資本主義生產的這些具體形式」，因為它關注的是「資本的一般性質」。[38]「世界市場及其變動，市場價格的運動，工商業的週期，繁榮和危機的交替」等，這些「**競爭的實際運動**都落於我們的計畫之外」。換言之，第三卷仍是「對資本的一般性分析」，即以資本主義生產的「理想的平均型態」作為分析對象。[39]

35　馬克思是否放棄了 6 卷計畫？這個爭議原是有一定政治背景的。Cf. Rubel（1981: 164-165, 219 fn. 50）。在蘇聯及其他馬列政權依然健在時，宣稱馬克思早就放棄了 1858-1859 年的大計畫，是合乎官方利益的。要是馬克思計畫宏大，卻只完成了其中一小部分，後者就比較不像是「已充分發展完成的」科學真理。呂貝爾之所以反對「馬克思已放棄最初計畫」之說，和他反對馬列主義黨國把馬克思神格化、庸俗化，本是連繫在一起的。但時至今日，關於馬克思是否修正了經濟學寫作計畫的爭議，或不宜再繼續被政治化，無論是何種政治化。

36　Rosdolsky（1977: vol. I: 41, 50-53）。

37　Marx（C3: pt. 2）。另見本章第六節。

38　Marx（C3: 205）。

39　Marx（C3: 969-970, 342）。另見萬毓澤（2018：149）。

可以說，雖然馬克思不再訴諸《大綱》那種極度抽象的「資本一般」，但某種削減了哲學武裝的「對資本的一般性分析」，依然是《資本論》前三卷的不變目標。《資本論》（尤其第三卷）時而引入接近於市場表層的具體事例，但馬克思指稱，這仍是為了說明「資本的一般性質」。[40] 他在第一卷第十二章〈相對剩餘價值的概念〉中說道：

> 在此，我們不打算考察資本主義生產的**內在規律**如何顯現為**諸多個別資本**的外部運動，如何作為**競爭**的強制規律發生作用，從而如何成為個別資本家意識中的動機。然而有一點是很清楚的：只有把握了資本的**內在本性**，才可能對競爭進行科學的分析……[41]

在此，馬克思未動用「資本一般」一詞。但「外部運動」與「內在本性」之分，「諸多個別資本」與「資本」之分，對他仍具重要性。

這就又關聯到馬克思與黑格爾的關係爭議。

1857 年以降，馬克思先是在《大綱》引入《邏輯學》的哲學範疇。1861-1863 年的經濟學手稿，則對黑格爾在《小邏輯》提及，謝林曾經闡發過的「含攝」（subsumption; *Subsumtion*）概念，進行了擴大運用。[42]「含攝」（常譯「從屬」）在謝林那裡，有「納有限於無限」之意；在黑格爾體系中，則有「普遍作用於特殊，納特殊於普遍，置特殊於普遍之下」的含蘊。[43] 1861-1863 年手稿把「含攝」運用於資本的生產過程，其最早說法是：在資本統治下，勞動過程被增殖過程含攝了。後來，馬克思區分資本對勞動的「形式含攝」（常譯「形式從屬」）和「實質含攝」

40　Cf. Rosdolsky（1977: vol. I: 51-52）、Callinicos（2014: 139-150）。

41　Marx（C1: 433），馬克思（馬恩全集 II，44：368）。此指 Penguin 第一卷英文版的第十二章。

42　Stedman Jones（2016: 426-427）。

43　White（1996: 380-381 fn. 58, 169）、Arthur（2009: 156-157）、Stedman Jones（2016: 427）。

（常譯「實質從屬」），並將之分別關聯到絕對剩餘價值和相對剩餘價值的生產。[44] 在更寬鬆的意義上，「含攝」也指涉（工業）資本把異己（如機器、非生產性勞動、前資本社會等）置於自身的宰制之下，將之去勢馴服，使之合乎資本的需要。[45] 馬克思在著名的 1864 年〈第六章：直接生產過程的結果〉中，用了一定篇幅去詮釋「形式含攝」與「實質含攝」。[46]

馬克思對黑格爾理論範疇的運用，究竟是何種性質的運用？這是「馬克思與黑格爾的關係爭議」的重心所在。[47] 曾有論者指出，黑格爾辯證法不可能相容於物質主義。[48] 但馬克思是否也如此認為，卻是個問號。《大綱》的某些陳述，如「開創世界市場的趨勢，已由**資本的概念**本身**直接給定**」，[49] 看起來很像是黑格爾式的精神體操，彷彿「資本的概念」就是世界市場的締造者。這不免讓人聯想到青年馬克思在 1843 年批判的「把概念實體化」（就是把概念當作實體）的謬誤。[50]

實際上，比起《大綱》和〈第六章：直接生產過程的結果〉，1867 年的《資本論》第一卷第一版已相當程度淡化了黑格爾色彩，儘管恩格斯當時認為它的黑格爾味還是太重。[51] 第一版僅僅在第十六章〈絕對和相對剩餘價值〉一筆帶過「形式含攝」和「實質含攝」，未進行闡發。[52] 到了 1873 年的德文第二版，黑格爾式的用語被進一步削減，「普遍性」、「特

44　Arthur（2009: 149-154）、Dussel（2001: 11-15, ch. 3）。

45　White（1996: 169-170, 185-186, 190-191）、Arthur（2009: 152-154）。

46　〈第六章：直接生產過程的結果〉收於 Marx（C1: 948-1084; *MECW*, 34: 355-466）。

47　從黑格爾哲學去解讀《大綱》以及《資本論》的論者，並不在少數。E.g. Arthur（2004a）、Postone（1993）、Uchida（1988）、Moseley（2014）、Moseley and Smith eds.（2014）。Cf. Callinicos（2014: ch. 3）、Bidet（2007: ch. 7）、Stedman Jones（2016: 389-396）。

48　Colletti（1973: 14, 21, 46, 49, 121, 127; 1975）、Avineri（1968: 65, 70）、Stedman Jones（1973: 27）。另見 S. H. Rigby（1992: 134-135）。

49　Marx（G: 408）。

50　參見第二章第二節。

51　Engels（*MECW*, 42: 382），1867 年 6 月 16 日致馬克思。

52　Marx（C1: 645）。

殊性」和「個別性」這組概念近乎消失。最後，1875 年法文版完全移除了「含攝」一詞。[53]

　　本章第二節將扼要說明馬克思經濟學寫作從《大綱》到《資本論》第一卷法文版的歷程。與「去黑格爾化」密切相關的另一發展，即馬克思愈發不認為資本能輕易地「含攝」前資本社會，則留待第九章再論。[54]

關於價值論

　　但《資本論》引發的最大理論爭議，落於馬克思的價值論。

　　稍後我們將看到，通過一系列的概念和理論推演，馬克思把「剩餘勞動」界定為一切新增價值的來源。一切新增價值都是從直接生產者（尤指「生產性」的活勞工）身上榨取而來，都是對其**無酬剩餘勞動**[55] 的剝削。資本家、銀行家和地主等，都是不創造價值、只榨取或分食價值的人。這套說法對剝削者和食利者的道德指控，可謂溢於言表 —— 儘管馬克思矢口否認他訴諸道德。

　　無論是在聖西蒙學說中，[56] 還是在英國工人憲章運動的論述中，[57]「工作階級／勤奮階級」一詞都沒有排除資本家、工業家，但排除了不事生產的地主及其他尋租者。相對來看，在布雷、普魯東和馬克思等論者的筆下，「勞動是價值的唯一來源」被推向了更純粹的工人主義；以至於，資本家完全被排除在工作階級、勤奮階級、勞動階級、生產階級之外。但不同於普魯東、布雷、格雷等「平等交換」論者，馬克思聚焦於所謂「直接生產過程」中的「剝削」。據此，被資本榨取的剩餘勞動（而非不平等的交換）才是一切新增價值的來源。

　　自《資本論》第一卷出版後，對馬克思版本的勞動價值論和剩餘價值

53　White（1996: 207-210）、Zarembka（2021: 11-12, 51）。

54　另見第九章第二節和第三節。

55　Marx（C1: 972; C3: 235, 299, 311, 336, 926-927, 934, 938, 940, 973）。

56　參見第三章第二節。

57　Stedman Jones（1983: ch. 3）。

論的質疑，逐漸浮上檯面。1867 年問世的德文第一版，未引起立即的反響，起初就連批評也不多見。恩格斯在 1878 年《反杜林論》攻擊的社會主義者杜林（Eugen Dühring），算是《資本論》較早的一位批評者。由於《資本論》艱澀難讀，社民黨人也曾乞靈於親官方的國家政府社會主義者舍夫勒（Albert Schäffle）。其 1874 年《社會主義的精髓》文集，對《資本論》第一卷進行了概括。[58] 馬克思在 1881 年的未出版手稿〈評瓦格納〉中，批評了立場與舍夫勒接近的瓦格納（Adolph Wagner），並連帶回擊了舍夫勒。[59] 杜林、舍夫勒和瓦格納，都質疑馬克思的價值論，也都對第一卷描述的後資本社會不以為然。但約自 1873 年以降，馬克思退居二線，主要讓恩格斯去對抗論敵。《反杜林論》厥功甚偉，成功地把年輕一輩的社民黨人（如伯恩斯坦和考茨基）轉化成「馬克思主義者」。該書關於政治經濟學的第二部分，發揮了導讀《資本論》第一卷的重要作用。[60]

　　1894 年《資本論》第三卷出版後，價值論爭議又更上層樓，且廣泛地涉及勞動價值論的成立與否，第三卷的平均利潤率論說（所謂「轉換問題」），連同馬克思主義內部關於「再生產」（第二卷的主題）的爭論。[61] 20 世紀中葉以降，以斯拉法（Piero Sraffa）為首的新李嘉圖派，帶動了新一波關於「轉換問題」和勞動價值論的論辯。[62] 興起於 1970 年代後期的

58　Lidtke（1966: 63-65）。

59　Marx（*MECW*, 24: 531-559, esp. 536-537），1881 年〈評瓦格納〉。馬克思評論的是瓦格納《政治經濟學的基礎》1879 年的第二版，參見 Wagner（1892 [1879]）。〈評瓦格納〉過去認為是寫於 1879-1880 年，但根據晚近的考證，較可能是寫於 1881 年。Cf. Marx（*MECW*, 24: 666 fn. 604）、Heinrich（2009: 85）。

60　Engels（*MECW*, 25: esp. 171-243），1878 年《反杜林論》。另見第九章第五節。

61　19 世紀末 20 世紀初的那波論辯，見 Böhm-Bawerk（1984 [1896]）、Hilferding（1984 [1904]）、Bortkiewicz（1984 [1907]）。另見 Sweezy（1984）、Clarke（1994: 33-63）、Sinha（2010: ch. 3）、Howard and King（1989: chs. 3, 5-6）、M. Smith（2019: ch. 4）。

62　Cf. Howard and King（1992: chs. 12-15）。另見 M. Smith（2019: ch. 5）、Mandel and Freeman eds.（1984）、Mohun ed.（1994）、Elson（1979）、Elson ed.（1979）、Meek（1977: ch. V）、Sinha（2010: ch. 4）、Steedman（1981 [1977]）、Steedman and Sweezy eds.（1981）。

「分析馬克思主義者」，大都拒斥馬克思的勞動價值論，而更看重馬克思的歷史理論、階級理論、政治社會理論。[63] 但價值論爭議還有一些新的發展，尤其是自 1970 年代逐漸抬頭的「價值形式」分析[64] —— 本章第三節將觸及這方面的議論。

　　另值得一提的是，過去在前蘇聯等「實存社會主義」的經濟脈絡下，也存在價值論的論爭。這是因為，儘管馬恩強調後資本社會不再有價值和價值律，但在他們的論述中，「工時」（勞動時間）幾乎是社會主義經濟計算的唯一憑藉。「工時」若要成為經濟計算的基準，必得是可通約共量的。因此，「價值」也許從前門趕走了，但「準價值」似乎又從後門跑了進來。[65] 關於這方面的疑義，留待本章第九節再論。

理論與政治

　　本書以馬克思的政治思想為題，本不擬深究《資本論》的經濟學、哲學、方法論及其他理論爭議。儘管本章仍會觸及這些爭議，卻勢必難以深入。[66] 本章關注的是《資本論》（尤其第一卷）的政治含蘊，包括它對資本主義危機趨勢的診斷，對工人階級運動的看法，對轉型過程的評估，及對後資本社會的設想。

　　雖然《資本論》的分析對象是「資本主義生產方式，和與之對應的生產關係和交往形式」（第一卷第一版〈序言〉），[67] 或資本主義生產方式的「理想的平均型態」（第三卷），[68] 但《資本論》不是一部去政治或反政治

63　Cf. Roemer（1982）、Cohen（1988: ch. 11）、Wolff（1985）。關於分析馬克思主義，另見 Roemer ed.（1986）、Wright（1985）、Elster（1985）、Wright et al.（1992）、Roberts（1996）。

64　Cf. Backhaus（1980 [1969]; 1997）、Rubin（1973 [1928]; 1994 [1927]）、Postone（1993）、Reichelt（2007）、Heinrich（1999-2000; 2021）、Arthur（2004a）、Reuten（2019）、N. Taylor（2004）、Milios et al.（2002）、Foley（1986; 2005）。

65　Nove（1991: 22-33）、Bidet（2007: 62-67）。

66　套用馬克思的話來說，這些議題需要「另外分析」。Cf. Marx（C3: 751; C1: 683）。

67　Marx（C1: 90）。

68　Marx（C3: 970）。

的著作。剩餘價值論的主要目的，不僅在於指陳工人遭到系統性的剝削，還在於推論出資本主義生產的「經濟運動規律」。在馬克思看來，資本不可避免地將帶動工人階級的興起，和朝向後資本社會的轉型。他在第一卷第一版〈序言〉中說道：

> 在英國，**轉型過程已經十分明顯**。當它達到了一定程度，必然會波及歐陸。在那裡，它將採取較殘酷或較人道的形式，端視**工人階級自身**的發展程度而定。……當前統治階級的切身利益，迫使他們除掉一切可從法律上移除的、妨害**工人階級發展**的障礙。因此，我在本卷中用了很大篇幅於英國工廠立法的歷史、細節和結果。一個國家應該也可以向其他國家學習。一個社會即使探索到了自身運動的自然規律── 本書的最終目的就是揭示現代社會的**經濟運動規律** ── 它還是既不能跳過自身發展的自然階段，也不能用法令去取消這些階段。但它能縮短和減輕分娩的痛苦。[69]

這裡的以英國為鑑，當然不只是在呼籲歐陸進行工廠立法，也是在預言歐陸工人階級運動的成長。

《資本論》第三卷（1864-1868 年的幾份手稿）和第一卷，以及後來編入第二卷的過半內容，大都是馬克思在積極參與國際工人協會的情況下寫成。1864 年 10 月，馬克思開始參與協會運作，並為之擬定《成立宣言》和《臨時章程》。[70] 他在這兩份文件中表示：1848 年以來，少數工人的工資或略有提高，「勞動大眾的悲慘」卻不曾消減；但 1847 年英國《十小時法案》的通過，以及合作運動的興起，代表著工人階級的重要挺進。工人階級的解放「應由工人階級自己去爭取」，工人須「組合起來」並「奪

69　Marx（C1: 91-92），馬克思（馬恩全集 II，44：9-10）。

70　Marx（*MECW*, 20: 3-13），《國際工人協會成立宣言》；Marx（*MECW*, 20: 14-16），《國際工人協會臨時章程》。

取政治權力」，以實現自身的「經濟解放」。[71] 1865 年起，英國工人為了爭取選舉權，發起了全國串聯和大規模抗議。在那場運動中，國際工人協會的領導者扮演了要角，馬克思亦大力支持之。此外，1865 年馬克思在協會做的報告〈價值、價格和利潤〉，[72] 不僅預示了《資本論》第一卷的工資論點，還直接交代其政治意義。在國際工人協會，馬克思亦積極推動「八小時工作日」的議程。《資本論》第一卷關於縮減工時的論說，與此同出一轍。[73]

《資本論》主要是馬克思在**國際工人協會時期**的作品。此時，馬克思已經遠離了《大綱》「危機逐次升高，致使資本被暴烈推翻」的崩潰論式意象，轉而聚焦於工人階級的組織化興起。從 1864-1865 年的第三卷手稿（主要寫於馬克思加入協會以後）[74] 到 1867 年出版的第一卷，馬克思的基調是：資本主義生產方式正在發生變革；朝向後資本社會的轉型，已是現在進行式；資本的集中化和勞動的社會化，正促使工人階級運動不斷茁壯。[75]

總有論者聲稱，《資本論》是關於資本主義生產方式，而不是關於無產階級革命、後資本社會或共產主義。但這說法並不準確，因為《資本論》在分析資本主義生產方式的同時，也夾帶了馬克思對無產階級革命、後資本社會或共產主義的基本規定。從《大綱》到《資本論》第一卷，馬克思對革命轉型的認知、對後資本社會的界定，出現了哪些進展或變化？此亦本章欲考察的要點。

本章後續各節的安排如下。第二節勾勒馬克思價值論的形成背景，尤其是李嘉圖之於馬克思的重要性，以及馬克思經濟學寫作的時序和變遷。

71　Marx（*MECW*, 20: 5, 10-12, 14）。

72　Marx（*MECW*, 20: 101-149），〈價值、價格和利潤〉。此文更常見的標題，是其德文版譯者用的〈工資、價格和利潤〉。但馬克思的女兒愛蓮娜下的標題〈價值、價格和利潤〉，要更合乎馬克思原稿的鋪陳（*MECW*, 20: 466-467 fn. 87）。

73　Marx（*MECW*, 20: 187; C1: ch. 10, esp. 416）。另見第八章第二節和第三節。

74　另見本章第二節。

75　Marx（C1: esp. 929-930）。另見本章第八節。

第三節至第五節考察《資本論》第一卷的若干基本命題。第六節和第七節涉及第三卷第二部分（關於「平均利潤率」）和第三部分（關於「利潤率趨降的規律」），以及馬克思的危機論述。第八節和第九節進一步分析《資本論》有關革命轉型和後資本社會的設想。

二、政治經濟學批判的難產

馬克思在 1859 年〈序言〉中，對於他投入政治經濟學批判的背景，提出了以下說明。在《萊茵報》時期，農民盜木、摩塞爾酒農、自由貿易與保護主義等爭議，使他開始注意到經濟問題。寫作《黑格爾法哲學批判》時，他愈發認知到法律關係、政治形式須從物質生活的總和，也就是「市民社會」去把握；「對市民社會的解剖」則應當「到政治經濟學中去尋求」。因此，他在巴黎開啟了這方面的探索。[76] 在布爾塞爾的進展，則包括兩大冊對後黑格爾哲學的批判（即《德意志意識型態》）、《共產黨宣言》、〈論自由貿易〉、《哲學的貧困》及《雇傭勞動與資本》。此外，馬克思還提到恩格斯的〈政治經濟學批判大綱〉和《英國工人階級狀況》；他在大英博物館的經濟學研究；以及，作為《紐約每日論壇報》的記者，對重要經濟事件的考察。[77] 以上說法不算失真，只是較為簡略。

1845 年 2 月 1 日，馬克思在離開巴黎的前夕，和一家德國出版商簽下經濟學書約，預定出版《政治學批判和政治經濟學批判》共 2 冊。[78]「政治學批判」從其寫作計畫來看，係以《黑格爾法哲學批判》、1843-1844 年的法國大革命研究、《神聖家族》的相關論說為本。[79]「政治經濟學批判」則以《巴黎手稿》和《巴黎筆記》為基礎。到了布魯塞爾，馬克

76　Marx（*MECW*, 29: 262），馬克思（馬恩全集 II，31：412）。

77　Marx（*MECW*, 29: 264-265）。另見 Pradella（2015: ch. 4）、Musto（2018: ch. 3）。

78　Marx（*MECW*, 4: 675）。

79　Cf. Marx（*MECW*, 5: 666）、Rubel（1981: 224）。

思繼續閱讀經濟學。1845 年 2 月至 6 月，他摘錄了約 60 本書，做了 400 多頁筆記（絕大部分是摘抄）。[80] 7 月至 8 月在曼徹斯特，他密集閱讀英語系的經濟學文獻，留下《曼徹斯特筆記》共 9 本。其中對布雷 1839 年《勞動的錯誤和勞動的補救》的大幅摘錄，後來在《哲學的貧困》派上了用場。[81]

返回布魯塞爾後，馬克思又捲入與鮑威爾的論爭，並把史蒂納和真社會主義也納為批判對象。1846 上半年，他投入《德意志意識型態》手稿的寫作。[82]《政治學批判和政治經濟學批判》的成書計畫，遂遭到擱置。出版社最後失去耐心，在 1847 年 2 月要求解約。[83] 從 1846 年 12 月到 1847 年 6 月，馬克思致力於完成《哲學的貧困》。此書是針對普魯東的批判，不算是自己的經濟學專著，但起到了形成問題意識的作用。其對李嘉圖經濟學的選擇性挪用，及對普魯東、布雷等人「勞動交換」思路的拒斥，為日後的經濟學寫作打下了基礎。就此來說，馬克思經濟學在布魯塞爾的進展，不僅止於 1847 年 12 月的《雇傭勞動與資本》，[84] 也還包括馬克思的第一本個人專著《哲學的貧困》。[85]

馬克思和李嘉圖

在馬克思後期的經濟學論說中，「剩餘價值的生產」被看作是資本主義生產方式的內核。以下是《資本論》第三卷最經典的一段話：

80　Rubel（1981: 123-124 fn. 67）。

81　Musto（2020a: 409-410）。關於《曼徹斯特筆記》，可另見 Bohlender（2019）、Pradella（2019）。

82　參見第四章第二節。

83　Stedman Jones（2016: 219）。

84　Tribe（2015: 223-236）。修訂後的《雇傭勞動與資本》講稿，在 1849 年 4 月發表於《新萊茵報》（*MECW*, 9: 197-228）。

85　參見第四章第五節。

從直接生產者身上榨取**無酬剩餘勞動**的特定經濟形式，決定了統治和從屬的關係……。從實存的生產關係中生長出來的經濟共同體的全部組態，及其特定的政治形式，都建立於此。

「從直接生產者身上榨取無酬剩餘勞動」乃是「整個社會體系**最內層的祕密**，隱而不見的基礎」。[86] 在此，馬克思挪用了黑格爾的「內」「外」隱喻。但「無酬剩餘勞動」不是黑格爾的提法，它從何而來？

馬克思的「剩餘勞動」和「剩餘價值」論說，係通過對普魯東和李嘉圖的批判而逐漸成形。1846-1847 年，馬克思在批判普魯東的脈絡下，愈發看重李嘉圖的政治經濟學。1850-1851 年，他在大英博物館重啟經濟學研究，讀了李嘉圖《政治經濟學及賦稅原理》的第三版，並對李嘉圖的價值理論、利潤理論、貨幣理論、地租理論及其他說法有所質疑。[87] 可以說，他是在吸收和批評李嘉圖的過程中，才逐漸形成一套「剩餘價值」理論。但這段歷程並不算短。從 1844 年首度閱讀李嘉圖，[88] 到 1850-1851 年重讀李嘉圖，[89] 再到《大綱》初次勾勒出剩餘價值理論，乃至 1867 年《資本論》第一卷正式推出這套理論 —— 前後相隔 25 年之久。

馬克思在 1844 年初次閱讀《政治經濟學及賦稅原理》時，既未被李嘉圖的勞動價值論打動，[90] 亦未注意到李嘉圖的但書[91]及其爭議。直到 1846 年，他對勞動價值論（理解為一種生產成本論）才表達了肯定之意。此與

86　Marx（C3: 927）。

87　Pradella（2015: ch. 4）。馬克思對李嘉圖的系統性批判，出現在 1861-1863 年經濟學手稿。見 Marx（*MECW*, 31-32; 1968）。

88　此時他閱讀的是（譯自 1817 年《政治經濟學及賦稅原理》第一版）1835 年法文第二版。Cf. Tribe（2015: 200-201）。另見 Ricardo（1817）。

89　此時他讀了《政治經濟學及賦稅原理》第三版。見 Ricardo（1983 [1821]）。

90　Tribe（2015: 205-207）。彼時馬克思在恩格斯〈政治經濟學批判大綱〉的影響下，認為無論是以薩伊為代表的主觀效用論，還是李嘉圖等人的生產成本論（指勞動價值論），都低估了競爭的不穩定性。參見第三章第四節。

91　李嘉圖表示，工資上漲將導致資本密集商品的貶值，故價值並非全由勞動決定。詳見下述。

他在曼徹斯特的密集閱讀，或許是有關的。[92]《哲學的貧困》列出了布雷、霍吉斯金（Thomas Hodgskin）、湯普森（William Thompson）、艾德蒙斯（T. R. Edmonds）等英國社會主義者，指其倡議「李嘉圖式理論的平等主義應用」。[93] 在此，馬克思可能誇大了李嘉圖的影響力。[94] 但無論如何，他認為李嘉圖的理論是有價值的，儘管布雷等人誤用了它。

《哲學的貧困》援引李嘉圖的勞動價值論，[95] 並選擇性地吸納李嘉圖的工資論。普魯東不理解「勞動的自然價格不外乎是最低工資」。工資的價值，即「作為商品的勞動」的價值，相當於工人的必要維生成本（含生養下一代工人的再生產成本）。這些理論要素皆是取自李嘉圖。[96] 不過，《哲學的貧困》未提及李嘉圖「勞動的自然價格總是趨於上升」和工人的維生成本取決於「習慣和風俗」的說法。[97] 此時的馬克思仍是一位工資逐底論者。對他而言，在實存的市場環境下，「勞動的價值」就是如此卑微，但這不是出於不平等交換，而是商品化勞動的基本面。[98]

李嘉圖的政治經濟學及其爭議，非本書所能深究。但由於李嘉圖是馬克思經濟學最主要的參照對象和批判對象，以下幾點或值得一提。首先，李嘉圖是農產品自由貿易的積極倡議者。在他看來，產量遞減原則的運作，勢將推升農產品價格，使農業部門的勞力需求升高。是以，工資隨之上升，利潤隨之下降。由於農產品保護主義只會加劇這個過程，他力主廢

92　Marx and Engels（*MECW*, 5: 371, 399）。Cf. Mandel（1977: 46）。

93　Marx（*MECW*, 6: 138）。

94　主張「勞動是價值的唯一來源」的英國論者不在少數，未必都是李嘉圖的追隨者。在英國，勞動價值論還有李嘉圖以外的其他資源，包括洛克、斯密、歐文等。Cf. Claeys（1987: xxii-xxvi）、N. Thompson（1984: ch. 4）。

95　此指《政治經濟學及賦稅原理》第一版。見 Ricardo（1817: ch. 1）。

96　Marx（*MECW*, 6: 125）。Cf. Ricardo（1817: 90; 1983 [1821]: 93）。

97　Ricardo（1983 [1821]: 93, 96-97; 1817: 91, 96）。《政治經濟學及賦稅原理》第一版和第三版的主要不同，出現在第一章〈價值〉和第三版新增的第三十一章〈機器〉。第五章〈工資〉則幾乎沒有變動。換句話說，《哲學的貧困》未提及「勞動的自然價格總是趨於上升」的李嘉圖論點，可能是因為馬克思不贊同此說，而不是出於版本差異。

98　Marx（*MECW*, 6: 124-130）。

除《穀物法》。[99]

　　再者，李嘉圖認為「工資上漲帶動商品價格上漲」的斯密論點是錯的。按他的見解，工資和利潤是此消彼長、此長彼消的關係，但無論兩者如何消長，工資原則上不影響商品價格。[100] 為此，他覺得有必要提出一套理論，以鞏固「商品價格獨立於工資」的立場。此即李嘉圖版勞動價值論的最初立意：要是商品價格取決於商品價值，商品價值又是由必要勞動量決定，那麼，商品價格就完全不受工資高低影響。

　　李嘉圖版的勞動價值論，把商品的交換價值或相對價值關聯到「生產這些商品所需要的勞動量」的比例。[101] **必要勞動量**的比例，決定了商品的**相對價值**；後者又決定了商品的相對**價格**。[102] 但李嘉圖隨後又附加了一個但書：如果「勞動的價值」上漲，則即使各商品的必要勞動量不變，資本密集商品（使用較多「機器及其他固定資本和耐久資本」[103] 的商品）的價值將會下降，勞力密集商品的價值將會上升。[104] 在此情況下，價值就不完全是由必要勞動量決定，而是需要「相當程度的修正」——儘管（李嘉圖堅稱）必要勞動量仍是價值的主宰者。[105] 與此同時，他不得不承認工資上

99　Peach（1993: ch. 3）。

100　Ricardo（1983 [1821]: 35, 28-30）。

101　Ricardo（1983 [1821]: 11, 284-285），《政治經濟學及賦稅原理》第三版；Ricardo（1817: ch. I, esp. 11），《政治經濟學及賦稅原理》第一版。此書前後有 3 版，其中最具爭議性的是第一章〈價值〉。第二版和第三版的各節標題對照表，見 Ricardo（1983 [1821]: lxiii）；第一版和第二版的差異，見 Ricardo（1983 [1821]: 52-66）。另見 Peach（1993: chs. 4-5）論第一章〈價值〉的前後期變化。Cf. Sraffa（1983 [1951]: xxx-xlix）。

102　Cohen（1988: 231）。此指均衡價格，李嘉圖稱之為「自然價格」。見 Ricardo（1983 [1821]: ch. IV）。

103　Ricardo（1983 [1821]: 30）。附帶一提，李嘉圖的「固定資本」（fixed capital）不同於馬克思的「不變資本」（constant capital）。李嘉圖區分「固定資本」和「流通資本」（circulating capital），但兩者之間有模糊地帶。Cf. Ricardo（1983 [1821]: 31）。

104　Ricardo（1983 [1821]: 34-43）。《大綱》和《剩餘價值理論》提到了這個問題，見 Marx（G: 562-563; 1968: 106, 174-180）。

105　李嘉圖的這種兩面說法（1983 [1821]: 30, 36）引起不少爭議。Cf. Peach（1993: chs. 4-5, esp. 174-175）、Tribe（2015: 200-204）。

漲多少會影響價格，但他強調：工資上漲將使資本密集商品的價值／價格下降，而不是上升。對他來說，這再度證明了「工資上漲帶動價格上漲」的說法是錯的。[106]

此外，李嘉圖支持利潤率平均化的論點，亦即：在自由競爭的環境下，各資本的利潤率將會拉平。[107] 由於（他認為）工資愈高利潤就愈薄，平均利潤率勢將隨著工資上升而下降。雖然「勞動的自然價格」[108] 無非就是工人的必要維生成本（含生養下一代的再生產成本），但它或高或低，並沒有固定的標準。它在不同國家或同一國家的不同時期是不一樣的，「本質上取決於人民的習慣和風俗」。[109] 換句話說，工資未必會跌落到僅足以苟活、僅能維持肉體生存的最低標。人口的持續成長，也未必能持續壓低工資，因為推升工資的各種因素是存在的。「隨著社會的進步，勞動的自然價格總是趨於上升」，勞動的市場價格也趨於上升。[110] 正因如此，（平均）利潤率將趨於下降，「極低的利潤率將抑制一切積累」，直到完全不能積累、出現「靜止狀態」為止。[111]

以上只是李嘉圖的若干基本論點。除此之外，馬克思也特別關注李嘉圖的地租理論，[112] 對貨幣的看法，[113] 連同 1821 年《政治經濟學及賦稅原

---

106 Ricardo（1817: 41-42, 48; 1983 [1821]: 38-43, 62-63, 66）、Sraffa（1983 [1951]: xxxv）。另見 Callinicos（2014: 83-93）。

107 Ricardo（1983 [1821]: 41-42）。另見 Oakley（1985: ch. 4）。

108 見 Ricardo（1983 [1821]: ch. IV）論「自然價格」與「市場價格」之分。馬克思（e.g. C1: 269）質疑李嘉圖的「自然價格」概念，理由是它不當地混淆了價值和價格。但馬克思在《資本論》第三卷第二部分所論證的「生產價格」，似也有混淆價值和價格之虞，因為「生產價格」非關市場價格，而是一個價值範疇。另見本章第六節。

109 Ricardo（1983 [1821]: 96-97）。馬克思在 1865 年〈價值、價格和利潤〉講稿（*MECW*, 20: esp. 144-145）以及《資本論》第一卷（C1: esp. 275）中，呼應了李嘉圖這個說法。另見第八章第二節、本章第四節。

110 Ricardo（1983 [1821]: ch. V, esp. 93, 96）。

111 Ricardo（1983 [1821]: 120, 109）。

112 Oakley（1985: ch. 5）、Dussel（2001: ch. 7）。

113 Pradella（2015: 94-99）。

理》第三版新增的第三十一章〈機器〉[114] 等等，但此處不贅。可以說，馬克思從李嘉圖吸收了大量的理論養分。《哲學的貧困》已援用李嘉圖，把「勞動的價值」界定為工人維生物品的價值。實際上，此書關於「簡單勞動」和「複合勞動」的說法，也是取自李嘉圖。[115] 1865 年〈價值、價格和利潤〉辯護的「工資上升不至於導致價格上漲」的立場，亦呼應了李嘉圖。[116] 此外，馬克思對使用價值和交換價值所做的區分，連同使用價值不可通約共量之說，看似受到《政治經濟學及賦稅原理》第一版第一章的啟發。[117]《資本論》從「社會必要勞動時間」去估定商品的價值量，也是李嘉圖式的論點，脫胎自李嘉圖所謂的「必要勞動量」。按李嘉圖，商品價值相當於商品的必要勞動量，即生產該商品（1）所需的活勞力的勞動量，以及（2）所需的工具、機器、建物等等的勞動量。[118] 這個見解被馬克思吸收，並予以明晰化。此外，「利潤率的平均化」和「利潤率下降」雖非李嘉圖首創，但李嘉圖引為已用，馬克思則將之重新理論化。

當然，馬克思在吸納李嘉圖要素的同時，也對之進行批判，並建構起自己的理論系統。在李嘉圖論述中，勞動價值論和「利潤率的平均化」，始終處於一種不協調或未經整合的狀態。雖然李氏意識到了這個間隙，卻始終未能排解。[119] 按其勞動價值論，是商品價值決定了商品價格；或者說，價值（必要勞動量）是價格的最主要決定因素（儘管工資升高將使資本密集商品貶值）。但另一方面，利潤率的平均化，也直接作用於商品價格。於是，價格的主要決定者有二，即「價值」和「平均利潤率」。但兩

114　Ricardo（1983 [1821]: ch. XXXI）。馬克思在〈價值、價格和利潤〉（*MECW*, 20: 147）引述了第三十一章〈機器〉的論點。

115　Marx（*MECW*, 6: 126-127）。Cf. Ricardo（1983 [1821]: 20-22）。另見 Peach（1993: 157-158）。

116　Marx（*MECW*, 20: esp. 149）。

117　Ricardo（1817: 1-3）。另見 Peach（1993: 154-155）。

118　Ricardo（1983 [1821]: 22）。

119　Sraffa（1983 [1951]: xxxix-xl）。Cf. Ricardo（1983 [1821]: 36）。馬克思在 1861-1863 年經濟學手稿中，即《剩餘價值理論》第二冊（1968: 235, 174, 190, 193-194）中，注意到了這個問題。另見 Oakley（1985: ch. 4）、Callinicos（2014: 84-90）。

者可能發生衝突。即因如此，馬克思在《資本論》第三卷第二部分，試圖化解李嘉圖的這個困局。[120]

回頭來看，《哲學的貧困》把「勞動的價值」綁定於工人的必要維生成本，只是馬克思通往剩餘價值論的第一步。到了 1851 年 4 月的第八本倫敦筆記，他才明確區分「工資的價值」和「工人生產出來的價值」。[121]但此時，「剩餘價值」一詞仍未現身，其理論含蘊尚未得到開展。

剩餘價值概念和理論的真正登場，是在 1857-1858 年《大綱》。[122] 按《大綱》的陳述，剩餘價值就是**剩餘勞動**的價值。剩餘勞動係指在一個工作日中，**必要勞動**以外的額外勞動。必要勞動＝生產出工人維生物品的所需勞動。[123] 剩餘勞動（作為分子）和必要勞動（作為分母）的比值，就是「剩餘價值率」即剝削率。[124]

後來在 1861-1863 年經濟學手稿中，馬克思以「剩餘價值理論」為題，對李嘉圖、斯密及其他政治經濟學家的相關論說，進行了更深入的考察和批評。[125] 及至 1867 年的《資本論》第一卷，馬克思版的剩餘價值論才終於公諸於世。

從《大綱》到《資本論》

1859 年 2 月，馬克思為他的經濟學筆記（含《大綱》7 本筆記中的 6本）做了一份索引，標記出特定主題出現在哪些頁面，以備不時之需。[126]雖然《大綱》常被視作《資本論》的第一稿，但《大綱》本不打算出版，而是一種預備性質的寫作。《大綱》告一段落後，馬克思以出版為目

120　另見 Sinha（2010: chs. 2-3）論李嘉圖和馬克思的價值理論。
121　Dussel（2008: 68）、Pradella（2015: 100）。
122　Cf. Dussel（2008）。
123　Marx（G: e.g. 321-324, 339）。
124　Marx（G: 565, 762, 767, 817）。
125　Oakley（1985: chs. 4-5）、Dussel（2001: chs. 7-8）。
126　Marx（G: 69-80; *MECW*, 29: 518-532）。

標，開始寫《政治經濟學批判》。1858 年 8 月至 10 月先寫了初稿（簡稱
Urtext [127]），1859 年 1 月完成全書，6 月出版。它是馬克思的第一本經濟
學專著，未探討資本，只分析了商品和貨幣（簡單流通）就匆匆結束，也
沒有結論。出版後反應不佳，很快地石沉大海。鮮有讀者去細讀《政治經
濟學批判》的正文，儘管其〈序言〉影響深遠。[128]

1859-1860 年馬克思捲入政治紛爭，耗費頗多時間於《福格特先生》
一書，但此書不被外界重視。馬克思對義大利戰爭的看法不受歡迎，再加
上與拉薩爾的分歧，他又成了政治上的孤家寡人。[129] 1861 年 8 月，他啟
動新一輪的經濟學寫作，準備進入第三章（繼商品章和貨幣章之後的資本
章），但旋即又面臨嚴重的生計困難。所幸恩格斯伸出援手，他才得以持
續下去。[130]

1861-1863 年經濟學手稿（寫於 1861 年 8 月至 1863 年 7 月初）的規
模巨大，在英文版馬恩全集占了 4 卷有餘。[131] 其內容約有一半是對斯密、
李嘉圖等經濟學家的批判性考察，後由考茨基編為《剩餘價值理論》共 3
冊，[132] 恩格斯視之為《資本論》第四卷。[133] 另一半是關於《資本論》前三
卷。[134]

---

127 *Urtext* 收錄於 Marx（*MECW*, 29: 430 ff.）。

128 Stedman Jones（2016: 401-410）。恩格斯（*MECW*, 16: 469）正是在推介《政治經濟學
批判》的書評中，首度使用「物質主義史觀」一詞。後來，馬克思以此書為基礎，改寫
出《資本論》第一卷第一版的第一章（馬恩全集 II，42：ch. 1）。後者對應了德文第四
版的第一章至第三章（C1: chs. 1-3）。

129 參見第六章第七節。

130 Musto（2018: 138-139, 143, 147）。

131 Marx（*MECW*, 30-34）。另見 Dussel（2001: xxxvii-xxxviii）、Moseley（2001: xxiv）。

132 Marx（1963; 1968; 1971）。Cf. Marx（*MECW*, 30: 318 ff.; *MECW*, 31-32; *MECW*, 33:
253-371）。

133 恩格斯在《資本論》第二卷的〈序言〉中（C2: 84）表示，1861-1863 年經濟學手稿中
的「剩餘價值理論」部分，將被編輯出版為《資本論》第四卷。

134 Marx（*MECW*, 30: 1-346; *MECW*, 33: 1-252, 372 ff.; *MECW*, 34: 1-336）。關於 1861-1863
年的手稿，可另見 Moseley（2001）、Dussel（2001）、Oakley（1985）、Musto（2018:
137-149）。

　　1861-1863 年經濟學手稿的寫作，可分為三個階段。1861 年 8 月至 1862 年 3 月是第一階段，處理「貨幣轉化為資本」、「絕對剩餘價值」和「相對剩餘價值」等子題。[135] 1862 年 3 月至 11 月是第二階段，以「剩餘價值理論」為題，檢討斯密、李嘉圖及其他經濟學家的論說。[136] 1862 年 11 月至 1863 年 7 月是第三階段，主要涉及《資本論》第三卷和第一卷，也觸及第二卷的若干議題。[137]

　　馬克思在 1862 年 12 月寫給庫格曼的信中，首度表示新書將命名為《資本論》，並把「政治經濟學批判」變為副標題。[138] 在 1863 年 1 月的寫作草案中，他勾勒《資本論》第一卷和第三卷的內容，未提及 1858-1859 年原始計畫中的另 5 項主題（即地產、工資勞動、國家、對外貿易、世界市場）。[139] 1863 年 7 月起，他進入下一輪手稿寫作。

　　1863-1865 年經濟學手稿（寫於 1863 年 7 月至 1865 年 12 月）涵蓋了《資本論》前三卷。最先寫的第一卷手稿，除了〈第六章：直接生產過程的結果〉（完成於 1864 年 7 月以前）[140] 外，大都已經散失。自 1864 年 7 月底 8 月初起，開始寫第三卷第二部分〈利潤轉化為平均利潤〉和第一部分〈剩餘價值轉化為利潤，及剩餘價值率轉化為利潤率〉。這兩部分據估完成於 10 月底 11 月初。[141] 此時，馬克思已是國際工人協會總委員會的一員，並於 10 月下旬起草了該協會的《成立宣言》暨《臨時章程》。[142]

135　Marx（*MECW*, 30: 1-346）。另見 Dussel（2001: chs. 1-3）。

136　斯密部分，見 Marx（*MECW*, 30: 376-451; *MECW*, 31: 7-200）。李嘉圖部分，見 Marx（*MECW*, 31: 387-582; *MECW*, 32: 7-208）。關於李嘉圖學派，可見 Marx（*MECW*, 32: 258-373）。另見 Dussel（2001: chs. 4-9）。

137　Marx（*MECW*, 33: 1-252, 372 ff.; *MECW*, 34: 1-336）。另見 Dussel（2001: xxxvii-xxxviii, chs. 10-11）。

138　Marx（*MECW*, 41: 435），1862 年 12 月 28 日致庫格曼。

139　Marx（*MECW*, 33: 346-347; 1963: 414-416）。

140　Marx（C1: 948-1084; *MECW*, 34: 355-466）。

141　Musto（2018: 151）。

142　Marx（*MECW*, 20: 3-13, 14-16），《國際工人協會成立宣言暨臨時章程》。

11 月至 12 月，他進展到第三卷第三部分〈利潤率趨向下降的規律〉。1865 年 1 月至 5 月，他投入第二卷，其成果是第二卷的第一份手稿（手稿 I）。[143] 然後，對第三卷第四部分至第七部分展開寫作，直到 1865 年 12 月。[144]

　　恩格斯在 1894 年編輯出版的《資本論》第三卷，即是以 1864-1865 年的第三卷「主要手稿」為本。它是一份未完成的、相對鬆散的、未達「可出版」門檻的草稿，不經過一定程度的編輯，很難直接以書的面貌問世。[145]

　　1866 年 1 月起，馬克思啟動第一卷的成書工作。整份書稿完成於 1867 年 3 月底，[146] 後來又添加了一個附錄〈價值形式〉。恩格斯在 6 月 16 日致馬克思的信中，抱怨即將出版的第一卷有太多的黑格爾元素，但就連學者都已經不習慣此種思考方式，遑論普通讀者。[147] 由於出版在即，馬克思能想到的修訂辦法，就是加寫〈價值形式〉作為附錄，以利讀者理解第一章最抽象的幾頁內容。[148] 1867 年 9 月，《資本論》第一卷終於問世，印刷了 1,000 冊。

　　此後，馬克思試圖發展第二卷和第三卷，先後寫了第三卷的較短手稿 II-V（1867-1868）和第二卷的手稿 II-VI（1868-1871）。恩格斯在 1885 年編輯出版的《資本論》第二卷，捨棄了 1865 年的手稿 I，主要採用手稿

---

143 恩格斯後來在編輯《資本論》第二卷時，決定不用這份「手稿 I」。見恩格斯的第二卷〈序言〉（C2: 85）。另見 Heinrich（2009: 82）。

144 Musto（2018: 152-155）。

145 另見恩格斯在第三卷〈序言〉中的編輯說明（C3: 93-98）。何種「編輯」才不算是越俎代庖，往往具爭議性。《資本論》第三卷的編輯爭議，見 Heinrich（1996-1997）、Vollgraf et al.（2002）、Roth（2009; 2019）。

146 馬克思在 1867 年 4 月 2 日寫給恩格斯的信中（MECW, 42: 351），說第一卷終於大功告成，下週他將帶著稿子前往漢堡。Cf. Stedman Jones（2016: 419-420）。

147 Engels（MECW, 42: 382），1867 年 6 月 16 日致馬克思。

148 Marx（MECW, 42: 384），1867 年 6 月 22 日致恩格斯。〈價值形式〉見 Marx（1994 [1867]），馬克思（馬恩全集 II，42：803-830）。

IV 和手稿 II（共占 1/2 有餘），加上手稿 V-VIII 的部分內容。[149] 他向倍倍爾（August Bebel）表示：

　　〔編輯第二卷〕是一項巨大的工作。除了完全寫好的部分外，其他的還很粗糙，全是草稿，大約只有兩章例外。引文沒有條理，隨便記在一起，僅僅是為了日後選用而蒐集起來的。而且，那種字跡只有我才能認得出來，但也很費勁。你問，怎麼會連我都不知道該書完成的程度？很簡單，要是我知道的話，我就會使他日夜不得安生，直到此書寫成並印出來為止。這一點，馬克思比誰都知道得更清楚，但他也知道，萬不得已時（現在正是這樣），手稿會由我根據他的精神編輯出版，這一點他跟杜西也談過。[150]

　　1866 年 10 月，馬克思仍相信他可以一次完成第一卷（資本的生產過程）和第二卷（資本的流通過程），把兩者合為第一冊出版。[151] 但在恩格斯的敦促下，他終於同意先單獨出版第一卷，並調整了出版時程。他在第一卷〈序言〉中預告：第二卷和第三卷（總過程的各種形式）將合為第二冊，第四卷（理論史）將出版為第三冊。[152] 按他當時估計，第二、三卷（第二冊）將得以迅速完成、出版。但暫且不論第二卷遇到的難題，他的寫作進度常被外務打斷。1871 年春的巴黎公社事件及其紛擾，乃至後來與巴枯寧派的政治鬥爭，用去了他的頗多時間。[153] 1871 年 11 月，出版商告知第一卷第一版即將售罄，請他準備第二版。於是，他又回頭修訂第一卷。

149　關於恩格斯對第二卷的編輯，另見 Hecker（2009）。

150　Engels（*MECW*, 47: 53），恩格斯（馬恩全集 I，36：57），1883 年 8 月 30 日致倍倍爾。「杜西」是馬克思小女兒愛蓮娜的小名。

151　Marx（*MECW*, 42: 328），1866 年 10 月 13 日致庫格曼。

152　此指 1867 年第一卷第一版〈序言〉，見 Marx（C1: 93）。

153　另見第八章第五節。

未一鼓作氣完成第二卷，其後果就是（恩格斯後來才發現的）第二卷和第三卷的「草稿」狀態。1877-1878 年，馬克思一度重啟第二卷，但進展緩慢，終究難以為繼。據恩格斯判斷，馬克思大約在 1878 年 7 月以前，已體認到除非他的健康完全改善，否則極不可能完成第二卷和第三卷。1874-1878 年，馬克思針對第三卷的特定環節，寫了若干短篇手稿和一篇較長的《剩餘價值率和利潤率的關係》數學筆記（1875）。[154] 他持續關注與第三卷有關的題材，包括美國和俄國的農業經濟、農業化學等。[155] 但如恩格斯指出，馬克思晚年自知已無法完成、出版第二卷和第三卷。

相對於第二卷和第三卷，馬克思更看重第一卷的修訂。在馬克思生前，第一卷共有 4 個版本：1867 年第一版；1872 年俄文版；1873 年德文第二版（1872-1873 年連載，1873 年成書）；1875 年法文版（1872-1875 年連載，1875 年成書）。1872 年俄文版首刷 3,000 冊，一時洛陽紙貴。[156] 俄國讀者最關切的問題是：俄國是否像德文第一版〈序言〉所暗示的，也將走上工業資本主義的不歸路？或者，俄國仍有可能避開「每個毛孔都滴著血和穢物」的「所謂原始積累」？[157]

德文第二版做出的修訂，主要有以下幾項。首先是調整了章節安排：第一版總共只有 6 章，第二版改為 7 部分共 25 章。最重要的內容修正，出現在第一章開頭的價值論說。第一版的附錄〈價值形式〉，修改後被移到第一章。在第一版中，價值與交換價值的分野何在，仍有模糊之處；[158] 第二版則更明確地把交換價值界定為價值的「表現形式」。[159] 第二版也補強了商品拜物教的討論。此外，第二版大幅削減了黑格爾式用語，包括

154　見恩格斯的第二卷〈序言〉（C2: 86-87）。

155　另見萬毓澤（2018：139-156）。

156　馬克思在德文第二版〈後記〉（C1: 99）中，也提到俄文版廣受歡迎，「初版的 3,000 冊幾已售罄」。

157　Marx（C1: 926），馬克思（馬恩全集 II，42：777）。

158　馬克思（馬恩全集 II，42：24 fn. 9）。

159　Marx（C1: 128）。

「普遍性」、「特殊性」和「個別性」等。這種去黑格爾化的處理，在第二版〈後記〉得到了某種確認：「我的辯證方法，從基礎上來說，不僅和黑格爾的辯證方法不同，而且和它截然相反」。[160]

更全面的去黑格爾化，出現在 1875 年法文版。法文版和德文第二版都是自 1872 年開始連載，故兩者有所重疊。法文版前六部分（除了最早連載的第一章開頭）的實質內容，跟德文第二版差異有限。[161] 但法文版調整了章節安排，分作 8 部分共 33 章。〈所謂原始積累〉在德文第二版屬於第七部分，在法文版則成為獨立的第八部分。德文第二版問世後，馬克思用了一些時間去修訂〈資本主義積累的一般規律〉一章，並對第八部分〈所謂原始積累〉的某些關鍵用詞做出修正。[162]

1881 年年底，出版社告知第二版即將售完，請馬克思準備第三版。此時，馬克思向友人表達了大幅修改第一卷的願望。[163] 但從他的健康狀況來看，這似乎不太可能達成。或許正因如此，他對第三版的內容和編排方式，給出了具體指示。[164] 他希望德文第三版盡可能納入法文版（尤其第七部分）的重要修訂。此外，他曾在 1872 年主張英文版（和羅曼語族的版本）直接譯自法文版。[165] 但恩格斯對法文版有所保留，未照單全收馬克思的編輯建議。[166] 由恩格斯審定的 1887 年英文版，也不是譯自法文版，而是譯自德文第三版，但採用了法文版的結構（8 部分共 33 章）。恩格斯編的德文第三版和第四版，則維持了德文第二版的結構（7 部分共 25 章）。

後人所見的《資本論》前三卷，或再加上作為第四卷的《剩餘價值理論》，都帶有恩格斯的深刻烙印。把 1861-1863 年手稿中的「剩餘價值理

160　Marx（C1: 102），馬克思（馬恩全集 II，44：22）。

161　Zarembka（2021: 55）。Cf. K. Anderson（1983）。

162　Zarembka（2021: 55-63, chs. 4-5）。另見第九章第二節。

163　Marx（*MECW*, 46: 161），1881 年 12 月 13 日致丹尼爾遜（Nikolai Danielson）。

164　馬克思的編輯指示，見 Zarembka（2021: ch. 3）。

165　Marx（*MECW*, 44: 385），1872 年 5 月 28 日致丹尼爾遜。

166　Roth（2019: 34）、Zarembka（2021: ch. 3）。恩格斯頗不欣賞法文版，見 Engels（e.g. *MECW*, 44: 540-541），1873 年 11 月 29 日致馬克思。

論」抽出來，視同《資本論》第四卷編輯成書，完全是恩格斯的決定。若按馬克思 1865 年 7 月的說法，關於歷史文獻的第四卷，其實還沒有開始寫。[167]

三、商品、價值和勞動（I）

《資本論》第一卷（此指採用了法文版結構的英文版）分為 8 個部分：（I）商品和貨幣；（II）貨幣轉化為資本；（III）絕對剩餘價值的生產；（IV）相對剩餘價值的生產；（V）絕對和相對剩餘價值的生產；（VI）工資；（VII）資本的積累過程；（VIII）所謂原始積累。[168]理論性的章節集中在前三部分。自第十章〈工作日〉起，開始出現大量的經驗材料，為枯燥的概念增添了血肉，亦使《資本論》第一卷成為現代社會史和經濟史的經典之作。

以下，我們先進入第一章〈商品〉（涉及馬克思價值論的基本概念、價值形式、商品拜物教、直接的社會勞動），再引入勞動力、剩餘價值和生產性勞動等議題。

使用價值、交換價值、價值

在資本主義社會，市場行為者的行動依據是各種價格。那麼，是什麼決定了價格？按李嘉圖的邏輯，生產某商品（當前）所需的必要勞動量，決定了它的價值；價值又決定了（均衡）價格。例如，如果鞋子價格是雨傘價格的 10 倍，這就表示：鞋子價值是雨傘價值的 10 倍；以及，當前

---

167 Marx（*MECW*, 42: 173），1865 年 7 月 31 日致恩格斯。Cf. Heinrich（2009: 88-89）。

168 今日，無論是中文版（取自德文第二版以降）的「7 部分 25 章」架構，還是英文版（取自法文版）的「8 部分 33 章」架構，其實質內容都是取自德文第四版。本書主要使用 Penguin 英文版。

生產鞋子的必要勞動量，是當前生產雨傘的必要勞動量的 10 倍。在此，
「必要勞動量」是市場環境下的一種社會平均數。

　　但李嘉圖（尤其到了後來）也訴諸實體主義、實質主義或自然主義的
表述方式，也就是把產品的價值等同於它所體現或內建的勞動量。例如，
張三用了 5 小時去生產某產品，所以，該產品體現了 5 小時的勞動量，故
有 5 小時的價值。在此，有個重要的理論差異在於：「生產某商品當前所
需的必要勞動量」是一個社會函數，要通過市場才能確立，而且是變動
的。至於「某商品所體現或內建的勞動量」，[169] 則並未把市場交換的中介
作用納入考量，而是直接訴諸生產者投入的勞動時間。稍後我們將指出，
這兩種不相容的說法，也併陳於馬克思的價值論述中。

　　李嘉圖版勞動價值論的主要目的，在解釋市場價格的變動，[170] 不在解
析勞動剝削。此與馬克思相當不同。另外，對李嘉圖來說，上述的勞動價
值論因機器的引入而需要修正。要是工資上漲，資本密集商品的價值／價
格將會下跌。在此情況下，「必要勞動量」就不是價值（乃至價格）的唯
一決定因素。[171] 這個立場和馬克思也是不同的：馬克思堅持勞動是價值的
唯一來源，李嘉圖則否。[172]

　　在《資本論》第一卷問世的 1867 年，古典政治經濟學「價格背後
的勞動價值」之說，已經走向式微。1860 年代以降，隨著邊際主義的興
起，[173] 馬克思儼然成了最後一位古典政治經濟學家，因為他在批判古典政
治經濟學的同時，也吸納了後者的理論養分。[174] 在此值得強調的是：勞動

169　後期李嘉圖稱之為「自然價值」或「真實價值」。Cf. Peach（1993: 227-232, 239）。

170　如前文所指出，李嘉圖版勞動價值論的提出，起初是為了否定「工資上漲導致價格上
　　　揚」之說。

171　Ricardo（1983 [1821]: ch. I）。

172　當然，在李嘉圖看來，勞動依然是價值的最主要決定因素。參見本章第二節。

173　Clarke（1982: ch. 6）。

174　與此有關，自 1896 年龐巴維克（Eugen von Böhm-Bawerk）質疑馬克思的勞動價值論
　　　起，對後者的批評往往夾帶了對勞動價值論的一般性批評。可見 Böhm-Bawerk（1984
　　　[1896]）、Sweezy（1984）、Sinha（2010: ch. 3）。另見 Meek（1977）、Bradley and Howard
　　　eds.（1982）。

價值論有各個版本，舉凡理論的目的、應用範圍、效力宣稱等，都彼此殊異。馬克思版勞動價值論的最大特色，在於它為自身設定的理論任務，即闡發資本主義生產下的勞動剝削，並揭示這種生產方式的「運動規律」和「價值規律」。[175]

《資本論》第一卷第一章破題指出：商品具有二重性。其滿足人們需要的有用性，構成了**使用價值**。各種商品的有用性不同，這是一種質的差別。但除此之外，商品還有可量化交換的**交換價值**。例如，一定數量的商品甲（如小麥）可交換若干數量的商品乙（如鐵）。兩者的使用價值不同，卻能以一定的比例進行交換，何故？這表示兩者有「等量的共同要素」。[176]

作為使用價值，商品首先有質的差別。作為交換價值，商品就只能有量的差別，因而不包含任何一個使用價值的原子。

一旦撇開使用價值，商品就只剩下一個屬性，即**勞動**產品這個屬性。[177]

緊接著，馬克思引入**具體**勞動和**抽象**勞動之分：使用價值對應於各種異質的具體勞動；交換價值對應於同質化的、可量化的抽象勞動。[178]

一旦抽去了勞動產品的使用價值，也就抽去了使其成為使用價值的

175　馬克思未清楚界定「價值規律」之所指。《資本論》第一卷提及「價值規律」的頻率甚低，只有零星數次（C1: e.g. 92, 421, 676, 702）。但恩格斯在 1894 年《資本論》第三卷〈序言〉（C3: 91-111）和〈增補 I：價值規律和利潤率〉（C3: 1028-1045）中，反覆動用「價值規律」一詞——這使它成為馬克思主義者的常用詞。

176　Marx（C1: 125-127）。

177　Marx（C1: 128），馬克思（馬恩全集 II，44：50-51）。

178　勞動的二重性是第一章第二節的主題，見 Marx（C1: 131-137）。「抽象勞動」與「具體勞動」之分，首見於 1859 年《政治經濟學批判》（*MECW*, 29: 27, 296-297, 307, 389）。

> 物質要素和物質形式。……隨著勞動產品的有用性質的消失，體現於
> 勞動產品的各種勞動的有用性質也消失了，不同的、具體的勞動形式
> 也隨之消失。各種勞動不再有什麼區別，全都化為同類的勞動，即**抽**
> **象的人類勞動**。

作為抽象勞動的產物，勞動產品剩下的只是「幽靈般的對象性」。它們只
是「同質的人類勞動的凝結量，即**不分形式的人類勞動力耗費**的凝結」。
作為「這種社會實質〔即抽象勞動〕的結晶」，它們是「價值 —— 商品價
值」。[179]

　　抽象勞動是「形成價值的實質」（value-forming substance）。勞動時
間則是價值的量化尺度：

> 　　使用價值或有用物具有價值，只是因為有**抽象的人類勞動**被對象化
> 或被物質化在裡面。那麼，它的價值量要如何計量？是用它所包含的
> 「形成價值的實質」即〔抽象〕勞動的量去計量。這個量是用勞動的
> 持續時間去計量，而勞動時間又是用一定的時間單位如小時、日等作
> 為尺度。[180]

舉例來說，設若商品甲、商品乙分別凝結了 1 小時、10 小時的抽象勞動，
乙的價值就是甲的價值的 10 倍，以此類推。

　　交換價值是「價值的必然表達方式或表現形式」。因此，更確切地
說，商品的二重性不在使用價值與交換價值之間，而在使用價值與價值之
間。交換價值不外乎是價值（作為一種內容）的表現形式，又稱「價值形
式」。[181] 不是交換價值決定了價值；反之，是抽象勞動量的多寡，即價值

179　Marx（C1: 128），馬克思（馬恩全集 II，44：51）。

180　Marx（C1: 129），馬克思（馬恩全集 II，44：51）。

181　Marx（C1: 127-128）。

量的多寡，決定了商品之間的交換價值。照馬克思的陳述，商品必得有用，才能成為商品，才能具有價值。[182] 沒有使用價值，就不會有價值。但各種使用價值的性質殊異，不可通約共量，無法成為交換的基準。商品交換的基準，不外乎是商品所凝結的抽象勞動量。

進而言之，抽象勞動又分為「簡單平均勞動」和「更複雜的勞動」。商品價值「體現的是〔抽象的〕人類勞動本身，是一般人類勞動的耗費」。簡單平均勞動係指「不經特別訓練的普通人」平均具有的「簡單勞動力」的耗費。這種勞動

> 在不同的國家和不同的文化時代有不同性格，但在特定的社會裡是一定的。更複雜的勞動只是烈度更強的或不如說**多倍的簡單勞動**，因此，少量的複雜勞動等於多量的簡單勞動。……各種勞動被化約為簡單勞動計量單位的不同比例，是由生產者背後的社會過程所決定的。[183]

再者，商品的價值量即工時量，不是指（效率不一的）個別生產者實際耗費的（或多或少的）勞動時間，而是指生產該商品的**社會必要勞動時間**，即「在一個社會的正常生產條件下，在社會平均的勞動技能程度和勞動強度下，生產某種使用價值所需要的勞動時間」。在現實世界裡，生產者效率不一。低效生產者若要生產出同一商品，將耗費更多的、高於社會平均的勞動時間，但其產品更有價值嗎？答案是否定的。商品的「價值」不該從其高於或低於社會平均的實際所用工時去界定，而是由其「社會必要勞動時間」決定。此外，隨著社會生產力的發展，商品的價值將因其社會必要工時的縮減而下降。

---

182 但使用價值未必會成為商品，未必會有「價值」。見 Marx（C1: 131）。

183 Marx（C1: 135），馬克思（馬恩全集 II，44：58）。李嘉圖也有類似說法，但他表示這是斯密的見解。見 Ricardo（1983 [1821]: 20）、Peach（1993: 157-158）。

　　　　生產商品所需要的勞動時間，將隨著勞動生產力的每一變動而變
　　動。勞動生產力是由多種情況決定的，其中包括：工人的平均技能程
　　度，科學及其技術應用的發展水準，生產過程的社會組織，生產工具
　　的規模和效能，以及自然環境的條件。……勞動生產力愈高，生產一
　　件物品所需要的工時就愈少，凝結於該物品的勞動量就愈小，該物品
　　的價值就愈小。[184]

關於價值形式

　　以上，大致是第一章第一節和第二節的主旨。

　　第一節的長度不到 7 頁，幾乎是以急行軍的方式，直接「定義」出馬
克思價值論的基本概念。

　　第二節關於抽象勞動和具體勞動的說明，留下了一個重要的爭議點。
因其對抽象勞動採取了一種**生理學式**的理解，將之關聯到「人的腦、肌
肉、神經、手等等的生產耗費」，並稱「一切勞動都是人類勞動力在生理
學意義上的耗費」。抽象勞動係以這種耗費作為尺度，身心操勞的程度愈
高，創造出的價值也愈多。[185] 疑義在於：此種生理學式的定義，似乎使抽
象勞動變成了一種跨歷史的、自然主義式的存在。[186]

　　第三節〈價值形式或交換價值〉通過冗長的逐步論證，欲解釋何以價
值形式必歸結為貨幣形式。這是理論家特別感興趣的一節，爭議尤多。[187]
但它的目的相當明確，即從勞動價值論推導出**貨幣形式**的必然性。

　　　　在此，我們要做布爾喬亞經濟學從來不打算做的事情，也就是指明

184　Marx（C1: 129-131），馬克思（馬恩全集 II，44：52-53）。

185　Marx（C1: 134, 137），馬克思（馬恩全集 II，44：57、60）。「一切勞動都是人類勞
　　動力在生理學意義上的耗費」一句，是在德文第二版加上的。見 Heinrich（2021: 90）。

186　Heinrich（2012: 49-50; 2021: 89-91, 145-146）。價值形式論者大都不接受馬克思對抽象
　　勞動的生理學定義。見 M. Smith（2019: 111-115）。

187　Marx（C1: 138-163）。限於篇幅，我們不擬進入第三節的論證過程。

這種**貨幣形式的起源**，即探討商品的價值關係所包含的**價值表現**，如何從最簡單的、最不起眼的樣子發展到炫目的貨幣形式。一旦完成了這項任務，貨幣之謎將立即消失。[188]

值得注意的，還有第三節開頭的以下說法。

> 在商品作為價值的對象性中，就連一個**物質**原子也沒有。……商品只有作為同一**社會實質**即人類勞動的表現，才具有作為價值的對象性。因此，商品作為價值的對象性，**純粹是社會的**。

在此，馬克思區辨了商品的二重形式：作為使用價值的「自然形式」和作為價值的「價值形式」。[189] 使用價值是具體的、異質的、物質的、自然的，價值則是抽象的、同質的、非物質的、社會的。

那麼，價值的「純粹社會性」何所指？近半世紀以來，這引發了諸多理論爭議。舉其大者，價值的社會性／抽象性，究竟是發生在生產過程，還是發生在流通過程？其與上述的生理學定義，可以相容嗎？所謂的價值，又是否為資本主義生產方式獨有？

關於馬克思的勞動價值論，至少有兩種主要的詮釋路徑／發展進路，或可稱為「勞動體現論」和「價值形式論」。[190] 長期以來，勞動體現論廣為馬克思主義者接受。它從商品體現或凝結的勞動量（工時量）去界定商品價值，把勞動視為價值的唯一來源，認定價值是在生產過程中被創造出來的。它常被看作是一種李嘉圖式的理論。[191] 此外，它看似得到了恩格斯

---

188 Marx（C1: 139），馬克思（馬恩全集 II，44：62）。另見 Heinrich（2021: 92-143）、Rosdolsky（1977, vol. I: chs. 5-6）、Murray（1988: ch. 14）、Moseley（2005）。

189 Marx（C1: 138-139），馬克思（馬恩全集 II，44：61）。

190 Saad-Filho（2002: ch. 2）、M. Smith（2019: chs. 5-6）。

191 Cf. Pilling（1972）。勞動體現論者最關注的理論議題，莫過於《資本論》第三卷第二部分涉及的「轉換問題」。另見 Meek（1977: pt. II）。

的背書。[192]

　　自 1970 年代興起的「價值形式論」，聚焦於馬克思價值論的另一面向，即價值形式。馬克思在第一卷第一章的注 34，指斯密和李嘉圖等古典政治經濟學家只知有價值，不知有價值形式。

> 　　古典政治經濟學的根本缺點之一，就是它從來沒有從商品的分析，特別是商品價值的分析中，發現那種正是使價值成為交換價值的**價值形式**。縱是古典政治經濟學的最佳代表，亞當·斯密和李嘉圖也把價值形式看成一種完全無關緊要的東西⋯⋯勞動產品的**價值形式是布爾喬亞生產方式最抽象的、但也是最普遍的形式**，這就使布爾喬亞生產方式成為一種特殊的、具有歷史性格和**暫時性格**的社會生產型態。[193]

這個注解是 1873 年德文第二版加上的。[194] 在馬克思論述中，「形式與內容」這組隱喻經常出現，而「形式」常被貶抑成不重要的次級現象。[195] 但前引文字卻不是如此。「價值形式」作為布爾喬亞生產方式的特殊性、歷史性和暫時性之所繫，被賦予了一定的理論分量。[196]

　　價值形式論興起於 1970 年代，其先行者有巴克浩斯（Hans-Georg Backhaus）等論者。[197] 俄國論者魯賓（Isaak Rubin）論及價值形式的 1920

---

192 晚期恩格斯強調：價值並非資本主義生產方式獨有，也存在於前資本的「簡單商品生產」。影響所至，採納此說的馬克思主義者甚多。見 Engels（C3: 103, 1037-1038）。Cf. Arthur（2004a: ch. 2）、Heinrich（2021: 158, 251, 365）、Lindner（2008）。

193 Marx（C1: 174 fn. 34），馬克思（馬恩全集 II，44：98-99）。

194 如前所述，《資本論》第一卷德文第二版大幅改寫了第一章，並首度明確地把交換價值界定為價值的必然「表現形式」。

195 尤其《黑格爾法哲學批判》和《德意志意識型態》。Cf. Stedman Jones（2016: 390）。

196 Heinrich（2021: 180-183）。

197 Backhaus（1980 [1969]; 1997）、Reichelt（2007）。另見 Murray（2014）評巴克浩斯。

年代舊作，在 1970 年代初被譯成英文出版，也起到推波助瀾的作用。[198]
和勞動體現論一樣，價值形式論也有各種版本，難以一概而論。但價值形
式論仍有一些共通的特徵，尤其是對「價值的生產決定論」的質疑，以及
對交換、對流通的重視。[199] 馬克思表示，「在商品作為價值的對象性中，
就連一個物質原子也沒有」。這對大多數的價值形式論者來說，意味著價
值並不是先被生產出來，再進入交換領域。反之，被生產出來的商品，其
價值只有通過交換才能確立。在資本主義生產方式下，此種抽象化或「社
會認證」並非發生在各自分離的私人生產過程，而是發生在作為社會中
介的交換流通場域。因此，價值至少該理解為「生產和流通」共構的結
果。[200] 一個更強的宣稱則是：價值發生於交換。[201]

　　價值形式論者不但排拒勞動體現論，亦對馬克思「社會必要勞動時
間」的提法有所疑慮。其主要理由是：在資本體制下，價值形式就是貨幣
形式，價值和貨幣是分不開的。由於「社會必要勞動時間」難以成為價值
的計量尺度，終究還是得從貨幣數值去估算、倒推出所謂的工時量。馬

---

198 Rubin（1973 [1928]; 1994 [1927]）。在英語系學界，Pilling（1972）也是較早的、具影
　　響力的價值形式文獻。另見 Kicillof and Starosta（2007）評魯賓的價值形式論。

199 價值形式論的邊界何在，並無定論可言。由於「價值形式」是馬克思本人的用語，就算
　　是反對價值形式論的馬克思主義者，也鮮少直接否定「價值形式」概念本身。此外，有
　　些人雖未自稱是價值形式論者，但吸收了價值形式論的要點。價值形式論者對馬克思
　　的詮釋，也不盡相同。在此，我們不擬對價值形式論進行精確的定義，因為它只是一個
　　約定俗成的分類方式。一般而言，價值形式論者反對狹隘的生產決定論或生產優先論，
　　多強調價值是在交換流通的過程得到確認，且只能以貨幣形式表現出來。當代廣義的價
　　值形式論，另見 Backhaus（1980 [1969]; 1997）、Reichelt（2007）、Postone（1993）、
　　Heinrich（1999-2000; 2012）、Arthur（2004a; 2004b）、Reuten（2005; 2019）、Reuten
　　and Williams（1989）、Milios et al.（2002）、Foley（1986; 2005）、Murray（2000;
　　2005; 2011; 2014）、Moseley ed.（2005）。關於日本（後）弘藏學派，及其與價值形式
　　論的合流，見 Clarke（1989）、Lange（2014; 2020）。另見 M. Smith（2019: ch. 6）、
　　Kincaid（2005; 2007）、Saad-Filho（2002: ch. 2）對價值形式論的批評。

200 這是一個相對較弱的宣稱，僅強調價值不是一種獨立於交換的存在。E.g. Murray（2011:
　　220-221）、Heinrich（2012: 54）。另見 M. Smith（2019: 144-150）的批評。

201 E.g. Heinrich（2021: 66）。

克思自己在舉例說明時，也經常使用貨幣化的數值。著眼於此，部分價值形式論者進一步聲稱：馬克思主張的是「貨幣價值論」而非「勞動價值論」。[202] 當然，這是極具爭議的說法。

　　馬克思在第三章〈貨幣或商品流通〉表示，價值形式（在資本體制下）必然是貨幣形式：「貨幣作為價值尺度，是商品內在的價值尺度即工時的必然表現形式」。[203] 在此，他強調了貨幣形式的必然性，但他並未放棄工時作為「商品內在的價值尺度」。換句話說，貨幣價值論或不失為對馬克思價值形式論的一種發展，但作為對馬克思的詮釋，就不免存在偏差。[204] 貨幣價值論的潛在後果是使獨立於價格的勞動價值概念，變得可有可無。[205] 暫且不論這種概念的對錯，一旦沒有了它，則馬克思欲伸張的「勞動是價值的唯一來源」之說，勢將變得岌岌可危。[206]

　　再回到上述「生產和流通共同決定價值」或「價值發生於交換」的論點。馬克思在若干段落中，確實主張商品「只有通過交換」才取得了作為

---

202 Cf. Heinrich（2012: 63-64）、Backhaus（1997）、Reuten（2005）、Reuten and Williams（1989）、Foley（2005）。當然，並非所有的貨幣價值論者，都明確否認馬克思是勞動價值論者。但在他們看來，正如馬克思在第一卷第一章注 34 所言，他的價值論不同於古典經濟學家的價值論；而其最大不同正在於：馬克思看重「價值形式」，先行者則不然。Cf. Heinrich（2021: 77-79, 186）。

203 見 Marx（C1: 188），馬克思（馬恩全集 II，44：114）。另見 Heinrich（2021: 212-216）的文本分析。

204 從貨幣價值論去解讀馬克思（或更確切地說，發揮馬克思）的論者如海因里希，不否認馬克思的價值論存在灰色地帶，甚至模稜兩可之處。見 Heinrich（2021: 90-91 fn. 9）。

205 貨幣價值論的重要代表如巴克浩斯和海因里希，並未明確地拋棄價值概念。但受其影響的一些其他論者，則進一步拒斥了價值概念。Cf. Lange（2020）。

206 David Harvey（2018）宣稱馬克思「拒絕」了「勞動價值論」，但這個見解有誤。的確，馬克思並未把他的價值論稱作「勞動價值論」。不過，這並不表示他沒有勞動價值的概念，更不表示他「拒絕」了勞動價值論。在 1868 年致庫格曼的一封信中，馬克思對那些質疑他未能「證明」勞動價值論的說法，表示不以為然：「任何一個民族，如果停止勞動，不用說一年，就是幾個星期，也要滅亡，這是每一個小孩都知道的。……自然規律是絕不能取消的。……科學的任務正在於闡明價值規律是如何實現的」。見 Marx（MECW, 43: 68），馬克思（馬恩全集 I，32：541），1868 年 7 月 11 日致庫格曼。實際上，馬克思比李嘉圖更堅持「勞動是價值的唯一來源」。

價值的社會性和對象性。

> 　　由於生產者**只有通過交換**他們的勞動產品才發生社會接觸，所以，
> 他們的私人勞動的特定社會性格，也只有在這種交換中才表現出來。
> 換句話說，只有經由**交換行動**在勞動產品之間、進而在生產者之間所
> 建立的關係，私人勞動才展現為社會總勞動的一部分。……勞動產品
> **只有在交換過程中**，才取得了**社會一致的、作為價值的對象性**。[207]

這段文字出現在第一章第四節〈商品拜物教及其祕密〉，意在批判整個商
品生產和商品交換的建制，質疑其不經預先計畫、不受理性控制的「事後
的社會性」。它強調在資本主義生產方式下，私人勞動的社會性和勞動產
品的社會性，只表現於交換過程。那麼，商品在進行交換前，其「價值」
就已經在各自分離的生產過程中被決定了嗎？答案似乎是否定的：「勞動
產品只有在交換過程中，才取得了社會一致的、作為價值的對象性」。

　　麻煩在於，馬克思的各種陳述並不一致。《大綱》曾表示，剩餘價
值「只能在流通中得到實現」，但「在進入流通之前，就已經被決定
了」。[208]《資本論》第三卷第十七章：「工業資本家在流通中做的事，是
去實現在此之前已經生產出來的剩餘價值或利潤」。[209]類似說法也出現在
第一卷，例如，「流通或商品交換，不創造價值」。又如，「商品的價值
在商品進入流通以前，已表現為商品價格，因此它是流通的前提，不是流
通的結果」。[210]重點是：雖然第一卷第一章強調了價值和價值形式的特殊
社會性，並將之扣連到交換流通，但馬克思不曾放棄「價值是在生產過程
中被創造出來」的立場。單從「絕對剩餘價值的生產」和「相對剩餘價值

207　Marx（C1: 165-166），馬克思（馬恩全集 II，44：90）。

208　Marx（G: 321）。

209　Marx（C3: 396），馬克思（馬恩全集 II，46：315）。

210　Marx（C1: 266, 260），馬克思（馬恩全集 II，44：190、184）。

的生產」等標題，已不難看出這一點。第一卷第七章把生產過程分為勞動過程與增殖過程，指增殖是資本主義生產過程的構成環節，也是一例。[211] 凡此種種皆暗示，在價值問題上，馬克思並未捨棄 1857 年〈導論〉所謂「生產（相對於分配、交換和消費）的支配性」命題。[212]

勞動體現論、必要勞動論

再看勞動體現論。

雖然李嘉圖常被歸為一位勞動體現論者，但如前所述，李嘉圖擺盪於「必要勞動論」和「勞動體現論」之間。前者涉及在當前的市場環境下，生產某商品所需的必要勞動。後者把個別商品的價值，關聯到它實際體現的勞動量。兩者看似無甚差異，實則不然。

當《哲學的貧困》援用李嘉圖以質疑普魯東時，李嘉圖被視作一位必要勞動論者，普魯東被當作一位勞動體現論者。李嘉圖把商品之間的交換價值，扣連到生產這些商品（當下）所需的必要勞動量；普魯東則把生產者投入個別商品的實際勞動量，看作是該商品內建的價值。馬克思質問：按普魯東的邏輯，誰要是用了 6 小時去生產別人用 1 小時生產出來的東西，就能得到 6 倍報酬，但這真的合理嗎？[213]

上述的勞動體現論，或可稱作大眾版的勞動價值論。諸如「勞動是價值的創造者和唯一來源」及「價值是凝結的勞動」等，皆是流行於 19 世紀工運圈的常見說詞。其最重要的政治性宣稱是：工作／工人階級創造了一切價值，卻遭到嚴重剝奪而陷入悲慘境地。儘管馬克思始終反對普魯東、布雷等人的平等交換論，但他後來也吸納了「唯勞動創造價值」之說，並試圖將之理論化。

211　Marx（C1: ch. 7）。勞動過程與增殖過程之分，最早出現在 1861-1863 年經濟學手稿（*MECW*, 30: 54-103）。

212　1857 年〈導論〉收於 Marx（G: 81-111）。參見第六章第五節。

213　Marx（*MECW*, 6: 136）。參見第四章第五節。

李嘉圖式的必要勞動論，則可稱作嚴格版的勞動價值論。[214] 儘管李嘉圖也吸收了大眾版的要素，後來更廣被視作一位勞動體現論者，[215] 但在他的論說中，蘊含著一種相對嚴格的必要勞動論。其主旨是：當下生產某商品所需的必要勞動，決定了該商品當下的價值。在此，必要勞動量是實存市場環境下的一個平均數，而不是個別生產者實際投入某商品的勞動量。

在《資本論》中，既存在大眾版的要素，也包含嚴格版的要素。從《大綱》到《資本論》第一卷，都可以找到關於「當下所需的必要勞動」的陳述。其中最完整的說法，出現在第一卷第八章〈不變資本和可變資本〉的結尾。

商品的價值固然是**由商品所包含的勞動量**所決定，但這個勞動量本身是**社會決定的**。如果生產任一商品的社會必要勞動時間改變了，例如，同一重量的棉花在歉收時比豐收時代表更多的勞動量，那就會反過來對一切同類型的舊商品發生影響……。它們的價值在任何給定的時間，總是由社會必要勞動去計量，也就是由**當時社會條件下的必要勞動**去計量。[216]

在此，決定商品價值的是「當下社會條件下的必要勞動量」—— 這是嚴格版的勞動價值論。但與此同時，馬克思也動用了「商品所包含的勞動量」此類更大眾化的、屬於勞動體現論的提法。

然而，嚴格版和大眾版的勞動價值論，即必要勞動論和勞動體現論，本難以相容。生產某商品「當下所需的必要勞動量」，是當前市場環境下的一個社會平均數。正如馬克思在前引段落指出，這個平均數是會變動的。按必要勞動論的邏輯，某商品在生產時（t1）的社會必要勞動量

---

214 在此，大眾版與嚴格版的勞動價值論之分，主要受惠於 Cohen（1988: ch. 11）。

215 Cf. Peach（1993: 227-232, 239）。

216 Marx（C1: 318），馬克思（馬恩全集 II，44：243-244）。

（s1），並未決定該商品在售出時（t2）的價值；後者是由售出時（t2）生產同樣商品的社會必要勞動量（s2）決定的。至於「商品所體現、包含或凝聚的勞動量」等大眾版的措詞，則很容易讓人誤以為：商品從生產出來的那一刻起，就已經凝結了固定的勞動量，就已經有了固定的價值。

　　進而言之，必要勞動論否證了勞動體現論經常夾帶的「唯勞動創造價值」之說。[217] 舉例而言，如果這個月生產出某種球鞋的必要勞動量（社會必要勞動時間）是上個月的 2 倍，那麼，按必要勞動論的理論邏輯，上個月產出的、尚未賣出的待售球鞋，其價值就變成了上個月的 2 倍。在此，聲稱這種球鞋「體現」或「凝結」了多少固定的勞動量，顯然並不恰當。「唯勞動創造價值」之說，也變得相當可疑。

　　馬克思並未一貫採用嚴格版的勞動價值論。事實上，他的價值論述充斥著大眾版的要素，包括「唯勞動創造價值」、「價值是凝結的勞動」、「價值體現了勞動量」等提法。[218] 在《資本論》第三卷第二部分，甚至還出現「商品的個別價值」之說：個別商品實際凝結或體現的勞動量，決定了個別商品的個別價值。[219] 由於第三卷第二部分成文較早（1864 年秋），馬克思又不曾回頭去修改那份手稿，其重要性當然不如正式出版的第一卷。但勞動體現論（或大眾版的勞動價值論）並非只出現在第三卷，也頻繁現身於第一卷。

　　如柯亨指出，第一卷第一章第一節的論證順序是：先引入大眾版的勞動價值論，把勞動當作「形成價值的實質」，並把價值量界定成凝結的勞動量；再動用「社會必要勞動時間」概念，去排解大眾版的若干缺失，尤其是懶人或低效勞動者的問題。雖然馬克思意識到了嚴格版和大眾版的差異，但他不覺得兩說併陳有何不可。[220] 他在第一卷第六章〈勞動力的

217　另見 Cohen（1988: 214-220）的分析。
218　Cf. Cohen（1988: 216）。
219　Marx（C3: e.g. 281）。Cf. Mandel（1991: 30）。
220　Cohen（1988: 221-222, 216-217）。

買與賣〉中表示，勞動力的價值「和其他任何商品的價值一樣，在進入流通以前就已經決定了，因為一定數量的社會勞動已經耗費於勞動力的生產」。[221] 這正是一種勞動體現論：商品包含的勞動量（即其價值）是已知的，在生產時就已經決定了。此與嚴格版「〔商品〕的價值在任何給定的時間，總是由社會必要勞動去計量，也就是由當時社會條件下的必要勞動去計量」之說，其實是互相牴觸的。

因此，無論是勞動體現論、必要勞動論，抑或是價值形式論，都稱不上是馬克思價值論的全貌。馬克思的若干思路，看似對勞動體現論構成了挑戰，但他並未放棄勞動體現論。不同於李嘉圖，馬克思寧可承認「平均價格不直接對應商品的價值」，[222] 也不願棄守「勞動是價值的唯一來源」的立場。在勞動（或社會必要勞動時間）以外，一切可能左右價值的其他變數（包括李嘉圖指出的資本構成），都被他斥為無稽之談。他的典型說法是：這些變數只影響價格，不影響價值。[223] 但這是因為，他已先入為主地把勞動「定義」成了價值的唯一來源。

四、商品、價值和勞動（II）

商品拜物教

第一章第四節〈商品拜物教及其祕密〉，包含了《資本論》第一卷哲學含量最高的幾頁文字。馬克思在改定 1873 年德文第二版時，對這一節進行了補強，增加了第一版所無的若干內容。前文提及，他是在第二版

---

221 Marx（C1: 277），馬克思（馬恩全集 II，44：202）。

222 Marx（C1: 269 fn. 24, also 329 fn. 9; C3: 279）。另見 Nicholas（2011: ch. 3）論馬克思的價格理論。

223 Marx（G: 562-563; 1968: 174-180）。Cf. Cohen（1988: 225）、Stedman Jones（2016: 398-399）。

中，才首度明確地把交換價值界定為價值的必然「表現形式」。[224] 與此有關，所謂商品拜物教的祕密，正是落於表現形式（即商品形式）本身。[225]

第四節首先表示，商品的使用價值並無神祕之有。商品的神祕性質，既不是源自於它的使用價值，「也不是源自於**價值規定**的內容」。

> 第一、不管有用勞動或生產活動如何不同，它們都是人體的機能。每一種這樣的機能，不管性質和形式為何，本質上都是人的腦、神經、肌肉和感官的耗費。這是一個生理學上的事實。第二、價值量的決定基礎，即這種耗費的持續時間或勞動量，和勞動的質是明顯不同的。在一切社會狀態下，人們必然都關切生產維生工具所耗費的勞動時間，雖然在不同的發展階段，關心的程度不同。最後，一旦人們以任何方式為彼此勞動，他們的勞動也就取得了一種社會形式。[226]

從上下文來看，馬克思是為了凸顯**商品形式**的特殊性，才先在此強調「價值規定的內容」的跨歷史性。但這不可避免地帶來（或加深）了混淆。稍早在第二節，他已從「人的腦、肌肉、神經、手等等的生產耗費」去界定抽象勞動。[227] 前引段落則進一步暗示：生理學意義的抽象勞動，連同勞動時間作為「價值量的決定基礎」，並非資本主義生產方式獨有，而是跨歷史的。照馬克思的說法，抽象勞動是價值的實質。要是抽象勞動（理解為生理學意義的勞動耗費）是跨歷史的，那麼，價值就也是跨歷史的。但這真是他的立場嗎？[228]

按第四節的陳述，商品的神祕性格源自於「商品形式本身」。商品形

---

224 Marx（C1: 128）。馬克思究竟是在何時，才對「價值」和「交換價值」做出了清楚區分，至今仍有爭議。Cf. Zarembka（2021: 41-42）。

225 Marx（C1: esp. 164-165）。

226 Marx（C1: 164），馬克思（馬恩全集 II，44：88-89）。

227 Marx（C1: 134, 137）。

228 Cf. Heinrich（2021: 145-146）。

式並不是對社會關係的扭曲,而是表現出某種特定的、扭曲的社會關係。尤其是,它把「生產者跟總勞動的社會關係」反映成了「物與物之間的社會關係」。商品形式及其表現的價值關係,不外乎是「人們自己之間一定的社會關係」,但採取了「物與物的關係的虛幻形式」。在這種形式下,生產者的社會關係「不是表現為人們在自己勞動中的直接的社會關係,而是表現為個人之間的物的關係,和物與物之間的社會關係」。此即商品拜物教之所指。儘管馬克思也把商品拜物教類比為宗教(理解成一種看似獨立於人的人造物),但他強調,商品拜物教不是憑空想像出來的,而是物化的社會關係的表現。[229] 稍早在《資本論》第三卷手稿中,資本主義生產及其物化的社會關係,被描述成一個「著了魔的、扭曲的、倒立著的世界」。[230] 由此觀之,商品拜物教並不是一種扭曲了社會現實的錯誤意識(或錯誤再現),而是對物化的、顛倒的生產關係與社會關係的忠實反映。[231]

歸根究柢,商品拜物教源自於「私人勞動的特定社會性格」。在資本主義生產方式下,彼此分開的私人生產者為了交換而生產。《哲學的貧困》稱之為「個人交換」。[232] 自《大綱》和《政治經濟學批判》以降,這也被界定成一種**事後的**社會性。[233] 和《大綱》如出一轍,《資本論》第一卷對所謂「私人勞動的特定社會性格」,做出了以下說明:在資本體制下,「只有經由交換行動在勞動產品之間、進而在生產者之間所建立的關係,私人勞動才展現為社會總勞動的一部分」。[234] 彼此分開的私人生產者、私人勞動,只有通過商品交換,才取得某種事後的、間接的社會性。正因如此,交換關係即「貨幣形式」才取得了貌似客觀的表象,致令商品

---

229 Marx(C1: 165-166),馬克思(馬恩全集 II,44:89-90)。

230 Marx(C3: 969),馬克思(馬恩全集 II,46:940)。

231 Cf. Eagleton(1991: 84-89)。

232 參見第四章第五節。

233 Marx(G: 171-172; *MECW*, 29: 321-322)。參見第六章第五節。

234 Marx(C1: 165),馬克思(馬恩全集 II,44:90)。

拜物教尾大不掉。[235]

　　《大綱》曾把現代一切自由和平等話語（不包括馬克思自己的版本），貶為交換關係的「觀念化表現」。[236]《資本論》第三卷對庸俗政治經濟學嗤之以鼻，指其在資本主義生產方式的「表皮」上玩文字遊戲，極度忠實地反映了物化的社會關係。[237]與此相仿，第一卷第六章在論及勞動力的買賣時，稱「流通或商品交換的領域」

> 的確是天賦人權的伊甸園。這是自由、平等、所有權和邊沁的獨占領域。自由，因為勞動力商品的買賣雙方，只依賴他們自己的自由意志。他們是作為自由的、法律之前平等的個人締結契約。契約是他們的意志得到共同法律表現的最後結果。平等，因為他們是以商品所有者的身分產生關係，以等價物交換等價物。所有權，因為他們只支配自己的東西。邊沁，因為雙方都只顧己利。

易言之，天賦人權、自由、平等、所有權等，都不外乎是商品拜物教的觀念化表現。[238]

　　第一卷對商品拜物教的批判，當然不只是質疑商品形式、貨幣形式而已，還將之扣連到更根本的「私人勞動的特定社會性格」。人們之所以把物化的交換關係視作理所當然，是因為在資本主義私有制下，彼此分開的私人生產者只能在「流通或商品交換的領域」取得事後的社會性。但這是一種殘缺的社會性。一旦廢除了私人勞動，實現了「直接的社會勞動」，則商品生產、商品交換、商品拜物教都將灰飛煙滅。

235　Marx（C1: 168），馬克思（馬恩全集 II，44：92-93）。

236　Marx（G: 245）。

237　Marx（C3: 479, 968-969）。

238　Marx（C1: 280），馬克思（馬恩全集 II，44：204-205）。

直接的社會勞動

在資本體制下，生產者的彼此關係之所以「不是表現為人們在自己勞動中的直接的社會關係」，乃因其根本不可能如此表現。一言以蔽之，私人勞動不具有**直接的社會性**，不是直接的社會勞動。

何為直接的社會勞動／生產？這個說法已出現在《大綱》，[239] 後又於《資本論》第一卷第一章第四節得到闡發。[240]

馬克思先以魯賓遜為例，強調魯賓遜個人生產的各種產出，都是使用價值的生產，都是為了滿足自己的需要。為此，魯賓遜須「精確地分配自己執行各種功能的時間。在他的全部活動中，這種或那種功能所占比重的大小，取決於他為取得預期效果所要克服的困難的大小」。魯賓遜和他創造的物品之間的關係是「簡單又透明的」。但是，「價值的一切必要規定都包含在這裡了」。[241]

在此，馬克思又一次暗示「價值規定的內容」（若非「價值」本身）是跨歷史的。此類表述導致的混淆，前文已有說明，此處不贅。

馬克思接著提到黑暗的歐洲中世紀。在中世紀，物質生產的社會關係，和建立於此的其他生活領域一樣，都是以「人身依附」為特徵的：農奴和領主，陪臣和諸侯，俗人和牧師。不過，「人們在勞動中的社會關係，始終表現為他們本身之間的個人關係，而沒有披上物之間的社會關係的外衣」。有別於商品生產及其普遍性，此種「勞動的自然形式」係為勞動的「直接社會形式」。簡言之，中世紀的物質生產／勞動，是一種直接的、不經商品中介的社會生產／勞動。

再以「農民家庭的家父長制鄉村企業」為例，其家庭分工是自發、自然的，未被商品形式扭曲。此種自然形成的分工（與性別、年齡和氣候有關），也對個別成員的勞動時間進行計算。但和資本社會不同，它是一種

---

239 參見第六章第五節，此處不贅。

240 Marx（C1: 169-173）。

241 Marx（C1: 169-170），馬克思（馬恩全集 II，44：94）。

「共同勞動，即直接的聯合勞動」。[242] 此外，在古亞細亞、古典古代等生產方式下，

> 社會的生產機體比起布爾喬亞社會，要**簡單透明**得多。但它們或者建立於**人作為個人的不成熟**，尚未脫掉跟其他人的自然血緣聯繫的臍帶，或是以**直接的主奴和束縛關係**為基礎。它們存在的條件是：**勞動生產力處於低級發展階段，與此相對應，人們在物質生活生產過程內部的關係是狹隘的，人和自然的關係也是狹隘的**。[243]

和《大綱》相似，《資本論》第一卷把前資本社會用作一種對照，指其社會生產／勞動是直接的、簡單透明的，而不是以商品形式、交換價值、市場供需作為中介。但對馬克思來說，這並不意味著人們應該回歸前資本社會。從前引文字中的「人作為個人的不成熟」、「直接的主奴和束縛關係」來看，他顯然無意於回到以人身依附為特徵的，「勞動生產力處於低級發展階段」的前資本社會。

馬克思主張的是「自由人聯合體」。他把後者類比為一種社會魯賓遜：生產工具將已收歸公有，已無私人勞動，已不存在商品的生產和交換。它將根據社會需要，實行理性的、預先計畫好的經濟生產，以勞動時間去計算生產成本、配置生產資源，並「按勞分配」每個人的消費額度。

> 他們用**共有的生產工具**進行勞動，並充分自覺地把他們許多不同的勞動力形式，當作單一的社會勞動力去使用。……這個聯合體的總產品是社會產品。這些產品的一部分用作新的生產工具，這部分仍然是社會的。另一部分則作為維生工具由聯合體成員消費。……勞動時間

242　Marx（C1: 170-171），馬克思（馬恩全集 II，44：94-96）。

243　Marx（C1: 172-173），馬克思（馬恩全集 II，44：97）。英文版中「直接的宰制和奴役關係」一語，在此改譯為「直接的主奴和束縛關係」。Cf. Stedman Jones（2007b: 212 fn. 65）。

將起到雙重作用。一方面，按照**確定的社會計畫**配置勞動時間，以維
繫各種勞動功能和各種聯合體需要之間的適當比例。另一方面，勞動
時間又是個別生產者**在共同勞動中所占分額**的尺度，因而也是他**在供
個人消費的共同產品中所享分額**的尺度。在此，人們和勞動、和勞動
產品的社會關係，無論在生產上還是在分配上，都是**簡單透明的**。[244]

這個後資本社會的經濟圖像，留待第九節再論。

勞動力和剩餘價值

在資本體制下，生產商品是為了獲利。要是商品賣不出去，在流通的
環節遇到障礙，商人就可能賠本甚至倒閉。套用馬克思的話，要是價值難
以在交換流通的過程中得到「實現」，[245] 勢將出現危機。但流通是第二卷
的主題。第一卷關注資本的生產過程，故先預設了「正常流通」，並假設
商品的價格等於其價值，且都能按其價值售出。[246] 因此，第一卷只扼要交
代了交換、貨幣和商品流通的基本面，接著就引入剩餘價值、勞動力等概
念。

按馬克思的陳述，在人類社會的最早期，只有以物易物的使用價值交
換，即以一定數量的有用物 A，直接交換另一些數量的有用物 B，不經貨
幣的中介。此後，為了和其他共同體交換有用物，貨幣開始出現在共同體
的邊界地帶，以作為跨界交換的度量基準和媒介。[247] 這類**簡單流通**仍是以
有用物交換有用物。「價值形式」的種子或已萌芽，但難以發育，因其依
然受到共同體的制約。[248]

---

244 Marx（C1: 171-172），馬克思（馬恩全集 II，44：96-97）。

245 E.g. Marx（C3: 352）。

246 Marx（C1: 709, 329 fn. 9, 269 fn. 24）。

247 Marx（C1: 181-182）。

248 Marx（C1: 208-209）。

在第一卷第二部分〈貨幣轉化為資本〉中，馬克思指稱資本、世界貿易和世界市場誕生於 16 世紀，其主要推手是商業資本，及其「貨幣－商品－貨幣」的運作。有別於簡單流通，此種「先買後賣」不是為了使用價值的交換，而是為了賺取差價。但買賣價差未創造新的價值，只是現存價值的重分配而已。[249] 唯有當「貨幣－商品－貨幣」的運作，進入了商品生產的領域，才會產生新的價值。

那麼，商品生產如何創造新的價值？其祕密在於勞動力的成本。

資本家購買的不是「勞動」而是「勞動力」。[250] 作為商品的勞動力，其價值取決於生產和再生產此項商品的所需成本，也就是「由生產乃至再生產這種特殊物品所必需的勞動時間決定的」。勞動力的價值就是勞工的必要維生成本（包括生養下一代勞工的必要成本）的價值。[251] 但在不同的社會，

> 所謂必不可少的需要的範圍，和滿足這些需要的方式一樣，本身是**歷史的產物**，因此多半取決於一個國家的**文明水準**……。因此，不同於其他商品，勞動力的價值規定包含著**歷史和道德的要素**。

不過，在一定時期的一定社會，勞工維生成本的平均範圍是一定的。

至於技術含量較高的勞動力的價值，在必要維生成本外，亦將反映其教育或訓練的成本。這是因為，

> 〔若要〕成為發達的、專門的勞動力，就得要有一定的教育或訓練……。教育成本隨著勞動力性質的複雜度而不同。這些費用——對

---

249 Marx（C1: 247, 251, 266）。

250 《大綱》幾度使用「勞動能力」（labour capacity; *Arbeitsvermögen*）一詞。《資本論》的標準用法則是「勞動力」（labour power; *Arbeitskraft*）。Cf. Zarembka（2021: 33）。

251 Marx（C1: 270, 274-275）。

於普通勞動力來說是微乎其微的——構成了生產勞動力所耗費的價值總和中的一部分。[252]

關於複雜勞動的價值換算，《資本論》第一卷只是一筆帶過。[253]《哲學的貧困》曾經表示，「是**競爭**決定了一天的複合勞動包含多少天的簡單勞動」。[254] 但如果勞動力的價值只能從市場價格去反推，則「價值獨立於價格」和「價值決定了平均價格」的立場還能成立嗎？這是對馬克思勞動價值論（含勞動力成本論）的一項常見質疑。[255]

如果勞動力的價值包含「歷史和道德的要素」，即一種文明分紅，工資就有一定的浮動空間，未必一路向生存底線滑落。這個立場，相當不同於馬克思在 1840 年代的見解。[256]

設若勞工生產出來的價值，高於其維生成本的價值，這就不是賠本生意。兩者之間的落差，即是馬克思所謂的「剩餘價值」。資本的生產過程包含了「勞動過程」和「增殖過程」。勞動過程是利用源於自然界的原料和勞動工具，以創造有用之物的活動過程。但資本主義生產還有更獨特的另一面，即「創造價值的過程」或「增殖的過程」。資本從工人身上榨取而出的，大於其必要維生成本的那些價值，就是剩餘價值。[257]

照馬克思的定義，「剩餘勞動」是新增價值的唯一來源，也就是利潤的唯一來源。他把工作日拆解成兩個部分：前幾個小時的勞動是「必要勞動」，即工人維生用品的生產時間；後幾個小時的額外勞動，則是生產剩餘價值的「剩餘勞動」。[258] 剩餘勞動創造出來的價值，就是剩餘價值，

252　Marx（C1: 275-276），馬克思（馬恩全集 II，44：199-200）。

253　Marx（C1: 135, 276, 304-306）。

254　Marx（*MECW*, 6: 136），馬克思（馬恩全集 I，4：107）。另見第四章第五節。

255　限於篇幅，這裡不擬展開。Cf. Kolakowski（1978a: 325-326）。馬克思似乎把複雜勞動的教育和訓練成本，看作是某種不變資本。另見 Bidet（2007: 94-102）。

256　Cf. Mandel（1977: ch. 9）。

257　Marx（C1: ch. 7）。

258　Marx（C1: 325）。

也就是所謂的利潤。「不變資本」（原料、工具、機器、廠房及其他設備等）雖然也凝結了一定的工時量／價值量，但一切不變資本都不創造新的價值。在某個生產週期，不變資本（如機器）之於生產某個商品的實際貢獻，可視為已知，其價值將直接轉移到商品的價值上。[259]「可變資本」（即工資）的價值，也會直接轉嫁為商品價值的一部分，故也不構成新增價值。按此定義，新增價值／利潤只能是從剩餘勞動榨取而出的剩餘價值。[260] 在第一卷第九章〈剩餘價值率〉的結尾，馬克思甚至動用了「剩餘產品」概念。[261] 後者暗示，資本主義生產方式雖與封建主義生產方式不同，但終究來說，兩者都是對「剩餘產品」的剝削。[262]

　　商品的價值組合有三項要素，即不變資本、可變資本、剩餘價值。若以公式來表達，商品價值＝商品內含的不變資本的價值（c）＋可變資本的價值（v）＋剩餘價值（s）。此外，s/v 這個比率（即剩餘價值除以可變資本，或剩餘勞動除以必要勞動），被稱作「剩餘價值率」或「剝削率」。[263] c/v（不變資本除以可變資本）被稱作「資本的有機構成」。[264] 利潤率＝ s/(c+v)，也就是剩餘價值除以資本的總和。[265]

　　經過一系列的定義，剩餘勞動變成了新增價值／利潤的唯一來源。資

259　Marx（C1: 307, 313-319）。馬克思表示（C1: 314）：生產工具「絕無法增加比自身更高的價值到產品身上」。但這是有疑義的。設若資本家替員工都換上愛迪達球鞋，致使勞動生產率顯著提升，這時候，愛迪達球鞋「創造」的價值，就可能高於愛迪達球鞋本身的價值。實際上，馬克思並未「證明」愛迪達或 ChatGPT 不能創造新的價值。他只是通過一套定義，直接否認了這樣的可能性。

260　Marx（C1: 320-325）。

261　Marx（C1: 338-339, 668）。

262　農奴制是一種顯性的剝削體制，農奴主直接取走農奴的剩餘產品。馬克思似乎認為，資本的本質仍是對「剩餘產品」的剝削。在自由交換的表象下，資本有如現代版的農奴主；工人看似有締約的自由，實有如現代版的農奴。柯亨則指出：農奴制下的剩餘產品不必賣出去，但在資本體制下，產品賣不賣得出去卻是一大問題；《資本論》把資本比附成農奴制，因而是隱喻失當。見 Cohen（1988: 231）。

263　Marx（C1: 326-327, 670）。

264　Marx（C1: 571, 762, 781, 783）。

265　Marx（C1: 660）。

本家在勞工報酬以外的一切資本支出（不變資本），連同勞工報酬（可變資本），都只是成本而已，本身不創造價值。這些成本將不折不扣地轉嫁為商品價值的一部分，故不是利潤的來源。於是，剩餘價值／利潤的真正來源和唯一來源，只能是勞工在前幾個小時的必要勞動之後，還得繼續從事的額外勞動，即無酬剩餘勞動。

這是馬克思獨創的一套理論，它有著至為明顯的政治含蘊。資本對「廉價勞工」的剝削和宰制，及其背後的利潤驅力，不僅是 19 世紀英國資本主義的基本面，至今也還繼續存在。馬克思在《資本論》第一卷宣稱，利潤的唯一來源就是對剩餘勞動的榨取。此亦所以，資本愈是積累，勞工就愈悲慘。[266] 這是第一卷的論證重點，實際上夾帶著嚴厲的道德指控。但在資本體制下，利潤的來源是否如此單一？何以價值都是勞動創造的？這些都具爭議性。[267]

生產性勞動

馬克思從「剩餘價值的生產」視野，進一步區分了兩種勞動：創造剩餘價值的生產性勞動；以及，不創造剩餘價值的非生產性勞動。

> 資本主義生產不僅是商品的生產，它本質上是剩餘價值的生產。……只有為資本家生產剩餘價值的工人，才是生產性的。……一個學校老師只有當他不僅訓練孩子的頭腦，還為校董的發財致富勞碌時，他才是生產性工人。[268]

一個自雇的家教老師，雖然也訓練孩子的頭腦，但由於他沒有替資本家生產剩餘價值，所以不算是「生產性工人」。

---

266 Marx（C1: esp. ch. 25）。

267 Cf. Kolakowski（1978a: 325-334）。

268 Marx（C1: 644），馬克思（馬恩全集 II，44：582）。

　　生產性與非生產性勞動之別，《資本論》第一卷所言有限。對馬克思來說，斯密的這項區分具有重要的理論意義。《大綱》數度論及生產性勞動。[269] 後來在 1861-1863 年經濟學手稿，又有更多的相關討論。[270]《資本論》第三卷手稿，和寫於 1867 年第一卷出版後的第二卷手稿，也都觸及這一課題。[271]

　　那麼，究竟哪些勞動才算（或不算）是生產性的？才是（或不是）生產剩餘價值的勞動？在 20 世紀，與此相關的爭議不僅是理論性的，往往還帶有政治一面。要是「生產性勞動」的定義過窄，把與日俱增的白領和各種服務業勞工排除在外，這是否意謂無產／工人階級的「內核」正在萎縮？社會主義政黨過去以藍領產業工人作為主力的政治路線，又是否需要修正？在戰後西方，馬克思主義者關於生產性勞動的議論，多環繞著此類「階級政治」問題而發。[272]

　　藍領工人、維修機器的工程人員等，因其直接涉及剩餘價值的生產，故落於「生產性勞動」的核心地帶。至於資本家雇用的商業人員，則至少有兩種互斥的說法。在 1861-1863 年經濟學手稿中，商業人員是生產性的。[273] 但按《資本論》第三卷和第二卷手稿的界定，商業人員是非生產性的。[274] 從個別資本家的角度，受雇者如果無助於剩餘價值的生產或實現，就不會被雇用；由此，或可得出一個較寬泛的「生產性勞動」定義，讓它涵蓋大多數受雇者，包括商業人員。但這並不是馬克思的立場。1861-1863 年手稿雖未否認商業人員的生產性，但又以馬戲團小丑為例，先說小丑是生產性的，後又改口說小丑是非生產性的。[275] 這暗示，對於小

269　Marx（G: 93, 266, 272-274, 304-306, 401, 531-532, 845-846）。

270　Marx（*MECW*, 31: 7 ff.; *MECW*, 34: 121-146; *MECW*, 30: 306-310）。

271　Marx（C3: esp. 414-415; C2: esp. 209-211）。

272　Cf. Poulantzas（1979 [1974]: 209 ff.）、Mandel（1992: 46-52）。

273　Marx（*MECW*, 31: 113）。

274　Marx（C3: ch. 17, esp. 394-396; C2: 209-210）。

275　Marx（*MECW*, 31: 13, 113）。

丑、商業人員等受雇者的生產性與否，馬克思此時游移不定。但到了寫於 1865 年的第三卷第四部分，商業人員已明確被劃在「生產性勞動」之外。[276]

假如「受雇於資本家，替資本家生產剩餘價值」是生產性勞動的充分條件，馬戲團小丑照說是生產性的。但馬克思有意做出更嚴格的規定。對他而言，受雇於資本家、成為工資勞動者，只是生產性勞動的必要條件而已。生產性的工人，除了須是受雇於資本家的工資勞動者，至少還得滿足以下兩項（高度重疊的）判準。第一、在生產過程中把自然界的要素轉化成有形的商品。[277]小丑之所以是非生產性的，乃因其並未派生出有形的商品，即混合了自然界材料的物品。由於小丑表演過後，不會留下任何有形物品，因此，就算小丑看似替馬戲團創造了剩餘價值，小丑依然不算是生產性工人。按此邏輯，《資本論》第一卷提到的替校董賺錢的學校教師，也不算是生產性工人。可以說，對於「無形的服務」的生產性，馬克思有所懷疑。[278]

第二、生產性勞動的「功能」是生產，而不是消費或再生產，也不是實現或交換流通。因此，涉及民生消費、再生產、價值實現、交換流通的勞動，絕大多數是非生產性的。[279]第二卷把（貼近剩餘價值生產的）若干運輸和倉儲看作生產性勞動，但這是例外。實際上，第二卷把交換流通領域的大多數勞工／勞動，如商業人員、會計行銷等，都視為非生產性的。[280]

雖然第一卷把受資本家雇用的教師納為生產性勞動，但寫於 1865 年的第三卷手稿，和寫於 1867 年以後的第二卷手稿，則把此類未生產出有形商品、也不屬於立即生產過程的勞動，都歸為非生產性勞動。宏觀地

276　Marx（C3: ch. 17）。

277　Cf. Marx（C1: ch. 7）論生產過程。

278　Mandel（1992: 42-43）。

279　Marx（C3: chs. 16-17; C2: 209-211）。

280　Marx（C2: 226-227）。

看，從 1861-1863 年經濟學手稿到上述的第三卷和第二卷手稿，馬克思收緊了「生產性勞動」的定義。[281] 如果受雇教師是生產性勞動，則其他受雇於資本家的、未生產出有形物品的純服務者（包括小丑），就也都是生產性的。但馬克思愈發抗拒此種寬泛的定義。

由於馬克思的前後各種說詞並不一致，後人若想放寬或緊縮「生產性勞動」的定義，幾乎都可以找到相應的字句。但他自己是從相對寬鬆（商業人員是生產性的，受雇的小丑可能是也可能不是），逐漸變得更加嚴格（商業人員不是，受雇的教師和小丑也不是）。他的最後立場是：生產性勞動須是工資勞動，須生產出有形物品，須具有狹義的生產功能。這大致排除了三類勞動，亦即：未生產出有形物品的純服務；消費或再生產領域的勞動；絕大部分屬於交換流通領域的勞動，包括為了「實現」剩餘價值而雇用的勞動。馬克思在第三卷強調，「工業資本家在流通中所做的，是去實現在此之前已經生產出來的剩餘價值」。按此嚴格的生產與流通之分，剩餘價值在流通領域的實現，是「後於」剩餘價值在生產過程中的創造。[282] 一大部分的工資勞動者，就這樣被劃在生產性勞動之外。

按馬克思的理論，流通領域不創造新的價值。[283] 但諸如沃爾瑪、亞馬遜、家樂福、好市多、7-11、全家等流通業者，真的不生產剩餘價值嗎？替資本創造利潤的服務業血汗工人，今日廣泛存在於消費、再生產、流通交換的領域。未產出有形物品的純服務，也已是資本主義社會的常見商品，其商品屬性無可置疑。

馬克思的生產性勞動論，隱約地賦予 19 世紀中後期的工廠藍領工人，以某種特殊的地位。作為直接生產過程中的被剝削者，藍領工人被認為是處於資本主義生產方式的內核，[284] 具有推翻資本的龐大潛能。這也許

281　Mandel（1992: 38-46）。Cf. Gough（1972）。

282　Marx（C3: 396），馬克思（馬恩全集 II，46：315）。

283　Marx（C1: 266; C3: 392, 394）。

284　《資本論》第三卷「從直接生產者身上榨取無酬剩餘勞動的特定經濟形式」之說，也暗示著一種較窄的「生產性勞動」定義。見 Marx（C3: 927）。

不是一種道德評價,但隱含著一種社會評價和政治評價。[285] 如果沒有這一層寓意,恐怕就很難理解,何以馬克思來回掙扎於「生產性勞動」的界定。把小丑、教師及其他受雇於資本家的服務業勞工,界定為剩餘價值的生產者,並無困難之有。但對馬克思來說,生產性勞動的認定,關乎誰才是「真正」被剝削者。他最終的立場是:只有最嚴格定義的生產性工人,才稱得上是剩餘價值的創造者/生產者。[286]

五、剩餘價值和資本積累

剩餘價值的生產

在馬克思的論說中,生產性勞動是剩餘價值的創造者和唯一來源。新增價值/利潤只能是從剩餘勞動榨取而來,再無其他來源。[287] 剩餘價值的生產又分為兩種,即「絕對剩餘價值的生產」和「相對剩餘價值的生產」。

剩餘價值率(即剝削率)s/v 是一個比例,其分母是可變資本 v(工資的價值),分子是剩餘價值量 s。理論上,s/v 和 s 的運動方向未必一致。例如,當剩餘價值量 s 上升時,如果可變資本 v 也同時上升,剝削率 s/v 就未必上升。但在某些情況下,剝削率 s/v 和剩餘價值量 s 的變動方向是一致的。比方說,一旦延長工作日,增加了剩餘工時,則在可變資本不變、勞動強度不變、必要工時不變的前提下,勢將生產出更多的剩餘價值量,同時也提高了剝削率。這種通過延長工作日以榨取更多剩餘價值的途徑,馬克思稱之「絕對剩餘價值的生產」。[288]

恩格斯在 1845 年《英國工人階級狀況》中,首開引用官方文獻之

---

285 Cf. Mandel(1992: 41)、Gorz(1982)。
286 限於篇幅,這個思路的政治含蘊及其在 20 世紀的各種變形,在此只能存而不論。
287 Marx(C1: ch. 8)。
288 Marx(C1: pt. III, 645-646)。

先。[289]《資本論》第一卷對英國政府藍皮書和媒體報導的運用，更是爐火純青。第十章〈工作日〉援引官方的勞動檢查報告，描述了童工（包括8、9 歲甚至更小的兒童）如何遭到剝削。每天工作 14 小時算是普通，連續工作 36 小時及其他怵目驚心之事，所在多有。[290] 在工人運動的壓力下，英國國會通過了限制工時的法令，如 1833 年《工廠法案》，以及 1847 年《十小時法案》等。但在執行面上，漏洞百出。[291] 馬克思自 1864 年 10 月參與國際工人協會的運作後，力主「八小時工作日」，並要求把它變成正式決議。[292] 他在《資本論》第一卷第十章的結尾表示，比起歷史上的天賦人權清單，縮減工時更重要也更急迫。

> 從法律上限制工作日的樸素大憲章，終於明確規定了「工人出賣〔勞動力〕的時間何時結束，屬於工人自己的時間何時開始」。多麼大的變化啊！[293]

在馬克思看來，此類改革有其局限，難以真正撼動資本主義的剝削邏輯，但工人仍應積極爭取工作日的縮減。作為一種組織化的維權和爭權，它有助於工人階級運動的茁壯。

第十章〈工作日〉舉出的慘不忍睹的經驗案例，在溢於言表的道德指控之外，更是為了彰顯資本榨取「絕對剩餘價值」的內建動力。絕對剩餘價值的特徵是：必要工時不變，但因為工作日延長了，剩餘工時增加了，剩餘價值量和剝削率也隨之升高。

相對剩餘價值的生產策略，則包括合作、分工、運用機器等，其共通點是勞動生產率的提升。舉例來說，設若工作日是不變的 12 小時，勞

289　Engels（*MECW*, 4: 295 ff.）。

290　Marx（C1: e.g. 354, 356-358, 368-370, 374-375 fn. 71）。

291　Marx（C1: 389 ff.）。

292　Cf. Marx（*MECW*, 20: 187-188）。另見第八章第三節。

293　Marx（C1: 416），馬克思（馬恩全集 II，44：349-350）。

動強度也維持不變；必要工時原是 6 小時（亦即，工人原需 6 小時才能生產出其維生用品的價值），但隨著勞動生產率的提升，如今必要工時縮減為 4 小時。在此情況下，剩餘工時從 6 小時變為 8 小時，剝削率從 6/6（100％）升至 8/4（200％）。此即「相對剩餘價值的生產」，其特徵是：總工時不變，但因勞動生產率的提高，必要工時相對減少了，剩餘工時相對增加了，剝削率也隨之升高。[294]

關於相對剩餘價值的生產，《資本論》第一卷區分了兩種路徑。其一，如果勞工維生用品（多是民生消費品）的生產部門（或其原料供應者）引入機器，使其勞動生產率上升，則勞工維生用品的價值可望降低，帶動必要工時的下降。在此，可變資本 v 的下降，將使必要工時相對減少，剩餘工時相對增加。於是，剝削率 s/v（等於剩餘工時除以必要工時）跟著上升。這是勞動生產率升高帶動剝削率升高的一種途徑。[295]

第二種途徑涉及競爭。在特定的生產類別中，如果個別資本率先引入機器，提高了自身的勞動生產率，那麼，它將得以用低於社會平均的價值／價格，去賣出它的低成本商品，從而取得額外的剩餘價值／利潤。更直白地說，就是機器先發者提高了勞動生產率，故取得一定的價格優勢。其淨效應同樣是：剩餘工時相對增加，必要工時相對縮減，剝削率因而上升。[296]

但馬克思認為，機器先發者的競爭優勢只是暫時的。一旦同生產類別的其他資本也引入類似機器，先發者就會失去價格上的競爭優勢。因此，唯有當勞動生產率的提高發生在工人維生用品的生產部門，從而使「勞動力的價值」下降時，「一般剩餘價值率才會最終受到這整個過程的影響」。[297]

那麼，何為「一般剩餘價值率」（或一般剝削率）？這個詞在《資本

---

294 Marx（C1: ch. 12, esp. 432）。

295 Marx（C1: 432-433, 436-437）。

296 Marx（C1: 433-436）。

297 Marx（C1: 436），馬克思（馬恩全集 II，44：370-371）。

論》第三卷雖然只出現一次，[298] 但第三卷關於「利潤率趨降的規律」的推導，預設了一般剝削率或平均剝削率的存在[299]（見本章第六節）。第一卷第十二章〈相對剩餘價值的概念〉兩度提及「一般剩餘價值率」，意在強調：唯有當勞工維生用品的生產部門提高了勞動生產率，致使勞動力的價值下降，「一般剩餘價值率」才會真正上升。[300] 但疑義在於：剩餘價值率（剝削率）因競爭而趨於平均的假設，本難以成立。利潤率因競爭而趨於平均，是馬克思承自李嘉圖、李嘉圖取自其他論者的一項常見假設。但剝削率也會趨於平均嗎？答案可能是否定的。[301] 關於此點，留待稍後再議。

　　提高勞動生產率的辦法，在引入先進機器之外，還包括合作與分工。《資本論》第一卷闡發了三種相對剩餘價值的榨取方式：首先是「合作」；其次是「分工和工場手工業」；最後是「機器和大規模工業」。[302]這部分的內容頗為豐富，涉及實際的勞動組織和分工，並擴及前資本、資本和後資本社會的對比。

合作、分工、機器

　　按馬克思的定義，「許多工人在同一生產過程中，或在不同但相連的生產過程中，有計畫地一起協同勞動，這種勞動形式叫作合作」。[303] 從古代亞洲人、埃及人所樹立的龐大建築，不難看出「簡單合作」的巨大作用。在資本進軍工場手工業以前，工作坊的規模已開始擴大，也就是讓更多數量的工人聚集在一起，通過「簡單合作」以提升勞動生產率。後來，由於資本家強化了對工作坊的控制，也才發展出「分工和工場手工業」這

298　Marx（C3: 275）。

299　Marx（C3: e.g. 317-319）。

300　Marx（C1: 433, 436）。

301　Cf. Nove（1991: 34）。

302　Marx（C1: chs. 13-15）。

303　Marx（C1: 443），馬克思（馬恩全集 II，44：378）。

種新的合作形式。[304]

　　資本家控制下的勞動合作，其最大特色就是「專制」。資本主義生產最主要的動機和目的，就是資本的自我增殖。這個過程內建了勞資的敵對關係。隨著工人的增加，工人反抗的加劇，資本對工人進行「監管」的壓力與日俱增。

> 　　如果說資本主義的管理在內容上是二重的 —— 因為它所管理的生產過程本身具有二重性：一方面是創造產品的社會勞動過程，另一方面是資本的增殖過程 —— 那麼，資本主義的管理在形式上是**純粹專制的**。[305]

與此相似的說法，也出現在《資本論》第三卷。馬克思意在強調，第一、是資本內建的剝削動力，導致了勞資之間的敵對關係。這決定了資本家的管理和監督是「純粹專制的」。相對於此，在工人的合作工廠裡，由工人自己雇用的管理者和監督者，就不再具有敵對的性格。第二、指揮、管理和監督對於任何大規模的社會生產，都是有必要的。[306]

> 　　一切**大規模的直接社會勞動或共同體勞動**，或多或少都需要**一個指揮性的權威**，以協調個人活動之間的和諧合作……。一個單獨的提琴手是他自己的指揮；一個管弦樂隊就需要一個樂隊指揮。[307]

在馬克思的語言裡，「直接的社會／共同體勞動」通常帶有正面語意。他描述的後資本社會，正是一種「直接的社會／共同體勞動」體系。換言

304　Marx（C1: 451-458）。

305　Marx（C1: 450），馬克思（馬恩全集 II，44：385）。

306　Marx（C3: 507-511; C1: 448-450）。

307　Marx（C1: 448-449），馬克思（馬恩全集 II，44：384）。

之，後資本社會也將有「一個指揮性的權威」或「一個主導的意志」。[308]
但在後資本社會，經濟生產的指揮、監督和管理，將已去除了階級敵對的
性格，因而不再是（高度）專制的。

再看「分工和工場手工業」。「工場手工業」這個詞是對 *Manufaktur*
的勉強中譯。如果譯成「製造業」，可能會被聯想成現代製造業。「工場
手工業」係指一種（1）仍帶有手工業性質，但（2）超越了只是聚集更多
工人的簡單合作，（3）在工場內進行更細密的專項分工的運作方式。它
興起於 16 世紀中葉，大約延續至 18 世紀中後期。在手工業工場內，更細
部的分工加深了勞動異化，使生產者失去原有的更完整技能，使「個人
產品」不復存在。本來可以獨自生產出一根針或一雙鞋的工匠，現在只負
責特定的工序。[309] 此種勞動分工的專制性，更甚於資本家控制下的簡單合
作。[310]

工場內的勞動分工愈專制，社會範圍內的（市場）分工就愈接近於安
那其。第十四章〈分工和工場手工業〉直接引用了《哲學的貧困》的這個
見解，並加以申論。[311] 在手工業工場內，勞動分工助長了專制，且往往是
一個資本家的一人專制。在工場外的大社會，分散的商品生產者通過市場
進行交換，加深了不可控的隨機性。

> 手工業工場內的分工以生產工具積聚在**一個資本家**手中為前提；社
> 會內的分工則以生產工具分散於許多獨立的商品生產者為前提。……
> 工場內的分工是一種**預先計畫好的、並受到調節**的系統；社會分工則
> 是一種自然所強加的**事後的**必然性……。工場內的分工以**資本家對人**

---

308 Marx（C3: 507）。

309 Marx（C1: 455-470）。

310 Marx（C1: 476）。

311 Marx（C1: 477 fn. 36）。《哲學的貧困》表示：「社會範圍內的分工愈不受權威支
     配，工作坊內的分工就愈發達，就愈從屬於單一個人的權威」。見 Marx（*MECW*, 6:
     185），馬克思（馬恩全集 I，4：166）。另見第四章第五節。

的**絕對權威**為前提……；社會分工把獨立的商品生產者聯繫起來，不承認競爭以外的其他權威。

在資本主義生產方式盛行的社會中，「社會分工的無政府狀態和工場手工業的分工專制是互相制約的」。不同於此，早期社會如古印度等亞細亞共同體，是「按照**一個被認可的、權威性的計畫**，進行社會的勞動組織」，然其「工場內部完全沒有分工，或只有發生在很小範圍內的零星分工、偶然分工」。[312] 就此而言，「工場手工業所實踐的工場內分工，完全是資本主義生產方式的特有產物」。[313]

在討論工場內分工和社會內分工的段落中，還出現了「把整個社會變成一個超大工廠」的著名說法。恩格斯後來在《反杜林論》中，把社會主義計畫經濟比附成一個大工廠，稱資本主義工廠已演化成了「社會化的生產組織」。[314] 考茨基繼而表示，社會主義不外乎是一個「單一巨大的工業組織」。[315] 列寧在寫於十月革命前夕的《國家與革命》中，宣稱在共產主義初期階段，「整個社會將已變成單一辦公室和單一工廠」。[316] 馬克思在《資本論》第一卷的原話則是：

> 同樣的布爾喬亞意識，一方面把手工業工場內的分工，把工人終生固定從事某種局部操作，把工人對資本的絕對屈服，歌頌為提高勞動生產力的勞動組織，但另一方面，又同樣高聲地責罵一切**對生產過程進行有意識的社會控制和調節**的努力……。工廠體系的熱心辯護者在

312　Marx（C1: 476-477），馬克思（馬恩全集 II，44：412-413）。在此，馬克思似乎把「亞細亞社會」形容成了有意識的集體計畫經濟，這不免有誇大之虞。早期共同體的工作坊內部，是否「完全沒有分工」，也仍有商榷餘地。

313　Marx（C1: 480），馬克思（馬恩全集 II，44：416）。

314　Engels（*MECW*, 25: 256, 264, 641）。

315　K. Kautsky（1910 [1892]: 138），1892 年《階級鬥爭（艾爾福特綱領）》。

316　Lenin（1967: vol. II: 345）。

斥責社會勞動的普遍組織時，只會說後者將**把整個社會變成一個超大工廠**，這一點是很能說明問題的。[317]

這是一種隱晦的筆法，未直接主張「把整個社會變成一個超大工廠」，但似乎不反對這樣一種「社會勞動的普遍組織」。

第十五章〈機器和大規模工業〉是第一卷最長的一章。就機器如何提高勞動生產率和剝削率，此章並未增添新的論點，大致只是重申機器降低了勞工維生用品的價值，使勞動力貶值。以及，率先使用機器的個別資本，將得以在被（同類別的其他資本）追趕上以前，在市場上取得價格優勢，實現額外的剩餘價值。[318] 但此章補充說明了機器和勞動力價值的關係。引入機器是為了節省勞動力、取代勞動力，因此，一旦勞動力的價值被壓到足夠低，某些機器就變得昂貴而不被採用。例如，有些機器雖在英國生產，卻只賣到北美，英國資本家不用。[319]

第十五章還有些更重要的內容，尤其是機器／大工廠生產下的勞動異化，及其相關的經驗例證。第十章〈工作日〉的童工案例，實已慘不忍睹。第十五章不遑多讓，把資本對女工和童工的系統性壓榨，視作機器生產最立即的後果。其以英國官方數字為據，指機器取代了部分的男性勞動力。使用機器以後，很多工作可由女工和童工去做，不再需要成年男性的肌肉。本來付給男性勞工的工資，包含了家庭生計的分額。一旦改用女工和童工，工資成本就大幅降低。這說明了何以女工和童工大舉進入工廠。[320]

引入機器本是「相對剩餘價值」的榨取辦法，但其立即後果還包括「絕對剩餘價值」的上綱，即工作日的延長。[321] 就此而言，第十章〈工作

317　Marx（*MECW*, 35: 362; C1: 477），馬克思（馬恩全集 II，44：412-413）。

318　Marx（C1: 530）。

319　Marx（C1: 515-516）。

320　Marx（C1: 517-526）。

321　Marx（C1: 526-533）。

日〉亦可理解為第十五章〈機器和大規模工業〉的一部分。資本為了自我增殖，不會自限於特定的榨取方式。英國經驗顯示，正是在引入機器以後，才出現工作日的不斷延長。[322] 遲至 1832 年，英國才把工作日縮減至 12 小時。但隨著法定工時的縮減，資本動用了另一種榨取手段，即增強「勞動烈度」，逼使工人在固定的工作日內更加賣力。這是機器生產在工時法令的限制下，導致的另一後果。[323]

進而言之，無論是工作坊內的簡單合作，還是手工業工場內的分工，都仍有手工業的底色。在工場手工業的分工下，手工業者的技能被拆解了，但尚未徹底喪失技能。引入了機器以後，則出現全面的去技能化。圍繞著機器而轉，或替機器補充原料的工人，不需要特別的技術。真正需要技術的，是負責維修機器的工程師、機械工等，但為數有限。[324] 在第七章〈勞動過程和增殖過程〉的一個注解中，馬克思以英國為例，指「有技術」勞工的數量被高估了。他根據一份數據進行推估，得出約有 2/3 英國人口都靠「無技術勞動」維生。[325]

引入機器以提高勞動生產率，前提是機器節省成本，尤其是勞動力的成本。馬克思並不是第一位指出機器節省／取代了勞動力的論者，但他是較早系統性地論證「自動化導致低度就業或失業」的一位。第十五章申論指出：被機器取代的工人，很難再找到同等的工作，大都將淪為「多餘的

---

322 那麼，何以機器生產導致工作日的延長？馬克思表示：引入機器一方面提高了剝削率，另一方面縮減了工人的人數，這構成一種「矛盾」。引入機器迫使資本家想盡辦法，要從更少量的工人身上榨取出一樣多或更多的剩餘價值，遂導致「工作日最肆無忌憚、最過分的延長」。今日觀之，這個解釋有其明顯的時代限制。它先入為主地假設了自動化程度高、勞動生產率高、剝削率高的資本密集產業，將因雇用的工人數量太少而難以獲利，故或須延長工作日，或須提高勞動烈度，否則競爭不過勞力密集的血汗工廠。Cf. Marx（C1: esp. 531）。另見本章第六節。

323 Marx（C1: 533-542）。

324 Marx（C1: 504, 508, 545-564）。勞動者全面「去技術化」的馬克思命題，在 20 世紀西方仍有一些追隨者，如 Braverman（1974）。對其有所保留的馬克思主義者，亦所在多有。

325 Marx（C1: 305 fn. 19）。

工作人口」。

> 受機器排擠的工人從工廠被拋到勞動市場，增加了可供資本主義剝削支配的勞動力的數量。我們在第七部分將會看到，機器的這種作用，……是對工人極端可怕的鞭撻。在這裡只指出一點：從一個工業分支被拋出來的工人，當然可以在另一個工業分支找工作。……但就算找到了工作，前景依然是悲慘的！這些因為分工而變得畸形的可憐人，離開原來的勞動範圍就不值錢了，只能在少數更低一級的、因而人員充斥和工資微薄的分支去找出路。[326]

馬克思在第十三章至第十五章，也論及新的生產技術的革命效應。這幾章都是關於資本主義，但把合作、分工、機器說成是不同的「生產方式」。[327] 第十五章強烈暗示，機器導致的勞動組織／分工的變化，是技術決定的。生產技術變了，勞動過程也就變了。[328] 後人對《資本論》的「技術決定論」解讀，多仰賴這幾章（尤其第十五章）的若干內容和措詞。

但嚴格來說，馬克思稱不上是十足的技術決定論者。雖然第十五章看似蘊含了某種技術決定論，但此章卻也宣稱：機器代表的生產技術並不是中性的。技術的運用方式，終究取決於社會性質。機器本有縮減勞動負擔的潛能，但資本主義生產方式卻反其道而行，讓機器變成了剝削人、奴役人的工具。[329] 再者，雖然「大規模工業就其本性而言，使勞動的變換、職能的更動、工人的全方位流動，成為了必然」，但資本主義生產方式下的大工業，卻完全不是如此。[330]

未來，理當讓「工人能勝任最多數量不同類型的勞動」，使「勞動的

326　Marx（C1: 531-532, 567-568），馬克思（馬恩全集 II，44：507）。

327　Marx（C1: 439, 450, 504-506, 556, 579, 602, 614 fn. 23）。

328　Marx（C1: 504-506）。

329　Marx（C1: 568-569）。

330　Marx（C1: 617），馬克思（馬恩全集 II，44：560）。

變換」成為社會生產的基本規則。資本體制下「只承擔一種局部社會職能的局部發展的個人」，應轉化為「把不同社會職能當作互相交替的不同活動方式的**全面發展的個人**」。技術學校、農業學校和職業學校的設立，或有助於此。在工人階級「不可避免地奪取政權」之後，技術教育「將在工人學校中占據應有的位置」。[331]

如果資本總是兼用「絕對」和「相對」剩餘價值的榨取方式，這項區分還有意義嗎？馬克思表示，一旦資本主義生產方式得到了鞏固，「絕對」和「相對」剩餘價值之分，將會變得更加清楚。設若勞動生產率和勞動烈度不變，就只有延長工作日才能增加剩餘價值。要是工作日維持不變，資本增殖就只能通過勞動生產率的提升，或勞動烈度的升級。[332]

無論如何，資本都不可能把工作日降至最低限度。工時可能縮減，卻不可能減至「必要工時」，否則資本將無利可圖。只有社會性質截然不同的未來社會，才可望把工時降至最低。馬克思在第十七章表示，後資本社會的「必要工時」有兩項構成要素：一是基本維生的所需工時；另則是因應生活水準提高，及滿足社會保存和投資未來之所需的額外工時。後者並非剝削性質的剩餘工時，而是新社會「必要工時」的一部分。按此設想，後資本社會將大幅縮減工時——即使把基本維生以外的額外需要、額外工時都考慮進來。每個人從事「自由的知識活動和社會活動」的「自由時間」，將可望大幅增加。

馬克思強調，「在資本主義社會，一個階級享有自由時間，是由於群眾的全部生活時間都轉化為勞動時間」。未來，則將不再有任何社會階層，把勞動的負擔轉嫁給其他的社會階層。工作將在有勞動能力的社會成員之間，分配得愈來愈平均。就此來說，「縮短工作日的絕對界限，就是勞動的普遍化」。有勞動能力卻規避勞動的特權，將不復存在。[333]

---

331 Marx（C1: 618-619），馬克思（馬恩全集 II，44：561-562）。

332 Marx（C1: 646）。

333 Marx（C1: 667），馬克思（馬恩全集 II，44：605-606）。

資本積累和悲慘積累

《資本論》不只是要分析資本主義生產方式的剝削邏輯，還欲進一步揭示其「運動規律」。[334] 但第一卷未觸及狹義的經濟危機，而是指稱陷入悲慘的工人階級將起而反抗。工人階級和「產業後備軍」的慘況，及其背後的體制性成因，是第二十五章〈資本主義積累的一般規律〉的主題。

第二十五章約有 100 頁，長度僅次於申論機器和大工業的第十五章。其中，有 6 成以上的篇幅（第二十五章第五節）是對英國工人經濟狀況的實例說明，包括統計數字。該章前幾節的基本論點，則可扼要歸納如下。首先，設若資本的有機構成 c/v（分子 c 是不變資本，分母 v 是可變資本）維持不變，勞動生產率就無法提高。在此情況下，資本為了增殖將運用更多的勞動力，致使勞動力的需求增加，並帶動工資上漲。但工資上漲有其天花板，漲到一定程度就妨礙了積累。[335]

不過，資本的有機構成 c/v 不會原地踏步。隨著積累過程的展開，不變資本 c（尤指機器）的相對比重將會上升，可變資本 v（工資）的相對比重將會下降，帶動 c/v 值的攀升。在競爭壓力下，資本的積聚化和集中化愈演愈烈。信用體系的擴張，包括合股公司的出現，更助長了集中化。伴隨著競爭和集中化而來的，是勞動生產率的提升，以及 c/v 值的升高。這是因為，唯有提高勞動生產率，並擴大生產規模，才能在競爭中取勝。[336]

馬克思進一步表示，就算可變資本增加，資本雇用的勞工人數也只會減少，或維持不變。勞動生產率的提高，降低了資本對勞動力的需求。工作日的延長和／或勞動烈度的增加，使工資可能上漲；但受雇勞工的數量，並不會變得更多。與此同時，勞動力的構成也發生變化：有技術工人被無技術工人取代；男工被女工取代；成年工人被童工取代。被取代掉的工人，大都淪為「產業後備軍」或「相對剩餘人口」。對資本而言，後備

334　Marx（C1: 92），出自 1867 年第一版〈序言〉。

335　Marx（C1: 762, 768-772）。

336　Marx（C1: esp. 777-780）。

軍具有重要功能，堪稱是資本剝削、宰制「現役軍」的槓桿。現役軍在失業的威脅下，不屈從就得滾蛋；就算工資略有增加，也必然是以更多剝削作為代價。[337]

　　暫且不論週期性的經濟危機導致的失業，產業後備軍至少有 3 種形式。一種是漂浮式的，聚集於工業中心，時有工作時無工作，但工作愈來愈難找。另一種是農民工，是潛在的後備軍。再一種是不穩定地徘徊於低度就業和失業之間的人。此外，還有各式各樣的赤貧者，包括被救濟者。[338]

> 　　在資本主義系統內，一切提高社會勞動生產率的方法，都是靠犧牲勞工個人來取得的；一切發展生產的手段，都轉化為宰制和剝削生產者的工具；都把工人扭曲成了人的碎片，貶低為**機器的附隨品**，並摧毀其勞動的實際內容，使之變成折磨；科學作為獨立的力量被納入勞動過程的程度有多高，工人和勞動過程的智識潛力相異化的程度就有多高；這些手段使工人的勞動條件變得惡劣，令其在勞動過程中屈從於**最卑鄙可恨的專制**；把工人的**生活時間也變成勞動時間**，將其妻子兒女一起拖到資本的札格納特車輪下。然而，生產剩餘價值的一切方法，都同時是積累的方法；積累的每一次擴張，又反過來變成發展那些方法的手段。由此可知，**不管工人報酬的高低**，工人的情況必隨著資本積累而**日益惡化**。最後，使相對剩餘人口或產業後備軍與積累的程度和能力始終維持平衡的規律，把工人牢牢釘在資本上……。這一規律讓**悲慘的積累**變成了相應於財富積累的必要條件。因此，一極是財富的積累，但同時在另一極……，則是**悲慘、勞動折磨、奴役、無知、粗野和道德墮落的積累**。[339]

337　Marx（C1: 790-794）。

338　Marx（C1: 794-797）。

339　Marx（C1: 799），馬克思（馬恩全集 II，44：743-744）。

馬克思的「無產／工人階級悲慘化」命題，始於 1844 年〈《黑格爾法哲學批判》導言〉和《經濟學哲學手稿》，重申於《德意志意識型態》、《雇傭勞動與資本》及布魯塞爾時期的其他文字，但後來歷經了變遷。[340] 在工資問題上，《資本論》已不認為工資必一路滑落至生存底線。第一卷表示，勞動力的價值規定「包含著歷史和道德的要素」，故有一定的變動空間。[341] 前引段落則強調：「不管工人報酬的高低」都難逃「悲慘、勞動折磨、奴役、無知、粗野和道德墮落的積累」。這究竟是一種「相對悲慘化」或「絕對悲慘化」，曾引發若干爭議。[342] 但無論如何，它都是一派灰暗的景象。[343]

雖然第二十五章的標題是「資本主義積累的一般規律」，但前引段落（此章最著名的一段話）主要是關於剝削、勞動異化、工人變成人的碎片、勞動過程中的專制、失去自由時間、勞動折磨、悲慘的積累等。這些都是嚴厲的道德譴責，但本身仍不足以說明資本體制不可存續。[344]

直到第一卷的結尾，馬克思才真正觸及資本主義生產方式的存續，但也只是點到為止。他表示，陷入悲慘的工人階級將會把自己組織起來，進行反抗，推翻「資本主義私有財產」。[345] 關於此，留待第八節再做說明。以下，先轉至《資本論》第三卷關於「利潤率趨降的規律」、「資本的過度積累」和「價值能否實現」的論說。

340　參見第二章第五節、第三章第五節、第四章第三節和第六節。

341　Marx（C1: 275）。Cf. Mandel（1977: ch. 9）、Rosdolsky（1977, vol. I: 57-62, 282-313）論馬克思的工資論。

342　Kolakowski（1978a: 288-291）。

343　Rosdolsky（1977, vol. I: 303）聲稱，「悲慘的積累」非指全部工人階級，專指產業後備軍。Jameson（2011: 70）表示，前引段落（及其從出的第二十五章）是關於失業，不是關於勞動。但這兩項說法都是錯的。另見 Callinicos（2014: 304-307）的批評。

344　1875 年的《資本論》第一卷法文版，對第二十五章〈資本主義積累的一般規律〉進行了修訂。馬克思還留下具體指示，希望日後德文版能整合、納入法文版對第二十五章的若干重要更動，但恩格斯未照單全收。Cf. Zarembka（2021: ch. 4）。另見馬克思（馬恩全集 II，43：653 ff.），《資本論》第一卷法文版第二十五章。

345　Marx（C1: 929）。

六、利潤率下降、生產過剩（I）

　　《資本論》第一卷尚未全面引入流通、競爭等議題，亦未對「經濟危機」進行任何較深入的討論。[346] 但第三卷手稿在探討「利潤率趨降的規律」時，連帶論及經濟危機的若干成因，包括資本的過度積累、價值能否實現等問題。[347] 第二卷除了涉及生產過剩的可能性，其提出的「再生產圖式」還指向部門之間比例失調的可能性。[348] 這些後來都成為馬克思主義經濟危機論的理論要素。[349]

　　總的來看，馬克思並未發展出一套系統性的經濟危機理論，但留下了一些理論線索。[350] 早在《經濟學哲學手稿》，他已接受流行於法國社會主義圈的「生產過剩」命題。[351] 生產過剩論者不排除也是消費不足論者。至於馬克思是否也是消費不足論者，則不無疑義（詳見下述）。1850 年代初，馬克思重讀李嘉圖，並有意解決李嘉圖遭遇的理論難題，包括利潤率下降的解釋。[352]《大綱》把利潤率的下降視作「現代政治經濟的最重要規律」。[353]《資本論》第三卷手稿稱之「利潤率趨降的規律」。[354] 但這個所

346《資本論》第一卷（C1: 235-236）表示，在貨幣體系已發展成熟的資本體制下，工商業危機必蘊含著貨幣危機。但這只是一筆帶過。《資本論》前三卷並未對貨幣危機多做闡發。

347 Marx（C3: esp. ch. 15）。

348 Marx（C2: chs. 20-21）。「比例失調」係指生產工具的生產（第一部門）和民生消費財的生產（第二部門）之間的不平衡。

349 Cf. Clarke（1994）、Howard and King（1989; 1992）、Mandel（1991: 38-53）、O'Connor（1987）。

350 Clarke（1994）、Harvey（2006 [1982]）、Mandel（1991）、Callinicos（2014: ch. 6）。

351 參見第三章第二節和第五節。

352 參見本章第二節。

353 Marx（G: 748）。利潤率下降之說，並非馬克思的發明，而是承自古典政治經濟學。見 G. S. L. Tucker（1960）。

354 Marx（C3: 315 ff.）。「利潤率趨降的規律」一詞，在 1861-1863 年經濟學手稿中尚未出現。儘管後者以「利潤率下降的一般規律」作為一節標題（*MECW*, 33: 104），但這是由編者所擬，不是馬克思自己下的標題。此外，第三卷使用「趨勢」、「趨於」去平衡「規律」一詞，以避免語意過強。Cf. Moseley（2019: 109）。

謂的規律，晚至 1920 年代才開始受到馬克思主義者的注意。[355] 在第二國際時代，消費不足論有更高的能見度，其著名論者包括了考茨基[356]和盧森堡。由於盧森堡在《資本積累論》（1913）批評《資本論》第二卷的再生產圖式，並質疑所謂的比例失調論，遂引發一波關於再生產和經濟危機的爭議。[357]

限於篇幅，本節不擬對馬克思的危機論說進行全面考察，也不擬涉入 20 世紀馬克思主義者的各種經濟危機論。但基於「利潤率趨降的規律」在 20 世紀所受到的重視，本節擬對《資本論》第三卷關於利潤率的平均化，乃至平均利潤率的下降趨勢的推導，提出若干說明。我們將指出，馬克思並未成功地導出「利潤率趨降的規律」。《大綱》之後，他逐漸遠離了崩潰論意象，未再把「利潤率趨降的規律」關聯到崩潰。他堅持到最後的兩項重要命題，即《資本論》第一卷第二十五章強調的「資本的集中化」和「悲慘的積累」，都不是關於狹義的經濟危機，而是所謂「資本主義積累的一般規律」。

關於崩潰論

「崩潰理論」（*Zusammenbruchstheorie*）曾是第二國際馬克思主義者的重要信條。在 19 世紀末的德國社民黨，倍倍爾是最具政治影響力的崩潰論者。[358] 考茨基曾是崩潰論的頭號理論家，並從崩潰論去詮釋 1891 年的社民黨新黨綱《艾爾福特綱領》。[359] 在此問題上，他們還得到恩格斯

---

355 Howard and King（1992: 128-138）。

356 K. Kautsky（1901-02: 37-47, 76-81, 110-118, 133-143）。Cf. Mandel（1991: 44-45）。

357 《資本積累論》收於 Hudis and Le Blanc eds.（2015）。另見 Hudis ed.（2013: 421-460），盧森堡論《資本論》第二卷。Cf. Mandel（1992: 62-69）、Howard and King（1989: ch. 6）、Zarembka（2021: ch. 9）、Clarke（1994: 53-58）。

358 Bebel（1910 [1879]: ch. XX）。

359 K. Kautsky（1910 [1892]: 90）。關於《艾爾福特綱領》，另見第九章第六節。盧森堡成為經濟崩潰論的重要代表，是後來的發展。19 世紀末，她從經濟崩潰論的角度去批評伯恩斯坦，後來也從相似的角度去批評考茨基。見 Tudor and Tudor eds.（1988: ch. 9）、Geras（1973; 1976）。

的背書。恩格斯在 1878 年《反杜林論》中，指資本主義生產方式的「崩潰」已「觸手可及」。後來在編輯《資本論》第三卷的過程中，他又把馬克思附會成一位崩潰論者。

但馬克思是崩潰論者嗎？

如果「崩潰」是指資本主義經濟的自動崩潰，那麼，非但馬克思稱不上是崩潰論者，就連恩格斯可能都不算是。恩格斯在《反杜林論》表示：資本主義生產之所以行將崩潰，主要是因為「現代工業已經把這種生產方式的潛在矛盾，發展為極度的〔階級〕敵對」。[360] 若然，則崩潰並不是獨立於階級對抗。

進一步看，馬克思最接近某種崩潰論的時刻，不是在《資本論》而是在《大綱》。他在《大綱》中預言：週期性的經濟危機將一次比一次嚴峻，最終導致資本被「暴烈推翻」。

> 利潤的這種下降……使資本想盡一切辦法，力圖通過減少必要勞動的比重，並進一步增加剩餘勞動的量……這些矛盾導致爆炸、災變、危機，此時，勞動暫時中斷，很大一部分資本被消滅，即以暴力方式使資本回復到它能充分利用自己的生產力而不至於自殺的水準。但這些定期發生的災難，會導致災難在更高的程度上重複發生，並最終導致資本被暴烈推翻。[361]

這個著名段落，並不是在說資本主義經濟將自動終結，而是暗示：一次比一次嚴重的週期性經濟災難、危機，終將帶來革命。

1850 年秋，當馬克思跟維利希、夏佩爾等極端派決裂時，他宣稱「只有在新的危機發生後，新的革命才有可能」。[362] 在政治反動的 1850

360　Engels（*MECW*, 25: 253-254）。關於恩格斯和第二國際的崩潰論，另見第九章第五節。

361　Marx（G: 750），馬克思（馬恩全集 II，31：150）。

362　Marx（*MECW*, 10: 135）。參見第五章第四節。

年代，他不斷預言商業危機的到來。他對危機的關切，約在 1857-1858 年寫作《大綱》和《危機筆記》[363] 時，到達了最高峰。然而，1857 年爆發的世界性經濟危機，並未在西歐掀起政治漣漪，遑論無產階級革命。遲至 1858 年 10 月，馬克思仍相信社會主義革命在歐陸「已迫在眉睫」，但事與願違。[364] 經此教訓，他在 1861-1863 年經濟學手稿中，已不再把危機直接關聯到革命，而是更強調危機的暫時性，及其替資本積累掃除障礙、使之重新恢復活力的作用。危機是「藉以治癒資本過剩、恢復健全利潤率的必要暴烈手段」。世界貿易危機須視作「布爾喬亞經濟一切矛盾的真正聚積和強力調整」。[365] 以及，

　　當斯密從資本過剩、資本積累去說明利潤率下降時，他說的是永久的效應，但這是錯誤的。不同於此，資本過剩、生產過剩和危機是暫時的。**永久的危機是不存在的**。[366]

設若《大綱》暗示著某種滅頂式的、替資本送終的大崩潰，到了 1861-1863 年經濟學手稿，馬克思已告別了此類意象。

　　《大綱》寄望於終局性的大災難，和隨之而來的革命劇場。相對於此，《資本論》第一卷不曾動用「崩潰」的隱喻。第一卷雖未放棄作為事件的革命，但高度看重作為過程的革命。這些變化，既與馬克思對 1857-1858 年危機的反思有關，也與他投入國際工人協會的運作息息相關。有些論者如曼德爾（Ernest Mandel）宣稱第一卷仍蘊含著崩潰論，卻未能提出有力的佐證。[367] 實則，曼德爾所指涉的第一卷第三十二章「剝奪者被剝

---

363 《危機筆記》寫於 1857 年 11 月至 1858 年 2 月，收於 Marx（*MEGA2*, IV/14）。另見 Krätke（2008a; 2008b）。

364 Marx（*MECW*, 40: 347）。參見第六章第一節。

365 Marx（*MECW*, 33: 105; *MECW*, 32: 140）。

366 Marx（*MECW*, 32: 128），馬克思（馬恩全集 II，34：564）。

367 Mandel（1991: 79）。Cf. Kliman（2007: 31）。

奪了」一段，並不是馬克思支持崩潰論的證明，因為該段主要是關於資本的集中化、勞動的社會化，和廣大工人階級的反抗。它不是關於經濟崩潰，不是關於狹義的經濟危機，而是關於階級兩極分化，乃至無產階級革命的到來。[368] 稍後在第八節，我們會再回到這個著名段落。

　　「崩潰」一詞是有歧義的。如果我們把盧森堡 1913 年《資本積累論》視作經濟崩潰論的典範，[369] 則考茨基等較早的正統馬克思主義者，大都不屬於此類狹義的經濟崩潰論者，而是更接近《反杜林論》那種整合了階級對抗的、綜合性的社經崩潰論。但無論如何，「崩潰」並不是《資本論》的關鍵詞。縱使是在《資本論》第三卷的經濟危機論述中，幾乎也找不到崩潰論的蹤影。[370]

　　在《資本論》前三卷中，和經濟危機最直接相關的內容，莫過於第三卷第三部分對「利潤率趨降的規律」和「資本的過度積累」的探討。此外，第三卷和第二卷都觸及商品價值能否「實現」的問題。第二卷的再生產論說，還指向生產工具部門和民生消費品部門之間的（潛在）不平衡。這些都是廣義的馬克思經濟危機論的構成要素。以下，我們僅將對「利潤率趨降的規律」提出若干考察，並扼要說明「過度積累」和「價值能否實現」之所指。

利潤率的平均化

　　在《資本論》第三卷，馬克思欲推導出「利潤率趨降的規律」。他的推論分為兩個階段：（1）在競爭環境下，各資本的利潤率將趨於平均；

368　Marx（C1: 929）。第一卷第三十二章「剝奪者被剝奪了」一段所表達的實質論點，後來被考茨基納入《艾爾福特綱領》的理論部分。正是在考茨基和恩格斯（而非馬克思）的手中，這些論點被關聯到崩潰論。參見 K. Kautsky（1910 [1892]: 88-93）。另見第九章第五節。

369　Hudis and Le Blanc eds.（2015）。另見 Geras（1973）。

370　Mandel（1991: 79）承認，第三卷不存在支持崩潰論的論據。

（2）平均利潤率將趨於下降。兩者分別是第三卷第二部分、第三部分的主題。

　　關於（1），馬克思試圖說明平均利潤率如何影響商品價值。他區分兩種商品價值：一種是未經轉換的、利潤率未被平均化的、尚未把競爭納入考量的商品價值，又稱「市場價值」；[371] 另一種是經過轉換的、利潤率已被平均化的、發生在競爭環境下的商品價值，又稱「生產價格」。[372] 在此，馬克思並不是在探討市場價格。[373] 所謂「生產價格」係指商品在競爭環境下的價值，而非市場價格。

　　按馬克思的說法，若不考慮競爭，商品的價值＝它內含的不變資本（機器、原料等）的價值＋可變資本（工資）的價值＋剩餘價值。一旦進入競爭環境，商品的價值就可能發生變化。以下是基本概念及其定義：

　　（a）商品的**成本價格**＝它內含的不變資本的價值＋可變資本的價值。[374]

　　（b）若不考慮競爭，商品的價值＝成本價格＋剩餘價值。[375]

　　（c）所有商品的剩餘價值的總和，除以所有商品的成本價格的總和＝**平均利潤率**。[376]

　　（d）商品在競爭環境下的價值＝**生產價格**＝成本價格 ×（1 ＋平均利潤率）。

371　Marx（C3: 279）。

372　Marx（C3: 257）。

373　《資本論》第一卷的行文預設是商品「按其價值售出」。此指商品的價值量（平均工時量）決定其市場價格，以及，商品的價值都能在流通過程中「實現」。但對馬克思而言，一旦引入抽象度較低的變數（如競爭），價值和價格的關係就變得更複雜。只有在最抽象的理論層面上，價值才是價格的唯一決定因素。Cf. Marx（C1: 709, 329 fn. 9, 269 fn. 24）。不過，第三卷關於「生產價格」的討論，並不直接涉及市場價格。「生產價格」仍是勞動價值論的理論範疇，儘管它把某種抽象的「競爭」納入了考量。Cf. Mandel（1991: 30）。

374　Marx（C3: ch. 1）。

375　Marx（C3: 118）。

376　又稱「一般利潤率」，見 Marx（C3: 254）。

（e）經此轉換之後，商品的利潤／剩餘價值＝成本價格 × 平均利潤率。[377]

　　舉例來說，設若商品 A 內含的不變資本是 60，可變資本是 40，剩餘價值是 40。若不考慮競爭，商品 A 的價值是 140，成本價格是 100，剝削率是 100％，利潤率是 40％。要是引入競爭，並假設競爭拉平利潤率，商品 A 的價值就改變了。此時，設若平均利潤率是 30％，商品 A 的價值（生產價格）就變成 130，下降了 10。另假設，商品 B 內含的不變資本是 50，可變資本是 50，剩餘價值是 20。不考慮競爭，商品 B 的價值是 120，成本價格是 100，剝削率是 40％，利潤率是 20％。引入競爭後，若平均利潤率是 30％，商品 B 的價值（生產價格）變成 130，上升了 10。

　　再假設這個經濟只有兩項商品，即商品 A 和商品 B。先看成本價格：商品 A 的成本價格是 100，商品 B 的成本價格也是 100，共計 200。再看利潤：商品 A 的原有利潤／剩餘價值是 40，商品 B 的原有利潤／剩餘價值是 20，共計 60。因此，平均利潤率＝ 60/200 ＝ 30％。商品 A 轉換後的利潤／剩餘價值應為 30，商品 B 轉換後的利潤／剩餘價值也是 30。

　　馬克思在第三卷第二部分舉的例子，是 5 個不同資本／商品之間的利潤率平均化。[378] 但即使只假設兩位生產者，或假設有 5 萬甚至更多生產者，重點依然不變：無論各資本原來的、轉換前的利潤率為何，在競爭環境下，都將取得同樣的平均利潤率。利潤／剩餘價值的總量維持不變，只是在各資本之間，按其成本價格的比例重新分配。原先利潤率較高者，得去補貼原先利潤率較低者。例如，前述商品 A 的利潤原是 40，商品 B 的利潤原是 20；但在利潤率平均化的效應下，商品 A 的利潤減為 30，商品 B 的利潤增為 30。利潤／剩餘價值的總量還是 60，但在轉換之後，商品 A 的利潤減少了 10，重分配給了商品 B。

　　大體而言，以上即是「轉換問題」之所指。它是關於不假設競爭的商

377　Marx（C3: ch. 9）。

378　Marx（C3: 255-256）。

品價值（即馬克思所謂「市場價值」）和假設了競爭的商品價值（即「生產價格」）之間的轉換。[379] 馬克思假定競爭將使利潤率趨於平均，並從平均利潤率去進行價值轉換，從而得出商品的「生產價格」。不難看出，他似乎把資本描述成了某種社會主義共濟會：共濟會中的大小兄弟，不管各自的出發點為何，也不管各自有多努力，最終得到的回報率是一樣的。

按馬克思的理論，利潤率＝s/(c+v)。《資本論》第一卷英文版（1887）的譯者莫耳（Samuel Moore），把這個公式中的分子和分母同時除以 v，遂得出利潤率＝ (s/v)/(1+c/v)。[380] 其中，s/v 是剝削率或剩餘價值率，c/v 是資本有機構成。[381] 莫耳的公式特別有助於釐清利潤率、剝削率、資本有機構成的變動關係。以下，我們借用它來進行討論。

值得注意的是，馬克思在探討商品價值轉換為生產價格時，假設了「各資本的剝削率一致」。[382] 但如此一來，高效機器生產的剝削率和勞力密集產業的剝削率，就被假定為同等的。由於高效機器生產的 c/v 值要高於勞力密集產業的 c/v 值，一旦假設「各資本的剝削率 s/v 一致」，則前

379　有些論者認為，馬克思的算法有誤，因為他遺漏了「輸入端」的轉換。亦有論者為馬克思辯護，指其演算無錯之有。與此相關的計算爭議和理論爭議，已延續了一世紀有餘，非本書所能深究。另見 M. Smith（2019: 91-96）、Mandel（1991: 21-29）、Howard and King（1989: ch. 3）、Howard and King（1992: ch. 14）、Kliman（2007: chs. 8-9）、Steedman（1981 [1977]: ch. 2）、Meek（1977: pt. II）、Reuten（2019）、Potts and Kliman eds.（2015）、Mandel and Freeman eds.（1984）。

380　Sperber（2013: 439-440）。

381　Marx（C1: 762; C3: 244-245）區分了資本的「價值構成」與「技術構成」。價值構成＝不變資本的價值量÷可變資本的價值量。技術構成＝不變資本的體量÷勞動力的體量。所謂「資本有機構成」則被定義成一種「由技術構成所規定，且反映了技術構成」的「價值構成」。非關技術構成的其他變數，也可能帶動價值構成的變化，但這些變化不影響「有機構成」。易言之，後者專指「技術構成」分子和分母的價值量之比。Zarembka（2021: 133-135）指出，馬克思是在《資本論》第一卷的 1875 年法文版第二十五章中，才首度對「技術構成」、「價值構成」和「有機構成」做出更清晰、更準確的定義。恩格斯則把法文版第二十五章開頭的這段文字，納入了後來的德文版。另見馬克思（馬恩全集 II，43：653）。Cf. Fine and Harris（1979: 60, 62）。

382　Marx（C3: 255-256, 267-268）。

者的利潤率必低於後者的利潤率。但這個假設合理嗎？何以各資本的剝削率被假定一致？

在馬克思自己舉的例子中，5 種資本／商品的勞動力用量（可變資本量）不同。由於他預設各資本的剝削率一致，這就導致了以下圖像：勞動力用量愈高者，原有的利潤／剩餘價值愈多；勞動力用量愈低者，原有的利潤／剩餘價值愈少。在剝削率一致的假設下，高效機器生產的（轉換前）利潤率，必低於勞力密集產業的（轉換前）利潤率。因此，在競爭環境下，是勞力密集業者得拿出一部分利潤，去補貼先進機器生產者。

實則，第三卷第二部分關於「利潤轉化為平均利潤」的論證，完全不需要預設各資本的剝削率一致。它不僅是多餘的，甚至難稱合理。馬克思的主張是：在競爭環境下，無論各商品生產者的資本有機構成 c/v 值為何，也無論其各自原有的利潤率為何，都將取得一樣的平均利潤率。實際上，此與各資本的剝削率 s/v 是否一致，沒有任何必然的關係。一旦捨棄「各資本的剝削率一致」這項假設，究竟是誰補貼誰就很難說。要是機器生產者大幅提升了剝削率，其原有的利潤率就可能較高，說不定就會是補貼者而非被補貼者。例如，在我們所舉的例子中，商品 A 的剝削率100％、利潤率 40％，商品 B 的剝削率 40％、利潤率 20％，最後是商品A 補貼了商品 B。

何以「各資本的剝削率一致」並非合理的假設？因其偏離了資本主義的經驗現實。試想：由於台積電的不變資本極高，就算其員工的工資遠高於社會平均，其 c/v 值還是尾大不掉。在此情況下，如果台積電的剝削率和勞力密集產業的剝削率一致，它的利潤率將低得離譜，甚至根本不可能出現這種企業。套用莫耳的公式來說，正因為台積電的 c/v 值相當高，唯有當剝削率 s/v 足夠高時，才能取得一定的利潤率。但馬克思「各資本的剝削率一致」的假設，卻預先排除了「高效機器生產可能大幅推升剝削率，並促升利潤率」的可能。

理論上，資本將從利潤率低的項目或部門流出，向利潤率高的項目

或部門流動，遂使利潤率趨於平均。[383] 暫且不論這種平均化的作用力有多大，「利潤率趨於平均」亦見於李嘉圖等古典政治經濟學家，並非是不合理的假設。但「各資本的剝削率一致」則不然。馬克思在《資本論》第三卷和第一卷，都提到「一般剩餘價值率」即平均剝削率。第三卷表示：

> 這種**一般剩餘價值率**，作為一種趨勢，就像一切經濟規律一樣，是我們為了理論上的簡便而假定的。但無論如何，它實際上就是**資本主義生產方式的現實前提**……。我們在理論上假定，資本主義生產方式的規律，是以純粹的形式展開的。[384]

在此，馬克思假設了工人在不同領域之間的自由移動。[385] 但這種流動會拉平各資本（或不同生產領域）的剝削率嗎？答案似乎是否定的。[386] 再以台積電為例。其極高的利潤率意味著極高的剝削率，但願意成為台積電員工的工人，還是絡繹於途，並未被極高的剝削率嚇阻。就此而言，「各資本的剝削率（趨於）一致」或「剝削率的平均化」並不是合理的假設。大量使用機器的先進業者，正因其資本有機構成 c/v 值偏高，除非能取得足夠高的剝削率，否則根本難以獲利。先入為主地假定剝削率一致，無異於判了先進工業死刑。[387]

利潤率趨降的規律

第三卷第三部分為了導出「利潤率趨降的規律」，繼續假設各資本的

383　Marx（C3: 297），馬克思（馬恩全集 II，46：218）。

384　Marx（C3: 275），馬克思（馬恩全集 II，46：195）。Cf. Marx（C1: 433, 436, 441）。

385　馬克思並未明確主張工人流動將拉平剝削率，但上下文有此暗示。見 Marx（C3: 275, 319）。

386　Nove（1991: 34）。

387　Cf. Sperber（2013: 444-446）。

剝削率一致。就整個社會來說,如果各資本保持一致的那個剝削率(即一般剝削率或平均剝削率),[388] 不會隨著資本有機構成 c/v 值的升高而升高(或只略為升高),平均利潤率就會下降。馬克思表示:「在剩餘價值率不變或資本對勞動的剝削程度不變的情況下,一般利潤率會逐漸下降」。

> 隨著可變資本相對於不變資本的日益減少,總資本的有機構成不斷提高。其直接的結果是,在**剝削程度不變甚至升高**的情況下,剩餘價值率會表現於**穩步下降的一般利潤率**。……一般平均的剩餘價值率必然表現於下降的一般利潤率。[389]

剩餘價值率「表現於」下降的利潤率,是一個含混的說法,在此略去不論。馬克思的大意是,第一、若一般／平均剝削率不變,則隨著不變資本的比重升高,一般／平均利潤率會逐漸下降。第二、就算剝削率升高,當也不至於動搖這個「利潤率趨降的規律」。[390]

在工業資本主義的脈絡下,勞動生產率的提升,多仰賴先進機器的使用,而這帶動了資本有機構成 c/v 值的升高。無論個別資本是否引入機器,隨著機器的普及,全部資本的 c/v 值必逐漸上升。按莫耳的公式,利潤率 = (s/v)/(1+c/v)。要是分子(即一般剝削率 s/v)保持不變,但分母中的 c/v 值持續升高,平均利潤率就將持續下滑。大致來說,這就是第三卷第十三章〈規律本身〉推導「利潤率趨降的規律」的方式。

它看似簡單明瞭,但問題在於:何以剝削率不會隨著資本有機構成 c/v 的升高而升高,並帶動平均利潤率的上升?馬克思並未堅稱剝削率不會上升,但他確實是從「剩餘價值率不變或資本對勞動的剝削程度不變」

---

388 Marx(C3: 317)為了行文方便,假定平均剝削率是 100%。

389 Marx(C3: 317-319),馬克思(馬恩全集 II,46:236-237)。

390 馬克思數度表示,就算剝削率升高,利潤率趨降的規律也依然成立。見 Marx(C3: 319, 322, 326-327, 333, 337)。

的假設，先推導出利潤率趨降的規律，然後再宣稱剝削率就算上升，也撼動不了這個規律。然而，「平均剝削率維持不變」的假設，從一開始就偏離了資本主義的現實。如前所述，要是高度自動化的先進業者無法大幅提升剝削率，其利潤率恐將低得可憐，因而乏人問津。正因為「剝削率的平均化」和「平均剝削率不變」等假設頗成問題，建立於此的「利潤率趨降的規律」也難以確立。[391]

利潤率 = (s/v)/(1+c/v)。就算 s/v 和 c/v 都往上升，利潤率仍可能下降，但卻不一定下降，也有可能上升。唯有當 1+c/v 的升幅，高於 s/v 的升幅，利潤率才會下降；反之，如果 s/v 的升幅高於 1+c/v 的升幅，利潤率就會上升。要言之，單從利潤率的公式本身，得不出「利潤率趨於下降」的結論。公式只能說明：利潤率的升降，取決於分子 s/v 和分母 1+c/v 的相對變動。第十三章〈規律本身〉假設「各資本的剝削率一致」和「剝削率不變」，欲直接從公式導出利潤率的趨降規律。但這是以預設偷渡結論，而且，這組預設難稱合理。[392]

事實上，馬克思並非沒有意識到機器生產將推升剝削率。稍早在 1861-1863 年經濟學手稿中，他舉了一個比較極端的例子，藉以說明：雖然機器生產將推升剝削率，但利潤率仍將下降。[393] 第三卷第十五章又再度舉了這個例子。

> 兩個每天勞動 12 小時的工人，就算可以只靠空氣生活，而幾乎不必為自己勞動，也無法提供 24 個每天只勞動 2 小時的工人所提供的剩餘價值量。因此，就這方面來說，靠提高勞動剝削程度去補償工人人數的減少，有某些不可逾越的界限。它當然能牽制利潤率的下降，但無法制止這種下降。[394]

391　Cf. Heinrich（2013a: 23）。
392　Cf. Sperber（2013: 439-441）。
393　Marx（*MECW*, 33: 110-111）。
394　Marx（C3: 356），馬克思（馬恩全集 II，46：276）。

後來在第一卷第十五章,馬克思又舉了 24 個工人變成兩個的例子。[395] 由此可見,他特別看重這個例子,及其所欲傳達的論點:機器生產固然提高了剝削率,但如果大幅削減工人數量,其後果將是剩餘價值量的下降。由於利潤率= s/(c+v),要是剩餘價值量 s 下降,利潤率也將下降。這個說法先後出現在 1861-1863 年手稿、《資本論》第三卷手稿和第一卷,其措詞或有些許差異,但實質論點不變。

有別於第三卷第十三章從「平均剝削率不變」直接導出利潤率下降的推論方式,馬克思在前例中,明確表示機器生產將使剝削率升高。他甚至強調:利潤率之所以沒有大幅下降,主因是「勞動的剝削必已大幅增加」。利潤率= s/(c+v) = (s/v)/(1+c/v),雖然有機構成 c/v 不斷上升,但因為剝削率 s/v 也大幅攀升,所以利潤率的下降並不顯著。[396] 在此,馬克思充分意識到機器拉抬剝削率的一面。但另一方面,他排除了「剝削率的增幅大於有機構成的增幅,致令利潤率升高」的可能。[397] 這就又回到 24 個工人變成兩個工人的例子。馬克思的臆測是:如若大幅削減工人數量,剩餘價值量將會下降,利潤率也跟著下降。

但這項論證能否成立,其實是有疑義的。在馬克思舉的例子中,兩個工人在一個工作日內,就算只靠呼吸維生,最多也只能提供 24 小時的剩餘工時;但 24 個工人在一個工作日內,卻能提供 48 小時的剩餘工時。這個例子至少有兩方面的問題。首先,兩個工人的勞動生產率,因使用先進機器之故,可能遠高於少用或不用機器的 24 個工人的勞動生產率。是以,兩個工人在 24 小時剩餘工時內產出的剩餘價值,可能遠高於 24 個工人在 48 小時剩餘工時內產出的剩餘價值。但馬克思在舉這個例子時,似乎把剩餘工時和剩餘價值畫上了等號。這再度忽略了「機器生產提高勞動生產率,並拉抬剝削率」的一面。[398]

---

395 Marx（C1: 531）。

396 Marx（*MECW*, 33: 111）。

397 當然,馬克思並未排除機器先發者「暫時取得高於平均的利潤率」的可能。

398 Marx（*MECW*, 33: 111; C3: 355; C1: 531）。

　　在馬克思看來，上述案例表現出機器生產的「內在矛盾」：機器生產唯有降低工人的數量，才能增加剝削率；但降低工人數量，將使剩餘工時、剩餘價值隨之下降。[399] 在此，他的行文假設是：每個工人每小時的產值是固定的，或至少相去不遠。但如前所述，高度自動化工廠工人的每小時產值，遠高於非自動化工廠工人的每小時產值。今日，甚有論者認為在愈發自動化的當代先進社會，由於必要工時已大幅縮減，工作變得稀少，失業的概念已愈發失去意義；因此，收入應與工作脫勾，讓人們靠「普遍基本收入」維生。[400] 在此類情況下，有工作者只是社會中的少數人，他們將受到極高度的剝削（此指馬克思意義的剝削），但產出的剩餘價值也極高。惟馬克思排除了這種可能性。[401]

　　再者，馬克思對利潤率公式的解讀和運用，可能有誤。他把剝削率關聯到工人數量，指工人數量是決定利潤率的重要變數。[402] 在此，他用的公式是利潤率＝ s/(c+v)。他的推論是：剩餘價值量 s 將因工人數量的減少而下降。但他似乎忘記了，利潤率同時取決於分子 s 和分母 c+v，而不是由分子 s 單獨決定。若無法確知 c+v 的變動方向和幅度，就算 s 的確下降了，也還是推論不出利潤率的下降。[403]

　　綜上，無論是從「各資本的剝削率一致」和「剝削率維持不變」的假設，還是從「機器生產雖使剝削率升高，但同時減少了工人數量，故帶動利潤率下降」之說，[404] 馬克思都未能成功地推論出「利潤率趨降的規律」。

399　Marx（C1: 531; C3: 355）。

400　見 Parijs and Vanderborght（2017）論普遍基本收入。Cf. Munn（2022）。

401　Cf. Sweezy（1981: 50）。另見 Cullenberg（1994: 44-48）。

402　Marx（C3: 355-356, 341-342）。

403　Heinrich（2013a: 24-25; 2013b）。

404　替這個說法辯護的論者，包括 Meek（1967: 141-142）、Rosdolsky（1977, vol. II: 408）、Mandel（1991: 31-32）、Roberts and Carchedi（2013）等。

七、利潤率下降、生產過剩（II）

反作用因素

再看所謂的「反作用因素」。

第十四章〈反作用因素〉首先指出，1835-1865 年間機器生產的大幅擴張，並未帶來一般／平均利潤率的顯著下降。究其原因，應是「反作用因素」所致。這些因素不足以取消利潤率趨降的「規律」，但使其更像是一種「趨勢」。[405]

第十四章舉出的反作用因素，包括下列 6 項：更烈的勞動剝削、工資被壓低到勞動力的價值以下、不變資本的要素變得便宜、相對剩餘人口、對外貿易，以及股份資本的增加。[406] 最後一項離題較遠，可直接跳過。對外貿易係指資本向外發展，以尋求更高利潤。較值得注意的是前四項。所謂「更烈的勞動剝削」係指工作日的延長和勞動烈度的增加。運用機器以提升勞動生產率和剝削率，不屬於反作用因素。但延長工作日、提高勞動烈度，則是一種減緩利潤率下降的反作用力。[407] 照馬克思的陳述，正因為機器生產使利潤率下降，資本才會無所不用其極地延長工作日、提高勞動烈度，以阻止利潤率滑落。[408] 此外，「工資被壓低到勞動力的價值以下」或工資因「相對剩餘人口」的增加而被拉低，將使勞力密集產業得以擴張，從而推升利潤率。[409]「不變資本的要素變得便宜」係指：機器生產帶

405　Marx（C3: 339）。

406　Marx（C3: 339-348）。

407　Marx（C3: 339-342）。馬克思表示（C3: 340-341）：勞動生產率和相對剝削率的提升，如果不涉及資本有機構成的變化，就屬於一種反作用因素。至於機器帶動的勞動生產率和相對剝削率的升高，則不在反作用因素之列，因其（在推導利潤率趨降的規律時）已被考慮在內。

408　Cf. Marx（C1: esp. 531）。參見本章第五節。

409　Marx（C3: 342-344）。

動的 c/v 值升高，將因不變資本的要素降價而受到牽制。[410]

　　馬克思關於「反作用因素」的細部論證，非此處所能深究。總的來看，第三卷第十三章和第十四章的內容，泰半是這種或那種假設性推論。其反覆表達的基本見解，就是先進機器生產相對薄利，勞力密集生產更能獲利。[411]

利潤率和危機

　　馬克思並未完全排除「機器生產推升利潤率」的可能，但將之局限於（在特定的生產類別）率先使用新技術的先發者，並強調先發者只是「暫時」取得高於平均的利潤率。按第三卷第十五章和第一卷第十二章，率先引入新技術／新機器的生產者，將可望提升勞動生產率，降低商品的單位價值，從而取得高於同行的利潤率。[412] 從莫耳的利潤率公式來看，在此類情況下，雖然 1+c/v 因引入機器而上升，但剝削率 s/v 的升幅更高，故帶來更高的利潤率。但馬克思強調，機器先發者的優勢是暫時的。在競爭環境下，一旦後發者迎頭趕上，先發者的超額利潤率就會消失。[413] 屆時，「利潤率的下降接踵而至」（第三卷）。[414] 由於機器先發者的價格優勢只是暫時的，它甚至不被視為推升利潤率的「反作用因素」，彷彿它根本起不了拉抬平均利潤率的作用。

　　針對「利潤率趨降的規律」，置鹽信雄（Nobuo Okishio）曾提出以下質疑：要是機器無法提升利潤率，資本家何以要引入機器？暫且不論

410　Marx（C3: 342-343; cf. *MECW*, 33: 78-103, 287-291）。另見 Moseley（2019: 108-109, 112-114, 116-117, 133-134）。關於不變資本的降價，及其之於資本有機構成的效應，見 Cullenberg（1994: 40-44）、Sweezy（1970 [1942]: 100, 103）、Robinson（1966: 35-36）、Rosdolsky（1977, vol. II: 405-407）。

411　因此，愈是先進的工業資本主義社會，其平均利潤率就愈低。Cf. Marx（C3: 374-375）。

412　Marx（C3: 373-374; C1: 433-436）。

413　Marx（C3: 373; C1: 436, 530）。

414　Marx（C3: 374）。

「置鹽定理」的對錯，[415]《資本論》第三卷「先進機器生產比勞力密集產業薄利」的思路，不得不讓人懷疑：工業資本主義究竟是如何興起、壯大的？機器生產的擴大運用，難道都只是暫時的、零星的？要是機器生產先天薄利（除了先用機器者可「暫時」取得高於平均的利潤率外），何以機器生產持續擴張？何以資本不大舉向勞力密集生產，甚至向前工業時代回歸？[416]

馬克思在《資本論》第一卷中，並未提及「利潤率趨降的規律」，儘管有些段落隱約地指向利潤率的下降。[417] 1875 年，他在一份數學手稿中，重新考慮了剝削率和利潤率的關係，但未獲致確切的結論。他注意到在某些情況下，就算資本的有機構成上升，利潤率仍可能上升。[418] 此外，在第一卷德文第三版（1883）和第四版（1890）中，恩格斯納入了馬克思手寫在德文第二版（1873）書頁上的幾句話：

> 如果只是量的擴大，那麼在同一生產部門，較大資本和較小資本的利潤都跟資本投入的量成比例。如果量的擴大引起了質的變化〔指資本有機構成的升高〕，那麼，較大資本的利潤率就會同時升高。[419]

在此，資本有機構成 c/v 的上升，被認為將使較大資本的利潤率上升，而不是下降。這暗示，馬克思此時或已擱置了「利潤率趨降的規律」。

回頭來看，第二國際馬克思主義者的「崩潰論」，無論是考茨基的版

---

415 Okishio（1961）。置鹽定理（關於引入機器將推升利潤率的一套說法）及其爭議，另見 Cullenberg（1994: ch. 3）、Parijs（1980）、Mandel（1991: 35-36）、Howard and King（1992: 140-145, 316-317）。

416 Cf. Sperber（2013: 446）。

417 Marx（C1: esp. 530-531）。Cf. Moseley（2019: 128-131）。

418 1875 年《剩餘價值率和利潤率的關係》數學筆記，收於 Marx（*MEGA2*, II/14: 19 ff.）。另見 Heinrich（2013a: 28）。Cf. Moseley（2019: 131-132）、Sperber（2013: 440-443）、Callinicos（2014: 284-285）。

419 Marx（C1: 781 fn. 11），馬克思（馬恩全集 II，44：725）。

本，還是盧森堡的版本，都不是建立於「利潤率趨降的規律」。《資本論》第三卷出版於 1894 年，但馬克思主義者的「崩潰論」早在《反社會主義法》施行期間（1878-1890）已漸成氣候。[420] 換句話說，「崩潰論」與「利潤率趨降的規律」並沒有必然的連結。遲至 1920 年代以降，「利潤率趨降的規律」才開始得到馬克思主義者的重視。[421] 在西方，社會主義革命的失敗或缺席，促使部分馬克思主義者（就像 1850 年代的馬克思那樣）轉而寄望於經濟危機，甚至經濟崩潰。「革命就在下一次危機的轉角」或「經濟崩潰將使革命從敗部復活」時而變成了一種信仰。雖然崩潰論並不是非得以「利潤率趨降的規律」作為立論基礎，但在 20 世紀，後者確實成為崩潰論者的重要資源。

對此，恩格斯亦「功不可沒」。他對第三卷第三部分的手稿，進行了強勢編輯，藉以凸顯「利潤率趨降的規律」的頭等重要性。此外，他還改寫了第三卷第十五章的一個段落，把馬克思的原話「被撼動」改成了「迅速崩潰」：

> 如果沒有相反的趨勢，持續在向心力的旁邊起到去中心化的作用，這個〔資本的集中化〕過程將導致資本主義生產的**迅速崩潰**。[422]

直到第三卷手稿在 1993 年問世，[423] 人們才愈發注意到：恩格斯不僅對手稿進行了積極編輯，還做出若干具爭議性的文字更動，包括把「被撼動」替換成「迅速崩潰」。[424]

恩格斯「資本主義生產的迅速崩潰」一語，不能不說是誤導性的。第

420　另見第九章第五節。

421　E.g. Grossman（2005 [1929]）。Cf. Howard and King（1992: ch. 7）。

422　Marx（C3: 355），馬克思（馬恩全集 II，46：275）。Cf. Roth（2009: 43-44）。

423　收於 Marx（*MEGA2*, II/4.2）。

424　關於恩格斯對第三卷的編輯，見 Roth（2009; 2019）、Vollgraf et al.（2002）、Heinrich（1996-1997）。Cf. Moseley（2019: 141-143）。

三卷第三部分的實際內容，如曼德爾指出，並不具有崩潰論的意涵。[425] 馬克思在第十五章表示：

> 危機永遠只是現存矛盾的**暫時的**、暴力的解決……
>
> **現有資本的週期性貶值**，是資本主義生產方式所固有的一種手段，藉以**延遲利潤率的下降**，並通過新資本的形成去加速資本價值的積累。這種貶值會擾亂資本流通過程和再生產過程的現有條件，從而引發生產過程的突然停滯和危機。[426]

資本的週期性貶值及其引發的經濟危機，乃是為了延遲利潤率的下降，為了使愈發遲緩的資本積累得以加速。在此，利潤率的下降被理解為週期性危機（作為一種讓資本恢復活力的暫時手段、暴力手段）所欲化解的痼疾。1861-1863 年手稿曾把危機界定成「藉以治癒資本過剩、恢復健全利潤率的必要暴烈手段」，並強調危機是「暫時的」而不是「永久的」。[427] 第三卷第十五章表達了同樣的立場。

資本的過度積累

第三卷第十五章〈規律的內在矛盾的發展〉從利潤率的下降趨勢，進一步論及資本的過度積累，也就是資本的生產過剩。在《資本論》前三卷中，這是最密集探討經濟危機的一章。它是恩格斯根據第三卷手稿的相關內容，經過一定程度的編輯和修潤而成。

在 19 世紀前葉的法國社會主義圈中，所謂「生產過剩」一般追溯至西斯蒙弟和傅立葉。在同時期的英國，則可見於歐文派論說。[428] 馬克思在

425　Mandel（1991: 79）。

426　Marx（C3: 357-358），馬克思（馬恩全集 II，46：277-278）。

427　Marx（*MECW*, 33: 105; *MECW*, 32: 128）。關於利潤率下降和週期性危機的關聯性，見 Reuten（2002; 2004），另見 Callinicos（2014: 275-276）。

428　參見第三章第二節和第四節。

1844 年《經濟學哲學手稿》已吸收「生產過剩」之說。[429]《資本論》第三卷指「生產過剩」有兩個面向：資本的生產過剩和商品的生產過剩。資本的生產過剩「不外乎是資本的過度積累」。再者，「資本是由商品構成，資本的生產過剩因而蘊含著商品的生產過剩」。[430]

何為資本的過度積累？馬克思表示，利潤率的下降和加速的資本積累，是同一生產力發展過程的不同表現。資本積累加速了利潤率的下降，「利潤率的下降又加速了資本的聚積化和集中化」。資本「量」的積累將會加速，但「積累率」隨著利潤率一起下降。也就是說，將有愈來愈多的資本，難以進入剩餘價值的生產場域，因而變成閒置或半閒置的資本。此即「過度積累」之所指。

> 有鑑於總資本的增殖率（即利潤率）是資本主義生產的激勵（因為資本增殖是資本主義生產的唯一目的），利潤率的下降會延緩新的獨立資本的形成，從而表現為對資本主義生產過程發展的威脅。利潤率的下降在帶來剩餘人口的同時，還促進了過度生產、投機和危機，並導致資本過剩。[431]

觀諸今日資本主義，「過度積累」不時顯現於金融投機、房地產炒作、推陳出新的投資詐騙、泡沫經濟，以及資本的對外輸出。要是生產事業的利潤太薄，資本就會另謀出路。要是本國市場的利潤過薄，資本就可能流向海外。這些都是廣義的過度積累症候群。

馬克思並不是「過度積累」概念的首發者。從利潤率的下降去解釋資本積累的減緩，也不是馬克思首創。早在他之前，李嘉圖已宣稱「極低的利潤率將抑制一切積累」，直到最終進入「靜止狀態」。[432]但從生產力的

---

429 Marx（*MECW*, 3: 258）。參見第三章第五節。

430 Marx（C3: 359, 365）。

431 Marx（C3: 349-350），馬克思（馬恩全集 II，46：269-270）。

432 Ricardo（1983 [1821]: 120, 109）。參見本章第二節。

進步（及其帶動的資本有機構成的升高）去解釋利潤率的下降，則算是馬克思的獨特論說。

第十五章強調，利潤率的下降將加劇資本的聚積化和集中化，並使「剩餘人口」尾大不掉。[433] 比起大資本，小資本對利潤率更敏感，更容易為了更高的利潤率鋌而走險，如投機、信用詐騙、股份詐騙等。大資本更有條件和動機，在利潤率下降的情況下繼續擴大投資，以增加利潤總量，並擴大市場占有。但資本的過度集中，勢將使資本主義生產失去生機，淪為一攤死水。[434]

正是在論證資本集中化的環節，馬克思表示：要是沒有去集中化的反向作用力，資本主義生產將因高度集中化而「被撼動」。在週期性的危機中，既有資本的進一步貶值無可避免，不少生產工具遭到廢棄或閒置，大量的勞工失業。這恰恰是為了恢復健全的利潤率，並重新加速資本的增殖。就此來說，危機「永遠只是現存矛盾的暫時的、暴力的解決」，而不是恩格斯說的最終「崩潰」。[435]

為了申論資本的過度積累，第十五章舉出一種假設性的極端情況：設若剝削率已無法提高（亦即，既無法延長工作日，也無法推升勞動生產率），資本對勞動力的需求就會變得極高，工資也隨之上漲，致令利潤率進一步下降。在此狀況下，擴大投資將愈發薄利，甚至拉低已有投資的報酬率。額外的投資甚至是賠本生意，不但難以獲利，還將使實存的資本貶值。新的資本積累的所有途徑，於是都被堵住了——危機接踵而至。[436] 但如曼德爾指出，以上關於「**絕對的**過度積累」的推論，邏輯上也許言之成理，但實際的發生概率甚低。更強勁的勞動力需求，及其導致的工資上漲，對資本來說並非沒有解方。[437] 此外，生產技術在各部門同時遇到瓶

---

433 Marx（C3: 350, 353, 357-365, 375）。

434 Marx（C3: esp. 368, 359）。

435 Marx（C3: 355-359, 362-363）。

436 Marx（C3: 360-362）。

437 Mandel（1991: 46-47）。

頸，致使勞動生產率和剝削率完全無法提升，亦屬罕見。[438]

價值的實現

在資本的生產過剩之外，還有商品的生產過剩。

「商品的生產過剩」意指資本生產出來的商品價值，未必都能在流通交換的領域得到實現。《大綱》區分了剩餘價值的「生產」和「實現」：剩餘價值「只能在流通中得到實現」，但「在進入流通之前，就已經〔在生產過程中〕被決定了」。[439] 1866 年寫作第一卷時，馬克思原打算一鼓作氣完成第一卷和第二卷，再一起推出。但後來在恩格斯及其他友人的說服下，他最終同意先出版第一卷。[440] 第一卷聚焦於資本的生產過程，其行文預設是商品都能正常流通，並按其價值售出。[441] 也就是說，第一卷存而不論剩餘價值可能遭遇的「實現」問題。

要是《資本論》第二卷能夠一起出版，也許有助於排解「馬克思是狹隘的生產主義者」的印象。但無論如何，馬克思向來認為資本生產出來的商品價值，包括其內含的剩餘價值，不一定都能在流通的領域得到「實現」。[442] 資本以機器節省勞動力、擴大產能，藉此生產出更多的商品／價值，但未必都賣得出去。當愈來愈多的商品／價值得不到實現，就可能助長或導致危機。

---

438 「過度積累」後來在馬克思主義者之間引發爭議。部分論者著眼於「工資過高」一項，由此延展出若干說法，例如：爭取更高工資或可加速資本主義的滅亡；壓低工資或可克服過度積累，等等。但這些關於工資高低的推論，大都偏離了馬克思的見解。在他看來，工資並不是經濟危機的決定性因素，儘管在他假設的最極端情況（即「絕對的過度積累」）下，工資上漲有如壓垮駱駝的最後一根稻草。Cf. Clarke（1994: 235-236）、Mandel（1991: 39-41）。

439 Marx（G: 321）。

440 參見本章第二節。

441 Marx（C1: 709, 329 fn. 9, 269 fn. 24）。

442 Cf. Clarke（1994: 144-149, ch. 6）。

用白話來說，就是資本主義內建了商品賣不出去的隱疾。馬克思在第三卷第十五章表示：

總商品量，即總產品，無論是替代不變資本和可變資本的部分，還是代表剩餘價值的部分，都必須賣掉。如果賣不掉，或只賣掉一部分，或賣出的價格低於生產價格，那麼，工人固然被剝削了，但對資本家來說，這種剝削並未真正實現，**所榨取的剩餘價值甚至完全不能實現**，或只是部分實現，甚至就連他的資本也部分或全部損失掉。**進行直接剝削**的條件和**實現這種剝削**的條件，不是同一回事。兩者不僅在時間和空間上是分開的，在理論上也是分開的。前者只受社會生產力的限制，後者受**不同生產部門的比例**和**社會消費力**的限制。但社會消費力既不是取決於絕對的生產力，也不是取決於絕對的消費力，而是取決於**以對抗性的分配關係為基礎的消費力**；這種分配關係，使**社會大多數人的消費縮減到最低限度**，只能在相當狹小的界限內變動。[443]

資本為了增殖、為了積累而不斷發展生產力。但不同生產部門之間的比例關係，為生產力的發展設下了限制，這是其一。[444] 其二，在對抗性的分配關係下，「社會大多數人的消費〔被〕縮減到最低限度」，資本卻是在這種條件下力圖發展生產力。就此而言，「一切真正危機的終極原因，總不外乎是群眾的貧困和受限的消費」。[445]

馬克思主要是一位「生產過剩」而非「消費不足」論者，儘管他的若干陳述（如前引「一切真正危機的終極原因……」一句）看似接近於消費

443　Marx（C3: 352），馬克思（馬恩全集 II，46：272-273）。

444　限於篇幅，這裡不擬探究《資本論》第二卷提出的「再生產圖式」及其相關爭議。見 Marx（C2: chs. 20-21）。Cf. Mandel（1992: 69-74, 21-38; 1991: 42-44）、Harvey（2006 [1982]）。第二卷的生產過剩論說，另見 Mandel（1992: 69-74）。

445　Marx（C3: 615）。

不足論。[446] 民生消費力的不足，無疑也是馬克思重視的一面，但他的論說還有其他面向，包括對資本財的需求及其變動。《資本論》第二卷第三部分區分了兩個部門：第一部門生產資本財；第二部門生產民生消費品。兩部門之間的比例關係，也是剩餘價值能否實現的一個重要環節。如前引段落所示，商品價值的實現「受不同生產部門的比例和社會消費力的限制」。商品不只是民生消費品，也還包括資本財。第二卷第二十章指出：

> 　　商品賣不出去，無非是找不到有支付能力的買者，也就是找不到消費者（不管購買商品最終是為了生產消費或個人消費）。……〔有人〕說工人階級從他們自己的產品中得到太少了，只要他們從中得到更大的分額，即提高他們的工資，弊端就可以消除。我們只須指出，危機到來前總會有一段時期，工資普遍升高，工人階級確實從消費用的那部分年產品中得到更大分額。……〔但這種相對的繁榮〕往往只是危機的預兆。[447]

在此，馬克思明確拒絕了單面向的民生消費不足論。[448]

　　20 世紀初，盧森堡曾對《資本論》第二卷提出質疑。在她看來，正因為資本主義系統性地壓低民生消費力，故注定無法（關起門來）擴大再生產，只能通過帝國主義行徑，逼迫其他社會去吸收多餘商品。這是一種比較極端的消費不足論。盧森堡將之嫁接於一種戲劇化的經濟崩潰論，加上革命行動主義。[449] 暫且不論盧森堡的對錯，馬克思的立場與之頗為不

---

446 第三卷的另一段話（C3: 420）似也蘊含著消費不足論。Rosdolsky（1977, vol. I: 326）把《大綱》的相關說法，解讀為一種民生消費不足論。Clarke（1994: 146）則認為，《大綱》並未把「實現」問題化約為民生消費不足，而是也看重資本財的需求變動。

447 Marx（C2: 486-487），馬克思（馬恩全集 II，45：456-457）。

448 Callinicos（2014: 255-258）。

449 Hudis and Le Blanc eds.（2015）。Cf. Howard and King（1989: ch. 6）、Zarembka（2021: ch. 9）。

同。關於資本開拓海外市場，《資本論》第三卷係從利潤率的下降（而不是民生消費力的低落）去解釋。[450] 再者，儘管馬克思認為資本體制不可持續，但他並沒有斷言資本無法擴大再生產，或將因民生消費力的不足而崩潰。[451]

八、從資本到後資本社會

雖然《資本論》未能發展出完整的經濟危機理論，但從馬克思思想變遷的角度，它提出了一種新的革命圖像。在反動的 1850 年代，馬克思期待經濟危機帶來革命，最終「導致資本被暴烈推翻」。彼時，他的參照系仍不脫法國大革命、1848 年革命等劇場式的宏大事件。相對於此，《資本論》更看重「作為過程的社會化轉型」：資本主義生產方式的社會化，不是尚未發生的未來事件，而是正在發生的現在進行式。這並不是說工人階級就不必奪取政治權力，或不必在某個臨界點「剝奪剝奪者」。但它和過去那種畢其功於一役的、作為單一宏大事件的革命想像，拉開了一些距離。[452]

集中化和社會化

一個資本家打倒許多其他的資本家。隨著這種**集中化**，或少數資本家對多數資本家的剝奪，其他發展的規模也不斷擴大。例如，**勞動過程**的合作形式的成長；有意識地拓展科學的技術運用；土地的有計畫利用；**勞動工具轉化為只能共同使用的形式**；結合的、**社會化的勞動**

450　Marx（C3: 344-347）。

451　Mandel（1992: 62-69）、Rosdolsky（1977, vol. II: 494-496）。

452　Stedman Jones（2016: 466-470）。

節省了生產工具；各國人民逐漸捲入世界市場的大網，令資本主義制度更具國際性格。在這樣的轉化過程中，掠奪和壟斷其所有利益的資本巨頭不斷減少，悲慘、壓迫、奴役、屈辱和剝削的總量不斷增加；與此同時，由資本主義生產過程的機制所訓練、**聯合和組織起來的、人數不停增加的工人階級**，其反抗也不斷增長。資本的壟斷，變成了在其羽翼下一起興盛起來的生產方式的束縛。**生產工具的集中化和勞動的社會化**，與其資本主義的外殼已難相容。這個外殼就被炸毀了。**資本主義私有財產**的喪鐘響了。**剝奪者被剝奪了。**

這段話出現在《資本論》第一卷的結尾，是第一卷最常被引用的段落之一。它的出處是第三十二章〈資本主義積累的歷史趨勢〉。[453]

資本巨頭不斷減少、工人階級不停壯大之說，很自然地讓人聯想到《共產黨宣言》的兩極分化論。[454]但《資本論》關於工資和工人的陳述，呈現出一幅比《宣言》更為複雜的景象。舉其大者，工資未必會一直向生存底線滑落，部分工人的工資有所增加；工資的水平「包含著歷史和道德的要素」，受到文明程度影響。此外，只有生產性勞工才是剩餘價值的創造者，才是真正被剝削的族群，非生產性勞工則否。在面臨失業威脅的男性勞工之外，還存在大舉進入工廠的女工和童工；管理階層和工程師階層；徘徊於低度就業和失業之間的產業後備軍；赤貧者、被救濟者……等等。[455]馬克思在同時期的其他文字中，還特別關切英國本地工人和愛爾蘭移工之間的敵意。[456]在稍早的 1861-1863 年手稿中，他指責李嘉圖忘了強調：「站在工人和資本家及地主之間的中間階級，其人數正不斷增長」。這些「中間階級在愈來愈大的程度上，直接依靠收入過活，成了

453　Marx（C1: 929; *MECW*, 35: 750），馬克思（馬恩全集 II，44：874）。

454　Marx and Engels（*MECW*, 6: 492-495）。參見第四章第七節。

455　參見本章第四節和第五節。

456　Cf. Marx（*MECW*, 21: 88-89），1870 年 1 月 1 日〈總委員會致瑞士羅曼語區聯合會〉。另見第八章第三節。

作為社會基礎的工人身上的沉重負擔，同時增加了頂層階級的社會安全和力量」。[457]馬爾薩斯希望中間階級的數量增加，無產／工作階級的占比下降，但「這其實就是布爾喬亞社會的進程」。[458]

那麼，工人之間的差異、分歧和衝突，以及中間階級或階層的成長，難道不會妨礙工人階級作為一股革命政治力量的形成？《資本論》與此最相關的文字，出現在第三卷第五十二章〈階級〉。

> 工資勞動者、資本家和地主，構成了以資本主義生產方式為基礎的現代社會的三大階級。
>
> 在英國，……也還有若干**中間階層**和**過渡階層**，使界限變得模糊（雖然這種情況在農村比在城市少得多）。不過，這種情況對我們的研究來說是**無關緊要的**。我們已經看到，資本主義生產方式的經常趨勢和發展規律，是使生產工具愈來愈和勞動分離，分散的生產工具愈來愈大量集中成群，因此，勞動轉化為工資勞動，生產工具轉化為資本。[459]

但「勞動轉化為工資勞動，生產工具轉化為資本」，就能克服種種的差異、分歧和衝突？就能保證具有革命意識的廣大工人階級的成形，及其作為一股獨立的政治力量的壯大？可惜的是，《資本論》並未直面這些問題。〈階級〉是第三卷的最後一章，長度還不到兩頁，僅僅重申了三大階級的存在，就戛然而止。恩格斯不得不注明「手稿至此中斷」。[460]

再回到第一卷第三十二章的前引段落。按其陳述，伴隨著資本的集中化，出現了若干重要的、規模化的發展趨勢，包括勞動過程和勞動工具的

---

457 Marx（*MECW*, 32: 198; 1968: 573），馬克思（馬恩全集 I，26 中：653），《剩餘價值理論》第二卷。

458 Marx（1971: 63），馬克思（馬恩全集 I，26 下：63），《剩餘價值理論》第三卷。

459 Marx（C3: 1025），馬克思（馬恩全集 II，46：1001）。

460 Engels（C3: 1026）。Cf. Wright（1985: 6-8）。

社會化。在馬克思看來，生產工具的高度集中化，[461] 將有助於生產工具的最終公有化。由於大多數資本將已被少數巨頭併吞，革命無產階級只需要剝奪這些寡頭，就可以把生產工具收歸公有。這個看法已見於《共產黨宣言》，[462] 在《資本論》第一卷第三十二章又得到重申。所謂「剝奪者被剝奪了」，指的就是這樣一個過程。

對馬克思而言，信用體系的擴張和股份公司的出現，既是一種集中化（第一卷第二十五章），也是一種社會化（第三卷第二十七章）。[463] 股份公司讓資本「直接取得了社會資本（即直接聯合起來的個人的資本）而非私人資本的形式，使企業表現為社會企業而非私人企業」。這是「在資本主義生產方式**本身的範圍內**，對資本作為私有財產的揚棄」。[464] 從股份公司、信用體系、所有權和管理職能的分開、[465] 工人的合作生產，連同勞動過程和勞動工具的發展趨勢來看，資本體系正在歷經社會化的轉型。或者說，「資本主義生產方式正在自身的內部揚棄自身」。[466]

以工人的生產合作為例，

工人自己運作的合作工廠，是在舊形式內出現新形式的第一個例證，雖然這種工廠在其當前的組織中，毫無例外地，自然並且必然複製出現存系統的一切缺點。但是**資本和勞動的對立，在這種工廠內已經被揚棄**，儘管一開始只是**工人聯合起來充當自己的資本家**，也就是利用生產工具來使自己的勞動增殖。這種工廠顯示，當物質生產力和

461　第一卷關於資本聚積化和集中化的論說，主要出現在第二十五章第二節（C1: 772-781）。

462　Marx and Engels（*MECW*, 6: 488-489, 504-505）。Cf. Clarke（1994: 246-249）。

463　Marx（C1: 777-780; C3: ch. 27）。

464　Marx（C3: 567），馬克思（馬恩全集 II，46：494-495）。

465　Marx（C3: 567-569）。

466　Marx（C3: 569）。第三卷第十五章（C3: 375）表示：生產工具聚積在少數人手中，以及勞動組織的社會化（經由合作、分工和自然科學的運用），顯示出資本主義生產方式正在「揚棄私有財產和私人勞動」。

　　與之對應的社會生產形式發展到了一定階段，**新的生產方式是如何自然地從舊的生產方式中發展並形成起來**。沒有資本主義生產方式所產生的工廠制度，合作工廠就不可能發展起來。……資本主義的股份公司，也和合作工廠一樣，應當看作是**從資本主義生產方式轉型到聯合生產方式的過渡形式**。只不過在股份公司，〔勞資〕對立被消極地揚棄，而在合作工廠，對立被積極地揚棄。[467]

　　在此，馬克思並不是說股份公司和合作工廠已經（或將要）消滅資本主義生產方式。股份公司至多是一種消極的社會化，它使工人不再直接面對資本家，而是面對股東雇用的管理者。合作工廠是一種更積極的社會化，積極地揚棄了勞資對立。兩者皆可視作「從資本主義生產方式轉型到聯合生產方式的過渡形式」，應證了資本主義生產方式「正在社會化」和「正在**自身的內部**消滅自身」。

　　為了避免誤解，這裡需要強調的是：馬克思並不認為實存的合作生產真能突破資本巨頭的壓制。由工人聯合起來「充當自己的資本家」的合作工廠，充其量只是一種過渡形式，並未真正擺脫資本主義生產方式的束縛。[468] 1864 年 10 月，馬克思在《國際工人協會成立宣言》中表示：「要解放勞動群眾，合作勞動必須在全國範圍內發展」，因此，「奪取政治權力已成為工人階級的偉大義務」。除非工人階級取得政治權力，否則，合作生產將只是零星的存在，起不了更實質的社會改造作用。[469]

　　關於資本主義生產方式的社會化，《資本論》第一卷還提出了一個宏觀的歷史對比。它同樣出現在第三十二章〈資本主義積累的歷史趨勢〉。在 1867 年的德文第一版中，它位於〈所謂原始積累〉一節的結尾。[470]

467　Marx（C3: 571-572），馬克思（馬恩全集 II，46：494-495）。

468　Cf. McNally（1993）。

469　Marx（*MECW*, 20: 11-12），馬克思（馬恩全集 II，21：13-14）。另見第八章第二節和第三節。

470　馬克思（馬恩全集 II，42：778-780），1867 年《資本論》第一卷德文第一版。

1875 年法文版則把這一節編為第八部分，並把〈資本主義積累的歷史趨勢〉編為第三十二章。[471] 那麼，何以馬克思要把涉及「資本主義生產方式的社會化」的內容，置於「所謂原始積累」的主題之下？

要言之，他有意對照 15 世紀以降的原始積累過程，和當下正在發生的資本主義生產方式的社會化轉型。他指出，農奴制在 14 世紀末的英國已不存在，絕大多數農民都已成為自耕農。但自 15 世紀末起，掠奪農民土地、把農民變成無產者的各種暴力行徑，一波又一波地展開。這包括王權的暴力、議會的暴力，貴族地主和資本家的暴力……等等。[472]

> 掠奪教會地產，欺騙性地出讓國有土地，盜竊公有地，在殘暴的恐怖情境下剝奪封建財產和氏族財產，使之變為現代私有財產 —— 這些就是原始積累的各種田園詩般的方法。這些方法為資本主義農業奪得了地盤，使土地和資本合併，為城市工業提供了一無所有的、不受法律保護的無產階級人手。[473]

國家暴力、血腥立法，棉紡業在英國推行的「兒童奴隸制」，以及新大陸赤裸裸的奴隸制等，在在表明了「資本來到世間，從頭到腳，每個毛孔都滴著血和穢物」。[474]

所謂原始積累的起點，是一種「以個人自己勞動為基礎的分散私有財產」。它經過好幾個世紀才被資本主義私有財產取代，而這「自然是一個漫長得多、暴力得多、困難得多的過程」——比起正在發生的從「**已經以社會生產為基礎的資本主義私有財產**」向「**社會財產**」的轉型。何故？因為前者是「人民大眾被少數掠奪者剝奪」，後者是「少數掠奪者被人民大

471　馬克思（馬恩全集 II，43：825-828），1875 年《資本論》第一卷法文版。

472　Marx（C1: chs. 27-31）。

473　Marx（C1: 895），馬克思（馬恩全集 II，44：842）。

474　Marx（C1: 926），馬克思（馬恩全集 II，44：871）。

眾剝奪」。[475]

真自由始於勞動之外

　　《資本論》的主題是資本主義生產方式及其運動規律，但馬克思在申論過程中，也夾帶了他對後資本社會的基本規定。在第一卷第一章，他已舉出後資本社會的若干構成要件：廢除私人勞動，代之以**直接的社會勞動**；揚棄商品生產，超克商品拜物教；生產工具化為**共有**；按**確定的社會計畫**去配置**勞動時間**，以調節各種勞動和各種需要的比例；並以工時去估定個人的勞動付出，由此決定個人的消費分額。此種直接的社會生產，據稱是**簡單透明**的。[476] 第一卷還出現「把整個社會變成一個超大工廠」的意象，並強調「一個指揮性的權威」有其必要。[477]

　　先看後資本社會的「自由時間」。

　　在 1857-1858 年《大綱》中，馬克思已主張後資本社會「直接把社會必要勞動降至最低限度」，以擴增人們的自由時間，使個人性得到自由發展。《大綱》還指向一種近乎於全自動化的未來，屆時「工人不再是生產過程的主要作用者，而是站在生產過程的旁邊」。[478]《資本論》並未重提全自動化的願景，但第三卷和第一卷承繼了《大綱》對自由時間的關切。在此問題上，最具新意的理論發展出現在《資本論》第三卷。

　　　只有在**被必然性和外在目的所決定的勞動**終止時，自由王國才真正開始。自由王國按其本性來說，**落於真正的物質生產領域之外**。……在這個〔物質生產〕領域內，自由只能是：**社會化的人，即聯合起來**

475　Marx（C1: 929-930），馬克思（馬恩全集 II，44：874-875）。關於原始積累，另見第九章第二節的後續討論。

476　Marx（C1: 171-172）。參見本章第四節。

477　Marx（C1: 477, 448-449）。參見本章第五節。

478　Marx（G: 706, 708, 705）。Cf. Heinrich（2014）。參見第六章第六節。

的生產者，理性地調節他們和自然之間的物質變換，將其置於他們的**集體控制之下**，不讓其作為盲目的力量來支配自己……。但這始終仍是一個必然性的領域。**真正的自由王國**，即作為目的本身的人類能力的發展，**始於必然王國之外**。但自由王國唯有以這個必然王國作為基礎，才能繁榮起來。**工作日的縮短是基本的前提條件**。[479]

一言以蔽之，**真自由始於勞動之外**。

按《大綱》的陳述，兼具社會性和科學性的「真正自由的勞動」，既是可欲的，也是可實現的。相對於《資本論》和 1875 年〈哥達綱領批判〉，[480] 這還是一個比較樂觀的看法，甚至把「真自由」和「勞動」直接掛勾：「自我實現，主體的對象化，也就是**真正的自由**，其行動恰恰就是**勞動**」。[481]《資本論》第三卷改稱「真正的自由王國」始於「必然王國之外」，也就是說，在勞動領域內沒有真自由可言。此與《大綱》可謂相當不同。

宏觀地看，在能否有效降低「勞動強制性」的問題上，馬克思的看法從樂觀轉趨悲觀。《德意志意識型態》曾經表示，在社會調節生產的情況下，每個人隨興之所至的「自活動」將能滿足社會的生產需要。但這個「揚棄勞動」、「化勞動為自活動」的願景，在隔年的《哲學的貧困》已銷聲匿跡。《大綱》則強調：後資本社會仍有不可免除的必要勞動，只能設法「直接把社會必要勞動降至最低限度」。把勞動轉化為自我實現的、兼具社會性和科學性的「真正自由的勞動」，或許是可行的。但勞動，包括真正自由的勞動，畢竟不同於隨興之所至的自活動。[482] 可以說，《大綱》已觸及勞動時間和自由時間的分立，但尚未發展出必然王國與自由王國之分，尚未得出「真自由始於勞動之外」的結論。

479　Marx（C3: 958-959），馬克思（馬恩全集 II，46：928-929）。

480　Marx（*MECW*, 24: esp. 87）。另見第九章第四節。

481　Marx（G: 611-612）。

482　參見第六章第六節。

　　《資本論》第三卷把「真正的自由王國」關聯到「作為目的本身的人類能力的發展」，並把**自由時間**視作**真自由**的前提條件。馬克思在此指出，自由王國唯有以必然王國為基礎，才能繁榮起來。在必然性的領域內，即真正的物質生產領域內，「自由」只能是人們聯合起來實行有計畫的社會生產，從而使人們之間的社會關係、人們和自然界的物質交往，受到**理性調節**和**集體控制**。簡言之，這是一種集體主義式的理性自由，其主體是「聯合起來的生產者」。雖然它不是讓每個人都自由發展、自我實現的「真自由」，卻仍是一種格外重要的自由。在資本主義生產方式下，正因為資本內建了自我增殖的驅力，而剩餘價值的榨取有賴於「剩餘工時」的絕對或相對增加，工作日的縮減必有其限度。唯有當物質生產受到理性的集體控制時，社會必要工時才能降至最低限度，自由時間才可望大幅擴增。在此意義上，「真自由」須以「作為理性調節和集體控制的自由」為基礎，方能得到實現。

　　關於自由時間，《資本論》第一卷所言有限，但並未牴觸或更動第三卷的以上論點。和第三卷一樣，第一卷指向一個工時大幅縮減的未來社會。屆時，每個人從事「自由的知識活動和社會活動」的自由時間，將可望大幅增加。但唯有在廢除了私人勞動和商品生產，把生產工具收歸共有，按「確定的社會計畫」進行生產和分配的新社會中，這個願景才能兌現。[483]

勞動組織和權威

　　「真自由始於勞動之外」意味著：在可預見的未來社會，自由王國與必然王國的分野繼續存在，勞動／分工仍具有一定的強制性。

　　前文提及，《德意志意識型態》的揚棄勞動、化勞動為自活動等提法，已不復見於《大綱》。但《大綱》稱「真正自由的勞動」是可能的。

483　Marx（C1: 667; cf. G: 612 fn.）。參見本章第四節和第五節。

《資本論》第三卷則表示：勞動（至少在可預見的未來）仍將是「被必然性和外在目的所決定的勞動」。從某個角度看，這一說法顯得更加務實，因其默認了勞動／分工的強制性不會輕易消失。然而，《資本論》並未深究後資本社會的勞動組織，只留下若干印象主義式的說詞。其中最廣為人知的，莫過於「管弦樂隊」的比喻。

> 凡是直接生產過程採取社會結合過程的形式，而不是表現為獨立生產者的孤立勞動的地方，都必然會產生**監督和管理**的工作。……凡是有許多個人進行合作的勞動，過程的聯繫和統一都必然表現在**一個主導的意志上**，表現在各種和局部勞動無關，但和全部的工作場所及其活動有關的職能上，就像一個**管弦樂隊**要有**一個指揮**一樣。[484]

這段話出現在第三卷第二十三章。與之相仿，第一卷也強調「一個指揮性的權威」有其必要，以「協調個人活動之間的和諧合作」。畢竟，「一個管弦樂隊就需要一個樂隊指揮」。[485] 但後資本社會的勞動組織、勞動過程、勞動分工，真會像一個管弦樂隊那般「和諧」嗎？在單一指揮性的權威和被指揮的人們之間，在單一主導的意志和被主導的人們之間，又存在何種權力關係？一位小提琴手要是不服從指揮，即興自我發揮，整場演奏可能就要完蛋。就此來說，樂隊演奏者並沒有不服從指揮的自由可言。甚至，他必須內化樂隊指揮的要求，才能使命必達。

對於「把工人扭曲成了人的碎片，貶低為機器的附隨品」[486] 的勞動分工或生產手段，馬克思極度不滿。是以，他主張後資本社會應使「勞動的變換」成為常態，以期培育出「把不同社會職能當作互相交替的不同活動方式的全面發展的個人」。這裡所謂「全面發展的個人」，未免言過其實，因其僅僅涉及工藝學校、農業學校、職業學校的設立，和簡單勞動的

484　Marx（C3: 507），馬克思（馬恩全集 II，46：431）。

485　Marx（C1: 448-449），馬克思（馬恩全集 II，44：384）。

486　Marx（C1: 799）。

輪替。[487] 實際上，馬克思早就默認了後資本社會的勞動分工有其僵固性。他的真實立場是：在必然性的領域，沒有真自由和全面的自我實現可言；但簡單勞動的經常性變換，或有助於降低勞動的片面性、單調性和負荷感。

馬克思宣稱，對於任何大規模的直接社會生產或共同體生產，指揮、管理和監督都是有必要的。在「一個指揮性的權威」或「一個主導的意志」之外，當然還有各層級的監督者和管理者……等等。但我們不妨追問：在後資本社會的物質生產／勞動領域內，存在何種權威關係？這就關聯到第一卷第十四章「把整個社會變成一個超大工廠」的提法。

雖然馬克思並未直接倡議「把整個社會變成一個超大工廠」，但從上下文的脈絡來看，他不反對這樣的比喻。[488]《哲學的貧困》曾經說道：「如果我們把現代工作坊內的分工當作典範，把它運用於整個社會，那麼，組織得最有利於財富生產的社會，無疑是**由單一主要雇主按預先制定的規則，把任務發配給共同體不同成員的社會**」。以及，「社會範圍內的分工愈不受權威支配，工作坊內的分工就愈發達，就愈從屬於**單一個人的權威**」。[489] 與此相似，《資本論》第一卷把手工業工場、大工廠內的權力關係，說成是「一個資本家」的一人專制。[490] 這就引發了以下質疑：難道後資本社會也要如法炮製，只是把「一個資本家」替換成「一個指揮性的權威」？[491]

不同於恩格斯〈論權威〉的「工廠內必行專制」之說，[492]《資本論》強力譴責工場或工廠內的專制主義、專制性分工。馬克思認為，一旦廢除了資本主義生產方式，一旦去除了勞資關係內建的階級敵對，則資本主義

---

487 Marx（C1: 617-619）。

488 參見本章第五節。

489 Marx（*MECW*, 6: 184-185），馬克思（馬恩全集 I，4：165-166）。參見第四章第五節。

490 Marx（C1: 476-477）。

491 Cf. Walicki（1995: 80-82）。

492 Engels（*MECW*, 23: 423-424），〈論權威〉，寫於 1872 年 10 月至 1873 年 3 月。另見第九章第四節。

式的工場／工廠內專制將不復存在。但問題在於：就算人們已經揚棄了資本，擺脫了勞資之間的階級對立，那種由「一個指揮性的權威」（外加不可或缺的監督者和管理者）按照一個預先制定好的、確定的權威性計畫，「把任務發配給共同體不同成員」的分工模式，難道不會導致、助長或滑向新的專制？它真的那麼「簡單透明」嗎？

長期以來，總有論者聲稱馬克思主張的計畫經濟，並不是蘇聯式的指令經濟，而是某種民主的計畫經濟。[493] 馬克思確實相信，在階級已不存在的後資本社會（也就是共產主義社會），指揮者、監督者和管理者將不再是壓迫或宰制的力量，而是從出於真實的社會意志。在個人性和社會性已獲致真實統一、立即統一的預設下，據稱，後資本社會就像是一個演奏出優美樂章的管弦樂隊。

於是，我們又回到了問題的原點：在一個指揮性的權威和被指揮者之間，在一個主導的意志和被主導者之間，在監督者和被監督者之間，在管理者和被管理者之間，難道不存在權力關係甚至宰制關係？由一個中央權威把「任務發配給共同體不同成員」的社經體制，何以更像是一流的管弦樂隊，而不會變形成新的超級官僚國家？事實上，這並不是到了 20 世紀才浮現的重大問題，而是馬克思的無政府主義論敵（尤其巴枯寧）彼時已提出過的質疑。[494]

九、勞動時間和計畫生產

1874 年，舍夫勒在《社會主義的精髓》文集中，把馬克思式的計畫生產概括為三項要點：一、生產工具歸集體所有；二、消費品按個人勞動付出的多寡進行分配；三、工時是計算生產成本和分配消費品的唯一尺

493　Cf. Devine（1988; 2019）論計畫經濟與民主。
494　關於此，留待第八章第七節再論。

度。[495] 對照《資本論》第一卷第一章的陳述，[496] 以上說法並不失真。但舍夫勒認為，把工時當作度量成本的唯一尺度，無異於把勞動價值論運用於社會主義。與此相接近的看法，亦見於一位親官方的「講座社會主義者」（*Kathedersozialisten*）瓦格納。馬克思在 1881 年的未出版手稿〈評瓦格納〉中，則嚴詞駁斥了舍夫勒和瓦格納：「我對價值的探討，處理的是布爾喬亞關係，不是要把這個價值理論應用於舍夫勒先生替我建構的（而不是我自己建構的）『社會國家』」。[497]

但馬克思的各種說詞並不一致。

照《大綱》的陳述，後資本社會將揚棄「以交換價值為基礎的生產」，屆時勞動時間「必然不再是財富的尺度」。[498] 但另一方面，「勞動時間在不同的生產部門之間的有計畫分配，在共同生產的基礎上仍然是首要的經濟規律」。馬克思強調，「這和用勞動時間去計量交換價值（勞動或勞動產品）有本質性的區別」。至於「本質性的區別」何在，則未得到申論。[499] 我們只知道，後資本社會已無勞動市場和商品市場，亦無貨幣和價格機制。在無市場、無個人交換的環境下，若還存在「工時的等量交換」（《哲學的貧困》語），[500] 它究竟該如何進行？它又真的無涉「價值」嗎？這是兩項主要的疑義。

馬克思的基本立場是：後資本社會將已不存在「價值」。這個論點在恩格斯《反杜林論》得到重申，故為第一代馬克思主義者耳熟能詳。[501] 但《資本論》卻也存在一些段落，強烈暗示某種準價值、類價值（在未來的

495　Moore（1993: 87）、Schäffle（1908 [1874]: ch. 2, ch. 6; cf. 1892 [1885]）。

496　Marx（C1: 171-172）。參見本章第四節。

497　Marx（*MECW*, 24: 536-537），馬克思（馬恩全集 I，19：403）。另見 Wagner（1892 [1879]）、Marx（*MECW*, 24: 666 fn. 604）。Cf. Lidtke（1966: 62-65）、Heinrich（2009: 85）。

498　Marx（G: 705），馬克思（馬恩全集 II，31：101）。

499　Marx（G: 173），馬克思（馬恩全集 II，30：123）。

500　Marx（*MECW*, 6: 144）。參見第四章第五節。

501　Engels（*MECW*, 25: 294-295）。

共產主義社會）的繼續存在。例如，第一卷第一章第四節指稱「**價值規定的內容**」存在於一切人類社會。何為「價值規定的內容」？馬克思表示：一切勞動都是「人的腦、神經、肌肉和感官的耗費」，而「價值量的決定基礎」就是這種生理耗費的時間長度。在此，馬克思對抽象勞動進行了生理學式的定義，並把工時計算視作跨歷史、跨社會的某種共相。[502] 同樣在第一章第四節，他在描述了魯賓遜的個人生產之後，指「**價值**的一切必要規定都包含在這裡了」。魯賓遜為了在有限時間內滿足自己的不同需要，勢必得計算各種產出的所需工時。正是這樣的工時計算，被關聯到「價值的一切必要規定」。[503]

何為價值規定？稍早在第三卷第四十九章的結尾，馬克思表示：

> 即使在資本主義生產方式被消滅了以後，由於社會生產依然存在，**價值規定**仍將起到支配作用，因為**勞動時間**的調節、社會勞動在不同生產區塊之間的分配，以及與此相關的會計，要比以前任何時候都更重要。[504]

按第一卷第一章，勞動時間在後資本社會將起到雙重作用。一方面，計畫生產須以工時為據，計算不同產品的工時成本，以決定生產資源的配置。另一方面，每個人的消費品分額，將取決於他的勞動量（工時量）的多寡——此即所謂「按勞分配」。[505] 關於消費品的分配，第二卷第十八章還提到：

> 在集體生產中，貨幣資本完全不存在了。社會把勞動力和生產工具

---

502 Marx（C1: 164）。若從生理耗費去界定抽象勞動，則抽象勞動不僅存在於資本社會，也存在於前資本社會和後資本社會。Cf. Heinrich（2021: 145-146）。

503 Marx（C1: 169-170）。另見本章第四節。

504 Marx（C3: 991），馬克思（馬恩全集 II，46：965）。

505 Marx（C1: esp. 171-172）。

分配給不同的生產部門。沒有理由不能發給生產者**紙的憑證**，讓他們以此從社會的消費品儲備中，取走一個**和他們的勞動時間相當的量**。這些憑證**不是貨幣**。它們是**不流通的**。[506]

稍後我們將看到，1875 年〈哥達綱領批判〉進一步闡發了這個論點。[507]

　　這是一種非市場環境下的按勞分配。它以每個人的勞動付出為據，讓每個人從社會的消費品儲備中，提領相當於個人勞動量的消費品。至於每個人的勞動量該如何計算，則未見馬克思給出具體的指示。但大致來說，至少有兩種可能的算法：一是以實際的工作時數為據，只看一個人實際工作了幾小時；另則是把勞動的效率、強度、複雜性也納入考量，而不是只看勞動的持續時間。

　　先看前一種算法，即以實際的工作時數為據。[508] 設若個人勞動貢獻等於實際的工作時數，那就難以避免第一卷第一章開頭提到的懶人（或低效勞動者）問題。例如，如果某產品的社會必要勞動時間是 1 小時，張三卻花了 6 小時去生產該產品，那麼，張三的產品凝聚了更多價值嗎？馬克思否認了此點。他主張，商品價值取決於生產該商品的社會必要勞動時間，而不是個別生產者或高或低的實際工作時數。[509] 但這是關於資本主義市場經濟。要是換成後資本社會，張三的勞動貢獻為何？是 6 小時（個人實際工時）還是 1 小時（社會必要工時）？

　　後資本社會若是以實際工時為據，就會出現《哲學的貧困》所嘲諷的狀況：「只要把別人僅用 1 小時就能生產出來的同樣物品，用上 6 小時去

506　Marx（C2: 434），馬克思（馬恩全集 II，45：397）。

507　Marx（*MECW*, 24: 86-87）。另見第九章第四節。

508　Hudis（2012: 194-195）認為，馬克思在〈哥達綱領批判〉和恩格斯在《反杜林論》都指向一個以實際工作時數（而非社會平均工時）為據的未來社會。但這只是一個臆測，未見確切的文本證據。Moore（1993: 71-76, esp. 74）指出：以實際工時為據，毋寧是普魯東和杜林的立場；相對來說，馬克思的相關陳述要更晦澀。

509　Marx（C1: 129-130）。參見本章第三節。

生產，就有權利去要求交換到 6 倍於別人的東西」。[510] 雖然這是針對普魯東而發，但「高效者因工時偏低而得到較低回報，低效者因工時偏高而得到更高回報」的陷阱，同樣可能發生在馬克思式的後資本社會——如果實際工時是唯一尺標。再者，除了勞動效率的問題外，還有勞動強度和勞動複雜性的問題。各種勞動的強度不一，複雜性（包括對技能的要求）也不一。高強度的 1 小時和低強度的 1 小時，或 1 小時的複雜勞動和 1 小時的簡單勞動，能視作同等的勞動付出嗎？一個以實際工時為據的社會，很可能牴觸了最基本的經濟邏輯。

另一條路是：在已無市場、已無價格的後資本社會，構建出社會必要勞動時間（或類似尺標）以界定平均效率，並把勞動的強度和複雜性納入計算。也就是在實際工時之外，引入一些可通約共量的其他標準，以度量、換算不同的勞動。勞動的持續時間，即實際的工作時數，不再是唯一尺標。勞動的效率、烈度和複雜性，也將成為個人勞動付出（乃至個人消費分額）的決定因素。

問題恰恰在於：按馬克思自己的說法，一旦廢除了市場，則各種勞動的所值（即「你每小時的勞動和我每小時的勞動是不是等值？」）將變得難以決定。在市場環境下，「這是要由競爭去解決的問題」，因為「是競爭決定了一天的複合勞動包含多少天的簡單勞動」。[511] 那麼，在沒有市場競爭的環境下，若要決定各種具體勞動的相對所值，新的估算辦法將是有必要的。

個人勞動貢獻的計算，當然也還涉及個別產品的成本計算。設若張三用了 6 小時去生產紙杯，但李四只需要 1 小時就能產出同樣的紙杯，那麼，這種紙杯的工時含量是多少？若以實際工時為據，張三和李四的紙杯就是不等值的，且有 6 倍的價值差距。若改以平均工時為據，而紙杯的平均生產工時是 2 小時，則無論是張三還是李四的紙杯，都具有 2 小時的價

510　Marx（*MECW*, 6: 136）。
511　Marx（*MECW*, 6: 126-127）。參見第四章第五節。

值量。但試問：在無市場的後資本社會，各產品的平均工時（或社會必要勞動時間）該如何決定？

按《資本論》第一卷，商品的價值取決於生產它的社會必要勞動時間。商品價值＝商品內含的不變資本（原料、機器等）的價值＋可變資本（工資）的價值＋剩餘價值。這裡所謂的「價值」，是要以市場環境下的社會必要勞動時間作為基準。第三卷進一步引入了競爭，及其拉平利潤率的效應，由此區分商品的「市場價值」（轉換前的勞動價值量）和「生產價格」（轉換後的勞動價值量）。[512] 自 19 世紀末起，這些說法引起了爭議。其中，商品的價值該如何計算，也是常被提出的疑義。

在現代大規模生產下，商品內含的不變資本和可變資本的價值量為何，並不是透明的。比方說，由於同一組機器被用來生產不同的商品，其分給當下某種（甚至某件）商品的價值量為何，本難以確知。馬克思出於他的理論需要，**假設**商品內含的不變資本和可變資本的價值量都是已知的，並稱後者將轉嫁成為商品價值的一部分。但在實存的資本主義經濟下，這些價值量難以確知。對資本家來說，除非收益高於成本，否則就是賠本生意。但資本家在乎的是市場價格，不會去計算看不見的商品價值。實際上，馬克思本人也從未進行此類計算。如果真要計算，它將構成一大難題 —— 這還只是就資本社會而言。[513]

按馬克思的說法，為了有效配置生產資源，為了預先制定生產計畫，為了實行預先計畫好的直接社會生產，後資本社會將預先計算、評估各產品的生產成本及其社會需求。勞動時間（工時）則是生產成本的計算基準。[514] 但他始終未能說明：這究竟是指個別生產者的實際工時，還是指社會必要勞動時間？若是後者，後者又該如何決定？在後資本社會，各產品的社會必要勞動時間的估定，將完全沒有市場信號可供參照，故須另起爐

512　Marx（C3: 279, 257）。參見本章第六節。

513　Cf. Kolakowski（1978a: 325-329）。

514　Nove（1991: 22-33）。

灶。[515] 但無論是馬克思還是恩格斯，都不曾面對這些棘手問題。

與之最相關的一段文字，出現在恩格斯的《反杜林論》。

　　社會一旦占有生產工具，並以直接聯合的形式把它們應用於生產，每個人的勞動，無論其特殊用途有何不同，從一開始就成為**直接的社會勞動**。屆時，一件產品包含的社會勞動量，就不需要用迂迴的途徑加以確定；**日常經驗**將直接顯示出，這件產品**平均**需要多少數量的**社會勞動**。社會可以**簡單地**計算出：在一臺蒸汽機中，在最近收穫的一英斗小麥中，或在一百平方碼的一定品質的棉布中，包含著多少工時。屆時，產品所包含的勞動量，社會可以**直接地和絕對地知道**……。因此，社會就不會繼續用相對的、波動不定的、不適當的、以前出於無奈而不得不採用的尺度，……〔而是〕用自然的、適切的、絕對的尺度——**時間**——去表現這些勞動量。……社會不再賦予產品以**價值**。[516]

在這段著名的、廣為早期馬克思主義者所知的文字中，恩格斯宣稱：在未來的社會／共產主義社會中，人們將「直接地和絕對地知道」生產各產品所需要的平均勞動量。他把「產品包含的社會勞動量」理解為一種平均數，也就是產品的社會平均工時。但至於「日常經驗將直接顯示出，這件產品平均需要多少數量的社會勞動」，則只是一句斷言，未交代其所以然。

　　恩格斯早在1845年2月的一次宣講活動中，已把共產主義關聯到「中央權威」主導的計畫經濟，並聲稱它很容易實行。[517] 馬克思要到《哲學的

---

515 與此相關的若干 20 世紀辯論，見 Hayek ed.（1935）、Lange and Taylor（1964 [1938]）、Lavoie（1985）、C. Pierson（1995）、Adaman and Devine（1996）。

516 Engels（*MECW*, 25: 294），恩格斯（馬恩全集 II，26：327）。

517 Engel（*MECW*, 4: 246-247; cf. *MECW*, 6: 351-352）。參見第四章第五節、第三章第四節。

貧困》才比較明確地支持計畫經濟，但即使到了後來，他也較少用恩格斯式的口吻，去強調計畫經濟的簡單性。不過，《資本論》第一卷確實用了「簡單透明」去形容魯賓遜的個人生產、前資本社會的共同體生產，乃至後資本社會的計畫生產。就未來的自由人聯合體而言，「人們和勞動、和勞動產品的社會關係，無論在生產上還是在分配上，都是簡單透明的」。[518]

當然，馬克思未曾宣稱後資本社會將得以「簡單地」計算出一件產品「平均需要多少數量的社會勞動」。在他看來，勞動時間是後資本社會施行經濟計畫的主要依據，甚至是計算生產成本的唯一尺度。但「勞動時間」究竟何所指，從未得到確認。無論是在《資本論》第二卷第十八章的前引文字中，還是在〈哥達綱領批判〉中，所謂「從社會的消費品儲備中，取走一個和他們的勞動時間相當的量」看似指的是每個人的實際工作時數，但難以確知。[519] 相對來說，恩格斯的說法要比馬克思更明晰，而且，恩格斯認定社會主義將以「社會平均工時」作為經濟計算的依據。馬克思是否認可這個立場，則不明朗。

何以馬克思不清楚表明自己的思路？從他關於後資本社會的陳述中，不難看出兩種不同的意向。一方面，從《大綱》和《政治經濟學批判》到《資本論》，他反覆重申後資本社會將告別交換價值，回歸使用價值的生產，甚至強調使用價值不可通約共量。[520] 但另一方面，他也指出後資本社會仍須節約時間，仍須（甚至更須）進行勞動「會計」，且仍須繼續發展社會生產力。這兩個意向並存於馬克思的後資本社會論說，但前者讓人聯想到某種自然經濟，後者則指向一種以社會平均工時為據的現代計畫經濟。

進而言之，設若每件產品對於每個人的有用性（即使用價值）是如此

518　Marx（C1: 169-173）。參見本章第四節。

519　關於〈哥達綱領批判〉，另見第九章第四節，此處不贅。

520　「使用價值不可通約共量」之說，見 Marx（esp. C1: 125-131）。參見本章第三節。

不同，以至於排除了通約共量的可能性，那麼，計畫經濟恐將窒礙難行。
計畫經濟得先確認人們有哪些不同的需求，並評估其強度、必要性和優先
順位，而這必然涉及各種使用價值的比較和換算。作為理性計畫經濟的積
極倡議者，恩格斯在《反杜林論》中表示：

> 　　到時候，社會仍須知道，每一種消費品的生產需要多少勞動。它必
> 須依照生產工具，包括特別是勞動力，去安排生產計畫。**各種消費品**
> **的效用 —— 它們被相互比較並和生產它們所需的勞動量相比較 —— 最**
> **終決定了計畫。人們可以非常簡單地**處理這一切，而不必訴諸被過度
> 吹捧的「價值」。[521]

要是使用價值（如馬克思堅持）不可通約共量，「各種消費品的效用」就
無從相互比較。但如此一來，經濟計畫也就難以決定，遑論付諸實行。

　　在恩格斯式的計畫經濟中，每一種消費品平均所需的工時，即其生產
的時間成本，堪稱是非市場環境下的「準價值」或「類價格」。我們不妨
追問：設若兩種產品的平均社會工時（類價格）是一樣的，但大多數人認
為一種比另一種更有用，這將如何影響兩者的生產決定？工時量相同但更
有用者，就生產更多？要是在人們眼中更有用的產品被提領到缺貨，另一
種工時量相同的同類產品卻乏人問津，兩者的「類價格」還是保持一致
（即繼續綁定於其相同的平均工時）嗎？在市場供需關係已不存在的狀況
下，「各種消費品的效用」該如何比較？畢竟，平均工時量只是關於各種
產品的生產成本，而不是關於各種產品的不同效用。若要進行效用的比
較，又該使用何種判準？這些都是《反杜林論》已約略觸及、卻未能嚴肅
看待的課題。

　　恩格斯表示，「社會可以簡單地計算出」任何產品包含著多少平均工
時，「人們可以非常簡單地處理這一切」。然以後見之明，此種政治宣傳

---

521 Engels（*MECW*, 25: 294-295），恩格斯（馬恩全集 II，26：327-328）。

起到了極大的誤導作用。《反杜林論》中的著名說法，也許是對馬克思的一種可能詮釋，但它並未反映出馬克思相關論說的晦澀和游移。終究而言，馬克思對於後資本社會的工時計算，從未給出確切的提示。再者，他宣稱使用價值不可通約共量。若然，則各種產品的使用價值／效用及其需求強度，將根本無從比較。

可以說，馬克思低估了後資本社會的複雜性。現代（社會主義）經濟真能比附成「簡單又透明」的社會魯賓遜嗎？這是一個頗大的問號。[522]

---

522 Marx（C1: 170-172）。馬恩計畫經濟思想的短缺，及其若干相關爭議，另參見 Nove（1991）、Blackburn（1991）、Elson（1988）、C. Pierson（1995）、Brus and Laski（1989）、Adaman and Devine（1997）、Devine（1988; 2019）。

第八章

國際工人協會、巴黎公社

一、新時代和新政治

　　1859 年 5 月初，路易・波拿巴出兵義大利北部，協助薩丁尼亞擊敗了奧地利軍隊，並於 7 月 12 日簽署停戰協定。史稱第二次義大利獨立戰爭、薩丁尼亞戰爭、法奧戰爭、奧薩戰爭，或簡稱 1859 年義大利戰爭。儘管這場戰爭為時甚短，但牽一髮而動全身。由於奧地利帝國是歐陸反動勢力的龍頭，其戰敗帶來一連串的政治變化，包括「民族國家」的抬頭。[1] 隨著奧地利被逐出義大利北部，所謂的「反動年代」告一段落。一個不確定的新時代，就此降臨。[2]

　　在法國和普魯士，威權統治依舊穩固，但邁向有限的、選擇性的自由化。波拿巴在 1859 年宣布一波特赦，1864 年鬆綁罷工禁令。[3] 1861 年登基的普魯士國王威廉一世，自 1858 年攝政起，逐漸釋出結社的自由。自由派的政治組織如德意志國家協會、進步黨，遂得以在 1859 年、1861 年成立。[4] 拉薩爾則在 1863 年創建了德國第一個工人政黨 —— 全德工人聯合會。[5]

　　從 1859 年到 1871 年，發生了若干影響深遠的歷史事件。就歐陸來說，最值得一提的或許是德國統一、義大利獨立／統一，和法蘭西第二帝國的覆滅。1862 年上臺的鐵血宰相俾斯麥，通過普丹、普奧、普法等三場戰爭的勝利，在 1871 年 1 月締建出一個由普魯士主導的、把奧地利排

1　Evans（2016: 239-249, esp. 246）。

2　Clark（2007: 510-517）。另見第六章第七節。

3　波拿巴自 1860 年以降的選擇性自由化政策，見 Price（2015: ch. 10）。波拿巴的有限自由化，主要是為了討好保守派。至於拉攏不成的激進工人，如國際工人協會的法國主事者，則遭到強力壓制。另見 Archer（1997: ch. 5）。

4　Cf. Sheehan（1993: 869-888）論普魯士的「新時代」。狹義的「新時代」政策取向，始於 1858 年秋，終於 1862 年春（憲政改革遭到容克勢力的抵制而失敗）。

5　Footman（1946: ch. 16）、Cole（2002b [1954]: ch. V）。另見 Bernstein（1893）、Lassalle（1927）。

除在外的德意志帝國。[6] 在法國，波拿巴在普法戰爭中的迅速落敗，帶來嚴峻的政治危機。[7] 1871 年 3 月 18 日起，巴黎市民勉力維持了 10 週左右的市民自治（即「巴黎公社」），最終遭到政府軍血腥鎮壓。[8] 奧地利的接連戰敗，加上波拿巴的垮臺，終使義大利擺脫外部干預，獲致獨立／統一，1871 年 7 月定都於羅馬。此外，沙皇亞歷山大二世在 1861 年廢除農奴制。[9] 在英國，1867 年《第二次改革法案》大幅擴充了選舉權。[10] 美國有 1861-1865 年的南北戰爭，以及 1863 年 1 月 1 日的林肯廢奴宣言。日本則有 1868 年以降的明治維新。[11]

　　就西歐而言，1860 年代相對鬆弛的政治環境，為工人組織打開了一扇機會之窗。在工商業最先進、結社較自由的英國，尤其如此。興起於 1850 年代的所謂「新模範工會」，即一種業內整合度高、組織規模擴大、會員繳交會費、接受共同規範的行業工會，在 1860 年代加速開展。例如，成立於 1850 年，在 1860 年代發展為全國性組織的工程師聯合會；以及，成立於 1860 年，集結了倫敦不同行業工會的倫敦工商聯合會……等等。[12] 1862 年夏，法國政府派出數百位工人，分批赴倫敦觀摩國際博覽會。其中一個團體應英國《工人報》的邀請，在 8 月 5 日與數百位英國工人舉行茶會。席間，有法國代表提議建立常設性的雙邊溝通機制，但未能成局。1863 年 7 月，一個非官方的、以托倫（Henri Louis Tolain）為首的法國工人代表團再赴倫敦，參加英國工人聲援波蘭起義的集會，並與倫敦

6　Clark（2007: ch. 15）、Evans（2016: 249-265）、Sheehan（1993: 899-911）、H. W. Smith（2020: ch. 8）。

7　Furet（1992: ch. 10）。

8　Tombs（1999）。另見本章第四節。

9　Evans（2016: 93-97）。這是沙俄在 1853-1856 年克里米亞戰爭中失敗的某種後果。關於克里米亞戰爭，參見第六章第七節。

10　Finn（1993: ch. 6）。

11　P. Anderson（1992a: ch. 3）。

12　Reid（2005: chs. 5, 7）、Collins and Abramsky（1965: 14-17）、Stedman Jones（2016: 454-457）、Finn（1993: ch. 5）。

工商聯合會的主事者碰面。在此機緣下，雙方同意創建一個國際平臺以促進工人團結。它就是 1864 年 9 月 28 日在倫敦聖馬丁堂成立的國際工人協會（以下簡稱「國際協會」或「協會」）。[13]

　　馬克思並非國際工人協會的創始者，但應邀參加了成立大會 ── 作為臺上一位不發言的來賓。[14] 不久後，他開始涉入協會活動，並扮演要角。直到 1872 年 9 月海牙大會落幕為止，他積極參與協會事務達 8 年之久。

馬克思與拉薩爾

　　1857 年爆發的世界經濟危機，促使馬克思再度投入經濟學寫作，以期為（他相信即將到來的）革命做好理論準備。晚至 1858 年年底，他仍相信歐陸即將爆發社會主義革命，但革命並未發生。[15] 1859 年出版的《政治經濟學批判》乏人問津，儘管它的〈序言〉後來受到馬克思主義者的重視。[16] 同年的義大利戰爭，使他又陷入德國流亡圈內的紛爭，最後在 1860 年年底出版了一本相當長的、文采飛揚的《福格特先生》。但此書未引起多少注意，也無助於重振馬克思所謂「我們的黨」（此指 1844 年起曾與他共事、並接受他領導的一小群人）。[17]

　　在普魯士境內，拉薩爾是「我們的黨」碩果僅存的活躍分子。他協助安排恩格斯《波河與萊茵河》[18]（1859 年 4 月）和馬克思《政治經濟學批判》（1859 年 6 月）在柏林出版。但拉薩爾特立獨行，非馬克思所能指揮。無論是關於義大利戰爭，[19] 還是關於德國工人運動，兩人的看法都

13　Archer（1997: 1-10, 19-23）、Collins and Abramsky（1965: 21-29）。

14　Marx（*MECW*, 42: 16），1864 年 11 月 4 日致恩格斯。

15　Marx（*MECW*, 40: 347），1858 年 10 月 8 日致恩格斯。參見第六章第一節。

16　Marx（*MECW*, 29: 257-417），《政治經濟學批判》。

17　《福格特先生》收於 Marx（*MECW*, 17: 21-329）。Cf. Musto（2018: 117-126）。關於「我們的黨」，另見 Stedman Jones（2016: 369-373）。

18　Engels（*MECW*, 16: 211-255）。

19　參見第六章第七節。

頗為不同。拉薩爾一度向馬克思提議《新萊茵報》在德國復刊，由兩人共同主編。1861 年春，馬克思在拉薩爾的邀請下，赴柏林訪問一個月，算是一次試探之旅。但馬克思未獲准恢復普魯士國籍，辦刊一事最終不了了之。1862 年夏，拉薩爾回訪倫敦，在馬克思家住了幾週。拉薩爾的巨額開支，對於捉襟見肘的馬克思來說，無異於雪上加霜。但在這段期間，馬克思得以更深入了解拉薩爾的政治取向。[20]

拉薩爾把自由派看作是主要敵人，欲與俾斯麥結盟，借政府的力量去實現合作生產和男性普選。但在馬克思看來，1861-1862 年憲法衝突中的進步黨人（自由派），而非反動的容克勢力，才是德國工人運動應聯合的對象。1847-1850 年，他曾主張德國工人先推翻封建專制，再對決布爾喬亞自由派或小布爾喬亞民主派。[21] 後來在 1875 年〈哥達綱領批判〉，他重申工人應推翻普魯士／德國專制政權，通過民主共和國以實現工人革命。[22] 易言之，在拒斥普魯士專制這一點上，馬克思可謂一以貫之。拉薩爾那種聯合容克勢力，助其壓制自由派以交換男性普選與合作生產的路線，不可能見容於馬克思。因此，當拉薩爾在 1863 年 5 月創建全德工人聯合會時，馬克思敬而遠之。[23]

1862 年 3 月，《紐約每日論壇報》終止了馬克思的稿約。就在這一年，馬克思和家人又陷入貧病交迫的處境。他在 9 月給恩格斯的一封信中，說不排除「明年年初，我會去一個英國鐵道辦事處工作」。[24] 12 月底，他告訴庫格曼：「〔前一陣子〕我甚至決定變成『實際的人』，想在明年年初去鐵道辦事處服務。幸運（或也許我該說不幸？）的是，由於我字跡潦草，我沒有得到那份工作」。[25] 1863 年 1 月，恩格斯的伴侶瑪麗・

20　Stedman Jones（2016: 437-445）。

21　另見第四章第六節和第七節、第五章第一節和第四節。

22　Marx（*MECW*, 24: 88-89, 95-96）。另見第九章第四節。

23　Cf. R. Morgan（1965: 1-12）。

24　Marx（*MECW*, 41: 417），1862 年 9 月 10 日致恩格斯。

25　Marx（*MECW*, 41: 436），1862 年 12 月 28 日致庫格曼。

伯恩斯（Mary Burns）去世。由於馬克思急於向恩格斯求助，未充分表達哀悼之意，恩格斯相當不快。[26] 但馬克思說孩子沒有鞋子和衣服而無法出門，[27] 這的確是一種緊急情況。所幸，在恩格斯和另一位友人的協助下，再加上一筆遺產和一筆饋贈，局面得到了緩解。[28]

當國際工人協會在 1864 年 9 月底成立時，馬克思已完全淡出政治。從 1861 年 8 月起，他主要從事經濟學手稿的寫作。1864 年秋，他開始撰寫《資本論》第三卷的主要手稿。正是在此之際，他應邀參加國際工人協會的成立大會。

1864 年 9 月，拉薩爾在決鬥中身亡。到了 1865 年 1 月，馬恩認定拉薩爾勾結俾斯麥的事證確鑿，故拒絕與「皇家普魯士政府社會主義」（指拉薩爾派）合作。馬克思在 1865 年 1 月 30 日[29]和 2 月 18 日致恩格斯的信中，痛斥拉薩爾和拉薩爾派的墮落；並在後一封信中，擬了〈致《社會民主黨人》編輯部〉初稿，請恩格斯協助改正。這份聲明的內容如下：

> 下列署名者曾答應為《社會民主黨人》撰稿……。他們一再要求，該報至少要像它反對進步黨人那樣，勇敢地抨擊內閣和封建專制政黨。《社會民主黨人》所奉行的策略，使他們不可能再繼續為它撰稿。下列署名者針對**皇家普魯士政府社會主義**，和工人政黨面對這類欺騙應採取的正確態度的看法，在 1847 年 9 月 12 日《德意志─布魯塞爾報》第七十三號上，回答《萊茵觀察家》第二〇六號（當時在科隆出版）提出的「**無產階級**」跟「**政府**」結成反「**自由派布爾喬亞**」**聯盟**的主張時，就已經有過詳盡的論述。[30] 今天我們依然認為，當時

26　Engels（*MECW*, 41: 443-444），1863 年 1 月 13 日致馬克思。

27　Marx（*MECW*, 41: 442），1863 年 1 月 8 日致恩格斯。

28　Stedman Jones（2016: 322-323, 330-332）、Musto（2018: 139, 143, 147）。

29　Marx（*MECW*, 42: 70-72）。

30　Cf. Marx（*MECW*, 6: 220-234），〈《萊茵觀察家》的共產主義〉，1847 年 9 月 12 日刊於《德意志－布魯塞爾報》。參見第四章第六節。

聲明中的每一個字都是正確的。[31]

《社會民主黨人》是拉薩爾派的刊物。在馬恩看來，拉薩爾派親專制政權（按：暫且不論這是否屬實）的路線完全錯誤，故欲與之切割。恩格斯未更動馬克思的初稿，直接簽了名寄回給馬克思。2月23日，〈致《社會民主黨人》編輯部〉就以兩個人的名字發出。[32]

與此同時，恩格斯以冊子的形式，在漢堡出版《普魯士軍事問題和德國工人政黨》。[33] 在這本冊子的第三部分，恩格斯重申《新萊茵報》「先推翻封建專制」的基本立場，[34] 並據以質疑拉薩爾派的錯誤路線。

> 普魯士反動派能給工人政黨提供什麼呢？
>
> 這個反動派會讓工人階級真正分享政治權力嗎？絕對不會。⋯⋯
>
> 另一方面，**布爾喬亞和工人唯有通過議會代議機關，才能行使真正的、組織化的政治權力；而除非這個機關得到發言權和表決權**，否則將毫無價值。⋯⋯但正如俾斯麥公開承認的，他要阻撓的正是這一點。⋯⋯
>
> 假定政府強制實行了直接的普選權，它事先一定會用一些保留條件去限制它，使它不再成其為直接的普選權。
>
> 關於直接的普選權本身，只要去法國看一下就可以了解：**在無知的農村居民眾多、官僚組織嚴密、報刊受到嚴格管制、結社被警察有效壓制，以及沒有任何政治集會的情況下，只會有極度馴化的選舉**。請

31　Marx（*MECW*, 42: 97），馬克思（馬恩全集 II，21：116），〈致《社會民主黨人》編輯部〉。

32　Marx（*MECW*, 20: 80）。Cf. Stedman Jones（2016: 445-448）、R. Morgan（1965: ch. I）。

33　Engels（*MECW*, 20: 37-79），《普魯士軍事問題和德國工人政黨》，1865 年 2 月底在漢堡出版。

34　參見第五章第一節和第三節。

問，究竟有多少工人代表通過直接的普選權進入法國議會？[35]

這段文字中的「關於直接的普選權本身」一句，可能讓人誤以為：恩格斯反對的不僅是波拿巴主義或俾斯麥主義脈絡下的直接普選，還包括直接普選本身。但事實上，恩格斯和馬克思一樣，拒斥的是波拿巴主義或俾斯麥主義式的假普選，而不是一切直接普選。[36]

> 沒有**出版自由、結社權和集會權**，就不可能有工人運動。……
>
> 在布爾喬亞還忠於自己時，支持它跟一切反動分子進行鬥爭，因而是合乎工人利益的。布爾喬亞從反動派那裡奪來的每個成果，在此情況下，最終都是有利於工人階級的。……
>
> 但如果布爾喬亞背叛自己，出賣自身的階級利益及其蘊含的原則，那該怎麼辦？
>
> 那時工人還有兩條道路可走！
>
> 一條道路是違背布爾喬亞的意願，推著它向前進，**逼使它盡可能去擴大選舉權，去保障出版自由、結社和集會自由**，從而為無產階級創造出一個可以自由行動和組織的場域。……
>
> 另一條道路是工人完全撤出布爾喬亞運動……[37]

毫無疑問，恩格斯不反對工人走前一條道路，也就是逼著布爾喬亞向前進，迫使它去挑戰、擊潰封建專制，去爭取普選權、出版自由、集會結社等自由。但如果布爾喬亞「由於害怕工人而躲到反動派的背後」，

35　Engels（*MECW*, 20: 73-74），恩格斯（馬恩全集 II，21：108-110）。另參見 Engels（*MECW*, 42: 266），1866 年 4 月 13 日致馬克思。

36　Cf. Draper（1990: chs. 3-4）、Avineri（1968: 202-220）。

37　Engels（*MECW*, 20: 76-78），恩格斯（馬恩全集 II，21：112-114）。

工人政黨也只能繼續進行**自己爭取布爾喬亞自由、出版自由、集會權和結社權的運動**……。沒有這些自由，工人政黨自己就不能自由行動；爭取這些自由，就是爭取自己生存所需要的環境，爭取自己需要呼吸的空氣。

我們認為理所當然的是，在所有這些情況下，工人政黨絕不會只是當布爾喬亞的附庸，而是相當**不同於布爾喬亞的一個獨立政黨**。[38]

恩格斯的文字向來比馬克思更直接、更露骨，但兩人反對拉薩爾派的理由和說詞，並無實質差異。拉薩爾欲聯合俾斯麥打擊自由派，以此交換普選權和政府對工人合作生產的支持 —— 這牴觸了馬克思先聯合（或施壓）自由派推翻專制的路線。[39] 稍後，第九章將進一步考察〈哥達綱領批判〉對拉薩爾派的批評，連同馬恩晚期「通過民主共和國以實現工人革命」的設想。

投入國際協會

再回到國際工人協會。

馬克思最密集的政治參與，集中在兩個時段。第一段或可從 1846 年算起，涵蓋了 1848-1849 年德國革命的全過程，乃至 1849-1852 年在倫敦陷入的流亡者政治。第二段始於 1864 年 10 月，即從他為國際工人協會撰寫《成立宣言》起，直到 1872 年 9 月海牙大會落幕後才告一段落（儘管此後仍有些收尾工作）。

關於馬克思與國際工人協會，首先需要破除的迷思是「馬克思是國際工人協會的創始者」。這個迷思的始作俑者是恩格斯。1877 年，為了擴大馬克思思想的政治影響力，恩格斯寫了一篇馬克思小傳〈卡爾・馬克

38　Engels（*MECW*, 20: 78），恩格斯（馬恩全集 II，21：114）。獨立的工人階級政黨的重要性，自 1850 年起得到馬克思的強調。參見第五章第四節。

39　Cf. R. Morgan（1965: ch. I）、Draper（1990: chs. 3-4）、Cole（2002b [1954]: ch. V）。

思〉。其中說到：

> 　當時，歐洲各國的工人運動又茁壯了起來，因而馬克思起心動念，
> 想要實現他的宿願：創立一個涵蓋了歐美最先進國家的工人協會。這
> 個協會無論是在工人自己眼中，或是在布爾喬亞和各國政府眼中，都
> 活生生地展現出社會主義運動的國際性格……。1864 年 9 月 28 日在
> 倫敦聖馬丁堂為聲援當時再次遭到俄國蹂躪的波蘭而召開的公眾大
> 會，為提出這項建議創造了條件，建議被熱烈地通過了。國際工人協
> 會成立了；在大會上選出一個臨時總委員會，駐在地設在倫敦。直到
> 海牙大會為止，每屆總委員會的靈魂都是馬克思。國際協會的總委員
> 會發出的一切文件，從 1864 年的成立宣言到 1871 年關於法蘭西內戰
> 的宣言，幾乎都是他起草的。[40]

這段文字讓許多人誤以為：馬克思真的就是國際工人協會的創始者。實
則，馬克思不在國際協會的發起者之列，起初只是應邀參與成立大會，作
為臺上一位「不發言」的來賓。[41]

　至於「每屆總委員會的靈魂都是馬克思」和「起草了幾乎一切文件」
之說，雖略嫌誇張，但確實不無所本。從 1864 年到 1872 年，馬克思替協
會中央（總委員會）草擬了許多重要文件，其中最著名的有：1864 年 11
月印行的《國際工人協會成立宣言暨臨時章程》（簡稱《成立宣言》和
《臨時章程》）；1866 年日內瓦大會的會議指示；1870-1871 年關於普法
戰爭的 3 份宣言，包括作為第三份宣言的《法蘭西內戰》……等等。馬克
思的確是倫敦總委員會中的要角，並為此付出了大量的時間和精力。

　1865 年 3 月，他在信中向恩格斯抱怨：「最近以來，除了繼續長癰

40　Engels（*MECW*, 24: 190），恩格斯（馬恩全集 I，19：120），〈卡爾・馬克思〉，寫
　　於 1877 年 6 月中旬。

41　Marx（*MECW*, 42: 16），1864 年 11 月 4 日致恩格斯。Cf. Collins and Abramsky（1965:
　　ch. III）。

子外，我累得不可開交。例如，昨夜我到凌晨 4 點才上床。寫書之外，國際協會占去我的大量時間，因為事實上我是它的首腦」。又如，「2 月 28 日，托倫和弗里堡（Ernst Fribourg）從巴黎過來。總委員會開了會，他們在會上做解釋，跟勒呂貝（Victor Le Lubez）爭辯到半夜 12 點。然後在博勒特酒館有個夜間會議，我在大約 200 張會員證上簽了名」。

　　　時間的損失多麼巨大啊！[42]

　　但馬克思積極涉入會務的那幾年，也正是他理論生產的高峰。1867 年出版的《資本論》第一卷，連同第三卷和第二卷手稿的主要內容，都是那段時期的產物。理論著作和協會文字的性質或有不同，但並無扞格。例如，1865 年的協會演講〈價值、價格和利潤〉，[43] 預示了《資本論》第一卷較有彈性的工資論。[44] 第一卷的第十章〈工作日〉，結尾強調縮減工時的重要性，[45] 這呼應了馬克思在協會推動的「八小時工作日」決議案。[46] 再者，《資本論》第三卷和第一卷表達的「作為過程（而非僅事件）的革命」觀點，和他當時對國際協會、對英國工運的樂觀預期，亦息息相關。

　　以普法戰爭為界，國際協會在戰前有不錯的發展。在戰前的法國、[47] 比利時 [48] 和瑞士，[49] 大致來說，支部和會員數持續增加。[50] 在德國，進展相

42　Marx（*MECW*, 42: 129-130），馬克思（馬恩全集 I，31 上：101-102），1865 年 3 月 13 日致恩格斯。

43　Marx（*MECW*, 20: 101-149）。

44　Marx（C1: 274-275）。參見第七章第四節。

45　Marx（C1: 416）。

46　Marx（*MECW*, 20: esp. 187），〈給臨時總委員會代表關於〔日內瓦大會〕若干問題的指示〉，寫於 1866 年 8 月。

47　在法國，國際工人協會歷經了 1867-1868 年的一波政治鎮壓，但於 1868-1869 年再起。見 Archer（1997: chs. 5, 7-8）。

48　Puissant（2018）、Whitham（2019）。

49　Vuilleumier（2018）、R. Morgan（1965: III, V）。

50　Cf. Musto（2015b: 12-19）、Katz（1992: ch. 4）。

對較慢。[51] 義大利 [52] 和西班牙 [53] 則是後起之秀。在英國，協會在 1867 年發展到了高峰，此後幾乎沒有新的工會加盟進來，這構成了隱憂。[54] 但總體而言，協會在戰前呈現出上升的態勢。

1870 年 7 月爆發的普法戰爭，乃至隔年 3 月至 5 月的巴黎公社及其血腥鎮壓，則帶來（或強化）了一系列不利於協會發展的因素。由於法國政府把國際協會妖魔化為公社的黑手，各國政府（除了英國外）都加強了對協會的壓制。作為協會宣言發出的《法蘭西內戰》一文，誇大了協會之於公社的作用，甚至把「剝奪剝奪者」和「共產主義」[55] 附會成是公社的目標，這使得協會和馬克思本人都遭到圍剿。幾位最具分量的倫敦工會領袖，也就此離開或淡出協會。為了壓制在義大利、西班牙和瑞士持續壯大的巴枯寧派，馬克思在 1871 年 9 月召開倫敦特別會議，宣稱要把國際協會改組為政黨，並賦予總委員會以更大的權力。此後，馬克思本欲拉攏的對象接連離去，巴枯寧的勢力不降反升。最終，在 1872 年 9 月的海牙大會上，馬克思人馬以些微的票數差距，贏得了把總委員會立即遷至紐約的決議——這等於判了協會死刑。

國際工人協會的興衰細節，另有專門文獻可供參考，非本章所能深究。[56] 以下，擬聚焦於馬克思在協會時期（或與協會密切相關）的政治論說。這包括：協會初期的文字，如《成立宣言》、《臨時章程》和〈價值、價格和利潤〉；協會中期的發展，尤其是馬克思與普魯東派的分歧，和他對愛爾蘭問題的看法；普法戰爭與巴黎公社的梗概；協會的分裂與衰落；《法蘭西內戰》對公社性質的界定；以及，馬克思在回應巴枯寧時，對革命專政、對政治終結所表達的見解。

51　J. Schmidt（2018）、R. Morgan（1965: chs. II, IV, VI）。

52　Hostetter（1958: ch. VI）、Levy（2018）、Léonard（2018）。

53　Esenwein（1989: chs. 1-3）。

54　Collins and Abramsky（1965: chs. V-VI）。

55　Marx（*MECW*, 22: 335）。

56　Cf. Bensimon et al. eds.（2018）、Katz（1992）、Archer（1997）、Collins and Abramsky（1965）、R. Morgan（1965）、Comninel et al. eds.（2015）、Musto ed.（2014）。

二、國際工人協會的興起

在 1860 年代的法國，波拿巴為了攏絡保守派而推行選擇性的自由化。[57] 這讓工人群體也有了些活動空間，但波拿巴政府持續打壓反政府人士，時而以大棒伺候之。國際協會法國分部的主事者如托倫等，雖不是旗幟最鮮明的共和派，卻無疑是一股親共和、反波拿巴的勢力。[58] 與此有關，國際協會在法國從未取得合法的地位。1867-1868 年，它被打成非法的政治性組織，其整批領導者被關押了好幾個月。[59] 從法國的國內政治來看，國際協會在飽受壓制的情況下，仍能在灰色地帶繼續苗壯，這是難能可貴的成就。[60]

儘管國際協會是由英法工人共同創立，但英方無疑是主導性的力量。比起法國，英國工運的發展環境要好得多。協會成立之際，在歐陸尚處於萌芽階段的現代工會，在英國已是一片欣欣向榮。[61] 協會的中央執行機關（總委員會）設在倫敦，基於委員須經常開會的考量，幾乎只有倫敦居民才能進入總委員會。[62] 為了彌補這個缺憾，總委員會納入了若干旅居倫敦的歐陸人士，包括馬克思。[63] 即使如此，總委員會仍以英國工人占大多數。在最初的 34 位委員中，有 27 位是英國人，他們大都是倫敦工商聯合會的成員，主要來自建築工會、鞋匠工會、泥水匠工會、木匠工會等。[64]

倫敦建築工人自 1853 年起，已開始要求「九小時工作日」。1859-1862

57　Price（2015: ch. 10）。

58　Archer（1997: ch. 1, 43-44, 192-195）。

59　Archer（1997: ch. 5）。

60　Katz（1992: 44-47）、Archer（1997: chs. 7-8）。

61　Stedman Jones（2016: 454-458）、Finn（1993: ch. 5）。協會成立以前的英國工運和激進政治，見 Bensimon（2018）、Reid（2005: pts. 1-2）、Collins and Abramsky（1965: ch. I）、Webb and Webb（1920 [1894]: chs. IV-V）。

62　Cf. Marx（*MECW*, 20: 17），〈關於臨時中央委員會的組成的決議〉第一條。

63　這些來自歐陸的移民或流亡者能否代表其本國工人，不無疑義，但國際工人協會本是一個鬆散的民間社團，並沒有嚴格的組織規範。

64　Collins and Abramsky（1965: 288-290）、Stedman Jones（2016: 458）。

年，他們曾進行一波大規模罷工。成立於 1860 年的倫敦工商聯合會，即
是那波抗爭中的產物。[65] 彼時，英國工人除了爭取自身權益，也高度關注
國際事務。1863 年的林肯廢奴宣言和波蘭起義，在英國工人群體間，激
發出一股同情他國受壓迫者的跨國進步意識。例如，英格蘭北部織工即使
無工可做，也要抵制美國南方蓄奴州的棉花。[66] 創建國際工人協會之議，
如前所述，出現在 1863 年英國工人聲援波蘭起義的場合。[67] 1864 年，義
大利傳奇人物加里波第（Giuseppe Garibaldi）訪問英國，受到工人群眾熱
烈歡迎。倫敦的工會領袖亦高度推崇馬志尼，並積極支持義大利統一／獨
立、波蘭獨立。[68]

　　創辦費邊社的韋伯夫婦（Sidney Webb & Beatrice Webb）在《工會
主義史》中，曾以「軍閥」去形容倫敦工商聯合會的幾位巨頭。後者在
1860 年代無役不與，除了推進工會的組建，聲援義大利統一、林肯廢
奴、波蘭起義外，還領導了英國工人的選舉權抗爭。[69] 國際工人協會（至
少在成立之初）也是「軍閥」的重要事業之一。其總委員會的首任主席
奧哲爾（George Odger），同時也是倫敦工商聯合會的秘書長。對於奧哲
爾等「軍頭」來說，不同的組織有各自不同的任務。例如，1865 年成立
的「改革同盟」是為了爭取選舉權。國際工人協會的主要功能則是「涉
外」，即成為英國工人和歐陸工人的聯繫窗口。[70]

　　國際工人協會後來又被稱作「第一國際」。但就組織架構來說，它相
當不同於第二國際，遑論第三國際。第二國際是以德國社民黨為首的一
個黨際聯盟，其成員是一些較親近馬克思主義的社民黨、社會黨或勞動

65　Collins and Abramsky（1965: 14-17）。另見 Webb and Webb（1920 [1894]: ch. IV）。

66　Stedman Jones（2016: 452, 432）、Collins and Abramsky（1965: 20-21）。

67　Archer（1997: 8-9）、Collins and Abramsky（1965: 24-26）。

68　Finn（1993: 203-225）、Katz（1992: 2-3, 6-7）、Collins and Abramsky（1965: 17-19, 35,
　　38）、Stedman Jones（2016: 448-454）。

69　Webb and Webb（1920 [1894]: ch. V）。

70　Cf. Finn（1993: ch. 6）。

黨。[71] 國際工人協會則不是政黨聯盟，亦未標榜社會主義。其「加盟」的
團體或個人，大致只需表態支持「工人團結」的協會宗旨。[72] 加盟進來的
工會或其他團體，並不是以團體的身分在協會內運作，而是將其成員推薦
給協會，使之成為協會的個人會員。[73] 協會成員在協會身分之外，可以保
留別的團體身分。[74] 協會基層支部的人數不一，幾個人就可以組成一個支
部；再往上，則有各區聯合會、大城市的聯合會，甚至全國性的聯合會
──取決於各國的具體狀況。作為一個鬆散的自願性社團，協會從加盟團
體收取象徵性的加盟費，但幾乎收不到個人會費。其會員數亦難以估算，
因為消極會員所在多有。[75]

馬克思與《成立宣言》

1863 年春，馬克思破例參加了一場英國工人集會，並留下深刻印象。
他告訴恩格斯，與會工人的素質甚佳，或具有革命潛力。他還再度誇讚了
《英國工人階級狀況》一書，指其完全沒有過時。[76] 但恩格斯認為，此時
不宜推出新版，因為「英國無產階級的革命能量，幾已完全蒸發殆盡」。[77]
當馬克思在 1864 年 11 月告訴恩格斯，他已經加入了國際工人協會，[78]
恩格斯的態度非常冷淡。對於馬克思寄去的《成立宣言》，恩格斯未置一
詞。[79] 雖然在馬克思的催促下，恩格斯自 1866 年起也逐漸涉入會務，但在
協會初期，恩格斯對協會幾乎毫無興趣。

71　Kolakowski（1978b: ch. I）、Sassoon（1997: ch. 1）、Cole（2002c [1956]; 2002d [1956]）。

72　Stedman Jones（2016: 458）。

73　Cole（2002b [1954]: 103）。

74　Marx（*MECW*, 20: 16），協會《臨時章程》第十條。

75　Collins and Abramsky（1965: 87-89, 241, 288）、Musto（2015b: 16-18）。

76　Marx（*MECW*, 41: 468），1863 年 4 月 9 日致恩格斯。

77　Engels（*MECW*, 41: 465），1863 年 4 月 8 日致馬克思。

78　Marx（*MECW*, 42: 15-18），1864 年 11 月 4 日致恩格斯。

79　馬克思在 1864 年 11 月 24 日（*MECW*, 42: 30）寄了 3 份《成立宣言》給恩格斯。但在
　　此後的書信往來中，恩格斯隻字未提《成立宣言》。

　　協會成立之際，馬克思被選為德國通訊書記，是總委員會 34 位委員中的一位。首屆總委員會有 27 位英國人，再加上旅居英國的 3 位法國人、2 位義大利人和 2 位德國人。[80] 另一位德國人艾卡留斯（George Eccarius）曾加入共產主義者同盟，算是馬克思的舊識。由於協會需要一份面向公眾的成立宣言，並擬訂臨時章程，於是召集了一個專責小組，兩位德國人都名列其中。一開始，馬克思因病未參加會議。宣言先是交給歐文主義者魏斯頓（John Weston）初擬，章程則由馬志尼的秘書沃爾夫（Luigi Wolf）負責。後來又找了旅居倫敦的法國共和派勒呂貝改稿，但奧哲爾仍不滿意。艾卡留斯遂催促馬克思及時介入。最後，馬克思成為《成立宣言》和《臨時章程》的執筆者。[81]

　　《成立宣言》的第一句話是：「工人們！工人群眾的悲慘在 1848-1864 年間沒有減輕」。它引用英國官方數據指出，工商業的蓬勃發展並未改變工人的悲慘處境，只有少數工人的實際工資稍有增加，「工人階級的廣大群眾到處都在向下沉淪」。再者，歐陸上的先進工業國「都在重複英國的情況」。

　　　　在所有這些國家，正如在英國一樣，少數工人階級的實際工資稍有提高；但對大多數說來，貨幣工資的提高很少表示福利的實際增長……。不論是機器的改進，科學在生產上的應用，交通工具的改良，新殖民地，向外移民，開拓市場，自由貿易，或所有這些加在一起，都不能消除勞動大眾的悲慘。[82]

在英國，雖然憲章運動已經終結，但 1847 年的《十小時法案》是重大勝利，代表著「工人階級的政治經濟學」正在壓過「中等階級的政治經濟

80　Collins and Abramsky（1965: 289）。

81　Collins and Abramsky（1965: 41-44）。馬克思的個人說法，另見 Marx（*MECW*, 42: 16-17），1864 年 11 月 4 日致恩格斯。

82　Marx（*MECW*, 20: 5-9），馬克思（馬恩全集 II，21：5-10）。

學」。此外，「勞動的政治經濟學對財產的政治經濟學，還取得了一個更大的勝利」，也就是合作運動、合作工廠的興起。這個「偉大的社會實驗」已證明：「按現代科學要求來施行的大規模生產，在沒有雇主階級雇用工人階級的條件下，是能夠進行的」。工資勞動「只是一種暫時的、低級的形式，注定要讓位給帶著興奮愉快心情的、自願進行的聯合勞動」。[83]

馬克思在以往的文字中，並不看好實存的合作運動。他在 1864 年 11 月告訴恩格斯，他偶然翻到幾期憲章派瓊斯的雜誌《寄語人民》（1851-1852 年），其中一部分「甚至是在我的直接參與下編寫的」。這包括他們反對「當時那種心態狹隘的合作運動形式」的論戰文字。[84] 儘管《成立宣言》公開讚揚了合作運動，但馬克思並未改變他（關於實存的合作運動的局限）的若干定見。

被馬克思視作主要對手的普魯東派，主張設立人民銀行，向小生產者、合作生產者提供無償貸款。[85] 其中，最原教旨的普魯東派偏好小生產者，對合作生產有所保留。與時俱進的普魯東派接受合作生產，但抗拒大規模集體生產。[86] 換句話說，《成立宣言》倡議的（未來）大規模聯合生產，和普魯東派的合作生產是有出入的。在馬克思看來，普魯東派一味迴避政治，但除非工人階級能取得政權，否則如何實現經濟上的解放？這是自《哲學的貧困》以降，他對普魯東和普魯東派的另一質疑。《成立宣言》指出：

83　Marx（*MECW*, 20: 10-11），馬克思（馬恩全集 II，21：11-13）。

84　Marx（*MECW*, 42: 15），馬克思（馬恩全集 I，31 上：11），1864 年 11 月 4 日致恩格斯。馬克思提到的是兩篇由瓊斯掛名的、批評當時合作運動的文字（*MECW*, 11: 573-581, 582-589）。另見萬毓澤（2018：110-112）、Marx and Engels（*MECW*, 11: 686-687 fn. 360）。

85　《大綱》已對普魯東派的銀行改革思路，進行了理論批判。參見第六章第五節。

86　國際工人協會巴黎分部的領導者托倫，即是一位支持生產合作的普魯東派。Cf. Archer（1997: 41-48）。

　　1848 年到 1864 年這段時期的經驗毫無疑問地證明：不管合作勞動在原則上多麼優越，在實際上多麼有用，只要它沒有越出個別工人隨興努力的狹隘範圍，它就永遠無法阻止壟斷勢力的幾何級數增長……。要解放勞動群眾，合作勞動必須在全國範圍內發展……。

　　所以，奪取政治權力已成為工人階級的偉大義務。工人似乎已經了解到這一點，因為在英國、德國、義大利和法國，他們同時再起，並同時努力於工人政黨的政治重組。

合作勞動須「在全國範圍內發展」，否則，必遭遇土地巨頭和資本巨頭的阻礙。為了克服這些阻礙，工人階級終須「奪取政治權力」。工人必須「組合起來」並「為知識所引導」，避免「各自分散的努力遭到共同的失敗」。國際協會正是基於這個認識，為了促進跨國的工人團結而設。[87]

　　末尾，《成立宣言》提及俄羅斯對波蘭的侵略，並把俄羅斯描述成「頭在聖彼得堡而在歐洲各國內閣裡有其爪牙的野蠻強國」。工人階級「應監督本國政府的外交活動」，設法使私人關係依循的「簡單的道德和正義準則」成為國際交往的至高原則。[88] 這裡所謂的「道德和正義」，馬克思後來向恩格斯表示，只是應付一下協會內的道德人士。[89]

　　《成立宣言》最後一句話是：「全世界無產者，聯合起來！」[90]

　　在《成立宣言》之外，馬克思把《臨時章程》簡化成了 10 條。第一條把協會宗旨設定為：為了追求「工人階級的保護、發展和完全解放」而致力成為「各國工人團體進行聯絡和合作的中心媒介」。這個說法相當中性。但馬克思在《臨時章程》的前置說明中，還提到「工人階級的解放應由**工人階級自己**去爭取」，最終要「消滅一切階級統治」。以及，

87　Marx（*MECW*, 20: 11-12），馬克思（馬恩全集 II，21：13-14）。

88　Marx（*MECW*, 20: 13），馬克思（馬恩全集 II，21：14-15）。

89　Marx（*MECW*, 42: 18），1864 年 11 月 4 日致恩格斯。馬克思這裡指的，主要是受馬志尼影響的那些英國工會人士。

90　Marx（*MECW*, 20: 13）。

「工人階級的經濟解放是一切政治運動都應該作為手段服從於它的偉大目標」。[91] 後面這句話涉及「政治運動」和「經濟解放」的關係，但語意不清。由於法國人在翻譯《臨時章程》時，漏譯了「作為手段」和「消滅一切階級統治」，遂引發一些爭議。[92]

工人階級「奪取政治權力」，使自身成為統治階級，「消滅一切階級統治」之說，早已出現在布魯塞爾時期的馬克思文字。但與《共產黨宣言》不同，《成立宣言》和《臨時章程》既未倡議無產階級革命，亦未提及共產主義或社會主義。要是馬克思堅持使用這些字眼，《成立宣言》的作者就不可能是他。為了接近國際工人協會，他在用字遣詞上的確有所收斂。

國際工人協會的英國主事者，幾乎都稱不上是社會主義者。他們繼承了憲章運動的男性普選訴求，及其對懶惰階級（尤指不事生產的、壟斷政治權力的食利階級）的不滿，但迴避了憲章運動的革命語言。[93] 他們沒有質疑馬克思的「奪取政治權力」和「消滅一切階級統治」等措詞，並不代表他們就支持無產階級革命，或在任何程度上贊同馬克思的革命共產主義。他們對於這些未經申論的提法，可能有不同的解讀，甚或覺得無關宏旨。[94]

若干早期爭議

創始之初，協會內部有以下幾股力量。首先是倫敦工會人士。再來是以托倫為首的巴黎工人團體。由於國際協會是由英法雙方共同創建，巴黎

91　Marx（*MECW*, 20: 14-15），馬克思（馬恩全集 II，21：16-17）。

92　Cf. Marx（*MECW*, 21: 121-122），〈機密通知〉，1870 年 3 月 28 日致德國社會民主工人黨（艾森納赫派）委員會。另見 Archer（1997: 24-27）、Katz（1992: 19）。

93　Finn（1993: ch. 5）、Webb and Webb（1920 [1894]: ch. V）。關於憲章運動，另見 Stedman Jones（1983: ch. 3）、D. Thompson（1984）、Claeys ed.（2001）。

94　Collins and Abramsky（1965: 50-51）。

工人具有舉足輕重的影響力，儘管他們進不了總委員會。[95] 此外，還有來自歐陸的共和主義勢力，包括馬志尼一系的義大利民族共和派，[96] 和反波拿巴的法國激進共和派。[97] 最後，才是未參與協會籌辦過程，在最後一刻才收到邀請的馬克思。

英方主事者對《成立宣言》讚譽有加，這開啟了他們與馬克思的合作關係。英國人對歐陸的派系紛爭，理解不多也不感興趣，而馬克思恰恰可以處理這方面的爭端。[98] 不過，馬克思成為《成立宣言》的執筆者，也是有偶然性的。要是他缺席了最關鍵的那次會議，說不定就和協會擦身而過了。[99] 值得一提的是，《成立宣言》不曾論及英國的工會組織化運動，而這暗示，當時馬克思還不是那麼了解英國工運。[100] 生產合作，是托倫等巴黎普魯東派工人的主張，[101] 而不是英國新工會運動的重心。[102] 但無論如何，從馬克思攬下《成立宣言》的那一刻起，他的態度從被動轉為積極。他在 1864 年 11 月寫給恩格斯的信中，強調國際協會是由英法「真正算數的人」組建，故值得他花點時間。[103] 孰料會務繁多、會議不斷，占用了他不只一點時間而已。

1865 年 2 月，倫敦工會人士為了施壓政府下放選舉權，創立了一個全國性的運動組織「改革同盟」。它在英國各地成立分支，迅速成為一個

95　Archer（1997: chs. 1-2）。

96　關於馬志尼派的參與，見 Marx（*MECW*, 42: 16-17）、Katz（1992: 6-7）、Collins and Abramsky（1965: 17-19, 37-38）、Hostetter（1958: 70-72）。

97　法國共和派的角色，見 Marx（*MECW*, 42: 15-18）、Collins and Abramsky（1965: 32-33, 36-37, 40-43）。另見 T. C. Jones（2018）、Jones and Tombs（2013）。

98　Cf. Collins and Abramsky（1965: 55）。

99　Marx（*MECW*, 42: 17）、Collins and Abramsky（1965: 42-43）。

100　Cf. Collins and Abramsky（1965: 51）。

101　Archer（1997: 21, 45-48, 79-82）。

102　英國的工會組織化運動，見 Reid（2005: pt. 2）、Webb and Webb（chs. IV-V）。在國際工人協會最初的總委員會中，只有一位英國委員是合作主義者，即老式歐文派魏斯頓。大多數英國委員是工會主義者。Cf. Katz（1992: 3）。

103　Marx（*MECW*, 42: 16）。

以工人為主體的、實力堅強的壓力團體。[104] 對此，馬克思難掩興奮之情。他向恩格斯表示：協會人馬在改革同盟的委員會中是多數，「整個領導權都掌握在我們手中」。[105]

> 國際工人協會的偉大成就是：
> 改革同盟是我們一手建立的。在 12 人（6 位中等階級，6 位工人）組成的核心委員會中，工人都是我們總委員會的委員（包括艾卡留斯）。……如果我們成功地讓英國工人階級的政治運動再度活躍起來，那麼，我們協會不高調地為歐洲工人階級所做的事情，就要比任何其他方式都來得多。而且，有取得成功的一切希望。[106]

改革同盟是「軍閥」（倫敦工會領袖）的重要事業之一，其成就是促成了英國選舉權的大幅擴張。從馬克思「改革同盟是我們一手建立的」一句，不難看出他當時對英國工運的認同和樂觀預期。

1865 年 3 月，協會發生第一起分裂事件。原因是兩派法國人互相攻訐，僵持不下。一派是托倫等巴黎普魯東主義者，常自稱只關注經濟（但不盡然如此），[107] 主張信用互助，倡議普魯東式的人民銀行和無償貸款。他們（除了極少數例外）大都拒斥女性出外勞動，宣稱反對一切形式的國家干預（如國民教育、工時限制、童工規範及其他社會立法）。[108] 在

---

104 Finn（1993: 234-261）、Stedman Jones（2016: 475-478）。

105 Marx（*MECW*, 42: 108），1865 年 2 月 25 日致恩格斯。

106 Marx（*MECW*, 42: 150），馬克思（馬恩全集 I，31 上：113），1865 年 5 月 1 日致恩格斯。

107 托倫是 1864 年《塞納河六十位工人宣言》的主要作者。普魯東受到這篇宣言的觸動，有意與這群年輕工人對話，因而（在他去世前）寫成了《工人階級的政治能力》一書。此書維持了普魯東抵制選舉政治的基本立場。《塞納河六十位工人宣言》則帶有社會共和主義的傾向，而且是一份參選宣言，稱不上是反政治或非政治的。儘管如此，托倫一系以普魯東的追隨者自居，把自身界定成普魯東主義者。見 Tolain et al.（1864）、Proudhon（1924 [1865]）。另見 Archer（1997: 11-12, 35-48）、Hayat（2018）。

108 Archer（1997: 66-75）、Cole（2002b [1954]: 105-116）。

協會早期，他們尚未見識到成功的罷工，故和普魯東一樣反對罷工，質疑工會限制了小雇主的自由。[109] 他們還宣稱，不是工人就不能代表工人，就不能在國際協會中位居要津。[110]

另一派是不具工人身分，和波拿巴不共戴天的激進共和派。在其看來，由托倫領導的巴黎普魯東派，不反波拿巴也不反帝制，[111] 還與激進共和派爭奪有限的在野資源。因此，兩派都想排除另一方，都想主導國際協會在法國的發展。由於托倫數度以退出相逼，要求驅逐那些不是工人的共和派，總委員會遂不得不出面協調。雖然英國人和馬克思都不樂見法國人分裂，但最後逼不得已，只好挽留托倫一系，因為他們畢竟是工人。激進共和派失勢後，繼續以倫敦法國支部的名義從事活動（按：後來與馬克思衝突不斷）。立場與之接近的義大利馬志尼派，隨之也退出了總委員會。[112] 比這兩支共和派更激進的法國布朗基派，後來在 1866 年 9 月日內瓦大會的前後，也與托倫等普魯東派起了衝突。[113]

1865 年 6 月，馬克思分兩次在協會報告〈價值、價格和利潤〉，其主要目的是駁斥魏斯頓「提高工資導致漲價，反而不利於工人」的說法。魏斯頓是一位歐文派合作主義者，提倡勞動合作，對工會行動（如爭取提高工資）的作用有所保留。但從馬克思的視角，工會對於工人階級意識的養成，實乃不可或缺。這並不是一個新的看法，而是《哲學的貧困》已表達過的基本見解：工人須歷經一番鍛鍊，才能成為足具階級意識的「為己階級」，而「罷工」和「組合」正是工人需要的鍛鍊。[114]

---

109 1867 年以降的幾起重要罷工，讓普魯東派見識到了罷工的力量。於是，他們不再原則性地反對罷工。見 Archer（1997: 82-85）、Collins and Abramsky（1965: 140-141）。

110 Archer（1997: 30-31）。Cf. Marx（*MECW*, 42: 108-109），1865 年 2 月 25 日致恩格斯。

111 正是這項政治指控，導致了兩派法國人的分裂。持平而論，托倫等普魯東派雖不標榜自身的共和主義屬性，但這不等於支持波拿巴。若非如此，馬克思也不會在這次分裂中，最終支持留下托倫一系。Cf. Archer（1997: esp. 28-33, 43-44）。

112 Marx（*MECW*, 42: 150），1865 年 5 月 1 日致恩格斯。Cf. Collins and Abramsky（1965: 101-104, 112-113）。

113 Archer（1997: 67-68）。

114 Marx（*MECW*, 6: 206-212）。

〈價值、價格和利潤〉的不同之處在於：它把對工會行動（爭取提高工資、要求限制工時等）的辯護，鑲嵌於一套經濟論說。這份報告用通俗的語言，簡介了勞動價值、剩餘價值等概念，並指出：要是工資普遍上漲，利潤率將會下滑，但大致不影響商品價格；以及，總趨勢是物價將會走貶，工資的平均水準將會下滑。[115] 這裡需要注意的，不是馬克思的經濟學論證，而是他如何為工會辯護。為了駁斥工會無用論，他強調勞動力的價值（即工資水準）是有伸縮性的。

> 勞動力的價值是由兩種要素所形成：一種是純生理的要素，另一種是歷史或社會的要素。勞動力價值的**最低界限**，是由**生理的**要素所決定。……在這種純粹生理的要素外，勞動的價值還取決於每個國家的**傳統生活標準**。[116]

儘管「資本主義生產的總趨勢不是使平均工資水準提高，而是使它降低」，但工資水準並不是僵固不動的。這意味著：工人階級為工資進行的鬥爭，並不都是徒勞無功。這種鬥爭往往「只是力求維持勞動的現有價值」，而「如果工人在和資本的日常衝突中畏縮，他們就絕無資格開展任何規模較大的運動」。但另一方面，工人階級

> 不應當只局限於這些由於資本永不停止的進攻或市場的變動而必然經常出現的游擊式搏鬥。他們應當了解到：這個體系除了強加給他們一切的悲慘，同時也為社會的經濟改造提供了必要的物質條件和社會形式。……工人應該在他們的旗幟上寫上革命的口號：「消滅工資體系！」[117]

115　Marx（*MECW*, 20: 144, 148-149），馬克思（馬恩全集 II，21：206、211-212）。

116　Marx（*MECW*, 20: 144-145），馬克思（馬恩全集 II，21：207）。這個說法預示了《資本論》第一卷的工資論（C1: esp. 274-275）。參見第七章第四節。

117　Marx（*MECW*, 20: 148-149），馬克思（馬恩全集 II，21：211）。

這個結論隱含的批評對象，包括了一切不革命的合作主義者、工會主義者、改良主義者等，但只是點到為止。

三、黃金年代：從日內瓦到巴賽爾

在普法戰爭爆發以前，國際工人協會召開了 4 次大會，分別是 1866 年日內瓦大會、1867 年洛桑大會、1868 年布魯塞爾大會、1869 年巴賽爾大會。[118] 當第一次大會在日內瓦召開時，國際協會已漸入佳境，其加盟團體持續增加。在協會的協助下，接連出現了幾起成功的、備受矚目的罷工：1866 年倫敦裁縫罷工、1867 年巴黎銅匠和裁縫的罷工，以及 1868 年日內瓦建築工人的罷工。[119] 協會本身並無財力可言，[120] 但動員其跨國網絡，號召利害相關的工人群體去支援罷工者。這就瓦解了雇主的分化策略，使「工人團結」不再是一句空話，且大幅提升了國際工人協會的聲望。[121]

馬克思未參加前四次大會，只出席了第五次大會，即 1872 年海牙大會。但幾次大會的議程及其參考文件，大都是他準備的。[122] 其中，又以 1866 年〈給臨時總委員會代表關於〔日內瓦大會〕若干問題的指示〉（以下簡稱〈指示〉）最廣為人知。[123]

國際協會每次大會的出席者，約在數十人到百人之譜。各國代表的相

---

118 第一次大會因準備不及，才延至 1866 年召開。但 1865 年 9 月在倫敦舉辦了一次規模較小的會議，參與者除了倫敦人士外，還有來自法國的多位代表，以及瑞士和比利時的代表。見 Archer（1997: 59-61）、Collins and Abramsky（1965: 106-112）、Katz（1992: 15-16）。

119 Katz（1992: 24-27）、Collins and Abramsky（1965: 82-84, 89-90）、Archer（1997: 82-85）。

120 Collins and Abramsky（1965: 65, 87-88）。

121 Stedman Jones（2016: 459, 461-462）、Musto（2015b: 12-13）。

122 1867 年因《資本論》第一卷出版在即，馬克思無暇顧及洛桑大會的籌備事宜。

123 Marx（*MECW*, 20: 185-194），寫於 1866 年 8 月底。

對數量為何，又是如何產生，並沒有明確的規定。只要是（寬鬆認定的）協會會員，都可以參加大會。理論上，大會是國際工人協會的最高權力所在。協會的規章及其更動，須得到大會的背書，而不是總委員會說了算。攸關協會基本方針的大會決議，時而涉及激烈的意識型態競爭，和各方之間的政治角力。

日內瓦大會

1866 年 9 月，國際協會在日內瓦召開第一次大會。[124] 此時，馬克思正致力於完成《資本論》第一卷，但會前，他為倫敦總委員會的與會代表準備了一份議程說明。在這個階段，和倫敦總委員會唱反調的，主要是法國普魯東派。〈指示〉以普魯東派作為假想敵，捍衛了工會運動的大方向。但與此同時，馬克思和倫敦工會人士的若干分歧，也已呼之欲出。

普魯東派自稱反對一切的國家干預，〈指示〉則重申工人應施壓政府限制工時，並要求八小時工作日。其他要點包括：禁止夜班；禁止一切有害健康的低齡（9-17 歲）勞動；針對低齡勞動者，分齡設置每日 2、4、6 小時的工時上限；此外，須向低齡勞動者提供智育、體育和技術訓練。[125] 由於這些事項都需要立法，且蘊含了政府的管制行動，故不見容於法國普魯東派。[126] 但〈指示〉做出了其他方面的妥協，如廢除常備軍──這是馬克思和普魯東派的共同主張。[127]

關於合作勞動，〈指示〉列出了幾項要點。第一、合作運動是改造「以階級對抗為基礎的當前社會」的力量之一。它顯示「勞動屈從於資本的專制體系」是能被「共和的、帶來繁榮的、自由平等的生產者聯合」取

124　計有 60 人參加日內瓦大會，一半以上是瑞士人，加上 17 位法國代表，3 位德國代表，另有 6 位來自英國（其中有 3 位是英國人）。Cf. Cole（2002b [1954]: 109）、Archer（1997: 66-67）。

125　Marx（*MECW*, 20: 187-189）。

126　Archer（1997: 71-72）。

127　Marx（*MECW*, 20: 193-194）。

代的。第二、狹小零星的合作勞動「永遠改造不了資本主義社會」。要實現「廣泛的、和諧的、自由合作的勞動制度」，就得進行「全面的社會變革」，而「只有把社會的組織力量，即國家權力，從資本家和地主的手中轉移到生產者自己的手中」，這種變革才能夠實現。[128] 第三、與其從事合作消費，不如從事合作生產。前者只觸及表面，後者才能動搖現存的經濟系統。[129] 在此，不難再度看出：國際工人協會時期的馬克思，對生產合作做出了一定的正面評價，至少視之為改造階級社會的各種力量之一。與此相關的理論說明，稍早已出現在《資本論》第三卷手稿：「資本和勞動的對立，在這種工廠內已經被揚棄，儘管一開始只是工人聯合起來充當自己的資本家」。合作工廠可謂是「從資本主義生產方式轉型到聯合生產方式的過渡形式」之一。[130]

但另一方面，馬克思並未更積極地支持、鼓吹合作運動，而是再度重申工人階級奪取國家權力的必要。其理由是：唯有如此，才能實現全面的、根本的社會變革，也才能過渡到「廣泛的、和諧的、自由合作的勞動制度」。〈指示〉幾乎完全不提被普魯東派奉為圭臬的人民銀行、無償貸款、信用互助，[131] 更漠視拉薩爾派由國家扶植合作勞動的主張。這本身即是一種立場的表達。

再看〈指示〉對工會角色的認定。比較老派的普魯東主義者，包括托

128　Marx（*MECW*, 20: 190），馬克思（馬恩全集 II，21：271）。

129　Marx（*MECW*, 20: 190）。在這一點上，馬克思和普魯東派並無分歧，雙方都強調生產合作比消費合作更重要。Cf. Archer（1997: 45-46）。〈指示〉有關合作勞動的最後兩點如下。第四、合作社應把收入的一部分，用於宣傳自己的原則，和促進更多合作社的建立。第五、為了避免合作社淪為常見的股份公司，所有受雇的工人（不管是不是股東）都該分到同樣的分額。

130　Marx（C3: 571-572）。更完整的引文及其分析，另見第七章第八節，此處不贅。

131　關於國際信貸，「創議權留給法國人」（*MECW*, 20: 193）。普魯東於 1865 年 1 月去世，馬克思在 2 月 1 日《社會民主黨人》上發表的〈論普魯東〉一文中（*MECW*, 20: 26-33, esp. 31-32），質疑了普魯東的「人民銀行」、「無償信貸」等主張及其「小布爾喬亞」性格。

倫，對工會向來有較多的疑慮。他們是馬克思最主要的假想敵。雖然《成立宣言》未論及工會的重要性，但馬克思很快就意識到了這個缺漏，並在 1865 年〈價值、價格和利潤〉演說中，表達了他對工會的基本看法：「工會作為抵制資本進逼的抵抗中心，卓有成效」，但如果「不運用自己的組織力量作為槓桿，去最終解放工人階級，也就是最終消滅工資制度」，則必遭遇失敗。[132]〈指示〉向出席日內瓦大會的總委員會代表重申：工會是「徹底消滅工資勞動系統和資本統治的組織化力量」，現在「必須學會自覺地為了工人階級**完全解放**的廣闊利益，作為工人階級的組織中心去行動」。[133]

在英法工人的分歧中，馬克思站在英國這一邊。但他的革命立場迥然不同於倫敦工會人士的改良主義。在他看來，工會目前「過度局限於與資本進行地方性的直接鬥爭」，「對於自己推翻工資奴役系統本身的力量，尚沒有充分的理解」。[134] 然而，英方不曾把「推翻工資奴役」視作自身的使命。馬克思似乎相信他可以引導英國工會走向革命，使之成為「徹底消滅工資勞動系統和資本統治的組織化力量」。惟此陳義過高，終未成真。

在日內瓦大會的現場，總委員會關於八小時工作日、規範低齡勞動的主要提案，在法國人的雜音之中順利通過。但普魯東派也有斬獲。其禁止女性勞動的提案，被大會表決通過。[135] 更重要的是，他們成功阻擋了馬克思念茲在茲的「民主波蘭」一案。

關於波蘭問題，馬克思在〈指示〉中提到：「無論貴族或布爾喬亞都把那個居於幕後的**黑暗亞洲強權**，當作抵擋日益高漲的工人運動浪潮的最後堡壘。只有在民主的基礎上恢復波蘭，才能真正打倒那個強權」。民主的波蘭對於德國工人來說，尤其重要。因為：

132　Marx（*MECW*, 20: 149），馬克思（馬恩全集 II，21：212）。

133　Marx（*MECW*, 20: 191-192），馬克思（馬恩全集 II，21：272-273）。

134　Marx（*MECW*, 20: 191），馬克思（馬恩全集 II，21：273）。

135　Collins and Abramsky（1965: 118-120）、Cole（2002b [1954]: 108-109）、Archer（1997: 71-72）。

　　　　沒有民主的波蘭，德國一定會變成神聖同盟的前哨。有了民主的波
　　　蘭，德國就會與共和制的法國進行合作。在這個重要的歐洲問題沒有
　　　解決以前，工人階級的運動總是要被打斷、遏止或阻礙。[136]

馬克思深盼日內瓦大會能通過支持民主波蘭、譴責沙俄的提案，但未能如
願。

　　前文提及，成立國際工人協會之議，浮現於 1863 年 7 月英國工人聲
援波蘭起義的集會。在此之前，托倫等巴黎工人已發起請願，呼籲波拿
巴出兵把沙俄逐出波蘭。英方注意到了請願行動，故邀請托倫一行人來
訪。[137] 換句話說，托倫等普魯東主義者，並非從一開始就反對聲援波蘭。
在此問題上，他們的立場頗不同於親俄、反波蘭的晚年普魯東。[138] 不過，
普魯東的相互主義、[139] 聯邦主義，[140] 連同他的最後一本著作《工人階級的
政治能力》，[141] 依然是普魯東派高度看重的思想資源。[142]

　　在協會成立之後，協會究竟該不該針對波蘭問題表態，反倒引起了愈
發激烈的爭議。馬克思有意把譴責沙俄、支持波蘭的立場，變成是協會的
正式決議。總委員會中的英國人，大都不反對他的主張。但任何此類的正
式決議，將有賴大會表決通過，而不是總委員會說了算。由於大會是在歐
陸召開，歐陸與會代表的意向尤為重要。在 1865 年 9 月的倫敦會議中，
總委員會即馬克思方面，已提出支持波蘭獨立一案，但未獲共識，且出現
了若干反對意見。[143] 倫敦會議落幕後，波蘭爭議又變得更加白熱化。法國

---

136 Marx（*MECW*, 20: 193），馬克思（馬恩全集 II，21：275-276）。

137 Archer（1997: 8-9）、Collins and Abramsky（1965: 24-26）。

138 Woodcock（2010 [1956]: 238-239）、Kofman（1968）。

139 Vincent（1984: ch. 5）、Hoffman（1972: ch. 11）、Ritter（1969: 126-155）。

140 Proudhon（1979 [1863]）、Vernon（1979）、Vincent（1984: ch. 6）、Ritter（1969: 155-160）。

141 Proudhon（1924 [1865]）、Woodcock（2010 [1956]: pt. IX）。

142 Hoffman（1972: ch. 13）。

143 Collins and Abramsky（1965: 106-110）。

人中的普魯東派，稱自己不是不支持波蘭，但協會應聚焦於工人事務，凸顯經濟問題而非政治問題。法國人中的若干共和派，如先前遭到排擠的勒呂貝，和義大利馬志尼派站在同一陣線：爭取獨立的其他民族如義大利，協會應予以平等支持，而不是獨厚波蘭。另一位法國共和派韋西尼爾（Pierre Vésinier）則提出兩個反對理由：一、若把民族問題推上檯面，必有利於波拿巴的專制統治；二、沙皇廢除了俄國和波蘭的農奴制，而支持波蘭獨立的主力卻是貴族和教士。第二個理由並非韋西尼爾的創見，而是引自比利時社會主義者德巴普（César de Paepe）。[144]

　　為了化解疑慮，馬克思促請恩格斯在協會刊物上分析波蘭問題——此即〈工人階級和波蘭有什麼關係？〉一文的由來。此文在 1866 年 3 月和 5 月，分 3 次發表。這是恩格斯第一次介入協會內部的政治紛爭。[145] 若欲理解恩格斯關於「歷史民族」和「非歷史民族」的區分，這篇文章是繞不開的，但非此處所能深究。[146] 它欲回答的主要質疑是：何以協會要表態支持波蘭獨立，而不是支持一切被壓迫民族的自決？在恩格斯看來，他在說明這個問題的同時，也一起回答了法國人和比利時人的另一疑慮，亦即：何以工人在階級和經濟之外，還要關注民族和政治？

　　暫且不論恩格斯的論證有何問題，他顯然沒有說服那些有疑慮的法國人、比利時人等。在 1866 年 9 月的日內瓦大會上，支持總委員會（即馬克思）立場的與會代表，為數有限。法國普魯東派提出了一個不同的決議案，其大意是：我們愛好自由，反對一切專制，並特別譴責沙俄專制；但作為爭取經濟解放的工人代表，我們不針對波蘭的政治重建表示意見。最後，大會通過了一個折衷案，僅宣示國際工運反對一切專制，而未納入「在民主的基礎上恢復波蘭」一條。[147]

144　Collins and Abramsky（1965: 112-115）。

145　Engels（*MECW*, 20: 152-161, 469 fn. 105），恩格斯（馬恩全集 II，21：219-232）。

146　Cf. Walicki（1995: 152-167）、Rosdolsky（1987）、Draper and Haberkern（2005: ch. 2）、Nimni（1989）。參見第六章第七節。

147　Collins and Abramsky（1965: 122）、Archer（1997: 73）。

馬克思一以貫之地強調反對沙俄、支持波蘭之於工人運動的重要。但最終還是功虧一簣，未能讓「在民主的基礎上恢復波蘭」成為協會的正式決議。這對他來說，無疑是一大挫敗。

洛桑、布魯塞爾、巴賽爾

1867 年 9 月召開的洛桑大會，是馬克思最不滿意的一次大會。由於他忙於《資本論》第一卷的出版事宜，遂把洛桑大會的準備工作交給（總委員會內的另一位德國人）艾卡留斯。參加這次大會的與會代表，據估有72 人。其中約有一半是瑞士人，另有 17 位法國代表、6 位德國代表、2位義大利代表，來自比利時的德巴普，和 6 位來自倫敦的代表。[148] 總委員會中較具分量的倫敦工會領袖，或因投入英國國內的選舉權運動，或因代表改革同盟去日內瓦參加「和平與自由同盟」的會議，[149] 都未能出席洛桑大會。於是，艾卡留斯成為大會上的總委員會代表。

值得一提的是，洛桑大會通過了一項鼓勵合作生產的折衷案。儘管各方支持合作生產的理由不一，未必都同意普魯東派的版本，但對馬克思來說，此案仍是不可欲的，因其偏離了 1866 年〈指示〉對合作生產的定位。尤有甚者，普魯東派還成功地使信用互助、人民信用銀行、無償信貸等「相互主義」的信條，得到大會的背書。[150] 在大會上，從關於信用互助的討論，又衍生出「土地集體化」的議題。率先提出土地問題的，是來自比利時的年輕工人德巴普。

在洛桑，作為比利時工運領導者的德巴普，開始嶄露頭角。德巴普後來被譽為國際協會中，僅次於馬克思的第二號理論家。是德巴普而不是馬克思，從一種經濟本質論去解釋戰爭；也是德巴普而不是馬克思，以階級

---

148 Archer（1997: 98）、Cole（2002b [1954]: 109）。

149 Stedman Jones（2016: 459-460）、Cole（2002b [1954]: 113-116）、Collins and Abramsky（1965: 126-127）。

150 Archer（1997: 99-100）、Cole（2002b [1954]: 109-111）。另參見 Musto ed.（2014: pt. 5）所收錄的協會文獻。

的名義，拒絕支持一切民族自決。[151] 雖然德巴普說自己是「相互主義者」
（按：這是老式或正統普魯東派的自稱），但不同於老式普魯東派，他主
張集體所有制，並在洛桑大會上提出土地公有化（或更確切地說，土地集
體化）之議。托倫等老式普魯東派，雖支持銀行信用的公有化，但強烈反
對土地和生產工具的公有化。在會議過程中，各方先是妥協出一個決議
案，支持交通和流通的公有化。但德巴普要求增列的土地公有化一案，則
在多數法國人和瑞士人的反對下，遭到了否決。[152]

　　洛桑大會落幕後，馬克思向恩格斯抱怨：由於他要出書而沒有直接介
入，才讓普魯東派有機可乘；但「在下次的布魯塞爾大會上，我將親自置
這些普魯東派的蠢驢於死地」。[153] 恩格斯則安慰他說：「只要總委員會還
在倫敦，無論他們決議了什麼，終究都是沒有意義的」。[154]

　　在 1868 年 9 月的布魯塞爾大會上，比利時人占有主場優勢，人數最
多，在 99 位與會者中占了 56 位。以托倫為首的法國代表團有 18 人。倫
敦派出 12 人代表團，陣仗不小，這多少反映出馬克思向普魯東派復仇的
意志。[155] 作為地主，比利時人主導布魯塞爾大會，推動通過了支持罷工、
以罷工反戰等一系列決議案。[156] 馬克思雖未出席大會，但授意艾卡留斯代

151　Whitham（2019: 899-900）、Collins and Abramsky（1965: 127-128, 108-110）。

152　Cole（2002b [1954]: 111-112）、Collins and Abramsky（1965: 128-129）、Archer（1997:
　　　100-101）。

153　Marx（*MECW*, 42: 423-424），馬克思（馬恩全集 I，31 上：347），1867 年 9 月 11 日
　　　致恩格斯。

154　Engels（*MECW*, 42: 425），恩格斯（馬恩全集 I，31 上：349），1867 年 9 月 11 日致
　　　馬克思。

155　Archer（1997: 120）、Collins and Abramsky（1965: 139-140）、Cole（2002b [1954]:
　　　125）。

156　德巴普關於戰爭成因的看法，和以罷工反戰的主張，見 Musto ed.（2014: 229-231）。
　　　對於以罷工反戰之說，馬克思頗不以為然，視之為「比利時人的愚蠢」。他的理由是：
　　　工人階級根本還不具備這種罷工所需要的組織實力。見 Marx（*MECW*, 43: 101），1868
　　　年 9 月 18 日致恩格斯；以及 Marx（*MECW*, 43: 94），1868 年 9 月 10 日致艾卡留斯和
　　　列斯納（Friedrich Lessner）。

表總委員會提出一案，其大意是：機器在資本統治下只會奴役工人，但工人統治將釋放機器的進步潛力。[157] 此案獲得了無異議通過。[158]

最值得注意的，是德巴普的土地公有化（及鐵路、礦產和森林的公有化）提案。此案有 9 票贊成、5 票反對、15 票棄權。[159] 反對土地公有化的托倫，遂以贊成票太少為由，主張取消德巴普一案的效力。但托倫的提議遭到了高票否決。[160] 在國際工人協會的歷史上，這是一個重要的轉捩點，因為自此以後，老式普魯東派的影響力迅速下滑，「集體主義」開始抬頭。在英國，土地公有化逐漸成為工人運動的主要訴求之一。在比利時，德巴普一系反中央集權、反國家主義、準工團主義式的集體主義引領風騷。法國則興起了一脈年輕的、集體主義取向的、主張去中心化的、標榜「聯邦主義」的新普魯東派，以瓦爾蘭（Eugène Varlin）為主要代表。[161] 1867-1868 年以降，瓦爾蘭成為巴黎工人的重要領袖，後來積極投入巴黎公社而遭到政府軍殺害。[162]

在與老式普魯東派的衝突中，儘管德巴普和馬克思看似站在同一陣線，表面上都支持土地公有化，但背後仍有分歧。德巴普的土地公有化或集體化提案，並非受到馬克思的影響，而是從出於（有別於馬克思的）另一種政治視野。德巴普雖是「集體主義者」，但不同意《共產黨宣言》

---

157 Marx（*MECW*, 21: 9），提交到布魯塞爾大會的「機器」決議文草案，1868 年 8 月 11 日總委員會通過。Cf. Musto ed.（2014: 103-104）、Marx（C1: ch. 15）。參見第七章第五節。

158 Collins and Abramsky（1965: 142）。

159 Stedman Jones（2016: 460-461）。

160 Collins and Abramsky（1965: 143）、Archer（1997: 127-128）。

161 Hoffman（1972: 327-339）。

162 瓦爾蘭拒斥老式普魯東派根深柢固的性別主義。他在日內瓦大會上，反對多數法國人提出的禁止女性勞動一案。老式普魯東派拒絕一切公辦學校的立場，他也不贊同。見 Archer（1997: 72）、Collins and Abramsky（1965: 119）。瓦爾蘭積極投入工人運動的組織建設，使之擴張到巴黎以外的省區。在 1871 年巴黎公社的領導層中，他是少數派的領袖，亦是最具分量的工運人士，暨國際工人協會的成員。另見本章第四節。

把土地和一切生產工具「集中在國家手裡」的立場，[163] 也就是拒絕把公有化、集體化或社會化等同於國有化。[164] 但彼時，這個差異隱而未顯。德巴普直到 1871 年 9 月仍願意與馬克思合作，後因馬克思愈發獨斷而漸行漸遠（見本章第五節）。

1869 年 9 月的巴塞爾大會，[165] 以高票重申了土地公有化的主張。[166] 但對於土地公有化的施行方式，與會者並無共識。[167] 馬克思後來在 1872 年春的一篇短評〈論土地國有化〉中，回顧布魯塞爾大會上的土地爭議，並表示：有人誤以為土地可以成為小集體如「鄉村協會」的財產，而未必非得是「整個國家」的財產。然而，

> **土地只能是國家的財產**。把土地交到聯合的鄉村勞動者手中，無異於把社會交給一個排他性的生產者階級。
>
> 土地國有化將使勞資關係徹底改變，最終剷除工業和農業中的資本主義生產方式。……與社會分立的**政府或國家權力將不復存在**！農業、礦業、工業，總而言之，一切生產部門都將逐漸地用最合理的方式組織起來。**生產工具的全國性集中**將成為一個自由平等的生產者聯合體所構成的社會的全國性基礎，這些生產者將按照**一個共同的、理性的計畫**從事社會勞動。[168]

163　Marx and Engels（*MECW*, 6: 504）。

164　德巴普的土地集體化思路，見 Musto ed.（2014: 170-174, 178-179）。另見 Whitham（2019: 902-912）。

165　計有 78 位代表參加了巴賽爾大會。最大的代表團來自法國，有 27 位。倫敦總委員會來了 6 位。另有 12 位德國代表，來自李卜克內西領導的艾森納赫派（即 1869 年 8 月新成立的社會民主工人黨）。Cf. Stedman Jones（1996: 461）、Archer（1997: 166-167）、Collins and Abramsky（1965: 151-152）、R. Morgan（1965: ch. VI）。

166　此案得到 53 票贊成、8 票反對、10 票棄權、4 票缺席。Collins and Abramsky（1965: 155）。

167　Stedman Jones（2016: 461）、Cole（2002b [1954]: 126）。

168　Marx（*MECW*, 23: 135-136），馬克思（馬恩全集 I，18：66-67）。

幾乎可以說，這是馬克思成為共產主義者以後的一貫立場。尤自 1847-
1848 年起，他宣稱把一切生產工具收歸國有，並不會導致國家壓迫。這
是因為：在消滅階級的過程中，公權力將失去政治性，終至不再成其為政
治國家。[169] 對德巴普一系而言，土地和生產工具的集體化、公有化或社會
化，並不等於國有化，更不等於「全國性集中」。或者說，即使土地在名
義上為「整個國家」所有，其實際目的也應該在於：讓合作生產者得以自
發地近用土地、機器及其他生產工具。有別於此，馬克思拒斥一切「為了
交換而生產」的經濟秩序。他主張的是，按預先制定好的計畫進行生產，
而不是任由個人或小集體為了交換而生產。[170] 他在 1872 年〈論土地國有
化〉一文中，又重申這個立場，乃把「生產工具的全國集中化」扣連到
「一個共同的、理性的計畫」。

　　巴塞爾大會最為人所知的爭議點，莫過於巴枯寧的「廢除繼承權」一
案。會前，巴枯寧已公開表示要在大會上提出此案，所以馬克思提前準
備了一個對案。[171] 他強調，繼承權只是衍生性的問題，重點是消滅私有財
產：「我們應該克服的，是原因而不是結果，是經濟基礎而不是它的法律
上層建築。設若生產工具從私有財產變成社會財產，到時繼承權（如果它
還有任何社會意義）就會自行消亡」。[172] 在大會上，德巴普支持了總委員
會（即馬克思）的立場，並表示在土地之外，「機器及其他生產工具也應
當成為聯合生產者的財產」。[173] 但最後，總委員會的提案得到 19 票贊成、
37 票反對、6 票棄權、13 票缺席，遭到了否決。

　　巴枯寧的提案則有 32 票贊成、23 票反對、13 票棄權、7 票缺席。由

169　這個說法出現在《哲學的貧困》（*MECW*, 6: 212）和《共產黨宣言》（*MECW*, 6: 505-
　　506）。參見第四章第七節。

170　另見第四章第五節、第六章第五節、第七章第九節。

171　Marx（*MECW*, 21: 65-67, 470 fn. 93），提交到巴賽爾大會的「繼承權」報告，1869 年
　　8 月 3 日總委員會通過。

172　Marx（*MECW*, 21: 65），馬克思（馬恩全集 I，16：414）。Cf. Musto ed.（2014: pt. 6）。

173　Collins and Abramsky（1965: 156）。

於贊成票未達門檻，此案未能通過。[174] 但它贏得的贊成票，明顯高於馬克思案的贊成票。巴枯寧在大會上表示：雖然經濟關係才是最根本的，但國家用強力去維護的繼承權制度，也必須得摧毀；攻擊這個制度，就是攻擊其背後的暴力國家，就是為了消滅一切國家……等等。[175] 支持「廢除繼承權」的與會代表，未必都贊同巴枯寧式的無政府主義。但無論如何，巴枯寧的影響力已不容低估。

關於英國工會

1866 年，馬克思在日內瓦大會的〈指示〉中提到：工會「不可不把目前在工會以外的工人，吸收到自己的行列中來。它們必須特別關切那些報酬最少的行業工人，如農業勞動者的利益」。[176] 這是否意味著，工會運動也應該吸納無技術或低技術工人、大工廠工人？對此，馬克思並沒有確切的說法，因為他只提到農業勞動者。

國際工人協會的最大支柱是倫敦工會人士，他們大都來自手工業者的工會。比起無技術或低技術工人，這些男性手工業者堪稱是工人中的精英，其組織化程度也最高。[177] 在 1860 年代，大多數手工業者（如裁縫、木工、鞋匠、泥水匠等）尚未遭到工業革命的衝擊，只有建築工人算是部分例外。[178] 正因其技能還在，手工業者不像無技術工人那樣容易被取代。不過，雇主為了對抗已經組合起來的手工業者，時而從歐陸找來有同樣技能的工匠。

在英國，加盟國際協會的無技術工人，只有一個挖掘工團體。來自重工業的加盟者，只有達靈頓的鑄鐵工人。[179] 與現代工業關係更密切的英國

174 Cole（2002b [1954]: 131）、Stedman Jones（2016: 517）。

175 Cole（2002b [1954]: 130-131）。

176 Marx（*MECW*, 20: 192），馬克思（馬恩全集 II，21：273）。

177 Finn（1993: 228）。

178 Collins and Abramsky（1965: 76）。

179 Collins and Abramsky（1965: 70-71, 75）。

工會，包括最早成立的工程師聯合會，幾乎都沒有加盟國際協會。至於大工廠內的低技術或無技術（男性）工人，則落於 1860 年代工會運動的邊緣地帶。女工和童工就更不必說了。[180]

　　就國際工人協會在英國的發展而言，1867 年是加盟團體和會員數有明顯增長的最後一年。此後，會員數陷入停滯，維持在 5 萬左右。但彼時英國約有 80 萬工會會員。[181] 這個局面究竟是因為倫敦工會人士不夠努力，不積極去爭取無技術工人和工程師，抑或有更客觀的社經條件因素，此處不擬深究。

　　可以確定的是，自 1865 年 2 月改革同盟成立以後，倫敦工會領袖投入大量精力於鼓吹選舉改革。改革同盟是一個以工人為主體的壓力團體，其分支遍布全國，主要訴求是男性普選和設置投票箱（即祕密投票而非公開亮票）。[182] 1867 年 8 月英國國會通過的《第二次改革法案》，除了得益於托利黨與自由黨的政治競爭外，改革同盟發起的大規模示威也功不可沒。[183] 在當時英國的 700 萬成年男性中，大約有 100 萬選民。該法案分階段生效，選民數先是翻了 1 倍，擴增了約 100 萬人；後因租金計算方式的改變，又再增加了近 100 萬人。雖然它還不是男性普選，但選民數的增加規模遠超過抗爭方的預期。[184] 對於主導改革同盟的倫敦工會人士來說，這無疑是一大鼓舞。他們再接再厲，欲施壓廢除惡名昭彰的《主人與僕役法》，並推進新的工會立法，期使工會的法律地位得到鞏固。[185]

　　由於倫敦工會領袖熱中於選舉改革乃至社會立法，他們對國際協會的

180　Collins and Abramsky（1965: 77, 172, 219-220, 289-290）。

181　Collins and Abramsky（1965: 82, 290, 288）、Musto（2015b: 13）。

182　據估，改革同盟有超過 600 個分支，近 65,000 名成員。Finn（1993: 234-254, esp. 237）。

183　Stedman Jones（2016: 475-479）。

184　Cf. "Second Reform Act 1867," UK Parliament, <https://www.parliament.uk/about/living-heritage/evolutionofparliament/houseofcommons/reformacts/overview/furtherreformacts/>；"Reform Act 1867," *Wikipedia*, <https://en.wikipedia.org/wiki/Reform_Act_1867>。

185　Cole（2002b [1954]: 104-105, 174-175）、Collins and Abramsky（1965: 290）。

關注程度隨之而降低。[186] 1865 年改革同盟成立之際，沒人能預料到這個結果，馬克思亦不例外。他當時向恩格斯表示，改革同盟「是我們一手建立的」，可望重啟「英國工人階級的政治運動」。[187] 但隔年春天，他對奧哲爾等主事者已有微詞，認為他們妥協性太強，竟然接受自由黨極其吝嗇的選民擴充案。1866 年 8 月底，他告訴日內瓦分部的貝克（Johann Philipp Becker）：「克里默（Randall Cremer）和奧哲爾在改革同盟都背叛了我們，都違反我們的意願而向布爾喬亞讓步」。[188]

儘管如此，馬克思依然看好國際協會的前景，和英國工人的革命潛力。1866 年 6 月自由黨政府垮臺後，改革同盟發動一系列選舉權抗爭，包括 7 月在海德公園的大規模抗議。[189] 這些抗爭讓馬克思為之振奮。後來，在 1867 年 9 月洛桑大會結束後，他再度向恩格斯強調協會的潛力。

> 事情正在發展著。下一次革命到來時 —— 它也許會比表面上看起來更快發生 —— 我們（也就是你和我）手中將握有這個強大的機器。請把這一點和馬志尼等人 30 年來的活動結果比較一下！而且我們沒有經費！巴黎普魯東派，義大利馬志尼派，在倫敦心懷嫉妒的奧哲爾、克里默和波特，德國的舒茲－德里奇和拉薩爾派，看看他們的陰謀詭計，我們可以十分滿意了！[190]

事實上，馬克思直到 1870 年，都仍對英國工人的激進化有所期待。但倫敦工會領袖與自由黨的交好，已經讓他感到不安。這就關聯到了愛爾蘭問題。

---

186 Collins and Abramsky（1965: 86-87, 93-98）。

187 Marx（*MECW*, 42: 150），1865 年 5 月 1 日致恩格斯。

188 Marx（*MECW*, 42: 314），1866 年 8 月 31 日致貝克。

189 Stedman Jones（2016: 475-477）。

190 Marx（*MECW*, 42: 424），馬克思（馬恩全集 I，31 上：348），1867 年 9 月 11 日致恩格斯。

愛爾蘭問題

　　1867-1870 年間，馬克思在芬尼亞運動興起的背景下，持續表達他對愛爾蘭自治／獨立的關切。1867 年 11 月初，他在信中告訴恩格斯：「我努力設法激起英國工人舉行示威，以支持芬尼亞主義」。以及，「過去我認為愛爾蘭從英國分離出去是不可能的，現在我認為這不可避免，儘管分離以後也許會成立聯邦」。[191] 11 月底，他又向恩格斯表示：

> 　　現在問題是：我們該給英國工人什麼樣的建議？我認為，他們應當在自己的綱領中寫上廢除聯合〔即廢除英國和愛爾蘭的聯合〕這一條⋯⋯
>
> 　　愛爾蘭人需要的是：
>
> 　　1. 自治和脫離英格蘭而獨立。
>
> 　　2. 土地革命⋯⋯
>
> 　　3. 實施保護關稅以抵制英格蘭〔為使愛爾蘭工業得以存活〕。[192]

　　愛爾蘭共和派的芬尼亞運動，[193] 在 1860 年代中葉發起一波攻勢，讓英國政府如臨大敵。該派主張愛爾蘭脫離英國，成為一個獨立的民主共和國，實行男性普選和政教分開，並推動去寡頭化的土地改革。1867 年，芬尼亞先在愛爾蘭發動起義；失敗後又在英格蘭起事，但遭到密報，成員

---

191 Marx（*MECW*, 42: 460），馬克思（馬恩全集 I，31 上：381），1867 年 11 月 2 日致恩格斯。

192 Marx（*MECW*, 42: 486-487），馬克思（馬恩全集 I，31 下：405-406），1867 年 11 月 30 日致恩格斯。在此，實施保護主義以保存本地工業，是針對獨立後的愛爾蘭提出的方針。但這並不表示馬克思就變成了保護主義者，或放棄了 1848 年 1 月 9 日〈論自由貿易〉演說中「為了加速社會革命而支持自由貿易」的立場（*MECW*, 6: 465）。在普魯士／德意志帝國的脈絡下，馬克思反對一切有助於強化、鞏固專制統治的政策，包括專制政府的保護主義。但愛爾蘭的情況與此不同，難以一概而論。

193 「芬尼亞」是個通稱，泛指「愛爾蘭共和派兄弟會」（愛爾蘭）和「芬尼亞兄弟會」（北美）的成員。

陸續被捕。9 月 18 日，芬尼亞分子為解救兩位被捕的領導者，攻擊了開往曼徹斯特的囚車。在接下來的追捕過程中，一名警察喪生。作為報復，英國政府在 11 月 23 日處決 3 名芬尼亞人士，但由於定罪的程序過於草率，故飽受質疑和抗議。12 月 13 日，芬尼亞方面為了劫獄而丟炸彈，造成 12 人死亡，120 人受傷。[194] 在整個 1867 年，愛爾蘭人的不滿和暴動，引起了廣泛的注意和普遍的焦慮。實際上，這也是《第二次改革法案》做出額外讓步的主因之一。試想：要是芬尼亞激進主義得到更多不滿者的同情甚至支持，有沒有可能遍地烽火，讓政府疲於奔命？如何處理愛爾蘭紛爭，進而成為 1868 年英國大選的重要議題。自由黨領袖格萊斯頓，決定接受愛爾蘭溫和派「國家協會」的一項倡議，即解除英國國教在愛爾蘭的壟斷地位。[195]

恩格斯長期關注愛爾蘭議題，很早就是愛爾蘭獨立運動的同情者。[196] 1867 年以降，馬克思全家人在芬尼亞事件的推波助瀾下，也成為愛爾蘭獨立之友。[197] 對於芬尼亞動用的特定手段，如 12 月 13 日的炸彈，馬恩私下是不贊同的。馬克思斥之為「極大的蠢事」和「注定要失敗的」的「祕密又濫情的陰謀」。[198] 但無論如何，他（和恩格斯）並未改變其支持愛爾蘭共和獨立的態度。前文提及，倫敦工會領袖多欣賞馬志尼的共和民族主義，並支持義大利獨立和波蘭獨立。與此有關，國際協會和改革同盟都參與了反對處死芬尼亞社員的陳情抗議。若干協會領袖甚至表示：由於愛爾

---

194 K. Anderson（2010: 125-127）、Stedman Jones（2016: 478-479）、Collins and Abramsky（1965: 131-132）。

195 Stedman Jones（2016: 478-479）。

196 恩格斯和馬克思在 1860 年代以前的愛爾蘭論說，見 K. Anderson（2010: 115-124）。

197 Stedman Jones（2016: 479-480, 482）。

198 Marx（*MECW*, 42: 501），1867 年 12 月 14 日致恩格斯。稍早，恩格斯在 11 月 30 日給馬克思的信中（*MECW*, 42: 483）說道：「這個〔芬尼亞〕派系的大多數領導者都是笨蛋」，我們在任何情況下，都不能替他們幹下的那些陰謀蠢事去背書。後來在 12 月 19 日的回信中，恩格斯又重申了這個立場（*MECW*, 42: 505-506）。1869 年 11 月 29 日，他再度向馬克思提及芬尼亞社員的「空洞陰謀和生造出的小政變」（*MECW*, 43: 387）。

蘭人被強力剝奪了自由，他們當然有權使用強力。雖然部分（以《蜂房報》為代表的）工會人士後來改變了立場，但至少在 1867 年年底，國際協會的總委員會在芬尼亞問題上，展現出高度團結。他們譴責英國對愛爾蘭的壓迫，並對芬尼亞運動表達了同情。[199]

《第二次改革法案》通過後，倫敦工會人士和自由黨愈走愈近。馬克思自 1850 年以降，強調工人階級應成為一股獨立的政治力量。[200] 因此，他對於工會領袖投向布爾喬亞政黨的懷抱，相當不以為然。1868 年 11 月大選過後，格萊斯頓成為英國首相，於隔年年初解除了國教教會在愛爾蘭的特殊地位。但這並沒有平息愛爾蘭紛爭。1869 年夏，要求全面特赦芬尼亞囚犯（包括芬尼亞運動領導者）的呼聲，逐漸高漲。10 月，在都柏林和倫敦海德公園，都出現（可能）超過 10 萬人的、呼籲全面特赦的大規模集結。[201] 由於全面特赦也是不少協會人士的主張，馬克思遂藉此機會，對拒絕特赦的格萊斯頓展開一波攻擊。他在 11 月 16 日的會議中，針對愛爾蘭問題發表了一番長篇大論，要求總委員會做出譴責格萊斯頓的決議。他擬的決議文草案，[202] 在刪除了一個字以後，於 11 月 30 日獲得無異議通過。[203]

馬克思對愛爾蘭的關切，一直維持到 1870 年上半年，後因普法戰爭的爆發和芬尼亞運動的消散，才消退下來。1870 年 1 月 1 日，他在〈總

199　總委員會委員的態度，以及馬克思在此階段的發言，見 K. Anderson（2010: 126-132）。1867 年 12 月 16 日，馬克思在德國工人教育協會演講愛爾蘭問題。他的演講綱要（*MECW*, 21: 194-206, 495 fn. 228）反映出他此時的問題意識，頗具參考價值。另見 Collins and Abramsky（1965: 131-135）、Stedman Jones（2016: 480-481）。

200　參見第五章第四節。

201　K. Anderson（2010: 134-135, 152）。Cf. Jenny Marx（*MECW*, 21: 423-424, 530 fn. 488），1870 年小燕妮・馬克思為法國共和派報紙寫的愛爾蘭評論。

202　Marx（*MECW*, 21: 83）。

203　K. Anderson（2010: 135-138）。另見 Marx（*MECW*, 21: 411-412），1869 年 11 月 23 日、30 日在總委員會會議上關於愛爾蘭囚犯的發言；Marx（*MECW*, 21: 101-107），〈英國政府和芬尼亞囚犯〉，1870 年 2 月 27 日、3 月 6 日載於法國《國際報》。

委員會致瑞士羅曼語區聯合會〉中表示：「如果說英國是大地主制和歐洲資本主義的堡壘，唯一能重創官方英國的地方就是愛爾蘭」。其一，愛爾蘭是英國大地主制的支柱，「如果它〔大地主制〕在愛爾蘭倒下，就也會在英國倒下」。[204] 其二，英國布爾喬亞利用愛爾蘭的貧困，迫使愛爾蘭貧民移民到英國，而這讓英國工人的狀況更加惡化，並導致無產階級分化成兩個敵對陣營。

> 在所有的英國大工業中心，英國無產者和愛爾蘭無產者之間存在著很深的對立。普通的英國工人憎恨愛爾蘭工人，把他們看作降低工資和生活水準的競爭者。……幾乎像美國南方各州的白種貧民看待黑奴那樣看待他們。布爾喬亞在英國本土的無產者之間，人為地培育和維持這種對立。[205]

因此，

> 國際協會關於愛爾蘭問題的立場非常明確。協會的**首要任務**是促進**英國的社會革命**。為了達成這個目的，必得**在愛爾蘭進行決定性的打擊**。
> ……英國工人階級解放的先決條件，是把現存的強制合併（即對愛爾蘭的奴役）變為**平等自由的邦聯**——如果可能的話，或者**完全分開**——如果必要的話。[206]

馬克思的這個立場，也許不全然是出於策略考量，因其也是出於對英國奴

204　Marx（*MECW*, 21: 87-88），馬克思（馬恩全集 I，16：439）。另參見 Marx（*MECW*, 43: 4），1868 年 4 月 6 日致庫格曼；Marx（*MECW*, 43: 390-391），1869 年 11 月 29 日致庫格曼。Cf. Stedman Jones（2016: 485-488）。

205　Marx（*MECW*, 21: 88），馬克思（馬恩全集 I，16：439-440）。

206　Marx（*MECW*, 21: 89），馬克思（馬恩全集 I，16：440-441）。

役愛爾蘭的憤慨。但他最念茲在茲的，仍是愛爾蘭獨立之於「英國的社會革命」的扳機作用。[207]

值得一提的是，織工黑爾（John Hales）自 1866 年加入總委員會後，再三提議成立英國分部（即「英國聯合會委員會」），卻總是被馬克思否決。[208]〈總委員會致瑞士羅曼語區聯合會〉述明了否決的理由：

> 儘管革命的開頭可能來自法國，但唯有英國才能成為重大經濟革命的槓桿。只有這個國家已經沒有農民，地產集中在少數人手裡。……只有這個國家的絕大多數居民是工資勞動者。只有在這個國家，階級鬥爭和工人階級在工會的組織，已達到一定程度的成熟和普遍性。只有這個國家以其在世界市場的統治地位，它的每一次經濟變革必立即影響全世界。……總委員會何其慶幸，手中握有這個**無產階級革命的偉大槓桿**。如果任憑這個槓桿完全被英國人拿走，那該有多愚蠢呀，簡直可以說是犯罪！

馬克思表示，只有英國已充分具備社會革命的物質條件。但英國工人欠缺「革命的熱情」，而「只有總委員會能彌補這個缺憾，從而加速英國乃至所有地方的真正革命運動」。他擔心，一旦有了英國分部，他操持的總委員會將失去這個「無產階級革命的偉大槓桿」。[209]

當然，這誇大了總委員會的力量，也高估了馬克思自己的作用力。但需要注意的是，雖然馬克思早已意識到英國工會的局限性，並期待愛爾蘭獨立能改變這個局面，但晚至 1870 年年初，他對英國工會的組織化力量、對英國工人階級的革命潛力，依然寄予厚望。在這一點上，要等到巴黎公社落幕之後，才出現明顯變化。

207　Cf. K. Anderson（2010: 144-153）。
208　Collins and Abramsky（1965: 73, 164, 190, 222, 231）。
209　Marx（*MECW*, 21: 86-87），馬克思（馬恩全集 I，16：437-438）。

四、普法戰爭與巴黎公社

　　1868 年秋，西班牙爆發軍事政變，伊莎貝拉二世遭到推翻。1870 年 7 月 2 日，以普里姆（Juan Prim）將軍為首的臨時政府，邀請霍亨索倫家族的利奧波德親王（Prince Leopold）入繼西班牙王位。對波拿巴來說，這是俾斯麥圍堵法國的計謀，故揚言不惜一戰。威廉一世旋即勸退了利奧波德親王，但波拿巴進一步要求威廉一世向法國道歉，並切結永不染指西班牙王位。於是，俾斯麥以一通電報回絕了波拿巴，電報中還提及法國大使（在艾姆斯溫泉鎮）對威廉一世的粗魯無禮。這個「艾姆斯密電」在 7 月 13 日被媒體披露後，立刻激起德國人的民族憤慨。7 月 19 日，波拿巴向普魯士宣戰。[210]

國際協會的反應

　　艾姆斯密電是不是俾斯麥為了逼使波拿巴先出手而設下的圈套，並無定論可言。波拿巴的宣戰與否，不是俾斯麥能控制的。但俾斯麥成功地請君入甕，讓波拿巴看來更像是不合理的、張牙舞爪的挑釁者。由此激發的德意志民族主義，恰如俾斯麥預料，使本對普魯士有戒心的南德邦國，在民族大義下投向了普魯士懷抱。法軍的迅速落敗，進而催生出一個由普魯士主導的、排除了奧地利的統一德國。[211] 1871 年 1 月 18 日，德意志帝國在凡爾賽宮的鏡廳宣告成立，威廉一世登基為德意志皇帝。3 月 1 日，帝國軍隊在香榭麗舍大道上舉辦勝利遊行。既是新興民族國家也是帝國的德國，從此成為歐陸第一強權。[212]

　　1870 年 7 月戰爭爆發的當下，主動宣戰的波拿巴廣被視作侵略方。馬克思也如此認定，並期盼普魯士打敗法國。他在信中向恩格斯表示：

210　Evans（2016: 260-261）、Clark（2007: 548-549）、Merriman（2014: 18-19）。

211　Clark（2007: 549-550）、Evans（2016: 261-265）。

212　Cf. Wehler（1985）、Clark（2007: ch. 16）論德意志帝國。

　　法國人是該受鞭打的。如果普魯士人取勝，**國家權力的集中**將有利於德國工人階級的集中。如果德國人占優勢，西歐工人運動的重心將從法國轉移到德國。只要把 1866 年以來兩國的運動加以比較，就可以看出，德國工人階級在理論上和組織上都優於法國工人階級。它在國際舞臺上對法國工人階級的優勢，也會是我們的理論對普魯東等人的理論的優勢。[213]

7 月 23 日，總委員會通過由馬克思擬的〈國際工人協會總委員會關於普法戰爭的第一篇宣言〉。這篇宣言以傳單的形式發出，首刷 1,000 份，幾天後又再印 1,000 份，頗受好評。[214] 它說道：「在德國方面，這次戰爭是防衛性戰爭」。但「是誰使路易·波拿巴能夠對德國發動戰爭？正是普魯士！正是俾斯麥曾和這個路易·波拿巴暗中勾結，以期摧毀普魯士內部的民主反對派，並以霍亨索倫王朝兼併德國」。如果德國工人階級「容許目前這場戰爭失去純粹的防衛性質而變成反對法國人民的戰爭，那麼，無論勝利或失敗都將是災難」。此外，尤須對「黑暗的俄羅斯」提高警覺。如果德國人「容許普魯士政府請求或接受哥薩克的援助」，將立刻失去外界的同情。[215]

　　出乎大多數人的預料，法軍在戰場上接連失利，完全不像是一個勢均力敵的對手。9 月 1 日，法軍在色當慘敗。2 日，波拿巴向普軍投降。9 月 4 日，共和國在巴黎宣告成立。[216] 俾斯麥不僅要求巨額的戰爭賠償，還欲併吞亞爾薩斯、洛林等地。法國臨時政府（又稱「國防政府」）礙於拒降的民意而未敢接受。戰爭繼續進行下去。[217]

213　Marx（*MECW*, 44: 3-4），馬克思（馬恩全集 I，33：5-6），1870 年 7 月 20 日致恩格斯。另見 Engels（*MECW*, 44: 6-8），1870 年 7 月 22 日致馬克思。

214　Stedman Jones（2016: 489）、Collins and Abramsky（1865: 179）。

215　Marx（*MECW*, 22: 5-7），馬克思（馬恩全集 I，17：5-7）。

216　Merriman（2014: 23-25）、Price（2015: ch. 12）。

217　Stedman Jones（2016: 489-490）、Tombs（1999: 43-45）、Jellinek（1937: pt. I）。

俾斯麥的獅子大開口，使馬克思和大多數協會人士，迅速轉變為法蘭西共和國的支持者。他在〈國際工人協會總委員會關於普法戰爭的第二篇宣言〉（寫於 9 月 6 日至 9 日）中，強力譴責普魯士的「掠奪政策」，並指出：這種政策將把法國推向俄羅斯，從此種下隱患，使全面戰爭在歐洲成為可能。[218] 再者，國際協會支持的是法蘭西共和國，而不是奧爾良派主導的臨時政府。[219] 對於處境艱難的法國工人，協會則有以下建議：

> 在目前的危機中，當敵人幾乎已經兵臨巴黎城下，一切推翻新政府的企圖都將是絕望的蠢舉。法國工人應該履行自己的公民職責，但與此同時，他們不該被**1792 年的民族記憶**迷惑……。他們不該重複過去，而該建設未來。唯願他們鎮靜地、堅決地運用**共和國的自由**所提供的機會，去加強自己的階級組織。這將賦予他們以海克力士般的新力量，於法國的復興和我們的共同事業 —— 勞動的解放。共和國的命運取決於他們的能量和智慧。[220]

值得注意的是，馬克思給法國工人的建議，並不是在大敵當前的情況下去揭竿起義、推翻政府、建立公社，而是「運用共和國的自由所提供的機會」去厚植自身實力。儘管他不看好臨時政府，甚至厭惡其奧爾良派的首腦，但他更反對革命冒進。所謂「不該被 1792 年的民族記憶迷惑」，指的就是那些欲推翻新政府（實則是想「重複過去」）的布朗基派和雅各賓。[221]

9 月 19 日起，普魯士軍隊包圍巴黎，欲以圍城戰術迫使巴黎投降。在 20 萬大軍的環伺下，巴黎的對外交通被阻斷，食物供給也愈來愈吃

218　Marx（*MECW*, 22: 266-267）。
219　Marx（*MECW*, 22: 268-269）。Cf. Collins and Abramsky（1965: 188）。
220　Marx（*MECW*, 22: 269），馬克思（馬恩全集 I，17：292-293）。
221　Shafer（2005: 16-20）、Merriman（2014: 26-30）。Cf. Hutton（1981）。

緊，馬肉成為蛋白質的重要來源。[222] 1871 年 1 月 5 日起，普軍開始砲擊巴黎。19 日，巴黎總司令特羅胥（Louis-Jules Trochu）率 9 萬士兵進攻凡爾賽的普軍總部，但一天內損失慘重，以失敗作收。28 日，國防政府要求停戰；30 日，向德意志帝國投降。德國同意停戰 21 天，讓法國舉行國民議會選舉，組成有民意基礎的新政府以利媾和。[223] 在 2 月 8 日的選舉中，各路保皇派（包括正統派和奧爾良派）得到 420 席，廣義的共和派只得到 150 席。[224] 以共和主義建制派為首的臨時政府，遂被梯也爾（聲稱不反共和、不搞復辟）的保守派新政府取代。和 1848 年的選舉相似，新政府贏得了大多數農民票。割地求和，已是新政府的題中之意。然而，在巴黎選出的 43 位國會議員中，卻有 36 位是反對復辟的共和派。這反映出巴黎（共和派大本營）與外省（保皇派的廣大腹地）之間的政治鴻溝。[225]

3 月 10 日，國民議會宣布將從波爾多遷至凡爾賽（位於巴黎西南近郊）。18 日凌晨，政府軍發動奇襲，欲奪取國民衛隊放置在蒙馬特等地的大砲，但被市民和衛隊隊員發現。被派去奪砲的士兵，大都同情巴黎市民，拒絕執行上級的鎮壓指令。混亂中，兩名軍事將領分別被自己的士兵、激憤的民眾擊斃。緊接著，梯也爾命令巴黎的所有官員、法官、警察和軍隊，都立即移轉到凡爾賽。由此形成了凡爾賽（即將媾和的保守派政府）與巴黎（擔心帝制復辟的首都市民，包括約 30 萬未解除武裝的國民衛隊）的對立。[226]

馬克思在 1870 年 7 月和 9 月所寫的兩篇協會宣言，都相當及時，而且爭議不大，差不多就是總委員會的基本立場。但面對 1871 年 3 月 18 日

222　Tombs（1999: 45-58）。關於馬肉及其他動物的食用，見 Shafer（2005: 49-50）、Tombs（1999: 51-52）、阿爾努（1981 [1878]：25-26）。

223　Tombs（1999: 58-60）。

224　Jellinek（1937: 87）、Stedman Jones（2016: 493）。

225　Merriman（2014: 32-33）、Tombs（1999: 62-63）。

226　Tombs（1999: 66-71）、Merriman（2014: ch. 2）、Jellinek（1937: 109-126）、Lissagaray（2012 [1876]: ch. 3）。

以降的發展，國際協會究竟該如何表態，卻遲遲未決。這主要是因為，負責擬稿的馬克思以信息不足、健康因素等理由，拖延再三，直到 5 月 21 至 28 日的大屠殺結束之後，才在 30 日拿出《法蘭西內戰》要求總委員會背書。[227]

巴黎公社的突現

在波拿巴統治末期，巴黎是政治反對派的大本營，其議會席次大都被共和派拿下。以共和制取代帝制，保障言論自由、集會結社的自由，以及政教分開（所謂「良心自由」），是共和派的基本訴求。左翼共和派的更激進主張則有：各級官員和法官從官派改為民選，廢除常備軍和警察，以聯邦制取代中央集權等。從選舉結果來看，支持激進派或革命派的巴黎市民有限，共和主義陣營中的溫和派是主流。[228]

1870 年 9 日 4 日共和國宣告成立後，上述格局並未立刻改變。在 11 月初的公投和地方選舉中，由共和主義建制派[229]主導的國防政府，仍得到大部分巴黎市民的支持。[230]但由於國防政府領導無方，市民逐漸失去耐心。1871 年 1 月底，國防政府向德意志帝國投降，這讓大多數巴黎人怒不可遏。在 2 月 8 日的大選中，巴黎選出 36 位共和派（總席次 43 位）。表面上，共和派在巴黎依然獨大，但國防政府中的共和建制派大都落選，中間偏左的共和派抬頭。不過，革命左派並無顯著成長。[231]

選舉過後，情勢急轉直下。隨著保守派在全國的大勝，梯也爾於 2 月

---

227 Stedman Jones（2016: 500-501）。

228 Cf. Price（2015: ch. 11）、Tombs（1999: 79）。

229 這是一個比較中性的說法。雖然馬克思（*MECW*, 22: 268-269）指臨時政府有強烈的奧爾良派色彩，但奧爾良派並非鐵板一塊。在當時的奧爾良派中，既有王政復辟的支持者，也有偏向共和制者，以及搖擺不定的騎牆者。另見 Furet（1992: ch. 10）論法蘭西第三共和的前 10 年。

230 Tombs（1999: 49）、Stedman Jones（2016: 492）。

231 在 43 位「革命社會主義候選人」的名單上，只有 5 位選上。見 Tombs（1999: 32-33）。

17 日組成新政府。26 日，梯也爾和俾斯麥簽訂《凡爾賽條約》，答應割讓亞爾薩斯和洛林，加上 50 億法郎的賠款。此外，梯也爾同意帝國軍隊在巴黎市區遊行。這對大多數巴黎市民來說，可謂奇恥大辱。[232] 他們尤其擔心梯也爾將恢復帝制，使巴黎再度被禁錮於帝國統治。2 月 24 日起，國民衛隊以紀念 1848 年二月革命的名義，重提「民主與社會共和國」，並在巴士底獄廣場發起示威。[233] 其規模一天比一天大，一度有 20 萬手持武器的群眾在（紀念 1830 年七月革命的）七月柱前，誓言捍衛共和國和巴黎。又因擔心大砲落到進城的德軍手裡，國民衛隊和民眾把 3、4 百門大砲推到蒙馬特、貝爾維爾等較安全的區域。[234]

3 月 10 日，國民議會決定從波爾多遷至凡爾賽而非巴黎，並取消了凍結商業票據的戰時經濟措施。至少有 15 萬瀕臨破產的巴黎生意人，立刻被迫債務違約。[235] 除此之外，允許拖欠房租的戰時措施，據傳將要取消。這讓付不出房租的市民備感壓力。「30 蘇」即將停發的耳語，也甚囂塵上。國民衛隊的隊員每天有 1.5 法郎（30 蘇）津貼，一旦失去「30 蘇」而找不到工作，勢將陷入貧困。凡此種種，都加深了市民對政府的敵意。[236] 本來只有 4 萬居民的凡爾賽，開始湧入害怕暴民的巴黎富裕人士。據估，凡爾賽的居民數一度增至 25 萬。[237]

18 日爆發了奪砲衝突後，梯也爾在第一時間就命令巴黎的所有政府官員、法官、警察和軍隊，都立即轉移到凡爾賽。實際上，除了兩位將軍在混亂中被擊斃外，18 日未發生戰鬥。衛隊和市民守護的大砲，本是巴黎人自籌經費鑄造的，算是國民衛隊的財產。換句話說，巴黎市民和國民

232　Lissagaray（2012 [1876]: ch. 1）。

233　Stedman Jones（2016: 495）。

234　阿爾努（1981 [1878]：66-68）、Tombs（1999: 63-65）、Stedman Jones（2016: 494）。

235　Cf. Lissagaray（2012 [1876]: 59）、Jellinek（1937: 97-98）、Merriman（2014: 36）。3 月 7 日，國民議會還解除了當鋪禁令，讓當鋪可以賣出窮困市民未能贖回的典當物，包括生財工具和民生必需品。

236　Tombs（1999: 66-67）、Stedman Jones（2016: 493）、Shafer（2005: 59）。

237　Merriman（2014: 37）。

衛隊並未起義，只是阻止政府軍奪走大砲。[238] 後來成為公社委員的阿爾努（Arthur Arnould）說道：

> 當晚，政府逃跑了，突然之間巴黎完全落到了巴黎人自己手裡，這在當時確是出乎意料的，是任何人不曾預見、也不曾設想過的。[239]

政府逃跑以後，國民衛隊的中央委員會[240]進駐了市政廳。一開始，他們期待與梯也爾政府協商，以求和平落幕。他們提出的要求是：承認「巴黎的權利」，讓巴黎保有高度自主；以及，承認共和國是唯一正當的政府形式。[241] 為了替協商創造條件，中央委員會宣布在 3 月 26 日舉行普選，以形成新民意，組成新的市政府。由於梯也爾方面對選舉的有效性不置可否，部分保守派市民就沒有出來投票。但即使如此，投票結果超乎了所有人的預期。總席次是 92 席，扣掉在不同選區重複選上的 7 席，共選出 85 席。其中有 19 席是溫和共和派，此外都是形形色色的激進共和派或革命社會主義者，包括雅各賓、布朗基派、轉向集體主義的新普魯東派，加上一些難以歸類的積極分子。約有 23 萬人出來投票，參與率相當於 2 月 8 日的選舉。[242]

3 月 28 日，「巴黎公社」正式宣告成立。[243] 這個名稱為激進共和派所堅持，因其以 1792 年革命公社的傳人自居。（馬克思在 1870 年 9 月的忠告，即法國工人「不該被 1792 年的民族記憶迷惑」，幾乎毫無作用。）

238　Lissagaray（2012 [1876]: ch. 3）、Merriman（2014: 40-48）。

239　阿爾努（1981 [1878]：115）。

240　國民衛隊的中央委員會是在 1871 年 2 月底的群眾集會中選出的。見 Tombs（1999: 63-64）、阿爾努（1981 [1878]：117-118）。

241　Tombs（1999: 69）、Lissagaray（2012 [1876]: chs. 4-5）。

242　在 2 月 8 日的選舉中，巴黎約有 30 萬人出來投票。考慮到已經遷離巴黎的數萬市民，3 月 26 日有 23 萬人參與投票，代表著參與率（選民人數的 2/3 強）並無顯著下降。Cf. Tombs（1999: 69-70）、Jellinek（1937: 171）、Shafer（2005: 68-69）。

243　Jellinek（1937: 170-175）、Lissagaray（2012 [1876]: ch. 8）。

在法國，「公社」除了有革命、共和、抵抗反革命勢力等含蘊，也兼具草根民主、基層自主之意。後面這一層含意，則是所謂的普魯東主義者、自由聯邦主義者看重的。[244] 由於巴黎選出了大批革命派，被選上的少數溫和派又掛冠而去，這就加深了公社的激進色彩。雖然 3 月 18 日廣被視作巴黎公社的起點，但嚴格來說，公社是 3 月 26 日選舉的結果。革命派被巴黎市民選上了臺，被賦予了普選的正當性。

然而，梯也爾並無讓步之意。4 月 2 日，政府軍和公社發生第一次衝突，出現若干傷亡。隔天，有年輕將領在未經公社執委會同意的情況下，逕自率領 2、3 萬衛隊隊員，分幾路前進凡爾賽，欲和政府軍對決。他們以為，政府軍或者不堪一擊，或者將重演 3 月 18 日主動投降的情節。但事實證明，這群衛隊隊員欠缺紀律、訓練和指揮，完全不是政府軍的對手。甚至，在被政府軍打散以前，他們就已經因為缺乏補給、體力不支等各種因素而敗退。[245]

由於公社執委會未及時制止衛隊的暴走，衛隊受到了重挫，還賠上兩名年輕將領的性命。又因為主動發起攻擊的是衛隊，親官方媒體遂把公社說成是挑起內戰的一方，並把 4 月 3 日當作內戰的起點。政府軍對於被俘虜的衛隊將領，毫不留情直接槍斃，這強烈暗示梯也爾全無和解之意。[246]正因如此，公社的防務成了當務之急。

公社的權力架構

3 月 26 日選出了公社委員以後，公社有了兩個權力中心：一是國民衛隊的中央委員會；另則是新成立的公社委員會。中央委員會先於公社而存在，其委員是從連隊或營隊的局部選舉所產生，大都是不具知名度的普

244　Stedman Jones（2016: 498-499）。

245　Tombs（1999: 152-154）、Lissagaray（2012 [1876]: ch. 15）。

246　Merriman（2014: 62-65）。

通市民。[247] 公社委員則像是市議員，係從巴黎各大區選出。公社委員會又設了一個 7 人執委會；另有 9 個專責委員會，分管戰爭、金融、公共服務、供給、安全、法務、教育、勞動、對外關係。例如，關注銀行信用的普魯東派委員，聚集在金融委員會；樂於行使警察權的布朗基派，進駐了安全委員會；與馬克思較親近的匈牙利人、國際協會會員法蘭克爾（Leo Fränkel），活躍於勞動委員會……等等。[248] 由於國民衛隊的中央委員會持續存在，它和新成立的公社機關不時發生摩擦，尤其在軍事統御方面。[249]

　　有些論者（尤其恩格斯，也包括馬克思）指稱或暗示巴黎公社實行經常性的選舉，其委任代表必須執行選民的指令（故不同於代議制下的代議士），否則隨時（即在很短的時間內）可被召回或撤換。[250] 但這個圖像和公社的現實是有一定距離的。首先，公社並未、也根本沒有時間去進行經常選舉。公社最高的權力機構，即公社委員會，是由大選區（巴黎各大區）選舉產生。這種選舉的規模決定了它不可能經常舉辦。就公社委員的選舉來說，除了 3 月 26 日的選舉外，就只有 4 月 16 日的補選，預定補選出（因辭職、一人同時在兩區選上、或死亡而出缺的）31 席。在內戰升高的形勢下，補選相當失敗。出來投票的選民甚少，只有 12 位候選人得票超過法定門檻。另有 9 位候選人得票不到門檻，於是，該不該違反選舉法規讓他們當選，在公社委員會引發了激烈爭議。最後，多數委員主張讓這 9 位就職。但在反對者看來，這嚴重損害了公社的民主正當性。[251] 阿爾努指出：

247　阿爾努（1981 [1878]：120-123）。

248　Tombs（1999: 80-81）、Merriman（2014: 56-57）。

249　Merriman（2014: 55, 60-61）。國民衛隊的中央委員會原宣稱自身只是過渡性質，等 3 月 26 日選出了新領導者，就交出自己的權力。但選舉過後，該中央委員會仍繼續運作，甚至與公社委員會爭權，遂形成一種雙主權現象。

250　Cf. Engels（*MECW*, 27: 190），1891 年〈《法蘭西內戰》導言〉；以及 Marx（*MECW*, 22: 331-332），《法蘭西內戰》。

251　Jellinek（1937: 221-223）。

當時已經不是選舉的時候了。長時間以來，激烈的戰鬥一直在進
行，形勢非常糟糕。……事實正如很容易預料到的那樣，參加投票的
選民屈指可數，公社沒有在普選中重新振作起來，而是好像失去了
3/4 最初擁護他們的民眾。……公社委員會是依據中央委員會制定的
法律和承諾產生的；當我們現在無視這些法律和承諾去補充新的委員
時，公社的所有委員就不再是普選產生的合法當選者了，他們成了隨
隨便便選出來的人，既不合法，又無道義上的權威……[252]

在基層自治的領域，最民主的是負責日常治安的保安隊。保安隊的領
導是由小範圍選舉所產生，要改選或召回都比較容易。但這種基層民主
早已存在，並不是公社帶來的。[253] 至於從大選區選舉產生的公社委員會，
則採用了類似於內閣制的運作方式：7 人執委會是行政中樞；各專責委員
會相當於各部會；公社委員會相當於內閣制國會；執委會和各專責委員
會接受公社委員會的問責。[254] 在各專責委員會中，只有帶頭的幾位公社委
員（相當於政務官）是民選的，其他官員或者是新指派的，或者直接留
用。[255]

巴黎公社廣為宣揚的一個理念是：各級官員和法官都要民選。但公
社並沒有做到此點。這不僅是惡劣的內戰環境使然，也是因為公社委員
以雅各賓和布朗基派占多數 —— 他們偏好集中而非民主。公社最惡名昭
彰的警察部門，係由布朗基派的年輕委員里果（Raoul Rigault）和費烈
（Théophile Ferré）領導，並大量任用布朗基派的自己人。[256] 這些血氣方
剛的公社警察，不僅未經民選，甚至「逮捕不分青紅皂白，抓的幾乎都是

---

252 阿爾努（1981 [1878]：240-242）。
253 Tombs（1999: 89）。
254 Tombs（1999: ch. 3）。
255 Tombs（1999: 87）。
256 Merriman（2014: 71-75）。

無關緊要的人」。里果還查禁了各種報紙。[257] 費烈則是後來處決巴黎大主教的下令者。[258] 雖然波拿巴的警察不比布朗基派的警察更自律，費烈的殘暴程度也比不上梯也爾的政府軍，但從巴黎公社揭櫫的民主理念來看，其警察部門的表現頗成問題——即使把內戰因素也考慮在內。

終究來說，「經常選舉」、「強制委任」、「可隨時撤換」與「官員和法官一律民選」，只是公社一部分人的理想，而不是公社的實況。公社委員的選舉方式類似於巴黎的市議員選舉。沒有任何一位當選的公社委員，後來因為被選民罷免而下了臺。就巴黎各區的規模來說，「強制委任」本難以兌現，因為各區都有上萬選民，在比較複雜的議題上，難有單一固定的意志。「隨時撤換」亦有難度，因為大選區的罷免投票和增補選不是說辦就辦，更何況正處於內戰。只有社區保安隊那種小範圍選舉，才可望在某種程度上趨近「經常選舉」、「強制委任」和「隨時撤換」。

再回到公社的權力架構。4月20日，公社執委會進行了重新改組，這次把各專責委員會的代表也納入其中，故規模擴大。[259] 但改組後的執委會相當短命。5月1日，執委會遭到廢除，取而代之的是一個5人「公安委員會」，其5位委員都是雅各賓或布朗基派。10日，公安委員會再度改組。雖然這個委員會是以因應緊急危難為由而成立，但它並未帶來有效的領導，反使公社出現了分裂：一邊是支持成立公安委員會的「多數派」，另一邊是反對此舉的「少數派」。[260] 15日，有22位公社委員（即少數派）發出共同聲明，拒斥公安委員會的專政。

> 巴黎公社通過一次專門而明確的表決，已把權力讓給一個被公社稱之為公安委員會的專權機構。……和多數派的思想相反，作為選民的

257　阿爾努（1981 [1878]：229-236）。

258　Merriman（2014: 184-187）。

259　Jellinek（1937: 224-227）。

260　Tombs（1999: 81-85）、Merriman（2014: 123-127）、Jellinek（1937: 243 ff.）。

代表，我們要求直接對選民負責的權利，而不能把我們置於一個最高專權機構之下。鑑於我們受託的使命，我們不能接受、也不能承認這個機構。[261]

暫且不論其可欲性，公安委員會根本沒有做到、很可能也做不到有效的專權、專政。5 月 21 日，當公社委員還在開會（最後一次會議）時，政府軍已從聖克魯門進入巴黎。

政治路線與社經政策

在公社領導層（即公社委員會）中，雅各賓和布朗基派構成了多數派；新普魯東派、親近國際協會的工運人士等，則屬於少數派。雅各賓一系的領導者是德勒克呂茲（Charles Delescluze）和皮亞（Félix Pyat）。德勒克呂茲是 1848 年革命的老將，曾是「共和團結」運動的骨幹，當過勒杜－洛蘭的副官。皮亞是記者和劇作家，流亡倫敦時曾宣稱要暗殺波拿巴。[262] 在公社中，德勒克呂茲德高望重，要不是他積極保護少數派，難保不會重演公安委員會處決少數派的情事。[263]

布朗基派的年紀偏低，大都沒有經歷過 1848 年革命。和雅各賓一樣，布朗基派（除了極少數例外）對於革命專政是有執念的。在社經問題上，雅各賓不反對私有制，布朗基派則是巴貝夫一系的共產主義者。但布朗基派認為，實現共產主義是以後的事，眼前要務是奪權、專政，而奪權者不必是工人。[264] 比起德勒克呂茲這樣的老派雅各賓，年輕的布朗基派帶

261　引自阿爾努（1981 [1878]：260-261）。

262　皮亞曾參與國際工人協會「倫敦法國支部」的活動。他言詞激烈，宣稱要暗殺波拿巴，這使得協會巴黎分部進一步成為波拿巴當局的眼中釘。馬克思說服了總委員會，在 1868 年 7 月公開聲明皮亞並非協會成員（*MECW*, 21: 7），後於 1870 年 5 月宣告「倫敦法國支部」早在兩年前已不存在（*MECW*, 21: 131）。Cf. Collins and Abramsky（1965: 135-137, 148, 177-178, 185, 197）。另見 Blaisdell（1988）論皮亞。

263　阿爾努（1981 [1878]：168-169, 257-258）。

264　參見第三章第三節、第五章第六節。

有更顯著的威權主義傾向。[265]

　　4 月 16 日補選過後的公社委員會，有 79 位成員。據一項統計，兼具國際協會身分的公社委員，計有 34 位。[266] 不過，單從一個人是否兼具協會身分，很難直接推斷出他的立場。雖然「少數派」多是新普魯東派或其友軍，且大都具有協會身分，但「多數派」也有一些協會會員，包括德勒克呂茲和被政府軍擊斃的布朗基派杜瓦（Émile Duval）等。就少數派而言，其最具行動力的領導者瓦爾蘭，同時也是協會巴黎分部的靈魂人物。1867-1868 年以降，瓦爾蘭取代了托倫，成為巴黎分部的主導者。有別於老式普魯東派，瓦爾蘭一系致力於工人團體的組織和串聯，支持土地集體化，並特別看重普魯東在 1863 年《聯邦的原則》和 1865 年《工人階級的政治能力》揭示的理念。[267]

　　某種自由聯邦的思想，清楚展現於 1871 年 4 月 19 日的巴黎公社《告法國人民書》。[268] 據其說法，巴黎要求「承認並鞏固**共和國**，因為共和國是唯一能使人民享受權利，使社會得到自由和健全發展的政府形式」，並主張「把**公社的絕對自主**擴展到法國各地，使每個城鎮的權利不受侵犯」。公社的權利包括：

> 以選舉或競爭性的考試選出法官和各級公社官員，對其問責，而且永遠有監督的權利和開除不稱職者的權利。
>
> 對個人自由、良心自由和工作自由的絕對保障。
>
> 公民可隨時介入公社事務，自由發表意見，維護自身利益。[269]

265　Merriman（2014: 71-73）。

266　Tombs（1999: 114）。

267　Stedman Jones（2016: 511-512）、Proudhon（1979 [1863]; 1924 [1865]）、Hoffman（1972: 327-339）。

268　《告法國人民書》收錄於 Tombs（1999: 217-219）。

269　Tombs（1999: 217-218）。

再者，「公社的絕對自主」不妨礙「法國的統一」。

> 由帝國、君主制和議會主義強加給我們的統一，乃是**專制的中央集權**，是不合情理的、武斷的、不堪忍受的統一。
> 巴黎所希望的政治統一，是**各地主動的自願聯合**，是一切個別力量的自由自發的合作，藉以實現大家共同的目標、幸福、自由和安全。[270]

《告法國人民書》不是在描述實際存在的巴黎公社，而是在提出公社為之奮鬥的政治社會願景，以爭取公眾支持。其中，各級官員和法官都改為民選（或考試選拔），接受監督並可被撤換，是一項重要的民主化主張——儘管公社沒有餘裕將之付諸實現。至於「各地主動的自願聯合」，即一種從下而上的、自由自發的聯邦主義，則帶有顯著的普魯東色彩。在 1860 年代的法國，普魯東是聯邦主義最主要（若非唯一）的思想來源。[271] 由於巴黎共和派長期質疑波拿巴的中央集權，所以哪怕是念念不忘革命專政的雅各賓和布朗基派，亦未必公開反對聯邦主義。儘管公社的多數派和少數派存在分歧，但分歧並非絕對。[272]

相對來說，《告法國人民書》更接近少數派而非多數派的思想。這份宣言在會議中提出時，因無人表達異見而直接通過，沒有任何討論。但這並不代表大家取得了共識，而是因為大多數委員認為宣言只是小事，還有更迫切、更重要的大事需要討論。[273] 後來有人不求甚解，或者把《告法國人民書》視為公社委員的一致見解，或者把它看作是公社的現實。但兩者都站不住腳。

270　Tombs（1999: 219）。
271　Proudhon（1979 [1863]）、Vernon（1979）、Vincent（1984: ch. 6）。
272　Stedman Jones（2016: 498-499）。
273　Lissagaray（2012 [1876]: 162-164）。

　　關於公社的社經措施,《告法國人民書》所言有限,只說要「創造有利於發展推動教育、生產、交換和信用的制度」,加上語焉不詳的「把權力和財產普遍化」一句。[274] 實際上,公社推出了若干扶助普通市民的政策。這些政策遠遠稱不上是革命性的,但對社經弱勢者是友善的。例如,禁止在夜間烘焙麵包(4月20日)。勞委會的法蘭克爾把它渲染為公社唯一「真正的社會主義」命令,但這是誇大其詞。[275] 至於那些雇主已經逃跑的工廠,合作生產者得申請使用,但要走徵收程序,且要補償逃跑雇主(4月16日),故乏人問津。[276] 公社再度延展了到期的商業票據,以免小商人紛紛倒閉(4月14日)。此外,還免除了租屋者先前拖欠的房租(3月29日),並要求當鋪讓民眾免費取回 20 法郎以下的必需品(5月6日)。[277] 這些政策訴諸的理由,主要是共體時艱、損害共同分擔,而不是剝奪有產者。真正遭到剝奪的是若干教會財產(4月2日),但這是對天主教教會大力支持波拿巴的一種懲罰,而不是針對私有財產。[278]

　　公社官員的工資上限,被訂為每年 6,000 法郎(4月1日)。彼時,巴黎男性的平均工資是每年 1,500 法郎。收入最高的手工業者,每年約有 3,000 法郎。[279] 雖然 6,000 法郎高於普通工人的工資,但作為官員的最高待遇,已被壓縮到了一定範圍。[280] 這既是出於廉能政府的考量,也反映出一定的平等思維(但不是絕對的平均主義)。

　　在馬克思主義傳統中,巴黎公社常被說成是一場「無產階級革命」。

274　Tombs(1999: 218)。

275　Tombs(1999: 97)、Merriman(2014: 78-79)、阿爾努(1981 [1878]:203)。

276　Tombs(1999: 93-95)。公社期間成立的生產合作社,幾乎都不走徵收程序,而是直接租用工廠和生產設備。

277　Tombs(1999: 92, 96-97)。

278　Shafer(2005: 129-131)。Cf. Merriman(2014: ch. 4)。公社中的女性,另見 Shafer(2005: ch. 5)、Tombs(1999: 132-145)。

279　Tombs(1999: 86)。

280　Shafer(2005: 138)、阿爾努(1981 [1878]:201)。

受恩格斯和列寧的影響，亦有不少人把公社當作「無產階級專政」。[281] 但這些都是刻意誇大的說詞。實則，公社並沒有剝奪私有財產的政策取向，也不曾把土地和生產工具的社會化提上議程。[282] 其次，沒有任何一位公社委員是現代大工廠的工人。支持公社的巴黎市民，至多只能說是靠工作維生的「工作階級」，而不是狹義的現代無產／工人階級。[283] 再者，如《告法國人民書》所示，公社的主要訴求是政治性的，即承認共和、鞏固共和、巴黎自主、自願聯合、聯邦主義、官員民選、政教分開、保障自由等。[284] 當然，公社也關注社會問題，並扶助陷入困境的普通市民和社經弱勢者。但這本是「民主與社會共和」的一環，距離所謂的「無產階級革命」、「無產階級專政」或「共產主義」甚遠。

不過，梯也爾和他領導的保守派政府，拒絕向這個例外狀態下的「民主與社會共和」做出讓步。5 月 21 日，政府軍進入巴黎，啟動了為期一週的大規模殺戮。[285] 軍隊直接殺害了多少人，說法不一。一個常見人數是 17,000，但也有更高或較低的估計。此外，在數萬名被流放者中，據估有上萬名被判刑。這些數字仍有爭議，非本書所能深究。[286] 另一方面，雖然德勒克呂茲極力反對殺害俘虜和人質，[287] 但最後有 60 多人（包括巴黎大主教和一群道明會僧侶）死於公社人士（尤其布朗基派）的報復性殺戮。[288]

---

281 Engels（*MECW*, 27: 191），1891 年〈《法蘭西內戰》導言〉。Cf. Lenin（1967, vol. II: 323-328），《國家與革命》。

282 3 月 29 日免除市民積欠房租的政策，的確損害了房東的利益，但它訴諸的是愛國主義式的損害分攤，而不是反私有制的社會主義或共產主義。見 Tombs（1999: 92-93）。另見阿爾努（1981 [1878]：193-196）。

283 Stedman Jones（2016: 497-498）、Tombs（1999: 111-116）。

284 公社的若干告示和宣言，以及公社若干領導者的簡介，另見阿達莫夫編（1962 [1959]: 13-51, 78-181）。

285 Merriman（2014: ch. 9）、Shafer（2005: 86-109）。

286 Tombs（1999: 180-181; cf. 2012）。

287 阿爾努（1981 [1878]：318-320）。

288 Stedman Jones（2016: 500）、Merriman（2014: ch. 7, 252）。

多數派的領導者德勒克呂茲，主動把自己暴露於軍隊砲火，選擇了與公社共存亡。少數派的領導者瓦爾蘭遭到凌遲、擊斃。[289] 但有幾千名公社積極分子逃出了巴黎，主要流亡到英國、瑞士和比利時。據估有 1,500 人到了英國。在倫敦，馬克思頂著龐大的社會壓力，向他們伸出援手。[290]

五、公社之後：協會的分崩離析

1867-1868 年，波拿巴當局把協會巴黎分部的骨幹分子關押入獄。但這未能阻止法國工運的成長。到了戰爭前夕，據估法國已有 3、4 萬名協會會員。[291] 在比利時，雖有軍隊殺害罷工者的「比利時屠殺」[292] 等情事，但協會持續茁壯。就會員數占總人口的比例來看，比利時是表現最佳者。另外，在瑞士的法語區，在後發的義大利和西班牙，協會也蒸蒸日上。[293] 普魯士則是個部分例外，因為無論是拉薩爾派還是以李卜克內西為首的艾森納赫派，對協會都不甚積極。[294]

國際協會在戰前依然生機勃勃，雖已浮現了兩個隱憂。其一，倫敦工會領袖繼 1867 年《第二次改革法案》通過後，聚焦於國內的修法與立法，漸漸從協會淡出。[295] 其二，巴枯寧一系的安那其主義勢力，欲進入協會爭奪領導權，但遭到馬克思方面的抵制。巴賽爾大會落幕後，雙方鬥爭加劇。

以後見之明，普法戰爭（尤其巴黎公社）是國際工人協會由盛而衰的

289　Jellinek（1937: 354）、Merriman（2014: 204, 221）。

290　Collins and Abramsky（1965: 217-218）。

291　Musto（2015b: 17）、Archer（1997: chs. 5, 7-8）。

292　Marx（*MECW*, 21: 47-51），〈比利時屠殺〉（國際工人協會總委員會關於比利時屠殺的宣言），1869 年 5 月 4 日總委員會通過。

293　Puissant（2018）、Musto（2015b: 17-18）。

294　R. Morgan（1965: chs. VI-VII）。

295　Collins and Abramsky（1965: ch. VI）。參見本章第三節。

轉折點。鑑於巴黎的失控及其血腥收場，歐陸各國政府紛紛加強對工運的
管束。協會的活動空間或者受到縮限，或者蕩然無存（尤其法國）。新
一波的政府鎮壓還助使巴枯寧派在西班牙和義大利強勢抬頭，[296] 成了馬克
思的心腹之患。在英國，總委員會關於普法戰爭的第三篇宣言《法蘭西內
戰》，使國際協會和馬克思變得惡名昭彰。奧哲爾等有較高社會聲望的工
會領袖，或辭職或淡出，[297] 這也讓馬克思得以牢牢控制總委員會。為了打
擊巴枯寧派，馬克思在 1871 年 9 月召開倫敦會議，要求各國分部改組為
工人政黨，並賦予總委員會以更大的直接領導權。回頭來看，這是馬克思
的嚴重失策，加速了協會的分崩離析。[298]

協會與公社

《法蘭西內戰》是馬克思生前傳播最廣的一篇文字。它在 5 月 30 日
總委員會的例會中獲得通過，成為總委員會關於普法戰爭的第三篇宣言。
6 月中旬，它以單行本的形式在倫敦出版，兩個月內賣出了幾千冊，[299] 並
得到英國媒體的廣泛注意。6 月 18 日，馬克思向庫格曼表示：這篇宣言
「引起一片瘋狂的叫囂，我目前榮幸地成了倫敦受誹謗最多、受威脅最大
的人。在度過 20 年單調的沼澤地田園生活後，這的確是很不錯的」。[300]
20 日，隨著作者身分被公開揭露，他成了媒體的獵巫對象，「紅色恐怖
博士」[301] 的惡名不脛而走。為了駁斥各種錯誤報導，他一度勤於寫報紙投
書。[302]

296　Esenwein（1989: chs. 1-3）、Hostetter（1958: chs. VI, X, XII-XIII）、Léonard（2018）。

297　Stedman Jones（2016: 509-510）。

298　Musto（2015b: 22-25）。

299　McLellan（1995 [1973]: 364）。

300　Marx（*MECW*, 44: 158），馬克思（馬恩全集 I，33：236），1871 年 6 月 18 日致庫格曼。

301　「紅色恐怖博士」一詞，見 Marx（*MECW*, 45: 278），1877 年 9 月 27 日致佐格（Friedrich
　　 Adolph Sorge）。Cf. Berlin（2013 [1939]: 242）。

302　見英文版馬恩全集第二十二卷（*MECW*, 22）。

　　實際上，早在《法蘭西內戰》發表以前，馬克思和國際協會就已經被影射，甚至被指控為公社的幕後黑手。3 月 18 日奪砲事件爆發後，曾在 1852 年科隆共產黨人一案中構陷馬克思的史帝伯（Wilhelm Stieber），立刻故技重施，假造出馬克思寫給協會巴黎會員的信。此時，史帝伯已是德國政治警察的頭子，暨梯也爾政府的德國顧問。在其假情報下，國際工人協會尤其馬克思，很早就被凡爾賽方面打成罪魁禍首。[303] 這滿足了一些人對於陰謀論的心理需要：要不是有人陰謀運作，怎麼會出現巴黎公社？

　　然而，馬克思對於巴黎公社的全過程，並無任何實質的影響。在巴黎圍城期間，他一直擔心革命分子（尤其是「倫敦法國支部」的激進共和派，及其同路人皮亞等）會有愚蠢之舉。他在協會關於普法戰爭的第二篇宣言中，明確表示：在普魯士軍隊的虎視眈眈下，貿然起事是不智的，應先「運用共和國的自由所提供的機會」去壯大工人階級的力量。[304] 他還派人到巴黎宣導，告誡巴黎會員不要打著協會的名號從事政治冒進。[305] 3 月 18 日以降，在巴黎公社的起落過程中，馬克思和總委員會只是旁觀者。儘管馬克思和幾位親近協會的公社人士通信，但這是為了取得一手的公社訊息，而不是為了介入或影響公社。[306] 此外，在 4 月 16 日的補選過後，雖有 34 位公社委員兼有協會會員的身分，[307] 但協會身分只是附帶的、次要的。這些委員不受協會指揮，也不是以協會身分去行事。

　　進而言之，不管是公社委員會中的多數派（雅各賓和布朗基派）還是少數派（以新普魯東派為主幹），兩造和馬克思都有段不小的距離。在協會法國分部，無論是以托倫為首的老式普魯東派，還是更具集體主義傾向

303　Stedman Jones（2016: 508）。參見第六章第一節。

304　Marx（*MECW*, 22: 269）。另見本章第四節。

305　Marx（*MECW*, 44: 64-65），1870 年 9 月 6 日致恩格斯。

306　Cf. Marx（*MECW*, 22: 589-592），1871 年 4 月 25 日在總委員會的發言紀要。另見 Collins and Abramsky（1965: 193-198）。

307　Tombs（1999: 114）。另有一說是 32 位，見 Deluermoz（2018: 109）。

的、受普魯東晚期思想影響更大的瓦爾蘭一系，[308] 都強烈反對中央集權。托倫投奔了梯也爾政府，後來被總委員會開除。[309] 瓦爾蘭則是公社少數派的領袖。兩者都不是馬克思所能左右。

　　構成公社多數派的雅各賓和布朗基派，和馬克思的關係也頗緊張。1849 年以降，法國共和派的若干要角（常被視作雅各賓）流亡到了倫敦，他們與波拿巴誓不兩立。協會成立之初，來自法國的激進共和派曾參與其中。[310] 但由於總委員會在 1865 年 3 月決定讓托倫（普魯東派）主導法國分部，不少激進共和派從此與馬克思為敵。馬克思對於這群人建立的「倫敦法國支部」，及其同路人如皮亞，也一直很有意見。

　　馬克思和皮亞的恩怨一直延續到公社落幕以後，在此不贅。重點是：領導公社多數派的資深雅各賓，如德勒克呂茲和皮亞，向來不為馬克思所喜。《法蘭西內戰》不點名地嘲諷這兩位公社領導者，指其思想落伍，只是「一種必不可免的禍害」。[311] 至於比他們年輕的、沒參與過 1848 年革命的布朗基派，則是在公社覆滅以後，流亡到了倫敦，才成為馬克思（為了對抗巴枯寧）的暫時結盟對象。即使如此，恩格斯對這群布朗基派的評價甚低。[312] 稍早在 1865-1866 年，大多數布朗基派不但對國際協會嗤之以鼻，甚至一口咬定托倫是波拿巴的線民。[313]

　　易言之，馬克思非但不是史帝伯構陷的公社幕後黑手，也不是一些後世馬克思主義者以為的公社思想導師。在公社委員中，的確有個別幾位（如勞委會的法蘭克爾）較親近馬克思。但不管是公社多數派（雅各賓和

308　Stedman Jones（2016: 511-512）、Hoffman（1972: 327-339）、Archer（1997: ch. 8）。

309　Marx and Engels（*MECW*, 22: 297），〈總委員會關於國際工人協會開除托倫的決議〉，1871 年 4 月 25 日總委員會通過。

310　Katz（1992: 1）。

311　Marx（*MECW*, 22: 341），馬克思（馬恩全集 I，17：368）。

312　Engels（*MECW*, 24: 12-18），1874 年〈布朗基派公社難民的綱領〉。Cf. Draper（1986: chs. 9-10, 18）。

313　Archer（1997: 67-68）。

布朗基派），還是公社少數派（以瓦爾蘭等新普魯東派為主幹），都稱不上是馬克思的嫡系，甚至和馬克思有所衝突。

那麼，何以馬克思不時被誤認成是公社的主導者？至少有兩項因素。首先是保守派媒體的以訛傳訛，這一點毋須多論。但同樣重要的是《法蘭西內戰》的特定寫法和措詞。這篇宣言，除了表達對公社的弔念和團結之意，還刻意把馬克思自己的政治路線（「剝奪剝奪者」和「共產主義」等[314]）投射於公社，將之附會成是巴黎公社的意圖或潛力。這就抹紅了本來不太紅的公社，誇大了協會（和馬克思自己）之於公社的作用，並影射了協會的共產主義屬性（見下一節）。在《法蘭西內戰》的結尾，馬克思還引述了一位「可敬的法國作家」的以下評論：

> 國民衛隊中央委員會委員和大部分公社委員，都是國際工人協會最積極、最有見識和最剛毅的成員。

這顯然說過了頭，但馬克思並未糾正之，還又補上了一句：

> 階級鬥爭無論在何處、以何種形式、在何種條件下表現出來，自然總是由我們協會的會員站在最前列。

雖然《法蘭西內戰》強調協會不搞「祕密陰謀」，也說了公社不是協會指使的，但它宣揚了一種迷思，即國民衛隊和公社的骨幹大都是「協會的人」，彷彿協會的確是某種「總後臺」。[315]

公社分子殺害了巴黎大主教等 60 多人，這比起梯也爾政府軍的屠殺規模，可說是小巫見大巫。但《法蘭西內戰》不但直接為公社人士的殺戮辯護，還把公社關聯到共產主義。這對保守派而言，可謂正中下懷。在龐

---

314 Marx（*MECW*, 22: 335）。

315 Marx（*MECW*, 22: 354-355），馬克思（馬恩全集 I，17：368）。

大的輿論壓力下，奧哲爾和盧克福特（Benjamin Lucraft）宣布退出協會。奧哲爾是倫敦工會的「軍頭」之一，暨國際工人協會的創始者、改革同盟的領導者。他的退出，象徵著協會已失去最具分量的倫敦工會領袖的支持。[316]

緊接著，馬克思和飄洋過海的布朗基派結盟，把矛頭指向了巴枯寧。

「非常危險的陰謀家」

巴枯寧是俄羅斯貴族子弟，出生於 1814 年。少時被送去從軍，後來棄軍從文，在莫斯科對黑格爾哲學產生興趣，翻譯了兩篇黑格爾講稿。1840 年前往柏林，與青年黑格爾派有所往來，並結識盧格。1844 年在巴黎，和馬克思初次碰面。1849 年 5 月，在德勒斯登（和作曲家華格納一起）參加民主派的武裝起義。遭逮捕後，被遣返俄羅斯坐牢，接著被流放到西伯利亞。在西伯利亞，他終於找到逃亡的機會，坐船經由橫濱前往舊金山。輾轉多地之後，在 1861 年年底抵達倫敦。1864-1867 年間，旅居義大利。1867 年年底，轉往瑞士。[317]

巴枯寧大約在 1866 年，才成為一位激進的安那其主義者。1863 年，由於波蘭起義遭到沙俄鎮壓，他開始做出反省，拋棄了他形成於 1848 年革命期間的「民主斯拉夫主義」。[318]自 1864 年起，他開始批判「監護人國家」，提出廢除繼承權、兩性平權、婚姻自由等主張，並從美國經驗吸取聯邦主義要素。及至 1866-1867 年，他才亮出安那其的旗幟，公開以「消滅一切國家／政府」作為號召。[319]

---

316 Collins and Abramsky（1965: 212-217）。

317 巴枯寧的生平，見 Shatz（1990: ix-xxix）、Cole（2002b [1954]: ch. IX）。生平年表，見 Bakunin（1990 [1873]: xxxviii-xli）。巴枯寧的著作及研究巴枯寧的文獻，見 Bakunin（1990 [1873]: xlii-xlvii）。

318 Angaut（2018）、Shatz（1990: xviii）、Stedman Jones（2016: 514）、Cole（2002b [1954]: 214）。

319 Stedman Jones（2016: 515-516）、Shatz（1990: xxii-xxiii）。

　　1866 年，巴枯寧在義大利成立「國際兄弟會」，這是他的第一個祕密團夥。[320] 1867 年在瑞士，他加入「和平與自由同盟」，欲奪取該同盟的領導權，但很快就告失敗。[321] 退出該同盟後，他又成立「國際社會主義民主聯盟」，並以該聯盟的名義申請成為國際工人協會的支部。[322] 1868 年 12 月，馬克思說服總委員會拒絕了此案，他的理由是：協會本身就是一個國際機構，故不能允許另一個國際機構在協會內部運作。[323] 於是，巴枯寧先（宣稱）解散了國際社會主義民主聯盟，再提出第二次入會申請，並於 1869 年 3 月得到總委員會的許可。[324] 但巴枯寧人馬遭到日內瓦分部的抵制，依然不得其門而入。正因如此，巴枯寧在 1869 年 9 月的巴塞爾大會上，支持賦予總委員會以更大權力，讓總委員會得直接同意或拒絕新支部的設立。[325]

　　但巴枯寧誤判了馬克思的意向。總委員會所得到的生殺大權，後來恰恰被用來對付巴枯寧。在巴塞爾大會上，與會者就廢除繼承權的問題進行表決，其結果是馬克思一案居於下風。會後，馬克思與巴枯寧之間的敵意迅速升級。[326] 1870 年 3 月，馬克思在寫給德國社會民主工人黨的〈機密通知〉中，稱巴枯寧是「非常危險的陰謀家」。[327] 與此同時，巴枯寧方面又申請加入日內瓦的羅曼語區聯合會，並以些微 3 票之差，獲得通過。反巴枯寧的日內瓦少數派，遂集體出走。馬克思為了壓制巴枯寧派，乃以總

320　Hostetter（1958: 91-98）。

321　Hostetter（1958: 112-116）、Thomas（1980: 302-304）。

322　Hostetter（1958: 116-121）。

323　Thomas（1980: 306-308）。

324　Collins and Abramsky（1965: 228）。

325　Stedman Jones（2016: 519-520）。

326　Thomas（1980: 310-315）。

327　Marx（*MECW*, 21: 124, 480-481 fn. 148），馬克思（馬恩全集 I，16：479），1870 年 3 月 28 日致德國社會民主工人黨（艾森納赫派）委員會的〈機密通知〉。這份〈機密通知〉表達了當時馬克思反對巴枯寧的主要理由（*MECW*, 21: esp. 112-118, 121-124），頗具參考價值。

委員會的名義，命令他們不得沿用「羅曼語區聯合會」之名，而必得改名
──後來被改名為「汝拉聯合會」。[328] 此外，馬克思還動用總委員會的權
力，直接扶植一個反巴枯寧的日內瓦俄羅斯支部。[329] 這些針對性的舉措，
終使分裂變得無可挽回。

　　馬克思和巴枯寧的鬥爭，當然不完全是意氣之爭，也不只是為了爭奪
協會的主導權。在顯而易見的個人恩怨、權鬥等因素外，也確實存在一
些基本的政治／思想差異。馬克思有強烈的反沙俄情結，向來認為沙俄
是歐洲反動勢力（尤其普魯士）的最大靠山。[330] 巴枯寧則有嚴重的恐德情
結，[331] 並認定普魯士／德國是沙皇專制的強力支柱。[332] 隨著普魯士在普法
戰爭中的大勝，德意志帝國成為歐陸第一強權。在巴枯寧看來，德國人那
種令人窒息的國家主義，即將籠罩歐洲；馬克思作為德國共產主義的代
表，正在把歐洲工人推向國家主義的煉獄。此即 1873 年《國家主義與安
那其》的要點。[333]

　　就西歐而言，馬克思排拒陰謀性質的革命組織和手段。[334] 在這一點
上，他和巴枯寧截然不同。雖然馬恩同情芬尼亞運動，但對其陰謀和恐
怖不以為然（見本章第三節）。儘管他們後來同情俄羅斯民粹派的恐怖
行動，[335] 但這是針對沙皇專制，非關西歐。再者，馬克思主張無產階級奪
取、運用國家權力以消滅階級，並預言這個權力終將失去政治性；巴枯寧
則宣稱要直接消滅一切國家／政府，連同一切代表制，代之以一種無政府

328　Marx and Engels（*MECW*, 22: 430），1871 年 10 月 17 日〈倫敦會議的決議〉。另見
　　　Enckell（2018）論巴枯寧和汝拉聯合會。

329　Thomas（1980: 315-316）、Stedman Jones（2016: 520-521）。

330　參見第六章第七節。

331　Cf. Thomas（1980: 311-313）。

332　Bakunin（1990 [1873]: esp. 11-12）。

333　Bakunin（1990 [1873]: 8-14, ch. VII）。

334　馬克思在 1850 年《新萊茵報：政治經濟評論》第四期的一篇書評中（*MECW*, 10: 311-
　　　325），批評了陰謀政治和陰謀家。參見第五章第四節。

335　Wada（1983: 69-70）。

的自由聯邦。此種聯邦和普魯東版本的最大不同在於：它是集體主義式的，實行集體所有制，消滅經濟競爭。[336]

馬克思主張的革命，是現代無產／工人階級的共產革命，是社會大多數的革命，是工人階級的自我解放。巴枯寧則反對共產主義，視之為一種奴役。巴枯寧式的無政府主義革命，無涉現代工人階級及其階級意識，而是以知識分子、農民、農民工、傳統手工業者為主力。據其說法，一切遭到資本主義汙染的階層或階級，都不能承擔消滅國家／政府的大任。但西班牙、義大利和東歐的城市工人仍相當純樸，不像先進國的現代工人那般墮落，所以仍值得爭取。[337] 總的來看，巴枯寧版的社會革命，是一種反現代的、反資本（而非後資本）的、反私有制也反國有制的、以消滅國家為號召的、由知識分子（地下革命團體）領導的農民革命（暨流氓無產階級革命）。[338] 但何以未受現代性汙染的農民，會起而反對「監護人國家」，會支持廢除繼承權，甚至追求兩性平權？對此，巴枯寧從未給出說明。他只是假定：一旦消滅了國家／政府，某種自由自發的、沒有競爭的、高度和諧的安那其狀態，自然而然就會出現。

巴枯寧的理論能力不如馬克思，群眾魅力則勝過馬克思。但巴枯寧派的水漲船高，和理論能力或群眾魅力的關係都不大，主要是反映了南歐（尤其義大利和西班牙）的國家性質。雖然巴枯寧派在瑞士、比利時和南法也有一定影響力，但其最大基地是義大利和西班牙。[339] 在經濟欠發達、政治也落後的南歐，言論自由和集會結社的自由甚是稀缺，祕密會社層出不窮。其不受制約的寡頭專制，加上軍警的恣意濫權，使國家／政府更容易被視作罪惡的淵藪。[340] 巴枯寧本人是尼古拉一世欽定的政治通緝犯，被

336 事實上，晚期普魯東不否認政府仍有若干作用。巴枯寧則不然。Cf. Proudhon（1979 [1863]; 1924 [1865]）。

337 Shatz（1990: xxxiii-xxxv）。

338 Cole（2002b [1954]: 230-231）。

339 Hostetter（1958）、Ravindranathan（1981）、Esenwein（1989）。

340 Stedman Jones（2016: 517-518）。

關押、流放了 10 年有餘，對沙皇專制可謂苦大仇深。[341] 南歐的專制雖不如沙俄嚴酷，但為巴枯寧派提供了充沛的養分。[342]

　　1869 年以前，馬克思一直把老式普魯東派視作最大的政敵。孰料在這種舊的準無政府主義衰落以後，巴枯寧「集體主義式的無政府主義」繼之而起。[343] 面對這個新的敵人，馬克思除了壓制和反擊外，似乎拿不出別的辦法。這又主要是因為：在巴枯寧主義強勢興起的彼時南歐，馬克思以英國作為典範的工運路徑，幾乎窒礙難行；決絕的反國家、反政府姿態，加上祕密會社的行事風格，似乎更有利於造反者的集結。[344] 馬克思本想在（原訂於 1870 年 9 月召開的）美茵茲大會上，一舉擊敗巴枯寧勢力。為此，他初擬了一份議程，其議案大都是針對巴枯寧派而發。[345] 選在美茵茲開會的盤算是：李卜克內西借地利之便，可以帶一隊德國人來形成表決優勢。[346] 但人算不如天算，美茵茲大會因戰爭爆發而取消。

從倫敦會議到海牙大會

　　在歐陸，巴黎公社事件帶來了新一波壓制工運的浪潮。1872 年，法國和西班牙更徹底查禁了國際協會。[347] 然而，以消滅一切國家／政府為號召的巴枯寧派，非但沒有衰落下去，反倒（主要在西班牙和義大利）繼續抬頭。這是馬克思在公社落幕之後，亟欲徹底解決的一個問題。

---

341 Shatz（1990: xvii, xix-xxii）。

342 當然，巴枯寧主義不完全是南歐現象。在工業化程度高的比利時，巴枯寧也有追隨者。Cf. Thomas（1980: 316-317）。

343 Cole（2002b [1954]: ch. IX）。

344 Thomas（1980: 318-320）。

345 Marx（*MECW*, 21: 143-144, 487 fn. 182），〈美茵茲大會議程〉，1870 年 7 月 12 日總委員會通過。

346 Stedman Jones（2016: 520-521）。

347 Collins and Abramsky（1965: 221, 243）。在義大利很多地區，國際工人協會被打成了非法地下組織。Cf. Cole（2002b [1954]: 184）。

經過幾年來的運作，馬克思已大致掌控了總委員會的人事。隨著奧哲爾和盧克福特的辭職，他在總委員會中更不受牽制。不管他想讓誰進入總委員會，又想讓誰擔任或離開什麼職位，幾乎都可以達成。不過，當他動用這種權力去對付巴枯寧派時，卻造成了嚴重的反效果，終使協會走向覆滅。

馬克思因《法蘭西內戰》飽受攻擊而暴得大名。用麥克里蘭的話來說，「他在公社失敗之後，有將近一年都沉浸在完全的革命樂觀主義之中」。[348] 這種革命樂觀主義的高點，出現在 1871 年 9 月下旬國際協會成立七週年的慶祝會上。馬克思在會中表示，「各國政府對國際〔協會〕的迫害，類似於古羅馬對第一批基督徒的迫害」，但這種迫害挽救不了現存的階級制度。工人階級「必須為自身的解放而鬥爭」，所以，必須先取得政治權力。

> 巴黎公社就是工人階級奪取政治權力。……通過把一切勞動工具轉移給生產者以消滅現存的壓迫狀況，……階級統治和壓迫的唯一基礎將會被消滅。但要實現這種變革，必須先實行**無產階級專政**，而後者的首要條件就是一支無產階級軍隊。工人階級必須在戰場上爭得自身解放的權利。[349]

馬克思上一次論及「無產階級專政」是在 1852 年，將近 20 年前。[350] 由於前引段落還提到「無產階級軍隊」，這又不免讓人聯想到 1850 年〈3 月告同盟書〉[351] 及同時期文字。

348　McLellan（1995 [1973]: 367）。

349　Marx（*MECW*, 22: 633-634, 707 fn. 420），馬克思（馬恩全集 I，17：467-468），1871 年 9 月 24 日在國際協會七週年慶祝會上的發言紀要。

350　參見第五章第六節。

351　Marx（*MECW*, 10: 277-287）。

　　馬克思在巴黎公社滅頂後的思想變化，和他在 1848 年革命遭到鎮壓後的反應，具有一定的可比性。1849 年流亡倫敦後，他揚言無產階級將把革命進行到底，實行無產階級專政，把國家權力集於一身，將生產工具收歸國有。但最晚在 1850 年秋，他意識到革命已告一段落，暫時不會再起。於是，他和極端派（包括若干流亡到倫敦的布朗基派）決裂，譴責其唯意志主義，並把共產主義者同盟的中央委員會遷至科隆。[352]

　　與此對照，馬克思在巴黎公社告終後，自比為被迫害的早期基督徒，並與流亡倫敦的布朗基派結盟，重提「無產階級專政」。為了扳倒巴枯寧派，他把布朗基派引入總委員會。1871 年 9 月召開倫敦特別會議的目的，主要就是對付巴枯寧。與會者不多，除了來自比利時的德巴普等幾位外，大都是馬克思的友軍。[353] 此刻，德巴普更靠近馬克思而不是巴枯寧，但他不願看到巴枯寧派被清除出去。可以說，德巴普起到了緩衝作用，使馬克思無法做成驅逐巴枯寧派的決議。[354]

　　但德巴普阻擋不了一系列中央集權化的決議。舉其大者，「工人階級的經濟運動及其政治行動，牢不可破地結合在一起」；因此，協會須改組為政黨，並積極採取政治行動，「如果可能，就用和平的方式」，「必要時動用武力」。[355] 總委員會可繞開各國分部，直接指揮地方支部，甚至決定地方支部的名稱。總委員會除了巴賽爾大會賦予的（同意或否決新支部申請案的）權力外，還可全權決定召開大會或會議的時間和地點。[356] 另一方面，馬克思抗拒已久的英國分部（英國聯合會委員會）之議，則終於放

352　參見第五章第四節。

353　Cole（2002b [1954]: 197）、McLellan（1995 [1973]: 368-369）。

354　Collins and Abramsky（1965: 230-232）。

355　Marx and Engels（*MECW*, 22: 427），1871 年 10 月 17 日〈倫敦會議的決議〉；Marx（*MECW*, 22: 618），1871 年 9 月 21 日在倫敦特別會議上關於工人階級政治行動的發言紀要。另見 Musto ed.（2014: no. 74）、Musto（2015b: 22-23）。馬克思還要求協會的所有德國支部，都和他直接聯繫。Cf. Marx（*MECW*, 44: 221），1871 年 9 月 29 日致 Gustav Kwasniewski。

356　Marx and Engels（*MECW*, 22: 429-430），〈倫敦會議的決議〉。

行。[357] 其理由是：英國工會已被「一小撮貴族」把持，「貧窮的工人無法參與」，「最悲慘的大眾從未參與」；所以，國際協會有必要繞開反動工會，直接與廣大的英國無產者建立聯繫。[358]

衡諸現實，組黨的決議在當時情況下，幾乎完全不具可行性。馬克思是否真的有意推動協會在各國組建工人政黨，或只是以此為由，把協會進一步推向倫敦總委員會的中央集權，此處不擬深究。時值歐陸新一波嚴峻的政治緊縮，工人就連最基本的集會自由與組合權利都大打折扣，遑論成立政黨。德國則已有兩個工人政黨，即全德工人聯合會（拉薩爾派）和1869 年成立的社會民主工人黨（艾森納赫派），兩者都受到俾斯麥的壓制和迫害。[359] 在英國，還願意支持或配合馬克思的那些工會人士，並沒有組黨的實力。

表面上，沒有任何已加盟的英國工會，因巴黎公社爭議而退出國際協會。[360] 但真正有社會聲望的倫敦工會領袖已經淡出。馬克思在倫敦會議上，把英國工會貶抑為「一小撮貴族」的禁臠 —— 這代表他終於擺脫了對英國工會的過高期待。[361] 持平而論，奧哲爾等倫敦工會領袖，本來就不可能替共產主義背書；但馬克思硬是把「共產主義」寫入《法蘭西內戰》，並通過委員會政治的運作，使之成為國際協會的官方宣言。奧哲爾的辭職，因而不能說是完全的意外。再由於英國工人未積極聲援巴黎公社，馬克思已不期望英國在短期內爆發革命。於是，他同意設立英國分部，也就是把「無產階級革命的偉大槓桿」釋放出來，交到英國人的手中。

但英國分部的成立與否，並非協會走向崩解的關鍵。

---

357 Marx and Engels（*MECW*, 22: 428），〈倫敦會議的決議〉。Cf. Collins and Abramsky（1965: 231-232）。

358 Marx（*MECW*, 22: 614），1871 年 9 月 21 日在倫敦特別會議上關於工會的發言紀要。關於工會與農業生產者，另見 Marx and Engels（*MECW*, 22: 425-426），〈倫敦會議的決議〉。

359 Cf. Lidtke（1966: 39-42）。

360 Collins and Abramsky（1965: 222）。

361 Cf. Stedman Jones（2016: 529-531）。

　　回頭來看，馬克思在倫敦會議上推動的中央集權化，連同組黨的決議，才是使協會陷入空前危機的主因。[362] 馬克思樂觀地以為，倫敦會議的各項決議都將是眾望所歸。但倫敦會議的後果卻是：協會內本來不反對馬克思的若干力量，開始離心離德；本來就反對或不信任馬克思的力量，更迅速地集結起來。馬克思在倫敦會議上的剛性操作，以及〈倫敦會議的決議〉，廣被解讀成一種中央集權的野心。影響所至，他本欲拉攏的對象（如德巴普一系）漸行漸遠。同情巴枯寧派的人士持續增加。[363] 後來，就連他的親信艾卡留斯和支持者黑爾（新成立的英國分部的主事者），也都對他的獨斷有所不滿，進而成為他的反對者。[364]

　　最終，馬克思選擇了「寧為玉碎，不為瓦全」。當他的革命樂觀主義開始消退，更嚴肅地認知到工人革命不會在近期內發生時，他做出了類似於 1850 年 9 月（把共產主義者同盟中央委員會轉移到科隆）的決定。[365] 也就是趁他還有一定控制力的時候，把國際協會的中樞（總委員會）轉移到敵人力有未逮之地，寧可讓協會就此衰亡也不讓敵人得逞。

　　在 1872 年 9 月的海牙大會上，馬克思主導了一場奇襲式的政變。由於馬克思強力動員他的人馬，加上巴枯寧派抵制海牙大會，[366] 所以他有人數上的優勢。大會開到最後，恩格斯突然提議把下一屆總委員會遷至紐約，並給出一份 8 名美國會員的名單，建議由他們去組成 15 人以內的下一屆總委員會。[367] 此案以些微的票數差距過關，就此決定了國際工人協會的命運。它主要是為了防範巴枯寧派吃掉協會，但也是為了預防其他隱患，包括老想奪權的布朗基派。[368] 再者，馬克思長期投入會務，心力交

362　Freymond and Molnár（1966: 27-28）。

363　Musto（2015b: 22-25）。

364　Collins and Abramsky（1965: 248-260）、McLellan（1995 [1973]: 371）。

365　參見第五章第四節。

366　Enckell（2018: 360-362）。

367　Marx and Engels（*MECW*, 23: 240），1872 年 9 月 6 日在海牙大會上的提案。Cf. Collins and Abramsky（1965: 263-265）。

368　Stedman Jones（2016: 523-524, 529, 531）。

瘁，<u>亟</u>欲擺脫包袱。[369] 為此，他重施了 1850 年 9 月的故技。總委員會遷至紐約後，四分五裂的協會又苟活了幾年，但終究難以為繼。[370]

六、《法蘭西內戰》的虛與實

1870 年 9 月 4 日法蘭西共和國成立後，巴枯寧等人曾闖入里昂市政廳，揚言要消滅國家、建立公社，但立刻遭到壓制。[371] 流亡倫敦的法國激進共和派，則紛紛返回巴黎，準備參加起義。對於巴枯寧的行動，馬克思嗤之以鼻。[372] 那些打著協會名號、自稱倫敦法國支部的激進共和派，「意圖推翻臨時政府，建立一個巴黎公社，指定皮亞為倫敦的法國大使……等等」。馬克思極力與之切割，並委託澤拉利爾（Auguste Serraillier）向巴黎分部（巴黎聯合會委員會）說明總委員會反對冒進的立場。[373] 他在〈國際工人協會總委員會關於普法戰爭的第二篇宣言〉中表示：「一切推翻新政府的企圖都將是絕望的蠢舉」；法國工人「不該被 1792 年的民族記憶迷惑」，「不該重複過去，而該建設未來」。[374] 所謂「1792 年的民族記憶」，包括那一年的對外出戰、走向共和、革命公社、國民公會、起義和屠殺等。在其延長線上，後來還有羅伯斯庇爾的公安委員會及其斷頭

369　Marx（*MECW*, 44: 387），1872 年 5 月 28 日致德巴普。

370　Cf. Collins and Abramsky（1965: ch. XV）、Cole（2002b [1954]: ch. VIII）。國際工人協會在美國的發展，另見 Messer-Kruse（1998）。馬恩和巴枯寧派的鬥爭，持續進行到 1873-1874 年，但馬克思在海牙大會落幕後，逐漸淡出政治第一線，主要交給恩格斯負責。1873 年，馬恩聯名發出一份揭發、批判巴枯寧的長篇報告〈社會主義民主聯盟和國際工人協會〉（*MECW*, 23: 454-580）。這份文件詳細列舉的各種人事細節，具一定的參考價值，但此處不贅。

371　Lause（2022: 120-121）、Stedman Jones（2016: 504）。

372　Marx（*MECW*, 44: 88-89），1870 年 10 月 19 日致比斯利（Edward Spencer Beesly）。

373　Marx（*MECW*, 44: 64-65, 597 fn. 50），1870 年 9 月 6 日致恩格斯。另參見 Collins and Abramsky（1965: 185）。

374　Marx（*MECW*, 22: 269）。

臺。[375] 馬克思已察覺到了有人想「重複過去」（建立革命公社），故提出警醒。

即使在巴黎公社陰錯陽差地開始了以後，馬克思也還是不看好它的前景。4 月 6 日，他告訴李卜克內西：國民衛隊已經錯失了向凡爾賽進軍的時機。他還認為，公社浪費了太多時間去討論瑣事。[376] 但無論如何，正如《法蘭西內戰》的兩份草稿和最終版本顯示，馬克思試圖給予公社以最正面的評價 —— 哪怕他對公社的存續從不樂觀。

《法蘭西內戰》是馬克思後期最重要的政治文本之一。[377] 它是一篇面向公眾的祭弔文，除了斥責血洗公社的梯也爾政府外，亦為公社做出政治辯護。此文有 4 個部分：第一、二部分攻擊梯也爾等政府首腦，駁斥其若干說詞；第三部分申論公社的性質，及其作為「工人階級的政府」的特徵；第四部分論及政府軍對公社的大屠殺，並把巴黎大主教之死歸咎於梯也爾，最後提到協會的作用。

在《法蘭西內戰》公諸於世的當下，英國媒體較關注的是：國際協會與巴黎公社的關係；「紅色恐怖博士」的角色；以及，協會對於公社人士殺害巴黎大主教等人質的態度。但長期來看，《法蘭西內戰》最受重視的是第三部分，即馬克思關於公社性質的說法。為了凸顯公社的工人階級屬性、民主性格、共產主義潛質，第三部分採取了虛實交錯的寫法，且大量使用假設性的語氣。它對公社的選擇性描述，有些較合乎現實，有些真假參半，有些像是天馬行空。

「工人階級的政府」

馬克思在《法蘭西內戰》的初稿中，區分公社「為工人階級採取的措

375　參見第五章第三節。

376　Marx（*MECW*, 44: 128），1871 年 4 月 6 日致李卜克內西。

377　《法蘭西內戰》收於 Marx（*MECW*, 22: 307-355; 1996: 163-207）。其初稿和二稿，收於 Marx（*MECW*, 22: 437-514, 515-551）。

施」和「為工人階級，但主要是為中等階級採取的措施」。前者包括：禁止麵包工人在夜間工作；禁止雇主擅自對員工罰款；設法把被業主遺棄的作坊和工廠移轉給工人合作社；所有學習用品免費發放給學生；可無償從當鋪取回不超過 20 法郎的必需品等。後者包括：最近三個季度的房租全免；暫停追索過期的商業票據等。[378] 此外，還有「一般措施」、「公安措施」和「金融措施」。[379]

這些措施的細節，非此處重點。但值得一提的是，儘管公社推出了扶助弱勢者的政策，即所謂「為工人階級採取的措施」，但這些政策相當溫和，稱不上是社會主義或共產主義。再者，公社最受歡迎、也最具實效的兩項措施（免除積欠房租、票據繼續凍結），如馬克思指出，主要是為中等階級而採取的。[380] 這就帶來了一個問題：究竟在何種意義上，巴黎公社是「工人階級的」運動？

在初稿中，馬克思區分了公社的政治面和社會經濟面。

> 公社**不是工人階級的社會運動**，從而也不是全人類復興的運動，而只是組織化的行動手段。公社並未取消階級鬥爭，……而是提供了理性的中介，使階級鬥爭能夠以最合理、最人道的方式經歷不同的階段。[381]

「不是工人階級的社會運動」一句，代表馬克思充分認知到公社的社經局限。正因如此，他決定聚焦於公社的政治面，即公社作為「工人（階級）的政府」。他特別看重的一點是：公社／工人「用他們自己的政府機器去代替統治階級的國家機器、政府機器」。[382]

378　Marx（*MECW*, 22: 472-474）。

379　Marx（*MECW*, 22: 474-479）。

380　Marx（*MECW*, 22: 473-474）。

381　Marx（*MECW*, 22: 490-491），馬克思（馬恩全集 I，17：593）。

382　Marx（*MECW*, 22: 498-499），馬克思（馬恩全集 I，17：602-603）。

公社 —— 就是**社會把國家權力重新吸收**，把它從控制、壓迫社會的力量變成社會本身的生命力；就是人民群眾把國家權力重新吸收，組成自己的力量去代替壓制他們的組織力量；就是人民群眾獲得社會解放的**政治形式**……[383]

這個著名段落，看似呼應了 1843 年《黑格爾法哲學批判》「超越政治國家和市民社會的分立」和「市民社會起而推翻其與政治國家的藩籬」的願景。但是在此，馬克思並未照搬《黑格爾法哲學批判》的政治／國家終結論。[384] 他把「重新吸收」了國家權力的公社，界定成一種「政治形式」而非政治的終結。

《法蘭西內戰》（最終稿）延續了上述思路，強調「工人階級不能簡單地掌握現成的國家機器，並運用它來達到自己的目的」。[385] 這不是全新的論點，因為 1852 年《霧月十八》已有類似說法。但《霧月十八》直言，即使搗毀了波拿巴主義國家，也不會妨礙革命後的中央集權。[386]《法蘭西內戰》則迴避了如此露骨的中央集權表態。再者，《霧月十八》的搗毀論，當時只是一種說法，看不到實現的可能。巴黎公社則不是理論，而是新政府取代了舊國家的實例。只不過，這個新政府的形成，是因為舊國家逃跑了而不是被搗毀了。

那麼，這個新政府又有何特色？

公社是由**巴黎各區**普選選出的城市代表組成的。這些代表對選民負責，**隨時可以撤換**。其中大多數自然都是工人，或是工人階級的公認代表。公社**不應當**是議會式的，而應當是同時兼管行政和立法的工作機關。一向作為**中央政府工具的警察**，立刻**失去了一切政治職能**，變

383　Marx（*MECW*, 22: 487），馬克思（馬恩全集 I，17：588）。

384　參見第二章第三節。

385　Marx（*MECW*, 22: 328），馬克思（馬恩全集 I，17：355）。

386　Marx（*MECW*, 11: 186, 193）。參見第五章第五節。

為公社隨時可以撤換的、負責任的僕人。其他行政部門的官吏也是一樣。從公社委員以降，一切公職人員都只應領取相當於工人工資的薪水。國家高級官吏享有的一切特權和辦公費，都隨著這些官吏的消失而消失了。公共職能不再是中央政府走卒的私有物。……和其他的公僕一樣，法官應該由選舉產生，對選民負責，並且可以撤換。[387]

以上說詞半真半假，未必都經得起所謂的「事實查核」。由於公社委員是從大選區（巴黎各區）選出來的，故難以隨時被選民撤換，實則也不曾被選民撤換，這是其一。其二，由布朗基派青年領導的警察部門，乃是公社最被詬病的濫權機關。其三，公社委員的薪水，大約 4 倍於普通工人的工資。以上幾點，在本章第四節已有說明，此處不贅。其四，公社雖有意舉辦法官選舉，但並未舉辦，因為實在沒有餘裕。[388]

值得注意的是，馬克思在前引段落（及其他段落）中，頻繁使用「應當」、「應該」等假設性的語氣。這就把實際發生的情況，和假設性的、希望發生的情況，混淆在了一起。[389] 其給出的高度理想化的公社印象，與現實存在的公社是有頗大落差的。

接下來，馬克思對《告法國人民書》所表達的聯邦主義理念，進行了一番轉述：

> 關於公社還來不及發展的全國組織，有一份綱要說得十分清楚：公社應該成為哪怕是最小村落的政治形式……各區的鄉村公社委派代表到中心市鎮，組成代表會議以管理其共同事務。這些區級的代表會議，再派代表去參加巴黎的全國代表會議。**各代表必須遵守其選民的強制委任**（正式指令），**並且隨時可以撤換**。[390]

387 Marx（*MECW*, 22: 331-332），馬克思（馬恩全集 I，17：358-359）。

388 Marx（*MECW*, 22: 474）。

389 Cf. Avineri（1968: 241-242）、Stedman Jones（2016: 502）。

390 Marx（*MECW*, 22: 332），馬克思（馬恩全集 I，17：359）。

馬克思所講的那份綱要，就是 4 月 19 日的《告法國人民書》。不過，《告法國人民書》未提到區級代表會議、全國代表會議等。也就是說，經過馬克思「補充」和「轉譯」之後的全國組織架構，是否準確反映了《告法國人民書》的立場，其實不無疑問。《告法國人民書》帶有更鮮明的去中心化色彩，主張「把公社的**絕對自主**擴展到法國各地，使每個城鎮的權利不受侵犯」。它強調的是「各地主動的**自願聯合**」，而不是馬克思側重的「代表會議」（或委員會）之治。[391]

馬克思進一步表示：

> 屆時還會留給中央政府的**為數不多但重要**的職能，不應該像有人故意誤導的那樣予以廢除，而**應該**交給公社的官吏，即交給那些嚴格負責的官吏。民族的統一不應該被破壞，相反地，**應該**借助於公社制度組織起來……

公社不該被誤認成是「中世紀公社的復活」或「孟德斯鳩和吉倫特派夢想的許多小邦的聯盟」。大民族、大國的統一，雖然最初是政治強力所造成的，但今已成為社會生產的強大有利因素。公社對舊國家機器的挑戰，故不能誤解為「反對過度中央集權的古老鬥爭」的擴大形式。[392]

以上是《法蘭西內戰》界定出的（理想化的）公社政治組織，即理想化的「工人階級的政府」。

> 它的真正祕密在於：它本質上是**工人階級的政府**，是生產者階級和占有者階級鬥爭的結果，是**終於發現的、藉以促進勞動的經濟解放的政治形式**。[393]

391　Tombs（1999: 217, 219）。

392　Marx（*MECW*, 22: 332-333），馬克思（馬恩全集 I，17：359-360）。

393　Marx（*MECW*, 22: 334），馬克思（馬恩全集 I，17：361）。

何以公社政治組織是「工人階級的」，似未得到實質的說明。至於公社「是生產者階級和占有者階級鬥爭的結果」之說，則略顯突兀。假如公社真是這種階級鬥爭的結果，何不直接把公社界定成「工人階級的社會運動」或「勞動的經濟解放運動」？一個可能的原因是：雖然馬克思認知到公社的社經措施並不激進，故側重於表揚公社的政治面，但他仍想把自己的階級鬥爭和共產主義觀點，附會成是公社的意圖、目標、趨勢或潛質。在此，最值得注意的是以下陳述：

〔那些反對者〕叫喊說，公社想消滅財產，即一切文明的基礎！是的，諸位先生，公社**想要消滅把多數人的勞動變成少數人的財富的那種階級財產**。**剝奪剝奪者**就是公社的目標。……〔他們說〕這是共產主義，「不可能的」共產主義！……〔但〕如果合作生產不是一句空話和一個騙局；如果它是要取代資本主義系統；如果聯合起來的合作社**按共同計畫去調節全國生產**，從而**控制全國生產**，並終結資本主義生產的宿命，即經常的無政府狀態和週期性的痙攣，那麼，請問諸位先生，這不就是**共產主義**，「可能的」共產主義嗎？[394]

不管是「剝奪剝奪者」[395]（消滅私有財產），還是「按共同計畫去調節全國生產，從而控制全國生產」[396]（計畫生產），都是馬克思式共產主義的基本面，且早在 1840 年代就已經提出。然而，「剝奪剝奪者」真是巴黎公社的目標嗎？公社又真的追求計畫生產嗎？可以說，馬克思把他倡議的無產階級／共產主義革命，投射在了巴黎公社身上。但這多少有些一廂情願，與現實不符。

394　Marx（*MECW*, 22: 335），馬克思（馬恩全集 I，17：362）。

395　「剝奪者被剝奪了」一語，曾出現在《資本論》第一卷（C1: 929; *MECW*, 35: 750）。參見第七章第八節，此處不贅。

396　另見第七章第九節、第九章第四節。

　　後來在 1881 年，馬克思向一位荷蘭社會主義者表示，「公社的大多數人不是社會主義者，也不可能是」。[397] 這可能才是他的真實看法。

聯邦主義？階級專政？

　　《法蘭西內戰》第三部分的虛實交錯，平添了解讀上的困擾。例如，它究竟是主張「去中心化」，還是維持了馬克思長期以來的「集中化」立場？

　　首先，《法蘭西內戰》關於公社政治組織的（理想化）陳述，堪稱是馬克思最接近聯邦主義的時刻。[398] 就連巴枯寧的盟友季佑姆（James Guillaume）在讀了此文後，都一度懷疑馬克思是否倒向了聯邦主義。[399]伯恩斯坦亦曾表示：《法蘭西內戰》的相關說法，頗接近普魯東《工人階級的政治能力》提出的聯邦主義。[400] 但如前所述，《法蘭西內戰》迴避了「公社的絕對自主」這類彼時常見的聯邦主義表態，[401] 並重申中央政府仍有重要的職能。

　　確切地說，馬克思並沒有接受聯邦主義，只是吸納了若干聯邦主義要素。他在 1870 年 7 月致恩格斯的信中，強調「國家權力的集中將有利於德國工人階級的集中」。[402] 1872 年春，他又重申「土地只能是國家的財產」，以及「生產工具的全國性集中」的必要。[403] 如果只因為 1871 年《法蘭西內戰》的局部說詞，就以為馬克思擁抱了去中心化的聯邦主義，那恐

---

397 Marx（*MECW*, 46: 66），1881 年 2 月 22 日致紐文胡斯（Ferdinand Domela Nieuwenhuis）。

398 這裡所謂的「聯邦主義」，主要是指法國脈絡下的、受晚期普魯東影響的聯邦主義，而不是美式聯邦主義。Cf. Proudhon（1979 [1863]; 1924 [1865]）。另見 Esenwein（1989: ch. 2）論巴枯寧主義與聯邦主義在西班牙的對立。

399 Stedman Jones（2016: 511）。

400 Bernstein（1993 [1899]: 152-155）。

401 Tombs（1999: 217），巴黎公社《告法國人民書》。

402 Marx（*MECW*, 44: 3）。參見本章第四節。

403 Marx（*MECW*, 23: 135-136）。參見本章第三節。

怕是以偏概全。

列寧在《國家與革命》中，指伯恩斯坦把《法蘭西內戰》和普魯東的聯邦主義相提並論，是嚴重歪曲了馬克思。列寧強調，馬克思始終是「集中主義者」，《法蘭西內戰》亦未偏離之。[404] 但這個說法至多只有半對。總的來看，馬克思的確是一位集中主義者。這一點有相當充分的文本證據，並非列寧杜撰出來的。但另一方面，列寧把《法蘭西內戰》說成是一種完全無涉聯邦主義的「自願的集中主義」，[405] 卻頗成問題。

《法蘭西內戰》的以下兩項說法，夾帶了非中央集權、甚至反中央集權的含蘊。其一，中央政府只保留「**為數不多**但重要的職能」。其二，公社選出的「各代表必須遵守其選民的強制委任（正式指令），並且隨時可以撤換」。[406] 如果中央政府只有為數不多的重要職能，其他職能都下放到地方／基層，那就不是全能主義式的中央集權，不是包山包海的集中主義。再者，如果**各代表**都必須遵守**其選民的指令**，否則隨時可被撤換，那麼，在爭議較大的議題上，要貫徹中央集權就有困難。就此而言，《法蘭西內戰》的確朝「去中心化」的方向挪移了幾步，而不是重申 1850 年〈3月告同盟書〉那種「最嚴格的中央集權」的老調。[407]

與《法蘭西內戰》有關的另一疑義是：馬克思是否把巴黎公社看作「無產階級專政」？

1917 年 4 月，列寧為了正當化所謂的「雙重權力」戰略，把「工兵代表的蘇維埃」說成是和巴黎公社同一類型的革命專政／國家。[408]《國家與革命》進一步通過對《法蘭西內戰》等馬恩文本的解讀，把巴黎公社視作「無產階級革命」、「無產階級專政」和「無產階級國家」。[409] 伴隨著

404　Lenin（1967, vol. II: 304-307），《國家與革命》。

405　Lenin（1967, vol. II: 306-307），《國家與革命》。

406　Marx（*MECW*, 22: 332）。

407　Marx（*MECW*, 10: 285）。參見第五章第四節。

408　Lenin（1967, vol. II: 18-19），〈雙重權力〉，1917 年 4 月 9 日載於《真理報》。

409　Lenin（1967, vol. II: e.g. 283, 293, 357-359），《國家與革命》。

十月革命的勝利，列寧的說法得到廣泛傳播。然而，它與其說是對《法蘭西內戰》的詮釋，倒不如說是建立於恩格斯晚年的（錯誤）論說。恩格斯在 1891 年，兩度把巴黎公社說成是「無產階級專政」，藉以諷刺德國社民黨人的膽小怕事。[410] 在其筆下，公社已全面實現了一切官吏和法官的民選、強制委任、隨時召回……等等。[411] 比起《法蘭西內戰》，恩格斯的版本帶有更多的誇大不實，尤其是「無產階級專政」之說。

　　按馬克思的陳述，「無產階級專政」是現代無產／工人階級實現經濟解放的必經之途。它既是革命過渡時期的統稱，也是一種臨時權力的行使。廣大的無產階級在過渡期間，使自己成為統治階級，把國家權力集於一身，把一切生產工具收歸國有，且不排除以專政的手段克服阻礙、完成過渡。大體而言，此即馬克思所謂的「無產階級專政」。[412] 那麼，無論是從其形成脈絡、政治訴求、實際政策，還是從其領導層和支持群眾的社經身分來看，巴黎公社都遠遠稱不上是「無產階級革命」，遑論「無產階級專政」。

　　1871 年 9 月 24 日，在慶祝國際工人協會成立七週年的場合中，馬克思表示「巴黎公社就是工人階級奪取政治權力」。隔了幾句話，他又鬥志昂揚地強調：「必須先實行無產階級專政，而後者的首要條件就是一支無產階級軍隊」。[413] 在那場慶祝會上，他是否把巴黎公社等同於「無產階級專政」，並非一目了然。前引文字是載於紐約《世界報》的發言紀要，[414] 看似把公社關聯到了無產階級專政。但這則報導的證據力，一般認為是不足的。儘管馬克思提到「無產階級專政」及其必要性，但他並未明確地把

410　Engels（*MECW*, 27: 191），1891 年〈《法蘭西內戰》導言〉；Engels（*MECW*, 27: 227），1891 年〈艾爾福特綱領（草案）批判〉。Cf. Draper（1986: 315-319）。另見第九章第六節。

411　Engels（*MECW*, 27: 190）。

412　參見第五章第六節。

413　Marx（*MECW*, 22: 634）。參見本章第五節。

414　Marx and Engels（*MECW*, 22: 707 fn. 420）。更完整的引文，請見本章第五節。

巴黎公社等同於無產階級專政。[415]

　　馬克思的真實看法（而非政治詞令）是：巴黎公社「不是工人階級的社會運動」。既然如此，它又怎麼可能是「無產階級專政」？

七、從革命過渡到政治終結

　　《法蘭西內戰》發表後，馬克思一度忙於回應各界對這篇宣言、對國際工人協會、對他本人的質疑。但未過多久，他又投入與巴枯寧派的鬥爭，並於 1871 年 9 月 17 日至 23 日召開倫敦會議。此次會議的基調是：工人階級須奪取政治權力；組建工人政黨已刻不容緩；總委員會的領導權須得到確立。孰料〈倫敦會議的決議〉遭致嚴重反彈，加深了協會內部的分裂，並促成反馬力量的集結。[416]

　　1871-1875 年間，馬克思在回應巴枯寧對他的攻擊時，再度提出「無產階級專政」和「政治／國家終結」這兩項命題。在他的著作中，「無產階級專政」首見於 1850-1852 年，此後銷聲匿跡，直到 1871-1875 年在批判巴枯寧派（及拉薩爾派）的脈絡下，才又浮上檯面。「政治／國家終結」則是《黑格爾法哲學批判》的要旨：一旦市民社會推翻了其與政治國家的分立，政治與社會之分將不復存在，政治／國家就此告終。[417] 自《哲學的貧困》和《共產黨宣言》以降，政治／國家終結論又有了一個新的版本：一旦消滅了階級統治和階級本身，公權力將失去政治性。[418] 稍後我們將看到，面對巴枯寧對「無產階級革命專政」的質疑，馬克思一再重申革

415　Draper（1986: 292-294）把《世界報》的報導，引為馬克思把巴黎公社視作無產階級專政的證明。但這只是一家之言，而且可能有誤。

416　Marx and Engels（*MECW*, 22: 423-431），1871 年 10 月 17 日〈倫敦會議的決議〉。參見本章第五節。

417　參見第二章第三節。

418　Marx（*MECW*, 6: 212, 505-506）。

命專政只是暫時的、過渡性的：在階級消失、政治／國家終結之際，革命專政也就功成身退。

過渡形式的多樣性

暫且不論馬克思是否把巴黎公社看作無產階級專政，在他的論說中，「無產階級專政」作為革命過渡時期的總稱，包含了對革命任務的實質規定。在過渡時期，工人階級奪取政治權力，使自身成為統治階級，把生產工具收歸國有，廢除私有制和市場，從而消滅一切階級統治和階級本身。[419] 至於革命過渡採取何種政治形式，革命過程又是否相對和平，則取決於各國不同的條件。

馬克思在 1850 年已使用「無產階級專政」一詞。因此，宣稱他堅持1871 年的巴黎公社是「無產階級專政」唯一可能的政治形式，完全是說不通的。但由於《法蘭西內戰》把巴黎公社說成是「終於發現的、藉以促進勞動的經濟解放的政治形式」，[420] 這就讓一些人誤以為馬克思非公社模式不可。實則《法蘭西內戰》是一篇帶有公關性質的宣言，而且，它不能孤立地看待。馬克思在同時期的其他文字中，非但不堅持巴黎公社模式，還強調了革命過渡形式的多樣性。

1871 年 7 月 3 日，馬克思接受紐約《世界報》的採訪。當記者問他「聯合的目的是什麼？」時，他答道：

> 目的是通過奪取政治權力以實現工人階級的經濟解放。……**協會沒有規定政治運動的固定形式，只要求這些運動朝向同一目標。**……例如，在英國，展現出自己政治力量的道路，是向工人階級開放的。凡是在和平宣傳能更快更可靠地達成目的的地方，起義就是不明智的。在法國，層出不窮的迫害法令和階級之間的生死對抗，看來將使社會

419　參見第五章第六節。

420　Marx（*MECW*, 22: 334）。

戰爭這種暴力的辦法無可避免。那種辦法是那個國家的工人階級自己選擇的。國際〔協會〕不會就這個問題下達什麼命令，甚至未必提出什麼建議。[421]

協會只要求各國工人階級邁向同一目標，即「奪取政治權力以實現工人階級的經濟解放」。革命過渡的政治形式則不是固定的，取決於各國工人所身處的具體環境。革命的道路和手段，或者相對和平，或者更加暴力。此外，各國的政治生態也可能發生變化。哪怕是英國，亦非不可能出現暴力。

英國中等階級在它還壟斷著表決權時，總表示自己願意接受多數的決議。但是，請您相信，一旦當它在自己認為至關緊要的問題上居於少數，我們就會看到一場奴隸主的新戰爭。[422]

馬克思對法國的估計，前後也有變化。他在 1878 年 12 月《芝加哥論壇報》的訪談中，未否認法國（第三共和）可能像英美一樣，相對和平地過渡到工人統治。[423] 又及，他在 1867 年曾說：「工人和資本家之間的鬥爭，比起當時英法的封建主和資本家之間的鬥爭，可能不那麼殘酷，可能血流得少一些」。[424]

馬克思在上述 1871 年 7 月的《世界報》採訪中，並沒有說法國工人必須重演巴黎公社，才能取得政治權力，才能實現工人階級的經濟解放。他也沒有把公社模式推薦給英國或其他國家。要是他堅持公社模式是唯一

421　Marx（*MECW*, 22: 601-602），馬克思（馬恩全集 I，17：683）。

422　Marx（*MECW*, 22: 606），馬克思（馬恩全集 I，17：686）。

423　Marx（*MECW*, 24: 576），馬克思（馬恩全集 II，25：649-650），1878 年 12 月受訪，1879 年 1 月 5 日刊於《芝加哥論壇報》。另見第九章第六節。

424　Marx（*MECW*, 20: 200），馬克思（馬恩全集 I，16：229），1867 年 1 月 22 日在倫敦紀念波蘭起義大會上的演說。Cf. Marx（C1: 929-930）。參見第七章第八節。

正確（或唯一可行）的過渡形式，前引文字都將變得不可理解。1872 年 9 月海牙大會落幕後，馬克思在阿姆斯特丹的一次集會中，又重申了革命路徑的多樣性。

> 工人總有一天必須奪取政治權力，以建立新的勞動組織……
>
> 但我們從未斷言，要達到這個目的，各地都應該採用同樣的方式。
>
> 我們知道，不同國家的制度、風俗和傳統須納入考量。我們也不否認，在某些國家像是**美國和英國**——如果我更熟悉你們的制度，也許還可以加上**荷蘭**——工人也許能用**和平手段**去達成自己的目標。但即使如此，我們也必須承認：**在大陸上的大多數國家**，我們的革命槓桿必定是強力；為了建立工人的統治，總有一天必須訴諸**強力**。[425]

這段著名的談話，常遭到選擇性的引述。有些人只引美英荷一句，指馬克思強調和平。[426] 也有人只引大多數歐陸國一句，指馬克思認為革命須靠強力。但馬克思的立場是：一、革命過渡的政治形式是多元的；二、不排除能以和平手段去實現勞動之治；三、也不排除必須訴諸強力。

針對德國，馬克思在 1875 年〈哥達綱領批判〉主張工人階級應通過「民主共和國」以實現工人革命。這大致也是晚期恩格斯的立場，留待下一章再論。[427]

重提革命專政

雖然革命過渡的政治形式是多元的，但無產階級在過渡期間須完成的任務是一樣的，即「奪取政治權力，以實現工人階級的經濟解放」。那

---

425 Marx（*MECW*, 23: 255），馬克思（馬恩全集 I，18：179），1872 年 9 月 8 日在阿姆斯特丹集會上的演說。

426 E.g. Avineri（1968: 216）。Cf. Gilbert（1976; 1989）。

427 另見第九章第四節和第六節。

麼，集大權於一身的過渡政權、革命專政國家，難道不會被權力吞噬，變異成尾大不掉的專制國家、專制統治集團，並創造出新的奴隸？這是巴枯寧的一個重要提問（暫且不論巴枯寧自己的威權人格和論說黑洞）。

　　海牙大會落幕後，馬克思欲進一步清算巴枯寧勢力。在此脈絡下，他再度動用「無產階級專政」一詞，並聯合恩格斯，發起一波抨擊無政府主義者「逃避政治」的攻勢。在完成於 1873 年 1 月的檄文〈政治冷淡主義〉中，馬克思用一種說反話的方式，間接表達了自己的革命專政論。

　　如果工人階級的政治鬥爭採取劇烈的形式，如果工人以**自己的革命專政**去取代**布爾喬亞階級的專政**，那麼，他們就犯了侮辱原則的莫大罪行。因為工人為了滿足自己低微的、起碼的日常需要，為了**粉碎布爾喬亞階級的反抗**，竟不放下武器，**不消滅國家**，而是**賦予國家以一種革命的、暫時的形式**。[428]

這段「反話」的意思是：為了粉碎布爾喬亞的反抗，無產階級不能（像巴枯寧及其追隨者主張的那樣）直接消滅國家，而是應當建立自己的革命專政、自己的階級國家。但這種專政／國家是暫時的，一旦完成了革命任務，它的階級性、政治性、國家性將不復存在。和馬克思並肩作戰的恩格斯，在 1872-1873 年〈論住宅問題〉把「德國科學社會主義的觀點」表達如下：

　　無產階級必須採取政治行動，必須**實行專政以過渡到階級和國家的消滅**。這種觀點已表達於《共產黨宣言》，[429] 後來又重述過無數

428　Marx（*MECW*, 23: 393），馬克思（馬恩全集 I，18：335），〈政治冷淡主義〉，寫於 1872 年 12 月至 1873 年 1 月。

429　Cf. Marx and Engels（*MECW*, 6: 505-506）。事實上，《共產黨宣言》並未使用「專攻」一詞。參見第五章第六節。

次。……每個真正的無產階級政黨，從英國憲章派起，都把無產階級組織成一個獨立政黨的階級政策，作為其鬥爭的首要條件，並把**無產階級專政**當作鬥爭的立即目標。[430]

馬恩所謂的無產階級專政，係指整個無產階級的專政，而不是一小群革命家的專政。1874 年，恩格斯又重申了這一點：

> 本質上，布朗基是政治革命家。他只是在感情上，即在同情人民的痛苦這一點上，才是一位社會主義者。但他既沒有社會主義的理論，也沒有確切的、實際的社會改造方案。……由於布朗基把一切革命都想像成少數革命家的奇襲，自然也就產生了起義成功以後，不可避免地將建立專政之見。然而，這種專政不是**整個革命階級即無產階級的專政**，而是**實現了政變的少數人的專政**。起初，這些人又是由一個或幾個人的專政組織起來的。[431]

馬恩駁斥巴枯寧「直接消滅國家」的主張，並強調無產階級革命專政的必要性和暫時性。另一方面，他們拒斥布朗基和布朗基派的**少數人專政**。儘管他們為了對抗巴枯寧派，一度和流亡到倫敦的布朗基派結盟，但在革命專政問題上，雙方始終存在分歧。

巴枯寧的安那其思想，尤其是「直接消滅國家」之說，有其明顯的弱點。但即使如此，巴枯寧對馬克思革命專政論的批評，卻不是全無見地。巴枯寧追問：何以無產階級的革命專政是暫時的？何以這個國家、這個專政，不會變成少數統治者的壓迫機器？他在 1873 年《國家主義與安那其》中寫道：

430　Engels（*MECW*, 23: 370, 372, 694 fn. 238），恩格斯（馬恩全集 I，18：297、299），〈論住宅問題〉，1872 年 6 月至 1873 年 2 月連載於《人民國家報》。

431　Engels（*MECW*, 24: 13, 593 fn. 28），恩格斯（馬恩全集 I，18：580-581），〈布朗基派公社難民的綱領〉，1874 年 6 月 26 日載於《人民國家報》。

請問，如果無產階級成為統治階級，它將統治誰呢？……

「無產階級上升為統治階級」何所指？難道**整個無產階級都成為政府首腦**？德國大約有 4,000 萬人，難道 4,000 萬人都將成為政府成員？全民都成為統治者，被統治者就不存在了。……但如果有國家，就會有被統治者，就會有奴隸。

……〔馬克思主義者〕所理解的人民治理，就是**由人民選出的少數代表去治理人民**。全民行使普選權，選舉所謂的人民代表和國家統治者，這就是馬克思主義者以及民主學派的最後陳述。這是謊言，它掩蓋著**少數統治者的專制**……

馬克思主義者……意識到學者〔「科學社會主義」的舵手〕的治理是世界上最具壓迫性、最難以忍受、最令人屈辱的治理，雖有民主的形式，卻是不折不扣的專政。因此，他們便想這個專政是**臨時的、短暫的**，藉此聊以自慰。……

他們斷言，**只有專政（當然是他們的專政）**才能創造人民的自由。我們回答說，任何專政，除了**使自己永世長存**以外，不可能有別的目的。[432]

巴枯寧的以上提問，如今廣被認為是有預見性的。[433] 在 20 世紀，十月革命以降的所謂無產階級革命，幾乎都是以無產階級之名，行「少數統治者的專制」之實。巴枯寧也許高估了專政者實行真普選的意願，但被他說中的是：革命專政幾乎都內建了少數統治者對大多數被統治者的宰制。它不是臨時的、短暫的，幾無例外都想「使自己永世長存」。

馬克思在閱讀《國家主義與安那其》時，做了摘要，並寫下一些短評（以下簡稱《巴枯寧筆記》）。[434] 針對巴枯寧的以上質疑，馬克思的回應

432　Bakunin（1990 [1873]: 177-179），巴枯寧（2013：216-218）。

433　Musto（2015b: 36-37）、Singer（2000 [1980]: 99-100）。

434　Marx（*MECW*, 24: 485-526, 658 fn. 539），《巴枯寧筆記》，寫於 1874 年 4 月至 1875 年 1 月。

可歸結如下。首先，他對「無產階級成為統治階級」做出說明：

> 只要其他階級特別是資本家階級還存在，只要無產階級還在與之鬥
> 爭（因為在無產階級掌握政權後，它的敵人和舊的社會組織還沒有消
> 失），無產階級就必須採用強力措施，也就是政府的措施。

不過，「隨著它獲得徹底勝利，它的統治也就結束了，因為它的階級性質
已經消失」。[435] 這差不多就是《共產黨宣言》的說法，也已蘊含於〈政治
冷淡主義〉一文的前引段落。

　　針對「難道整個無產階級都成為政府首腦？」之問，馬克思表示：
「舉例來說，在工會中，它的執行委員會難道是由整個工會組成的？工廠
內一切分工，和由此產生的不同職能，難道都將消失？」[436] 由於執委會不
可能由整個工會組成，工廠內的分工也不會消失，「整個無產階級都成
為政府首腦」自然是無稽之談。然而，巴枯寧的提問是關於統治者（如政
府首腦、革命專政的執委會）和被統治者（大多數人民）之間的宰制關係
──馬克思並沒有回答此問。他既未論及工會及其執委會之間的權力關
係，亦未談到工廠內的分工可能蘊含的宰制關係。

　　總的來看，馬克思並未直面「革命專政難道不會帶來新的國家宰制、
新的政治壓迫？」之問。他從「粉碎布爾喬亞階級的反抗」的必要性，去
正當化無產階級的革命專政。至於革命專政的權力運作，及其夾帶的威權
主義和專制主義之患，則避而不談。可以說，馬克思多少意識到了這些問
題，卻未直接面對之，而只是重申：「階級統治一旦消失，目前政治意義
上的國家將不復存在」。[437] 但後者本是一組高度抽象化的理論預設，用它
去取消或遮蔽「革命專政可能濫權」的現實意識，難稱明智。這只會招致

435　Marx（*MECW*, 24: 517, 519），馬克思（馬恩全集 I，18：694、696）。

436　Marx（*MECW*, 24: 519），馬克思（馬恩全集 I，18：696）。

437　Marx（*MECW*, 24: 519），馬克思（馬恩全集 I，18：699）。

巴枯寧的以下嘲諷：

> 他們說，這種國家桎梏、這種專政，是為了達成人民完全解放的必
> 要過渡手段。安那其或自由是目標，國家或專政是手段。也就是說，
> 為了解放人民群眾，首先必須奴役他們。[438]

巴枯寧在《國家主義與安那其》（及同時期文字中）對馬克思的批
評，晚近得到（比以往）更正面的評價。[439] 不容否認的是，巴枯寧對於少
數革命精英以無產階級的名義，厚顏無恥地建立起自己的專制統治，彷彿
是未卜先知。一個人就算不是巴枯寧那種極端的無政府主義者，也仍有理
由對所謂的「無產階級革命專政」抱持懷疑。此種高度集中化的國家權
力，據稱只是為了剷除殘餘的資本家勢力，只是為了完成向後資本、無階
級社會的過渡。但現實地看，這些冠冕堂皇的崇高說詞，極容易淪為少數
權力精英的專制藉口 —— 幾乎沒有例外。

去政治化的未來社會

在巴枯寧看來，無論是馬克思還是拉薩爾，都主張「全民行使普選
權，選舉所謂的人民代表和國家統治者」。[440] 但這個說法並不準確。

就英國而言，馬克思支持爭取男性普選的憲章運動和後來的改革同

---

438 Bakunin（1990 [1873]: 179），巴枯寧（2013：218）。

439 E.g. Musto（2015b: 33-37; 2018: 230-236）。

440 附帶一提，巴枯寧在《國家主義與安那其》描述的馬克思與拉薩爾的關係，多所謬誤或
誇大。他說：馬克思是法國社會主義者布朗的徒弟，拉薩爾又是馬克思的徒弟；拉薩爾
的國家主義建立於《共產黨宣言》；拉薩爾及其師父馬克思的國家主義，又都是在為
俾斯麥／德意志帝國服務；在民主普選問題上，馬克思與拉薩爾並無二致，等等。見
Bakunin（1990 [1873]: 142, 147, 176-177, 180-181, 184, 194）。雖然拉薩爾向來推崇馬克
思，也確曾有意與俾斯麥結盟，但巴枯寧完全忽視了馬克思與拉薩爾的分歧。他的以上
說詞，或誇張或偏頗，或根本就不是事實。關於拉薩爾派與（馬恩支持的）艾森納赫派
的差異，另見 Lidtke（1966: ch. I）。

盟。但法蘭西第二共和的男性普選，竟選出波拿巴大總統，最終以帝制復辟收場。[441] 對於這樣的男性普選，馬克思實在難以下嚥。波拿巴稱帝後，繼續操弄假普選和全民公投。在北德邦聯乃至德意志帝國，假普選又被俾斯麥運用為一種統治術。[442] 正因如此，馬克思對拉薩爾派的普選訴求嗤之以鼻，質疑其與俾斯麥暗通款曲。[443]

但無論如何，馬克思對於巴枯寧以「全民行使普選權」去界定他的立場，並未表示異議。巴枯寧鄙視普選，或更確切地說，拒斥一切「所謂的人民代表和國家統治者」，不管如何產生。只要還有「人民代表和國家統治者」，就一定還有宰制，還有奴役——這是巴枯寧的立場。值得注意的是，馬克思並未直接駁斥這個安那其主義的信條，而是又指向一個高度理想化的未來。

> 選舉的性格不取決於這個名稱，而是取決於經濟基礎，取決於選民之間的經濟關係。當種種職能不再是政治職能的時候，（1）**政府**職能**不復存在**；（2）一般職能的分配變成了**例行事務**，不會產生任何宰制；（3）選舉將**失去**其目前的**政治性格**。[444]

巴枯寧質疑的是：在馬克思式革命專政下，仍有統治者與被統治者之分，仍有宰制，仍有奴役——就算統治者是「全民行使普選權」選出來的。馬克思並未挑戰這個說法，而是轉移了焦點，指向一個完全去政治化、去政府化的未來。其言外之意是：一旦抵達了彼岸，巴枯寧的顧慮就是多餘的了。

在前引段落中，馬克思暗示未來社會（即後資本、無階級的共產社

441　參見第五章第五節。

442　Wehler（1985: 52-62）

443　參見本章第一節。另見第九章第四節。

444　Marx（*MECW*, 24: 519），馬克思（馬恩全集 I，18：699），《巴枯寧筆記》。

會）仍將有選舉，但選舉「將失去其目前的政治性格」。這裡需要指出的是，在《法蘭西內戰》以前，馬克思對共產社會的描述從不曾包括「選舉」。從《經濟學哲學手稿》、《德意志意識型態》和《共產黨宣言》直到《大綱》和《資本論》第一卷，「選舉」從未被列為後資本社會的基本面。由此觀之，馬克思是從巴黎公社得到了啟發，乃把若干公社要素（尤其普選）注入了他的未來社會圖像。

儘管巴黎公社只舉行了一次全面普選（1871 年 3 月 26 日）和一次參與率極低的補選（4 月 16 日），[445] 但《法蘭西內戰》暗示公社選民可隨時撤換不執行選民指令的選區代表，或不被選民認可的官員。

> 普選不是為了每 3 年或 6 年決定一次，究竟由統治階級中的什麼人在議會裡扭曲民意，而是應當為組織在公社裡的人民服務……。如眾所周知，**企業正像個人一樣，在實際業務活動中總是能把適當的人放到適當的位置**，即使有時會犯錯，也總能很快就糾正過來。另一方面，用等級授職制去代替普選是根本違背公社精神的。[446]

在此，馬克思把「普選」關聯到企業的「實際業務活動」。但這與其說是巴黎公社的特色，倒不如說是他自己的共產社會想像。《巴枯寧筆記》所謂「一般職能的分配變成了例行事務」，與《法蘭西內戰》中「實際業務活動」的比喻，可謂一脈相承。其重點是：雖然共產主義社會仍有普選，但這種選舉「將失去其目前的政治性格」，而且「不會產生任何宰制」。

然而，何以這樣一種高度去政治化、非政治化的社會願景，是可欲的？它有多大的現實可行性？又真的不只是一個烏托邦嗎？[447] 可惜的是，馬克思並未進一步闡發這些問題。

445　參見本章第四節。
446　Marx（*MECW*, 22: 333），馬克思（馬恩全集 I，17：360）。
447　Cf. Claeys（2011; 2017）、Manuel and Manuel（1979）論烏托邦。

第九章

馬克思與社會民主

一、關於晚期馬克思

當馬克思在 1883 年 3 月去世時，「馬克思主義」在德國社民黨內正逐漸抬頭。社民黨在俾斯麥政府《反社會主義法》（1878-1890）[1] 的壓迫下，無法在德國境內從事組織和宣傳活動。但政治迫害並未使該黨溫和化，反而把愈來愈多的社民黨人推向馬克思主義。1891 年，德國社民黨以《艾爾福特綱領》取代舊的《哥達綱領》。[2] 這份新的黨綱，連同稍早成立於 1889 年的第二國際，[3] 標誌著「馬克思主義」作為一股政治力量的興起。

馬克思在他的最後 10 年，持續關注社會主義勢力在西歐（尤其德國和法國）的發展。1875 年春，馬恩向李卜克內西和倍倍爾，表達了他們對《哥達綱領草案》的極度不滿。[4] 馬克思的〈哥達綱領批判〉一文，即是由此而來。[5] 1876 年，恩格斯在馬克思的支持下，開始投入《反杜林論》的寫作。[6] 杜林是一位主張勞資和諧的社會主義者，暨《資本論》第一卷的最早批評者之一，在社民黨（尤其艾森納赫派）內有不少追隨者。1877 年起，《反杜林論》在社民黨的刊物上連載，遭致黨內反彈。1879年，又有 3 位旅居蘇黎世的社民黨人，公開倡議社民黨告別革命、放棄工人本位；馬恩則發出一封措詞嚴厲的通告信，要求社民黨領導者與之劃清界線。[7] 從以上等事件，不難看出，當時德國社民黨還不是一個馬克思主義政黨。

1　《反社會主義法》的全文，附錄於 Lidtke（1966: 339-345）。

2　Lidtke（1966: ch. XII）。1875 年《哥達綱領》和 1891 年《艾爾福特綱領》的全文，附錄於 Lidtke（1966: 333-334, 335-338）。

3　Cole（2002c [1956]; 2002d [1956]）、Sassoon（1997: ch. 1）、Kolakowski（1978b）。

4　見 Engels（*MECW*, 24: 67-73），1875 年 3 月 18-28 日致倍倍爾；以及，Marx（*MECW*, 24: 77-78），1875 年 5 月 5 日致白拉克（Wilhelm Bracke）。

5　〈哥達綱領批判〉收於 Marx（*MECW*, 24: 75-99）。另見本章第四節。

6　《反杜林論》收於 Engels（*MECW*, 25: 1-309）。

7　Marx and Engels（*MECW*, 24: 253-269），致倍倍爾、李卜克內西、白拉克等人的通告信，寫於 1879 年 9 月 17-18 日。另見本章第五節。

　　馬克思主義在德國的興起，至少有兩項彼此相關的成因。一、《反社會主義法》把社民黨人推向了主張階級鬥爭的馬克思主義。二、《反杜林論》使「科學社會主義」（指馬克思的理論）真正受到社民黨人的重視。《反杜林論》的單行本出版於 1878 年，其內容不乏艱深之處。但從中抽出 3 章獨立成冊、由馬克思作序[8]的《烏托邦社會主義與科學社會主義》，[9]就相當平易近人。這本冊子在 1880 年以法文出版，1883 年推出德文版，其他語言的版本也相繼問世。它的印刷量遠高於馬恩的其他著作，堪稱是 1880 年代的馬克思主義入門書。

　　那麼，何以馬克思自己不駁斥杜林，而是由恩格斯代打？

　　從 1864 年 10 月到 1872 年 9 月，馬克思長期介入國際工人協會的運作，耗費了大量心力。1872 年 9 月海牙大會落幕後，隨著總委員會轉移至紐約，馬克思開始淡出第一線的政治論爭。雖然他用了一些時間於國際協會的善後，但對巴枯寧派的後續批判和清算，已多是由恩格斯操刀。[10] 1873 年，馬克思的健康急遽惡化，症狀是嚴重的失眠和頭痛，加上復發的肝病。一旦進行高強度的寫作，大量使用腦力，就無法成眠。於是，醫生禁止他每天工作超過 4 個小時，並建議他去卡斯巴德（奧匈帝國境內，今位於捷克西部）療養。1874-1876 年，他連續 3 年都去了卡斯巴德。此外，也就近去英國的療養地。[11] 1877 年，燕妮的健康開始惡化。1880-1881 年，出於燕妮和自己的病情，馬克思實已身心俱疲。燕妮在 1881 年 12 月去世。1883 年 1 月，他們的大女兒小燕妮也因癌症而病逝。[12]

8　　Marx（*MECW*, 24: 335-339），《烏托邦社會主義與科學社會主義》初版導言。

9　　Engels（*MECW*, 24: 281-325, 631-632 fn. 343）。這本冊子更常見的中文譯名是《社會主義從空想到科學的發展》。

10　參見英文版馬恩全集第二十三卷（*MECW*, 23）。1873 年 4 月至 7 月，馬恩合寫了一份揭發巴枯寧的長篇報告〈社會主義民主聯盟和國際工人協會〉（*MECW*, 23: 454-580, 706 fn. 322），但它主要是由恩格斯負責。

11　McLellan（1995 [1973]: 390-394）、Stedman Jones（2016: 544-546）。

12　McLellan（1995 [1973]: 408-412）、Stedman Jones（2016: 546-547）、Musto（2020b: 96-99, 121-125）。

　　馬克思在最後幾年已不發表新作，故不讓人意外。他和恩格斯一起掛名的最後一篇文字，係為 1882 年〈《共產黨宣言》俄文第二版序言〉。其內容是由恩格斯所擬，馬克思甚至沒有心力去做修訂。[13] 此與上述的身心狀況、家庭變故等，無疑是有關的。但無論如何，他完成了《資本論》第一卷德文第二版（1873）和法文版（1875）的修訂，並留下幾篇著名的評論文字。1877-1878 年，他一度重啟《資本論》第二卷，但很快就告放棄。[14]

俄羅斯農村公社

　　恩格斯是在整理馬克思遺稿時，才了解到《資本論》第二卷和第三卷手稿的真實狀態。1870 年 9 月，恩格斯揮別曼徹斯特的資本家生涯，赴倫敦定居，就住在馬克思家附近。1875 年馬克思最後一次搬家，換了較小的房子，但還在同一條街上。只要兩人都在倫敦，幾乎天天碰面。[15] 恩格斯一直誤以為，馬克思或多或少仍在推進《資本論》第二卷和第三卷。等到馬克思去世後，恩格斯才發現實情並非如此。[16] 馬克思晚年蒐集了大量的俄國統計資料，[17] 並做了大量的俄羅斯農經筆記，加上其他的民族學筆記、歷史學筆記等。[18] 在恩格斯看來，其中關於古代社會的摩根（Lewis Henry Morgan）筆記是有價值的，但俄羅斯研究則否。[19]

　　1872 年以降，除了陸續問世的《資本論》第一卷各版本外，馬克思未發表任何較具分量的著作。在他的晚期文字中，〈哥達綱領批判〉廣

13　Marx and Engels（*MECW*, 24: 425-426, 649 fn. 480）。

14　Musto（2020b: 85-93）。參見第七章第二節。

15　Musto（2020b: 15-17）、Stedman Jones（2016: 540-541）。

16　Engels（*MECW*, 47: 53），1883 年 8 月 30 日恩格斯致倍倍爾。參見第七章第二節。

17　McLellan（1995 [1973]: 388）。

18　馬克思最後 10 年的閱讀與研究，見 Musto（2020b）、Marx（1974）、Krätke（2018）。另見萬毓澤（2018：19 fn. 6, 139-156）。

19　White（2019: 47-49）、Zarembka（2021: 95）。

被認為是最重要的一篇，但此文的命運頗為坎坷，直到 1891 年才被恩格斯公諸於世。[20] 在 20 世紀受到較多注意的，還有 1874-1875 年的《巴枯寧筆記》（見第八章第七節）。此外，馬克思晚年採納了車爾尼雪夫斯基（Nicolai G. Chernyshevsky）的觀點，即俄國農村公社一旦排除政治障礙，將可望直接轉型為現代社會主義。關於此，他留下了兩個重要文本（生前皆未發表）：一是 1877 年或 1878 年〈致《祖國記事》編輯部〉；[21] 另則是 1881 年〈回覆查蘇利奇（Vera Zasulich）〉[22] 及其 4 份草稿。[23]

　　車爾尼雪夫斯基是俄國民粹主義（一種親農的社會主義）的先行者之一。按車氏說法，俄羅斯應可跳過資本主義，但引入西方先進科技，把古老的農村公社直接提升為現代社會主義。[24] 馬克思在 1873 年《資本論》第一卷德文第二版〈後記〉中，讚揚車爾尼雪夫斯基是「偉大的俄國學者和批評家」。[25] 如此溢美之詞，在他的筆下實不多見。本章第二節和第三節將指出：關於俄國農村公社，馬恩的見解並不一致。恩格斯一貫地主張：俄國能否縮減資本主義帶來的痛苦，和俄國公社（若未完全解體）能否朝向現代社會主義轉型，都將取決於「西歐的無產階級革命」。晚期馬克思則認為：俄國農村公社有強韌的生命力，一旦擺脫沙皇專制及其 1861 年以降的走資道路，將可望從西方引入先進科技，直接過渡到現代社會主義。在此，「西歐的無產階級革命」並未被視作俄國公社能否存續、能否直接升級的前提。

20　Engels（*MECW*, 27: 92-93），〈《哥達綱領批判》序言〉，寫於 1891 年 1 月 6 日。

21　Marx（*MECW*, 24: 196-201），1877 年或 1878 年〈致《祖國記事》編輯部〉。此文何時寫成，仍有爭議。常見說法是 1877 年 11 月（cf. *MECW*, 24: 617 fn. 227）。本書則偏向 Wada（1983: 56-57）的看法，即此文或是寫於 1878 年 11 月 15 日馬克思致丹尼爾遜（Nicolai Danielson）的信（*MECW*, 45: 343-344）之後。

22　Marx（*MECW*, 24: 370-371），1881 年 3 月 8 日致查蘇利奇。

23　前三份草稿，見 Marx（*MECW*, 24: 346-369）。第四份收於 Shanin ed.（1983: 122-123）。

24　Wada（1983: 47-48）、White（2019: 8-12）、Walicki（2015: 293-299; 1969: 13-21）。

25　Marx（C1: 98），《資本論》第一卷德文第二版〈後記〉，成文於 1873 年 1 月 24 日。

　　對俄國農村公社的反思，亦使馬克思與「一般性的歷史哲學理論」[26] 拉開了距離。在《資本論》第一卷的 1875 年法文版中，馬克思首度明確地把「原始積累」局限於西歐——這暗示俄羅斯可能「跳過」資本主義。據此，他在〈致《祖國記事》編輯部〉中，嚴詞否認他主張「一般性的歷史哲學理論」。後來在〈回覆查蘇利奇〉及其草稿中，他進一步說明俄羅斯農村公社跳過資本主義、直入現代社會主義的可能性。

　　在農村公社問題上，俄國馬克思主義者從普列漢諾夫到後起的列寧，主要承繼了恩格斯的見解，而不是晚期馬克思更親近俄國民粹主義的思路。[27] 但以後見之明，恩格斯念茲在茲的「西歐的無產階級革命」並未發生。晚期馬克思設想的俄羅斯獨特道路，亦不曾兌現。20 世紀以「黨國吞噬社會」為特徵的馬列主義模式，完全落於馬恩的想像之外。

民主共和與工人革命

　　馬克思最具分量的晚期政治文字，非〈哥達綱領批判〉莫屬。此文在 20 世紀備受重視，又是拜列寧之所賜。列寧把文中的「無產階級的革命專政」和「共產主義社會的第一階段」混淆在了一起，[28] 但隨著十月革命的勝利，這個曲解變成了許多人眼中的正解。[29] 毛澤東的「破除資產階級法權」和「無產階級專政下繼續革命」等提法，即是建立在列寧的曲解之上，並進一步把〈哥達綱領批判〉扭曲為文化大革命（1966 年起）的某種理論依據。[30]

　　本章第四節探討〈哥達綱領批判〉的經濟和政治論說。在這篇文字中，馬克思區分了共產社會的「第一階段」和「更高階段」。馬克思式共

26　Marx（*MECW*, 24: 201），〈致《祖國記事》編輯部〉。

27　Walicki（1969: ch. III; 2015: ch. 16）、White（2019: chs. 1-5; 2001）。

28　Marx（*MECW*, 24: 95, 87）。Cf. Lenin（1967, vol. II: esp. 339-343），《國家與革命》。

29　E.g. Ollman（1977: 9）。Cf. R. N. Hunt（1984: 243）、Walicki（1995: 327）。

30　于光遠（2005：222-229）。

產社會的基本屬性是：生產工具的全盤公有；市場和貨幣已告消失；按預先制定好的計畫進行生產；一個超大工廠式的分工；階級不復存在；政治／國家也已告終。〈哥達綱領批判〉則補充了一項要點：甫從資本社會脫胎而出的初階共產社會，雖已消滅了階級關係，然其生產力仍有所不足，須先實行按勞分配，以個人勞動量的多寡作為消費品的分配依據。[31] 第四節還將考察〈哥達綱領批判〉的一項政治要點，亦即：「民主共和國」是布爾喬亞社會「最後的國家形式」，正是在此一政治／國家形式下，「階級鬥爭要進行最後的決戰」。[32] 這些說法究竟意味著什麼，值得仔細推敲，因為〈哥達綱領批判〉未充分闡發其現實意涵。

　　第五節擬對「馬克思主義」在 1880 年代漸趨茁壯的背景，以及晚期恩格斯的貢獻，提出一些扼要說明。在 20 世紀，「貶恩揚馬」的言路頗為流行。總有人宣稱，需要為馬克思主義誤入歧途（不管是修正主義的歧途，還是史達林主義的歧途）負責的人，不是馬克思而是恩格斯。尤自盧卡奇在 1923 年《歷史與階級意識》[33] 譴責恩格斯誤解了辯證法（因而助長了不革命的修正主義）以來，「恩格斯否定論」推陳出新，幾乎形成了一個產業。[34] 的確，馬恩之間存在分歧。但刻意誇大馬恩差異，甚至將之絕對化，卻不可取。[35] 第五節將論及晚期馬恩的一項重要分歧：馬克思與「一般性的歷史哲學理論」漸行漸遠，恩格斯則反向而行。《反杜林論》蘊含著一種強勢的歷史目的論，並提倡一種新的自由觀，把自由界定為「對必然性的充分理解」。[36] 此一結合了必然主義和科學主義的思路，也還強化了「資本主義必將崩潰」的信仰。在這些方面，晚期馬克思表達了

31　Marx（*MECW*, 24: 85-87）。

32　Marx（*MECW*, 24: 95-96）。

33　Lukács（1971 [1923]）、Stedman Jones（1971）。

34　Stedman Jones（1977: 80-82）、S. H. Rigby（1992: 3-8）。另見 Carver（1983; 1989）、Thomas（2008）、N. Levine（1975; 2006）論恩格斯。

35　Cf. Stedman Jones（1973; 1977）、T. Hunt（2009: ch. 9）、Steger and Carver eds.（1999）。

36　Engels（*MECW*, 25: esp. 105-106）。

不同見解。

　　不過，晚期恩格斯宣揚的馬克思主義政治路線，則繼承、延續了〈哥達綱領批判〉「通過民主共和國以實現工人革命」的立場。第六節考察晚期馬克思的政治論說，並擴及晚期恩格斯的相關說法。晚期馬恩皆認為：就西歐而言，布爾喬亞民主／共和國（而非德意志帝國之流的專制政體）是無產階級通向共產革命的最佳可能路徑。再者，工人階級應善用普選權、政治自由、集會結社的自由、出版自由等工具，盡可能壯大自身實力。在英美荷法等民主國，和平過渡到工人統治是可能的；但在德國等專制或半專制的歐陸國，流血革命或難以避免。晚期恩格斯非但沒有倒向改良主義，他甚至認為德國統治者將全面鎮壓社民黨，逼使社民黨進入革命情境。因此，他主張社民黨人盡可能以普選等合法手段，迅速地蓄積力量，以做好「決戰」的準備。[37] 針對恩格斯若干重要的晚期政治文字，第六節將說明其要點，並指出其與馬克思的關係。

　　最後，第七節對馬克思的政治／國家終結論進行商榷。馬克思從一種經濟／階級本質主義，把所謂的布爾喬亞自由、布爾喬亞民主／共和貶抑為布爾喬亞社會的上層建築或政治表現。據其說法，一旦告別了布爾喬亞階級社會（即資本社會），消滅了階級關係，公權力亦將失去其政治性和國家性。由於社會將已「重新吸收」了政治／國家，政治／國家和社會的分立將不復存在。至於後資本社會（或共產社會）還有沒有階級以外的政治分歧，政治衝突該如何調節，公權力又該如何行使，則未得到闡發。所謂的革命專政（作為一種國家權力）該受到何種限制或規範，亦是馬克思從未直面的問題。終究來說，「政治／國家的終結」只是一組高度抽象化、理想化的理論假設。用這組假設去遮蔽或取消「革命專政可能異化」和「革命後的公權力可能濫權」等問題意識，難稱合理。

37　E.g. Engels（*MECW*, 27: 521-524），1895 年〈《法蘭西階級鬥爭》導言〉。

二、農村公社與資本主義（I）

　　1880-1881 年，馬克思對美國人類學家摩根的《古代社會》（1877）一書，做了上百頁的摘要。[38] 稍早，對俄羅斯社會學家柯瓦列夫斯基（Maxim M. Kovalevsky）的《土地的共同體所有制》（1879），他也做了詳細的筆記。[39] 恩格斯在馬克思書房的遺物中，還發現大量的俄國統計資料，及關於俄國農村公社和農業經濟的筆記。

　　在馬克思的民族學筆記中，恩格斯只看重摩根部分。他運用馬克思的摩根筆記，在 1884 年出版《家庭、私有制和國家的起源》，[40] 試圖把摩根關於原始社會的論點，整合到唯物史觀的框架中。但此書聚焦於古代社會的母權制，而不是原始共同體的財產形式——這反映出馬恩在著重點上的差異。[41] 同年，恩格斯把馬克思的整筆俄羅斯收藏，都送給了民粹派理論家拉甫洛夫（Petr L. Lavrov），可見他不重視馬克思的俄羅斯研究。[42]

　　在俄羅斯能否「跳過」資本主義的問題上，晚期馬恩不但是有分歧的，而且漸行漸遠。不同於恩格斯，馬克思大致接受了車爾尼雪夫斯基的觀點，亦即：俄國可望跳過資本主義，把農村公社直接升級為現代社會主義。對於資本能否在非西方世界持續地擴張（所謂「擴大再生產」[43]），馬克思也愈發存疑。

資本的持續擴張？

　　從 1857-1858 年《大綱》到 1875 年《資本論》第一卷法文版，馬克

38　L. H. Morgan（1998 [1877]）、Marx（1974: pt. I）。Cf. Krader（1974: 6-31）。

39　馬克思與柯瓦列夫斯基的往來，見 White（2019: 34-40; 1996: 259-273）。

40　Engels（*MECW*, 26: 129-276, 640 fn. 77），《家庭、私有制和國家的起源》，寫於 1884 年 4 月至 5 月。

41　White（2019: 49）。

42　White（2019: 47-49）。

43　Cf. Marx（C1: 763）。

思歷經了若干思想變遷。如第七章指出，《大綱》帶有顯著的黑格爾色彩。但在 1873 年《資本論》第一卷德文第二版〈後記〉中，馬克思有意識地和黑格爾拉開距離。他表示，雖然他承認自己是黑格爾的學生，甚至在第一章「賣弄起黑格爾特有的表達方式」，但他的辯證法和黑格爾的辯證法「截然相反」。[44] 後來在 1875 年法文版中，他把德文第二版未刪除乾淨的黑格爾式用語，做了更全面的清理。[45]

相對來說，《大綱》表達的歷史視野，要比《資本論》更加宏大。《大綱》從「交換價值／貨幣的擴張」[46] 的角度，勾勒出一套世界史敘事：以使用價值為基礎的、尚未擺脫人身依附的前資本社會，將在交換價值的侵蝕下解體，被資本納入世界市場，轉變成以交換價值為依歸的資本社會。

> 家長制的、古代的（以及封建的）狀態，**隨著商業、奢侈、貨幣、交換價值的發展而瓦解**，現代社會則隨之同步發展起來。[47]

《大綱》將此界定為從「第一種」向「第二種」社會形式的轉型。[48]

在 1858 年 10 月致恩格斯的信中，馬克思聲稱「世界市場」已趨近於完成：「布爾喬亞社會的真實任務是創造世界市場（至少是一個輪廓）和以這種市場為基礎的生產。因為地球是圓的，所以隨著加州和澳洲的殖民地化，隨著中國和日本的門戶開放，這個過程看來已經完成了」。[49] 暫且

44　Marx（C1: 102-103），馬克思（馬恩全集 II，44：22）。

45　例如，「含攝」一詞完全消失不見。Cf. Zarembka（2021: 11-12, 51）。參見第七章第一節。

46　此指貨幣的第三個面向，即「作為資本的貨幣」。Cf. Marx（G: 250-251, 223-224）。

47　Marx（G: 158），馬克思（馬恩全集 II，30：108）。

48　Marx（G: 157-159）。參見第六章第五節。

49　Marx（*MECW*, 40: 347），馬克思（馬恩全集 I，29：348），1858 年 10 月 8 日致恩格斯。

不論這是否太過樂觀，此時馬克思認為：隨著生產力的普遍發展和交換價值的迅速擴張，資本將在世界範圍內不斷擴大再生產，建立起普遍的資本統治。

> 資本一方面力求摧毀對交往即交換的一切空間限制，要**征服整個地球作為它的市場**，另一方面，又用時間去消滅空間，也就是把商品從一地轉移到另一地的時間減至最低。……這裡表現出了資本不同於以往一切生產階段的**普遍化**趨勢。[50]

為了強調世界市場的勢不可當，《大綱》動用了黑格爾式的提法：「開創世界市場的趨勢，已由資本的概念本身直接給定」。[51] 在此值得注意的是，前引文字涉及資本擴大再生產的兩個面向：流通時間的不斷縮減；以及，「世界市場」在地理空間上的擴張。兩者都指向前資本社會的瓦解。「渴望回歸原始的豐富」只會是「荒謬的」。[52] 這是《大綱》的基本見解，大約維繫到 1864 年〈第六章：直接生產過程的結果〉。[53]

到了寫於 1865 年 5 月至 7 月的《資本論》第三卷第四部分（題為〈商品資本和貨幣資本轉化為商人資本〉），[54] 馬克思開始懷疑「貿易和商業資本」究竟能在多大程度上，導致舊生產方式的解體。他在第二十章〈商人資本的歷史考察〉中指出：

> 貿易和商業資本的發展，到處都使生產朝著**交換價值**的方向發展，使生產的規模擴大，使它多樣化和世界化，使貨幣發展成為世界貨幣。貿易對各種已有的、以不同形式導向使用價值的生產組織，到處

50　Marx（G: 539-540），馬克思（馬恩全集 II，30：538-539）。

51　Marx（G: 408）。

52　Marx（G: 162）。參見第六章第六節。

53　Marx（*MECW*, 34: 439-440, 463）。Cf. Stedman Jones（2016: 415）、White（1996: 191）。

54　Musto（2018: 153）。

都或多或少起著消解的作用。但是它對舊生產方式究竟**在多大程度上起著解體作用**，首先取決於舊生產方式的**堅固性**和**內部結構**。再者，這個消解過程的結果為何，換句話說，什麼樣的新生產方式會起而取代舊生產方式，並不取決於商業，而是取決於舊生產方式本身的性質。……前資本主義民族的生產方式所具有的內部的堅固性和結構，對於貿易的解體作用造成了多大的**障礙**，這從英國人跟印度和中國的貿易交往中可以明顯地看出來。

即使在英國人的統治下，印度農村共同體的解體速度仍十分緩慢。至於未遭到西方以「直接的政治強力」肆意宰割的中國基層社會，那就更是如此了。[55]

及至 1867 年的《資本論》第一卷，「交換價值消解前資本社會」的命題，幾已銷聲匿跡。這除了是因為第一卷只討論資本主義生產方式下的交換價值，並重新界定了交換價值，[56] 也是因為馬克思對「貿易的解體作用」已有所懷疑。第一卷關於「所謂原始積累」的陳述，聚焦於農民如何被暴力地剝奪了土地和生產工具。[57]《大綱》所論及的貿易和商業之於「資本的原始形成」的作用，[58] 在《資本論》第三卷和第一卷不再得到凸顯。雖然第一卷時而也舉前資本社會為例，但這主要是出於對照資本社會的目的，而不是為了申論「資本勢將消解前資本社會」。

至此，距離《大綱》那種把資本的全球擴張形容得摧枯拉朽的論調，馬克思已經走得很遠了。恩格斯據以編輯《資本論》第二卷的幾份手稿，也不復見「資本將持續創造世界市場，並消解前資本社會」的昔日提法。第二卷關於流通和擴大再生產的分析，毋寧是高度形式化的。它幾乎完全

55　Marx（C3: 449, 451-452），馬克思（馬恩全集 II，46：370、372）。

56　參見第七章第三節。

57　Marx（C1: pt. VIII）。參見第七章第八節。

58　參見第六章第四節。

迴避了世界市場的擴張、資本如何攻占前資本社會等「空間」問題。[59]

農村公社與原始積累

　　《大綱》已論及原始共同體，並區分了 4 種早期的共同體形式。[60] 不過，馬克思對原始共同體的研究興趣，是在《資本論》第一卷出版了以後才更全面地展開。1868 年 3 月，他在信中向恩格斯提到毛勒（Georg von Maurer）關於條頓人「馬克」（*Mark*）共同體的研究，指其「極為重要」。[61] 同年，第一卷俄文版的主譯者丹尼爾遜，首度和馬克思取得聯繫。丹尼爾遜是車爾尼雪夫斯基的追隨者，他此後和馬克思多所交流，是馬克思取得俄國文獻資料的主要管道。另外，俄文版的第一位譯者羅帕廷（German A. Lopatin）也來自車爾尼雪夫斯基的圈子，後來為了營救車氏而把翻譯工作交給丹尼爾遜。[62] 馬克思在 1870 年自學俄語，進展迅速。1870-1871 年之交，他開始閱讀車爾尼雪夫斯基的俄文著作。[63]

　　1868 年提及毛勒時，馬克思對俄國農村公社的看法尚未改變。泛斯拉夫主義者對俄國公社的美化，他向來不以為然。稍早，他在 1859 年《政治經濟學批判》說道：

　　　　近來流傳著一種可笑的偏見，認為原始的共同體財產是斯拉夫人、甚至只是俄羅斯人獨有的形式。這種早期形式在羅馬人、日耳曼人、塞爾特人那裡都可以見到，直到現在，這種形式的整套多元樣態還存在於印度（雖然其中一部分只剩下殘跡了）。仔細研究一下亞細亞的、尤其是印度的共同體財產形式，就會得知：不同形式的原始共同體所有制的解體，導致了不同的財產形式。例如，羅馬私有財產和日

59　Stedman Jones（2016: 415, 417）、White（1996: 201-203, 207-210）。

60　參見第六章第四節，此處不贅。

61　Marx（*MECW*, 42: 557），1868 年 3 月 25 日致恩格斯。

62　White（2019: 13-15）。

63　Wada（1983: 45-46）。

耳曼私有財產的各種原型，皆可以追溯到印度共同體財產的某些特定形式。[64]

對馬克思來說，毛勒的馬克共同體研究，恰恰證實了日耳曼形式（《大綱》的用語）源遠流長，可追溯至更原始的共同體財產。他還以他的故鄉為例，指其至今仍保留著原始特徵。[65] 由於「原始的共同體所有制」普遍出現在早期共同體，俄國公社其實一點也不特別。「在歐洲的每個角落，起點都是亞細亞或印度的財產形式」，俄國公社更像是「印度〔南部〕的共同體系統」。[66]

馬克思特別厭惡赫爾岑對俄國農村公社的浪漫化。赫爾岑是俄國貴族，1847 年移居西歐，1852 年起長住倫敦，被稱作「俄羅斯社會主義之父」。本來是西化派，但在 1848 年革命失敗後，赫爾岑開始宣揚一種斯拉夫浪漫主義：西方已腐敗到無可救藥，斯拉夫人、俄羅斯人的農村公社才是社會主義的希望所在。[67] 馬克思在《資本論》第一卷第一版的增補注釋中，狠狠地嘲諷了「半個俄羅斯人但又是完全的莫斯科人赫爾岑」，指赫爾岑不是在俄羅斯，而是「在普魯士政府顧問哈克斯特豪森（August von Haxthausen）[68] 的書裡，發現了『俄羅斯的』共產主義」。[69]

64　Marx（*MECW*, 29: 275 fn.），馬克思（馬恩全集 II，31：426 fn. 1）。後來在 1873 年《資本論》第一卷德文第二版（改寫過的）第一章中，馬克思增加一個注解，引述了這整段文字。見 Marx（C1: 171 fn. 32; *MECW*, 35: 88 fn.），馬克思（馬恩全集 II，44：95 fn. 30）。

65　Marx（*MECW*, 42: 557-558），1868 年 3 月 25 日致恩格斯；Marx（*MECW*, 24: 350），1881 年〈回覆查蘇利奇〉第一稿。

66　Marx（*MECW*, 42: 547），1868 年 3 月 14 日致恩格斯；Marx（*MECW*, 43: 154），1868 年 11 月 7 日致恩格斯。

67　Walicki（2015: ch. 10; 1969: 8-13）。

68　哈克斯特豪森的農村公社研究，受到赫爾岑、車爾尼雪夫斯基及後起的俄國民粹主義者的重視。Cf. Stedman Jones（573, 579, 702-703 fn. 125）、White（1996: 177-180）。

69　馬克思（馬恩全集 II，42：801），1867 年《資本論》第一卷第一版。Cf. Wada（1983: 43）、White（2019: 8）。

　　《資本論》第一卷在 1867 年問世時，印刷了 1,000 冊，費時 4 年多才售罄。但 1872 年的俄文版，首刷 3,000 冊，賣得相當不錯，足見俄國讀者對《資本論》的重視。[70] 馬克思在第一版〈序言〉中，暗示德國將步入英國的後塵：「工業較發達的國家向工業較不發達的國家所顯示的，只是後者未來的景象！」[71] 對俄國讀者來說，這句話傳達的訊息是：俄羅斯也將步入德國和英國的後塵。但《資本論》以英國為例所描述的「所謂原始積累」過程，充斥著赤裸裸的暴力，「每個毛孔都滴著血和穢物」。[72] 若是復蹈其轍，俄國農民豈能不陷入苦難？這是俄國讀者的普遍困惑。

　　當俄文版問世時，馬克思對俄國農村公社的看法，已經發生了變化。[73] 1870 年年底以降，他開始閱讀車爾尼雪夫斯基的著作，包括著名的〈批判對土地的共同體所有制的哲學偏見〉（1858）一文。從他的閱讀評注來看，他幾乎完全同意車氏思路，亦即：俄國將得以跳過資本主義階段，讓農村公社（原始的「土地的共同體所有制」）直接升級為現代社會主義（高級的共同體所有制）。[74] 稍後我們將會看到，馬克思在 1881 年〈回覆查蘇利奇〉及其草稿中表達的論點，和車爾尼雪夫斯基幾乎如出一轍。[75]

70　Cf. Marx（C1: 99），1873 年《資本論》第一卷德文第二版〈後記〉。

71　Marx（C1: 91-92），1867 年《資本論》第一卷德文第一版〈序言〉。

72　Marx（C1: 926）。

73　值得一提的是，德文第一版中嘲諷赫爾岑的那個注解，已不復見於 1872 年俄文版。在往後的各版本中，也都找不到它。

74　White（2019: 10-12; 1996: 220-226）、Walicki（2015: 293-295）、Wada（1983: 45-48）。

75　車爾尼雪夫斯基和赫爾岑，都是興起於 1870 年代的俄羅斯民粹主義者的重要思想資源。但何以馬克思貶抑赫爾岑，卻讚賞車爾尼雪夫斯基？作為 1860 年代俄國「啟蒙者」的重要代表，車氏既不是斯拉夫或俄羅斯浪漫主義者，也不是鼓吹弘揚民族文化或國粹的反西化派。此外，自 1861 年以降，車氏告別了他昔日的政治無用論，堅定主張俄國應實現政治自由和民主選舉。有別於自我東方化的浪漫主義者和民粹主義者，車氏把「亞細亞狀況，亞細亞社會結構，亞細亞習慣」視作頭號大敵。他認為俄國可跳過資本主義，直接把農村公社提升為現代社會主義，但他也強調：要實現這樣的躍進，必得向西方學習，並引入西方先進要素。此與那些一味從反西方、反資本主義、反現代的角度去讚揚農村公社的狹隘民粹主義或浪漫主義，可謂相當不同。馬克思推崇車氏卻厭惡赫氏，因此並不奇怪。Cf. Walicki（2015: 295-297; 1995: 282-284; 1969: 18-22）。

　　1872-1873 年間，馬克思分期推出《資本論》第一卷的德文第二版，然後集結成書。第二版收錄了第一版〈序言〉，但把「工業較發達的國家向工業較不發達的國家所顯示的，只是後者未來的景象！」一句的驚嘆號，改成了句號以削弱語氣。此外，德文第二版刪除了貶抑赫爾岑的那個注釋，並在〈後記〉中提及「偉大的俄國學者和批評家」車爾尼雪夫斯基。[76] 更大幅度的相關修訂，接著出現在 1875 年法文版。

　　在法文版中，「工業較發達的國家……」一句，被進一步改成「工業**最發達**的國家向那些**在工業階梯上跟在後面**的國家所顯示的，只是後者未來的景象」。[77] 換句話說，已經爬上了工業階梯的國家（如德國），才會步入最發達國家（即英國）的後塵；至於還沒有爬上工業階梯的國家（如俄羅斯），則另當別論。此外，法文版把原屬於第七部分的「原始積累」內容，安排到一個獨立的第八部分。在新的第八部分，最重要的修正是把「原始積累」局限於英國和西歐。

　　　此種〔對農民的〕剝奪，唯有在**英國**才徹底完成了。……但是，**西歐**的所有其他國家，都正在經歷著同樣的運動。[78]

這暗示：那些還沒有爬上工業階梯的非西歐國，未必會重演所謂的「原始積累」（即原始剝奪），未必會走上資本主義的不歸路。

　　把「原始積累」局限於英國和西歐，不能不說是一項重大的修正。當馬克思在 1857 年重啟經濟學寫作時，他的野心是要說明資本的興起和全球擴張，以及何以這種生產方式將難以為繼，終為一種超越了交換價值的新世界取代。著名的 1859 年〈《政治經濟學批判》序言〉甚至把布爾喬

76　Marx（C1: 98）。

77　馬克思（馬恩全集 II，43：17）。Cf. K. Anderson（2010: 178）。

78　馬克思（馬恩全集 II，43：770-771）。Cf. K. Anderson（2010: 179）、Wada（1983: 49）、Stedman Jones（2016: 581）。

亞生產方式的終結，說成是「人類社會的前史」的告終。[79] 此後，雖然馬克思注意到資本在中國和印度的推進並不順利，但真正要到《資本論》第一卷的 1875 年法文版，他才決定性地告別「資本即將統治世界」的昔日宣稱。他的新立場是：《資本論》並未規定或預言（西歐和北美以外的）非西方社會的未來。

特加喬夫、米海洛夫斯基

由於馬克思未公開提出他對俄國農村公社的新解，外界（至少在 1886 年以前）對他的立場變化知之甚少。[80] 這包括在俄國最早引介馬克思政治經濟學的齊伯（Nicholai I. Sieber）。齊伯始終認為馬克思的理論是普適性的，適用於一切社會。儘管他對馬克思的價值論有所批評，對《資本論》第一卷中的黑格爾術語也不以為然，[81] 但面對俄國民粹派對馬克思的質疑，齊伯致力為馬克思辯護。齊伯強調，資本主義是任何社會都避免不了的發展階段，俄國自然也不例外。在他看來，這是《資本論》的要旨，且正確無誤。[82] 由於馬克思一直把齊伯當作友軍，對齊伯多所肯定，這就衍生出一個難題。要是馬克思公然站在民粹主義一邊，宣稱俄國可跳過資本主義階段，那將無異於和齊伯割席。[83] 這可能是馬克思從未公開支持俄國民粹派的原因之一。實際上，當時大多數俄國論者認知的馬克思，依然是齊伯所描述的、宣稱「資本即將統治世界」的普遍主義者馬克思。

馬克思在 1877 年或 1878 年，一度有意投稿給《祖國記事》雜誌，回應民粹派理論家米海洛夫斯基（Nicholai K. Mikhailovsky）對《資本論》

79　Marx（*MECW*, 29: 264）。

80　馬克思寫於 1877 年或 1878 年的〈致《祖國記事》編輯部〉，遲至 1886 年才公諸於世。詳見下述。

81　Zarembka（2021: 13-15）、White（2019: 23-27; 1996: 229-234）。

82　White（1996: 235-244; 2019: 27-33）、Zarembka（2021: 15-17）。

83　White（2019: 32-33）。

的質疑。要是這篇文字登了出來，將有助於外界理解馬克思的思想變化，但馬克思最後選擇了不發。以下，我們先考察恩格斯 1875 年的〈論俄羅斯的社會關係〉一文，再回到馬克思的〈致《祖國記事》編輯部〉。

1875 年春，恩格斯發表〈論俄羅斯的社會關係〉一文，以批評俄國民粹派論者特加喬夫（Petr N. Tkachev）。這起爭論的起因是，稍早恩格斯貶抑了特加喬夫的冊子《俄國的革命宣傳任務》（1874），斥其作者是「幼稚的、極不成熟的中學生」。於是，特加喬夫回敬了一封〈致恩格斯先生的公開信〉（1874）。[84] 馬克思讀到公開信後，把它轉給了恩格斯，並留下一張字條，建議恩格斯「以風趣的筆調」去痛擊「如此愚蠢的」特加喬夫。[85] 恩格斯先後寫了兩篇回應文字，後一篇題為〈論俄羅斯的社會關係〉。[86] 其參考資料皆來自馬克思，並納入了馬克思的意見。[87]

馬恩原以為巴枯寧是特加喬夫背後的黑手，[88] 故對特加喬夫頗有敵意。但這個誤解對〈論俄羅斯的社會關係〉影響不大。對特加喬夫來說，農村公社、勞動協作、集體所有制等，意味著俄國人是社會主義的天選之民。但俄國人正在和時間賽跑，須在農村公社被毀壞到無可挽回以前，就以革命推翻沙皇專制，消滅資本主義於萌芽。[89] 特加喬夫宣稱，雖然俄國只有農民而沒有城市無產階級，但也沒有布爾喬亞。俄國人民只需要對付「政治權力」，這比起對付「資本權力」要容易得多。再由於俄國人民早已沉浸於集體所有制，俄國要比西歐「更靠近社會主義」。[90]

84　見 Engels（*MECW*, 24: 29, 596 fn. 44），恩格斯（馬恩全集 I，18：599），第一篇駁斥特加喬夫的文字，1875 年 3 月底至 4 月初連載於《人民國家報》。

85　Marx（*MECW*, 45: 59），1875 年 2 月或 3 月致恩格斯。

86　Engels（*MECW*, 24: 39-50, 597 fn. 52），〈論俄羅斯的社會關係〉（即第二篇駁斥特加喬夫的文字），1875 年 4 月連載於《人民國家報》。

87　Wada（1983: 51）。

88　Marx（*MECW*, 45: 59）、Engels（*MECW*, 24: 29）。

89　Wada（1983: 50）。

90　見 Engels（*MECW*, 24: 39, 45）引自特加喬夫的段落。另見 Walicki（2015: 381-388）論特加喬夫。

對於俄國「更靠近社會主義」之說，恩格斯嗤之以鼻。〈論俄羅斯的社會關係〉開宗明義指出，「現代社會主義」不但需要「實現革命的無產階級」，還需要「使社會生產力發展到能夠徹底消滅階級差別的布爾喬亞」。但特加喬夫就連這個「社會主義的 ABC」都還沒學會。[91] 不過，恩格斯並未全盤否定「俄國跳過資本主義，從農村公社直入現代社會主義」的可能性。他強調，若要兌現此種可能性，一個絕對必要的前提是「西歐的無產階級革命」。

> 俄國的共同體所有制早就度過了它的繁榮期，看樣子正趨於解體。不過，把這種社會形式提升為更高形式的可能性，不容否認是存在的……。但只有在共同體所有制完全解體以前，西歐就成功實現無產階級革命的前提下，這種可能性才會發生……。如果有什麼東西還能挽救俄國的共同體所有制，使它成長為真正可行的新形式，那就是**西歐的無產階級革命**。[92]

在馬恩著作中，〈論俄羅斯的社會關係〉是第一篇明確論及「俄羅斯跳過資本主義，從農村公社直入現代社會主義」這種可能性的文字。恩格斯在此文的結尾，指「俄羅斯無疑處在革命的前夜」。其「**東方專制主義**」的專橫，我們在西方根本無法想像」，但即將到來的革命「將一舉消滅歐洲整個反動勢力迄今未被觸動的、最後的後備力量」。[93] 和恩格斯一樣，馬克思也希望俄國爆發反沙皇專制的革命。但對於俄國農村公社，他倆的判斷並不一致。恩格斯從不認為俄國公社本身具有多大的社會主義潛力。馬克思在他自己的文字中，則不曾把「西歐的無產階級革命」視作俄國公社的拯救者。

91　Engels（*MECW*, 24: 39-40），恩格斯（馬恩全集 I，18：610-611）。

92　Engels（*MECW*, 24: 48），恩格斯（馬恩全集 I，18：620）。

93　Engels（*MECW*, 24: 50），恩格斯（馬恩全集 I，18：622-623）。

1875 年以降，馬克思繼續進行俄羅斯農業經濟的研究。[94] 1877 年春爆發的俄土戰爭，使他對俄國因戰敗而爆發革命（進而觸發歐洲革命）的前景，一度抱持希望。[95]但事與願違，俄國在 1878 年春取得了勝利。〈致《祖國記事》編輯部〉成文於 1877 年或 1878 年，是一篇言簡意賅的投書，其目的是駁斥米海洛夫斯基〈馬克思在祖柯夫斯基（Y. G. Zhukovsky）先生的法庭上〉一文。[96]米海洛夫斯基認為，祖柯夫斯基對《資本論》的理解是錯的。在米氏看來，《資本論》蘊含著一套「普遍進步的歷史哲學理論」，但對於俄國人來說，此種理論並不可取，因其以歷史必然性取消了另類發展道路的可能。米氏還特別從《資本論》第一卷德文第一版中，找出了那個貶抑赫爾岑的注解。[97]在當時的俄國語境下，馬克思對赫爾岑的鄙視，很難不被解讀為對民粹派的敵意。

針對米海洛夫斯基的批評，馬克思在〈致《祖國記事》編輯部〉做出了以下回應。他首先表示，無論他對赫爾岑（作為泛斯拉夫主義者）的評價是對是錯，都和他如何看待「俄國人為他們的國家尋求一條不同於西歐已經走過，而且正在走著的發展路徑」[98]無關。否則，他在《資本論》第一卷德文第二版的〈後記〉中，讚揚了一位「偉大的俄國學者和批評家」，這又該如何解釋？緊接著，馬克思直接表明他的看法：

> 如果俄國繼續走在 1861 年以來所走的道路上，它將會失去歷史能提供給一個民族的最好機會，而遭受資本主義體系帶來的一切災難。[99]

---

94 馬克思在這方面的研究取向，另見 White（1996: 244-258; 2019: 15-21）。

95 Marx（*MECW*, 45: 278），1877 年 9 月 27 日致佐格。Cf. Wada（1983: 55-56）。

96 這場論辯捲入了立場不同的多位論者，見 White（1996: 235-244; 2019: 27-33）。

97 Wada（1983: 56-57）、White（2019: 30）。Cf. Walicki（2015: 388-403）論米海洛夫斯基。

98 這是米海洛夫斯基的原話。見 Marx（*MECW*, 24: 196），馬克思（馬恩全集 II，25：140、143）。

99 Marx（*MECW*, 24: 199），馬克思（馬恩全集 II，25：143）。

此外，他引述了 1875 年《資本論》第一卷法文版關於原始積累的那段話：原始積累「唯有在英國才徹底完成了」，而「西歐的所有其他國家，都正在經歷著同樣的運動」。換句話說，俄國（作為非西歐國）能不能避開資本主義及其「帶來的一切災難」，並不是命定的。

> 假如俄國想要依循西歐各國的先例成為資本主義國家 —— 它最近幾年已經在這方面費了很大的精力 —— 不先把很大一部分農民變成無產者就達不到這個目的。然後，一旦倒入資本主義的懷抱，俄國就會和塵世間的其他民族一樣，受那些鐵面無情的規律支配。事情就是這樣。[100]

〈致《祖國記事》編輯部〉雖只是一篇投書，但它的重要性不容低估。值得注意的是，馬克思正是在這篇生前未發表的投書中，首度明確否認《資本論》構成了放諸四海皆準的「**一般性的歷史哲學理論**」。米海洛夫斯基

> 非要把我關於西歐資本主義起源的歷史概述，變成一般發展道路的歷史哲學理論：一切民族，不管它們所處的歷史環境為何，都注定要走這條道路，以便最終都達到一種社會勞動生產力極大擴張，同時又保證每位生產者個人的最全面發展的經濟形式。但是我要請他原諒。這給我過多的榮譽，也給我過多的侮辱。[101]

在此，馬克思清楚地拒絕了歷史命定論、單線進步史觀、生產力發展目的論、人的全面發展目的論……等等。但恩格斯自《反杜林論》起大力推廣

100　Marx（*MECW*, 24: 200），馬克思（馬恩全集 II，25：145）。
101　Marx（*MECW*, 24: 201, 200），馬克思（馬恩全集 II，25：145）。

的「科學社會主義」，恰恰是一種「一般性的歷史哲學理論」。[102]

從〈致《祖國記事》編輯部〉不難看出，馬克思期待俄國人推翻沙皇專制，及早拋棄 1861 年開啟的走資道路。他顯然不認為俄國已經走上了資本主義的不歸路，而是相信俄國仍有改弦易轍的機會。他的以上說法，看似還呼應了特加喬夫的「和時間賽跑」論。[103] 再者，他完全沒有提到「西歐的無產階級革命」。

何以馬克思決定不發表〈致《祖國記事》編輯部〉，其原因並不明朗。[104] 恩格斯後來在馬克思的紙堆中，發現了此文的手稿，並於 1883 年9 月把複本寄給羅帕廷，希望能在俄國發表。但俄國政府的出版管控甚嚴。隔年，恩格斯又寄了複本給「勞動解放社」的查蘇利奇。[105] 但查蘇利奇（和普列漢諾夫）拖延了很久，遲未促成刊登。1886 年，在羅帕廷的協助下，〈致《祖國記事》編輯部〉發表於拉甫洛夫編的日內瓦《民意導報》。[106]

1886 年刊出時，俄國民粹派把此文當成一個話柄，指馬克思晚年靠向了民粹主義。但這對俄國「馬克思主義者」的衝擊並不大。馬克思的原話是：「如果俄國繼續走在 1861 年以來所走的道路上，它將會失去歷史能提供給一個民族的最好機會，而遭受資本主義體系帶來的一切災難」。對此，恩格斯後來的詮釋是：俄國的確「繼續走在 1861 年以來所走的道路上」，故只能先承受資本主義的痛苦，再從資本主義過渡到社會主義。在此問題上，俄國馬克思主義者普列漢諾夫、查蘇利奇，乃至後起的列寧等新生代，接受的都是恩格斯（而非馬克思）的思路。[107]

---

102 另見本章第五節。

103 Wada（1983: 50-51）。

104 Cf. White（2019: 32-33）、Wada（1983: 60）。

105 Engels（*MECW*, 47: 112-113），1884 年 3 月 6 日致查蘇利奇。

106 White（2019: 57-58）。

107 Cf. White（2019: chs. 3-5; 2001: ch. 1）。

三、農村公社與資本主義（II）

在赫爾岑和車爾尼雪夫斯基等先行者的啟發下，自 1870 年代開始抬頭的俄國民粹主義者（包括前面提到的特加喬夫、米海洛夫斯基、拉甫洛夫等），更明確地主張俄國走出一條以農村公社為本的非資本主義道路。[108] 1879 年，民粹主義政黨「土地和自由」發生分裂，分出恐怖行動派「人民意志」（民意黨人）和宣傳派「黑色重劃」。[109] 以普列漢諾夫為首的宣傳派，當時未得到馬恩的青睞。馬恩支持民意黨人的刺殺行動，以期俄國及早爆發革命。在他們看來，縱使沙俄在俄土戰爭中得勝，但沙皇統治已陷入嚴重危機，革命只欠臨門一腳。[110]

1881 年 3 月，沙皇亞歷山大二世遇刺身亡。但革命並未爆發，民意黨人反遭到肅清，在俄國境內幾無立錐之地。在此前後，有兩份重要的馬恩文字，直接涉及俄國能否跳過資本主義的問題。一是馬克思寫於 1881 年 2 月底至 3 月初的〈回覆查蘇利奇〉及其草稿；另則是馬恩聯合掛名的 1882 年〈《共產黨宣言》俄文第二版序言〉。以下，擬先討論這兩個文本，再引入恩格斯在 1892-1894 年的後續論說，尤其是 1894 年〈〈論俄羅斯的社會關係〉後記〉。這篇後記通過對車爾尼雪夫斯基的批評，間接質疑了馬克思對俄國公社的過高估計。

查蘇利奇之問

先看 1882 年《共產黨宣言》俄文第二版（普列漢諾夫譯）序言。[111]

108　Cf. Walicki（1969: ch. 1）。

109　Shanin（1983: 10-13）、White（2019: 64-67）。

110　Wada（1983: 60-61）。

111　Marx and Engels（*MECW*, 24: 425-426, 649 fn. 480），成文於 1882 年 1 月 21 日。馬克思告訴拉甫洛夫：這篇序言未來若要出德文版，將需要一些修訂。見 Marx（*MECW*, 46: 184），1882 年 1 月 23 日致拉甫洛夫。

它相當簡短。在馬克思生前掛名發表的所有文字中，唯有它承認了俄羅斯從農村公社直接升級到現代社會／共產主義的可能性。馬恩在這篇序言中表示：儘管《共產黨宣言》宣告「現代布爾喬亞所有制」必將滅亡，但在俄國，此種所有制才剛剛起步，過半土地仍歸農民共同占有。那麼，

> 俄國公社作為一種原始的土地共有制形式，即便已經大遭破壞，能**直接過渡到更高級的共產主義共有制形式**嗎？或者相反，它必須先經歷和西方歷史發展一樣的瓦解過程？
>
> 　　對於這個問題，目前唯一可能的答案是：假如俄國革命成為**西方無產階級革命**的信號，雙方互相補充的話，現今俄國的土地共有制便能成為共產主義發展的起點。[112]

在此，「西方無產階級革命」被視作俄國公社能否「直接過渡到更高級的共產主義共有制」的關鍵。毋庸置疑，這是恩格斯式（而非馬克思式）的提法。[113]

　　再看馬克思的〈回覆查蘇利奇〉及其草稿。

　　查蘇利奇是一位傳奇人物，暨俄羅斯馬克思主義的元老。1878 年，她向惡名昭彰的聖彼得堡總督開槍，以報復其對政治犯的虐待。但她不支持民意黨人的恐怖主義路線，而是加入了宣傳派「黑色重劃」。[114] 1880年代初，該派核心成員普列漢諾夫、阿克修洛德（Pavel B. Axelrod）、查蘇利奇等，開始轉向馬克思主義，並於 1883 年成立「勞動解放社」。它是俄羅斯第一個馬克思主義組織，暨俄羅斯社會民主工黨的前身。[115]

　　1881 年 2 月，查蘇利奇發信給馬克思，詢問他如何看待俄國的未來。查蘇利奇說道：關於農村公社，俄國社會主義者有兩種截然不同的見解。

112　Marx and Engels（*MECW*, 24: 426），馬恩（馬恩全集 II，25：548）。
113　Cf. Wada（1983: 70-71）。
114　另見 Bergman（1983）的查蘇利奇傳記。
115　White（2019: 67-74）。

一派承繼了車爾尼雪夫斯基的思路，相信農村公社一旦擺脫壓迫和剝削，將得以直接過渡到現代社會主義（集體主義式的生產與分配）。另一派則訴諸「科學社會主義」並自稱「馬克思主義者」，他們認為農村公社注定要被歷史淘汰。查蘇利奇請求馬克思至少能以回信的方式，講解他的看法，並允許勞動解放社發表他的回信。[116]

馬克思在 3 月 8 日回了一封很簡短的信，只有 350 個字左右。但此信有 4 份草稿，第一份約有 4,500 字，第二、第三份也各有 2,000 字左右。[117]由此觀之，馬克思本欲申論他的見解，但出於某些考量，最後決定只給一個簡要回覆。

馬克思在〈回覆查蘇利奇〉（3 月 8 日的正式回信）中，再度引述了 1875 年《資本論》第一卷法文版關於原始積累的那段（經修訂後的）文字，並強調「這個運動的『歷史必然性』明確地限於西歐各國」。西歐的情況是「一種私有制形式變為另一種私有制形式」，但在俄國，土地從來不是農民的私有財產。因此，《資本論》對西歐的概括，並不適用於俄國。

> 《資本論》中的分析，不包括贊成或反對農村公社有生命力的論據。但從我根據自己找到的原始材料所進行的專門研究中，我深信：農村公社是俄國社會復興的支點。[118]

何以農村公社是「俄國社會復興的支點」？在〈回覆查蘇利奇〉的草稿中，馬克思提出了以下理據。

首先，「原始共同體的生命力，比閃族社會、希臘社會、羅馬社會、現代資本主義社會的生命力，都要強得多」。原始共同體就像地質的形成

---

116 Shanin ed.（1983: 98-99），1881 年 2 月 16 日查蘇利奇致馬克思。

117 〈回覆查蘇利奇〉的前三份草稿，收於 Marx（*MECW*, 24: 346-360, 360-364, 364-369）。第四份收於 Shanin ed.（1983: 122-123）。

118 Marx（*MECW*, 46: 71-72），馬克思（馬恩全集 II，25：482-483），1881 年 3 月 8 日致查蘇利奇。

一樣，有一系列原生的、次生的、再次生的不同類型。[119] 馬克思以他的家鄉特里爾為例，指其至今仍保有「古代類型的公社」的特徵（尤見於森林、牧場等公地），儘管古老公社本身已不存在。此所以，毛勒在研究了次生型態的日耳曼公社後，還能夠重建出它的古代原型結構。這在在證明了「古代類型的公社的自然生命力」。[120]

俄國公社的財產共有制是「古代類型的最現代形式」。[121] 此類「**農業公社**」有幾項特色，使之不同於更古早的公社。其一，更早的原始共同體都是建立於血統親屬關係；農業公社打破了這種頑強但狹隘的關係，故更具適應力，也更具擴張性。其二，在農業公社中，房屋及其附屬的院子，已是農民的私有財產；這不同於（遠在農業出現以前的）古早共同體的共同住居。最後，共有的耕地「定期在農業公社的成員之間重新劃分」，農民各耕其田，各自擁有其產品。但在更古老的共同體中，「生產是共同活動，只有最終產品在個別成員之間分配」。

馬克思表示，農業公社的公私二元性，是其強大生命力的來源。雖然二元性也可能導致公社的瓦解（如果私有要素凌駕了集體要素），但俄國是「在全國範圍內把『農業公社』保存至今的唯一歐洲國家」，足見俄國公社格外頑強。有別於東印度，俄國亦未成為外國征服者的獵物。[122] 一方面，「俄國農民習於勞動協作（*artel*）關係，這有助於從碎片勞動過渡到集體勞動」。另一方面，俄國公社

　　和宰制世界市場的西方〔資本主義〕生產是**同時代的**，這使俄國可以不通過資本主義體系的卡夫丁峽谷（Caudine Forks），[123] 就**將其一切積極成就用到公社中來**。

119　Marx（*MECW*, 24: 358-359），馬克思（馬恩全集 II，25：467-468）。
120　Marx（*MECW*, 24: 350），馬克思（馬恩全集 II，25：459）。
121　Marx（*MECW*, 24: 362），馬克思（馬恩全集 II，25：472）。
122　Marx（*MECW*, 24: 351-352），馬克思（馬恩全集 II，25：460-461）。
123　「通過卡夫丁峽谷」指遭受奇恥大辱（*MECW*, 24: 641 fn. 404）。

　　如果「社會新棟梁」的代言人要否認現代農村公社上述演化的**理論可能性**，我們可以問他們：俄國為了獲得**機器、輪船、鐵路**等，難道一定要像西方那樣，先經過一段很長的機械工業孕育期？同時也要請他們解釋：何以他們能把西方用幾個世紀才建立起來的整套交換機制（**銀行、股份公司**等），一下子就引進他們自己的國家？

這是承自車爾尼雪夫斯基的一個重要觀點：即使不走資本主義道路，俄國仍得以從（資本主義）西方引入先進的科技、器物，甚至特定的社經技藝，藉以實現農村公社向現代集體勞動的轉型。[124] 此外，俄國土地的天然地勢，也適合推廣大規模的、運用機器的合作農業。[125]

　　要言之，

　　「農村公社」的這種發展是符合我們時代的歷史趨勢的。對這一點的最好證明，是資本主義生產在它最發達的歐美各國所經歷的致命危機。這種危機將隨著資本主義的瓦解而終結，現代社會也將回復到**最古老類型**──集體生產和集體占有──**的更高形式**。[126]

毫無疑問，俄國農村公社已瀕於危境。1861 年以降，沙皇政府利用各種力量去打擊、裂解公社。

　　威脅俄國公社生命的，不是歷史必然性，不是理論，而是**國家的壓迫**，以及國家靠犧牲農民而扶植壯大起來的資本主義侵入者的剝削。[127]

124　Marx（*MECW*, 24: 352-353），馬克思（馬恩全集 II，25：461-462）。Cf. Wada（1983: 47-48）。

125　Marx（*MECW*, 24: 356），馬克思（馬恩全集 II，25：465）。

126　Marx（*MECW*, 24: 357），馬克思（馬恩全集 II，25：465-466）。

127　Marx（*MECW*, 24: 362-363），馬克思（馬恩全集 II，25：472）。

除非有足夠強的反作用力，農村公社恐將凶多吉少。所以，「要挽救俄國公社，就必須有俄國革命」。[128] 俄國公社的一大弱點是「公社和公社之間的生活缺乏聯繫」，這就讓一種「或多或少中央集權的專制主義」凌駕於公社之上。但馬克思樂觀表示：一旦鄉政府機關被「各公社自己選出來的農民代表會議」取代，「這個障礙是很容易消除的」。[129]

在此，馬克思修正了他過去對亞細亞式小共同體的一項定見，即這種小共同體向來是（東方）專制主義的沃土。[130] 他的新立場是：實存農村公社的弱點也許助長了專制主義，但農村公社本身不必然是專制主義的根基。在《資本論》第一卷中，我們仍能見到《大綱》的基本論點：前資本的早期共同體／社會，雖然具有資本社會欠缺的共同體性（或直接的社會性），卻受制於「直接的主奴和束縛關係」。[131] 但在〈回覆查蘇利奇〉及其草稿中，馬克思強調的卻是俄國公社的「生命力」。所謂「直接的主奴和束縛關係」，幾乎消失於無形。[132]

與〈致《祖國記事》編輯部〉相對照，〈回覆查蘇利奇〉又前進了一大步。前者的說法是：如果俄國繼續走在 1861 年以降的走資道路上，就將失去一個大好的歷史機會。這是一種間接的、隱晦的口吻，尚未正面論及俄國農村公社的潛力。1881 年的〈回覆查蘇利奇〉及其草稿，則積極肯認了俄國公社的自然生命力，甚至視之為「俄國社會復興的支點」。顯而易見，這個提法既不同於恩格斯〈論俄羅斯的社會關係〉（1875），也不同於〈《共產黨宣言》俄文第二版序言〉（1882）。在〈回覆查蘇利奇〉的草稿中，馬克思談到西方資本主義「所經歷的致命危機」，但他並未（像恩格斯那樣）宣稱俄國的未來取決於「西歐的無產階級革命」。他認為，俄國得以從資本主義西方取得先進的科技、技藝和器物，以實現農

128　Marx（*MECW*, 24: 359-360），馬克思（馬恩全集 II，25：469）。

129　Marx（*MECW*, 24: 353），馬克思（馬恩全集 II，25：462）。

130　參見第六章第三節和第四節。

131　Marx（C1: 172-173）。Cf. Stedman Jones（2007b: 212 fn. 65）。

132　Stedman Jones（2007b: 199-201）。

村公社向現代共產主義的過渡。照他的陳述，如果俄國要走出一條非資本主義的、以農村公社為支點的、邁向現代集體主義的獨特道路，最不可或缺的是推翻沙皇專制的革命，而不是西方的無產階級革命。

　　儘管馬克思對赫爾岑的斯拉夫浪漫主義嗤之以鼻，但他自己到了最後，看似也被一種農村公社浪漫主義所吸引。在他回應查蘇利奇的文字中，俄國農村公社彷彿不存在「直接的主奴和束縛關係」。俄國公社似乎不需要歷經社會關係的根本變化，只需要掃除沙皇制的上層建築，就可以直接過渡到更高級的現代共產主義。俄國只需要引入西方最先進的科學、技術、器物、社經技藝，並調動俄國農民本已具有的合作慣習，就可以使農村公社轉型為現代大規模農業和工業，從而獲致發達的現代生產力等等。回頭來看，與其說這個立場是對是錯，倒不如說它太過想當然耳。

恩格斯的最後定調

　　馬克思在〈回覆查蘇利奇〉的草稿中寫道：「您所提到的俄國『馬克思主義者』，我一無所知。和我真正有個人聯繫的俄國人，就我所知，是持完全相反的觀點」。[133] 在最後的正式回信中，這句話並未出現。但馬克思告訴查蘇利奇，他已經先答應了民意黨的類似稿約，故不宜另寫一篇讓她發表。[134] 這也就是向查蘇利奇、普列漢諾夫等「馬克思主義者」表明，他支持的是民意黨人捍衛農村公社的立場。[135]

　　遲至 1924 年，〈回覆查蘇利奇〉及其草稿才終於公諸於世。[136] 在此之前，關於馬克思晚年的俄羅斯觀點，外界至多只能從 1886 年刊出的〈致《祖國記事》編輯部〉略知皮毛，而無法窺得堂奧。影響所至，馬克

133　Marx（*MECW*, 24: 361），馬克思（馬恩全集 II，25：471）。Cf. Eaton（1980）。

134　Marx（*MECW*, 46: 71），馬克思（馬恩全集 II，25：482），1881 年 3 月 8 日致查蘇利奇。

135　Wada（1983: 68-69）。

136　Shanin ed.（1983: 97, 127-133）、Stedman Jones（2016: 594-595）。

思主義者大都把恩格斯的立場，直接視同馬克思的立場。恩格斯「俄國的社會主義未來，繫於西歐的無產階級革命」之說，也就成了 19 世紀末 20 世紀初俄國馬克思主義者的金科玉律。1917 年 4 月以前，絕大多數布爾什維克（而非僅孟什維克）都不支持在俄國直接發動社會主義革命。[137] 此與恩格斯的以上教誨，可謂息息相關。

1892 年 3 月，恩格斯在寫給丹尼爾遜的信中說道：

> 您不妨回憶一下我們的作者〔馬克思〕在關於祖柯夫斯基的信中所說的話：如果俄國繼續沿著 1861 年的路線走下去，農民公社就必然要滅亡。我看，現在已開始出現這種情況。……恐怕我們將不得不把公社看作是過去的一個夢想，不得不考慮到未來會出現一個資本主義的俄國。[138]

丹尼爾遜是《資本論》第一卷俄文版的主要譯者，後來也翻譯了《資本論》第二卷和第三卷。作為「合法的民粹主義者」，他自認是馬克思的弟子，並主張一種親農的、維護農村公社的非資本主義道路。[139] 恩格斯的前引說法並沒有說服他，於是，他繼續追問恩格斯：「農村公社難道不能作為新的經濟發展的基礎？」大工業或已成為必然，但「大工業的資本主義式發展是不可避免的嗎？」恩格斯在 1893 年的回信中，再度向丹尼爾遜潑了冷水：「難道您看到有任何可能把大工業嫁接在農民的公社上，一方面使大工業的發展成為可能，另一方面又把原始公社提升到比世界見過的制度都更優越的社會制度〔指現代社會主義〕的水準？而且，是當整個西

137　Cf. White（2001: ch. 5）、Merridale（2017）。

138　Engels（*MECW*, 49: 384），恩格斯（馬恩全集 I，38：306），1892 年 3 月 15 日致丹尼爾遜。

139「合法的民粹主義者」係指在法律容許的範圍內活動、政治上較溫和的民粹主義者。丹尼爾遜的親農和反資本主義思路，見 Walicki（1969: 121-130, 184-185）、White（2019: 58-61）。

方仍生活在資本主義體制之下？」[140]

恩格斯在 1894 年〈〈論俄羅斯的社會關係〉後記〉中，對民粹主義的信條展開了更全面的質疑。表面上，他批評的是特加喬夫、赫爾岑、車爾尼雪夫斯基及其追隨者。但此文也構成了對馬克思的間接批評。恩格斯表示：俄國公社已存在了好幾百年，但「從未出現過要把它自己發展成較高的共有制形式的勢頭」。從這一點來說，「對俄國公社進行這種改造的動因，只能來自西方的工業無產者，而不是來自公社本身」。西歐資本主義正「愈發接近崩潰的臨界點」，並「指向一種有計畫地使用作為社會財產的生產工具的新生產形式」。不過，

> 單單這個事實，並不能賦予俄國公社把自己發展成新的社會形式的力量。在資本主義社會本身完成這個革命以前，公社如何能把資本主義社會的巨大生產力作為社會財產和社會工具而掌握起來呢？當俄國公社已經忘記了如何共同耕種時，它又怎麼能向世界指明如何以共有原則去運行大工業呢？[141]

在俄國，可能有幾千人很了解西方資本主義社會的弊病，但這些人「並不生活在公社裡」，而「大俄羅斯仍生活在土地共有制下的約 5,000 萬人，卻對這一切一無所知」。就像歐文當年想要解救的英國無產者一樣，俄國農民對於解救者的想法感到陌生。畢竟，

> 要處於較低的經濟發展階段的社會，去解決只有在高得多的階段才產生、也才能產生的謎題和衝突，這是一種歷史的不可能性。發生在

140　Engels（*MECW*, 50: 110），恩格斯（馬恩全集 I，39 上：38），1893 年 2 月 24 日致丹尼爾遜。

141　Engels（*MECW*, 27: 424-425），恩格斯（馬恩全集 I，22：500-501），1894 年 1 月〈〈論俄羅斯的社會關係〉後記〉。

商品生產和私人交換出現以前的一切形式的氏族共同體，跟未來的社會主義社會只有一個共同點，就是某些東西──生產工具──從屬於一定團體的共同所有和共同使用。然而，**這個共同特徵並不能使較低的社會形式從自己本身產生出未來的社會主義社會──後者是資本主義社會最後和最內在的產物。**

恩格斯的結論是：

> 只有當資本主義經濟在自己的故鄉和在它繁榮昌盛的國家裡被戰勝時，只有當落後國從這個實例中看到「這是怎麼做的」，看到現代工業的生產力作為社會財產是如何為整個社會服務時──只有在那個時候，落後國才能應對被縮短了的發展過程。但到了那個時候，它們的成功將是有保證的。這不僅適用於俄國，也適用於一切處在前資本主義階段的國家。[142]

恩格斯強調他的立場和馬克思並無二致，但這不太可信。他給的一個例證是 1882 年由馬克思和他聯合掛名，為普列漢諾夫譯《共產黨宣言》俄文第二版所寫的序言。但此序最關鍵的一句「假如俄國革命〔此指推翻沙皇專制的革命〕成為西方無產階級革命的信號……」，顯然是恩格斯本人的提法。另外，恩格斯還轉述了〈致《祖國記事》編輯部〉的主要內容。[143] 由於此文的觀點接近車爾尼雪夫斯基，恩格斯覺得有必要提出一個解釋。他指稱，〈致《祖國記事》編輯部〉須從馬克思當時的政治關懷去理解。那時，「俄國有兩個政府：沙皇政府和恐怖主義陰謀家的地下執行委員會。這第二個即祕密政府的權力日益壯大。沙皇制的覆滅似乎指日可

142　Engels（*MECW*, 27: 425-427），恩格斯（馬恩全集 I，22：501-503）。
143　Engels（*MECW*, 27: 427-430），恩格斯（馬恩全集 I，22：503-506）。

待……。馬克思勸告俄國人不必急於跳進資本主義，是不奇怪的」。[144] 但這是一個很牽強的說法。

恩格斯在〈〈論俄羅斯的社會關係〉後記〉的論證是對是錯，並非此處的重點。雖然他的預言（即西方先進資本主義難以為繼，即將被社會主義取代）並未兌現，但在俄羅斯問題上，他的立場似乎比馬克思的立場更合理（或至少更能自圓其說）一些。畢竟，沒有先進國社會主義的示範作用（及其提供的物質協助和科技轉移），後發國真能憑藉著前現代的農村公社，加上資本主義西方的先進科技的引入，逕自開創出最優越的現代社會主義？如今我們知道，這個馬克思所謂的「理論可能性」，不曾在現實世界中兌現。但恩格斯的希望也落了空，因為他呼喚的「西方無產階級革命」從未真的現身。

及至 20 世紀，蘇聯在史達林的統治下，看似實現了某種「一國社會主義」。此後，馬列主義革命政權在中國及其他後發國，也接連出現。然而，無論是史達林貫徹的農業集體化，抑或是毛澤東的大躍進和人民公社，都不是傳統農村共同體的自發性現代化，而是從上而下的黨國政治動員的產物。有些人似是而非地指稱，由於馬列主義國家跳過了資本主義階段，故應證了馬克思晚年「後發國可跳過資本主義，直入現代社會／共產主義」之說。但首先，馬克思只申論了俄國農村公社跳過資本主義的潛力，而未擴及俄國以外的其他後發國。再者，馬克思設想的俄羅斯另類道路是：一舉剷除專制國家及其附庸，讓農村公社從此擺脫自上而下的專制束縛，自發地實現向現代共產主義的轉型。此與 20 世紀「黨國吞噬社會」的馬列主義實踐，可謂截然不同。

---

144 Engels（*MECW*, 27: 430），恩格斯（馬恩全集 I，22：506）。

四、〈哥達綱領批判〉：經濟與政治

〈哥達綱領批判〉成文於 1875 年春，是馬克思寫給艾森納赫派（德國社會民主工人黨）的幾位領導者，要求他們私下傳閱的一份文件。[145] 它譴責《哥達綱領草案》的拉薩爾派色彩，並針對其多項條文提出批評。除了重申共產革命和革命過渡（所謂「無產階級的革命專政」）的必要性外，此文還區分了「共產主義社會的第一階段」和「更高階段」，並勾勒出「第一階段」的經濟分配原則。這部分的論說內容，要比以往的相關陳述都更明晰一些，儘管仍停留在高度抽象的層次。

在政治方面，〈哥達綱領批判〉質疑拉薩爾派有意與俾斯麥結盟（結成反布爾喬亞的聯盟），而這背離了民主共和的政治道路。此文指出：「民主共和國」乃布爾喬亞社會「最後的國家形式」，正是在這種形式（而非拉薩爾派與之同流合汙的專制帝國）下，無產／工人階級將和布爾喬亞展開決定性的鬥爭。

〈哥達綱領批判〉的由來

1875 年 2 月，艾森納赫派（於 1869 年成立德國社會民主工人黨）和拉薩爾派（其前身是 1863 年成立的全德工人聯合會）協商合併，並共同擬出《哥達綱領草案》。5 月 22 至 27 日，兩派在哥達召開正式的合併會議，通過以《哥達綱領》作為黨綱，共組德國社會主義工人黨（1890 年更名為德國社會民主黨）。[146]

關於兩派合併，馬恩事先並不知情。2 月 23 日，倍倍爾從獄中寫信給恩格斯，詢問兩位大老怎麼看合併一事。恩格斯在回信中表示：「可惜我們的處境和您完全一樣。無論是李卜克內西或其他任何人，都沒有給我

---

145 〈哥達綱領批判〉收於 Marx（*MECW*, 24: 75-99; 1996: 208-226）。1875 年正式通過的《哥達綱領》的條文，另見 Lidtke（1966: 333-334）。
146 Gay（1979 [1952]: 36-37）、Lidtke（1966: 43）。

們一丁點消息。所以我們知道的也只是報紙上的那些，而直到大約一週前出現了綱領草案為止，報上並沒有刊登什麼。我必須說，這個草案讓我們非常驚訝」。[147]

　　3 月 7 日，《人民國家報》（艾森納赫派的刊物）和《新社會民主黨人》（拉薩爾派的刊物）同時登出了綱領草案。[148] 讀到草案內容後，馬恩兩人都很生氣，遂決定分進合擊，向艾森納赫派的領導者施壓。恩格斯在 3 月 28 日寄出一封長信給倍倍爾，對綱領草案大加撻伐。[149] 馬克思在 5 月 5 日發信給白拉克，隨信附上〈哥達綱領批判〉一文，並要求白拉克讀畢後，轉給李卜克內西、倍倍爾等其他 4 位傳閱，然後再把原稿歸還給他。[150] 由於合併在即，李卜克內西不想橫生枝節。為了避免倍倍爾等人受到動搖，李卜克內西在自己讀過了以後，直接將之寄回倫敦。[151]

　　馬恩不反對合併，但認為《哥達綱領草案》妥協太過，充斥著拉薩爾派的陳腔濫調。[152] 彼時，馬克思仍相當在意巴枯寧對他的攻擊。巴枯寧在 1873 年《國家主義與安那其》中，把馬克思和拉薩爾說成一丘之貉，指其都是陳腐的、欲宰制歐洲的德意志國家主義者。[153] 對此，馬克思耿耿於懷。他在致白拉克的信中，稱他和恩格斯在合併大會之後，「將發表一個簡短聲明，以表示我們的立場和上述的原則性綱領相去甚遠，我們和它毫

---

147 Engels（*MECW*, 24: 67），恩格斯（馬恩全集 I，34：119），寫於 1875 年 3 月 18 日至 28 日。

148 Marx and Engels（*MECW*, 24: 602-603 fn. 95）。

149 Engels（*MECW*, 24: 67-73）。

150 Marx（*MECW*, 24: 77-78），1875 年 5 月 5 日致白拉克。

151 Lidtke（1966: 44-45）。

152 實則，當時艾森納赫派和拉薩爾派之間的政治距離，並不像馬恩說的那麼大。被馬恩認定為屬於拉薩爾派的若干提法，也為艾森納赫派接受。此時，除了與馬恩聯繫較多的李卜克內西和倍倍爾外，艾森納赫派對於馬恩的政治主張，並沒有較深入的認識。所謂的「馬克思主義」尚處於萌芽狀態。就連李卜克內西和倍倍爾，也都還稱不上是「馬克思主義者」，儘管巴枯寧已經如此認定。Cf. Lidtke（1966: 43-52）。另見 Bakunin（1990 [1873]: e.g. 188-189）。

153 Bakunin（1990 [1873]: 147, 177, 180-181, 184, 194）。參見第八章第七節。

無關係」。他說道：

> 這樣做是必要的，因為在國外有一種為黨的敵人所熱心支持的見
> 解，一種完全荒謬的見解，指我們在這裡祕密地領導所謂艾森納赫黨
> 的運動。巴枯寧在最近出版的一本俄文著作裡，說我不僅得為這個黨
> 的所有綱領等等負責，甚至得為李卜克內西自從和人民黨合作以來的
> 每一步負責。[154]

恩格斯在致倍倍爾的信中，也提到巴枯寧對他們的攻擊，也語帶威脅地說
要和社民黨劃清界線——如果《哥達綱領草案》變成了新的黨綱。[155]

　　但馬恩的抗議未起到作用。他們提出的修正意見，完全未被採納。
5月下旬兩派合併後，馬恩選擇了忍辱負重，既未斷絕與艾森納赫派的往
來，亦未公開抨擊新的黨綱。〈哥達綱領批判〉寄回倫敦以後，從此石沉
大海，塵封在舊紙堆中。及至1890年，李卜克內西為了修改黨綱而重提
〈哥達綱領批判〉，但恩格斯認為李卜克內西根本沒搞懂馬克思對拉薩爾
派的批評。為了伸張馬克思的立場，恩格斯決定把〈哥達綱領批判〉公諸
於世。他在倍倍爾和李卜克內西還來不及制止以前，說服考茨基將之刊登
在黨刊《新時代》上。[156]

　　這個15年後的恩格斯（替馬克思）復仇記，[157] 此處不贅。以下擬聚
焦在〈哥達綱領批判〉的兩個面向，分別是關於：初階共產社會的經濟分
配；「民主共和國」之於共產革命的意義。

154　Marx（*MECW*, 24: 77）。

155　Engels（*MECW*, 24: 72）。

156　Cf. Engels（*MECW*, 27: 92-93, 585 fn. 133），1891年1月6日〈〈哥達綱領批判〉序言〉。
　　另參見 Rogers（1992: 14-17）、Steenson（1981: 195-196）、Draper（1990: 263-266）、
　　S. Pierson（1993: 63）。

157　Engels（*MECW*, 49: 133-134），1891年2月23日致考茨基。

初階共產與高階共產

在〈哥達綱領批判〉以前的馬克思著作中，未曾出現過共產主義社會的「第一階段」與「更高階段」之分（以下簡稱「初階」與「高階」共產社會）。1844 年《經濟學哲學手稿》區分了三種共產主義：粗鄙共產主義；未臻成熟的共產主義；超克人的自我異化、積極揚棄私有財產的共產主義。[158] 但這是關於共產主義思想的完善程度，非關共產主義社會的不同階段。

從馬克思思想發展的走向來看，〈哥達綱領批判〉的初階共產與高階共產之分，卻也稱不上突兀。無論是《資本論》第三卷的「真自由始於勞動之外」，[159] 還是第一卷「一個超大工廠」的隱喻，[160] 都暗示在革命後的共產社會中，勞動／分工仍具有強制性。恩格斯在 1872-1873 年批判無政府主義的檄文〈論權威〉中，還進一步強調：

> 大工廠裡的自動機器，比任何雇用工人的小資本家都**專制**得多。至少就工作的時間而言，可以在這些工廠的大門寫上一句話：進門者請**放棄一切自治**！如果說人靠知識和發明天才征服了自然力，那麼自然力也對人進行報復，按他利用自然力的程度使他服從於一種**不折不扣的專制──不管社會組織為何**。想消滅大工業中的權威，就等於想消滅工業本身……[161]

恩格斯似乎混淆了權威與專制主義。[162] 但這裡的重點是：關於共產社會的勞動組織，儘管馬克思不曾有過如此露骨的威權主義表態，但他的「真自

158　Marx（*MECW*, 3: 294-297）。參見第三章第六節。

159　Marx（C3: 958-959）。

160　Marx（C1: 477; *MECW*, 35: 362）。

161　Engels（*MECW*, 23: 423-424, 703 fn. 295），恩格斯（馬恩全集 I，18：342-343），〈論權威〉，寫於 1872 年 10 月至 1873 年 3 月。

162　Cf. Lovell（1984: 74）、Draper（1990: 135-140）。

由始於勞動之外」和「把整個社會變成一個超大工廠」等提法，實際上也
流露出一種相對悲觀的看法。亦即，即使進入了後資本、無階級的共產主
義社會，勞動／分工的強制性（甚至專制性）還是難以免除。《德意志意
識型態》「消滅分工」和「化勞動為自活動」的設想，即每個人都隨興之
所至自由活動的願景，[163] 在馬克思的後期文字中，幾乎銷聲匿跡。[164] 雖然
〈哥達綱領批判〉約略觸及到後分工的終極願景，但也只是一筆帶過而
已。此文用了相對更多的篇幅，去勾勒初階共產社會的經濟基本面，藉以
對照拉薩爾派的錯誤思維。

按《哥達綱領草案》，「勞動收益應當不折不扣和按照平等的權利，
屬於社會一切成員」；以及，勞動收益應「公平分配」。在馬克思看來，
「勞動收益」是一個含混的概念。至於「不折不扣」、「平等權利」和
「公平分配」等，則不外乎是「民主派和法國社會主義者慣用的、關於權
利等等的空洞廢話」。[165] 首先，「不折不扣」是不可能的。從社會的總產
品中，應先扣除下列必要事項：生產工具的汰舊換新、生產擴張之需、因
應緊急危難和自然災害的基金、一般管理、學校教育和健康服務、扶助失
去工作能力者……等等。再者，

> 在以生產工具共有制為基礎的集體社會裡，生產者**不交換**他們的產
> 品。用於產品上的勞動，在這裡也不表現為這些產品的價值，……因
> 為和資本主義社會相反，**個人勞動**不再是間接地、而是**直接作為總勞
> 動的構成部分**而存在。

因此，「勞動收益」一詞將不再有任何意義。[166]

---

163 參見第四章第四節。
164 參見第七章第五節和第八節。
165 Marx（*MECW*, 24: 82-84, 87），馬克思（馬恩全集 II，25：13、15-16、20）。
166 Marx（*MECW*, 24: 84-85），馬克思（馬恩全集 II，25：17-18）。

在馬克思式的共產社會裡，不存在以交換為目的的生產。取而代之的是一種直接滿足社會需要（含個人需要）的計畫性生產。個人勞動不再通過市場中介以取得社會性（一種間接的社會性），而直接就是社會總勞動的一部分（一種直接的社會性）。這個論點曾出現在《大綱》、《政治經濟學批判》和《資本論》，[167] 現於〈哥達綱領批判〉又得到重申。

那麼，扣除掉必要事項以後，剩餘的社會產品該如何分配？

> 這裡所說的共產主義社會，不是在自身的基礎上發展起來的。恰好相反，它是剛剛從資本主義社會中誕生出來的，故在經濟、道德和智識等每一方面，都還帶著它脫胎而出的那個舊社會的印記。是以，每一位生產者——在各項扣除之後——從社會正好領回他給予社會的一切。他給予社會的，是他**個人的勞動量**。……他從社會領得一張**證書**，證明他提供了多少勞動（扣除他為共同基金所分擔的勞動以後）。憑著這張證書，他從社會的消費品庫存中，領得**相當於他的勞動量的消費品**……
>
> 在此，平等的權利——布爾喬亞的權利——依然是〔運作的〕原則……這種平等的權利仍繼續被限制在布爾喬亞的框架內。生產者的權利是和他們提供的勞動成比例的。平等就在於以平等的尺度——**勞動**——去計量。[168]

按馬克思對共產主義的定義，初階共產社會將已消滅了階級。但由於資源（相對於需要）有所短缺，故仍得樹立一定的分配原則。於是乎，從前門趕走的「平等權利」和「公平分配」，又從後門引了進來。儘管馬克思對平等、公平、正義等「空洞廢話」嗤之以鼻，但他自己也提出了一套（適用於初階共產社會的）平等分配原則。在生產力不足的情況下，所謂的

167　參見第六章第五節、第七章第四節和第五節。
168　Marx（*MECW*, 24: 85-86），馬克思（馬恩全集 II，25：18-19）。

「分配正義」似乎是繞不開的 —— 馬克思實際上承認了這一點。

他提出的分配原則是：每個人領到的消費品的勞動含量，相當於「他個人的勞動量」（扣除他為社會基金分擔的勞動量以後）。個人勞動量愈大者，能領到的個人消費品愈多，以此類推。關於這項原則，首先需要指出：它賦予個人以一定範圍的消費自由。初階共產社會是有**個人收入**的，儘管這種個人收入不是貨幣，而是個人勞動量的證書。[169] 後者即是每個人的消費憑藉，用以換取個人所需的消費品。至於每個人想換取哪些（計畫性生產提供的）既存的消費品，則沒有特別限制。但當然，並非所有的需要或欲求都能得到滿足。個人消費力取決於個人勞動量，若要消費更多就得勞動更多。如果你的個人勞動量偏低，或如果你想取得的消費品的勞動含量偏高，你的欲求就得不到滿足。

我們不妨追問：個人勞動量的「證書」，可以自由交換（用以交換他人的產品或服務）嗎？雖然馬克思未進入這些細節，但從他的理論脈絡來看，勞動量的證書是不能自由交換的。否則，私部門交換經濟可能重新出現，甚至使證書變成一種準貨幣。[170] 在那種情況下，其與普魯東派主張的「工時幣」，或將變得無甚差異。[171]

那麼，在無貨幣、無市場價格的共產社會，消費品該如何「定價」？照馬克思的陳述，共產社會的消費品既沒有「價格」，也不具有可通約共量的、以勞動量計價的「價值」。不過，共產社會仍將以勞動量的多寡為據，去估定各種消費品的工時成本。無論是個人的勞動付出，還是消費品的生產成本，都是以勞動時間作為計算的依據。

　　除了個人的消費品，沒有任何東西可以轉為個人的財產。至於消費品在各個生產者之間的分配，其通行的原則就和商品等價物的交換一

169　Moore（1993: 9, 39-40）。

170　Nove（1991: 59）。勞動量的證書能否自由贈與，也不無疑義。

171　參見第六章第五節。

樣：一種形式的一定勞動量，與另一種形式的等量勞動相交換。[172]

套用《資本論》第三卷的話來說，雖然共產社會將已不存在價值和交換價值，但「價值規定」將繼續存在，甚至「起到支配作用」，因為「勞動時間的調節……要比以前任何時候都更重要」。[173]

問題在於：在無市場的共產社會，該如何進行勞動量的估定和換算？令人遺憾的是，〈哥達綱領批判〉非但沒有解決這個長期未解的問題，甚至不把它看作是重要問題。早在《哲學的貧困》，馬克思已觸及某種非關個人交換的、適用於後資本社會的「工時的等量交換」，但未加申論。[174] 以工時量作為經濟計算基準的提法，亦見於《大綱》和《資本論》。[175] 〈哥達綱領批判〉延續了這個思路，故稱初階共產社會將以「勞動量」（即工時量）作為生產與分配的計量標準。但按照馬克思自己的說法，一旦廢除了勞動市場，則各種具體勞動的「所值」將難以決定，甚至可能出現「只要把別人僅用 1 小時就能生產出來的物品，用上 6 小時去生產，就有權利去要求交換到 6 倍於別人的東西」的荒謬局面。[176]

〈哥達綱領批判〉與此最相關的一段文字如下：

一個人在體力或智力上勝過另一個人，因而在同一時間內提供更多的勞動，或能夠勞動較長的時間。為了使**勞動**能成為一種尺度，就必須根據其**時間或強度**去確定，不然就不成其為度量的標準。這種平等的權利……不承認任何階級差別，因為每個人都像其他人一樣只是勞動者。但它默認了不平等的個人天賦，因而也就默認了不平等的生產

172　Marx（*MECW*, 24: 86），馬克思（馬恩全集 II，25：18）。

173　Marx（C3: 991）。

174　Marx（*MECW*, 6: 144）。

175　參見第六章第六節、第七章第九節。

176　Marx（*MECW*, 6: 126-127, 134），《哲學的貧困》。參見第四章第五節。

能力是天然特權。[177]

在初階共產社會，個人天賦的不平等仍無法得到矯正。天生就有較強的勞動能力者，將得以通過更多或更長時間的勞動，取得更多的物質回報。在此值得注意的是，勞動的「時間」和「強度」（在沒有勞動市場的共產社會）該如何估算，仍未得到任何說明。除此之外，也還存在勞動的「效率」問題。該如何避免高效勞動者（例如，只用 1 小時去生產別人用上 6 小時去生產的東西）因工時偏低而得到較低回報，低效勞動者因工時偏高而得到更高回報，又該如何估定所謂的「社會必要勞動時間」（如果這個概念仍有意義的話），依然未得到釐清。[178]

正因為〈哥達綱領批判〉未能直面（遑論解決）上述等難題，馬克思那種以「勞動（量）」作為經濟計算尺標的初階共產社會，究竟能否有效運作並持續提高生產力，在理論上是有疑義的。或者說，它始終處於一種低度理論化的狀態，且帶有不少想當然耳的成分。

關於高階共產社會，〈哥達綱領批判〉則有以下的簡短陳述：

> 在共產主義社會的更高階段，當個人**對分工的奴役式屈從**已經消失，心智勞動和體力勞動的對立也隨之消失之後；當勞動已經不僅僅是謀生的手段，而是**生活的首要欲求**之後；當**生產力**隨著個人的全面發展也增長起來，共同財富的一切源泉都**更豐沛地湧流**之後──只有在那個時候，才能完全超越布爾喬亞權利的狹隘眼界，社會才能在自己的旗幟上寫著：從各盡所能，到**各取所需**！[179]

177　Marx（*MECW*, 24: 86），馬克思（馬恩全集 II，25：19）。
178　請見第七章第九節的討論，此處不贅。
179　Marx（*MECW*, 24: 87），馬克思（馬恩全集 II，25：20）。

由此觀之，馬克思並未放棄《德意志意識型態》的後分工願景，只是將其延後到了「共產主義社會的更高階段」。這裡蘊含著一個重要假設：唯有當生產力更高度發達、社會財富更加豐裕以後，奴役式的分工才可望消失。[180] 由此反推，在生產力仍有所不足的初階共產社會，儘管階級已告消失，但「個人對分工的奴役式屈從」及「心智勞動和體力勞動的對立」依然存在；由於勞動尚不是「生活的首要欲求」，故不可避免地仍具有強制性，仍是一種負擔；此外，正因為資源（相對於需要）仍有所短缺，各取所需 [181] 尚難以實現，只能先按勞分配。

「民主共和」與「革命專政」

《哥達綱領草案》中的「自由國家」一詞，尤為馬恩不喜。但「自由國家」、「人民國家」和「自由的人民國家」是艾森納赫派的常用詞，不算是對拉薩爾派的讓步。[182] 在這一點上，馬恩有意或無意地放大了兩派差異。對馬恩來說，草案把「自由」和「國家」相提並論，是不可接受的，因其必成為無政府主義者的箭靶。馬克思在《法蘭西內戰》初稿中，曾把巴黎公社描述為「社會把國家權力重新吸收，把它從控制、壓迫社會的力量變成社會本身的生命力」。[183] 〈哥達綱領批判〉則稱：「自由繫於把國家從一個壓在社會之上的機關，變成完全臣服於社會」。[184] 按此說法，所謂「國家」幾乎必然是一種壓迫社會的力量。唯有當國家被社會重新吸收了以後，才不再成其為（作為壓迫的）「國家」。

---

180 可以說，這項假設已蘊含於《德意志意識型態》的生產力普遍發展論。參見第四章第三節。

181 這裡把 to each according to his needs 譯為「各取所需」而非「按需分配」，係因馬克思把「共產主義社會的更高階段」界定成一個高度豐裕的、資源（相對於需要）已不虞匱乏的社會。參見第四章第四節。

182 Lidtke（2011: 788-794; 1966: 46-52）。

183 Marx（*MECW*, 22: 487），馬克思（馬恩全集 I，17：588）。

184 Marx（*MECW*, 24: 94），馬克思（馬恩全集 II，25：27）。

恩格斯在 1875 年 3 月致倍倍爾的信中，亦對「自由國家」一詞表示反對。他甚至建議倍倍爾把綱領中的「國家」都替換成「共同體」（*Gemeinwesen*）。[185] 這顯示，馬恩當時尚未完全走出和巴枯寧的鬥爭。由於他們被扣上「國家主義者」的帽子，被巴枯寧說成是拉薩爾和俾斯麥的同路人，[186] 故對「自由國家」特別敏感。恩格斯向倍倍爾強調：有國家就沒有自由，有自由就沒有國家。

> 隨著社會主義社會秩序的建立，國家就會**自行解體和消失**。既然國家只是在鬥爭中、在革命中用來**對敵人實行強力壓制**的一種過渡機**關**，那麼，說自由的人民國家，就完全是無稽之談了。當無產階級還使用國家時，它並不是為了自由，而是為了壓制自己的敵人；等到能談論**自由**時，國家本身就不存在了。[187]

國家作為鎮壓階級敵人的必要工具，更常見於恩格斯的論述。但馬克思在〈政治冷淡主義〉（1873）和《巴枯寧筆記》（1874-1875）也有類似說法，即把無產階級的革命專政／國家說成是「為了粉碎布爾喬亞階級的反抗」。[188] 馬恩在與巴枯寧派的爭論中，凸顯了革命專政作為「壓制階級敵人的過渡機關」的一面。〈哥達綱領批判〉則以更中性的口吻，重申革命專政的必要性。

> 在資本主義社會和共產主義社會之間，有一個從前者變為後者的**革命轉型**時期。它相當於一個**政治過渡**時期，這個時期的國家只能是**無產階級的革命專政**。

185　Engels（*MECW*, 24: 71）。Cf. Lidtke（1966: 49-51）。

186　參見第八章第七節。

187　Engels（*MECW*, 24: 71），恩格斯（馬恩全集 I，19：7）。

188　Marx（*MECW*, 23: 393），〈政治冷淡主義〉。Cf. Marx（*MECW*, 24: 517, 519），《巴枯寧筆記》。參見第八章第七節。

但這個〔哥達〕綱領，既未談到無產階級的革命專政，也未談到未來共產主義社會的國家。[189]

事實上，馬克思自己也不曾談到「未來共產主義社會的國家」，除了宣稱未來將有一個失去了政治性的、不成其為國家／政府的公權力。前引文字主要是區分了革命轉型／政治過渡時期（即「無產階級的革命專政」）和過渡以後的共產主義社會。[190]

〈哥達綱領批判〉之所以提到革命專政，除了是因為革命專政是馬克思和巴枯寧的爭論焦點之一，更是為了凸顯拉薩爾派的不革命、非革命屬性。在馬克思看來，無論是拉薩爾所謂的「工資鐵律」，抑或是靠國家扶助建立生產合作社的主張，都有嚴重問題。[191] 但他最尖銳的指控是：拉薩爾派倒向了俾斯麥的警察國家。

針對綱領草案「在今日社會，勞動工具為資本家階級所壟斷」一句，馬克思說道：「在今日社會，勞動工具為地主（地產壟斷甚至是資本壟斷的基礎）和資本家壟斷。……拉薩爾出於現在大家都知道的理由〔指拉薩爾和俾斯麥暗通款曲〕，只攻擊資本家階級，而不攻擊地主」。[192] 草案中「一切其他階級只是反動的一幫」一句，完全無視布爾喬亞（相對於封建地主）的革命性。

> 在這裡〔指《共產黨宣言》〕，布爾喬亞作為大工業的承載者，相對於……封建主和中層等級來說，是被當作革命階級看待的。……拉薩爾這樣粗暴地歪曲《宣言》，不過是為了粉飾他跟絕對主義者和封建主義者這些敵人結成了反布爾喬亞聯盟。[193]

189　Marx（*MECW*, 24: 95），馬克思（馬恩全集 II，25：28）。
190　Cf. Marx（*MECW*, 39: 62, 65），1852 年 3 月 5 日致魏德邁爾。參見第五章第六節。
191　Marx（*MECW*, 24: 91-94）。
192　Marx（*MECW*, 24: 83, 605 fn. 110），馬克思（馬恩全集 II，25：15）。
193　Marx（*MECW*, 24: 88-89），馬克思（馬恩全集 II，25：21-22）。

　　〈哥達綱領批判〉亦質疑草案中的普選權、直接立法、人民權利、人民兵等訴求的誠實性。馬克思表示，這些老式的民主要求「已經在瑞士、美國等〔民主共和國〕得到實現」，也「只有在民主共和國裡才有意義」，但拉薩爾派卻不敢要求民主共和國。

> 　　既然沒有勇氣——這是明智的，因為形勢要求謹慎——像路易・菲利浦和路易・拿破崙時代的法國工人綱領那樣要求**民主共和國**，那就不應當採取這種既不「**誠實**」也不體面的手法：竟然向一個以議會形式粉飾門面、混雜著封建殘餘、已經受到布爾喬亞影響、按官僚制度組織起來，並以警察來保衛的軍事專制主義國家，要求只有在民主共和國裡才有意義的東西。而且還向這個國家保證：他們認為能夠用「合法手段」去爭得這類東西。[194]

與其去幻想專制帝國下的假普選，不如去爭取民主共和國下的真普選。宣稱自己能用「合法手段」向專制政府討要到真普選、直接立法、人民權利等，無異於自欺欺人。

　　馬克思指出，「民主共和國」並不等於共產主義，並不是工人階級的終極目標。但即使如此，「民主共和國」係為工人革命的必經之途。正是在這種國家形式下，無產階級和布爾喬亞將「進行最後的決戰」。

> 　　庸俗民主派把**民主共和國**看作千年王國。他們完全沒有想到，**正是在布爾喬亞社會這一最後的國家形式下，階級鬥爭要進行最後的決戰**。就連這樣的庸俗民主派，比起自限於為警察容許、而非邏輯容許的〔拉薩爾派〕民主主義，也要高明得多。[195]

194　Marx（*MECW*, 24: 95-96），馬克思（馬恩全集 II，25：28-29）。
195　Marx（*MECW*, 24: 95-96），馬克思（馬恩全集 II，25：29-30）。

1848 年 3 月德國革命爆發之際，馬克思把「單一不可分割的〔民主〕共和國」的建立，視作先於共產革命的必要一步。[196] 但德國革命以失敗告終。法蘭西第二共和的發展也不如人意，未過多久就被路易‧波拿巴顛覆，[197] 使法國進入一段近 20 年的帝國統治。那時，波拿巴主義（而非民主共和國）看來更像是布爾喬亞社會「最後」的政治歸宿。[198] 但隨著波拿巴帝國的垮臺，民主共和再起。馬克思在巴黎公社突現以前，曾主張法國工人先厚植自身力量，而不是在普魯士軍隊兵臨城下之時，強行去推翻臨時共和政府。[199] 雖然他後來在《法蘭西內戰》大力肯定了巴黎公社，但對他而言，哪怕是奧爾良派主導的臨時共和國，也要好過「以警察來保衛的軍事專制主義」帝國。

可以說，〈哥達綱領批判〉指向一種「通過民主共和國以實現工人革命」的政治路徑。但何為民主共和國？文中舉的例子是瑞士、美國等所謂的布爾喬亞共和國，再加上法國工人運動的共和綱領。值得一提的是，波拿巴統治後期的法國工人綱領，與巴黎公社《告法國人民書》有不少近似之處。[200] 換言之，馬克思是在比較寬泛的意義上，去使用「民主共和國」一詞。它既包括所謂的「布爾喬亞共和國」，也包括法國工人主張的「民主與社會共和國」。

馬克思在 1880 年參與擬定的《法國工人黨綱領》，也呈現出一種「通過民主共和國以實現工人革命」的政治路徑。[201] 稍後我們將看到，晚期恩格斯繼承、延續了〈哥達綱領批判〉的思路，並反覆重申「民主共和國」就是無產階級革命／專政應當採取的政治形式。

196　Marx and Engels（*MECW*, 7: 3），〈共產黨在德國的要求〉。參見第五章第一節和第三節。

197　參見第五章第五節。

198　參見第六章第二節。

199　參見第八章第四節。

200　此指 1869 年的《貝爾維爾綱領》，另見 Tombs（1999: 35, 78-79）。

201　Cf. Marx（*MECW*, 24: 340），1880 年〈《法國工人黨綱領》前言〉。另見本章第六節。

五、恩格斯和馬克思主義

　　1878 年，俾斯麥推出《反社會主義法》，全面取締德國社民黨（彼時黨名是德國社會主義工人黨）的刊物和組織。這部非常法的效期屢經延長，直到 1890 年 10 月才不再續用。在其壓制之下，社民黨的政治空間遭到嚴重限縮，不少骨幹分子被迫流亡。但也正是在這段時期，「馬克思主義」得到社民黨人的廣泛認可。[202] 1887 年，倍倍爾等黨內高層決定要以一份新的綱領，去取代拉薩爾派色彩濃厚的 1875 年《哥達綱領》。[203] 1889 年，第二國際在巴黎成立。[204] 1891 年，由考茨基和伯恩斯坦合擬的《艾爾福特綱領》，[205] 正式成為德國社民黨的黨綱。

　　《艾爾福特綱領》標誌著「馬克思主義」在德國社民黨內的抬頭。針對綱領草案，恩格斯提供了詳細的評注。[206] 雖然他的意見未被照單全收，但受到高度重視。黨綱委員會比較了李卜克內西版和考茨基－伯恩斯坦版，並以 17 比 4 的票數，通過以考茨基－伯恩斯坦版作為新黨綱的底稿。[207] 對此，李卜克內西縱有不快，也只能吞下。艾爾福特大會落幕之後，恩格斯向佐格說道：「讓我們滿意的是，馬克思的批判〔指〈哥達綱領批判〉〕取得了完全勝利」。[208]

202　Lidtke（1966: 279-290）、Steenson（1981: 190-195）、Rogers（1992: 8-13）。

203　Lidtke（1966: 279）。

204　Cole（2002c [1956]: ch. I）。

205　附錄於 Lidtke（1966: 335-338）。另見 Kautsky（1910 [1892]）的解說。

206　Engels（*MECW*, 27: 217-232），1891 年 6 月〈艾爾福特綱領（草案）批判〉。

207　Steenson（1981: 196）。關於前後的 4 個版本，及其幕後的各方角力，見 Engels（*MECW*, 49: 239），1891 年 9 月 28 日致考茨基；Engels（*MECW*, 49: 246），1891 年 9 月 29 日致倍倍爾。另見 Steenson（1978: 93-101）。

208　Engels（*MECW*, 49: 266），1891 年 10 月 24 日致佐格。另參見 Rogers（1992: 17-20）、Steenson（1981: 195-196）。

「馬克思主義」的興起

在 1870 年代，無論是李卜克內西還是倍倍爾，抑或是艾森納赫派的其他領導者，對馬克思思想的認識都是很不足的。[209] 政治上，他們本是左翼民主共和派。礙於俾斯麥的文字獄，他們迴避了被敏感的「共和」一詞，改用「自由國家」、「人民國家」和「自由的人民國家」等詞。[210] 對於他們來說，要理解馬克思和恩格斯的國家終結論，實屬不易。按馬恩思路，當無產階級完成了革命過渡，政治／國家（包括民主共和國作為一種政治／國家形式）將不復存在。[211] 但何以如此？這是有認知難度的。以倍倍爾為例，他在 1879 年《女性與社會主義》的初版中，繼續使用「人民國家」一詞。及至 1883 年的第二版，他才捨棄「人民國家」，改採「革命後，國家將會消亡」的馬恩論點。[212]

在德國社民黨內，即使是馬克思的階級鬥爭論，直到 1870 年代末也仍遭到抵制。1879 年，包括伯恩斯坦在內的「蘇黎世三人團」，在改良派刊物《社會科學和社會政治年鑑》發表了一篇政治評論。他們主張社民黨放棄工人本位，盡可能去吸引「有教養階級和有財產階級」。對此，馬恩高度不滿，遂聯名發出一封通告信，要求社民黨領導者傳閱，亦「不反對讓蘇黎世派也看看這封信」。信中表示：

> 近 40 年來，我們強調階級鬥爭是歷史的直接動力，並特別重視**布爾喬亞和無產階級之間的階級鬥爭**，認為它是現代社會革命的巨大槓桿。因此，我們絕不可能跟那些想把階級鬥爭從運動中排除的人合作。在國際〔協會〕創立時，我們明確規定了一個戰鬥口號：**工人階**

---

209 倍倍爾後來成為一位馬克思主義者。和馬克思私交甚篤的李卜克內西，在恩格斯看來，從未真正進入馬克思思想。見 Lidtke（2011: 788-794; 1966: ch. X, 232-240）、Rogers（1992: 15-20）。

210 Lidtke（2011: 789-790; 1966: 46-47, 322-325）。

211 另見第二章第三節、第四章第七節、第八章第七節、本章第七節。

212 Lidtke（2011: 792-793; 1966: 321-326）。Cf. Bebel（1910 [1879]: ch. XXIII）。

級的解放應由工人階級自己去達成。所以，我們不能和那些公開說工人太缺乏教育而不能解放自己，故必須由或高或低的中等階級博愛者從上面去解放的人合作。如果黨的新機關報迎合這些先生們的觀點，如果它是布爾喬亞而不是無產階級的報紙，那麼很遺憾，我們只好公開表示反對……²¹³

這封通告信係由恩格斯初擬，與馬克思討論之後才定稿，²¹⁴ 由馬克思掛名第一作者。隔年，倍倍爾帶著伯恩斯坦去向馬克思和恩格斯道歉，並得到諒解。²¹⁵ 伯恩斯坦在《反杜林論》的教育下，變成一位馬克思主義者，並主編社民黨的黨報，後來更成為恩格斯最器重的助手。²¹⁶ 但就在 1895 年恩格斯去世後不久，伯恩斯坦重返改良主義，激起了著名的「修正主義辯論」。²¹⁷ 這暗示：「馬克思主義」即使在其全盛時期，也未能消解德國社民黨內的改良主義勢力。

　　馬克思主義自 1880 年代初起，迅速地在社民黨內擴張其影響力。1883 年 3 月，在社民黨的哥本哈根祕密大會中，已有若干激進分子主張該黨「遵從它的偉大導師馬克思的原則」。他們宣稱，馬克思「反對議會主義，也拒絕製造革命」。雖然「我們是革命黨，我們的目標是革命性的，我們從不幻想以議會手段達成革命」，但「我們不是革命的製造者」，「我們也知道，革命目標的實現方式不取決於我們」。²¹⁸ 稱馬克思拒斥議會主義，無錯之有。但這些馬克思主義者守株待兔式的、消極被動的革命觀，卻明顯不同於馬克思。雖然馬克思（和恩格斯）看重革命的客

213　Marx and Engels（*MECW*, 24: 264, 269），馬恩（馬恩全集 II，25：357、362-363），致倍倍爾、李卜克內西、白拉克等人的通告信，成文於 1879 年 9 月 17-18 日。

214　見 Marx and Engels（*MECW*, 24: 627-628 fn. 310）。

215　Steger（1997: 46-47）、Gay（1979 [1952]: 42-47）。

216　Tudor（1988: 2-6）。

217　Bernstein（1993 [1899]）、Tudor and Tudor eds.（1988）、Tudor（1988）、Steger（1997; 1999）、Townshend（1996: ch. 2）、Gay（1979 [1952]: chs. 7-9）、Colletti（1972: 45-108）。

218　轉引自 Lidtke（1966: 153）。

觀條件，但從不諱言「奪取政治權力」和「剝奪剝奪者」之必要。

馬克思主義在 1880 年代德國的興起，除了得益於恩格斯的努力外，還有更根本的、來自於政治大環境的促因。繼 1878 年《反社會主義法》實施後，俾斯麥在隔年建立了關稅保護體系。在 19 世紀德國的政治史上，1879 年是一個重要的轉折點。俾斯麥出任宰相後，曾把民族自由派（National Liberals）拉入統治聯盟，並於 1871 年實現了自由派夢寐以求的國家統一。但 1873 年以降的世界經濟危機，嚴重衝擊了德國的農業、煤鋼業、紡織業等，也使保守派－自由派聯盟愈發搖搖欲墜。韋勒（Hans-Ulrich Wehler）指出：「帝國政府在 1876 年以後改變了方向。它開始尋求一種反自由的、保守派的力量集結，其支柱是工業和農業的主要利益集團。隨著 1879 年保護關稅的推出，這個所謂『生產等級的卡特爾』引人矚目地登上舞臺。……與此同時，在政治和社會生活的許多不同領域，都施行了去自由化的政策」。[219] 德國的憲政民主道路，就此遭到封閉。明目張膽的威權主義統治的各種變形，一直維繫到 1918 年德國戰敗為止。[220]

當這種統治策略在 1870 年代末現身時，社民黨正是它的首要打擊對象。帝國政府把社民黨人視同「國家敵人」加以迫害，使之變成一個被主流社會排斥的「種姓」和「國中之國」。[221]《反社會主義法》把社民黨的組織和刊物變成違法，唯一被容許的活動窗口是帝國議會。這個窗口之所以存在，不是因為俾斯麥大發慈悲，而是因為若干國會議員不想趕盡殺絕。於是，曾有社民黨背景者，仍得用個人身分參加國會選舉；若是選上，也仍享有國會議員的言論免責權。[222] 從表面來看，這似乎有利於改良主義在社民黨內的抬頭。但實際發生的情況卻是：《反社會主義法》把社民黨人推向了馬克思主義。[223]

---

219 Wehler（1985: 58-60），韋勒（2009：48-50）。

220 Stedman Jones（2016: 558-559）。

221 Cf. Lidtke（1985）、Wehler（1985: 80-83）、Steenson（1981: ch. 4）。

222 Lidtke（1966: esp. 82-89）。《反社會主義法》的條文，見 Lidtke（1966: 339-345）。另見 Steenson（1981: ch. 2）論社民黨與帝國議會的選舉。

223 Stedman Jones（2016: 559-563）、Steenson（1981: 37-38）。

　　我們不妨追問：何以在 1880 年代，馬克思主義興起於德國，而不是工業資本主義更發達的英國？在英國，1867 年《第二次改革法案》及其後續的社會立法，漸漸把（至少一部分）工人納入了政治過程。相對來說，俾斯麥當局（容克統治集團）對社民黨（工人階級政黨）的政治迫害，似乎更容易被看作是「階級壓迫」和「階級鬥爭」的明證。

《反杜林論》與馬克思主義

　　對第一代「馬克思主義者」發揮了最大養成作用的文本，並不是《資本論》也不是《共產黨宣言》，而是恩格斯的《反杜林論》（1876 年動筆，1877-1878 年陸續刊出，1878 年集結成書），尤其是從《反杜林論》抽出 3 章獨立成冊的《烏托邦社會主義與科學社會主義》（1880 年先出法文版，1883 年出德文版）。[224] 後者更常見的中文譯名是《社會主義從空想到科學的發展》。

　　在 1875 年哥達合併大會的前後，艾森納赫派有不少成員熱中於杜林的社會主義理論。杜林曾是柏林大學講師，後因公開批評德國的大學，在 1874 年被剝奪了教學資格。作為受迫害者，他得到艾森納赫派的普遍同情。他的勞資和諧論也頗受該派歡迎。1874-1875 年，杜林在他的兩部著作中攻擊馬克思。就連倍倍爾也受到影響，一度匿名在《人民國家報》上為文肯定杜林。於是，馬恩向李卜克內西提出強烈抗議。1875 年年初，李卜克內西建議恩格斯在《人民國家報》上反擊杜林。1876 年 5 月底，恩格斯在馬克思的支持下，[225] 終於下定決心展開《反杜林論》的寫作。[226]

---

224 《反杜林論》和《烏托邦社會主義與科學社會主義》收於 Engels（*MECW*, 25: 1-309; *MECW*, 24: 281-325）。

225 見 Engels（*MECW*, 45: 118），1876 年 5 月 24 日致馬克思；Marx（*MECW*, 45: 119-120），1876 年 5 月 25 日致恩格斯；Engels（*MECW*, 45: 122-124），1876 年 5 月 28 日致馬克思。

226 為此，恩格斯擱置了《自然辯證法》（*MECW*, 25: 311-588, 660-663 fn. 130）的寫作。恩格斯與「辯證唯物主義」相關爭議，另見 Stedman Jones（1973）、Colletti（1973）、S. H. Rigby（1992: chs. 6-8）、White（1996: ch. 6）。

1877 年 1 月起，它開始連載於《人民國家報》。社民黨內的親杜林人士一度要求停止刊登，雖未能得逞，但構成了一些干擾。李卜克內西為了擺平爭議，改以增刊（即不占用正式版面）的方式繼續連載。這也再度應證了：「馬克思主義」當時並不是（或還不是）社民黨的主流思想。[227]

要是馬克思的身心狀況允許他自己出手，《反杜林論》的作者就不會是恩格斯。但馬克思在 1872 年 9 月海牙大會結束後，已開始淡出第一線的政治論爭。繼續清算巴枯寧派的任務，大都由恩格斯承擔。批評德國社民黨人的文件，也大都由恩格斯起草——〈哥達綱領批判〉堪稱是例外。在此情況下，如果恩格斯決定不寫《反杜林論》，馬克思很可能也力不從心。

恩格斯在《反杜林論》第二版序言中，指馬克思貢獻了一章，也知道此書的全部內容。

> 本書闡述的觀點，絕大部分是由馬克思確立和闡發，只有極小部分是屬於我的。沒有他的同意，我的這部著作就不會發表，這是我們之間的默契。在付印之前，我曾把全部原稿念給他聽。經濟學部分的第十章（〈《批判史》論述〉）是馬克思寫的……[228]

此外，馬克思也為 1880 年以法文出版的《烏托邦社會主義與科學社會主義》寫了導言。[229] 對於恩格斯的特定說法或表達方式，不排除馬克思有所保留，但在共同的事業面前，他並未讓分歧浮上檯面。

結果，《反杜林論》取得了極大的成功。倍倍爾、考茨基、伯恩斯

227　以上關於《反杜林論》的背景說明，主要取自 Marx and Engels（*MECW*, 25: 645-646 fn. 1）。另見 Lidtke（1966: 59-66）、Steenson（1981: 190-194）。

228　Engels（*MECW*, 25: 9），恩格斯（馬恩全集 I，20：11），《反杜林論》第二版序言，寫於 1885 年 9 月 23 日。

229　Marx（*MECW*, 24: 335-339, 636 fn. 376），《烏托邦社會主義與科學社會主義》初版導言，寫於 1880 年 5 月 4-5 日。

坦、普列漢諾夫、阿克修洛德、拉布里奧拉（Antonio Labriola）等著名的第二國際馬克思主義者，都是在讀了《反杜林論》以後，才決定性地轉向馬克思主義。考茨基曾說：「沒有別的書如此有助於理解馬克思主義。馬克思的《資本論》是更強有力的著作，沒錯。但我們是通過《反杜林論》才學會如何去理解《資本論》，並正確地閱讀它」。[230]

作為馬克思主義的百科全書，《反杜林論》分為三個部分：哲學、政治經濟學、社會主義。在哲學部分，恩格斯聚焦於自然哲學和辯證法。這在 20 世紀衍生出「馬恩的自然觀有何差異？」、「馬恩對辯證法的理解有何不同？」等哲學爭議。[231] 但《反杜林論》最具政治作用力的，是關於社會主義的部分，尤其是被納入《烏托邦社會主義與科學社會主義》第三章的那些內容。這個「第三章」以精簡易懂的語言，歸納出階級鬥爭論和生產力發展論的要旨，並從資本的集中化去說明資本主義不可存續。它還界定出社會主義社會的基本面：廢除市場交換；以新的（大工廠式）分工去取代舊的（市場）分工；生產工具的全盤公有化；計畫性的社會生產；階級的完全消失。[232] 此外，它對政治／國家終結論進行了闡發：在革命轉型的過程中，「對事物的管理」將取代「對人的統治」，國家將「漸漸枯萎」。最後，則以人類從「必然王國」向「自由王國」的躍進，去總結科學社會主義的真諦。[233]

「第三章」有個重要的特色在於：它以一種歷史目的論式的宏大敘事，流暢地把上述等理論要素都接合在了一起。按其說法，「社會化生產」和「資本主義占有」的矛盾已愈演愈烈。[234] 此種矛盾表現為「無產階級和布爾喬亞的對立」，階級的兩極分化；也表現為「個別工廠中的組織

---

230 引自 Stedman Jones（1977: 82）。
231 Cf. S. H. Rigby（1992: chs. 6-8）。
232 Engels（*MECW*, 24: 306-325）。這個「第三章」係取自《反杜林論》第三部分第二章（*MECW*, 25: 254-271），結尾處略有增修。
233 Engels（*MECW*, 24: 321, 323-324），恩格斯（馬恩全集 II，25：410、412）。
234 Engels（*MECW*, 24: 310-311, 313, 316），恩格斯（馬恩全集 II，25：399、402、404）。

化生產」和「整個社會中生產的無政府狀態」的對立。[235] 由於市場擴張趕
不上生產力的擴張，週期性的生產過剩無可迴避。這是「生產方式在造交
換方式的反」，顯示「布爾喬亞不再能駕馭現代生產力」，並促成了向股
份公司、托拉斯和國有化的轉變。[236] 資本主義生產的這種社會化，已使市
場交換和「整個社會中生產的無政府狀態」窒礙難行。但股份公司、托拉
斯和國有化並未消滅資本，本身也不構成真正的社會化。解決矛盾的唯一
出路，只能是無產階級「奪取政治權力，把生產工具變為國家財產」，進
而實施「按預定計畫進行的社會化生產」。[237] 在「無產階級革命」的過程
中，階級將被消滅而不復存在，國家也將「漸漸枯萎」。人將完成向自由
王國的飛躍，取得對自己的社會關係、對自然界的理性控制。[238]

　　這套宏大敘事傳播甚廣，堪稱是「馬克思主義的 ABC」，為第二國
際時代的馬克思主義者耳熟能詳。

　　當然，恩格斯的貢獻還不止於此。《資本論》第一卷德文第三版
（1883）和第四版（1890）的修訂，以及《資本論》第二卷（1885）和第
三卷（1894）的編輯，占用了他的大量時間。此外，他重新出版馬克思舊
作，並為之撰寫導言。[239] 馬克思生前未出版的〈費爾巴哈提綱〉、〈哥達
綱領批判〉和〈致《祖國記事》編輯部〉等名篇，也是由恩格斯公諸於
世。恩格斯自己的晚期著作，除了影響深遠的《反杜林論》（1878）和
《烏托邦社會主義與科學社會主義》（1880）外，還有《家庭、私有制和
國家的起源》（1884）及《費爾巴哈和德國古典哲學的終結》（1888），
加上各種評論文字。

235　Engels（*MECW*, 24: 311, 313），恩格斯（馬恩全集 II，25：399、402）。

236　Engels（*MECW*, 24: 315-318, 324-325），恩格斯（馬恩全集 II，25：404-407、413-414）。

237　Engels（*MECW*, 24: 319-320, 325），恩格斯（馬恩全集 II，25：407-409、414）。

238　Engels（*MECW*, 24: 320-325），恩格斯（馬恩全集 II，25：409-414）。

239　這包括《雇傭勞動與資本》（1884）、《哲學的貧困》（1885）、《路易·波拿巴的霧
　　月十八》（1885）、《法蘭西內戰》（1891）和《法蘭西階級鬥爭》（1895）。另見
　　Hobsbawm（1982: 329）。

　　在 20 世紀，有不少論者指責恩格斯背離了馬克思思想，以至助長了庸俗馬克思主義。[240] 由於恩格斯主張善用普選權以壯大工人力量，他又被怪罪成「修正主義」的鼻祖。[241] 諸如此類的「恩格斯否定論」，在貶抑恩格斯的同時，往往把馬恩差異也絕對化了。毋庸置疑，馬恩在思想上、判斷上、風格上、表達上，從來都是有出入的。例如：恩格斯對俄國農村公社的看法，就不同於馬克思；[242] 馬恩對達爾文的評價也不相同；[243] 有別於恩格斯，馬克思甚至從未使用過「歷史物質主義」（常譯「歷史唯物主義」）一詞……等等。[244] 就像任何兩個人一樣，馬恩之間當然有差異。但某些分歧的重要性高於其他分歧。若是把次要分歧無限放大，勢將流於見樹而不見林。

從「必然王國」到「自由王國」

　　馬克思晚期的思想變化，尤見於《資本論》第一卷的法文版，和他對俄國農村公社的新見解。前文指出，在修訂法文版的過程中，他有意識地與「一般性的歷史哲學理論」拉開距離，乃把「原始積累」縮限於英國和西歐，把《資本論》的理論效力局限於「已經爬上工業階梯」的西歐國。[245]

　　要是順著這條路繼續走下去，馬克思可能還得進一步削弱《資本論》的適用性宣稱。早在 1867 年《資本論》第一卷德文第一版，他已把政治暴力、國家暴力看作是原始積累的主要推手。[246] 1881 年，他表示「威脅俄

240　Stedman Jones（1977: 80-82）、S. H. Rigby（1992: 3-8）。
241　Cf. Colletti（1972: 45-108）、Steger（1999）。
242　見本章第二節和第三節。
243　Stedman Jones（2016: 566-568）。
244　參見第四章第二節。
245　參見本章第二節。
246　Marx（C1: chs. 27-31）。參見第七章第八節。

國公社生命的，不是歷史必然性，不是理論，而是國家的壓迫……」。[247]
設若原始積累的推進與否，和俄國農村公社的存續與否，主要取決於國家
的暴力和壓迫，那麼，「經濟基礎決定上層建築」之說還能成立嗎？《資
本論》所推演的「經濟運動規律」，能不被「法政的上層建築」制約或干
擾嗎？[248] 這些都存在疑義。

　　晚期恩格斯則繼續擁抱「一般性的歷史哲學理論」，甚至為之不斷加
碼。《反杜林論》蘊含著一種包羅萬象的、自然主義和科學主義式的、把
歷史進步視作必然的宏大理論。資本主義生產的危機和覆滅，在《反杜林
論》被詮釋成一種具有必然性的自然律。再者，唯有當人們充分「理解」
自然律的運作及其必然性，才能實現從必然王國向自由王國的躍進。

> 　　活躍的社會力**完全像自然力一樣**，在我們還**不理解它們**、尚未考慮
> 到它們以前，起著盲目、強制和破壞的作用。不過，一旦我們**理解了
> 它們**，把握了它們的活動、方向和效應，也就使它們愈來愈服膺於我
> 們自己的意志……
> 　　一旦社會占有了生產工具，商品生產將被消除，產品對生產者的統
> 治也將不復存在。……於是，人才在一定意義上最終地脫離了**動物王
> 國**……人們第一次成為有意識的、真正的**自然界之主**，因為他們已經
> 成為自己的社會組織的主人。……人自己的社會組織，迄今像是**自然
> 和歷史所強加於人的必然性**，將變成人自己的自由行動。[249]

那麼，以上說法和馬克思之間，可能有哪些異同？

247　Marx（*MECW*, 24: 362-363）。

248　Marx（C1: 92; *MECW*, 29: 263）。

249　Engels（*MECW*, 25: 266, 270; *MECW*, 24: 319-320, 323-324），恩格斯（馬恩全集 II，
　　　26：296-297、300-301）。

　　首先，把社會力形容成自然力，或把社經趨勢描述成自然律，亦見於馬克思的著作。1859 年〈《政治經濟學批判》序言〉表示：經濟的、物質的關係，可以用「自然科學的精確性」去把握。[250] 1867 年《資本論》第一卷〈序言〉更宣稱：「問題本身並不在於資本主義生產的**自然規律**所引起的社會對抗的發展程度高低。問題在於這些規律本身，在於這些以**鐵之必然性**起作用、朝向**不可避免的結果**發展的趨勢」。[251]

　　此外，「自然界的人化」是《經濟學哲學手稿》的著名論點。[252] 人們取得對社會關係、對自然界的有意識／理性控制，亦是《德意志意識型態》以降的基本命題。[253] 在這一方面，恩格斯稱不上背離了馬克思。

　　但恩格斯的前引說法，與晚期馬克思之間仍是有出入的。如前所述，馬克思在修訂《資本論》第一卷法文版的過程中，有意識地迴避了強勢的歷史目的論，並把「鐵之必然性」限定於西歐。其二，恩格斯那種被自然奴役（動物王國、必然王國）和成為社會和自然的主宰者（自由王國）的對立，顯得太過斷裂。對馬克思而言，人是有能動性的，人的世界不能化約為動物王國。[254] 馬克思還認為，生產工具的社會化和計畫性生產，尚無法立即帶來全面的自由。《資本論》第三卷所謂的「真自由始於勞動之外」，暗示共產社會（至少在早期階段）並非完全自由，因其勞動／分工（之於個人）仍具有強制性。[255]〈哥達綱領批判〉通過對初階與高階共產社會的區分，更明確地肯認了這一點。

250　Marx（*MECW*, 29: 263）。

251　Marx（C1: 90-91），馬克思（馬恩全集 II，44：8）。

252　另見第三章第六節。

253　另見第四章第二節。

254　馬克思在《經濟學哲學手稿》中強調：「人不僅是自然存有：他是**人的**自然存有」（*MECW*, 3: 337）。他之所以跟費爾巴哈或歐文式的物質主義保持距離，並對達爾文有所保留，和這個看法是密切相關的。參見第三章第六節。Cf. Stedman Jones（2016: 191-199, 567）。

255　Marx（C3: 958-959）。參見第七章第八節。

在馬克思的論述中，人們對自己的社會關係、從而對自然界的有意識／理性控制，確實位於共產自由的核心地帶。但共產自由也者，除了體現在社會化的勞動／生產外，也還包括勞動／生產以外的自由（尤指運用自由時間以追求自我實現），乃至高階共產社會的更全面自由（告別奴役式的分工，每個人各取所需、全面發展）。晚期恩格斯筆下的自由王國，則欠缺了後面這些面向。可以說，《反杜林論》「從必然王國向自由王國的躍進」的宏大敘事，誤把馬克思所謂「共產主義社會的第一階段」等同於「自由」。

恩格斯自己在 1873 年的〈論權威〉中，宣稱一切現代（包括社會主義）大工廠內的分工，都必然是專制主義式的。一旦進了工廠的門，就必須「放棄一切自治」。[256]《反杜林論》把這種社會主義說成是自由王國，其實難以自洽，因為它顯然還沒有告別「個人對分工的奴役式屈從」[257]（馬克思語）。在此，馬恩之間存在較大的落差。

恩格斯與「崩潰論」

《反杜林論》還把「自由」扣連到「對必然性的理解」：

> 黑格爾是第一個正確陳述了自由和必然性的關係的人。在他看來，自由是對必然性的認識。「必然性只有在它沒有被理解時才是盲目的。」……自由就在於根據對自然的必然性（natural necessity）的認識，去控制我們自己和外部自然；因此，它必然是歷史發展的產物。[258]

256　Engels（*MECW*, 23: 423）。

257　Marx（*MECW*, 24: 87）。

258　Engels（*MECW*, 25: esp. 105-106）。

但這並不是馬克思的提法。自由作為「對必然性的理解」，不在馬克思常用的自由概念之列。[259]

恩格斯所謂「對必然性的理解」，一則把資本主義的矛盾、危機和覆滅，說成是具有必然性的自然律；另則把馬克思主義抬高為科學的化身，聲稱唯有它充分理解、掌握了人類社會的發展史和最終歸宿。這種結合了「必然主義」、「自然主義」和「科學主義」的論調，對第一代馬克思主義者發揮了頗大的作用力。在其延長線上，考茨基開展出一種達爾文主義式的歷史物質論，[260] 普列漢諾夫則提出一種辯證物質主義。[261] 倍倍爾、考茨基等正統馬克思主義者的「崩潰論」，[262] 也是受到恩格斯啟發，並得到恩格斯的支持。[263]

「崩潰論」有不同版本，並沒有明確的定義。但概括地說，它是指資本主義必陷入愈發嚴重的經濟危機和社會危機，乃至發生不可避免的、不以人的意志為轉移的「崩潰」。當伯恩斯坦在恩格斯去世後，公然挑戰正統馬克思主義的「崩潰論」時，[264] 他遭到正統派的強烈反擊。大多數譴責伯恩斯坦的正統派論者，或者對資本主義的「崩潰」篤信不移，或者是持「反反崩潰論」的立場。[265]

馬克思在 1857-1858 年《大綱》中表示：逐次升級的經濟危機，終將使資本遭到「暴烈推翻」，屆時「以交換價值為基礎的生產將會崩潰」。[266]

---

259 從某個角度看，恩格斯把「科學」（對必然性的充分理解）和「自由」掛勾是危險的，因其暗示「有了科學就有了自由」。20 世紀的馬列主義（尤其史達林主義）政權自稱掌握了科學真理，彷彿相信黨就有了自由，不相信黨就是反科學，就不配得自由。限於篇幅，我們不擬探究這方面的爭議。Cf. Walicki（1995: 167-179）、Kolakowski（1978a: 386-387）。

260 Walicki（1995: 208-228）、Kolakowski（1978b: ch. II）、Steenson（1978: ch. 2）。

261 Walicki（1995: 228-246）、Kolakowski（1978b: ch. XIV）。

262 Bebel（1910 [1879]: 363-366）、Kautsky（1910 [1892]: 88-93, esp. 90）。

263 Engels（*MECW*, 25: 254; C3: 355）。參見第七章第六節。

264 Tudor and Tudor eds.（1988: esp. ch. 5）。

265 Tudor（1988: 19-32）。Cf. Tudor and Tudor eds.（1988: chs. 9-10）。

266 Marx（G: 750, 705）。

但在《大綱》以後，他鮮少再動用「崩潰」的比喻。[267]《資本論》第一卷第三十二章「剝奪者被剝奪了」的著名段落，曾被視作馬克思支持崩潰論的證據，但這是出於誤解。[268]以馬克思的自我理解，《資本論》並未證明資本主義必將崩潰。如第七章指出，恩格斯在編輯《資本論》第三卷第三部分時，刻意把手稿上的「被撼動」改成「迅速崩潰」，但這是一大敗筆，因為後者分明不是馬克思的用詞。[269]

　　恩格斯本人是不是十足的崩潰論者，也是有疑義的。雖然恩格斯晚年動輒使用「崩潰」一詞，但從他的政治評論中，不難看出他似乎不太關切經濟「崩潰」何時到來，而更在意德國統治者何時會強力鎮壓社民黨（見下一節）。他之所以杜撰出「迅速崩潰」一語，不無可能是為了附和倍倍爾——社民黨的政治領袖[270]暨頭號崩潰論者。[271]在德國當時的政治環境下，「崩潰論」堪稱是正統馬克思主義者的一種信仰。要是資本主義不會崩潰，那為何還要維持革命的立場，而不乾脆接受（比方說）改良主義？在 1896-1898 年的修正主義辯論中，這恰恰是伯恩斯坦主要的攻擊點。[272]

　　崩潰論者多乞靈於資本主義的經濟崩潰，但另一方面，他們通常不否認「階級鬥爭」的重要性和必要性。盧森堡的名言「不前進到社會主義，就會倒退回野蠻主義」，[273]可追溯至考茨基 1892 年《階級鬥爭（艾爾福特

---

267 但「崩潰」及其類似意象，亦未徹底消失。例如，馬克思在 1881 年〈回覆查蘇利奇〉的第一份草稿中，提及資本主義在歐美各國經歷的「致命危機」（*MECW*, 24: 357）。

268 Marx（C1: 929; *MECW*, 35: 750）。Cf. Kautsky（1910 [1892]: 88-93）、Mandel（1991: 79）。參見第七章第六節和第八節。

269 Marx（C3: 355）。參見第七章第七節。

270 Lidtke（1966: ch. X）。

271 Steger（1999: 193）、Lidtke（2011: 800）。Cf. Bebel（1910 [1879]: 363-366）。

272 Cf. Bernstein（1993 [1899]）、Tudor and Tudor eds.（1988）、Tudor（1988）。

273 盧森堡指稱「恩格斯曾說，『資本主義社會面臨一個悖論，若不前進到社會主義，就會倒退回野蠻主義』」，但恩格斯從未說過這句話。見 Hudis and Anderson eds.（2004: 321），1916 年《尤尼烏斯冊子：德國社會民主的危機》。盧森堡的政經思想，另見 Hudis and Anderson eds.（2004）、Hudis ed.（2013）、Hudis and Blanc eds.（2015）、Tudor and Tudor eds.（1988: ch. 9）、Geras（1973; 1976）。

綱領）》一書：「資本主義文明無法再繼續下去，我們必須向社會主義前
進，或者倒退回野蠻主義」。這暗示，雖然「我們認為當前社會體系的崩
潰是不可避免的」，但推進社會主義的政治行動仍不可或缺。[274] 可以說，
在自然主義式的經濟崩潰論和強調能動性的政治行動主義之間，始終存在
著張力。在第二國際時代，崩潰論既可能與守株待兔式的正統馬克思主義
相結合，也可能與唯意志論式的、主動挑起革命的激進馬克思主義相結
合。[275]

　　無論如何，正是在晚期恩格斯的支持下，「資本主義必將崩潰」成為
19 世紀末「馬克思主義世界觀」[276] 的重要信條。雖然在馬克思稍早的著作
中，也能找到「崩潰」（《大綱》）和「鐵之必然性」（《資本論》第一
卷第一版〈序言〉），但他後來和這些說法拉開了距離。[277] 在此，晚期馬
恩不僅是有差異的，而且是朝相反的方向移動。

六、晚期馬恩的政治進路

　　自 19 世紀末的修正主義辯論以降，總有論者宣稱恩格斯晚年倒向了
改良主義，不像馬克思那樣堅持革命。但這類說詞大都是斷章取義。[278] 事
實上，晚期馬恩都支持工人政黨善用選舉權以壯大自己，都不認為參與選

274　Kautsky（1910 [1892]: 118, 90）。Cf. Colletti（1972: 52-56）。考茨基的政治思想，參見
　　Kautsky（1983; 2020）。另見 Steenson（1978）、Salvadori（1990 [1979]）、J. H. Kautsky
　　（1994; 1997）。

275　S. Pierson（1993: ch. 11）。Cf. Walicki（1995: ch. 3）、Geras（1973）。另見 Sweezy（1970
　　[1942]: ch. XI）論第二國際時代的崩潰論爭議。

276　Engels（*MECW*, 26: 519-520），1888 年〈《費爾巴哈和德國古典哲學的終結》序言〉。
　　恩格斯在《反杜林論》中，曾提到「馬克思和我捍衛的共產主義世界觀」（*MECW*, 25:
　　8）。另見 Balibar（1994: 102-123）論恩格斯的「世界觀」用詞及其潛在問題。

277　參見本章第二節，此處不贅。

278　Cf. Stedman Jones（1977: 80-81）、S. H. Rigby（1992: 5）、Tudor（1988: 32-37）、
　　Steger（1999: 181-183）、Wilde（1999:197-200）、Colletti（1972: 45-52）。

舉就是不革命。用馬克思的話來說，工人階級應當把普選權「從迄今為止的欺騙工具，轉變為解放工具」。[279] 在晚期馬恩看來，工人階級在民主共和國（如美國、瑞士、法蘭西第三共和）或比較民主的君主國（如英國、荷蘭），可能和平地取得政權。但在專制的歐陸國，若要實現勞動之治，強力勢不可免。

馬克思論工人政治

直到 1870 年上半年，馬克思對英國工會仍寄予希望，並堅持把「無產階級革命的偉大槓桿」繼續留在國際工人協會的總委員會。[280] 1869 年在漢諾威，他向一群工人說道：所有政黨都只是暫時地鼓舞工人群眾，只有工會「才能真正代表工人的黨」。[281] 在德國，無論是拉薩爾派的全德工人聯合會，還是艾森納赫派在 1869 年成立的德國社會民主工人黨，都是名副其實的政黨。[282] 馬克思當時的見解則是：工會才是工人真正的階級組織，故工人階級政黨應以工會為基礎。後來，縱使馬恩更充分認知到了英國工會的局限，[283] 他們仍不否認工會作為工人階級組織的重要性。[284]

馬克思因 1871 年《法蘭西內戰》一文，與倫敦工會領袖交惡。此後，他積極投入與巴枯寧派的鬥爭。儘管《法蘭西內戰》高度肯定公社作為一種政治形式／政府形式，及其取代舊的軍事官僚國家的一面，但公社畢竟是特殊情況下的偶發事件。巴黎公社從未推動朝向共產主義的革命轉型，甚至無法自保；在遭到全面鎮壓以前，公社已因內爭不斷而瀕於癱瘓。與此有關，面對巴枯寧派的「消滅國家」論，馬恩並沒有一味讚揚巴

279　Marx（*MECW*, 24: 340），1880 年〈《法國工人黨綱領》前言〉。

280　Marx（*MECW*, 21: 86-87），1870 年 1 月 1 日〈總委員會致瑞士羅曼語區聯合會〉。參見第八章第三節。

281　轉引自 Stedman Jones（2016: 472, 684 fn. 124）。另見 Marx and Engels（*MECW*, 43: xx）。

282　Cf. R. Morgan（1965）、Steenson（1981）。

283　Marx（*MECW*, 22: 614），1871 年 9 月 21 日在倫敦會議上關於工會的發言紀要。

284　E.g. Marx（*MECW*, 45: 29-30），1874 年 8 月 4 日致佐格；Engels（*MECW*, 24: 70），1875 年 3 月 18-28 日致倍倍爾；Engels（*MECW*, 24: 382-388），1881 年 5 月〈工會〉。

黎公社的反國家性，[285] 而是回過頭來強調國家權力之於革命過渡的必要。
他們再度重申：無產階級必須奪取國家權力，以進行革命專政，以壓制階
級敵人，以推動革命轉型；唯有當革命任務完成了以後，國家才會和階級
一起消亡。[286]

　　這並不是新的論點，但主要是為了對抗巴枯寧主義／無政府主義，
馬克思才又從理論工具箱中取出「革命專政」和「國家消亡」論。對晚
期馬恩來說，這套說法可謂至關緊要。它接連出現在 1871 年 9 月馬克思
在國際工人協會七週年慶祝會上的發言；[287] 1873 年〈政治冷淡主義〉；[288]
1872-1873 年恩格斯〈論住宅問題〉；[289] 1874-1875 年《巴枯寧筆記》；[290]
1875 年春〈哥達綱領批判〉以及恩格斯致倍倍爾的長信；[291] 1878 年《反杜
林論》和 1880 年《烏托邦社會主義與科學社會主義》；[292] 1891 年恩格斯
〈《法蘭西內戰》導言〉和〈艾爾福特綱領（草案）批判〉[293]……等等。

　　約自 1871 年以降，馬克思對德國工人政黨（尤其艾森納赫派）「進
入議會」的態度，也變得更加積極。當普法戰爭在 1870 年 7 月爆發時，
他曾預言「如果德國人占優勢，西歐工人運動的重心將從法國轉移到德
國」，並稱「德國工人階級在理論上和組織上都優於法國工人階級」。[294]
1871 年 1 月，他投書給《每日新聞》，譴責俾斯麥對言論自由、出版自
由和集會自由的箝制。

---

285 《法蘭西內戰》最具有反國家色彩的說法是：「工人階級不能簡單地掌握現成的國家機
　　器，並運用它來達到自己的目的」（*MECW*, 22: 328）。在第一份草稿中，馬克思甚至
　　把公社說成是「推翻國家本身的革命」（*MECW*, 22: 486）。參見第八章第六節。

286 參見第八章第七節。

287 Marx（*MECW*, 22: 634）。參見第八章第五節。

288 Marx（*MECW*, 23: 393）。

289 Engels（*MECW*, 23: 370, 372）。

290 Marx（*MECW*, 24: 517, 519）。

291 Marx（*MECW*, 24: 95）、Engels（*MECW*, 24: 71）。

292 Engels（*MECW*, 25: 267-271; *MECW*, 24: 320-325）。

293 Engels（*MECW*, 27: 190-191, 227）。

294 Marx（*MECW*, 44: 3-4），1870 年 7 月 20 日致恩格斯。參見第八章第四節。

當俾斯麥指責法國政府，說「它使得在法國不可能通過報刊和議會，去自由發表意見」的時候，他顯然只是想開一個柏林式的玩笑罷了。……由於俾斯麥的特別命令，倍倍爾和李卜克內西先生已被以叛國罪逮捕，但這只是因為他們敢於履行他們作為德國議員的職責，即在邦聯議會裡抗議兼併亞爾薩斯和洛林，投票反對新的軍事撥款，表示同情法蘭西共和國，抨擊想要把德國變成普魯士兵營的企圖。[295]

作為北德邦聯的國會議員，李卜克內西和倍倍爾是立場堅定的反議會主義者。彼時，他們從根本上否定邦聯議會的正當性，並強烈譴責拉薩爾派推動《工人保護法案》，視之為對普魯士專制下的假議會的認可。[296] 但無論如何，李卜克內西和倍倍爾在國會殿堂上的反戰言論，及隨之而來的俾斯麥對他們的政治迫害，[297] 使馬克思更看重「選進議會」的重要性。1871 年9 月，他在倫敦會議上指出：

絕不能認為，在議會裡有工人是一件無足輕重的事。……如果他們像倍倍爾和李卜克內西一樣，得到在議會講壇上說話的機會，全世界都會傾聽他們的意見。……政府是敵視我們的，我們必須用手中的一切工具進行反擊。每一個選進議會的工人，都是對政府的一次勝利。[298]

---

295 Marx（*MECW*, 22: 274），馬克思（馬恩全集 I，17：299），〈致倫敦《每日新聞》編輯〉，刊於 1871 年 1 月 19 日。

296 Lidtke（1966: 34）。

297 遭到審判、判刑的社民黨人，除了李卜克內西和倍倍爾外，後來還擴及艾森納赫派的中央委員，以及拉薩爾派的要員。拉薩爾派起初並不反戰，後因俾斯麥決定併吞亞爾薩斯和洛林，遂轉變為反戰者、巴黎公社的同情者，因而成為俾斯麥的迫害對象。這拉近了兩派距離，使 1875 年的合併成為可能。見 Lidtke（1966: 40-42）。

298 Marx（*MECW*, 22: 617, 681 fn. 253, 686 fn. 273），馬克思（馬恩全集 I，17：697），1871 年 9 月 20 日在倫敦會議上關於工人階級政治行動的發言紀要。

恩格斯在會上說道：

> 我們要消滅階級。用什麼手段去達成？無產階級的政治統治。……
> 政治自由、集會結社的權利和出版自由，就是我們的武器。如果有人
> 想從我們的手中奪走這些武器，我們能袖手旁觀嗎？……利用這些抗
> 議的工具，並不意味著承認現存秩序。[299]

在此，馬恩的意思頗為清晰。工人應「選進議會」，並伸張「政治自由、
集會結社的權利和出版自由」。運用這些「工具」或「武器」壯大自己，
不等於向現存秩序投降。

　　對於拉薩爾派的普選權訴求，馬克思總是嗤之以鼻。但他反對的是專
制政府的假普選，而不是民主共和國的真普選。1868 年，他向拉薩爾派
的領導者施韋澤（Johann Baptist von Schweitzer）表示：拉薩爾在德國提
出「憲章派的普選權口號」，忽視了「德國和英國的情況不同」，也忽略
了「沒落帝國〔即第二帝國〕在法國普選權問題上的教訓」。[300] 要言之，
馬恩懷疑拉薩爾派是在為俾斯麥的假普選護航。[301] 暫且不論這項指控是否
公允，北德邦聯議會（和後來的帝國議會）雖有男性普選的外觀，但除了
有限的預算同意權，再無其他權力，差不多就是個花瓶國會。普魯士的三
階級選制，更嚴重地向特權階級傾斜。[302] 在俾斯麥操弄假普選的情況下，
馬克思強調：德國工人不該簡單地訴諸「憲章派的普選權口號」。

　　但在 1871 年倫敦會議上的前引發言中，馬恩對工人政黨參與議會選
舉的態度，已顯得更為積極：「每一個選進議會的工人，都是對政府的一

---

299 Engels（*MECW*, 22: 417），恩格斯（馬恩全集 I，17：449-450），1871 年 9 月 21 日在
　　倫敦會議上關於工人階級政治行動的發言稿。

300 Marx（*MECW*, 43: 133），馬克思（馬恩全集 I，32：557），1868 年 10 月 13 日致施
　　韋澤。

301 Engels（*MECW*, 42: 266），1866 年 4 月 13 日致馬克思。

302 Steenson（1981: ch. 2）、Wehler（1985: 80）。

次勝利」。這暗示：就算只是花瓶議會，也應當把「選進議會」用作一種武器。

那麼，1875 年〈哥達綱領批判〉「正是在〔民主共和國〕下，階級鬥爭要進行最後的決戰」[303] 之說，又是何所指？由於德國不是民主共和國，在階級鬥爭能進行決戰以前，應先推翻帝制、走向共和嗎？〈哥達綱領批判〉未明確提出「共和革命先行」論，儘管有此暗示。[304]

1878 年 12 月，馬克思在接受《芝加哥論壇報》的專訪時，被問到：「現在據聞卡爾‧馬克思說，在美國、英國，可能還有法國，勞動改革將不必通過流血革命而實現；但在德國，還有俄國、義大利和奧地利，則一定會流血」。他的回答是：任何人都可以預見

> 俄羅斯、德國、奧地利將發生流血革命，而且還可能有義大利，如果義大利人繼續實行當前的政策。法國革命的所作所為，有可能在那些國家重演。

另一方面，他似乎默認了「在美國、英國，可能還有法國，勞動改革將不必通過流血革命而實現」，或至少未提出異議。[305] 與此相仿，在 1872 年 9 月的阿姆斯特丹談話中，他已經表示：美國、英國，可能加上荷蘭，或可用和平手段去實現工人統治；但在大多數歐陸國，「革命槓桿必定是強力」。[306]

1879 年 1 月底，馬克思接受英國國會議員格蘭特‧達夫（M. E. Grant Duff）的邀請，兩人在倫敦的德文郡俱樂部見面。達夫是維多利亞長公主

303　Marx（*MECW*, 24: 96）。

304　另見本章第四節。Cf. Wehler（1985）、韋勒（2009）論德意志帝國。

305　Marx（*MECW*, 24: 576, 667 fn. 618），馬克思（馬恩全集 II，25：649-650），1878 年 12 月受訪，1879 年 1 月 5 日刊於《芝加哥論壇報》。

306　Marx（*MECW*, 23: 255），馬克思（馬恩全集 I，18：179），1872 年 9 月 8 日在阿姆斯特丹集會上的演說。參見第八章第七節。

的特使，會後立刻向長公主報告了談話內容。據達夫轉述，當他問「您怎麼能期望軍隊起來反抗指揮官？」時，馬克思答曰：「您忘了在今天的德國，軍隊幾乎就等於國民。您聽到的這些社會主義者，和任何其他人一樣是受過訓練的士兵」。達夫進一步問到，「假設您設想的革命發生了，您的共和式政府成立了 —— 這距離您和您的朋友的獨特想法〔即共產主義〕的實現也還是很遙遠」。對此，馬克思的答覆是：「毫無疑問，一切偉大的運動都是緩慢的。你們的 1688 年革命也只是改善事情的一步 —— 路上的一站而已」。[307]

　　達夫把馬克思描述成一位「共和先行」論者。對此，馬克思未提出異議。但達夫轉述的以上內容，是否貼切反映了馬克思的立場？又有多少成分屬於馬克思的「外交辭令」？這些或仍有商榷的餘地，但此處不贅。馬克思在 1872 年的阿姆斯特丹講話中，未論及歐陸專制國的共和化。他的具體措詞是：在大多數歐陸國，「為了建立工人的統治，總有一天必須訴諸強力」。[308] 在前述《芝加哥論壇報》的訪談中，他提到俄羅斯、德國、奧地利「將發生流血革命」，但這指的是何種革命，則未加申論。就俄國而言，他期待的是推翻沙皇專制的革命。但在德國，是推翻專制帝國的民主／共和革命嗎？或「民主與社會共和」革命？還是共和革命轉共產革命？或直奔共產革命？可惜的是，馬克思未進入這些細節。[309]

　　前文提及，馬恩在 1879 年針對「蘇黎世三人團」的告別革命論，提出了尖銳批評。伯恩斯坦等人宣稱，「如今在《反社會主義法》的壓迫下，黨表明它不打算走暴力的、流血的革命道路，而是決心要……走合法的即改良的道路」。馬恩則質問：要是柏林又發生三一八事件（指 1848

---

307 Marx（*MECW*, 24: 581, 669 fn. 632），馬克思（馬恩全集 II，25：655-656），1879 年 2 月 1 日達夫致維多利亞長公主。

308 Marx（*MECW*, 23: 255），馬克思（馬恩全集 I，18：179）。

309 馬克思在 1848 年的「民主／共和革命先行」論，參見第五章第一節和第三節。雖然晚期馬克思並未駁斥達夫對他的定位（即「共和在先，共產在後」），但這是否真是他的立場，依然難以確知。

年德國三月革命），難道社民黨要「和光榮的軍隊站在一起，向偏狹的、粗魯的、沒教養的群眾進軍？」易言之，堅持在任何情況下都一定守法、都不起義，根本是荒謬的。[310]

晚期馬恩的「革命」表態，比比皆是，在此毋須贅述。但值得一提的是，馬克思在 1880 年給海德門（Henry Hyndman）的一封信中，暗示英國可能不需要任何革命。

> 英國的革命不是必然的，但（按照歷史上的先例）有此可能。要是不可避免的演化變成了革命，那就不僅是統治階級的錯，也是工人階級的錯。

英國可望和平地演化出工人統治，因此「革命不是必然的」。但革命依然是可能的 —— 如果「英國工人階級不知道如何運用他們合法擁有的力量和自由」。[311] 這裡出現了一個新的提法：英國也許不需要革命。

同在 1880 年，馬克思協助蓋德（Jules Guesde）草擬法國工人黨的競選綱領。拉法格（Paul Lafargue）和恩格斯也參與其中。[312] 由馬克思起草的綱領前言，扼要強調了以下幾點。首先，「生產階級的解放，是不分性別或種族的全人類解放」。生產工具的集體占有「只能由組織成一個獨立政黨的生產階級（或無產階級）的**革命行動**去實現」。因此，

> 須通過無產階級能支配的一切手段，包括**普選權**，去追求這樣一種組織。普選權也將從迄今為止的欺騙工具，轉變為**解放工具**。

310　Marx and Engels（*MECW*, 24: 265），馬恩（馬恩全集 II，25：357），致倍倍爾、李卜克內西、白拉克等人的通告信。

311　Marx（*MECW*, 46: 49），馬克思（馬恩全集 I，34：456），1880 年 12 月 8 日致海德門。

312　這份綱領的形成背景，參見 Marx and Engels（*MECW*, 24: 637 fn. 383）。以及 Engels（*MECW*, 46: 148），1881 年 10 月 25 日致伯恩斯坦。另見 Nicholls（2019: ch. 6）、Moss（1976: ch. 4）論「馬克思主義」在彼時法國的興起。

　　　法國社會主義工人提出其經濟方面努力的最終目的，是把全部生產
工具收歸集體所有，並決定以下述的最低綱領參加選舉，以作為**組織
和鬥爭的手段**。[313]

　　在前言之外，馬克思和蓋德擬出多項立即的政經要求，包括出版自由、集
會和結社的自由、取消對宗教團體的補助、抑制公共債務、廢除常備軍、
公社成為行政和警察的主人、八小時工作日、法定最低工資、兩性同工同
酬、對老年人和身障者的責任、雇主對事故的責任、國有作坊交給工人經
營、取消一切間接稅……等等。[314] 在馬克思看來，這些最低要求係出於工
人階級的實際鬥爭，有助於工人階級政黨的茁壯。但他後來發現，蓋德和
拉法格不但不重視這些要求，甚至希望它們無法實現，以利無產階級看穿
改良主義的謊言。對此，他相當反感，斥之為「革命的空話」。[315] 他告訴
拉法格：如果你們代表馬克思主義，那麼，「可以確定的是，我不是馬克
思主義者」。[316]

　　以上，是晚期馬克思關於工人階級政治道路的主要說法。在英國，工
人階級通過政治自由和選舉權的合法行使，可望和平長入新社會。在法蘭
西第三共和，工人階級應把普選權用作「組織和鬥爭的手段」，最終以革
命行動「把全部生產工具收歸集體所有」。在德國，工人階級應運用一切
工具（包括普選權，也包括集會結社的自由、出版自由等）壯大自己，並
通過「民主共和國」以實現工人革命。

313　Marx（*MECW*, 24: 340），馬克思（馬恩全集 II，25：442-443），〈《法國工人黨綱領》
　　前言〉。

314　最低綱領的各項要求，見 Marx and Engels（*MECW*, 24: 638-639 fn. 384）。恩格斯後
　　來表示，「法定最低工資」是蓋德堅持要加入，而不是馬克思或他的主張。見 Engels
　　（*MECW*, 46: 149），1881 年 10 月 25 日致伯恩斯坦。

315　Moss（1976: 116）。

316　經由恩格斯的轉述，這句名言變得廣為人知。見 Engels（*MECW*, 46: 356），恩格斯
　　（馬恩全集 I，35：385），1882 年 11 月 2-3 日致伯恩斯坦。以及 Engels（*MECW*, 27:
　　70），恩格斯（馬恩全集 I，22：81），1890 年 9 月〈回覆《薩克森工人報》編輯部〉。

恩格斯的繼續發揮

　　1890 年 2 月，德國社民黨在帝國議會的選舉中得到 143 萬票，得票率接近 20%（選民數在 1,000 萬左右），成為國會第二大黨。同年，俾斯麥下臺。由於新政府決定不延用《反社會主義法》，社民黨遂得以合法化。[317] 對於社民黨得票數的迅速成長，恩格斯難掩興奮之情，視之為「德國革命的開端」。[318] 他的樂觀尤其表現於 1892 年〈德國的社會主義〉[319] 和 1895 年〈《法蘭西階級鬥爭》導言〉[320] 兩篇文字。

　　馬克思在 1883 年去世，恩格斯在 1895 年去世，相隔了 12 年之久。恩格斯在 1890-1895 年間，格外看好社民黨的選情。1892 年，他「希望再過 10 年左右，德國社會黨將取得政權」。[321] 1895 年，他說該黨在「本世紀末」就會成為「決定性力量」。[322] 1894 年，他在〈論早期基督教的歷史〉中宣稱：

　　　　基督教和工人的社會主義都宣傳人們將從奴役和悲慘中解脫。……兩者都勝利地、不可抗拒地向前邁進。基督教在它出現 300 年後，成了羅馬世界帝國的公認國教；社會主義則在幾乎不到 60 年內，就爭得了使它絕對必勝的地位。[323]

317　Steger（1999: 183）、Steenson（1981: 48）。

318　Engels（*MECW*, 48: 454），1890 年 2 月 26 日致蘿拉・拉法格（Laura Lafargue）。Cf. Engels（*MECW*, 27: 3-6），1890 年 3 月〈德國 1890 年的選舉〉。

319　Engels（*MECW*, 27: 235-250）。

320　Engels（*MECW*, 27: 506-524）。

321　Engels（*MECW*, 27: 537），恩格斯（馬恩全集 I，22：622），恩格斯訪談，載於 1892 年 4 月 6 日《閃電報》。

322　Engels（*MECW*, 27: 521-522），恩格斯（馬恩全集 I，22：609），1895 年〈《法蘭西階級鬥爭》導言〉。Cf. Wilde（1999: 204）。

323　Engels（*MECW*, 27: 447），恩格斯（馬恩全集 I，22：525），1894 年〈論早期基督教的歷史〉。Cf. Balibar（1994: 119-123）。

這段話洋溢的樂觀之情，在馬克思的最後 10 年是找不到的。晚期馬克思不認為西歐工人革命已指日可待，甚至表示「一切偉大的運動都是緩慢的」。[324]

關於德國和西歐的社會主義政黨，恩格斯多次重申以下的政治要點。首先，社民黨或社會黨人應爭取在「民主共和國」這種政治／國家形式下，展開與布爾喬亞的決定性鬥爭。其二，應積極運用普選權以壯大自己。這適用於德國，也適用於其他西歐國如法國、[325] 奧地利、[326] 義大利 [327] 等。其三，不應放棄自身的革命黨定位。在德國，由於統治者很可能率先動用暴力，社民黨人不該宣稱在任何情況下都只採取合法手段。當務之急是厚植自身實力，為革命的決戰做好準備。[328]

關於「民主共和國」，恩格斯在 1884 年《家庭、私有制和國家的起源》中指出：

> 國家的最高形式，**民主共和國**，在我們現代的社會條件下正日益成為一種不可避免的必然性。它是無產階級和布爾喬亞**能在其中展開最後的決定性鬥爭的唯一國家形式**。[329]

---

324 Marx（*MECW*, 24: 581）。Cf. Wilde（1999: 203-205）。

325 Engels（*MECW*, 27: 399），1893 年 4 月 14 日〈儘管如此：為慶祝 1893 年五一節給法國工人的賀信〉，載於 1893 年 4 月 23 日《社會主義者》。以及 Engels（*MECW*, 27: 516），1895 年〈《法蘭西階級鬥爭》導言〉。

326 Engels（*MECW*, 27: 406, 622 fn. 373），1893 年 9 月 14 日在維也納社會民主大會上的演說，載於 1893 年 9 月 15 日《新自由報》。以及 Engels（*MECW*, 27: 442），1894 年 3 月 22 日〈致奧地利黨第四次代表大會〉。

327 Engels（*MECW*, 27: 439-440），〈未來的義大利革命和社會黨〉，載於 1894 年 2 月 1 日《社會批評》。Cf. Wilde（1999: 204）。

328 Engels（*MECW*, 26: 308-309），1885 年〈《卡爾・馬克思在科隆陪審法庭面前》序言〉；Engels（*MECW*, 48: 423），1889 年 12 月 18 日致 Gerson Trier；Engels（*MECW*, 27: 522-523），1895 年〈《法蘭西階級鬥爭》導言〉。

329 Engels（*MECW*, 26: 272, 640 fn. 77），恩格斯（馬恩全集 II，28：201），1884 年《家庭、私有制和國家的起源》。

這差不多就是馬克思在 1875 年〈哥達綱領批判〉的提法。[330] 除此之外，恩格斯把普選制形容為「工人階級成熟度的尺規」，並稱「在普選制的溫度計標示出工人沸點的那一天，工人和資本家就都知道該怎麼辦了」。在此，參選不等於放棄革命，而是對革命溫度的測試。[331] 隔年 1885 年，恩格斯出於對黨內（非革命的、反馬克思的）選舉派的不滿，建議李卜克內西乾脆讓黨分裂，別再繼續和「小布爾喬亞」機會主義者糾纏不清。[332]

1891 年，恩格斯對艾爾福特綱領草案提出批評。[333] 在這篇著名文字（以下簡稱〈艾爾福特綱領（草案）批判〉）中，他強調德國以其目前的政治制度，不可能和平長入社會主義。

現在有人因害怕《反社會主義法》重新恢復，……就想要黨承認在德國的現行法律秩序下，可以通過和平手段實現黨的一切要求。他們力圖使自己和黨相信「當前社會正在長入社會主義」，而不問一下自己，是否這樣一來，……就毋須用暴力去粉碎〔德國半專制的政治制度的桎梏〕。可以設想，**在人民代表把一切權力集中在自己手裡，只要取得多數人民的支持，就能夠按憲政規矩去推行自己議程的國家裡，舊社會可能和平長入新社會，比如在法國和美國那樣的民主共和國，在英國那樣的君主國**……。但是在德國，政府幾乎有無上的權力，帝國議會及其他一切代議機構毫無實權……[334]

---

330 Cf. Marx（*MECW*, 24: 96）。參見本章第四節。

331 Engels（*MECW*, 26: 272），恩格斯（馬恩全集 II，28：201）。

332 Engels（*MECW*, 47: 258），1885 年 2 月 4 日致李卜克內西。

333 恩格斯所批評的草案版本（李卜克內西的第二版），見 Marx and Engels（*MECW*, 27: 595-597 fn. 184）。

334 Engels（*MECW*, 27: 226），恩格斯（馬恩全集 I，22：273），1891 年 6 月〈艾爾福特綱領（草案）批判〉。

關於民主共和國，〈哥達綱領批判〉舉的例子是瑞士和美國（加上法國工人的共和綱領），恩格斯則是以法國第三共和和美國為例。他表示，在民主共和國以及英國那樣的君主國，工人階級可望和平取得政權。但當前的德國不屬於這類國家。

　　我們的黨和工人階級只有在**民主共和國**這種政治形式下，才能取得統治。民主共和國甚至就是**無產階級專政的特定形式**，法國大革命已經證明了這一點。……在德國，連一個共和黨綱都不能公開提出的事實，證明了那種以為可以用和平寧靜的方法建立共和國，不僅建立共和國，還建立共產主義社會的想法，根本完全錯誤。

儘管如此，恩格斯並未堅持社民黨把「共和」納入黨綱。他退而求其次，希望黨綱至少能提出「把一切政治權力集中在人民代表手中」的民主化要求。[335]

　　恩格斯對「民主共和國」的重要性（甚至必要性）的強調，亦見於1892年〈答尊敬的卓凡尼・博維奧（Giovanni Bovio）〉：「馬克思和我在40年間反覆重申，在我們看來，民主共和國是工人階級和資本家階級的鬥爭能夠先被普遍化，再以無產階級的決定性勝利告終的唯一政治形式」。[336]又見於1894年〈未來的義大利革命和社會黨〉：「正如馬克思所說，布爾喬亞共和國是無產階級和布爾喬亞能在其中進行決戰的唯一政治形式」。[337]

　　在1848年德國革命期間，《新萊茵報》確曾把民主共和國視作階段性的奮鬥目標。但在路易・波拿巴（後來再加上俾斯麥）的統治下，馬

335　Engels（*MECW*, 27: 227），恩格斯（馬恩全集 I，22：274）。

336　Engels（*MECW*, 27: 271），恩格斯（馬恩全集 I，22：327），〈答尊敬的卓凡尼・博維奧〉，載於1892年2月16日《社會批評》。

337　Engels（*MECW*, 27: 439），恩格斯（馬恩全集 I，22：516），〈未來的義大利革命和社會黨〉，載於1894年2月1日《社會批評》。

恩一度認為：波拿巴主義可能才是布爾喬亞社會的政治歸宿。與此有關，
《法蘭西內戰》表示：波拿巴帝國「是在布爾喬亞已喪失治國能力，而工
人階級又尚未獲得這種能力時，唯一可能的統治形式」。[338] 在此，「民主
共和國」作為布爾喬亞社會「最後」的國家形式之說，並未得到伸張。所
謂「馬克思和我在 40 年間反覆重申……」，故難稱準確。

　　1890 年，德國社民黨內出現一群以「革命馬克思主義者」自居的新
生代。其中有人質疑社民黨已墮落成了「議會主義」黨，甚至直接挑戰倍
倍爾的權威。在此情況下，恩格斯出面捍衛了社民黨的選舉參與，並批評
這群年輕人沉溺於虛矯的革命姿態。[339] 那麼，恩格斯倒向了改良主義、議
會主義或選舉主義嗎？

　　實際上，恩格斯並不認為社民黨能通過選舉，和平地取得政治權力。
在他看來，帝國統治者極可能在社民黨取得多數以前，就全面鎮壓社民
黨。他在 1892 年〈答尊敬的卓凡尼‧博維奧〉中說道：

> 我從未說過社會黨將取得多數，接著就取得政權。與此相反，我明
> 確說過，十之八九我們的統治者早在那個時刻到來以前，就會用暴力
> 來對付我們。這將使我們從議會鬥爭的舞臺轉到革命的舞臺。[340]

在博維奧質疑的〈德國的社會主義〉一文中，恩格斯已經表示：「毫無疑
問，他們會先開槍。……他們將訴諸非法行為，訴諸暴力行動」。但既然
如此，為什麼社民黨還要參選？因為參選使社民黨的支持者持續增加，使

338　Marx（*MECW*, 22: 330）。Cf. Engels（*MECW*, 42: 266）。參見第六章第二節。

339　見 Engels（*MECW*, 27: 69-71），1890 年 9 月〈回覆《薩克森工人報》編輯部〉。Cf.
　　Lidtke（1966: 305-319）。恩格斯對這群年輕人的革命姿態，頗不以為然。但其中也有
　　恩格斯較欣賞的幾位。恩格斯正是在回應他們的提問時，強調經濟只是「最終的」決
　　定因素，政治和意識型態也有一定的（反）作用力。見 Engels（*MECW*, 49: 59-63），
　　1890 年 10 月 27 日致施密特（Conrad Schmidt）。Cf. S. Pierson（1993: 26-34）、Steger
　　（1999: 187-190）。

340　Engels（*MECW*, 27: 271），恩格斯（馬恩全集 I，22：327）。Cf. Steger（1999: 193）。

工人階級的力量日益茁壯。不過，「德國社會主義的主要力量絕不在選民的人數」，而在德國的士兵。

> 在我們國家，25 歲才能成為選民，但 20 歲就能成為士兵。正因為社民黨的新成員大都來自年輕一代，德國軍隊愈來愈受到社會主義的感染。現在有 1/5 士兵站在我們這邊，再過幾年將有 1/3，而在 1900 年以前，這支以往在德國最具有普魯士精神的軍隊，將有過半的社會主義者。[341]

這呼應了馬克思 1879 年的說法：

> 在今天的德國，軍隊幾乎就等於國民。您聽到的這些社會主義者，和任何其他人一樣是受過訓練的士兵。您不能只想到常備軍，還要想到後備軍。即使在常備軍裡也存在許多不滿。從來沒有一支軍隊，有這麼多人因紀律嚴酷而自殺。從向自己開槍到向長官開槍這一步之差並不大，而且，此例一開很快就會有人仿效。[342]

在 1895 年〈《法蘭西階級鬥爭》導言〉[343] 中，恩格斯給出了一套更完整的陳述。德國工人的一大貢獻，正在於向各國同志「展示了如何利用普

---

341 Engels（*MECW*, 27: 240），恩格斯（馬恩全集 I，22：291-292），1892 年〈德國的社會主義〉。另見 Wilde（1999: 205-209）。

342 Marx（*MECW*, 24: 581），馬克思（馬恩全集 II，25：655），1879 年 2 月 1 日達夫致維多利亞長公主。

343 1895 年〈《法蘭西階級鬥爭》導言〉常被視為恩格斯的政治遺囑。它前後有 3 個版本：讓社民黨高層感到焦慮的恩格斯原版；李卜克內西未徵得恩格斯同意，逕自刪除敏感字句，引起恩格斯強烈抗議的李版；以及，恩格斯針對初稿進行若干修訂，然後交給考茨基發表的自我審查版。20 世紀流傳較廣的是未經刪節的恩格斯原稿。見 Marx and Engels（*MECW*, 27: 632-633 fn. 449）、Rogers（1992: 55-57）、Steger（1999: 191-192）、Wilde（1999: 199）。

選權」。時至今日，「布爾喬亞和政府害怕工人政黨的合法活動，更甚於它的不合法活動」。

> 舊式的起義，在 1848 年以前到處都起過決定作用的築壘的巷戰，現在已經陳舊了。……只要我們不糊塗到任憑那些〔自稱為秩序黨的〕黨派把我們騙入巷戰，他們最後只有一條出路：自己去破壞這個致命的合法性。[344]

統治當局遲早會動用暴力。當那一天到來時，倘若工人階級已有更大的力量，就有一搏的機會。

> 我們現在已能指望有 225 萬選民。如果這樣繼續下去，本世紀末就能贏得大部分的社會中等階層、小布爾喬亞和小農，[345] 成長為國內的決定性力量。其他一切勢力不管願意與否，都得向它低頭。我們的主要任務，就是毫不中斷地促使這個力量增長到超出當前的政府系統所能控制，就是不把這個日益增強的力量愚蠢地浪費在前哨戰，而是把它好好保存到**決戰**的那一天。

當統治者毀憲、施暴時，決戰時刻隨之到來。屆時，社民黨將不排除以牙還牙，為了抵抗政府的暴力而還以暴力：「如果你們破壞帝國憲法，社民黨也就不再受約束，而能隨心所欲地對付你們。但它究竟會怎麼做，今天不會告訴你們」。[346] 最後，恩格斯再度對照了社會主義和基督教，並把基督教的勝利歸因於「軍隊中絕大多數都是基督徒」。這暗示：德國的士兵

---

344 Engels（*MECW*, 27: 515-517, 522），恩格斯（馬恩全集 I，22：601、603、610）。

345 這樣一種聯合「社會中等階層、小布爾喬亞和小農」的策略思維，可溯及恩格斯 1847 年 10 月〈共產主義原則〉（*MECW*, 6: 350），和馬恩在 1848 年 3 月擬的〈共產黨在德國的要求〉，（*MECW*, 7: 3-5）。參見第五章第一節。

346 Engels（*MECW*, 27: 521-523），恩格斯（馬恩全集 I，22：609、611）。

可望倒向社會主義，使社民黨在革命的決戰中獲勝。[347]

革命過渡與民主化

在馬克思和恩格斯的用法中，「無產階級專政」既有行使臨時權力之意，亦是革命過渡時期的總稱。其要旨是：無產階級奪取政治權力，使自身成為統治階級，把生產工具和土地收歸國有，廢除市場和貨幣，以「對事物的管理」去取代「對人的統治」。當革命過渡完成了以後，階級不復存在，公權力也將失去政治性，不再成其為政府／國家。[348]

1891 年，繼〈哥達綱領批判〉在年初出版後，[349] 恩格斯寫了〈《法蘭西內戰》導言〉和〈艾爾福特綱領（草案）批判〉。這三篇文字都提到無產階級專政。由於〈哥達綱領批判〉中的「無產階級的革命專政」一詞遭到黨內質疑，這讓恩格斯頗為不滿。[350] 因此，他很可能是故意在自己的文中再提「無產階級專政」，以嘲諷社民黨人的膽小。

在恩格斯關於革命專政的論述中，較具爭議性的是〈《法蘭西內戰》導言〉的以下說法：「想知道無產階級專政是什麼樣子嗎？請看看巴黎公社。那就是無產階級專政」。[351] 還有〈艾爾福特綱領（草案）批判〉的前引段落：「我們的黨和工人階級只有在民主共和國這種政治形式下，才能取得統治。民主共和國甚至就是無產階級專政的特定形式，法國大革命已經證明了這一點」。[352] 在此，「法國大革命」係指巴黎公社，而不是 1789 年、1830 年或 1848 年的法國革命。[353]

---

347 Engels（*MECW*, 27: 523-524），恩格斯（馬恩全集 I，22：611-612）。

348 參見第八章第七節、第五章第六節、第四章第七節。

349 Cf. Engels（*MECW*, 27: 92-93, 585 fn. 133），1891 年 1 月 6 日〈〈哥達綱領批判〉序言〉。

350 社民黨甫從非法政黨變成合法政黨，因擔心政府又祭出《反社會主義法》之類的法案，故力行自我審查，避免過激的用詞。另見 Draper（1986: 310-315; 1990: 70-71）。

351 Engels（*MECW*, 27: 191）。

352 Engels（*MECW*, 27: 227）。

353 Draper（1986: 318-319）。

　　恩格斯把巴黎公社關聯到無產階級專政，這其實頗成問題。但另一方面，他從巴黎公社汲取了一項重要啟示：在革命過渡期間，須盡可能及早除去舊國家機器的最壞面向，也就是將之民主化。[354] 就此而言，「無產階級專政」除了鎮壓階級敵人的一面外，也還有推進民主化的一面。

　　《法蘭西內戰》並未把巴黎公社視作無產階級專政，而是稱之為「終於發現的、藉以促進勞動的經濟解放的政治形式」。[355] 由於公社不曾推動革命轉型，巴黎市民也稱不上是革命無產階級（主要是靠工作維生的工作階級），恩格斯硬把公社說成「無產階級專政」是有誤的。[356] 馬克思在 1881 年表示，「公社的大多數人不是社會主義者，也不可能是」[357] —— 這個說法要貼近現實。

　　恩格斯的前引文字，還造成了另一些混淆。從 1884 年到 1894 年，他多次表達「工人階級只有在民主共和國這種政治形式下，才能取得統治」之意。但「民主共和國」何所指？在大多數陳述中，它指的是布爾喬亞共和國（如美國、法蘭西第三共和），而不是巴黎公社。〈艾爾福特綱領（草案）批判〉則兩者並舉。在法國語境下，巴黎公社也是共和國，一種「民主與社會共和國」。[358] 那麼，「只有在民主共和國這種政治形式下，才能取得統治」之說，指的究竟是哪一種民主共和國？這是恩格斯語焉不詳之處。

　　當然，恩格斯並未主張德國社民黨人上街起義，效法巴黎市民去和軍隊爭奪大砲。巴黎公社的出現有其偶然性，用馬克思 1881 年的話來說，它是「在例外情況下的一個城市起義」。[359] 要再複製出那些特定條件，幾乎不可能，也沒有必要。那麼，恩格斯讚揚巴黎公社的主要目的何在？

354　Engels（*MECW*, 27: 190）。

355　Marx（*MECW*, 22: 334）。

356　參見第八章第四節和第六節，此處不贅。

357　Marx（*MECW*, 46: 66），1881 年 2 月 22 日致紐文胡斯。

358　Stedman Jones（2016: 495, 498）。

359　Marx（*MECW*, 46: 66），1881 年 2 月 22 日致紐文胡斯。

　　恩格斯認為，巴黎公社仍能給德國社會主義者以重要的啟發，尤其是關於革命過渡時期的國家。他在〈《法蘭西內戰》導言〉一文中，藉由對巴黎公社的回顧，闡發了一個重要的馬克思論點：共產革命應翻轉國家和社會的關係，「把國家從一個壓在社會之上的機關，變成完全臣服於社會」。[360] 恩格斯指出，即使在美國這樣的民主共和國，兩大黨也只是表面上替國民服務，實際上都是在掠奪、宰制國民。相對於此，

　　　　為了防止國家和國家機關從社會的僕人變成社會的主宰者，……公社採取了兩個正確的辦法。第一、它把行政、司法和教育方面的一切職位，交給由普選選出來的人擔任，並規定選舉者可以隨時撤換被選舉者。第二、它對所有公職人員，不論職位高低，都只付給跟其他工人一樣的工資……

　　　　粉碎舊的國家權力，並以新的、真正民主的國家去代替，在《法蘭西內戰》第三章已有詳細的描述。但這裡再一次簡單提及它的幾個特點，是有必要的，因為特別是在德國，對國家的迷信已經從哲學方面，被帶到布爾喬亞甚至很多工人的一般意識中去了。[361]

　　恩格斯對巴黎公社的描述，頗不準確。公社根本沒有時間經常選舉，遑論一切職位都由普選產生。所謂的隨時撤換，從頭到尾只是一個理想而已。公社亦未「粉碎」舊的國家權力，而是後者自行轉移到了凡爾賽，遂把巴黎留給了普通市民。但此處的重點，不在恩格斯是否準確描述了公社，而在「防止國家和國家機關從社會的僕人變成社會的主宰者」的問題意識。恩格斯設想的主要解方，就是「把行政、司法和教育方面的一切職位，交給由普選選出來的人擔任，並規定選舉者可以隨時撤換被選舉者」。此與〈艾爾福特綱領（草案）批判〉主張的「把一切政治權力集中

360　Marx（*MECW*, 24: 94），〈哥達綱領批判〉。
361　Engels（*MECW*, 27: 189-190），恩格斯（馬恩全集 I，22：227-228）。

在人民代表手中」，可謂如出一轍。

值得注意的是，恩格斯把這個思路扣連到了革命過渡。

> 實際上，國家無非是一個階級鎮壓另一個階級的機器，這在〔布爾喬亞〕民主共和國和在君主制下幾無差異。國家至多不過是無產階級在爭奪階級霸權的鬥爭勝利以後，繼承下來的一個禍害。勝利的無產階級將和公社一樣，不得不**盡可能及早除去**這個禍害的**最壞面向**——直到在新的、自由的社會條件下成長起來的**新一代**，能夠把這**全部的國家廢物**拋掉為止。[362]

什麼是國家的最壞面向？就馬恩而言，這必然包括在普魯士王國、波拿巴帝國、德意志帝國得到高度發展的「軍事官僚主義國家」。[363] 因此，以國民兵取代常備軍和一切公職由普選選出來的人擔任（可隨時撤換、隨時改選），大致就是無產階級在取得政治權力之後，在推動革命過渡之時，就應當及早付諸實現的新政。[364]

對恩格斯來說，及早除去舊國家機器的最壞面向，「以新的、真正民主的國家去代替」，和無產階級在階級鬥爭中贏得勝利、成為統治階級之間，並無衝突之有。在德國，也只有當無產階級「在爭奪階級霸權的鬥爭勝利以後」，才會有力量去摧毀舊的軍事官僚國家機器。

〈《法蘭西內戰》導言〉的以上見解，繼承、發揮了《法蘭西內戰》「工人階級不能簡單地掌握現成的國家機器」的論點。[365] 可以說，恩格斯（至少在 1891 年〈《法蘭西內戰》導言〉）十分明確地把「除去舊國家機器的最壞面向」和「全面民主化」列為無產階級專政（革命過渡時期）的重要任務。

362　Engels（*MECW*, 27: 190），恩格斯（馬恩全集 I，22：228-229）。

363　Marx（*MECW*, 24: 96），〈哥達綱領批判〉。

364　Cf. Martov（2022 [1923]: 94-98）。

365　Marx（*MECW*, 22: 328）。

《艾爾福特綱領》的起落

當恩格斯說《艾爾福特綱領》代表著「馬克思的批判取得了完全勝利」，[366] 他並未誇大其詞。毫無疑問，新黨綱帶有深刻的馬克思印記。

和 1880 年《法國工人黨綱領》相似，1891 年《艾爾福特綱領》分為兩個部分：第一部分是基本目標的陳述；第二部分是立即的政經要求。[367] 由考茨基起草的第一部分，從小生產者的無產階級化和生產工具的壟斷化切入，直指布爾喬亞和無產階級的階級鬥爭正愈演愈烈。資本主義生產方式的危機已愈發廣泛、愈發深重，生產力已脫離社會的控制，生產工具的私有制已窒礙難行。唯一出路就是把生產工具變為社會財產，實行社會主義生產。這個轉型只能由工人階級自己去達成，而為此，工人階級須先取得政治權力。德國社民黨的使命就是「把工人階級的鬥爭，塑造成一種有意識的、統一的鬥爭」，最終「消滅階級宰制和階級本身」。[368]

由伯恩斯坦起草的第二部分，列出了立即的政經要求，加上專為保護工人階級而提出的特定要求。前者包括：普遍、平等和直接的、不分性別的選舉權，祕密投票，比例代表制；人民的直接立法，「帝國、各邦、省、市鎮的人民自決和人民自治」，行政官員由人民直選；以國民兵取代常備軍；廢除一切歧視女性的法律；廢除限制或壓制「意見的自由表達和結社集會權利」的法律；廢止用於宗教的公共經費；教育的世俗化，小學義務教育；免費的司法和法律扶助，由人民選舉法官，廢除死刑；免費的醫療；累進的所得稅和財產稅，廢除一切間接稅……等等。[369]

比起馬克思擬的《法國工人黨綱領》前言，《艾爾福特綱領》的第一部分更完整地呈現出馬克思革命思想的要點，包括工人階級的自我解放，取得政治權力以推動社會化，乃至消滅一切階級。[370] 第二部分雖未提出

366　Engels（*MECW*, 49: 266）。
367　《艾爾福特綱領》的全文，附錄於 Lidtke（1966: 335-338）。另見 Rogers（1992: 14-20）。
368　Lidtke（1966: 335-336）。
369　Lidtke（1966: 337-338）。Cf. Steger（1997: 62-64）。
370　Kautsky（1910 [1892]）、Steenson（1978: 98-101）。

「共和」訴求，但列出一系列民主化要求。比起《法國工人黨綱領》，這張民主化清單更顯全面。可以說，《艾爾福特綱領》要比《法國工人黨綱領》更馬克思。[371]

但在當時德國，不只是走向共和的路被堵住了，《艾爾福特綱領》中的大多數民主化要求，亦沒有實現的可能。正是在此情況下，恩格斯建議社民黨人運用手中一切合法工具，尤其選舉，以厚植自身實力，做好迎接「決戰」的準備。但贏得勝利的工人階級是要先建立民主共和國？還是直接實現社會主義？總的來看，晚期恩格斯並沒有堅持「共和在先，共產在後」的階段論，而是指向社會主義（尤其在德國）的全面勝利。

如今我們知道，恩格斯是過於樂觀了。德國社民黨的得票數，並沒有一路直線上升。在 1907 年的選舉挫敗後，社民黨內的左右分歧愈演愈烈。倍倍爾嚴厲斥責考茨基 1909 年《到權力之路》「階級戰爭在即，應準備革命」之說，甚至拒絕這本冊子的再版。考茨基在黨內壓力下妥協，又回到守株待兔式的「等待革命時機成熟」論。[372] 與此同時，以盧森堡和潘涅庫克（Antonie Pannekoek）為主要代表的革命左派，也漸趨抬頭。[373]

《艾爾福特綱領》取得的「完全勝利」，因而是短暫的。無論是《法國工人黨綱領》還是《艾爾福特綱領》，都假設「革命」（革命運動、革命目標等）和「選舉」（包括立即的改革要求）不相衝突。但從後來的政治發展來看，這個立場維持不易。[374] 對於修正主義者伯恩斯坦而言，如果資本主義不會陷入致命的經濟崩潰，如果階級的兩極分化遠不如理論預期，或如果堅持工人階級本位的路線得不到更多選票，那麼，告別革命、放棄「終極目標」，就是更合理的政治選擇。[375]

---

371 《法國工人黨綱領》的最低要求清單，見 Marx and Engels（*MECW*, 24: 638-639 fn. 384）。

372 S. Pierson（1993: 229-235）、Steenson（1978: ch. 5）、Salvadori（1990 [1979]: pt. V）。

373 S. Pierson（1993: 235-244）。Cf. Hudis and Anderson eds.（2004）、Kolakowski（1978b: ch. III）、Geras（1976）。

374 Cf. Wilde（1999）、Steger（1999）。

375 Bernstein（1993 [1899]）。另見 Steger（1997）、Tudor（1988）、Tudor and Tudor eds. （1988）、Gay（1979 [1952]）。

改良主義者和新舊的修正主義者，大都是「布爾喬亞民主」和「布爾喬亞共和國」的促進者。隨著政治環境的變化，有些社民黨人（如倍倍爾）雖仍自稱是馬克思主義者，但也已漸漸遠離了革命的目標。另一方面，革命左派期以大罷工等高強度的「劇場」，去喚起工人群眾的革命意識和革命行動。此種極左派往往結合了經濟崩潰論、革命行動主義，連同對大寫的無產階級的信仰。[376] 一戰前夕，在左右兩邊的不斷拉扯下，以考茨基為首的「中派」實已搖搖欲墜。[377]

這也意味著，以《艾爾福特綱領》為代表的古典馬克思主義政綱 —— 因理論與現實之間逐漸擴大的間隙 —— 已變得難以為繼。

七、政治拒絕終結

按晚期馬恩的陳述，在布爾喬亞民主共和國（如美國、瑞士、法蘭西第三共和）和民主化程度較高的君主國（如英國、荷蘭），工人階級通過政治自由、集會結社的自由、普選權的行使，可能和平地實現勞動之治。但以後見之明，這個判斷是失準的。在比較成熟的布爾喬亞民主／共和國，馬克思意義的無產階級革命、工人統治、勞動解放（也就是共產主義）不曾發生。以黨國吞噬社會的馬列主義政權，則接連在政經落後的後發國出現，一度統治了近 4 成的全球人口。[378] 馬列主義與馬克思何干，也就成了一個大哉問。

在篇幅限制下，我們不擬涉入 20 世紀馬克思主義的爭端。作為本書的最後一節，以下僅將點出馬克思革命思想的若干薄弱環節。尤其是，他關於「革命過渡」（無產階級的統治和專政）和「革命後」（去政治化的

---

376 S. Pierson（1993: 249-255）、Geras（1973）、Walicki（1995: 246-268）。

377 S. Pierson（1993: 244-249）。Cf. Steenson（1978: chs. 4-5; 1981: ch. 6）。

378 Cf. Singer（2000 [1980]: 1）。

共產社會）的論說，始終處於低度理論化的狀態。後人對馬克思的政治濫用，甚或指鹿為馬，與這方面的短缺息息相關。

本質和表象

　　晚期馬恩主張工人階級善用普選權「選進議會」，並利用政治自由、集會結社的自由、出版自由等「工具」以壯大自己。[379] 但這是否代表他們擁抱了「布爾喬亞自由」、「布爾喬亞民主」和「布爾喬亞共和國」？顯非如此。關於馬克思對這些「布爾喬亞」上層建築的批判，以下是一個極簡的回顧。

　　馬克思在 1843 年以前，曾是一位（從某種自由主義）轉向共和主義的青年黑格爾派。[380] 但在 1843 年《黑格爾法哲學批判》中，他不但拒斥黑格爾式的立憲王權，還把矛頭指向一切現代政治／國家，包括最先進的「政治共和」。他的理由是，「那裡〔北美〕的共和只是一種國家形式，跟這裡〔普魯士〕的王權是一樣的。國家的內容落於這些制度之外」。[381] 無論是政治最進步的北美共和，還是政治落後的普魯士專制王權，其「內容」都是私有財產。此時，馬克思尚未成為社會／共產主義者，但已對一切現代政治／國家提出了本質主義式的批判。[382]

　　〈論猶太人問題〉表示，政治解放「當然是一大進步」，卻不是真正的人類解放。此文譴責作為私權的「人權」，但馬克思對「公民權」也有保留，因其預設了公領域和私領域的分立。[383] 到了〈《黑格爾法哲學批判》導言〉，無產階級被指定為人類解放的擔綱者。據其說法，德國不同於法國，實現不了政治解放，所以只能通過無產階級革命，直取人類

379　Marx（*MECW*, 22: 617）、Engels（*MECW*, 22: 417）。

380　參見第一章第四節和第六節。

381　Marx（*MECW*, 3: 31）。參見第二章第二節。

382　另見 Meikle（1985）論馬克思思想中的本質主義。

383　Marx（*MECW*, 3: 31, 160-166）。參見第二章第四節。

解放。[384] 同在 1844 年，他以盧格和鮑威爾作為靶子，再三對共和主義、雅各賓主義、羅伯斯庇爾提出質疑，指其都停留在政治層面，注定解決不了社會問題。正是通過對一切現代政治的批判，包括對一切共和主義的批判，馬克思鞏固了他最初的社會／共產主義認同。[385]

後來在布魯塞爾，隨著生產力發展論和階級鬥爭論的提出，馬克思轉向一種革命階段論。在 1847 年〈道德化的批評和批評的道德〉中，他把海因岑主張的共和主義，本質化為布爾喬亞經濟利益的政治表現。與此同時，他主張德國工人先支持「布爾喬亞對抗封建等級與絕對王權的革命運動」，先接受「布爾喬亞的直接統治」，再展開自己跟布爾喬亞的鬥爭。這是因為「布爾喬亞比起絕對王權，不但一定會向他們做出更多讓步，而且布爾喬亞出於其工商業利益，必定會違背自身意願，替工人的團結開創條件」。[386] 這種「布爾喬亞革命先行」論，亦見於《共產黨宣言》和《新萊茵報》上的文字。[387]

及至 1875 年〈哥達綱領批判〉，馬克思仍繼續堅持布爾喬亞相對於封建專制的進步性，並把「民主共和國」看作是「布爾喬亞社會」最後的、最進步的政治／國家形式。一方面，他主張一種「通過民主共和國以實現工人革命」的政治路徑。另一方面，他把所謂的布爾喬亞自由、布爾喬亞民主／共和，視作布爾喬亞社會的法政上層建築，指其將隨著布爾喬亞社會一起覆滅。易言之，當無產階級通過「民主共和國」贏得勝利，完成了革命過渡，「民主共和國」將不復存在。恩格斯在《反杜林論》勾勒的「國家枯萎」之說（隨著革命的推進，國家將漸漸枯萎），亦是出於同樣的思路，只是形容詞稍有不同而已。[388]

---

384 參見第二章第五節。

385 參見第三章第七節。

386 Marx（*MECW*, 6: 332）。參見第四章第六節。

387 Marx and Engels（*MECW*, 6: esp. 519）。參見第四章第七節、第五章第一節和第三節。

388 Engels（*MECW*, 24: 321）。參見本章第五節。

　　《共產黨宣言》曾經宣稱要「消滅」「布爾喬亞自由」。[389] 1850 年
〈3 月告同盟書〉痛斥「小布爾喬亞民主派」和「布爾喬亞民主」。[390]
《法蘭西內戰》對布爾喬亞議會制的拒斥，則可追溯至《黑格爾法哲學批
判》。[391] 這裡的重點是：儘管馬克思在不同時期的提法未必完全一致，但
他頗為一貫地從某種經濟／階級本質主義去界定布爾喬亞自由、布爾喬亞
民主／共和，並將之貶抑為布爾喬亞社會／生產關係的衍生現象、次級現
象或表層現象。在 1873 年〈政治冷淡主義〉中，他甚至用「布爾喬亞階
級的專政」去概括一切布爾喬亞統治。[392] 據此，就算是最先進的布爾喬亞
政治民主、政治共和，本質上也仍是布爾喬亞的階級統治甚至階級專政，
最後必將隨著布爾喬亞生產、布爾喬亞階級統治的終結而消失。

　　那麼，馬克思對布爾喬亞自由、對布爾喬亞民主／共和的本質主義批
判，可能帶有哪些問題？以下是一個20世紀的案例，或具有反思的價值。

　　在 1991-1992 年蘇聯體制瓦解以前，俄羅斯曾有過一次真普選，即
1917 年 11 月的立憲議會選舉。那場選舉的結果是，布爾什維克只得到
1/4 的選票。於是，列寧在 1918 年 1 月，以消滅布爾喬亞代議民主的名
義，直接廢除了立憲議會。不久後，蘇維埃也成為被壓制的對象。蘇維埃
選舉本容許多黨競爭，在十月革命後的幾個月內，布派一度取得過半的蘇
維埃支持。但 1918 年春以降，布派在蘇維埃的支持度開始下滑。此後隨
著內戰的展開，布派祭出「戰時共產主義」政策，並對蘇維埃展開整肅。
到了 1919 年年底，蘇維埃選舉已名存實亡，97％的蘇維埃代表都被清洗
成了共產黨員。[393] 面對黨內外的質疑，列寧表示：「沒錯，就是一黨專
政！我們支持而且不能偏離此一立場，因為這是本黨歷經數十年所贏得的
地位，即所有工廠和工業無產階級的先鋒位置」。誰說一黨專政不等於無

389　Marx and Engels（*MECW*, 6: 499）。
390　Marx（*MECW*, 10: 277, 280-283）。參見第五章第四節。
391　Marx（*MECW*, 22: 333）。參見第二章第三節。
392　Marx（*MECW*, 23: 393）。參見第八章第七節。
393　T. H. Rigby（1979: 161-162）。Cf. Farber（1990: ch. 1）。

產階級專政，誰就犯了「不可置信的、亂成一團的思想混淆」。[394]

如果議會選舉、政治自由、集會結社的自由、出版自由等，都只是布爾喬亞社會的上層建築，對工人階級至多只有工具性的價值，那麼「過河拆橋」或「用後即棄」有何不可？劃除立憲議會、清洗蘇維埃，並剝奪絕大多數批評者的政治自由，何錯之有？既然異議者要求的自由、民主、平等、正義等，都只不過是布爾喬亞的「空洞廢話」，[395] 又何須維護其出版自由和言論自由？將之視同階級敵人的煽動顛覆，予以強力鎮壓，豈不正是「無產階級專政」的題中之意？

在此，問題或不在於馬克思主張「超越」布爾喬亞自由／民主／共和，而在於他未能提出有效的替代方案。以至於，他對布爾喬亞民主的本質主義批判，很容易就被後世的馬克思主義者推向極端，使之變異成掛羊頭（無產階級革命）賣狗肉（一黨專政）的馬列主義遮羞布。

革命專政下的政治自由

本書第八章論及，當巴枯寧質疑任何專政都是「少數統治者的專制」時，馬克思大致只是重申：革命專政是暫時的，一旦完成了革命過渡，也就抵達了去政治化、去政府化、沒有宰制關係的彼岸。然而，革命專政極不可能由「整個無產階級」一起去行使，幾乎一定是由被選為或自命為「人民代表」（甚至「人民化身」）的少數人去行使。這如何可能不成為新的宰制、新的等級或階級關係的溫床，毋寧是一個很真實的問題。[396]

與此密切相關的，還有革命專政下的政治自由問題。

《法蘭西內戰》提出了一種另類的、非布爾喬亞的政治民主，即某種高度理想化的、經過一定程度美化的巴黎公社模式。但如第八章指出，實存的公社選舉是政治性的，存在多派系的政治競爭；此外，公社委員會和

394　引自 Carr（1985 [1950], vol. I: 230-231）。

395　Marx（*MECW*, 24: 87）。

396　Bakunin（1990 [1873]: esp. 178）。參見第八章第七節。

執委會的關係，類似於內閣制下的議會和內閣。雖然在內戰環境下，巴黎公社未能經常選舉，其大多數官員亦非選舉產生，遑論隨時撤換，但《法蘭西內戰》把這幾點列為公社民主的構成要素。馬克思似未意識到，要是公社真能做到「委任代表可隨時撤換、隨時改選」，那很可能成為鄰避主義（nimbyism）的政治天堂。對於一些主張去中心化的普魯東派聯邦主義者來說，這也許正是他們追求的，或至少不反對的一種自由境界。但馬克思支持的是「單一不可分割的共和國」，而不是此類高度去中心化的聯邦主義。「可隨時撤換」是否是他深思熟慮後的主張，因而仍有疑義。[397]

但無論如何，《法蘭西內戰》樹立了一種公社民主的理念型。恩格斯後來在 1891 年〈《法蘭西內戰》導言〉中，更進一步闡發了這種民主之於革命過渡的重要性。照恩格斯的陳述，無產階級在革命過渡時期，應致力於除去舊國家機器的最壞面向，並「把行政、司法和教育方面的一切職位，交給由普選選出來的人擔任，並規定選舉者可以隨時撤換被選舉者」。就此來說，革命專政除了壓制階級敵人的一面，亦有全面民主化的一面。[398]

既然在革命過渡期間將實行民主普選，且可以隨時撤換被選出的人，這似乎也就假設了相當程度的政治自由。儘管恩格斯多從「鎮壓階級敵人」去正當化革命專政，[399] 但在「社會主義革命是大多數人的革命」的預設下，他並未主張多數派不讓少數派說話——遑論把少數派槍決。此亦所以，當恩格斯聽聞普列漢諾夫的革命專政觀就是「只有我們有自由」時，他相當不以為然。[400]

不過，這依然沒有解決潛在的難題。

既然是革命，就有一種方向性，就對一部分人施加了程度不一的強制性。即使是不流血的所謂「和平革命」，往往也具有一定的強制性，儘管

397　參見第八章第四節和第六節。

398　Engels（*MECW*, 27: 189-190）。參見本章第六節。

399　E.g. Engels（*MECW*, 24: 71）。參見本章第四節。

400　Draper（1986: 323-325; 1987: 39-41）。

它可能取得了大多數人的支持，憑藉合法的常規手段即可以貫徹民主多數
的意志。當馬恩表示英美可能和平過渡時，指的就是此類情形。馬克思
晚年甚至不排除英國「和平演化」的可能。[401] 但這些是比較理想的、代價
較低的狀況。在不盡理想的其他情況下，革命將遇到更大的抵抗，甚至強
烈的抵抗。那麼，誰才是必得鎮壓的「階級敵人」或「反革命分子」？誰
又是政治自由應受到保障的批評者、異議者或反對派？或者，只要是反對
派，就沒有政治自由？

在馬克思的著作中，階級兩極分化的預言首見於《經濟學哲學手
稿》。[402] 到了《德意志意識型態》，現代工業／生產力的普遍發展，被視
作共產革命作為「社會大多數的革命」的驅動力。[403] 1864 年《國際工人
協會臨時章程》則提出工人階級的「自我解放」論：工人階級的解放應由
工人階級自己去爭取實現。[404] 設若革命主體是構成社會大多數的、革命意
識充沛的、高度同質化的工人階級群眾，那麼，理想上，革命只會遭遇極
少數人的抵抗。

但高度同質的社會大多數，畢竟只是一種理想化的假設。恩格斯於
1895 年表示，他和馬克思在 1850 年春曾倡議革命，但那是錯誤的，因為
當時不存在革命的客觀條件。他說，他們誤判了現實，誤認為「少數人的
革命會變成多數人的革命」。[405] 但我們不妨追問：要是「多數人的革命」
並未發生，要是「少數人的革命」遭遇眾多的批評者、反對者甚至抵抗
者，怎麼辦？像十月革命後的布派政權那樣，用暴力去壓制廣大的俄國
小農，消滅一切民主機制，剝奪大多數人的政治自由？這當然不是馬恩的
主張。然而，他們亦不曾就「共產革命遭到許多人強烈抵制」的非理想狀
況，進行任何闡發。

---

401 Marx（*MECW*, 46: 49）。

402 Marx（*MECW*, 3: 270）。

403 Marx and Engels（*MECW*, 5: 48, 52）。參見第四章第三節。

404 Marx（*MECW*, 20: 14）。參見第八章第二節。

405 Engels（*MECW*, 27: 511-512），〈《法蘭西階級鬥爭》導言〉。

　　試想：要是一個社會還存在眾多農民（如 1848-1850 年的法國和德國），工人階級是否該發動共產革命？《共產黨宣言》表示，德國「正處在布爾喬亞革命的前夜」，「德國的布爾喬亞革命將只是緊接而來的無產階級革命的序曲」。這指向一個農民大國的共產革命。[406] 二月革命爆發後，馬克思一度預言法國將出現無產階級革命 —— 這同樣指向一個農民眾多的革命環境。[407] 1850 年春，他更急切地呼喚法國和德國的無產階級革命。但同年 9 月，他嚴詞否認了無產階級革命在當時條件下的可行性。他在 9 月 15 日指出，就算無產階級在尚有眾多農民的情形下取得政權（此指在民主共和國贏得選舉，而非武裝起義），也推動不了自己的政策，只會重蹈路易‧布朗「在不成熟的條件下取得政權」的覆轍。[408] 這是因為，只要為數眾多的農民和小布爾喬亞依然存在，就難以貫徹土地國有化、生產工具收歸國有等政策。

　　若要貫徹被廣大農民拒斥的剝奪政策，勢必得箝制其政治自由，甚至大規模地動用暴力。但馬克思反對在此種條件不成熟的狀況下，僅憑政治意志和國家權力就硬幹到底。或更確切地說，他不認為硬幹是可行的或可欲的。無論是列寧和托洛茨基主導的「戰時共產主義」，[409] 還是史達林用赤裸裸的黨國暴力推動的農業集體化，[410] 都不在馬克思的想像範圍內。

　　但終究而言，馬克思和恩格斯以「共產革命是廣大工人階級的革命」的理想化預設，迴避了（或存而不論）革命專政下的政治自由問題。這不能不說是一個嚴重的理論空缺。

406　Marx and Engels（*MECW*, 6: 519）。

407　Stedman Jones（2016: 249-251）。

408　Marx（*MECW*, 10: 626, 628-629）。參見第五章第四節。

409　S. A. Smith（2017: ch. 5）。

410　Cf. Applebaum（2017）。

後政治的未來？

　　佩里・安德森曾謂，馬克思和列寧更關注「誰統治？」，自由主義者則更關切「如何統治？」。[411] 這個說法甚具啟發性。只不過，若要妥善回答「誰統治？」，勢必也繞不開「如何統治？」的問題。史達林或毛澤東的統治，真是無產階級在統治嗎？希特勒的統治，又真是德國人民在統治嗎？如果我們不知道這些領袖（及其領導的集團）如何進行統治，不知道人們如何被其統治，那又怎能判定無產階級、德國人民是不是真正的統治者？

　　馬克思之輕忽「如何統治？」，其實早在《黑格爾法哲學批判》已見端倪。設若北美共和與普魯士專制王權都是私有財產的奴僕，兩者在政治統治上的差異，似乎也就不是那麼重要。彼時，馬克思在費爾巴哈式共同體主義的啟發下，已勾勒出一種高度和諧的、「每個人都代表其他人」的未來共同體。屆時，

　　　　每一個功能都具有代表性。例如，只要鞋匠滿足了一個社會需要，他就是我的代表。作為類活動的每一種特殊的社會活動，只是代表了類屬，即我自己的本性。**每個人都代表其他人**。在此，他之所以有代表性，不是因為他代表了他之外的其他東西，而是因為他就是他和他做的事情。[412]

馬克思是在批判黑格爾立法權論說的脈絡下，提出以上論點。當時他支持英法爭取選舉權的抗爭，並將之解讀為市民社會重新奪回政治性，進而推翻政治與非政治之分的運動。相對於公民共和主義，馬克思式的未來共同體並不是那麼看重所謂的「政治參與」。對他來說，一旦揚棄了政治國家和市民社會的分立，抽離於社會的「政治參與」也將失去意義。在他的共

411　P. Anderson（1992a: 109-110, 124）。
412　Marx（*MECW*, 3: 119）。

同體願景中，每個人當下的特殊活動，都具有立即直接的共同體性。這又被稱作「真民主」即「普遍與特殊的真實統一」。[413]

可以說，這種「個人性與共同體性的立即統一」的想像，貫穿了《黑格爾法哲學批判》以降的馬克思著作。由此衍生出的另一說法，是在《大綱》浮上檯面的「直接」與「間接」的社會勞動之分。在後資本社會，個人勞動將不再以市場交換為中介（一種間接的、事後的社會性），而直接就是社會總勞動的一部分。生產工具的全盤公有化，工資勞動和市場交換的廢除，按預先的計畫進行社會生產 —— 這些都是「直接的社會勞動／生產」的構成要件。[414]

再看後資本社會的「選舉」。個人性與共同體性（或社會性）的立即統一，蘊含著一種去政治化、非政治化的未來社會想像。但疑義在於：後階級、後政治、後國家、後政府的共產社會，若已兌現了個人和共同體／社會的立即統一，那真的還需要「選舉」嗎？在馬克思的海量文字中，幾乎只有《巴枯寧筆記》被動地提到共產社會仍有選舉。按其陳述，共產社會將是去政治化、去政府化的：「（1）政府職能不復存在；（2）一般職能的分配變成了例行事務，不會產生任何宰制；（3）選舉將失去其目前的政治性格」。[415] 這是一種已經被去了勢的、非關政治的選舉，就像是企業老闆分配員工任務的「實際業務活動」，[416] 或如恩格斯在《反杜林論》所說的「對事物的管理」。[417]

但一個完全去政治化的未來社會，真的可能嗎？《德意志意識型態》曾預言「生產力的普遍發展」將帶來一個後分工、後勞動的社會。屆時，每個人隨興之所至的「自活動」，在必要的社會調節下，將已能滿足社會

413　參見第二章第三節。

414　參見第六章第五節、第七章第四節。

415　Marx（*MECW*, 24: 519）。

416　Marx（*MECW*, 22: 333）。參見第八章第七節。

417　Engels（*MECW*, 24: 321）。「對事物的管理」一語，挪用自聖西蒙派。Cf. Iggers（1972: xxi）。參見第三章第二節。

的生產需要。必需品的鬥爭將已成為過去式，每個人都能自由發展。[418] 但後來，馬克思逐漸修正了他的立場。

到了《資本論》第一卷，他已經很確定，大工廠式的分工不可能立刻消滅，勞動的強制性也不可能立刻消除。[419] 第一卷以管弦樂隊為例，意指共產社會下的分工，就像是樂隊的總指揮和各樂器演奏者，將能協調一致共譜樂章。[420] 但管弦樂隊的隱喻卻也暗示：每個人都隨興之至自由活動、自由發展，是不切實際的。要是小提琴演奏者隨興之所至，中途想拉別的曲目，這可能被允許嗎？

進一步看，就算共產社會繼承了先進資本主義的發達生產力，這恐怕仍不足以克服資源相對於需求的短缺，亦即，尚不足以營造出每個人都各取所需、自由發展的新境界。〈哥達綱領批判〉通過對初階與高階共產社會的區分，對此提出了說明。甫從資本社會脫胎而出的初階共產社會，仍無法揮別「個人對分工的奴役式屈從」，也尚不具有支撐每個人都各取所需的充沛生產力。[421]

本書第四章指出，近代早期的自然法論者格勞秀斯和普芬道夫，曾把原始共產社會描述成大海式的豐裕共同體。據稱，當時人們需要有限，身邊卻有取之不盡的資源。但隨著欲求的增加，因資源短缺而產生的衝突與日俱增，國家、私有制、正義、權利和法律也隨之而起。《德意志意識型態》所描述的共產社會，趨近於普芬道夫所謂的「消極共同體」，但它是後私有制而非前私有制的。此種豐裕共同體不需要盧梭式的公民愛國心，不需要血統民族主義，不需要私有財產，不需要制約共同體成員的正義、權利和法律，也不需要政治和國家。[422]

相對於此，〈哥達綱領批判〉所描繪的初階共產社會，無疑是一種資

418　參見第四章第四節。

419　參見第七章第八節。

420　Marx（C1: 448-449; cf. C3: 507-511）。

421　Marx（*MECW*, 24: 87）。參見本章第四節。

422　參見第四章第四節。

源相對短缺的「積極共同體」。既然生產力仍有所不足，既然「個人對分工的奴役式屈從」依然存在，那麼，照理來說，這就是一種典型的正義環境、權利環境、法律環境、政治環境、政府環境、國家環境。[423]

誠然，政治衝突不都源自於經濟因素，不能都從資源稀缺去解釋。支持或反對俄羅斯攻打烏克蘭，反墮胎與否，同婚、大麻的合法化等爭議，亦可能帶來嚴峻的政治分裂。出於經濟或非經濟因素的各種政治衝突，並不會像馬克思希望的那樣輕易消失。如何組織人們的政治生活，界定基本的群己權界，使政治衝突得到調節，讓國家權力的行使受到規範 —— 這些都是繞不開的重大課題。

但令人遺憾的是，馬克思以政治終結、國家終結的預言，一則迴避了革命專政可能濫權的提問，另則取代了對後資本社會的政治、政府、國家、群己權界的有意義討論。他在這些方面的理論短缺，終究是難以自洽的。

423　Cf. Stedman Jones（2002: 177-184; 2007a: 151-157）。

後記

　　在耶穌之外，馬克思是 20 世紀最頻繁被引用的作者。《共產黨宣言》的能見度直追聖經。各種語言的馬恩選集、馬恩全集陸續出版。第二手、第三手的詮釋再詮釋、解讀再解讀，族繁不及備載。對馬恩文本的訓詁考據，在 20 世紀曾是一門顯學。

　　此番榮景主要是拜政治之所賜。沒有政治力的加持，馬克思的著作或仍可得到一流思想家的待遇，卻不會如此廣泛地傳播。但成也政治，敗也政治。在 20 世紀，馬克思一直遭到各種政治力扭曲變形，先後被德國社民黨、蘇聯共產黨、中共等史達林扶植的馬列政權，加上一些革命馬克思主義的小派系，供奉成了教主或門神。早在 19 世紀末 20 世紀初，德國社民黨人已開始對馬克思進行「形象管理」。[1] 十月革命後，蘇共繼續從政治目的去塑造馬克思。

　　在本書自序中，我舉了一個活生生的案例，即關於〈哥達綱領批判〉先是如何被列寧曲解，後被史達林利用為專制的藉口，再被毛澤東發展為一套整人的說詞（所謂「無產階級專政下繼續革命」和「對資產階級全面專政」）。這套說詞與〈哥達綱領批判〉的立意相去甚遠，完全是政治力一手捏造出來的。不明就裡的人可能以為毛得到了馬克思的真傳，或相信文化大革命真是以〈哥達綱領批判〉為本，但這只是一種「後真相」而已。

　　馬克思的革命思想看似在 20 世紀大放異彩，但出於政治因素的強力

1　為此，他們隱藏了若干（他們認為）見不得人的馬恩通信。Cf. Stedman Jones（2016: 2-4）。

干擾，它的面貌依然模糊不清。在遭到專制綁票的華人社會，尤其如此。是以，我希望本書多少能起到一點清道夫的作用。

　　20 世紀馬列主義的幾項主要宣稱，如剷除資本主義、消滅商品生產、摧毀布爾喬亞民主、實行公有制計畫經濟、無產階級專政等，表面上都帶有馬克思的印記。不過，馬克思不是列寧，列寧不是史達林，史達林不是毛澤東。直接的因果關係在此並不適用。畢竟，後人對前人思想的選擇性挪用，總是發生在不同的歷史與政治環境，且受到其他因素的左右。

　　1890 年代以降，馬克思主義強勢興起。馬克思主義政黨爭取政治自由和民主普選，期能厚植工人階級的實力，進而推翻資本主義，實行公有制計畫經濟。其首席理論家考茨基還提供了一套進步史觀，稱資本的集中化、階級的兩極分化已勢不可當，資本體制行將崩潰，若不向社會主義前進，就會倒退回野蠻主義。[2] 在第二國際時代（1889-1914），馬克思主義幾近於取得了歐陸社會主義運動的領導權。

　　然而，在此種領導權的背後，政治分歧蓄勢待發。1895 年恩格斯去世後，先是出現以伯恩斯坦為代表的，主張放棄「社會主義終極目標」的修正主義。1905 年俄羅斯革命之後，盧森堡以大罷工促進革命的思維，以激進左翼的姿態浮上檯面。來自易北河以東的馬克思主義者，變得愈發激進。[3] 這些分歧埋下了分裂的種子，卻不是第二國際在 1914 年崩解的主因。第二國際早料到戰爭即將開打，但遲未對民族問題形成共識。結果，戰爭的爆發使第二國際頓時瓦解，使馬克思所謂的「工人無祖國」[4] 淪為空話一句。各國社民黨或社會黨的主流派，紛紛向自家政府輸誠。[5] 歐洲社會民主與革命馬克思主義漸行漸遠。

2　Kautsky（1910 [1892]）。

3　與此同時，也有部分馬克思主義者如索瑞爾（Georges Sorel），開始轉向準法西斯主義。另見 Kolakowski（1978b）論第二國際馬克思主義。

4　Marx and Engels（*MECW*, 6: 502-503; *MECW*, 5: 73-74）。

5　在愛國主義因素之外，這也帶有一定的謀略成分，即以參戰去交換政府的讓步。各國政府後來也的確做出不同程度的讓步，如男性普選的確立、促進工人權益的社會立法等。

　　但 1917 年發生了一起影響 20 世紀至鉅的黑天鵝事件，即十月革命。德國人為了對付繼續與之交戰的俄國臨時政府，在 1917 年 4 月讓列寧過境德國，乘火車從瑞士返回彼得格勒。[6] 彼時，絕大多數布爾什維克都不認為在西歐國（尤其德國）出現社會主義革命以前，在俄國先發動社會主義革命是可行的。[7] 4 月 16 日抵達芬蘭車站的布派領袖列寧，則以一人之力扭轉了這個定見。6 月，列寧仍含蓄地表示「立刻在俄羅斯引進社會主義是不可能的」。[8] 到了 9 月，他公開宣稱俄國已有條件實現社會主義革命。[9]

　　列寧、十月革命及後來的發展，實已落於本書範圍之外，需要另外分析。但在本書結束以前，扼要指出馬列之間的基本差異，或是有助益的。

　　首先，列寧把「專政」等同於不受任何法律限制的強力（或暴力）統治，[10] 此與馬恩迥然有異。在馬克思活躍的年代，少數派專政主義係以布朗基派和雅各賓（巴黎公社領導層中的多數派）為主要代表。儘管馬克思在英國接濟布朗基派的公社難民，並與之結盟以對抗巴枯寧派，但他仍與布朗基派保持一定距離。[11] 馬克思從「工人階級的自我解放」去界定無產階級專政，布朗基派則主張一小群革命精英的專政。[12] 在此問題上，列寧師承的是布朗基派和雅各賓。最早針對列寧的少數派專政主義提出質疑的，是列寧後來的戰友托洛茨基。托氏在 1904 年《我們的政治任務》中，直指列寧式的先鋒黨無異於羅伯斯庇爾的搞法，實乃一種以先鋒黨代

6　Merridale（2017）、梅里杜爾（2019）。

7　他們都還記得恩格斯的諄諄教誨：俄國社民黨人應及早推翻沙皇政府，但應該等到「西歐的無產階級革命」成功了以後，再推進俄國的無產階級革命。參見第九章第二節和第三節。

8　Lenin（1973, vol. 24: 24, 53, 73-74）。

9　Lenin（1973, vol. 24: 460; vol. 25: 363）。

10　E.g. Lenin（1973, vol. 28: esp. 236）。Cf. Draper（1987: ch. 4）、Walicki（1995: ch. 4）、Lovell（1984: ch. 7）。

11　Cf. Engels（*MECW*, 24: 12-18），1874 年〈布朗基派公社難民的綱領〉。參見第八章第四節和第五節。

12　Draper（1986: chs. 9-10, 18）。

替無產階級的「政治代替主義」。[13]

　　其二，比起馬克思和恩格斯，列寧對所謂「布爾喬亞民主」帶有多得多、也強得多的敵意。列寧在十月革命前夕表示，無論是布爾喬亞民主還是官僚專制，其階級本質並無不同，全都是布爾喬亞的階級專政。因此，革命黨人須徹底「搗毀」布爾喬亞國家與民主，代之以無產階級專政 —— 實際上就是革命黨的一黨專政。

　　在馬恩那裡，從來不難找到對布爾喬亞民主／共和的本質主義批評。但正是在列寧手中，這種批評開始被推向了極端。馬克思早在《黑格爾法哲學批判》就已經表示：「財產等等，簡言之，即法律和國家的全部內容，在北美和普魯士都是一樣的，除了一些枝微末節」。[14]此種本質主義的盲點何在，本書已有說明，此處不贅。這裡需要指出的是，雖然馬克思經常訴諸本質主義，但他顯然認為北美共和（作為「政治解放」）要比普魯士專制王權「進步」得多。[15]要是他真的相信共和與專制無甚差異，何必在1848年倡議建立單一不可分割的、民主的德意志共和國？又何必在〈哥達綱領批判〉指向以民主共和國取代專制帝國，並從民主共和國通往工人革命？歸根究柢，馬恩對（布爾喬亞）民主共和的態度是「進步超越」，而非「簡單否定」。列寧則不然。[16]

　　進而言之，以十月革命為起點的20世紀後發國共產主義，截然不同於《資本論》和〈哥達綱領批判〉設想的從先進資本社會分娩而出的發達共產主義。按馬克思的陳述，共產革命是廣大工人階級的自我解放，將帶來一個無階級、後國家的初階共產社會；此後，隨著生產力更充沛的發

13　Trotsky（1904: esp. pts. II, IV）。

14　Marx（*MECW*, 3: 31）。

15　參見第二章第四節。

16　列寧的革命思想並非一成不變，其前後期的變遷，包括1914年以降的激進化，皆需要另行分析。值得一提的是，他曾在1905年表示：「無論誰想以政治民主之外的其他路徑去達致社會主義，將不可避免地得到荒謬和反動的政經結論」。見 Lenin（1973, vol. 9: 29）。另見 White（2001）、Harding（1977; 1981）。

展，將可望升級為每個人都各取所需、自由發展、自我實現的高階共產社會。20 世紀的馬列主義政權，則完全是另一套劇本的產物。以邊緣知識分子為主體的革命黨人，領導群眾奪權成功之後，把政治權力集中在革命領導者的手中，建立從上而下的一黨專政、黨國專制，施行高強度的集體主義經濟動員，並由此創造出受雇於黨國（即《經濟學哲學手稿》所謂「共同體資本家」）的工資勞動者。

葛蘭西（Antonio Gramsci）曾說十月革命是「反《資本論》的革命」，因為它並不是發生在先進資本社會。[17] 在這一點上，他說對了。但他未能觸及的一個重要問題是：在後發國發動社會主義革命，如果奪權成功，一上來就得面對嚴重的物質短缺。《德意志意識型態》曾說：生產力愈是落後，必需品的爭奪戰就愈激烈。[18] 在此情況下，階級衝突難以避免，國家不可能終結。若要強推國有化，幾乎必然意味著變本加厲的政治壓迫。

20 世紀的「反《資本論》的革命」，無不與專制統治如膠似漆 —— 無論是否自稱「人民共和國」或「民主共和國」。在蘇聯，其醒目的政治後果包括：蠻橫的戰時共產主義政策，[19] 蘇維埃選舉的名存實亡，對非共產黨員的政治清洗，契卡（Cheka）即祕密警察的濫權；乃至於後來史達林以國家暴力強行貫徹的、造成大饑荒的農業集體化，[20] 全面的恐怖統治，[21] 連同對老布爾什維克的迫害。在其延長線上，則還有史達林的學徒毛澤東親自部署、親自指揮的大躍進和文化大革命。這些行徑雖是馬克思未能預見、也難以想像的，但弔詭地應證了他的一項理論認知，亦即：匱乏是階級衝突、政治宰制和國家暴力的溫床。

有些人認為，蘇共和中共雖然專制，但實現了土地和生產工具的公有化，因而稱得上是一種社會主義。但馬克思很可能不這麼看。《經濟學哲

17　Gramsci（1917），〈反《資本論》的革命〉，發表於 1917 年 12 月 24 日。
18　Marx and Engels（*MECW*, 5: 48）。參見第四章第三節。
19　S. A. Smith（2017: ch. 5）。
20　Applebaum（2017）
21　Harris ed.（2013）。

學手稿》曾舉出一種資本已收歸共同體所有、全民向「共同體資本家」領工資的假設性案例。這是較接近 20 世紀蘇聯的一個模型，馬克思視之為不可欲的「粗鄙共產主義」。從其操作面來看，亦可稱作一種國家資本主義。在此種模式下，工資勞動被普遍化了，資本為共同體所有。但它並未真的揚棄私有財產、資本和工資勞動，只是把大家都變成共同體資本家的受雇者：「就像婦女從婚姻轉向普遍賣淫一樣，整個財富的世界……也從與私有者的排他性婚姻關係，轉向共同體的普遍賣淫狀態」。它「不但沒有超越私有財產，就連私有財產的水平都還無法企及」。[22]

　　馬克思與馬列主義之間的以上分歧，可說是關鍵性的，決定了兩者乃截然不同的兩種政治模式。一種是以《資本論》和〈哥達綱領批判〉為代表的發達共產主義典範（馬克思和恩格斯）；另一種是以蘇聯《政治經濟學教科書》作為寫照的後發國專制共產主義（史達林、毛澤東等）。這並不是說馬克思的革命理論完好無缺，而是說，我們不該把它跟 20 世紀的馬列主義混為一談。[23]

　　本書在考察馬克思革命思想的過程中，亦對其進行了批評。舉其大者，我認為馬恩從未證明計畫經濟（至少在理論上）的經濟可行性。[24] 馬克思所謂「個人性與社會性／共同體性的立即統一」，委實陳義過高。《資本論》把後資本社會的「直接社會勞動」形容成一個共譜美妙樂章的管弦樂隊，但這只是遮蔽了計畫經濟的潛在難題。縱使是在生產力已相當發達的後資本社會，正如馬克思自己承認，勞動／分工仍將具有強制性。

22　Marx（*MECW*, 3: 294-296）。參見第三章第六節。

23　附帶一提，以賽·伯林（Isaiah Berlin）在 1939 年《卡爾·馬克思》第一版中，幾乎把馬克思寫成了某種史達林。Cf. Berlin（2013 [1939]: xxvi）。本書第五章第三節提到，法國歷史學家、前法共黨員轉反共人士傅勒，誤把馬克思判定為羅伯斯庇爾的追隨者。在傅勒之外，亦曾有不少其他論者，無視於馬克思對陰謀、對羅伯斯庇爾、對禁欲主義、對道貌岸然的德性共和主義、對公民愛國主義的排拒，非把馬克思說成是徹頭徹尾的雅各賓。把馬克思綁定為雅各賓，也就是暗示他跟列寧、跟史達林一樣，都是少數派專政主義者。惟其證據薄弱，頗為牽強。

24　參見第七章第九節。

其中蘊含的權力關係甚至宰制關係，顯非管弦樂隊的隱喻所能道盡。[25]

　　馬克思對「布爾喬亞民主」的本質主義批判，本就值得商榷，而且很容易遭到濫用。再者，他從一些高度理想化的預設，尤其是政治終結、國家終結、政府終結的預言，迴避了革命專政可能濫權、可能異化的真實問題。他承認，雖然初階共產社會繼承了先進資本主義的生產力，卻仍未克服（相對）稀缺。在此情況下，按說政府、國家、政治仍將繼續存在，故需要建立公權力的行使規範、政治衝突的解決機制，並釐清所謂的群己權界。但可惜的是，他未能直面這些重要課題，而只是反覆重申那個後政治、後國家的願景。[26]

　　馬克思是 19 世紀社會主義與共產主義思想的一位偉大綜合者。就和其他重要的思想家一樣，他的思想也存在薄弱環節。但即使如此，或正因為如此，與馬克思進行批判性的對話，可能仍是一件饒富意義的事情。在追求政治進步和經濟解放的大運動中，這或許有助於避免在同個地方犯錯，亦有助於形成新的問題意識。謹以此與本書的讀者共勉。

25　參見第七章第八節。
26　參見第九章第七節。

參考書目

于光遠，2005，《「新民主主義社會論」的歷史命運》。武漢：長江文藝出版社。

巴枯寧，2013，《國家制度和無政府狀態》，馬驤聰、任允正、韓延龍譯。北京：商務印書館。

阿達莫夫（Arthur Adamov）編，1962 [1959]，《巴黎公社史料輯要：1871 年 3 月 18 日－5 月 28 日》。北京：商務印書館。

阿爾努（Arthur Arnould），1981 [1878]，《巴黎公社人民和議會史》（*Histoire populaire et parlementaire de la Commune de Paris*），中國社會科學院世界歷史研究所編譯室譯。北京：中國社會科學出版社。

韋勒（Hans-Ulrich Wehler），2009，《德意志帝國》，邢來順譯。西寧：青海人民出版社。

馬克思，2017，《資本論》全三卷。臺北：聯經出版公司。

馬克思、恩格斯，1956-1983，《馬克思恩格斯全集》中文第一版，共 50 卷。北京：人民出版社。（**馬恩全集 I**）

馬克思、恩格斯，1986～，《馬克思恩格斯全集》中文第二版，原訂出版 70 卷，至 2021 年已出版 32 卷。北京：人民出版社。（**馬恩全集 II**）

孫善豪譯注，2016，《德意志意識型態 I. 費爾巴哈原始手稿》。臺北：聯經出版公司。

陳正國，2022，〈亞當·斯密的帝國論述及其背景〉，收於曾國祥、劉佳昊主編，《帝國與文明：政治思想的全球轉向》，頁 153-202。新北市：聯經出版公司。

陳宜中，2014，《當代正義論辯》。臺北：聯經出版公司。

陶伯特（Inge Taubert）編，2014 [2003]，《MEGA：陶伯特版《德意志意識型態·費爾巴哈》》，李乾坤、毛亞斌、魯婷婷等編譯。南京：南京大學出

版社。

梅里杜爾（Catherine Merridale），2019，《1917 列寧在火車上》。臺北：貓頭鷹出版。

曾國祥、劉佳昊主編，2022，《帝國與文明：政治思想的全球轉向》。新北市：聯經出版公司。

萬毓澤，2018，《《資本論》完全使用手冊》。新北市：聯經出版公司。

萬毓澤，2022，〈帝國的邊界：再論馬克思〉，收於曾國祥、劉佳昊主編，《帝國與文明：政治思想的全球轉向》，頁 493-531。新北市：聯經出版公司。

趙玉蘭，2013，《從 MEGA1 到 MEGA2 的歷程：《馬克思恩格斯全集》歷史考證版的誕生與發展》。北京：中國社會科學出版社。

趙玉蘭，2019，《MEGA 視野下的馬克思主義文本學研究》。北京：人民出版社。

Abensour, Miguel. 2011 [1997]. *Democracy Against the State: Marx and the Machiavellian Moment*. Cambridge: Polity.

Adaman, Fikret and Pat Devine. 1996. "The Economic Calculation Debate: Lessons for Socialists." *Cambridge Journal of Economics*, 20 (5): 523-537.

Adaman, Fikret and Pat Devine. 1997. "On the Economic Theory of Socialism." *New Left Review*, I/221: 54-80.

Agulhon, Maurice. 1983. *The Republican Experiment, 1848-1852*. Cambridge: Cambridge University Press.

Althusser, Louis. 1971. *Lenin and Philosophy and Other Essays*. London: New Left Books.

Althusser, Louis. 1976. *Essays in Self-Criticism*. London: New Left Books.

Althusser, Louis. 1977. "The Crisis of Marxism." Reprinted in *Power and Opposition in Post-Revolutionary Societies*, ed. Il Manifesto. 1979. London: Ink Link, 225-237.

Althusser, Louis. 1984. *Essays on Ideology*. London: Verso.

Althusser, Louis. 1994. *The Future Lasts a Long Time*. London: Vintage.

Althusser, Louis. 1996 [1965]. *For Marx*. London: Verso.

Althusser, Louis. 1997 [1965]. *Reading Capital: The Complete Edition.* London: Verso.

Anderson, Kevin. 1983. "The 'Unknown' Marx's *Capital*, Volume I: The French Edition of 1872-1875, 100 Years Later." *Review of Radical Political Economics*, 15 (4): 71-80.

Anderson, Kevin B. 2010. *Marx at the Margins.* Chicago and London: The University of Chicago Press.

Anderson, Perry. 1974a. *Passages from Antiquity to Feudalism.* London: New Left Books.

Anderson, Perry. 1974b. *Lineages of the Absolutist State.* London: New Left Books.

Anderson, Perry. 1992a. *A Zone of Engagement.* London: Verso.

Anderson, Perry. 1992b. *English Questions.* London: Verso.

Angaut, Jean-Christophe. 2018. "Revolution and the Slav Question: 1848 and Mikhail Bakunin." In *The 1848 Revolutions and European Political Thought*, eds. Douglas Moggach and Gareth Stedman Jones. Cambridge: Cambridge University Press, 405-428.

Applebaum, Anne. 2017. *Stalin's War on Ukraine.* New York: Doubleday.

Archer, Julian P. W. 1997. *The First International in France 1864-1872.* Lanham, New York: University Press of America, Inc.

Arthur, Christopher J. 2004a. *The New Dialectic and Marx's Capital.* Leiden and Boston: Brill.

Arthur, Christopher J. 2004b. "Money and the Form of Value." In *The Constitution of Capital: Essays on Volume 1 of Marx's "Capital,"* eds. Riccardo Bellofiore and Nicola Taylor. Basingstoke: Palgrave Macmillan, 35-62.

Arthur, Christopher, J. 2009. "The Possessive Spirit of Capital: Subsumption/Inversion/ Contradiction." In *Re-Reading Marx: New Perspectives after the Critical Edition*, eds. Riccardo Bellofiore and Roberto Fineschi. Basingstoke: Palgrave Macmillan, 148-162.

Aston, T. H. and C. H. E. Philpin. (eds.) 1985. *The Brenner Debate.* Cambridge: Cambridge University Press.

Avineri, Shlomo. 1968. *The Social and Political Thought of Karl Marx.* Cambridge:

Cambridge University Press.

Avineri, Shlomo. 1972. *Hegel's Theory of the Modern State*. Cambridge: Cambridge University Press.

Avineri, Shlomo. 1985. *Moses Hess: Prophet of Communism and Zionism*. New York: New York University Press.

Avineri, Shlomo. 2019. *Karl Marx: Philosophy and Revolution*. New Haven: Yale University Press.

Backhaus, Hans-Georg. 1980 [1969]. "On the Dialectics of the Value Form." *Thesis Eleven*, 1 (1): 99-120.

Backhaus, Hans-Georg. 1997. *Dialektik der Wertform: Untersuchungen zur Marxschen Ökonomiekritik*. Freiburg: Ça ira.

Baker, Keith Michael. 1990. *Inventing the French Revolution*. Cambridge: Cambridge University Press.

Bakunin, Jack. 1975. "Pierre Leroux: A Democratic Religion for a New World." *Church History*, 44 (1): 57-72.

Bakunin, Michael. 1990 [1873]. *Statism and Anarchy*, ed. Marshall S. Shatz. Cambridge: Cambridge University Press.

Balibar, Etienne. 1994. *Masses, Classes, Ideas*. London: Routledge.

Bardhan, Pranab and John E. Roemer. (eds.) 1993. *Market Socialism: The Current Debate*. Oxford: Oxford University Press.

Bastani, Aaron. 2019. *Fully Automated Luxury Communism*. London: Verso.

Bazard, Saint-Amand et al. 1972 [1829-1830]. *The Doctrine of Saint-Simon: An Exposition*, ed. Georg G. Iggers. New York: Schocken Books.

Bebel, August. 1910 [1879]. *Woman and Socialism*. New York: Socialist Literature Co.

Beecher, Jonathan. 1986. *Charles Fourier*. Berkeley: University of California Press.

Beecher, Jonathan. 2001. *Victor Considerant and the Rise and Fall of French Romantic Socialism*. Berkeley, Los Angeles and London: University of California Press.

Beilharz, Peter. 1987. *Trotsky, Trotskyism and the Transition to Socialism*. London & Sydney: Croom Helm.

Beiser, Frederick C. 2011. "Hegel and Hegelianism." In *The Cambridge History of Nineteenth-Century Political Thought*, eds. Gareth Stedman Jones and Gregory

Claeys. Cambridge: Cambridge University Press, 110-146.

Bell, Duncan. (ed.) 2007. *Victorian Visions of Global Order*. Cambridge: Cambridge University Press.

Bellofiore, Riccardo and Roberto Fineschi. (eds.) 2009. *Re-Reading Marx: New Perspectives after the Critical Edition*. Basingstoke: Palgrave Macmillan.

Bellofiore, Riccardo, Guido Starosta and Peter D. Thomas. (eds.) 2014. *In Marx's Laboratory: Critical Interpretations of the Grundrisse*. Chicago: Haymarket Books.

Bellofiore, Riccardo and Nicola Taylor. (eds.) 2004. *The Constitution of Capital: Essays on Volume 1 of Marx's "Capital."* Basingstoke: Palgrave Macmillan.

Bensimon, Fabrice. 2018. "The IWMA and Its Precursors in London." In *"Arise Ye Wretched of the Earth:" The First International in a Global Perspective*, eds. Fabrice Bensimon, Quentin Deluermoz and Jeanne Moisand. Leiden and London: Brill, 21-38.

Bensimon, Fabrice, Quentin Deluermoz and Jeanne Moisand. (eds.) 2018. *"Arise Ye Wretched of the Earth:" The First International in a Global Perspective*. Leiden and London: Brill.

Benton, Ted. 1984. *The Rise and Fall of Structural Marxism*. London and Basingstoke: Macmillan.

Bergman, Jay. 1983. *Vera Zasulich: A Biography*. Stanford: Stanford University Press.

Berlin, Isaiah. 2013 [1939]. *Karl Marx*. 5th edition. Princeton and Oxford: Princeton University Press.

Bernstein, Eduard. 1893. *Ferdinand Lassalle as a Social Reformer*. London: Swan Sonnenschein & Co.

Bernstein, Eduard. 1993 [1899]. *The Preconditions of Socialism*. Cambridge: Cambridge University Press.

Best, Geoffrey (ed.) 1989. *The Permanent Revolution: The French Revolution and Its Legacy, 1789-1989*. Chicago: The University of Chicago Press.

Bidet, Jacques. 2007. *Exploring Marx's Capital*. Leiden and Boston: Brill.

Bienenstock, Myriam. 2011. "Between Hegel and Marx: Eduard Gans on the 'Social Question.'" In *Politics, Religion, and Art*, ed. Douglas Moggach. Evanston,

Illinois: Northwestern University Press, 164-178.

Blackburn, Robin. 1991. "Fin de Siècle: Socialism after the Crash." In *After the Fall*, ed. Robin Blackburn. London: Verso, 173-249.

Blackburn, Robin. (ed.) 1991. *After the Fall*. London: Verso.

Blaisdell, Lowell L. 1988. "Félix Pyat, The 'Evil Genius' of the Commune of Paris." *Proceedings of the American Philosophical Society* 132 (4): 330-370.

Blanc, Louis. 1844-1845 [1841]. *The History of Ten Years, 1830-1840*. London: Chapman and Hall.

Blanc, Louis. 1847-1862. *Histoire de la Révolution française*. 12 vols. Paris: Langlois et Leclercq.

Blanc, Louis. 1848 [1840]. *The Organization of Labour*. London: H. G. Clarke.

Blanning, T. C. W. 1983. *The French Revolution in Germany: Occupation and Resistance in the Rhineland 1792-1802*. Oxford: Clarendon Press.

Blumenberg, Werner. 1998. *Karl Marx: An Illustrated Biography*. London: Verso.

Bobbio, Norberto. 1987a. *The Future of Democracy*. Cambridge: Polity.

Bobbio, Norberto. 1987b. *Which Socialism?* Cambridge: Polity.

Bobbio, Norberto. 1989. *Democracy and Dictatorship*. Cambridge: Polity.

Bobbio, Norberto. 1990. *Liberalism and Democracy*. Cambridge: Polity.

Bockman, Johanna. 2011. *Markets in the Name of Socialism*. Stanford: Stanford University Press.

Bohlender, Matthias. 2019. "Marx Meets Manchester. The Manchester Notebooks as a Starting Point of an Unfinish(ed)able Project?" In *Marx's Capital: An Unfinishable Project?*, eds. Marcel van der Linden and Gerald Hubmann. Chicago: Haymarket Books, 228-249.

Böhm-Bawerk, Eugen von. 1984 [1896]. *Karl Marx and the Close of His System*. In *Karl Marx and the Close of His System & Böhm-Bawerk's Criticism of Marx*, ed. Paul M. Sweezy. Philadelphia: Orion Editions, 1-118.

Bortkiewicz, Ladislaus. 1984 [1907]. "On the Correction of Marx's Fundamental Theoretical Construction in the Third Volume of *Capital*." In *Karl Marx and the Close of His System & Böhm-Bawerk's Criticism of Marx*, ed. Paul M. Sweezy. Philadelphia: Orion Editions, 197-221.

Bouloiseau, Marc. 1987. *The Jacobin Republic 1792-1794*. Cambridge: Cambridge University Press.

Bovens, Luc and Adrien Lutz. 2019. "'From Each According to Ability; to Each According to Needs': Origins, Meaning, and Development of Socialist Slogans." *History of Political Economy*, 51 (2): 237-257.

Bradley, Ian and Michael Howard. (eds.) 1982. *Classical and Marxian Political Economy*. London: Macmillan.

Braverman, Harry. 1974. *Labor and Monopoly Capital*. New York: Monthly Review Press.

Bray, John Francis. 1839. *Labour's Wrongs and Labour's Remedy*. Leeds: David Green.

Breckman, Warren. 1999. *Marx, the Young Hegelians, and the Origins of Radical Social Theory*. Cambridge: Cambridge University Press.

Breckman, Warren, 2011. "Politics, Religion, and Personhood: The Left Hegelians and the Christian German State." In *Politics, Religion, and Art*, ed. Douglas Moggach. Evanston, Illinois: Northwestern University Press, 96-117.

Breckman, Warren and Peter E. Gordon. (eds.) 2019. *The Cambridge History of Modern European Thought, Vol. I: The Nineteenth Century*. Cambridge: Cambridge University Press.

Brenner, Robert. 1993. *Merchants and Revolution*. Cambridge: Cambridge University Press.

Brus, Wlodzimierz and Kazimierz Laski. 1989. *From Marx to the Market*. Oxford: Clarendon Press.

Buchanan, Allen E. 1982. *Marx and Justice*. Totowa, New Jersey: Rowman & Allanheld.

Buonarroti, Philippe. 1836 [1828]. *Buonarroti's History of Babeuf's Conspiracy for Equality*, tr. James Bronterre O'Brien. London: H. Hetherington.

Butler, E. M. 1935. *The Tyranny of Greece Over Germany*. Cambridge: Cambridge University Press.

Callinicos, Alex. 1987. *Making History*. Cambridge: Polity.

Callinicos, Alex. 1989. "Bourgeois Revolution and Historical Materialism."

International Socialism, II/43 (Summer): 113-171.

Callinicos, Alex. 1990. *Trotskyism*. Milton Keynes: Open University Press.

Callinicos, Alex. 2005. "Against the New Dialectic." *Historical Materialism*, 13 (2): 41-59.

Callinicos, Alex. 2014. *Deciphering Capital: Marx's Capital and Its Destiny*. London: Bookmarks Publications.

Calvié, Lucien. 2011. "Ruge and Marx: Democracy, Nationalism, and Revolution in Left Hegelian Debates." In *Politics, Religion, and Art*, ed. Douglas Moggach. Evanston, Illinois: Northwestern University Press, 301-320.

Campbell, Peter R., Thomas E. Kaiser and Marisa Linton. (eds.) 2007. *Conspiracy in the French Revolution*. Manchester: Manchester University Press.

Carlebach, Julius. 1978. *Karl Marx and the Radical Critique of Judaism*. London: Routledge & Kegan Paul.

Carlin, Norah. 1988. "The Collected Essays of Christopher Hill." *International Review of Social History*, XXXIII: 329-338.

Carnoy, Martin. 1984. *The State and Political Theory*. Princeton: Princeton University Press.

Carr, Edward H. 1975. *Michael Bakunin*. London and Basingstoke: Macmillan.

Carr, Edward H. 1985 [1950]. *The Bolshevik Revolution 1917-1923*. 3 vols. New York and London: W. W. Norton & Company.

Carver, Terrell. 1983 *Marx & Engels: The Intellectual Relationship*. Brighton: Harvester Press.

Carver, Terrell. 1989. *Friedrich Engels: His Life and Thought*. London and Basingstoke: Macmillan.

Carver, Terrell. 1998. *The Postmodern Marx*. Pennsylvania: The Pennsylvania State University Press.

Carver, Terrell. 2008. "Marx's Conception of Alienation in the *Grundrisse*." In *Karl Marx's Grundrisse*, ed. Marcello Musto. London and New York: Routledge, 48-66.

Carver, Terrell and Daniel Blank. 2014a. *A Political History of the Editions of Marx and Engels's "German Ideology Manuscripts."* New York: Palgrave Macmillan.

Carver, Terrell and Daniel Blank. 2014b. *Marx and Engels's "German Ideology" Manuscripts*. New York: Palgrave Macmillan.

Carver, Terrell and James Farr. (eds.) 2015. *The Cambridge Companion to The Communist Manifesto*. Cambridge: Cambridge University Press.

Castleton, Edward. 2018. "The Many Revolutions of Pierre-Joseph Proudhon." In *The 1848 Revolutions and European Political Thought*, eds. Douglas Moggach and Gareth Stedman Jones. Cambridge: Cambridge University Press, 39-69.

Chattopadhyay, Paresh. 2018. *Socialism and Commodity Production*. Leiden and Boston: Brill.

Chitty, Andrew. 2006. "The Basis of the State in the Marx of 1842." In *The New Hegelians*, ed. Douglas Moggach. Cambridge: Cambridge University Press, 220-241.

Chrysis, Alexandros. 2018. *'True Democracy' as a Prelude to Communism: The Marx of Democracy*. Basingstoke: Palgrave Macmillan.

Claeys, Gregory. 1986. "'Individualism,' 'Socialism,' and 'Social Science': Further Notes on a Process of Conceptual Formation, 1800-1850." *Journal of the History of Ideas*, 47 (1): 81-93.

Claeys, Gregory. 1987. *Machinery, Money and the Millennium*. Cambridge: Polity.

Claeys, Gregory. 1989. *Citizens and Saints: Politics and Anti-Politics in Early British Socialism*. Cambridge: Cambridge University Press.

Claeys, Gregory. 2011. *Searching for Utopia*. London: Thames & Hudson.

Claeys, Gregory. 2016. *Thomas Paine*. London and New York: Routledge.

Claeys, Gregory. 2017. *Dystopia: A Natural History*. Oxford: Oxford University Press.

Claeys, Gregory. 2021. "Marx and Environmental Catastrophe." In *Rethinking Alternatives with Marx*, ed. Marcello Musto. Switzerland: Palgrave Macmillan, 113-128.

Claeys, Gregory. (ed.) 1993. *Selected Works of Robert Owen*. 4 vols. London: William Pickering.

Claeys, Gregory. (ed.) 2001. *The Chartist Movement in Britain 1838-1850*. 6 vols. London: Pickering & Chatto.

Claeys, Gregory. (ed.) 2005. *Owenite Socialism: Pamphlets and Correspondence*. 10

vols. London and New York: Routledge.

Clark, Christopher. 2007. *Iron Kingdom: The Rise and Downfall of Prussia 1600-1947*. London: Penguin Books.

Clarke, Simon. 1982. *Marx, Marginalism, and Modern Sociology: From Adam Smith to Max Weber*. London: Macmillan.

Clarke, Simon. 1989. "The Basic Theory of Capitalism: A Critical Review of Itoh and the Uno School." *Capital & Class*, 13 (1): 133-149.

Clarke, Simon. 1994. *Marx's Theory of Crisis*. New York: St. Martin's Press.

Cliff, Tony. 1988. *State Capitalism in Russia*. London: Bookmarks.

Cobban, Alfred. 1999 [1964]. *The Social Interpretation of the French Revolution*. 2nd edition. Cambridge: Cambridge University Press.

Cohen, G. A. 1978. *Karl Marx's Theory of History: A Defence*. Oxford: Oxford University Press.

Cohen, G. A. 1983. "Review of *Karl Marx* by Allen Wood." *Mind*, XCII (367): 440-445.

Cohen, G. A. 1988. *History, Labour, and Freedom*. Oxford: Clarendon Press.

Cole, G. D. H. 2002a [1953]. *Socialist Thought: The Forerunners 1789-1850*. Basingstoke: Palgrave Macmillan.

Cole, G. D. H. 2002b [1954]. *Marxism and Anarchism 1850-1890*. Basingstoke: Palgrave Macmillan.

Cole, G. D. H. 2002c [1956]. *The Second International, Part I*. Basingstoke: Palgrave Macmillan.

Cole, G. D. H. 2002d [1956]. *The Second International, Part II*. Basingstoke: Palgrave Macmillan.

Colletti, Lucio. 1972. *From Rousseau to Lenin*. New York: Monthly Review Press.

Colletti, Lucio. 1973. *Marxism and Hegel*. London: New Left Books.

Colletti, Lucio. 1975. "Marxism and the Dialectic." *New Left Review*, I/95: 3-29.

Colletti, Lucio. 1992 [1975]. "Introduction." In *Karl Marx: Early Writings*. London: Penguin Books, 7-56.

Collins, Henry and Chimen Abramsky. 1965. *Karl Marx and the British Labour Movement: Years of the First International*. London: Macmillan & Co Ltd.

Comninel, George C. 1987. *Rethinking the French Revolution: Marxism and the Revisionist Challenge*. London: Verso.

Comninel, George C., Marcello Musto and Victor Wallis. (eds.) 2015. *The International After 150 Years*. London and New York: Routledge.

Considerant, Victor. 2006 [1847]. *Principles of Socialism: Manifesto of 19th Century Democracy*. University Park, MD: Maisonneuve Press.

Considerant, Victor. 2010 [1847]. "Principles of Socialism: Manifesto of 19th Century Democracy." *Science & Society*, 74 (1): 119-127.

Cowling, Mark. (ed.) 1998. *The Communist Manifesto: New Interpretations*. Edinburgh: Edinburgh University Press.

Cowling, Mark and James Martin. (eds.) 2002. *Marx's "Eighteenth Brumaire."* London: Pluto Press.

Cullenberg, Stephen. 1994. *The Falling Rate of Profit: Recasting the Marxian Debate*. London and Boulder, CO: Pluto Press.

Davidson, Neil. 2012. *How Revolutionary Were the Bourgeois Revolutions?* Chicago, IL: Haymarket Books.

Deluermoz, Quentin. 2018. "The IWMA and the Commune." In *"Arise Ye Wretched of the Earth:" The First International in a Global Perspective*, eds. Fabrice Bensimon, Quentin Deluermoz and Jeanne Moisand. Leiden and London: Brill, 107-126.

Derrida, Jacques. 1994. *Specters of Marx*. London: Routledge.

Deutscher, Isaac. 1967. *The Unfinished Revolution*. Oxford: Oxford University Press.

Devine, Pat. 1988. *Democracy and Economic Planning*. Cambridge: Polity.

Devine, Pat. 2019. "Democratic Socialist Planning." In *The Oxford Handbook of Karl Marx*, eds. Matt Vidal, Tony Smith, Tomás Rotta and Paul Prew. Oxford: Oxford University Press, 773-792.

Dickey, Laurence and H. B. Nisbet. 1999. "General Introduction." In G. W. F. Hegel, *Political Writings*, eds. Laurence Dickey and H. B. Nisbet. Cambridge: Cambridge University Press, vii-xli.

Dijkstra, Sandra. 2019. *Flora Tristan*. London: Verso.

Dixon, David T. 2020. *Radical Warrior: August Willich's Journey from German*

Revolutionary to Union General. Knoxville: The University of Tennessee Press.

Dobb, Maurice. 1963 [1946]. *Studies in the Development of Capitalism*. London: Routledge & Kegan Paul.

Donnelly, James S. 2002. *The Great Irish Potato Famine*. Stroud: Sutton.

Doyle, William. 1988. *Origins of the French Revolution*. 2nd editon. Oxford: Oxford University Press.

Draper, Hal. 1977. *Karl Marx's Theory of Revolution, Vol. I: State and Bureaucracy*. New York: Monthly Review Press.

Draper, Hal. 1978. *Karl Marx's Theory of Revolution, Vol. II: The Politics of Social Classes*. New York: Monthly Review Press.

Draper, Hal. 1986. *Karl Marx's Theory of Revolution, Vol. III: The Dictatorship of the Proletariat*. New York: Monthly Review Press.

Draper, Hal. 1987. *The "Dictatorship of the Proletariat" from Marx to Lenin*. New York: Monthly Review Press.

Draper, Hal. 1990. *Karl Marx's Theory of Revolution, Vol. IV: Critique of Other Socialisms*. New York: Monthly Review Press.

Draper, Hal and E. Haberkern. 2005. *Karl Marx's Theory of Revolution, Vol. V: War & Revolution*. New York: Monthly Review Press.

Ducange, Jean-Numa. 2015. "Marx, Marxism, and the 'père of the "Class Struggle."'" *Actuel Marx*, 58 (2): 12-27.

Dunayevskaya, Raya. 2019. *Marx's Philosophy of Revolution in Permanence for Our Day*. Leiden and Boston: Brill.

Dunn, Stephen P. 1982. *The Fall and Rise of the Asiatic Mode of Production*. London: Routledge & Kegan Paul.

Durkheim, Emile. 1958. *Socialism and Saint-Simon*. Yellow Springs, Ohio: The Antioch Press.

Dussel, Enrique. 2001. *Towards an Unknown Marx: A Commentary on the Manuscripts of 1861-63*. London and New York: Routledge.

Dussel, Enrique. 2008. "The Discovery of the Category of Surplus Value." In *Karl Marx's Grundrisse*, ed. Marcello Musto. London and New York: Routledge, 67-78.

Eagleton, Terry. 1991. *Ideology*. London: Verso.

Eaton, Henry. 1980. "Marx and the Russians." *Journal of the History of Ideas*, 41 (1): 89-112.

Elliott, Gregory. 1987. *Althusser: The Detour of Theory*. London: Verso.

Elliott, Gregory. (ed.) 1994. *Althusser: A Critical Reader*. Oxford: Macmillan.

Ellis, Geoffrey. 2000. "The Revolution of 1848-1849 in France." In *The Revolutions in Europe 1848-1849*, eds. R. J. W. Evans and Hartmut Pogge von Strandmann. Oxford: Oxford University Press, 27-53.

Elson, Diane. 1979. "The Value Theory of Labour." In *Value: The Representation of Labour in Capitalism*, ed. Diane Elson. London: CSE Books, 115-180.

Elson, Diane. 1988. "Market Socialism or Socialization of the Market?" *New Left Review*, I/172: 3-44.

Elson, Diane. (ed.) 1979. *Value: The Representation of Labour in Capitalism*. London: CSE Books.

Elster, Jon. 1985. *Making Sense of Marx*. Cambridge: Cambridge University Press.

Enckell, Marianne. 2018. "Bakunin and the Jura Federation." In *"Arise Ye Wretched of the Earth:" The First International in a Global Perspective*, eds. Fabrice Bensimon, Quentin Deluermoz and Jeanne Moisand. Leiden and London: Brill, 355-365.

Epstein, James and Dorothy Thompson. (eds.) 1982. *The Chartist Experience: Studies in Working-Class Radicalism and Culture, 1830-60*. London and Basingstoke: Macmillan.

Esenwein, George R. 1989. *Anarchist Ideology and the Working-Class Movement in Spain, 1868-1898*. Berkeley and Los Angeles: University of California Press.

Evans, Michael. 1975. *Karl Marx*. London: George Allen & Unwin Ltd.

Evans, Richard J. 2016. *The Pursuit of Power: Europe 1815-1914*. New York: Viking.

Evans, R. J. W. 2000a. "1848-1849 in the Habsburg." In *The Revolutions in Europe 1848-1849*, eds. R. J. W. Evans and Hartmut Pogge von Strandmann. Oxford: Oxford University Press, 181-206.

Evans, R. J. W. 2000b. "Liberalism, Nationalism, and the Coming of the Revolution." In *The Revolutions in Europe 1848-1849*, eds. R. J. W. Evans and Hartmut Pogge von Strandmann. Oxford: Oxford University Press, 9-26.

Evans, R. J. W. and Hartmut Pogge von Strandmann. (eds.) 2000. *The Revolutions in Europe 1848-1849*, Oxford: Oxford University Press.

Farber, Samuel. 1990. *Before Stalinism: The Rise and Fall of Soviet Democracy*. Cambridge: Polity.

Fetscher, Iring. 2008. "Emancipated Individuals in an Emancipated Society: Marx's Sketch of a Post-Capitalist Society in the *Grundrisse*." In *Karl Marx's Grundrisse*, ed. Marcello Musto. London and New York: Routledge, 107-119.

Feuerbach, Ludwig. 1980 [1830]. *Thoughts on Death and Immortality*. Berkeley, Los Angeles, London: University of California Press.

Feuerbach, Ludwig. 2011 [1841]. *The Essence of Christianity*. Cambridge: Cambridge University Press.

Feuerbach, Ludwig. 2012. *The Fiery Brook: Selected Writings*. London: Verso.

Fine, Ben and Laurence Harris. 1979. *Rereading Capital*. Basingstoke: Macmillan.

Finn, Margot C. 1993. *After Chartism: Class and Nation in English Radical Politics, 1848-1874*. Cambridge: Cambridge University Press.

Foley, Duncan. 1986. *Understanding Capital: Marx's Economic Theory*. Cambridge, MA: Harvard University Press.

Foley, Duncan. 2005. "Marx's Theory of Money in Historical Perspective." In *Marx's Theory of Money: Modern Appraisals*, ed. Fred Moseley. Basingstoke: Palgrave Macmillan, 36-49.

Footman, David. 1946. *The Primrose Path: A Life of Ferdinand Lassalle*. London: The Cresset Press.

Forsythe, Murray. 1987. *Reason and Revolution: The Political Thought of Abbé Sieyès*. Leicester: Leicester University Press.

Fortescue, William. 2005. *France and 1848*. London and New York: Routledge.

Foster, John Bellamy. 2000. *Marx's Ecology*. New York: Monthly Review Press.

Foster, John Bellamy. 2020. *The Return of Nature: Socialism and Ecology*. New York: Monthly Review Press.

Foster, John Bellamy. 2022. *Capitalism in the Anthropocene: Ecological Ruin or Ecological Revolution*. New York: Monthly Review Press.

Foster, John Bellamy. 2024. *The Dialectics of Ecology*. New York: Monthly Review Press.

Foster, John Bellamy and Paul Burkett. 2016. *Marx and the Earth*. Leiden and Boston: Brill.

Fourier, Charles. 1996 [1808]. *The Theory of Four Movements*. Cambridge: Cambridge University Press.

Fourier, Charles. 2011. *The Hierachies and Cuckoldry and Bankruptcy*. Cambridge, MA: Wakefield Press.

Freymond, Jacques and Miklós Molnár. 1966. "The Rise and Fall of the First International." In *The Revolutionary Internationals 1864-1943*, ed. Milorad M. Drachkovitch. Stanford: Stanford University Press, 3-35.

Furet, François. 1981. *Interpreting the French Revolution*. Cambridge: Cambridge University Press.

Furet, François. 1988. *Marx and the French Revolution*. Chicago and London: The University of Chicago Press.

Furet, François. 1989a. "Blanc." In *A Critical Dictionary of the French Revolution*, eds. François Furet and Mona Ozouf. Cambridge, MA: The Belknap Press of Harvard University Press, 900-907.

Furet, François. 1989b. "Buchez." In *A Critical Dictionary of the French Revolution*, eds. François Furet and Mona Ozouf. Cambridge, MA: The Belknap Press of Harvard University Press, 908-915.

Furet, François. 1989c. "Babeuf." In *A Critical Dictionary of the French Revolution*, eds. François Furet and Mona Ozouf. Cambridge, MA: The Belknap Press of Harvard University Press, 179-185.

Furet, François. 1989d. "Jacobinism." In *A Critical Dictionary of the French Revolution*, eds. François Furet and Mona Ozouf. Cambridge, MA: The Belknap Press of Harvard University Press, 704-715.

Furet, François. 1992. *Revolutionary France 1770-1880*. Oxford: Blackwell.

Furet, François and Mona Ozouf. (eds.) 1989. *A Critical Dictionary of the French Revolution*. Cambridge, MA: The Belknap Press of Harvard University Press.

Gauchet, Marcel. 2022. *Robespierre*. Princeton & London: Princeton University Press.

Gay, Peter. 1979 [1952]. *The Dilemma of Democratic Socialism*. New York: Octagon Books.

Geras, Norman. 1973. "Rosa Luxemburg: Barbarism and the Collapse of Capitalism." *New Left Review*, I/82: 17-37.

Geras, Norman. 1976. *The Legacy of Rosa Luxemburg*. London: New Left Books.

Geras, Norman. 1983. *Marx and Human Nature*. London: Verso.

Geras, Norman. 1985. "The Controversy About Marx and Justice." *New Left Review*, I/195: 47-85.

Gerçek, Salih Emre. 2023. "The 'Social Question' as a Democratic Question: Louis Blanc's *Organization of Labor*." *Modern Intellectual History*, 20 (2): 388-416.

Gilbert, Alan. 1976. "Salvaging Marx from Avineri." *Political Theory*, 4 (1): 9-34.

Gilbert, Alan. 1989. *Marx's Politics*. Boulder & London: Lynne Rienner Publishers.

Gooch, Todd. 2011. "Some Political Implications of Feuerbach's Theory of Religion." In *Politics, Religion, and Art*, ed. Douglas Moggach. Evanston, Illinois: Northwestern University Press, 257-280.

Gorz, André. 1982. *Farewell to the Working Class*. London: Pluto Press.

Gorz, André. 1989. *Critique of Economic Reason*. London: Verso.

Gorz, André. 1994. *Capitalism, Socialism and Ecology*. London: Verso.

Gough, Ian. 1972. "Productive and Unproductive Labour in Marx." *New Left Review*, I/76: 47-72.

Gramsci, Antonio. 1917. "The Revolution against *Capital*." 24 December 1917. <https://www.marxists.org/archive/gramsci/1917/12/revolution-against-capital.htm>.

Granieri, Ronald J. 2001. "A. J. P. Taylor on the 'Greater' German Problem." *The International History Review*, 23 (1): 28-50.

Gray, John. 1995. "Harnessing the Market." *New Left Review*, I/210: 147-152.

Gregory, David. 1983. "Karl Marx's and Friedrich Engels's Knowledge of French Socialism in 1842-43." *Historical Reflections*, 10 (1): 143-193.

Grossman, Henryk. 2005 [1929]. *The Law of Accumulation and Breakdown of the Capitalist System*. <https://www.marxists.org/archive/grossman/1929/breakdown/index.htm>.

Guizot, François. 1850. *Why Was the English Revolution Successful? A Discourse on the History of the English Revolution*. London: D. Bogue.

Habib, Irfan. 2002. *Essays in Indian History: Towards a Marxist Perception*. London: Anthem.

Hall, Stuart. 1985. "Authoritarian Populism: A Reply." *New Left Review*, I/151: 115-124.

Harding, Neil. 1977. *Lenin's Political Thought Vol. 1: Theory and Practice in the Democratic Revolution*. London and Basingstoke: Macmillan.

Harding, Neil. 1981. *Lenin's Political Thought Vol. 2: Theory and Practice in the Socialist Revolution*. London and Basingstoke: Macmillan.

Harris, James. (ed.) 2013. *The Anatomy of Terror: Political Violence Under Stalin*. Oxford: Oxford University Press.

Harvey, David. 2006 [1982]. *The Limit to Capital*. London: Verso.

Harvey, David. 2018. "Marx's Refusal of the Labour Theory of Value." <http://davidharvey.org/2018/03/marxs-refusal-of-the-labour-theory-of-value-by-david-harvey/>.

Harvey, David. 2023. *A Companion to Marx's Grundrisse*. London: Verso.

Hayat, Samuel. 2018. "The Construction of Proudhonism Within the IWMA." In *"Arise Ye Wretched of the Earth:" The First International in a Global Perspective*, eds. Fabrice Bensimon, Quentin Deluermoz and Jeanne Moisand. Leiden and London: Brill, 313-331.

Haydon, Colin and William Doyle. (eds.) 1999. *Robespierre*. Cambridge: Cambridge University Press.

Hayek, F. A. von. (ed.) 1935. *Collective Economic Planning*. London: Routledge & Kegan Paul.

Hecker, Rolf. 2009. "New Perspectives Opened by the Publication of Marx's Manuscripts of *Capital*, Vol. II." In *Re-Reading Marx: New Perspectives after the Critical Edition*, eds. Riccardo Bellofiore and Roberto Fineschi. Basingstoke: Palgrave Macmillan, 17-26.

Hegel, G. W. F. 1999. *Political Writings*, eds. Laurence Dickey and H. B. Nisbet. Cambridge: Cambridge University Press.

Hegel, G. W. F. 1999 [1831]. "On the English Reform Bill." In *Political Writings*, eds. Laurence Dickey and H. B. Nisbet. Cambridge: Cambridge University Press, 234-270.

Hegel, G. W. F. 2001. *The Philosophy of History*. Kitchener: Batoche Books.

Hegel, G. W. F. 2003 [1820]. *Elements of the Philosophy of Right*. Cambridge: Cambridge University Press.

Hegel, G. W. F. 2018 [1807]. *The Phenomenology of Spirit*. Oxford: Oxford University Press.

Heinrich, Michael. 1996-1997. "Engels' Edition of the Third Volume of *Capital* and Marx's Original Manuscript." *Science & Society*, 60 (4): 452-466.

Heinrich, Michael. 1999-2000. *Die Wissenschaft vom Wert: Die Marxsche Kritik der politischen Ökonomie zwischen wissenschaftlicher Revolution und klassischer Tradition*, 8. Münster: Westfälisches Dampfboot.

Heinrich, Michael. 2009. "Reconstruction or Deconstruction? Methodological Controversies About Value and Capital, and New Insights from the Critical Edition." In *Re-Reading Marx: New Perspectives after the Critical Edition*, eds. Riccardo Bellofiore and Roberto Fineschi. Basingstoke: Palgrave Macmillan, 71-98.

Heinrich, Michael. 2012. *An Introduction to the Three Volumes of Karl Marx's Capital*. New York: Monthly Review Press.

Heinrich, Michael. 2013a. "Crisis Theory, the Law of the Tendency of the Profit Rate to Fall, and Marx's Studies in the 1870s." *Monthly Review*, 64 (11): 15-31.

Heinrich, Michael. 2013b. "Heinrich Answers Critics." *MR Online*. 1 December 2013. <https://mronline.org/2013/12/01/heinrich-answers-critics/>.

Heinrich, Michael. 2014. "The 'Fragment on Machines': A Marxian Misconception in the *Grundrisse* and its Overcoming in *Capital*." In *In Marx's Laboratory: Critical Interpretations of the Grundrisse*, eds. Roccardo Bellofiore, Guido Starosta and Peter D. Thomas. Chicago: Haymarket Books, 197-212.

Heinrich, Michael. 2019. *Karl Marx and the Birth of Modern Society*. New York: Monthly Review Press.

Heinrich, Michael. 2021. *How to Read Marx's Capital*. New York: Monthly Review

Press.

Heller, Henry. 2006. *The Bourgeois Revolution in France 1789-1815*. New York and Oxford: Berghahn Books.

Heller, Henry. 2017. *The French Revolution and Historical Materialism: Selected Essays*. Leiden and Boston: Brill.

Hess, Moses. 1998 [1845]. "The Essence of Money." In *Values and Evaluations: Essays on Ethics and Ideology*, ed. Alan Tapper. New York: Peter Lang, 183-207.

Hess, Moses. 2004. *The Holy History of Mankind and Other Writings*, tr. & ed. Shlomo Avineri. Cambridge: Cambridge University Press.

Higonnet, Patrice. 1989. "Sans-culottes." In *A Critical Dictionary of the French Revolution*, eds. François Furet and Mona Ozouf. Cambridge, MA: The Belknap Press of Harvard University Press, 393-399.

Hilferding, Rudolf. 1984 [1904]. *Böhm-Bawerk's Criticism of Marx*. In *Karl Marx and the Close of His System & Böhm-Bawerk's Criticism of Marx*, ed. Paul M. Sweezy. Philadelphia: Orion Editions, 119-196.

Hill, Christopher. 1948. "The English Civil War Interpreted by Marx and Engels." *Science & Society*, 12 (1): 130-156.

Hill, Christopher. 1980. "A Bourgeois Revolution?" In *Three British Revolutions: 1641, 1688, 1776*, ed. J. G. A. Pocock. Princeton: Princeton University Press, 109-139.

Hill, Christopher. 1986. *The Collected Essays of Christopher Hill, Vol. 3: People and Ideas in 17th Century England*. Brighton: The Harvester Press.

Hilton, Rodney. 1978. "Introduction." In Paul M. Sweezy et al., *The Transition from Feudalism to Capitalism*. London: Verso, 9-30.

Hilton, Rodney. 1985. *The Transition from Feudalism to Capitalism*. New York: St. Martin's Press.

Hindess, Barry and Paul Hirst. 1975. *Pre-Capitalist Modes of Production*. London: Routledge and K. Paul.

Hindess, Barry and Paul Hirst. 1977. *Mode of Production and Social Formation*. London: Macmillan.

Hirst, Paul. 1985. *Marxism and Historical Writings*. London: Routledge & Kegan

Paul.

Hobsbawm, Eric J. 1980 [1965]. "Introduction." In Karl Marx, *Pre-Capitalist Economic Formations*, ed. E. J. Hobsbawm. New York: International Publishers, 9-65.

Hobsbwam, Eric J. 1982. "The Fortunes of Marx's and Engels' Writings." In *The History of Marxism, Vol. I: Marxism in Marx's Day*, ed. E. J. Hobsbawm. Brighton: The Harvester Press, 327-344.

Hobsbawm, Eric J. 1990. *Echoes of the Marseillaise*. London: Verso.

Hobsbawm, Eric J. (ed.) 1982. *The History of Marxism, Vol. I: Marxism in Marx's Day*. Brighton: The Harvester Press.

Hoffheimer, Michael H. 1995. *Eduard Gans and the Hegelian Philosophy of Law*. Dordrecht/Boston/London: Kluwer Academic Publishers.

Hoffman, Robert L. 1972. *Revolutionary Justice: The Social and Political Theory of P.-J. Proudhon*. Urbana, Chicago and London: University of Illinois Press.

Horne, Thomas A. 1990. *Property Rights and Poverty*. Chapel Hill and London: The University of North Carolina Press.

Hostetter, Richard Jerome. 1958. *The Italian Socialist Movement, Vol. I: Origins (1860-1882)*. Princeton: D. Van Nostrand Company, INC.

Howard, M. C. and J. E. King. 1989. *A History of Marxian Economics: Volume I, 1883-1929*. Princeton: Princeton University Press.

Howard, M. C. and J. E. King. 1992. *A History of Marxian Economics: Volume II, 1929-1990*. Princeton: Princeton University Press.

Howe, Irving. 1978. *Trotsky*. Sussex: Harvester Press.

Hudis, Peter. 2012. *Marx's Concept of the Alternative to Capitalism*. Leiden and Boston: Brill.

Hudis, Peter. (ed.) 2013. *The Complete Works of Rosa Luxemburg: Vol. I: Economic Writings 1*. London: Verso.

Hudis, Peter and Kevin B. Anderson. (eds.) 2004. *The Rosa Luxemburg Reader*. New York: Monthly Review Press.

Hudis, Peter and Paul Le Blanc. (eds.) 2015. *The Complete Works of Rosa Luxemburg: Vol. II: Economic Writings 2*. London: Verso.

Hunt, Alan. (ed.) 1980. *Marxism and Democracy*. London: Lawrence & Wishart.

Hunt, Richard N. 1974. *The Political Ideas of Marx and Engels, Vol. I*. London: Macmillan.

Hunt, Richard N. 1984. *The Political Ideas of Marx and Engels, Vol. II*. London: Macmillan.

Hunt, Tristram. 2009. *Marx's General: The Revolutionary Life of Friedrich Engels*. New York: Metropolitan Books.

Hussain, Athar and Keith Tribe. 1981a. *Marxism and the Agrarian Question, Vol. I: German Social Democracy and the Peasantry 1890-1907*. London and Basingstoke: Macmillan.

Hussain, Athar and Keith Tribe. 1981b. *Marxism and the Agrarian Question, Vol. II: Russian Marxism and the Peasantry 1861-1930*. London and Basingstoke: Macmillan.

Hutton, Patrick H. 1981. *The Cult of the Revolutionary Tradition: The Blanquists in French Politics 1864-1893*. Berkeley and Los Angeles: University of California Press.

Iggers, Georg G. 1972. "Introduction." In Saint-Amand Bazard et al., *The Doctrine of Saint-Simon: An Exposition*, ed. Georg G. Iggers. New York: Schocken Books, ix-xlvii.

Israel, Jonathan I. 2021. *Revolutionary Jews from Spinoza to Marx*. Seattle: University of Washington Press.

Jameson, Fredric. 2011. *Representing Capital: A Reading of Volume One*. London: Verso.

Jellinek, Frank. 1937. *The Paris Commune of 1871*. London: Victor Gollancz Ltd.

Jennings, Jeremy. 2011. "Constitutional Liberalism in France: From Benjamin Constant to Alexis de Tocqueville." In *The Cambridge History of Nineteenth-Century Political Thought*, eds. Gareth Stedman Jones and Gregory Claeys. Cambridge: Cambridge University Press, 349-373.

Jessop, Bob. 1982. *The Capitalist State*. Oxford: Martin Robertson.

Jessop, Bob. 1990. *State Theory*. Cambridge: Polity.

Jones, Colin. 2021. *The Fall of Robespierre*. Oxford: Oxford University Press.

Jones, Thomas C. 2018. "French Republicanism After 1848." In *The 1848 Revolutions and European Political Thought*, eds. Douglas Moggach and Gareth Stedman Jones. Cambridge: Cambridge University Press, 70-93.

Jones, Thomas C. and Robert Tombs. 2013. "The French Left in Exile: *Quarante-Huitards* and Communards in London, 1848-80." In *A History of the French in London*, eds. Debra Kelly and Martyn Cornick. London: Institute of Historical Research, 165-191.

Judt, Tony. 1986. *Marxism and the French Left*. Oxford: Clarendon Press.

Kaplan, E. Ann and Michael Sprinker. (eds.) 1993. *The Althusserian Legacy*. London: Verso.

Katz, Henryk. 1992. *The Emancipation of Labor: A History of the First International*. Westport, CT: Greenwood Press.

Kautsky, John H. 1994. *Karl Kautsky: Marxism, Revolution & Democracy*. New Brunswick and London: Transaction Publishers.

Kautsky, John H. 1997. *The Politics of Aristocratic Empires*. New Brunswick: Transaction Publishers.

Kautsky, Karl. 1901-1902. "Krisentheorien." *Die Neue Zeit*, 20 (2).

Kautsky, Karl. 1910 [1892]. *The Class Struggle (Erfurt Program)*. Chicago: Charles H. Kerr & Company.

Kautsky, Karl. 1964 [1918]. *The Dictatorship of the Proletariat*. Ann Arbor: The University of Michigan Press.

Kautsky, Karl. 1983. *Selected Political Writings*, ed. Patrick Goode. London and Basingstoke: Macmillan.

Kautsky, Karl. 2020. *Karl Kautsky on Democracy and Republicanism*, ed. & tr. Ben Lewis. Leiden and Boston: Brill.

Kaye, Harvey J. 1984. *The British Marxist Historians*. Cambridge: Polity.

Kennedy, Michael L. 1982. *The Jacobin Clubs in the French Revolution: The Middle Years*. Princeton: Princeton University Press.

Kennedy, Michael L. 1988. *The Jacobin Clubs in the French Revolution: The First Years*. Princeton: Princeton University Press.

Kicillof, Axel and Guido Starosta. 2007. "On Materiality and Social Form: A Political

Critique of Rubin's Value-Form Theory." *Historical Materialism*, 15 (3): 9-43.

Kincaid, Jim. 2005. "A Critique of Value-Form Marxism." *Historical Materialism*, 13 (2): 85-119.

Kincaid, Jim. 2007. "Production vs. Realisation: A Critique of Fine and Saad-Filho on Value Theory." *Historical Materialism*, 15 (4): 137-165.

Klagge, James C. 1986. "Marx's Realms of 'Freedom' and 'Necessity.'" *Canadian Journal of Philosophy*, 16 (4): 769-777.

Kliman, Andrew. 2007. *Reclaiming Marx's "Capital."* Plymouth: Lexington Books.

Knei-Paz, Baruch. 1978. *The Social and Political Thought of Leon Trotsky*. Oxford: Clarendon Press.

Knowles, Dudley. 2002. *Hegel and the Philosophy of Right*. London: Routledge.

Kofman, M. 1968. "The Reaction of Two Anarchists to Nationalism: Proudhon and Bakunin on the Polish Question." *Labour History*, 14: 34-45.

Kolakowski, Leszek. 1978a. *Main Currents of Marxism, Vol. I: The Founders*. Oxford: Oxford University Press.

Kolakowski, Leszek. 1978b. *Main Currents of Marxism, Vol. II: The Golden Age*. Oxford: Oxford University Press.

Kovesi, Julius. 1998. "Moses Hess, Marx and Money." In *Values and Evaluations: Essays on Ethics and Ideology*, ed. Alan Tapper. New York: Peter Lang, 127-207.

Krader, Lawrence. 1974. "Introduction." In Karl Marx, *The Ethnological Notebooks*, ed. Lawrence Krader. Assen, the Netherlands: Van Gorcum & Comp B. V., 1-93.

Krader, Lawrence. 1975. *The Asiatic Mode of Production*. Assen, the Netherlands: Van Gorcum & Comp. B. V.

Krätke, Michael R. 2008a. "The First World Economic Crisis: Marx as an Economic Journalist." In *Karl Marx's Grundrisse*, ed. Marcello Musto. London and New York: Routledge, 162-168.

Krätke, Michael R. 2008b. "Marx's 'Books of Crisis' of 1857-8." In *Karl Marx's Grundrisse*, ed. Marcello Musto. London and New York: Routledge, 169-175.

Krätke, Michael R. 2018. "Marx and World History." *International Review of Social History*, 63 (1): 91-125.

Lange, Elena Louisa. 2014. "Failed Abstraction – The Problem of Uno Kōzō's Reading of Marx's Theory of the Value Form." *Historical Materialism*, 22 (1): 3-33.

Lange, Elena Louisa. 2020. "Money versus Value? Reconsidering the 'Monetary Approach' of the 'post'-Uno School, Benetti/Cartelier, and the *Neue Marx-Lektüre*." *Historical Materialism*, 28 (1): 51-84.

Lange, Oscar and Fred M. Taylor. 1964 [1938]. *On the Economic Theory of Socialism*. New York: McGraw-Hill.

Larrain, Jorge A. 1983. *Marxism and Ideology*. London: Macmillan.

Larrain, Jorge A. 1992 [1979]. *The Concept of Ideology*. Aldershot: Gregg Revivals.

Lassalle, Ferdinand. 1927. *Speeches of Ferdinand Lassalle*. New York: International Publishers.

Lattek, Christine. 2006. *Revolutionary Refugees: German Socialism in Britain, 1840-1860*. London and New York: Routledge.

Lause, Mark. 2022. *Soldiers of Revolution: The Franco-Prussian Conflict and the Paris Commune*. London: Verso.

Lavoie, Don. 1985. *Rivalry and Central Planning*. Cambridge: Cambridge University Press.

Lebrun, Richard A. and Sylvain Milbach. (eds.) 2018. *Lamennais: A Believer's Revolutionary Politics*. Leiden and Boston: Brill.

Le Goff, Philippe. 2020. *Auguste Blanqui and the Politics of Popular Empowerment*. London: Bloomsbury Academic.

Le Goff, Philippe and Peter Hallward. (eds.) 2018. *The Blanqui Reader: Political Writings, 1830-1880*. London: Verso.

Lenin, V. I. 1967. *Selected Works*. 3 vols. New York: International Publishers.

Lenin, V. I. 1973. *Collected Works*. 45 vols. Moscow: Progress Publishers.

Léonard, Mathieu. 2018. "Carlo Cafiero and the International in Italy: From Marx to Bakunin." In *"Arise Ye Wretched of the Earth:" The First International in a Global Perspective*, eds. Fabrice Bensimon, Quentin Deluermoz and Jeanne Moisand. Leiden and London: Brill, 366-378.

Leopold, David. 1995. "Introduction." In Max Stirner, *The Ego and Its Own*, ed. David Leopold. Cambridge: Cambridge University Press, xi-xxxii.

Leopold, David. 1999. "The Hegelian Antisemitism of Bruno Bauer." *History of*

European Ideas, 25 (4): 179-206.

Leopold, David. 2007. *The Young Karl Marx*. Cambridge: Cambridge University Press.

Levine, Andrew. 1987. *The End of the State*. London: Verso.

Levine, Andrew. 1993. *The General Will: Rousseau, Marx, Communism*. Cambridge: Cambridge University Press.

Levine, Michael. 1998. "'The Hungry Forties': The Social-economic Context of the *Communist Manifesto*." In *The Communist Manifesto: New Interpretations*, ed. Mark Cowling. Edinburgh: Edinburgh University Press, 41-50.

Levine, Norman. 1975. *The Tragic Deception: Marx Contra Engels*. Santa Barbara, CA: Clio Books.

Levine, Norman. 2006. *Divergent Paths: Hegel in Marxism and Engelsism. Vol. 1: The Hegelian Foundations of Marx's Method*. Oxford: Lexington Books.

Levine, Norman. 2012. *Marx's Discourse with Hegel*. Basingstoke: Palgrave Macmillan.

Levy, Carl. 2018. "The Italians and the IWMA." In *"Arise Ye Wretched of the Earth:" The First International in a Global Perspective*, eds. Fabrice Bensimon, Quentin Deluermoz and Jeanne Moisand. Leiden and London: Brill, 207-220.

Lewis, Thomas A. 2011. *Religion, Modernity, and Politics in Hegel*. Oxford: Oxford University Press.

Lichtheim, George. 1969. *The Origins of Socialism*. New York: Frederick A. Praeger, Inc.

Lidtke, Vernon L. 1966. *The Outlawed Party: Social Democracy in Germany, 1878-1890*. Princeton: Princeton University Press.

Lidtke, Vernon L. 1985. *The Alternative Culture: Socialist Labor in Imperial Germany*. Oxford: Oxford University Press.

Lidtke, Vernon L. 2011. "German Socialism and Social Democracy 1860-1900." In *The Cambridge History of Nineteenth-Century Political Thought*, eds. Gareth Stedman Jones and Gregory Claeys. Cambridge: Cambridge University Press, 780-810.

Liedman, Sven-Eric. 2018. *A World to Win: The Life and Works of Karl Marx*. London:

Verso.

Linden, Marcel van der and Gerald Hubmann. (eds.) 2019. *Marx's Capital: An Unfinishable Project?* Chicago: Haymarket Books.

Lindner, Kolja. 2008. "The German Debate on the Monetary Theory of Value: Considerations on Jan Hoff's *Kritik der Klassischen Politischen Ökonomie.*" *Science & Society*, 72 (4): 402-414.

Linton, Marisa. 2013. *Choosing Terror*. Oxford: Oxford University Press.

Lissagaray, Prosper-Olivier. 2012 [1876]. *History of the Paris Commune of 1871*. London: Verso.

Loubère, Leo A. 1980. *Louis Blanc: His Left and His Contribution to the Rise of French Jacobin-Socialism*. Westport, CT: Greenwood Press.

Lovell, David W. 1984. *From Marx to Lenin*. Cambridge: Cambridge University Press.

Löwy, Michael. 1981. *The Politics of Combined and Uneven Development: The Theory of Permanent Revolution*. London: New Left Books.

Löwy, Michael. 2003. *The Theory of Revolution in the Young Marx*. Leiden and Boston: Brill.

Lukács, Georg. 1971 [1923]. *History and Class Consciousness*. London: Merlin.

Lukes, Steven. 1985. *Marxism and Morality*. Oxford: Oxford University Press.

Macfarlane Leslie L. 1998. *Socialism, Ownership and Social Justice*. New York: St. Martin's Press.

Mah, Harold. 1987. *The End of Philosophy, the Origin of "Ideology."* Berkeley, Los Angels, London: University of California Press.

Mandel, Ernest. 1977. *The Formation of the Economic Thought of Karl Marx*. London: New Left Books.

Mandel, Ernest. 1978. *From Stalinism to Eurocommunism*. London: New Left Books.

Mandel, Ernest. 1988. "The Myth of Market Socialism." *New Left Review*, I/169: 108-120.

Mandel, Ernest. 1991. "Introduction." In Karl Marx, *Capital: A Critique of Political Economy, Vol. 3*, tr. David Fernbach. London: Penguin Books, 9-90.

Mandel, Ernest. 1992. "Introduction." In Karl Marx, *Capital: A Critique of Political Economy, Vol. 2*, tr. David Fernbach. London: Penguin Books, 11-79.

Mandel, Ernest and Alan Freeman. (eds.) 1984. *Ricardo, Marx, Sraffa*. London: Verso.

Manin, Bernard. 1997. *The Principles of Representative Government*. Cambridge: Cambridge University Press.

Manuel, Frank E. 1995. *A Requiem for Karl Marx*. Cambridge, MA: Harvard University Press.

Manuel, Frank E. and Fritzie P. Manuel. 1979. *Utopian Thought in the Western World*. Cambridge, MA: Harvard University Press.

Martov, Iulii. 2022 [1923]. *World Bolshevism*. Edmonton, AB: AU Press.

Marx, Karl. 1963. *Theories of Surplus Value, Part I*. Moscow: Progress Publishers.

Marx, Karl. 1968. *Theories of Surplus Value, Part II*. Moscow: Progress Publishers.

Marx, Karl. 1969 [1897]. *The Eastern Question*, eds. Eleanor Marx Aveling and Edward Aveling. New York: Augustus M. Kelley Publishers.

Marx, Karl. 1971. *Theories of Surplus Value, Part III*. Moscow: Progress Publishers.

Marx, Karl. 1973. *Grundrisse*, tr. Martin Nicolaus. Harmondsworth: Penguin Books. (abbr. **G**)

Marx, Karl. 1974. *The Ethnological Notebooks*, ed. Lawrence Krader. Assen, the Netherlands: Van Gorcum & Comp B. V.

Marx, Karl. 1980 [1965]. *Pre-Capitalist Economic Formations*, ed. E. J. Hobsbawm. New York: International Publishers.

Marx, Karl. 1990. *Capital: A Critique of Political Economy, Vol. 1*, tr. Ben Fowkes. London: Penguin Books. (abbr. **C1**)

Marx, Karl. 1991. *Capital: A Critique of Political Economy, Vol. 3*, tr. David Fernbach. London: Penguin Books. (abbr. **C3**)

Marx, Karl. 1992. *Capital: A Critique of Political Economy, Vol. 2*, tr. David Fernbach. London: Penguin Books. (abbr. **C2**)

Marx, Karl. 1992 [1975]. *Early Writings*. London: Penguin Books.

Marx, Karl. 1994. *Early Political Writings*, eds. Joseph O'Malley and Richard A. Davis. Cambridge: Cambridge University Press.

Marx, Karl. 1994 [1867]. "The Value-Form." In *Debates in Value Theory*, ed. Simon Mohun. Basingstoke: Macmillan, 9-34.

Marx, Karl. 1996. *Later Political Writings*, ed. Terrell Carver. Cambridge: Cambridge

University Press.

Marx, Karl and Frederick Engels. 1975-2004. *Collected Works*. 50 vols. New York: International Publishers. (abbr. ***MECW***)

Marx, Karl and Frederich Engels. 1975~. *Marx-Engels-Gesamtausgabe*. Berlin. (abbr. ***MEGA2***)

Marx, Karl and Frederich Engels. 2017. *Marx-Engels-Gesamtausgabe (MEGA2)*. Vol. I/5, *Deutsche Ideologie, Manuskripte und Drucke (1845-1847)*, eds. Ulrich Pagel, Gerald Hubmann and Christine Weckwerth. Berlin: De Gruyter.

Mason, Laura. 2022. *The Last Revolutionaries: The Conspiracy Trial of Gracchus Babeuf and the Equals*. New Haven and London: Yale University Press.

Massey, James A. 1976. "Feuerbach and Religious Individualism." *The Journal of Religion*, 56 (4): 366-381.

Massey, James A. 1980. "Introduction." In Ludwig Feuerbach, *Thoughts on Death and Immortality*. Berkeley, Los Angeles, London: University of California Press, ix-xliii.

McLellan, David. 1995 [1973]. *Karl Marx: A Biography*. London and Basingstoke: Macmillan.

McLellan, David and Sean Sayers. (eds.) 1990. *Marxism and Morality*. Basingstoke and London: Macmillan.

McNally, David. 1993. *Against the Market*. London: Verso.

McPhee, Peter. 2012. *Robespierre: A Revolutionary Life*. New Haven and London: Yale University Press.

Meek, Ronald L. 1967. *Economics and Ideology and Other Essays*. London: Chapman and Hall Ltd.

Meek, Ronald L. 1977. *Smith, Marx, and After*. London: Chapman & Hall.

Megill, Allan. 2002. *Karl Marx: The Burden of Reason*. Oxford: Rowman & Littlefield Publishers, Inc.

Meikle, Ronald. 1985. *Essentialism in the Thought of Karl Marx*. La Salle, IL: Open Court Publishing Co.

Merridale, Catherine. 2017. *Lenin on the Train*. New York: Metropolitan Books.

Merriman, John M. 1978. *The Agony of the Republic*. New Haven and London: Yale

University Press.

Merriman, John M. 2006. *Police Stories: Building the French State 1815-1851*. Oxford: Oxford University Press.

Merriman, John M. 2014. *Massacre: The Life and Death of the Paris Commune of 1871*. New Haven and London: Yale University Press.

Messer-Kruse, Timothy. 1998. *The Yankee International: Marxism and the American Reform Tradition, 1848-1876*. Chapel Hill and London: The University of North Carolina Press.

Milbach, Sylvain. 2018. "Introduction." In *Lamennais: A Believer's Revolutionary Politics*, eds. Richard A. Lebrun and Sylvain Milbach. Leiden and Boston: Brill, 1-31.

Miliband, Ralph. 1983. *Class Power and State Power*. London: Verso.

Milios, John, Dimitri Dimoulis and George Economakis. 2002. *Karl Marx and the Classics*. Aldershot: Ashgate.

Moggach, Douglas. 2003. *The Philosophy and Politics of Bruno Bauer*. Cambridge: Cambridge University Press.

Moggach, Douglas. 2006. "Republican Rigorism and Emancipation in Bruno Bauer." In *The New Hegelians*, ed. Douglas Moggach. Cambridge: Cambridge University Press, 114-135.

Moggach, Douglas. (ed.) 2006. *The New Hegelians*. Cambridge: Cambridge University Press.

Moggach, Douglas. (ed.) 2011. *Politics, Religion, and Art*. Evanston, Illinois: Northwestern University Press.

Moggach, Douglas and Gareth Stedman Jones. (eds.) 2018. *The 1848 Revolutions and European Political Thought*. Cambridge: Cambridge University Press.

Mohun, Simon. (ed.) 1994. *Debates in Value Theory*. Basingstoke: Macmillan.

Mommsen, Wolfgang J. 2011. "German Liberalism in the Nineteenth Century." In *The Cambridge History of Nineteenth-Century Political Thought*, eds. Gareth Stedman Jones and Gregory Claeys. Cambridge: Cambridge University Press, 409-432.

Mooers, Colin. 1991. *The Making of Bourgeois Europe*. London: Verso.

Moore, Stanley. 1993. *Marx Versus Markets*. University Park, PA: The Pennsylvania State University Press.

Morgan, Lewis H. 1998 [1877]. *Ancient Society: Researches in the Lines of Human Progress from Savagery through Barbarism to Civilization*. London: Routledge/ Thoemmes Press.

Morgan, Roger. 1965. *The German Social Democrats and the First International 1864-1872*. Cambridge: Cambridge University Press.

Moseley, Fred. 2001. "Editor's Introduction." In Enrique Dussel, *Towards an Unknown Marx: A Commentary on the Manuscripts of 1861-63*. London and New York: Routledge, xv-xxxi.

Moseley, Fred. 2005. "Introduction." In *Marx's Theory of Money: Modern Appraisals*, ed. Fred Moseley. Basingstoke: Palgrave Macmillan, 1-18.

Moseley, Fred. 2014. "The Universal and the Particulars in Hegel's *Logic* and Marx's *Capital*." In *Marx's Capital and Hegel's Logic: A Reexamination*, eds. Fred Moseley and Tony Smith. Leiden and Boston: Brill, 115-139.

Moseley, Fred. 2019. "The Development of Marx's Theory of the Falling Rate of Profit in the Four Drafts of *Capital*." In *Marx's Capital: An Unfinishable Project?*, eds. Marcel van der Linden and Gerald Hubmann. Chicago: Haymarket Books, 95-143.

Moseley, Fred. (ed.) 2005. *Marx's Theory of Money: Modern Appraisals*. Basingstoke: Palgrave Macmillan.

Moseley, Fred. (ed.) 2015. *Marx's Economic Manuscript of 1864-65*. Leiden and Boston: Brill.

Moseley, Fred and Tony Smith. (eds.) 2014. *Marx's Capital and Hegel's Logic: A Reexamination*. Leiden and Boston: Brill.

Moss, Bernard H. 1976. *The Origins of the French Labour Movement, 1830-1914*. Berkeley: University of California Press.

Mulholland, Marc. 2012. *Bourgeois Liberty and the Politics of Fear*. Oxford: Oxford University Press.

Munn, Luke. 2022. *Automation Is a Myth*. Stanford: Stanford University Press.

Murray, Patrick. 1988. *Marx's Theory of Scientific Knowledge*. Atlantic Highlands, NJ:

Humanities Press.

Murray, Patrick. 2000. "Marx's 'Truly Social' Labour Theory of Value: Part I, Abstract Labour in Marxian Value Theory." *Historical Materialism*, 6 (1): 27-65.

Murray, Patrick. 2005. "Money as Displaced Social Form: Why Value Cannot be Independent of Price." In *Marx's Theory of Money: Modern Appraisals*, ed. Fred Moseley. Basingstoke: Palgrave Macmillan, 50-64.

Murray, Patrick. 2011. "Avoiding Bad Abstractions: A Defense of Co-constitutive Value-Form Theory." *Critique of Political Economy*, Vol. I: 217-248.

Murray, Patrick. 2014. "Unavoidable Crises: Reflections on Backhaus and the Development of Marx's Value-Form Theory in the *Grundrisse*." In *In Marx's Laboratory: Critical Interpretations of the Grundrisse*, eds. Roccardo Bellofiore, Guido Starosta and Peter D. Thomas. Chicago: Haymarket Books, 121-146.

Musto, Marcello. 2015a. "The 'Young Marx' Myth in Interpretations of the Economic-Philosophic Manuscripts of 1844." *Critique*, 43 (2): 233-260.

Musto, Marcello. 2015b. "On the History and Legacy of the International." In *The International After 150 Years*, eds. George C. Comninel, Marcello Musto and Victor Wallis. London and New York: Routledge, 5-38.

Musto, Marcello. 2018. *Another Marx: Early Manuscripts to the International*. London: Bloomsbury Academic.

Musto, Marcello. 2020a. "New Profiles of Marx after the *Marx-Engels-Gesamtausgabe (MEGA2)*." *Contemporary Sociology*, 49 (5): 407-419.

Musto, Marcello. 2020b. *The Last Years of Karl Marx*. Stanford: Stanford University Press.

Musto, Marcello. (ed.) 2008. *Karl Marx's Grundrisse*. London and New York: Routledge.

Musto, Marcello. (ed.) 2014. *Workers Unite! The International 150 Years Later.* London: Bloomsbury Academic.

Musto, Marcello. (ed.) 2021. *Rethinking Alternatives with Marx*. Switzerland: Palgrave Macmillan.

Muthu, Sankar. 2003. *Enlightenment Against Empire*. Princeton: Princeton University Press.

Nicholas, Howard. 2011. *Marx's Theory of Price and its Modern Rivals*. New York: Palgrave Macmillan.

Nicholls, Julia. 2019. *Revolutionary Thought After the Paris Commune, 1871-1885*. Cambridge: Cambridge University Press.

Nicolaus, Martin. 1973. "Foreword." In Karl Marx, *Grundrisse*, tr. Martin Nicolaus. Harmondsworth: Penguin Books, 7-63.

Nimni, Ephraim. 1989. "Marx, Engels and the National Question." *Science & Society*, 53 (3): 297-326.

Nove, Alec. 1991. *The Economics of Feasible Socialism*. 2nd edition. London: HarperCollins Academic.

Nygaard, Bertel. 2007. "The Meaning of 'Bourgeois Revolution': Conceptualizing the French Revolution." *Science & Society*, 71 (2): 146-172.

Oakley, Allen. 1984. *Marx's Critique of Political Economy: Intellectual Sources and Evolution, Volume I: 1844 to 1860*. London and New York: Routledge.

Oakley, Allen. 1985. *Marx's Critique of Political Economy: Intellectual Sources and Evolution, Volume II: 1861 to 1863*. London and New York: Routledge.

O'Connor, James R. 1987. *The Meaning of Crisis*. Oxford: Basil Blackwell.

Okishio, Nobuo. 1961. "Technical Change and the Rate of Profit." *Kobe University Economic Review*, 7: 85-99.

O'Leary, Brendan. 1989. *The Asiatic Mode of Production*. Oxford: Basil Blackwell.

Ollman, Bertell. 1976. *Alienation: Marx's Conception of Man in Capitalist Society*. 2nd edition. Cambridge: Cambridge University Press.

Ollman, Bertell. 1977. "Marx's Vision of Communism: A Reconstruction." *Critique*, 8 (1): 4-41.

Ozouf, Mona. 1989a. "Girondins." In *A Critical Dictionary of the French Revolution*, eds. François Furet and Mona Ozouf. Cambridge, MA: The Belknap Press of Harvard University Press, 351-362.

Ozouf, Mona. 1989b. "Montagnards." In *A Critical Dictionary of the French Revolution*, eds. François Furet and Mona Ozouf. Cambridge, MA: The Belknap Press of Harvard University Press, 380-392.

Parijs, Philippe van. 1980. "The Falling Rate of Profit Theory of Crisis: A Rational

Reconstruction by Way of Obituary." *Review of Radical Political Economics*, 12 (1): 1-16.

Parijs, Philippe van and Yannick Vanderborght. 2017. *Basic Income: A Radical Proposal for a Free Society and a Sane Economy*. Cambridge, MA: Harvard University Press.

Patterson, Ian. 1996. "Introduction." In Charles Fourier, *The Theory of the Four Movements*. Cambridge: Cambridge University Press, vii-xxvi.

Paul, Diane. 1981. "'In the Interests of Civilization:' Marxist Views of Race and Culture in the Nineteenth Century." *Journal of the History of Ideas*, 42 (1): 115-138.

Peach, Terry. 1993. *Interpreting Ricardo*. Cambridge: Cambridge University Press.

Pierson, Christopher. 1995. *Socialism after Communism: The New Market Socialism*. Cambridge: Polity.

Pierson, Stanley. 1993. *Marxist Intellectuals and the Working-Class Mentality in Germany, 1887-1912*. Cambridge, MA: Harvard University Press.

Pilbeam, Pamela. 2000. *French Socialists Before Marx*. Teddington: Acumen.

Pilbeam, Pamela. 2001. "Pink Lemonade Socialists." *History Today*, 51 (8). 8 August 2001.

Pilbeam, Pamela. 2013a. *Saint-Simonians in Nineteenth-Century France: From Free Love to Algeria*. Basingstoke: Palgrave Macmillan.

Pilbeam, Pamela. 2013b. "Review of *The Hierachies of Cuckoldry and Bankruptcy*." *The English Historical Review*, 128 (533): 984-985.

Pilbeam, Pamela. 2014. *The Constitutional Monarchy in France, 1814-48*. London and New York: Routledge.

Pilling, Geoffrey. 1972. "The Law of Value in Ricardo and Marx." *Economy and Society*, 1 (3): 281-307.

Pinkard, Terry. 2000. *Hegel: A Biography*. Cambridge: Cambridge University Press.

Pinson, Koppel S. 1961. *Modern Germany*. New York: The Macmillan Company.

Pitts, Jennifer. 2005. *A Turn to Empire: The Rise of Imperial Liberalism in Britain and France*. Princeton: Princeton University Press.

Plamenatz, John. 1992a [1963]. *Man and Society, Vol. II: From Montesquieu to Early*

Socialists. London and New York: Longman.

Plamenatz, John. 1992b [1963]. *Man and Society, Vol. III: Hegel, Marx and Engels, and the Idea of Progress*. London and New York: Longman.

Plekhanov, Georgi. 1976. *Selected Philosophical Works, Vol. 2*. Moscow: Progress Publishers.

Pocock, J. G. A. (ed.) 1980. *Three British Revolutions: 1641, 1688, 1776*. Princeton: Princeton University Press.

Polan, A. J. 1984. *Lenin and the End of Politics*. London: Methuen.

Postone, Moishe. 1993. *Time, Labor, and Social Domination*. Cambridge: Cambridge University Press.

Potts, Nick and Andrew Kliman. (eds.) 2015. *In Marx's Theory of Profit Right? The Simultaneist-Temporalist Debate*. Lanham: Lexington Books.

Poulantzas, Nicos. 1978. *State, Power, Socialism*. London: New Left Books.

Poulantzas, Nicos. 1979 [1974]. *Classes in Contemporary Capitalism*. London: Verso.

Pradella, Lucia. 2015. *Globalisation and the Critique of Political Economy*. Abingdon and New York: Routledge.

Pradella, Lucia. 2019. "Marx's Itineraries to *Capital*." In *Marx's Capital: An Unfinishable Project?*, eds. Marcel van der Linden and Gerald Hubmann. Chicago: Haymarket Books, 250-265.

Price, Roger. 2015. *Documents on the Second French Empire, 1852-1870*. London: Palgrave.

Prochnik, George. 2020. *Heinrich Heine*. New Haven and London: Yale University Press.

Proudhon, P. J. 1924 [1865]. *De la Capacité politique des classes ouvrières*. Paris: Marvel Rivière.

Proudhon, P. J. 1969 [1851]. *General Idea of the Revolution in the Nineteenth Century*. New York: Haskell House Publishers Ltd.

Proudhon, P. J. 1972 [1846] *System of Economical Contradictions: or, The Philosophy of Misery*. New York: Arno Press.

Proudhon, P. J. 1979 [1863]. *The Principle of Federation*. Toronto: University of Toronto Press.

Proudhon, P. J. 1994 [1840]. *What is Property?* Cambridge: Cambridge University Press.

Puissant, Jean. 2018. "The IWMA in Belgium (1865-1875)." In *"Arise Ye Wretched of the Earth:" The First International in a Global Perspective*, eds. Fabrice Bensimon, Quentin Deluermoz and Jeanne Moisand. Leiden and London: Brill, 144-164.

Rapport, Mike. 2009. *1848: Year of Revolution*. London: Abacus.

Rattansi, Ali. 1982. *Marx and the Division of Labour*. London and Basingstoke: Macmillan.

Ravindranathan, T. R. 1981. "The Paris Commune and the First International in Italy: Republicanism versus Socialism, 1871-1872." *The International History Review*, 3 (4): 482-516.

Rawls, John. 1993. *Political Liberalism*. New York: Columbia University Press.

Rawls, John. 2007. "Lectures on Marx." In *Lectures on the History of Moral Philosophy*, ed. Samuel Freeman. Cambridge, MA: Harvard University Press, 319-372.

Ree, Erik van. 2013. "Marxism as Permanent Revolution." *History of Political Thought*, 34 (3): 540-563.

Reichelt, Helmut. 2007. "Marx's Critique of Economic Categories: Reflections on the Problem of Validity in the Dialectical Method of Presentation in *Capital*." *Historical Materialism*, 15 (4): 3-52.

Reid, Alastair J. 2005. *United We Stand: A History of Britain's Trade Unions*. London: Penguin Books.

Reuten, Geert. 2002. "The Rate of Profit Cycle and the Opposition between Managerial and Finance Capital." In *The Culmination of Capital: Essays on Volume III of Marx's Capital*, eds. Martha Campbell and Geert Reuten. New York: Palgrave Macmillan, 174-211.

Reuten, Geert. 2004. "'Zirkel vicieux' or Trend Fall? The Course of the Profit Rate in Marx's Capital III." *History of Political Economy*, 36 (1): 163-186.

Reuten, Geert. 2005. "Money as a Constituent of Value." In *Marx's Theory of Value: Modern Appraisals*, ed. Fred Moseley. Basingstoke: Palgrave Macmillan, 78-92.

Reuten, Geert. 2019. "The Redundant Transformation to Prices of Production: A Marx-Immanent Critique and Reconstruction." In *Marx's Capital: An Unfinishable Project?*, eds. Marcel van der Linden and Gerald Hubmann. Chicago: Haymarket Books, 157-194.

Reuten, Geert and Michael Williams. 1989. *Value-Form and the State: The Tendencies of Accumulation and the Determination of Economic Policy in Capitalist Society*. London and New York: Routledge.

Ricardo, David. 1817. *On the Principles of Political Economy and Taxation*. 1st edition. London: John Murray.

Ricardo, David. 1983 [1821]. *The Works and Correspondence of David Ricardo, Volume I: On the Principles of Political Economy and Taxation*. 3rd edition, ed. Piero Sraffa. Cambridge: Cambridge University Press.

Richet, Denis. 1989a. "Hébertists." In *A Critical Dictionary of the French Revolution*, eds. François Furet and Mona Ozouf. Cambridge, MA: The Belknap Press of Harvard University Press, 363-369.

Richet, Denis. 1989b. "Enragés." In *A Critical Dictionary of the French Revolution*, eds. François Furet and Mona Ozouf. Cambridge, MA: The Belknap Press of Harvard University Press, 337-342.

Rigby, S. H. 1992. *Engels and the Formation of Marxism*. Manchester and New York: Manchester University Press.

Rigby, T. H. 1979. *Lenin's Government: Sovnarkom 1917-1922*. Cambridge: Cambridge University Press.

Ritter, Alan. 1969. *The Political Thought of Pierre-Joseph Proudhon*. Princeton: Princeton University Press.

Roberts, Marcus. 1996. *Analytical Marxism: A Critique*. London: Verso.

Roberts, Michael and Guglielmo Carchedi. 2013. "A Critique of Heinrich's 'Crisis Theory, the Law of the Tendency of the Profit Rate to Fall, and Marx's Studies in the 1870s.'" *MR Online*. 1 December 2013. <https://mronline.org/2013/12/01/critique-heinrichs-crisis-theory-law-tendency-profit-rate-fall-marxs-studies-1870s/>.

Robinson, Joan. 1966. *An Essay on Marxian Economics*. 2nd edition. London:

Macmillan.

Roelofs, Joan. 2010. "Translator's Introduction to Considerant's *PRINCIPES DU SOCIALISME.*" *Science & Society*, 74 (1): 114-119.

Roemer, John E. 1982. *A General Theory of Exploitation and Class*. Cambridge, MA: Harvard University Press.

Roemer, John E. 1994. *A Future for Socialism*. London: Verso.

Roemer, John E. (ed.) 1986. *Analytical Marxism*. Cambridge: Cambridge University Press.

Rogers, H. Hendall. 1992. *Before the Revisionist Controversy: Kautsky, Bernstein, and the Meaning of Marxism, 1895-1898*. New York: Garland Publishing, Inc.

Roosevelt, Frank and David Belkin. (eds.) 1994. *Why Market Socialism? Voices from Dissent*. New York and London: M. E. Sharpe.

Rosdolsky, Roman. 1977. *The Making of Marx's "Capital."* 2 vols. London: Pluto Press.

Rosdolsky, Roman. 1987. *Engels and the 'Non-Historic' Peoples: The National Question in the Revolution of 1848*. Glasgow: Critique Books.

Rosanvallon, Pierre. 1989. "Guizot." In *A Critical Dictionary of the French Revolution*, eds. François Furet and Mona Ozouf. Cambridge, MA: The Belknap Press of Harvard University Press, 938-944.

Rosmer, Alfred, Boris Souvarine, Emile Fabrol, and Antoine Clavez. 2002. *Trotsky and the Origins of Trotskyism*. London: Francis Boutle Publishers.

Roth, Regina. 2002. "The Author Marx and His Editor Engels: Different Views on Volume 3 of *Capital*." *Rethinking Marxism*, 14 (4): 59-72.

Roth, Regina. 2009. "Karl Marx's Original Manuscripts in the Marx-Engels-Gesamtausgabe (MEGA): Another View on *Capital*." In *Re-Reading Marx: New Perspectives after the Critical Edition*, eds. Riccardo Bellofiore and Roberto Fineschi. Basingstoke: Palgrave Macmillan, 27-49.

Roth, Regina. 2019. "Editing the Legacy: Friedrich Engels and Marx's *Capital*." In *Marx's Capital: An Unfinishable Project?*, eds. Marcel van der Linden and Gerald Hubmann. Chicago: Haymarket Books, 31-47.

Rothschild, Emma. 2001. *Economic Sentiments*. Cambridge, MA: Harvard University

Press.

Rubel, Maximilien. 1981. *Rubel on Karl Marx*, eds. Joseph O'Malley and Keith Algozin. Cambridge: Cambridge University Press.

Rubin, Isaak Illich. 1973 [1928]. *Essays on Marx's Theory of Value*. Montréal and New York: Black Rose Books.

Rubin, Issak Illich. 1994 [1927]. "Abstract Labour and Value in Marx's System." In *Debates in Value Theory*, ed. Simon Mohun. Basingstoke: Macmillan, 35-72.

Saad-Filho, Alfredo. 2002. *The Value of Marx*. London and New York: Routledge.

Said, Edward W. 1978. *Orientalism*. London: Routledge & Kegan Paul.

Saito, Kohei. 2017. *Karl Marx's Ecosocialism*. New York: Monthly Review Press.

Saito, Kohei. 2023. *Marx in the Anthropocene: Towards the Idea of Degrowth Communism*. Cambridge: Cambridge University Press.

Salvadori, Massimo Luigi. 1990 [1979]. *Karl Kautsky and the Socialist Revolution, 1880-1938*. London: Verso.

Sassoon, Donald. 1997. *One Hundred Years of Socialism*. London: Fontana Press.

Sawer, Marian. 1977. *Marxism and the Question of the Asiatic Mode of Production*. The Hague: Martinus Nijhoff.

Schäffle, Albert E. F. 1892 [1885]. *The Impossibility of Social Democracy: Being a Supplement to "The Quintessence of Socialism."* London: Swan Sonnenschein.

Schäffle, Albert E. F. 1908 [1874]. *The Quintessence of Socialism*. London: Swan Sonnenschein.

Schmidt, Alfred. 2014. *The Concept of Nature in Marx*. London: Verso.

Schmidt, Jürgen. 2018. "Global Values Locally Transformed: The IWMA in the German States 1864-1872/76." In *"Arise Ye Wretched of the Earth:" The First International in a Global Perspective*, eds. Fabrice Bensimon, Quentin Deluermoz and Jeanne Moisand. Leiden and London: Brill, 129-143.

Schweickart, David. 1993. *Against Capitalism*. Cambridge: Cambridge University Press.

Schweickart, David. 2011. *After Capitalism*. 2nd edition. Plymouth, UK: Rowman & Littlefield Publishers, Inc.

Schweickart, David, James Lawler, Hillel Ticktin, and Bertell Ollman. 1998. *Market*

Socialism: The Debate Among Socialists. New York and London: Routledge.

Selucký, Radoslav. 1979. *Marxism, Socialism, Freedom*. London and Basingstoke: Macmillan.

Sembou, Evangelia. (ed.) 2017. *The Young Hegel and Religion*. Oxford: Peter Lang Ltd.

Sen, Amartya. 2021. "Illusions of Empire: Amartya Sen on What British Rule Really Did for India." *The Guardian*. 29 June 2021.

Sewell, Jr. William H. 1994. *A Rhetoric of Bourgeois Revolution*. Durham and London: Duke University Press.

Shafer, David A. 2005. *The Paris Commune*. Basingstoke: Palgrave Macmillan.

Shanin, Teodor. 1983. "Late Marx: Gods and Craftsmen." In *Late Marx and the Russian Road*, ed. Teodor Shanin. New York: Monthly Review Press, 3-39.

Shanin, Teodor. (ed.) 1983. *Late Marx and the Russian Road*. New York: Monthly Review Press.

Shatz, Marshall S. 1990. "Introduction." In Michael Bakunin, *Statism and Anarchy*, ed. Marshall S. Shatz. Cambridge: Cambridge University Press, ix-xxxvii.

Sheehan, James J. 1978. *German Liberalism in the Nineteenth Century*. Chicago and London: The University of Chicago Press.

Sheehan, James J. 1993. *German History 1770-1866*. Oxford: Clarendon Press.

Sieyès, Emmanuel Joseph. 2003. *Political Writings*, ed. Michael Sonenscher. Indianapolis/Cambridge: Hackett Publishing Company, Inc.

Sieyès, Emmanuel Joseph. 2014. *The Essential Political Writings*, eds. Oliver W. Lembcke & Florian Weber. Leiden and Boston: Brill.

Singer, Peter. 2000 [1980]. *Marx: A Very Short Introduction*. Oxford: Oxford University Press.

Sinha, Ajit. 2010. *Theories of Value from Adam Smith to Piero Sraffa*. London and New York: Routledge.

Sked, Alan. 2018. "The Nationality Problem in the Habsburg Monarchy and the Revolution of 1848." In *The 1848 Revolutions and European Political Thought*, eds. Douglas Moggach and Gareth Stedman Jones. Cambridge: Cambridge University Press, 322-344.

Smith, Adam. 1976. *The Wealth of Nations, Vol. I*. Oxford: Oxford University Press.

Smith, Denis Mack. 2000. "The Revolutions of 1848-1849 in Italy." In *The Revolutions in Europe 1848-1849*, eds. R. J. W. Evans and Hartmut Pogge von Strandmann. Oxford: Oxford University Press, 55-81.

Smith, Helmut Walser. 2020. *Germany: A Nation in Its Time*. New York: Liveright Publishing Corporation.

Smith, Murray E. G. 2019. *Invisible Leviathan: Marx's Law of Value in the Twilight of Capitalism*. Leiden and Boston: Brill.

Smith, S. A. 2017. *Russia in Revolution: An Empire in Crisis*. Oxford: Oxford University Press.

Soper, Kate. 1981. *On Human Needs*. Sussex: The Harvester Press.

Sperber, Jonathan. 1991. *Rhineland Radicals*. Princeton: Princeton University Press.

Sperber, Jonathan. 1994. *The European Revolutions, 1848-1851*. Cambridge: Cambridge University Press.

Sperber, Jonathan. 2013. *Karl Marx: A Nineteenth-Century Life*. New York and London: Liveright Publishing Corporation.

Sraffa. Piero. 1983 [1951]. "Introduction." In *The Works and Correspondence of David Ricardo, Volume I: On the Principles of Political Economy and Taxation*. 3rd edition, ed. Piero Sraffa. Cambridge: Cambridge University Press, xiii-lxii.

Stedman Jones, Gareth. 1971. "The Marxism of the Early Lukács." *New Left Review*, I/70: 27-64.

Stedman Jones, Gareth. 1973. "Engels and the End of Classical German Philosophy." *New Left Review*, I/79: 17-36.

Stedman Jones, Gareth. 1977. "Engels and the Genesis of Marxism." *New Left Review*, I/106: 79-104.

Stedman Jones, Gareth. 1983. *Languages of Class*. Cambridge: Cambridge University Press.

Stedman Jones, Gareth. 2002. "Introduction." In Karl Marx and Friedrich Engels, *The Communist Manifesto*. London: Penguin Books, 3-187.

Stedman Jones, Gareth. 2004a. *An End to Poverty? A Historical Debate*. London: Profile Books.

Stedman Jones, Gareth. 2004b. "Saint Simon and the Liberal Origins of the Socialist Critique of Political Economy." Gustave Gimon Conference on French Political Economy, Stanford University, <http://purl.stanford.edu/jh263kk9829>, April 2004.

Stedman Jones, Gareth. 2007a. "Marx's *Critique of Political Economy*: A Theory of History or a Theory of Communism?" In *Marxist History-Writing for the Twenty-First Century*, ed. Chris Wickham. Oxford: Oxford University Press, 140-179.

Stedman Jones, Gareth. 2007b. "Radicalism and the Extra-European World: The Case of Karl Marx." In *Victorian Visions of Global Order*, ed. Duncan Bell. Cambridge: Cambridge University Press, 186-214.

Stedman Jones, Gareth. 2016. *Karl Marx: Greatness and Illusion*. Cambridge, MA: Harvard University Press.

Stedman Jones, Gareth. 2019. "European Socialism from 1790s to 1890s." In *The Cambridge History of Modern European Thought, Vol. I: The Nineteenth Century*, eds. Warren Breckman and Peter. E. Gordon. Cambridge: Cambridge University Press, 196-231.

Stedman Jones, Gareth and Gregory Claeys. (eds.) 2011. *The Cambridge History of Nineteenth-Century Political Thought*. Cambridge: Cambridge University Press.

Steedman, Ian. 1981 [1977]. *Marx after Sraffa*. London: Verso

Steedman, Ian and Paul Sweezy. (eds.) 1981. *The Value Controversy*. London: Verso.

Steenson, Gary P. 1978. *Karl Kautsky, 1854-1938: Marxism in the Classical Years*. Pittsburgh: University of Pittsburgh Press.

Steenson, Gary P. 1981. *"Not One Man! Not One Penny!" German Social Democracy, 1863-1914*. Pittsburgh: University of Pittsburgh Press.

Steger, Manfred B. 1997. *The Quest for Evolutionary Socialism*. Cambridge: Cambridge University Press.

Steger, Manfred B. 1999. "Friedrich Engels and the Origins of German Revisionism: Another Look." In *Engels After Marx*, eds. Manfred B. Steger and Terrell Carver. Manchester: Manchester University Press, 181-196.

Steger, Manfred B. and Terrell Carver. (eds.) 1999. *Engels After Marx*. Manchester: Manchester University Press.

Stepelevich, Lawrence S. (ed.) 1983. *The Young Hegelians*. Cambridge: Cambridge University Press.

Stewart, Jon. 2011. "Hegel's Philosophy of Religion and the Question of 'Right' and 'Left' Hegelianism." In *Politics, Religion, and Art*, ed. Douglas Moggach. Evanston, Illinois: Northwestern University Press, 66-95.

Stirner, Max. 1995 [1844]. *The Ego and Its Own.*, ed. David Leopold. Cambridge: Cambridge University Press.

Stone, Lawrence. 1985. "The Bourgeois Revolution of Seventeenth-Century England Revisited." *Past & Present*, 109: 44-54.

Stone, Lawrence. 1986. *The Causes of the English Revolution 1529-1642*. London: ARK Paperbacks.

Stone, Lawrence. (ed.) 1980. *Social Change and Revolution in England 1540-1640*. London: Longman.

Strauss, David Friedrich. 1998 [1835]. *The Life of Jesus Critically Examined*. Bristol: Thoemmes Press.

Sweezy, Paul M. 1970 [1942]. *The Theory of Capitalist Development*. New York: Monthly Review Press.

Sweezy, Paul M. 1981. *Four Lectures on Marxism*. New York: Monthly Review Press.

Sweezy, Paul M. 1984. "Editor's Introduction." In *Karl Marx and the Close of His System & Böhm-Bawerk's Criticism of Marx*, ed. Paul M. Sweezy. Philadelphia: Orion Editions, v-xxx.

Sweezy, Paul M. et al. 1978. *The Transition from Feudalism to Capitalism*. London: Verso.

Taylor, A. J. P. 1962. *The Course of German History*. New York: Capricorn Books.

Taylor, Charles. 1979. *Hegel and Modern Society*. Cambridge: Cambridge University Press.

Taylor, Nicola. 2004. "Reconstructing Marx on Money and the Measurement of Value." In *The Constitution of Capital: Essays on Volume 1 of Marx's "Capital,"* eds. Riccardo Bellofiore and Nicola Taylor. Basingstoke: Palgrave Macmillan, 88-116.

Thatcher, Ian D. 2003. *Trotsky*. London and New York: Routledge.

Therborn, Göran. 1980. *Science, Class, and Society: On the Formation of Sociology and Historical Materialism*. London: Verso.

Thomas, Paul. 1980. *Karl Marx and the Anarchists*. London: Routledge & Kegan Paul.

Thomas, Paul. 2008. *Marxism and Scientific Socialism: From Engels to Althusser*. London and New York: Routledge.

Thompson, Dorothy. 1984. *The Chartists: Popular Politics in the Industrial Revolution*. New York: Pantheon Books.

Thompson, Noel. 1984. *The People's Science*. Cambridge: Cambridge University Press.

Toews, John Edward. 1980. *Hegelianism: The Path Toward Dialectical Humanism, 1805-1841*. Cambridge: Cambridge University Press.

Tolain, Henri Louis et. al. 1864. *Manifesto of the Sixty Workers of the Seine*. <https://www.libertarian-labyrinth.org/working-translations/manifesto-of-the-sixty-workers-of-the-seine-1864/>.

Tomba, Massimiliano. 2006. "Exclusiveness and Political Universalism in Bruno Bauer." In *The New Hegelians*, ed. Douglas Moggach. Cambridge: Cambridge University Press, 91-113.

Tomba, Massimiliano. 2018. "Who's Afraid of the Imperative Mandate?" *Critical Times*, 1 (1): 108-119.

Tombs, Robert. 1999. *The Paris Commune, 1871*. London and New York: Longman.

Tombs, Robert. 2012. "How Bloody was *La Semaine Sanglante* of 1871? A Revision." *The Historical Journal*, 55 (3): 679-704.

Tönnies, Ferdinand. 2001 [1887]. *Community and Civil Society*. Cambridge: Cambridge University Press.

Townshend, Jules. 1996. *The Politics of Marxism: The Critical Debates*. London and New York: Leicester University Press.

Tribe, Keith. 1981. *Genealogies of Capitalism*. London and Basingstoke: Macmillan.

Tribe, Keith. 2015. *The Economy of the Word*. Oxford: Oxford University Press.

Trotsky, Leon. 1904. *Our Political Tasks*. <https://www.marxists.org/archive/trotsky/1904/tasks/>.

Trotsky, Leon. 1969. *The Permanent Revolution & Results and Prospects*. New York:

Pathfinder Press.

Tuck, Richard. 1979. *Natural Rights Theories*. Cambridge: Cambridge University Press.

Tucker, G. S. L. 1960. *Progress and Profits in British Economic Thought 1650-1850*. Cambridge: Cambridge University Press.

Tucker, Robert C. 1969. *The Marxian Revolutionary Idea*. New York: W. W. Norton.

Tudor, H. 1988. "Introduction." In *Marxism and Social Democracy: The Revisionist Debate 1896-1898*, eds. H. Tudor and J. M. Tudor. Cambridge: Cambridge University Press, 1-37.

Tudor, H. and J. M. Tudor. (eds.) 1988. *Marxism and Social Democracy: The Revisionist Debate 1896-1898*. Cambridge: Cambridge University Press.

Uchida, Hiroshi. 1988. *Marx's Grundrisse and Hegel's Logic*. London and New York: Routledge.

Vernon, Richard. 1979. "Introduction." In P. J. Proudhon, 1979 [1863], *The Principle of Federation*. Toronto: University of Toronto Press, xi-xlvii.

Vincent, K. Steven. 1984. *Pierre-Joseph Proudhon and the Rise of French Republican Socialism*. Oxford: Oxford University Press.

Viroli, Maurizio. 1988. *Jean-Jacques Rousseau and the "Well-Ordered Society."* Cambridge: Cambridge University Press.

Vollgraf, Carl-Erich, Jürgen Jungnickel, and Stephen Naron. 2002. "'Marx in Marx's Words'? On Engels's Edition of the Main Manuscript of Book 3 of *Capital*." *International Journal of Political Economy*, 32 (1): 35-78.

Vuilleumier, Marc. 2018. "The First International in Switzerland." In *"Arise Ye Wretched of the Earth:" The First International in a Global Perspective*, eds. Fabrice Bensimon, Quentin Deluermoz and Jeanne Moisand. Leiden and London: Brill, 165-180.

Wada, Haruki. 1983. "Marx and Revolutionary Russia." In *Late Marx and the Russian Road*, ed. Teodor Shanin. New York: Monthly Review Press, 40-75.

Wagner, Adolph. 1892 [1879]. *Grundlegung der Politischen Oekonomie*. Leipzig: C. F. Winter

Waldron, Jeremy. 1988. *The Right to Private Property*. Oxford: Clarendon Press.

Walicki, Andrzej. 1969. *The Controversy over Capitalism*. Oxford: Clarendon Press.

Walicki, Andrzej. 1995. *Marxism and the Leap to the Kingdom of Freedom*. Stanford, California: Stanford University Press.

Walicki, Andrzej. 2015. *The Flow of Ideas: Russian Thought from the Enlightenment to the Religious-Philosophical Renaissance*. Frankfurt am Main: Peter Lang.

Ward, David. 1970. *1848: The Fall of Metternich and the Year of Revolution*. New York: Weybright and Talley.

Wartofsky, Marx W. 1978. *Feuerbach*. Cambridge: Cambridge University Press.

Waszek, Norbert. 2006. "Eduard Gans on Poverty and on the Constitutional Debate." In *The New Hegelians*, ed. Douglas Moggach. Cambridge: Cambridge University Press, 24-49.

Webb, Sidney and Beatrice Webb. 1920 [1894]. *The History of Trade Unionism*. London: Longmans, Green and Co.

Wehler, Hans-Ulrich. 1985. *The German Empire 1871-1918*. Leamington Spa/Dover, New Hampshire: Berg Publishers.

Weil, Eric. 1998. *Hegel and the State*. Baltimore and London: The Johns Hopkins University Press.

Whatmore, Richard. 2000. *Republicanism and the French Revolution: An Intellectual History of Jean-Baptiste Say's Political Economy*. Oxford: Oxford University Press.

White, James D. 1996. *Karl Marx and the Intellectual Origins of Dialectical Materialism*. Basingstoke: Macmillan.

White, James D. 2001. *Lenin: The Practice and Theory of Revolution*. Basingstoke: Palgrave.

White, James D. 2019. *Marx and Russia*. London: Bloomsbury Academic.

Whitham, William. 2019. "César de Paepe and the Ideas of the First International." *Modern Intellectual History*, 16 (3): 897-925.

Wickham, Chris. (ed.) 2007. *Marxist History-Writing for the Twenty-First Century*. Oxford: Oxford University Press.

Wilde, Lawrence. 1999. "Engels and the Contradictions of Revolutionary Strategy." In *Engels After Marx*, eds. Manfred B. Steger and Terrell Carver. Manchester:

Manchester University Press, 197-214.

Williams, Howard. 2006. "Ludwig Feuerbach's Critique of Religion and the End of Moral Philosophy." In *The New Hegelians*, ed. Douglas Moggach. Cambridge: Cambridge University Press, 50-66.

Wilson, Peter H. (ed.) 2006. *1848: The Year of Revolutions*. Aldershot: Ashgate.

Wolff, Robert Paul. 1985. *Understanding Marx: A Reconstruction and Critique of Capital*. Oxford: Basil Blackwell.

Wood, Allen W. 1972. "The Marxian Critique of Justice." *Philosophy and Public Affairs*, 1 (3): 244-282.

Wood, Allen W. 1979. "Marx on Right and Justice: A Reply to Husami." *Philosophy and Phenomenological Research*, 8 (3): 267-295.

Wood, Allen W. 1981. *Karl Marx*. London: Routledge & Kegan Paul.

Wood, Allen W. 1991. *Hegel's Ethical Thought*. Cambridge: Cambridge University Press.

Wood, Allen W. 2003. "Editor's Introduction." In G. W. F. Hegel, *Elements of the Philosophy of Right*. Cambridge: Cambridge University Press, xii-xxxii.

Wood, Ellen Meiksins. 1995. *Democracy Against Capitalism*. Cambridge: Cambridge University Press.

Wood, Ellen Meiksins. 2008. "Historical Materialism in 'Forms which Precede Capitalist Production.'" In *Karl Marx's Grundrisse*, ed. Marcello Musto. London and New York: Routledge, 79-92.

Woodcock, George. 2010 [1956]. *Pierre-Joseph Proudhon: A Biography*. New York: Routledge.

Wright, Erik Olin. 1985. *Classes*. London: Verso.

Wright, Erik Olin, Andrew Levine and Elliott Sober. 1992. *Reconstructing Marxism*. London: Verso.

Zarembka, Paul. 2021. *Key Elements of Social Theory Revolutionized by Marx*. Chicago: Haymarket Books.

索引

人名索引

主題索引

馬克思：從共和主義到共產主義

2024年5月初版　　　　　　　　　　　　　　定價：新臺幣900元

有著作權・翻印必究

Printed in Taiwan.

著　　　者	陳	宜	中	
叢 書 主 編	黃	淑	真	
校　　　對	陳	建	安	
內 文 排 版	張	靜	怡	
封 面 設 計	兒		日	

出　版　者	聯經出版事業股份有限公司	副 總 編 輯	陳 逸 華
地　　　址	新北市汐止區大同路一段369號1樓	總 編 輯	涂 豐 恩
叢書編輯電話	(02)86925588轉5322	總 經 理	陳 芝 宇
台北聯經書房	台北市新生南路三段94號	社　　長	羅 國 俊
電　　　話	(02)23620308	發 行 人	林 載 爵
郵 政 劃 撥 帳 戶 第 0100559-3 號			
郵 撥 電 話	(02)23620308		
印　刷　者	文聯彩色製版印刷有限公司		
總　經　銷	聯合發行股份有限公司		
發　行　所	新北市新店區寶橋路235巷6弄6號2樓		
電　　　話	(02)29178022		

行政院新聞局出版事業登記證局版臺業字第0130號

本書如有缺頁，破損，倒裝請寄回台北聯經書房更換。　ISBN　978-957-08-7368-9 (軟精裝)
聯經網址：www.linkingbooks.com.tw
電子信箱：linking@udngroup.com

國家圖書館出版品預行編目資料

馬克思：從共和主義到共產主義/陳宜中著 . 初版 . 新北市 .
聯經 . 2024年5月 . 816面 . 17×23公分
ISBN　978-957-08-7368-9（軟精裝）

1.CST：馬克思（Marx, Karl, 1818-1883）
2.CST：政治思想　3.CST：傳記

549.3　　　　　　　　　　　　　　　113005335